1900 CENSUS

OF

WARREN COUNTY, TENNESSEE

Robert A. C. Hillis, Jr.

Heritage Books
2025

HERITAGE BOOKS

AN IMPRINT OF HERITAGE BOOKS, INC.

Books, CDs, and more—Worldwide

For our listing of thousands of titles see our website
at
www.HeritageBooks.com

A Facsimile Reprint
Published 2025 by
HERITAGE BOOKS, INC.
Publishing Division
5810 Ruatan Street
Berwyn Heights, MD 20740

Originally published 1988

International Standard Book Number
Paperbound: 978-0-7884-9140-5

PREFACE

In an effort to put as much written genealogy in the hands of researchers, this 1900 Federal Census of WARREN COUNTY, TENNESSEE, is presented. As always, the general public resented the enumerators and much of the information, especially occupation, etc., will not compare with previous censuses. The enumerators were required only to be able to write, with no qualifications considered in their abilities to write legibly or to spell correctly.

Much effort has been exerted to ascertain much of the information, especially surnames. Since there is no 1890 census available, comparison to the 1880 census was of little use. It seems that a large section of the 1880 population of this area must have migrated to other areas of the U. S. A.

Some surnames in some of the districts were very hard to read. There seem to be a fading in the area of the surname.

, The preparer only prays this work may be of help to you in your search for family connections. Please overlook and typographical errors.

1 9 0 0

C E N S U S

By District

DISTRICT No. 1 - Outside McMinnville, Tennessee   June 1, 1900·

William W. Smith
Enumerator

No.	Name	Age	Rel. to Head	Sx/Race	Occupation	Birth of Person-Father-Mother		
1	SMITH, Azel	65		M/W	Farmer	Ohio	NY	NY
	Emma	66	Wife	F/W		Ohio	Vt	Vt
	Samuel	93	Father	M/W		Ny	Holland	Scot
	SMITH, William	32		M/W	Farmer	Ohio	Ohio	Ohio
	Lettie	24	Wife	F/W		Neb.	NY	NY
	George W.	7	Son	M/W		Tn	Ohio	Neb
2	SMITH, John	40		M/Bl	Laborer	Tn	Tn	Tn
	Eva	17	Dau	F/Bl		Tn	Tn	Tn
	Frank	10	Son	M/Bl		Tn	Tn	tn
	Phillip	3	Son	M/Bl		Tn	Tn	Tn
3	FORDYCE, James M.	27		M/W	Farmer	Ind	Ohio	Ohio
	Inez M.	22	Wife	F/W		Ind	Pa	Ohio
	Blanche L.	2	Dau	F/W		Ind	Ind	Ind
4	SMITH, Lem	37		M/W	Farmer	Ohio	Ohio	Ohio
	Irene	35	Wife	F/W		Ohio	Eng	Eng
	Gertrudell	13	Dau	F/W		Ohio	Ohio	Ohio
5	SPURLOCK, Robert	51		M/Bl	Farmer	Tn	Va	Va
	Mary A.	41	Wife	F/Bl		Tn	Tn	Tn
	Jennie	??	Bdr	F/Bl	Day Labor	Tn	Tn	Tn
	WOMACK, John	52		M/Bl	Farmer	Tn	Tn	Tn
	Jane	60	Wife	F/Bl		Tn	Tn	Tn
6	SNIPES, William	78		M/W	Farmer	NC	NC	NC
	Frances	70	Wife	F/W		Tn	NC	NC
	Maude J.	49	Dau	F/W		Tn	NC	Tn
	Martha J.	40	Dau	F/W		Tn	NC	Tn
	CRAWLEY, Thomas	14	Bdr	M/W	Farm Labor	Tn	Tn	Tn
7	SAWYER, Marshall	38		M/W	Farmer	Maine	Maine	Maine
	Belle	31	Wife	F/W		Maine	Maine	Manie
	Arthur N.	1	Son	M/W		Tn	Maine	Maine
8	JONES, Joseph	61		M/W	Charity	Tn	Tn	Tn
	Sally	39	Wife	F/W		Tn	Tn	Tn
	Josy	13	Dau	F/W	School	Tn	Tn	Tn
	Sam P.	10	Son	M/W		Tn	Tn	Tn
	Sendo	8	Son	M/W		Tn	Tn	Tn
	Bulah	7	Dau	F/W		Tn	Tn	Tn
	Anna M.	5	Dau	F/W		Tn	Tn	Tn
9	WHEELER, Nelson	57		M/W	Farmer	Ny	Holl	NY
	Mary M.	57	Wife	F/W		Scot	Scot	Scot
	Jessie	20	Dau	F/W		NY	NY	Scoy

- 1 -

No.	Name	Age	Rel. to Head	Sx/Race	Occupation	Birth of Person-Father-Mother		
10	MATTERSON, Andrew J.	54		M/W	Farmer	NY	NY	NY
	Martha	34	Wife	F/W		Tn	Tn	Tn
	Ora	8	Dau	F/W		Tn	NY	Tn
11	PETERBAUGH, John	45		M/W	Farmer	Can	Can	Can
	Mary	37	Wife	F/W		Wis	Ger	Ger
	Laura M.	16	Dau	F/W	At School	N D	Can	Wis
	George A.	13	Son	M/W	Farm Labor	N D	Can	Wis
	Henry E.	7	Son	M/W		Tn	Can	Wis
12	RATCLIFF, John M.	62		M/W	Farmer	Ohio	NC	Va
	Rachel	47	Wife	F/W		Ind	NC	Ind
	Walter	20	Son	M/W	Farm Labor	Ind	Ohio	Ind
	Anderson	15	Son	M/W	At School	Ind	Ohio	Ind
	Charles	14	Son	M/W	At School	Ind	Ohio	Ind
13	CROSSER, McClellan	24		M/W	Painter	Ind	Ind	Ind
	Elcie D.	17	Wife	F/W		Ind	Ohio	Ohio
	Charles	1	Son	M/W		Tn	Ind	Ind
14	SETTLES, Joseph	64		M/Bl	Farmer	Tn	Va	Va
	Jennie	59	Wife	F/Bl		Va	Tn	Va
	Ada	24	Dau	F/Bl		Tn	Tn	Va
	Charley	21	Son	M/Bl	Farm Labor	Tn	Tn	Va
	BONNER, Edward	7	Gr/Son	M/Bl		Tn	Tn	Tn
	SETTLES, Ada B.	5	Gr/Dau	F/Bl		Tn	Tn	Tn
	Hacket	3	Gr/Son	M/Bl		Tn	Tn	Tn
	Charles	2/12	Gr/Son	M/Bl		Tn	Tn	Tn
15	WORTHINGTON, Es---	33		M/Bl	Farmer	Tn	?	?
16	LOCK, James	27		M/Bl	Farmer	Tn	Tn	Tn
	Lula	26	Wife	F/Bl		Tn	Tn	Tn
	Hazel	3	Dau	F/Bl		Tn	Tn	Tn
	Erbie	1	Son	M/Bl		Tn	Tn	Tn
17	McGREGOR, Albert	45		M/B	Farmer	Tn	Tn	Miss
	Sally	34	Wife	F/Bl		Tn	Tn	Va
	Jessie	11	Dau	F/Bl		Tn	Tn	Tn
	Lula	8	Dau	F/Bl		Tn	Tn	Tn
	Joseph	5	Son	M/Bl		Tn	Tn	Tn
18	WORTHINGTON, Washington	40		M/Bl	Farmer	Tn	Va	Va
19	FORDYCE, Charlie	52		M/W	Farmer	Ohio	Ohio	N J
	Levina	46	Wife	F/W		Ohio	Ohio	Ohio
	Jacob	20	Son	M/W	Farm Labor	Ind	Ohio	Ohio
	Jettie	14	Dau	F/W	At School	Ind	Ohio	Ohio
20	JORDEN, Lyvander	67		M/W	Carpenter	Can	Vt	Vt
	Eva A.	57	Wife	F/W		Ohio	NY	NY

- 2 -

No.	Name	Age	Rel. to Head	Sx/Race	Occupation	Birth of Person	Father	Mother
21	EARLS, Lina	45		F/W	Farmer	Tn	Tn	NC
	Belle	17	Dau	F/W		Tn	Tn	Tn
	Maggie	14	Dau	F/W		Tn	Tn	Tn
	NEWBY, Johnson	44	Boarder	M/W	Farmer	Tn	Tn	Tn
22	BALES, George	19		M/W	Farmer	Tn	Tn	Tn
	Susan	25	Wife	F/W		Tn	Tn	Tn
	STUBBLEFIELD, ??	6	Boarder	F/W		Tn	Tn	Tn
23	Earle, Claude	20		M/W	Farmer	Tn	Tn	Tn
	Della	21	Wife	F/W		Tn	Tn	Tn
	Edward	2/12	Son	M/W		Tn	Tn	Tn
24	SCHMITZ, Jacob	51		M/W	Farming	Switz	Switz	Switz
	Eliza	50	Wife	F/W		Switz	Swits	Switz
	LEE, Freddie	8	Boarder	M/W		Tn	Tn	Ohio
	SCHMITZ, Rudolph	48	Brother	M/W	Farm Labor	Switz	Switz	Switz
25	WILSON, Martha	54		F/W		Tn	Tn	Tn
	Fate	18	Son	M/W	Day Labor	Tn	Tn	Tn
26	GILBERT, Joseph	40		M/W	Farmer	Tn	Va	Tn
	Martha J.	39	Wife	F/W		Tn	Tn	Tn
	Martha E.	18	Dau	F/W		Tn	Tn	Tn
	Jesse L.	15	Son	M/W	Farm Labor	Tn	Tn	Tn
	Robert B.	13	Son	M/W	Farm Labor	Tn	Tn	Tn
	Henry E.	10	Son	M/W	School	Tn	Tn	Tn
	Harrison J.	7	Son	M/W		Tn	Tn	Tn
	Hassie C.	5	Dau	F/W		Tn	Tn	Tn
	Liddie J.	2	Dau	F/W		Tn	Tn	Tn
	Walter D.	9/12	Son	M/W		Tn	Tn	Tn
27	WAINWRIGHT, Charles	48		M/W	Farmer	Eng	Eng	Eng
	Sarah F.	48	Wife	F/W		Tn	Tn	Tn
	Arthur W.	10	Son	M/W	School	Tn	Eng	Tn
	Alice F.	9	Dau	F/W		Tn	Eng	Tn
	Anna D.	7	Dau	F/W		Tn	Eng	Tn
	Susan	6	Dau	F/W		Tn	Eng	Tn
	Charles	4	Son	M/W		Tn	Eng	Tn
	McMILLEN, Leslie B.	53	Boarder	M/W	Capitalist	Ky	Ky	Ky
28	DUNCAN, A. H.	72		M/W	Farmer	Tn	Tn	Tn
	Barbary	56	Wife	F/W		Tn	Tn	Tn
	Victoria	15	Dau	f/W	School	Tn	Tn	Tn
	Fannie	12	Dau	F/W		Tn	Tn	Tn
29	WHEELER, Alfred	41		M/W	Farmer	Tn	Tn	Tn
	Victoria	41	Wife	F/W		Tn	Tn	Tn
	John	13	Son	M/W	School	Tn	Tn	Tn
	Levi	8	Son	M/W		Tn	Tn	Tn
30	BURGER, Robert	25		M/W	Farmer	Tn	Tn	Tn
	Sally	27	Wife	F/W		Tn	Tn	Tn
	Mary	4	Dau	F/W		Tn	Tn	Tn
	Frank	1	Son	M/W		Tn	Tn	Tn
31	HENDRIX, James	73		M/W	Farmer	Tn	NC	Va
	WOODLEE, Susan	79	Sister	F/W		Ga	NC	Va
	HENDRIX, Bethia	79	Sister	F/W		Tn	NC	Va
32	DYE, John	67		M/W	Farmer	NC	NC	NC
	Margrett	67	Wife	F/W		Tn	Tn	Tn
	Dorkess	28	Dau	F/W		Tn	NC	Tn
	Thomas	10	Gr/Son	M/W	School	Tn	Tn	Tn
	JORDEN, John C.	60	Bro/law	M/W	Farm Labor	Tn	Tn	Tn
33	BROWN, James	36		M/W	Farmer	Ohio	Eng	Ohio
	Nancy A.	74	Mother	F/W		Ohio	Irel	Ohio
34	MILRANEY, James	34		M/W	Farmer	Tn	Tn	NC
	Mary	62	Mother	F/W		NC	NC	NC
	C. H.	25	Brother	M/W	Laborer	Tn	Tn	NC
35	MILRANEY, Colonel	21		M/W	Laborer	Tn	Tn	NC
	Cintha	18	Wife	F/W		Tn	Tn	Tn
36	VAUGHN, Mary	70		F/W	Farmer	Va	Va	Va
	Robert	25	Son	M/W	Farm Labor	Tn	Va	Va
	MURPHY, Millie	52	Boarder	F/W	Keep House	Tn	Tn	Tn
37	CULWELL, Ivor	49		M/W	Farmer	Tn	Tn	Tn
	Mattie	33	Wife	F/W		Mo	NC	NC
	William	16	Son	M/W	Farm Labor	Tn	Tn	Mo
	Tommy	11	Son	M/W	Farm Labor	Tn	Tn	Mo
	Ella	9	Dau	F/W		Tn	Tn	Mo
	Cisaro	4	Son	M/W		Tn	Tn	Mo
	Lizzie	8/12	Dau	F/W		Tn	Tn	Mo
38	WALKER, Thomas	50		M/W	Farmer	Tn	Tn	Tn
	Belle	22	Dau	F/W		Tn	Tn	Tn
	Willie	14	Son	M/W		Tn	Tn	Tn
	Dovie	12	Dau	F/W		Tn	Tn	Tn
	Dave	20	Son	M/W	Farm Labor	Tn	Tn	Tn
39	WALKER, John	30		M/W	Farmer	Tn	Tn	Tn
	Mattie	24	Wife	F/W		Tn	Tn	Tn
	Ethel M.	3	Dau	F/W		Tn	Tn	Tn
	Clara B.	1	Dau	F/W		Tn	Tn	Tn
40	MILRANEY, John	30		M/W	Farmer	Tn	Tn	NC
	Jane	29	Wife	F/W		Tn	Tn	Tn
	Ella	6	Dau	F/W		Tn	Tn	Tn
	Harvey	5	Son	M/W		Tn	Tn	Tn
	Jimmie	4	Son	M/W		Tn	Tn	Tn
	BURTON, Jeff	67	Boarder	M/W		NY	Vt	Vt
41	STUBBLEFIELD, Hamilton	60		M/W	Farmer	Tn	Va	Tn
	Sally	49	Wife	F/W		Ohio	Ohio	Conn

No.	Name	Age	Rel. to Head	Sx/Race	Occupation	Birth of Person-Father-Mother		
	STUBBLEFIELD, William	26	Son	M/W	Farm Labor	Tn	Tn	ohio
	DRAKE, Matilda	35	Boarder	F/W	House Work	Swed	Swed	Swed
	Hall	7	Boarder	M/W		S D	Ohio	Ohio
42	FREED, Joseph	58		M/W	Farmer	Ind	Tn	Tn
	Martha	57	Wife	F/W		Ind	Pa	Pa
	Clarence F.	26	Son	M/W	Farm Labor	Ind	Ind	Ind
	Sally	20	Dau	F/W		Ind	Ind	Ind
	Joseph H.	17	Son	M/W	Farm Labor	Ind	Ind	Ind
	Daisy D.	15	Dau	F/W		Ind	Ind	Ind
	JOHNSON, Elsie	6	Gr/Dau	F/W		Ind	Ind	Ind
	MEDLEY, George	ca 23	Boarder	M/W	Farm Labor	Tn	Tn	Tn
	LORIN, Edward	26	Boarder	M/W	Farm Labor	NY	Pa	NY
43	BROWN, Howard	39		M/W	Farmer	Ohio	Eng	Ohio
	Mary	25	Wife	F/W		Dakota	Wis	Wis
	John	8	Son	M/W		Tn	Ohio	Wis
	Eddie	6	Son	M/W		Tn	Ohio	Wis
44	ABBIE, Syrin	40		M/W	Farmer	Ohio	Ohio	Ohio
	Lillie	37	Wife	F/W		Ill	Pa	NY
	Alice	14	Dau	F/W	At School	Wis	Ohio	Ill
	Clarence	7	Son	M/W		Wis	Ohio	Ill
	Rosco	4	Son	M/W		Wis	Ohio	Ill
	Elza	2	Son	M/W		Wis	Ohio	Ill
45	SHAUB, Nicholis	53		M/W	Farmer	Ger	Ger	Ger
	Haziel	49	Wife	F/W	Farm Labor	NY	France	France
	SCHMITZ, Gotlieff	22	Boarder	M/W	Farm Labor	Ohio	Switz	Switz
46	COGGIN, Bur---	48		M/W	Labor	Tn	Tn	Tn
	Isabelle	58	Wife	F/W		Tn	Tn	Tn
	ROBERTS, Jesse C.	16	Gr/Son	M/W	Labor	Tn	Tn	Tn
47	BASHAR, Isaac	50		M/W	Farmer	Tn	Pa	Va
	Tempy	46	Wife	F/W		Tn	Tn	Tn
	Georgie	9	Dau	F/W		Tn	Tn	Tn
	Frank	7	Son	M/W		Tn	Tn	Tn
	Mettia	18	Dau	F/W		Tn	Tn	Tn
48	MORFORD, Charles	34		M/W	Merchant	Tn	Tn	Tn
	Clara	26	Wife	F/W		Tn	Tn	Tn
	Richmond	1/12	Son	M/W		Tn	Tn	Tn
	RICHMOND, Bess	56	Mo/law	F/W		Kans.	??	??
	ELKINS, Elvin	15	Serv	M/W	Farm Labor	Tn	Tn	Tn
	HILL, Hariet	30	Serv	F/Bl	Servant	Tn	Tn	Tn
49	SIMPSON, John	56		M/W	Farmer	Tn	Tn	Tn
	Sarah	54	Wife	F/W		Tn	Tn	Tn
	Reed H.	21	Son	M/W	Farm Labor	Tn	Tn	Tn
	Charley	18	Son	M/W	Farm Labor	Tn	Tn	Tn
	William O.	16	Son	M/W	Farm Labor	Tn	Tn	Tn
	May	13	Dau	F/W	At School	Tn	Tn	Tn
	BRISTOW, Ellen	76	Aunt	F/W		Tn	Tn	Ala

No.	Name	Age	Rel. to Head	Sx/Race	Occupation	Birth of Person-Father-Mother		
50	BROWN, Thomas	51		M/W	Farmer	Tn	Tn	Tn
	Sarah	56	Wife	F/W		Tn	Tn	tn
	Martha	19	Dau	F/W		Tn	Tn	Tn
	Frank	16	Son	M/W	At School	Tn	Tn	Tn
	Hally	12	Dau	F/W	At School	Tn	Tn	Tn
	Mary	55	Sister	F/W		Tn	Tn	Tn
51	RIGGS, George	57		M/W	Farmer	Tn	NC	Tn
	Sarah	55	Wife	F/W		Tn	Tn	Tn
52	ROBISON, William	48		M/W	Farmer	Tn	Tn	Tn
	Nora (?)	41	Wife	F/W		Tn	Tn	Tn
	Beatras (?)	19	Dau	F/W		Tn	Tn	Tn
	Hassie	17	Dau	F/W	At School	Tn	Tn	Tn
	Nannie	14	Dau	F/W	At School	Tn	Tn	Tn
	Janie	10	Dau	F/W	At School	Tn	Tn	Tn
	Sally	7	Dau	F/W		Tn	Tn	Tn
	Ovia	4	Dau	F/W		Tn	Tn	Tn
	William	1	Son	M/W		Tn	Tn	Tn
53	ROBISON, Sally	37		F/W		Tn	Tn	Tn
	John	18	Son	M/W	Laborer	Tn	Switz	Tn
	Willie	13	Son	M/W	At School	Tn	Switz	Tn
	Vera J.	74	Mother	F/W		Tn	NC	NC
54	RAMSEY, Dave	82		M/W	Farmer	Tn	NC	Tn
	Rebecca	67	Wife	F/W		Tn	Va	Va
	BRYAN, Catharine	69	Sis/law	F/W		Tn	Va	Va
55	WHEELER, Ed	36		M/W	Farmer	Tn	Tn	Tn
	Roberta	29	Wife	F/W		Tn	Tn	Tn
	Carson	7	Son	M/W		Tn	Tn	Tn
	Molly	4	Dau	F/W		Tn	Tn	Tn
	King	1	Son	M/W		Tn	Tn	Tn
56	DAVIS, John	45		M/W	Farm Labor	Tn	Tn	Tn
	Jane	47	Wife	F/W		Tn	Tn	Tn
57	GIVENS, Joal	47		M/W	Farmer	Va	Va	Va
	Sarah	39	Wife	F/W		Va	va	Va
	Boyd F.	19	Son	M/W	Farm Labor	Va	Va	Va
	Martha E.	18	Dau	F/W	At School	Va	Va	Va
	Claud C.	16	son	M/W	At School	Va	Va	Va
	Sena G.	15	dau	F/W	At School	Va	Va	Va
	Della E.	13	Dau	F/W	At School	Va	Va	va
	Charles B.	11	Son	M/W	At School	Va	Va	Va
	Edward B.	9	Son	M/W	At School	Va	Va	Va
	Everett G.	8	Son	M/W		Va	Va	Va
	William M.	6	Son	M/W		Va	Va	Va
	Arlin R.	3	Son	M/W		Tn	Va	va
	Joal	2	Son	M/W		Tn	Va	Va
	ETTER, Maggie	33	Sis/law	F/W	House Help	Va	Va	Va

No.	Name	Age	Rel. to Head	Sx/Race	Occupation	Birth of Person	Father	Mother
58	SPARKMAN, Andrew	50		M/W	Farmer	Tn	Tn	Tn
	Demia	38	Wife	F/W		Tn	Tn	Tn
	Tilden	23	Son	M/W	Farm Labor	Tn	Tn	Tn
	Ira	21	Son	M/W	Farm Labor	Tn	Tn	Tn
	Alice	18	Dau	F/W	At School	Tn	Tn	Tn
	Ida	12	Dau	F/W	At School	Tn	Tn	Tn
59	RUCKER, Wiley	22		M/W	Farmer	Tn	Tn	Tn
	Angie	20	Wife	F/W		Tn	Tn	Tn
	Ruby	2	Dau	F/W		Tn	Tn	Tn
	John	7/12	Son	M/W		Tn	Tn	Tn
	FOSTER, Richard P.	83	Gr/Father	M/W		Tn	NC	NC
	TIDDLE, Oscar	17	Serv	M/W	Farm Labor	Tn	Tn	Tn
60	JUSTICE, Andrew	48		M/W	Miller	Tn	Tn	Tn
	Mary L.	41	Wife	F/W		Tn	Tn	Tn
	Halley	23	Dau	F/w		Tn	Tn	Tn
	George	19	Son	M/W	Miller	Tn	Tn	Tn
	Bettie	16	Dau	F/W	At School	Tn	Tn	Tn
	July	15	Dau	F/W	At School	Tn	Tn	Tn
	Blanch	13	Dau	F/W		Tn	Tn	Tn
	Leslie	10	Son	M/W		Tn	Tn	Tn
	Harry	5	Son	M/W		Tn	Tn	Tn
	Eva	1/12	Dau	F/W		Tn	Tn	Tn
61	MILLER, Gilliam	40		M/W	Merchant	Tn	Tn	Tn
	Lizzie	36	Wife	F/W		Tn	Tn	Tn
	Daisy	16	Dau	F/W	At School	Tn	Tn	Tn
62	MILLER, David	71		M/W	Farmer	Tn	NC	NC
	Martha	71	Wife	F/W		Tn	SC	NC
63	MILLER, Jessie	34		M/W	Farmer	Tn	Tn	Tn
	Mary	31	Wife	F/W		Tn	Tn	Tn
	Hassie	13	Dau	F/W	At School	Tn	Tn	Tn
	Eddie S.	9	Son	M/W	At School	Tn	Tn	Tn
	Gladice	2	Dau	F/W		Tn	Tn	Tn
64	FOSTER, William	31		M/W	Farmer	Tn	Tn	Tn
	Mattie	23	Wife	F/W		Tn	Tn	Tn
	Aubrie	4	Son	M/W		Tn	Tn	Tn
	Bertha	1	Dau	F/W		Tn	Tn	Tn
	HENDRICKSON, John J.	21	Boarder	M/W	School Teacher	Tn	Tn	Tn
65	YAGER, James	27		M/W	Farmer	Tn	Tn	Tn
	Ella	24	Wife	F/W		Tn	??	Tn
	Edward N.	1	Son	M/W		Tn	Tn	Tn
	SPENCER, William H.	23	Boarder	M/W	Farm Labor	Tn	??	??
66	BARRETT, Eli (?)	33		M/W	Blacksmith	Tn	Tn	Tn
	Celia A.	23	Wife	F/W		SC	SC	SC
	Pruddie	3	Dau	F/W		Tn	Tn	SC
	Bertha	2	Dau	F/W		Tn	Tn	SC

No.	Name	Age	Rel. to Head	Sx/Race	Occupation	Birth of Person	Father	Mother
67	YAGER, Edward N.	52		M/W	Merchant	Tn	Va	Tn
	Julia	49	Wife	F/W		Tn	Tn	Va
	Lillie B.	10	Dau	F/W		Tn	Tn	Tn
68	BOST, Thomas	41		M/W	Farmer	Tn	Tn	Tn
	Frances	39	Wife	F/W		Tn	Tn	Tn
	James A.	21	Son	M/W	Farm Labor	Tn	Tn	Tn
	Nancy E.	13	Dau	F/W		Tn	Tn	Tn
	Nellie E.	12	Dau	F/W	At School	Tn	Tn	Tn
	Noah N.	9	Son	M/W		Tn	Tn	Tn
	Hamble J.	6	Son	M/W		Tn	Tn	Tn
	Agie B.	2	Dau	F/W		Tn	Tn	Tn
	WALKER, Mary F.	10	St/Dau	M/W	At School	Tn	Tn	Tn
69	BROWN, Stephen	50		M/W	Farmer	Tn	Tn	Tn
	Acenia	40	Wife	F/W		Tn	Tn	Tn
	Abner M.	23	Son	M/W	Farm Labor	Tn	Tn	Tn
	William B.	20	Son	M/W	Farm Labor	Tn	Tn	Tn
	Anna F.	18	Dau	F/W	At School	Tn	Tn	Tn
	Mary M.	17	Dau	F/W	At School	Tn	Tn	Tn
	Claudy D.	16	Son	M/W	At School	Tn	Tn	tn
	Julia L.	13	Dau	F/W	At School	Tn	Tn	Tn
	John T.	11	Son	M/W	At School	Tn	Tn	Tn
	Bertha W.	9	Dau	F/W		Tn	Tn	Tn
	Arthur S.	7	Son	M/W		Tn	Tn	Tn
	Granville	6	Son	M/W		Tn	Tn	Tn
	Harol B.	4	Son	M/W		Tn	Tn	Tn
	Frank B.	3	Son	M/W		Tn	Tn	Tn
70	BAILEY, Dillard	47		M/W	Farmer	Tn	??	Tn
	Martha	45	Wife	F/W		Tn	Tn	Tn
	-neg--	13	Son	M/W		Tn	Tn	Tn
	Herbert	10	Son	M/W	At School	Tn	Tn	Tn
	Maggie	7	Dau	F/W	At School	Tn	Tn	Tn
	Billie C	8/12	Son	M/W		Tn	Tn	Tn
	Jennie	20	Dau	F/W	At School	Tn	Tn	Tn
71	GREEN, Andrew	32		M/W	Farmer	Tn	Tn	Tn
	Nannie	26	Wife	F/W		Tn	Tn	Tn
	Ewen	9	Son	M/W		Tn	Tn	Tn
	Willie	7	Son	M/W		Tn	Tn	Tn
	Eliza M.	5	Dau	F/W		Tn	Tn	Tn
	Hallie	2	Dau	F/W		Tn	Tn	Tn
72	PACE, JAmes	41		M/W	Farmer	Tn	Tn	Tn
	Sarah	35	Wife	F/W		Tn	Tn	Tn
	Colonel	17	Son	M/W	Farm Labor	Tn	Tn	Tn
	Ellen	15	Dau	F/W	At School	Tn	Tn	Tn
	Edward	14	Son	M/W	Farm Labor	Tn	Tn	Tn
	Hassie	11	Dau	F/W		Tn	Tn	Tn
	Frederick	8	Son	M/W		Tn	Tn	Tn
	Mable	6	Dau	F/W		Tn	Tn	Tn
	Ethel	3	Dau	F/W		Tn	Tn	Tn

No.	Name	Age	Rel. to Head	Sx/Race	Occupation	Birth of Person	Father	Mother
73	SIMPSON, Andrew J.	33		M/W	Farmer	Tn	Tn	Tn
	Juliana	30	Wife	F/W		Tn	Tn	Tn
	John	13	Son	M/W	At School	Tn	Tn	Tn
	Buna E.	11	Dau	F/W	At School	Tn	Tn	Tn
	Liza L.	9	Dau	F/W		Tn	Tn	tn
	Robert H.	7	Son	M/W		Tn	Tn	Tn
	Martha J.	4	Dau	F/w		Tn	Tn	Tn
	Mary L.	2	Dau	F/W		Tn	Tn	Tn
74	SMITH, Mathew	64		M/W	Farmer	Tn	Tn	Tn
	Marggie	37	Wife	F/W		Tn	Tn	Tn
	CARDWELL, Maggie	13	St/Dau	F/W		Tn	Tn	Tn
	JONES, Edith	68	Mo/law	F/W		Tn	NC	NC
75	MARTIN, William	39		M/Bl	Farmer	Tn	Tn	Tn
	Lillie D.	27	Wife	F/Bl		Tn	Tn	Tn
	Posy F.	3/12	Dau	F/W		Tn	Tn	Tn
	Mary A.	80	Gr/Mother	F/W		Tn	Tn	Tn
76	GREEN, John	63		M/Bl	Farmer	Tn	Tn	??
	Reeca	60	Wife	F/W		Tn	??	NC
77	MASON, Harry	31		M/Bl	Farmer	Tn	Tn	Tn
	Pearly	24	Wife	F/Bl		Tn	Tn	Tn
	Paul	7	Son	M/W		Tn	Tn	Tn
	Bertha M.	3	Dau	F/Bl		Tn	Tn	Tn
	Thomas A.	1	Son	M/Bl		Tn	Tn	Tn
78	AUSTEN, Parton	55		M/W	Farmer	NY	NY	NY
	Cora	38	Wife	F/W		Wis	NY	Ohio
	Ross E.	10	Son	M/W		Wis	NY	Wis
	(Surname of this family may be PARTON)							
79	LENNIE, ??	70	Farmer	M/W	Farmer	Nway	Nway	Nway
	Katerine	45	Wife	F/W		Wisc	Ind	Can
80	SOTT (?), Charles N.	38		M/W	Farmer	Ind	Ohio	Ind
	Suella	34	Wife	F/W		Ind	Ohio	Ohio
	GARRITSON, Nancy	42	Boarder	F/W	Dress Maker	Ind	Ohio	Ohio
	JONES, Isaac	23	Boarder	M/W	Farm Labor	Tn	Tn	Tn
81	UMBENHOUR, David	53		M/W	Farmer	Ky	Pa	Ky
	Rachiel	34	Wife	F/W		Tn	Tn	Tn
	David R.	8	Son	M/W		Tn	Ky	Tn
	John S.	6	Son	M/W		Tn	Ky	Tn
	James T.	4	Son	M/W		Tn	Ky	Tn
	SPURLOCK, Louise	69	Mo/law	F/W		Tn	Tn	Va
	BENTLEY, Blanche	47	Sis/law	F/W		Tn	Tn	Tn
	John E.	18	Boarder	M/W	At School	Tn	Tn	Tn
	Frank	15	Boarder	M/W	At School	Tn	Tn	Tn

No.	Name	Age	Rel. to Head	Sx/Race	Occupation	Birth of Person	Father	Mother
82	JONES, George	33		M/W	Farmer	Tn	Tn	Tn
	Ida	28	Wife	F/W		Tn	NY	Tn
	Bertha	9	Dau	F/W		Tn	Tn	Tn
	Berdie	9	Dau	F/W		Tn	Tn	Tn
	Gracie	3	Dau	F/W		Tn	Tn	Tn
	Manerva	72	Mother	F/W		Tn	Tn	Tn
	John A.	25	Brother	M/W	Farm Laboe	Tn	Tn	Tn
83	VICKERS, Milton	56		M/Bl	Farmer	Tn	Tn	Tn
	Ann	Unk	Wife	F/Bl		Tn	Tn	Tn
	Talitha	Unk	Mother	F/Bl		Tn	Tn	Tn
84	FRENCH, H.	45		M/Bl	Farmer	Tn	Ky	Tn
	Susan	49	Wife	F/Bl		Tn	Va	Tn
	MARTIN, French	5	Nephew	M/Bl		Tn	Tn	Tn
85	DRURY, Johnson	64		M/W	Farmer	Pa	Vt	Va
	Hariett	63	Wife	F/W		Mich	Vt	Ohio
	W------, John	31	Son/law	M/W	Sewing Mach. Agt	Mo	NY	Ind
	Almeda	41	Dau	F/W		Ind	Pa	Mich
86	RANKIN, James	44		M/W	Painter	Tn	Tn	Tn
	Talitha	40	Wife	F/W		Tn	Tn	tn
	Mattie M.	17	Dau	F/W	At School	Tn	Tn	Tn
	Sam	15	Son	M/W	At School	Tn	Tn	Tn
87	RITCHEY, Alfred	28		M/W	Merchant	Tn	Tn	Tn
	Joan	29	Wife	F/W		Mo	Mo	Mo
	A. Brown	5	Son	M/W		Tn	Tn	Mo
	Mary H.	3	Dau	F/W		Tn	Tn	Mo
	Darius T.	1	Son	M/W		Tn	Tn	Mo
	NORTHCUTT, Sarah	22		F/Bl	Servant	Tn	Tn	Tn
88	MORFORD, JAmes	27		M/W		Tn	Tn	Tn
	Elizabeth	23	Wife	F/W		Ky	Mo	Ky
	KAVANAUGH, Anna	24		F/W	Cook	Va	??	??
89	McGUIRE, John	35		M/W	Lawyer	Mass	Maine	Maine
	Martha	32	Wife	F/W		Tn	Tn	Tn
	Thomas	9	Son	M/W		Tn	Mass	Tn
	Agness	10	Dau	F/W	At School	Tn	Mass	tn
	Bessie	5	Dau	F/W		Tn	Mass	Tn
	John G.	2	son	M/W		Tn	Mass	tn
	MEAD, Roman	73	St/Father	M/W	Coin Merchant	NY	NY	Conn
90	PEERS, Harvey	40		M/W	Farmer	Wisc	Eng	Pa
	Emma	32	Wife	F/W		Wisc	Ohio	NY
91	GRIBBLE, George	31		M/W	Laborer	Tn	Tn	Tn
	Ruth	28	Wife	F/W		Ind	Ohio	Ohio
	Mable C.	7	Dau	F/W		Tn	Tn	Ind
	Blanch	4	Dau	F/W		Tn	Tn	Ind
	Samuel	2	Son	M/W		Tn	Tn	Ind

No.	Name	Age	Rel. to Head	Sx/Race	Occupation	Person	Father	Mother
92	McGREGOR, Matilda	62		F/W	House Keeper	Tn	Nc	Nc
	Anna	32	Dau	F/W	House Work	Tn	Tn	Tn
	Charley	28	Son	M/W	Laborer	Tn	Tn	Tn
93	ALLISON, James	44		M/W	Farmer	Tn	NC	Tn
	Estes	44	Wife	F/W		Tn	Tn	Tn
	Poindexter	14	Son	M/w	At School	Tn	Tn	Tn
	Harvey	19	Son	M/W		Tn	Tn	Tn
94	ALLISON, Benny	46		M/W	Farmer	Tn	NC	Tn
	Pheoby	30	Wife	F/W		Tn	Tn	Tn
	Thomas M.	12	Som	M/W	At School	Tn	Tn	Tn
	Ila M.	5	Dau	F/W		Tn	Tn	Tn
	Doctor Harrison	7/12	Son	M/W		Tn	Tn	Tn
96	WHITE, Tom	31		M/Bl	Farmer	Tn	Tn	Tn
	Ester	49	Wife	F/Bl		Tn	Tn	Tn
	John	16	Son	M/Bl	FArm Labor	Tn	Tn	Tn
95	ECHOLS, William	75		M/W	Farmer	Ala	??	??
	Susan	71	Wife	F/W		Ky	Tn	Tn
97	GREEN, George	45		M/W	Farmer	Tn	Tn	Tn
	Angaline	42	Wife	F/W		Ill	Pa	Ohio
	Martha A.	16	Dau	F/W	At School	Tn	Tn	Ill
	Fannie T.	13	Dau	F/W	At School	Tn	Tn	Ill
	George W.	11	Son	M/W	At School	Tn	Tn	Ill
	Joseph F.	10	Son	M/W	At School	Tn	Tn	ill
	Rosa E.	7	Dau	F/W		Tn	Tn	Ill
	Winnie D.	7	Dau	F/W		Tn	Tn	Ill
	Lillie Bell	5	Dau	F/W		Tn	Tn	ill
	Charles W.	2	Son	M/W		Tn	Tn	Ill
98	GREEN, John	21		M/W	Farm Labor	Tn	Tn	Ill
	Clara	16	Wife	F/W		Tn	Tn	Ill
99	MASON, Rhyne	74		M/W	Farmer	Tn	??	??
	Mary	57	Wife	F?W		Tn	??	Tn
	Mary E.	23	Dau	F/W	Music Teacher	Tn	Tn	Tn
	Thomas B.	18	Son	M/W	Farm Labor	Tn	Tn	Tn
	Willie A.	16	Dau	F/W	At School	Tn	Tn	Tn
	FREDERICK, Fritz	21	Serv	M/W	Farm Labor	La	??	Ger
100	BLOOM, William	48		M/W	Sawmill Oper.	Iowa	Russia	Irel
	Frances	40	Wife	F/W		Tn	??	Tn
	Ella	18	Dau	F/W	At School	Tn	Iowa	Tn
	Josie	16	Dau	F/W	At School	Tn	Iowa	Tn
	GIBBS, Charley	9	Boarder	M/W		Tn	Tn	Tn
101	DAVEY, Ann	83		F/W	Farmer	NY	Mass	NH
	Albert	52	Son	M/W	Farmer	Mich	NY	NY
	Charles	41	Son	M/W	Carpenter	Mich	NY	NY
	Eliza	35	Dau	F/W		Mich	NY	NY
	Fredrick	31	Son	M/W	Farm Labor	Mich	NY	NY
102	PENNINGTON, Josiah	55		M/W	Farmer	Tn	Tn	Tn
	Alda	38	Wife	F/W		Mich	NY	NY
	Frank	23	Son	M/W		Tn	Tn	Mich
	John	19	Son	M/W	Farm Labor	Tn	Tn	Mich
	Donald	11	Son	M/W	Farm Labor	Tn	Tn	Mich
	Robert	9	Son	M/W	At School	Tn	Tn	Mich
	Rowena	8	Dau	F/W		Tn	Tn	Mich
	Claud	5	Son	M/W		Tn	Tn	Mich
	Emma	1	Dau	F/W		Tn	Tn	Mich
103	MARSHALL, Sat---	62		M/W		Tn	Tn	Tn
104	SMITH, William	30		M/W	Farmer	Tn	Ga	Tn
	Tennie	41	Wife	F/W		Mo	Tn	Tn
	Flossie	3	Dau	F/W		Tn	Tn	Mo
	Bilbrey	6/12	Son	M/W		Tn	Tn	Mo
	ELKINS, ?	14	St/Dau	F/W		Tn	Tn	Mo
	Robert	10	St/Son	M/W		Tn	Tn	Mo
	Lula	8	St/Dau	F/W		Tn	Tn	Mo
	SMITH, Isaac	16	Boarder	M/W	Farm Labor	Tn	Tn	Tn
105	CRIGTINGTON, Ernest	21		M/W	Farmer	Tn	Tn	Tn
	Alice	22	Wife	F/W		Tn	Tn	Tn
	Gertrude	2	Dau	F/W		Tn	Tn	Tn
106	NEWBY, George	66		M/W	Farmer	Tn	NC	Tn
	Ollie	60	Wife	F/W		Tn	Tn	Ga
	Sam	32	Son	M/W	Farm Labor	Tn	Tn	Tn
	Minnie	22	Dau	f/W		Tn	Tn	Tn
	Maud	20	Dau	F/W		Tn	Tn	Tn
	Daisy	17	Dau	F/W		Tn	Tn	Tn
	Charley	16	Son	M/W	Farm Labor	Tn	Tn	Tn
107	NEWBY, Hiram	33		M/W	Farmer	Tn	Tn	Tn
	Molly	33	Wife	F/W		Tn	Tn	Tn
108	FISH, Monroe	23		M/W	Farmer	Tn	Tn	Tn
	Captoria	19	Wife	F/W		Tn	Tn	Tn
	Mary	3	Dau	F/W		Tn	Tn	Tn
	Vestal	8/12	Dau	F/W		Tn	Tn	Tn
109	FAULKNER, Clay	53		M/W	Manufacturer	Tn	SC	Va
	Mary K.	51	Wife	f/W		Tn	Tn	Tn
	Marga A.	23	Dau	F/W		Tn	Tn	Tn
	Herschel	22	son	m/W	Clerk	Tn	Tn	Tn
	Daisy	19	Dau	F/W	At School	Tn	Tn	Tn
	Thula M.	13	Dau	F/W	At School	Tn	Tn	Tn
	Virginia	12	Dau	F/W	At School	Tn	Tn	Tn
	SANDERS, Darfula	73	Mo/law	F/W		Tn	Tn	Tn
	SAVAGE, Mamie	19	Serv	F/W	Servant	Tn	Tn	Tn

No.	Name	Age	Rel. to Head	Sx/Race	Occupation	Birth of Person	Father	Mother
110	ESTES, John	54		M/W	Day Labor	Tn	Tn	Tn
	Alice	32	Wife	F/W		Tn	Tn	Tn
	Arma K.	8	Dau	F/W		Tn	Tn	Tn
	William G.	7	Son	M/W		Tn	Tn	Tn
	John T.	5	Son	M/W		Tn	Tn	Tn
111	GARMON, Samuel	63		M/W	Farmer	Tn	Tn	Ky
	Ruth	49	Wife	F/W		Tn	Tn	Tn
	William	22	Son	M/W	Farm Labor	Tn	Tn	Tn
	Thomas	18	Son	M/w	Farm Labor	Tn	Tn	Thomas
	Mattie L.	20	Dau	F/W	Hemming	Tn	Tn	Tn
	Malissa	16	Dau	F/W	At School	Tn	Tn	Tn
	Edna	14	Dau	F/W	At School	Tn	Tn	Tn
	Ethel	12	Dau	F/W	At School	Tn	Tn	Tn
	Rauselene	9	Dau	F/W		Tn	Tn	Tn
	BLANTON, Thomas J.	6	Nephew	M/W		Tn	Tn	Tn
112	SHENIEL, Joshua	63		M/W	Invalid	Tn	Tn	Tn
	Mary	65	Wife	F/W		Tn	Va	Tn
	John H.	31	Son	M/W	Day Laborer	Tn	Tn	Tn
	McPHERSON, Bulah	5	Gr/Dau	F/W		Tn	Tn	Tn
113	WILLIAMS, Sidney	56		M/W	Farmer	Ohio	Ohio	Ohio
	Olene	41	Wife	F/W		Neb	Va	??
	Ethelda G.	26	Dau	F/W	Keep House	Iowa	Ohio	Neb
	Della M.	22	Dau	F/W	Seamstress	Iowa	Ohio	Neb
	Etta	20	Dau	F/W		Iowa	Ohio	Neb
	Loran S.	18	Son	M/W	Day Labor	Iowa	Ohio	Neb
	Theodore W.	16	Son	M/W	Farm Labor	SD	Ohio	Neb
	Sidney S.	15	Son	M/W	Farm Labor	SD	Ohio	Neb
	Olive M.	12	Dau	F/W	At School	SD	Ohio	Neb
	Stanley	9	Som	M/W		Tn	Ohio	Neb
	Charles F.	6	Son	M/W		Tn	Ohio	Neb
	Alva	3	Son	M/W		Tn	Ohio	Neb
114	DAVIS, John B.	25		M/W	Cutter	Tn	Tn	Tn
	Willie M.	23	Wife	f/W		Tn	Tn	Tn
	Everett H.	7/12	Son	M/W		Tn	Tn	Tn
	Nettie	ca19	Sister	F/W	Seamstress	Tn	Tn	Tn
115	GREEN, William	26		M/W	Servant	Tn	Tn	Tn
	Sally	25	Wife	F/W		Tn	Tn	Tn
	Bernice	2	Dau	F/W		Tn	Tn	Tn
116	LANE, Eden M.	42		M/W	??	Tn	Tn	Tn
	Matilda	45	Wife	F/W		Tn	Tn	Tn
117	ALLEN, Hesaciah	62		M/W	??	Tn	Tn	Tn
	Heepsia	22	Dau	F/W	Seamstress	Tn	Tn	Tn
	Anna	20	Dau	F/W	Seamstress	Tn	Tn	Tn
	Connie	18	Dau	F/W	Seamstress	Tn	Tn	Tn
	Julius	14	Son	M/W	Farm Labor	Tn	Tn	Tn
	Vestia	13	Dau	F/W	At School	Tn	Tn	Tn

No.	Name	Age	Rel. to Head	Sx/Race	Occupation	Birth of Person	Father	Mother
118	BLANKS, Remus	27		M/W	Cutter	Tn	Tn	Tn
	Reecis	25	Wife	f/W		Tn	Tn	Tn
119	KESSINGER, Abraham	61		F/W	Farmer	Ind	Ohio	Ohio
	Rachael	60	Wife	F/W		Ind	Ohio	Ohio
120	WILSON, James	60		M/W	Farmer	Tn	Tn	Tn
	Adaline	45	Wife	F/W		Tn	Tn	Tn
	EDGE, Mary	20	Dau	F/W		Tn	Tn	
	George	35	Son/law	M/W	Farm Labor	Tn	Tn	
	Jimmie	4	Gr/Son	M/W		Tn	Tn	
	Maggie	22	Boarder	M/W		Tn	Tn	
121	STARKS, John	28		M/W		Tn	Tn	
	Etta	27	Wife	F/W		Tn	Tn	
	Bessie	5	Dau	F/W		Tn	Tn	Tn
	Novella	4	Dau	F/W		Tn	Tn	Tn
122	OWEN, William	49		M/W	Finisher	Tn	Tn	Tn
	Jennie	30	Wife	F/W		Tn	Tn	NC
	Mary	8	Dau	F/W		Tn	Tn	Tn
	Elmer	5	Son	M/W		Tn	Tn	Tn
	Alton	3	Son	M/W		Tn	Tn	Tn
123	GREEN, Isaac	50		M/W	Farmer	Tn	Tn	Tn
	Angeline	37	Wife	F/W		Tn	Tn	Tn
	Victor	12	Son	M/W	Day Labor	Tn	Tn	Tn
	Hill	5	Son	M/w		Tn	Tn	Tn
	Mandy A.	3	Dau	F/W		Tn	Tn	Tn
	Susa E.	6/12	Dau	F/W		Tn	Tn	Tn
124	ELKINS, Tilford	26		M/W	Farm Labor	Tn	Tn	Tn
	Laura	20	Wife	F/W		Tn	Tn	Tn
	Foster	3	Son	M/W		Tn	Tn	Tn
	Ruthy W.	1	Dau	F/W		Tn	Tn	Tn
125	BARRETT, Albert	23		M/W	Farmer	Tn	Tn	Tn
	Becky M.	24	Wife			Ind	Ind	Ind
126	OWEN, John	35		M/W	Spinner	Tn	NC	NC
	Jimmie	32	Wife	F/W		Tn	??	??
	John B.	9	Son	M/W		Tn	Tn	Tn
	Jim J.	6	Son	M/W		Tn	Tn	Tn
	Gracie	4	Dau	F/W		Tn	Tn	Tn
	Wavie	1	Dau	F/W		Tn	Tn	Tn
127	GOODWIN, Joseph	52		M/W	Farmer	Tn	NC	NC
	Sammatha	43	Wife	F/W		Tn	Tn	Tn
	Rachael	13	Dau	F/W	At School	Tn	Tn	Tn
	Miran	11	Son	M/W	At School	Tn	Tn	Tn
	Della	8	Dau	F/W		Tn	Tn	Tn
	James	5	Son	M/W		Tn	Tn	Tn
	Horace	2	Son	M/W		Tn	Tn	Tn
	Tennessee	1/12	Dau	F/W		Tn	Tn	Tn

No.	Name	Age	Rel. to Head	Sx/Race	Occupation	Birth of Person	Father	Mother
128	REED, James	43		M/W	farmer	Tn	Tn	Tn
	Martha	44	Wife	F/W		Tn	Tn	Tn
	Cintha C.	18	Dau	F/W	Weaver	Tn	Tn	Tn
	William J.	16	Son	M/W	Spinner	Tn	Tn	Tn
	Millie	14	Dau	F/W	Weaver	Tn	Tn	Tn
	Ellen	12	Dau	F/W	At School	Tn	Tn	Tn
	George M.	10	Son	M/W		Tn	Tn	Tn
	Susa E.	6	Dau	F/W		Tn	Tn	Tn
	Hattie E.	4	Dau	F/W		Tn	Tn	Tn
	Myrtle S.	3	Dau	F/W		Tn	Tn	Tn
129	HENDRIX, Richard	54		M/W	Day Laborer	Tn	Tn	Tn
	Rebecca	52	Wife	F/W		Tn	Tn	Tn
	Ezekial W.	29	Son	M/W	Day Laborer	Tn	Tn	Tn
	Jonathan	21	Son	M/W	Day Laborer	Tn	Tn	Tn
	Richard S.	21	Son	M/W	Day Laborer	Tn	Tn	Tn
	Celia	17	Dau	F/W	Weaver	Tn	Tn	Tn
	Isaac L.	13	Son	M/W	Day Laborer	Tn	Tn	Tn
	Della	11	Dau	F/W		Tn	Tn	Tn
	Joseph S.	10	Son	M/W		Tn	Tn	Tn
	Maggie D.	16	Boarder	F/W	Weaver	Tn	??	??
130	VANHOOSER, Hugh	26		M/W	Barber	Tn	Tn	Ill
	Damie	25	Wife	F/W		Tn	Tn	Tn
131	ALLEY, Samantha	66		F/W		Tn	Ky	Tn
	Verhaden	30	Son	M/W	Day Labor	Tn	Tn	Tn
132	ALLEY, Erasmus	32		M/W	Carpenter	Tn	Tn	Tn
	Nancy	31	Wife	F/W		Tn	Tn	Tn
	Musie	5	Dau	F/W		Tn	Tn	Tn
133	BELL, Frank	34		M/W	Boarder (Mill)	Tn	Tn	Tn
	Sarepta	31	Wife	F/W		Tn	Tn	Tn
	Edgar	11	Son	M/W	At School	Tn	Tn	Tn
	Lillie M.	9	Dau	F/W		Tn	Tn	Tn
	Mary F.	6	Dau	F/W		Tn	Tn	Tn
	Jesse T.	4	Son	M/W		Tn	Tn	Tn
	George N.	1	Son	M/W		Tn	Tn	Tn
134	GIBBS, Uriah	34		M/W	Loom Repair	Tn	Tn	Tn
	Tennessee	32	Wife	F/W		Tn	Tn	Tn
	Eva	13	Dau	F/W		Tn	Tn	Tn
	Ora	11	Dau	F/W		Tn	Tn	Tn
	Oscar J.	8	Son	M/W		Tn	Tn	Tn
	Ross	7	Son	M/W		Tn	Tn	Tn
	Tennessee	3	Dau	F/W		Tn	Tn	Tn
135	HAINES, George	42		M/W	Colorer	Tn	NC	NC
	Nancy	53	Wife	F/W		Tn	NC	NC
	CRIM, Della	7	Gr/Dau	F/W		Tn	Tn	Tn

No.	Name	Age	Rel. to Head	Sx/Race	Occupation	Birth of Person	Father	Mother
136	GRIFFITH, John	25		M/W	Farmer	Tn	Tn	Tn
	Mary	25	Wife	M/W		Tn	Tn	Tn
	Freddie	6	Son	M/W		Tn	Tn	Tn
	Leroy	4	Son	M/W		Tn	Tn	Tn
	Willie T.	1	Son	M/W		Tn	Tn	Tn
137	READER, Nattison	35		M/W	Inspector	Tn	Tn	Tn
	Ada	27	Wife	F/W		Tn	Tn	Tn
	Herbert	5	Son	M/W		Tn	Tn	Tn
	Clearoy	3	Son	M/W		Tn	Tn	Tn
138	SMARTT, Harvey	ca 21		M/W	Day Labor	Ala	Ala	Ala
	Effie	ca 18	Wife	F/W		Ala	Ala	Ala
	Julia	ca 10	ister	F/W		Ala	Ala	Ala
	Frank	ca 7	Brother	M/W		Ala	Ala	Ala
	WATSON, Roy	3	Nephew	M/W		Ala	Ala	Ala
139	COOLEY, William	51		M/W	Invalid	Tn	Tn	Tn
	Martha	52	Wife	F/W		Tn	Tn	Tn
	Ambius	18	Son	M/W	Day Laborer	Tn	Tn	Tn
	James	11	Son	M/W		Tn	Tn	Tn
140	CRIM, Morgan	39		M/W	Day Laborer	Tn	Tn	Tn
	Hettie	36	Wife	F/W		Tn	Tn	Tn
	Willie	9	Son	M/W		Tn	Tn	Tn
	Charley	7	Son	M/W		Tn	Tn	Tn
141	DILLON, Henry	38		M/W	Farmer	Tn	Va	Tn
	Anna	37	Wife	F/W		Tn	Va	Tn
	Clyde	12	Son	M/W	School	Tn	Va	Tn
142	GIBBS, John M.	60		M/W	Day Laborer	Tn	Tn	Tn
	Ann	44	Wife	F/W		Tn	Tn	Tn
	Minnie	14	Dau	F/W		Tn	Tn	Tn
143	SAFLEY, Richard	50		M/W	Farmer	Tn	Tn	Tn
	Nannie	47	Wife	F/W		Tn	Tn	Tn
	Ollie	22	Dau	F/W	Seamstress	Tn	Tn	Tn
	Maggie	21	Dau	F.W	Seamstress	Tn	Tn	Tn
	Birdie	18	Dau	F/W	At School	Tn	Tn	Tn
	William	14	Son	M/W	Farm Labor	Tn	Tn	Tn
	Reuben	13	Son	M/W	Farm Labor	Tn	Tn	Tn
Twins (	Molly	9	Dau	F/W		Tn	Tn	Tn
(	Jolly	9	Son	M/W		Tn	Tn	Tn
	Ethel	6	Dau	F/W		Tn	Tn	Tn
144	HUDGENS, James	30		M/W	Farmer	Tn	Tn	Tn
	Bertha	30	Wife	F/W		Tn	Tn	Tn
	Senore	5	Dau	F/W		Tn	Tn	Tn
	Robert	4	Son	M/W		Tn	Tn	Tn
	Porter	2	Son	M/W		Tn	Tn	Tn

No.	Name	Age	Rel. to Head	Sx/Race	Occupation	Birth of Person	Father	Mother
145	HODGE, M. J	60		M/W	Weaver	Tn	Tn	Tn
	Susan	28	Dau	F/W		Tn	Tn	Tn
	Mandy	26	Dau	F/W		Tn	Tn	Tn
	Ada	23	Dau	F/W		Tn	Tn	Tn
146	HODGE, George	32		M/W	Day Labor	Tn	Tn	Tn
	Alice	33	Wife	F/W		Tn	Tn	Tn
	Jimmie	9	Son	M/W		Tn	Tn	Tn
	Frank	8	Son	m/W		Tn	Tn	Tn
	Mary E.	6	Dau	F/W		Tn	Tn	Tn
	Herman	9/12	Son	m/W		Tn	Tn	Tn
147	MYERS, Elie	36		M/W	Boarder (Mill)	Tn	Tn	Tn
	Mandy	33	Wife	F/W		Tn	NC	??
	Edna	14	Dau	F/W		Tn	Tn	Tn
	Hershel	12	Son	M/w		Tn	Tn	Tn
	Mirtle	11	Dau	F/W		Tn	Tn	Tn
	Della	7	Dau	F/W		Tn	Tn	Tn
148	GOLDTRAP, Etta	28		M/W	Sewing	Ohio	Ohio	Ohio
	Ella	20	Wife	F/W	Sewing	Tn	Ohio	Ohio
	Ida	25	Boarder	F/W	Sewing	Tn	Tn	Tn
	TURNER, Ida	25	Boarder	F/W	Sewing	Tn	Tn	Tn
	Eva	17	Boarder	F/W	Sewing	Tn	Tn	Tn
*	LOAG, Anna	28	Boarder	F/W	Sewing	Tn	Tn	Tn
	Irma	14	Boarder	f/W	Sewing	Tn	Tn	Tn
	* Possibly LOGUE							
149	BLEVINS, Jennie	42		F/W	Sewing	Tn	Tn	Tn
	Tommy L.	20	Son	M/W	Farm Labor	Tn	Tn	Tn
	Cally M.	18	Dau	F/W	At School	Tn	Tn	Tn
	Ella N.	13	Dau	F/W	At School	Tn	Tn	Tn
	Frances L.	8	Dau	F/W		Tn	Tn	Tn
	Inez A.	6	dau	F/W		Tn	Tn	Tn
150	LUNY, Benjamin	ca 51		M/W	Farmer	Tn	Tn	Tn
	Josy	43	Wife	F/W		Tn	Tn	Tn
	Mary	22	Dau	F/W	Sewing	Tn	Tn	Tn
	William E.	12	Son	M/W	At School	Tn	Tn	Tn
	Edna E.	10	Dau	F/W	At School	Tn	Tn	Tn
	Lena M.	7	Dau	F/W		Tn	Tn	Tn
	Elsie M.	4	Dau	F/W		Tn	Tn	Tn
	PIRTLE, Sue	19	Boarder	F/W	Sewing	Tn	Tn	Tn
151	WILSON, Abraham	37		M/W	Spinner	Tn	Tn	Tn
	Sophronia	29	Wife	F/W		Tn	Ill	Ill
	Flora	12	Dau	F/W	At School	Tn	Tn	Tn
	Daisy	9	Dau	F/W		Tn	Tn	Tn
	Grover	6	Son	M/W		Tn	Tn	Tn
	MYERS, John	ca 41		M/W	Day Labor	Tn	Tn	Tn
	Josephibe	ca 38	Wife	F/W	Sewing	Tn	Tn	Tn
152	HOWARD, Huston	42		M/W	Supt. Cotton Mill	Tn	Tn	Tn
	Louisa	47	Sister	F/W		Tn	Tn	Tn

No.	Name	Age	Rel. to Head	Sx/Race	Occupation	Birth of Person	Father	Mother
153	MADEWELL, James M	55		M/W	Presser	Tn	Tn	Tn
	Mary	53	Wife	F/W		Tn	SC	Tn
	FREEMAN, Sevada	29	Dau	F/W	Sewing	Tn	Tn	Tn
	MADEWELL, Henry	27	Son	M/W	Presser	Tn	Tn	Tn
	Hattie	22	Dau	F/W	Sewing	Tn	Tn	Tn
	FREEMAN, Pearlie	4	Gr/Dau	F/W		Tn	Tn	Tn
	BROWN, Mary S.	72	Mo/law	F/W		Tn	NC	NC
154	COLE, Virginia	43		f/W		Tn	Tn	Tn
	SaRAH	@@	Dau	F/W	Sewing	Tn	Tn	Tn
	Mary	21	Dau	F/W	Sewing	Tn	Tn	Tn
	Emma V.	18	Dau	F/W	Sewing	Tn	Tn	Tn
	William P.	15	Son	M/W	Day Labor	Tn	Tn	Tn
	Nannie	13	Dau	F/W	Day Labor	Tn	Tn	Tn
	Johnnie W/	10	Son	M/W		Tn	Tn	Tn
155	WOMACK, William	52		M/W	Invalid	Miss	Miss	Tn
	Fannie	43	Wife	F/W		Tn	Tn	Tn
	Nora B.	18	Dau	F/W	Sewing	Tn	Miss	Tn
	Hattie L.	16	Dau	F/W	Sewing	Tn	Miss	Tn
	Louella	9	Dau	F/W		Tn	Miss	Tn
	Ellis P.	12	Son	M/W		Tn	Miss	Tn
	Lizzie D.	7	Dau	F/W		Tn	Miss	Tn
	Joe G.	4	Son	M/W		Tn	Miss	Tn
	DIJARMETT, Emily	75	Aunt	F/W		Va	Va	Va
	WOMACK, Sally	20	Boarder	F/W	Sewing	Tn	Va	Va
156	WEBB, Jennie	53		F/W	Sewing	Tn	Tn	Tn
	Rebecca	25	Dau	F/W	Invalid	Tn	Tn	Tn
	Mary	25	Dau	F/W	Day Labor	Tn	Tn	Tn
	Marion	17	Son	M/W	Day Labor	Tn	Tn	Tn
	Willie	10	Son	M/W		Tn	Tn	Tn
157	PATTON, Margaret	46		F/W	Weaver	Tn	??	??
	Willie	12	Son	M/W	At School	Tn	Tn	Tn
	Bula	9	Dau	F/W		Tn	Tn	Tn
	Josie	7	Dau	F/W		Tn	Tn	Tn
	Jessie	4	Son	M/W		Tn	Tn	Tn
158	GREEN, John	ca 26		M/W	Presser	Tn	Tn	Tn
	Eliza	27	Wife	F/W		Tn	Va	Tn
	Arrie B.	1	Dau	F/W		Tn	Tn	Tn
	Tom D.	ca 22	Brother	M/W	Day Laborer	Tn	Tn	Tn
	Frank	14	Brother	M/W		Tn	Tn	Tn
	PERRY, Samyria	37	Sis/law		Sewing	Tn	Va	Tn
	Richard	23	Bro/law	M/W	Farm Labor	Tn	Va	Tn
	BLANTON, Charles	7	Boarder	M/W		Tn	Tn	Tn
159	RICHARDSON, James	45		M/W	Sewing	Ohio	Ohio	Ohio
	Rosetta	22	Dau	F/W	Sewing	Ohio	Ohio	Ohio
	Maud	19	Dau	F/W		Tn	Ohio	Ohio
	Ella	18	Dau	F/W	Sewing	Tn		
	Lena	16	Dau	F/W	At School	Tn	Ohio	Ohio

No.	Name	Age	Rel. to Head	Sx/Race	Occupation	Person	Father	Mother
	RICHARDSON, Harvey	15	Son	M/W	At School	Tn	Ohio	Ohio
	Carrie	11	Dau	F/W		Tn	Ohio	Ohio
	Liddie	9	Dau	F/W		Tn	Ohio	Ohio
160	ANDERSON, James	34		M/W	Day Laborer	Tn	Tn	Tn
	Lodemia	34	Wife	F/W		Tn	Tn	Tn
	COUCH, Joseph	11	Gr/son	M/W	At School	Tn	Tn	Tn
	ANDERSON, Troy	4	Son	M/W		Tn	Tn	Tn
	Susa	1	Dau	F/W		Tn	Tn	Tn
	MOORE, Elizabeth	79	Mo/law	F/W		Tn	SC	SC
161	REEDER, Tom	47		M/W	Invalid	Tn	Tn	Tn
	Sally	44	Wife	F/W		Tn	Tn	Tn
	Minnie	17	Dau	F/W	Weaver	Tn	Tn	Tn
	Maud	14	Dau	F/W		Tn	Tn	Tn
	Mollie	11	Dau	F/W	At School	Tn	Tn	Tn
	Margie	8	Dau	F/W	At School	Tn	Tn	Tn
	Grace	3	Dau	F/W		Tn	Tn	Tn
162	BAKER, John	45		M/W	Surveyor	Fla	Fla	Fla
	Alverta	38	Wife	f/W	Fla	NC	SC	
	Naomi	18	Dau	F/W	Sewing	Fla	Fla	Va
	Lota	16	Dau	F/W	Seamstress	Fla	Fla	Fla
	Myra	4	Dau	F/W		Tn	Fla	Fla
163	MERRIMAN, Sally	57		F/W		Tn	Tn	Va
	Porter	26	Son	M/W	Packer	Tn	Tn	Tn
	Lula	18	Dau	F/w		Tn	Tn	Tn
164	GIBBS, Charley N.	27		M/W	Grocer Clerk	Tn	Tn	Tn
	Rutha	22	Wife	F/W		Tn	Tn	Tn
	Ellen	5	Dau	F/W		Tn	Tn	Tn
	Tulas B.	2	Dau	F/W		Tn	Tn	Tn
165	GIBSON, John H.	41		M/W	Trimmer	Tn	??	??
	Letty	31	Wife	F/W		Tn	Tn	Tn
	Frank	8	Son	M/W		Tn	Tn	Tn
	Christiana	7/12	Dau	F/W		Tn	Tn	Tn
166	JOHNSON, Thomas B.	43		M/W	Day Laborer	Tn	Tn	Tn
	Callie	42	Wife	F/W		Tn	Tn	Tn
	Maggie	19	Dau	F/W	Weaver	Tn	Tn	Tn
	Nettie P.	15	Dau	F/W		Tn	Tn	Tn
	Leroy	10	Son	M/W	At School	Tn	Tn	Tn
	Roy W.	9	Son	M/W		Tn	Tn	Tn
	Ruby I.	4	Dau	F/W		Tn	Tn	Tn
167	ARMSTRONG, Mac	43		M/W	Sup. Woolen Mills	Ala	??	??
	Mary	45	Dau	F/W		Tn	Tn	Ga
	Mary M.	18	Dau	F/W	At School	Tn	Ala	Tn
	Leonard A.	17	Son	M/W	Spinner	Tn	Ala	Tn
	Mable	14	Dau	f/W		Tn	Ala	Tn
	Mackie	12	son	M/W	At School	Tn	Ala	Tn

No.	Name	Age	Rel. to Head	Sx/Race	Occupation	Person	Father	Mother
	ARMSTRONG, Harold	10	Son	M/W	At School	Tn	Ala	Tn
	Gordon	4	Son	M/W		Tn	Ala	Tn
168	MORROW, Robert	33		M/W	Carding	Tn	Tn	Tn
	Edna	25	Wife	F/W		Tn	Tn	Tn
	Ann B.	10	Dau	F/W	At School	Tn	Tn	Tn
	Cecil T.	8	Son	M/W		Tn	Tn	Tn
	May O.	3	Dau	F/W		Tn	Tn	Tn
	Lonnie	11	Dau	F/W		Tn	Tn	tn
169	CANTRELL, Hiram P.	71		M/W	Farmer	Tn	SC	SC
	Hannah	66	Wife	F/W		Tn	Tn	Tn
	Nancy J.	43	Dau	F/W	Weaver	Tn	Tn	Tn
	Elie	29	Dau	F/W	Weaver	Tn	Tn	Tn
	Bettie	11	Dau	F/W		Tn	Tn	Tn
170	PHILLIPS, Judson	31		M/W	Bookkeeper	Tn	Tn	Tn
	Hattie	22	Wife	F/W		Tn	Tn	Tn
	Lucile	1	Dau	F/W		Tn	Tn	Tn
171	BELL, Lee	28		M/W	Boss-Weaver	Tn	Tn	Tn
	Hattie	21	Wife	F/W		Tn	Tn	Tn
	Herbert S.	5	Son	m/W		Tn	Tn	Tn
	George D.	3	Son	M/W		Tn	Tn	Tn
	Toy	1	Son	M/W		Tn	Tn	Tn
172	DENTON, William M.	37		M/W	Boss-Spinner	Tn	??	Tn
	Betty	35	Wife	F/W		Tn	Tn	Tn
	Ora L.	13	Dau	F/W	At School	Tn	Tn	Tn
	Willie E.	11	Son	M/W	At School	Tn	Tn	Tn
	Jimmie H.	8	Son	M/W		Tn	Tn	Tn
	Lillie M.	5	Dau	F/W		Tn	Tn	Tn
	George	2	Son	M/W		Tn	Tn	Tn
173	BAINE, Thomas L.	26		M/W	Day Laborer	Tn	??	??
	Maggie L.	16	Wife	F/W		Tn	Tn	Tn
	Gladdis	2	Dau	F/W		Tn	Tn	Tn
	Bula M.	3/12	Dau	F/W		Tn	Tn	Tn
174	WORLEY, Charley	30		M/W	Blacksmith	Tn	Tn	Tn
	Samantha	39	Wife	F/W		Ga	Ga	Ga
	Ida	16	Dau	F/W	Weaver	Tn	Tn	Ga
	Emma	14	Dau	F/W	Weaver	Tn	Tn	Ga
	Nora	12	Dau	F/W		Tn	Tn	Ga
175	NEELEY, William	44		M/W	Day Labor	Tn	Tn	Tn
	Sarah	43	Wife	F/W		Tn	Tn	Tn
	Meeda	22	dau	F/W	Weaver	Tn	Tn	Tn
	Miles E.	18	Son	M/W	Odd Jobs	Tn	Tn	Tn
	Sally	15	Dau	F/W	Weaver	Tn	Tn	Tn
	Alvas M.	13	Son	M/W	Weaver	Tn	Tn	Tn
	Mollie	10	Dau	F/W	At School	Tn	Tn	Tn
	Jessie	6	Dau	F/W		Tn	Tn	Tn

No.	Name	Age	Rel. to Head	Sx/Race	Occupation	Birth of Person	Father	Mother
	NEELEY, William	4	Son	M/W		Tn	Tn	Tn
	Homer D.	1	Son	M/W		Tn	Tn	Tn
	CUMMINGS, Polly ca	70	Mo/law	F/W		Tn	Tn	Tn
	Lucy A.	40	Sis/law	F/W	Weaver			
176	BELL, Sam	49		M/W	Back Maker	Tn	Tn	Tn
	Manerva	46	Wife	F/W		Tn	Tn	Tn
	Samuel P.	19	Son	M/W	Spinner	Tn	Tn	Tn
	Mary M.	17	Dau	F/W		Tn	Tn	Tn
	George W.	14	Son	M/W	Carder	Tn	Tn	Tn
	Bailey C.	12	Son	M/W	At School	Tn	Tn	Tn
	DODD, Maud	18	Boarder	F/W	Weaver	Tn	Tn	Tn
177	GREEN, Nancy	45		F/W	Weaver	Tn	??	??
	Elizabeth	20	Dau	F/W	Weaver	Tn	Tn	TN
	Shadrack C.	18	Son	m/W	Carder	Tn	Tn	tn
	Lucinda	16	Dau	F/W	Housekeeper	Tn	Tn	Tn
	Rosa A.	12	Dau	F/W	Cripple	Tn	Tn	Tn
Duplicate								
177	HEATHERLY, James C.	26		M/W	Minister	Tn	Tn	Tn
	Ida	26	Wife	F/W		Tn	Tn	Tn
178	HEATHERLY, Samuel M.	28		M/W	Minister	Tn	Tn	Tn
	Docia A.	21	Wife	F/W		Tn	Tn	Tn
	Bessie L.	2	Dau	F/W		Tn	Tn	Tn
	Susa M.	2/12	Dau	F/W		Tn	Tn	Tn
179	SPURLOCK, Gentry	Unk		M/Bl	Teamster	Tn	??	??
	Hannah	42	Wife	F/Bl		Tn	Tn	Tn
	Mary L.	17	Dau	F/Bl		Tn	Tn	Tn
	Eddie	15	Son	M/Bl	Day Labor			
	Richard	13	Son	M/Bl	Invalid	Tn	Tn	Tn
	Willie	10	Son	M/Bl		Tn	Tn	Tn
	Susana	8	Dau	F/Bl		Tn	Tn	Tn
	Dorabell	1	Dau	F/W		Tn	Tn	Tn
180	GIBSON, Octa	37		F/W	Weaver	Tn	Nc	Tn
	Hershel	13	Son	M/W	At School	Tn	Tn	Tn
	Daisy E.	12	Dau	F/W		Tn	Tn	Tn
181	MASON, William	30		M/W	Carder	Tn	Tn	Tn
	Mary	33	Wife	F/W		Tn	Tn	Tn
	Virginia	4	Dau	F/W		Tn	Tn	Tn
	GIBBS, Ada	11	Boarder	F/W		Tn	Tn	Tn
	John	32	Boarder	M/W	Day Laborer	Tn	Tn	Tn
182	OWEN, Mary	71		F/W		Tn	Ga	Ga
	Louisa	43	Dau	F/W	Weaver	Tn	Tn	Tn
	GREEN, George	20	Nephew	M/W	Farm Labor	Tn	Tn	Tn
	Hassie	18	Niece	F/W	Weaver	Tn	Tn	Tn
	Bailey	9	Nephew	M/W		Tn	Tn	Tn

No.	Name	Age	Rel. to Head	Sx/Race	Occupation	Birth of Person	Father	Mother
183	LAVANDER, George	29		M/W	Railroad	Tn	Ga	Ga
	Mary	25	Wife	F/W		Tn	Tn	Tn
	Frank	6	Son	M/W		Tn	Tn	Tn
	Vica	3	Dau	F/W		Tn	Tn	Tn
	Thula	1	Dau	F/W		Tn	Tn	Tn
184	SPAIN, Mattie	49		F/W		Tn	Tn	Tn
	Lemuel	21	Son	M/W	Spinner	Tn	Tn	Tn
	John D.	18	Son	M/W	Spinner	Tn	Tn	Tn
	Ella	14	Dau	F/W	Weaver	Tn	Tn	Tn
	Ulla	12	Dau	F/W		Tn	Tn	Tn
185	BARRETT, John	43		M/W	Day Labor	Tn	Tn	Tn
	Belle	42	Wife	F/W		Tn	Tn	Tn
	Hettie	19	Dau	F/W	Weaver	Tn	Tn	Tn
	Mattie	17	Dau	F/W	Weaver	Tn	Tn	Tn
	Lola	15	Dau	F/w	Weaver	Tn	Tn	Tn
	Howard	13	Son	M/W	Day Labor	Tn	Tn	Tn
	Claudy	11	Son	M/W	At School	Tn	Tn	tn
	Henry	7	Son	M/W		Tn	Tn	Tn
	Luther	5	Son	M/W		Tn	Tn	Tn
186	ROBINSON, Joseph	45		M/W	Day Labor	Tn	Tn	Tn
	Martha	38	Wife	F/W		Tn	Tn	Tn
	Elizabeth	17	Dau	F/W	Weaver	Tn	Tn	Tn
	Mary T.	14	Dau	F/W	Weaver	Tn	Tn	Tn
	Franklin	11	Son	M/W	Day Labor	Tn	Tn	tn
	Hariet O.	8	Dau	F/W		Tn	Tn	Tn
	John B.	5	Son	M/W		Tn	Tn	Tn
187	WORLEY, Arthur D.	35		M/W	Blacksmith	Tn	Tn	Tn
	Elizabeth	36	Wife	F/W		Tn	Tn	tn
	Mary	15	Dau	F/W	??	Tn	Tn	Tn
	Mandy L.	13	Dau	F/W	At School	Tn	Tn	Tn
	Jimmie	10	Son	M/W		Tn	Tn	Tn
	William W.	6	Son	m/W		Tn	Tn	Tn
	Arthur D.	1	Son	M/W		Tn	Tn	Tn
188	BOATWRIGHT, Mattie	38		F/W	Weaver	Tn	Tn	Tn
	Inez	16	Dau	F/W	Looper	Tn	Tn	Tn
	Anna	13	Dau	F/W	??	Tn	Tn	Tn
189	PHILLIPS, Elizabeth	54		F/W	Weaver	Tn	Tn	tn
	Matilda J.	24	Dau	F/W	Weaver	Tn	Tn	Tn
190	BASS, Mug----	34		M/W	Weaver	Tn	Tn	Tn
	Josie	33	Wife	F/W		Tn	Tn	Tn
	Margery	2	Dau	F/W		Tn	Tn	Tn
191	WHITE, William	64		m/W	Spinner	Tn	??	NC
	Mary	58	Wife	F/W		Tn	Tn	Tn
	Ada	30	Dau	F/W	Dressmaker	Tn	Tn	Tn
	Marcellis	19	Son	M/W	Bookkeeper	Tn	Tn	Tn
	Cora	16	Dau	F/W	At School	Tn	Tn	Tn

No.	Name	Age	Rel. to Head	Sx/Race	Occupation	Birth of Person-Father-Mother		
192	TYLER, Samuel	29		M/W	??	NY	NY	NY
	Laura	23	Wife	F/W		Tn	Tn	Tn
193	FAULKNER, Mattie A.	63		F/W		Tn	Tn	SC
	John	24	Son	M/W	??	Tn	SC	Tn
	Laura	21	Dau	F/W	Superv. Sewing	Tn	SC	Tn
	Acy	23		M/W	??	Tn	SC	Tn
	Lula	25	Wife	F/W		Tn	Tn	Tn
	Carl	4	Son	M/W		Tn	Tn	Tn
	Lora	2	Dau	F/W		Tn	Tn	Tn
194	McCOLLUM, Banjamin	30		M/W	??	Tn	Tn	Tn
	Lizzie	23	Wife	F/W		Tn	Tn	Tn
195	SHAWN, William	65		M/W	??	France	France	France
	Gusta	65	Wife	F/W		N H	??	??
196	SMITH, Mary	55		F/W		Ill	Ohio	Ind
	Adell	27	Son	M/W	??	Ind	Ind	Ind
	Blanche	18	Dau	F/W		Ind	Ind	Ind
	KENNEDY, Richard	61		M/W	Pa	??	??	
	Alice	32	Wife	F/W		NC	NC	NC
	Charity	4	Dau	F/W		T.	Pa	NC
	Thomas	5	Son	M/W		Tn	Pa	NC
197	KENNEDY, Clarence	38		M/W	Farmer	Iowa Pa		NY
	Myra	26	Wife	F/W		Ws	Maine	Maine
	Chi---	4	Son	M/W		Tn	IowA	Wis
	Martha	3	Dau	F/W		Tn	Iowa	Wis
	Mary	1	Dau	F/W		Tn	Iowa	Wis
198	OWENS, Mullinda (?)	45		M/W	Farmer	Pa	Pa	Pa
	Emma	39	Wife	F/W		Wis	Maine	Switz
	Gordon L.	12	Son	M/W	At School	Tn	Pa	Wis
	Bruce	11	Son	M/W	At School	Tn	Pa	Wis
	Carl	9	Son	M/W		Tn	Pa	Wis
	Alvin	6	Son	M/W		Tn	Pa	Wis
199	STALNAKER, L-----	66		M/W	Farmer	Va	Va	Va
	Martha	62	Wife	F/W		Pa	Scot	Pa
200	RECTOR, Harry	22		M/W	Farmer	Ohio	?/	??
	Lula	17	Wife	F/W		Tn	Tn	Tn
201	HUDGENS, edward G.	46		M/W	Farmer	Tn	Tn	Tn
	Bunavesta	39	Wife	F/W		Tn	Tn	Tn
	Hershell B.	18	Son	M/W	Clerk-W. Mills	Tn	Tn	Tn
	Ora P.	17	Son	M/W		Tn	Tn	Tn
	Kate L.	15	Dau	F/W	Sewing	Tn	Tn	Tn
	Bert M.	13	Son	M/W	At School	Tn	Tn	Tn
202	GREEN, Samuel	38		M/W	Farm Labor	Tn	Tn	Tn
	Mary	35	Wife	F/W		Tn	Tn	Tn

No.	Name	Age	Rel. to Head	Sx/Race	Occupation	Birth of Person-Father-Mother		
	GREEN, Nancy	10	Dau	F/W		Tn	Tn	Tn
	Sally	9	Dau	F/W		Tn	Tn	Tn
	Bacie	7	Dau	F/W		Tn	Tn	Tn
	George	5	Son	M/W		Tn	Tn	Tn
	John	3	Son	M/W		Tn	Tn	Tn
203	HAINS, Johnson	Unk		M/W	Presser	Tn	Tn	Tn
	Minnie	19	Wife	F/W	Sewing	Tn	Tn	Tn
	Ellen	17	Dau	F/W	Sewing	Tn	Tn	Tn
	Arthur	16	Son	M/W	??	Tn	Tn	Tn
	Addie	14	Dau	F/W		Tn	Tn	Tn
	John	10	Son	M/w		Tn	Tn	Tn
204	HUDGENS, Charles	54		M/W	Farmer	Tn	Tn	Tn
	Claircy J.	52	Wife	F/W		Tn	Tn	Tn
	Lou B.	27	Dau	F/W		Tn	Tn	Tn
	Daisy M.	21	Dau	F/W		Tn	Tn	Tn
	Verga L.	9	Dau	F/W		Tn	Tn	Tn
	ANTHONY, Cullom	23		M/W	Bookkeeper	Tn	Tn	Tn
205	SILES, Sarah	53		F/W		Va	Va	Va
	WEBB, Daisy	20	Dau	F/W		Tn	Tn	Va
	Samuel P.	19	Son	M/W	Farm Labor	Tn	Tn	Va
	Linda	15	Dau/law	F/W		Tn	Tn	Va
	Henry W.	14	Son	M/W	Spinner	Tn	Tn	Va
	ESCEW, Mary	67		F/W		Tn	Tn	Va
206	DENTON, Ma----	ca 60		F/W		Tn	??	??
	Eva	28	Dau	F/W	Sewing	Tn	Tn	Tn
207	BARRY, Jessie	58		M/W	Farmer	Ala	SC	SC
	Mary A.	54	Wife	F/W		Tn	Tn	Tn
	Jessie M.	13	Dau	F/W	At School	Tn	Ala	Tn
	RUSSELL, Johnnie	27	Boarder	M/W		Miss	NC	Tn
	Robinson	2	Boarder	M/W		Tn	Tn	Miss
	Mary P.	5/12	Boarder	F/W		Tn	Tn	Miss
208	CLARK, Winga---	29		M/W	Farmer	Tn	Mo	Tn
	Della	26	Wife	F/W		Tn	Tn	Tn
	Willie	3	Dau	F/w		Tn	Tn	Tn
209	NORRIS, Jacob	51		M/W	Farmer	Ohio	Ohio	ohio
	Rosa	39	Wife	F/W		Ohio	Ohio	Ohio
	Clara	19	Dau	F/W		Minn	Ohio	Ohio
	Lottie	17	Dau	F/W	At School	Minn	Ohio	Ohio
	Belva	15	Dau	F/W	At School	Minn	Ohio	Ohio
	Addie	13	Dau	F/W	At School	Minn	Ohio	Ohio
	Willie	11	son	M/W	At School	Minn	Ohio	Ohio
	Jacob L.	6	Son	M/W		Tn	Ohio	Ohio
	Frank	4	Son	M/W		Tn	Ohio	Ohio
	Nannie	1	Dau	F/W		Tn	Ohio	Ohio

No.	Name	Age	Rel. to Head	Sx/Race	Occupation	Birth of Person-Father-Mother		
210	JULIAN, Bird	24		M/W	Farmer	Tn	Tn	Tn
	Eva L.	24	Wife	F/W		Tn	Tn	Tn
	Florence	3	Dau	F/W		Tn	Tn	Tn
211	MILLER, George M.	65		M/W	Carpenter	Va	va	va
	Samantha J.	54	Wife	f/W		Tn	Ala	Ala
	Blanche	18	Dau	F/W		Tn	Va	Tn
	MARTH, Meris	24		M/W	Farm Labor	Ind	Ind	Ind
	Nettie	20	Wife	F/W		Tn	Va	Tn
	Arvan L.	3	Son	M/W		In	Ind	tn
	George D.	1	Son	M/W		Tn	Ind	Tn
212	BLANKENSHIP, Smith	22		M/W	Day Labor	Tn	Tn	Tn
	Mary E.	20	Wife	F/W		Tn	Tn	Tn
	James W.	1	Son	M/w		Tn	Tn	Tn
213	BLUE, Wilson	54		M/W	Farmer	Ohio	Ohio	Ohio
	Susan	55	Wife	F/W		Ohio	Md	Pa
	Frank P.	32	Son	M/W	Saw Mill	Ohio	Ohio	Ohio
	George P.	30	Son	M/W	Tr. Salesman	Ohio	Ohio	Ohio
	Maggie	27	Dau	F/W		Ohio	Ohio	Ohio
	Bertha	24	Dau	F/W		Ohio	Ohio	Ohio
	Silas E.	12	Son	M/W	At School	Ohio	Ohio	Ohio
	Winnie G.	10	Dau	F/W	At School	Tn	Ohio	Ohio
214	FRAZER, William	43		M/W	Farmer	Tn	Tn	NC
	Ellen	40	Wife	F/W		Tn	NC	NC
	Freddie	16	Son	M/W	Farm Labor	Tn	Tn	Tn
	Sally	12	Dau	F/W	At School	Tn	Tn	Tn
	Willie	3	Dau	F/W		Tn	Tn	Tn
	PATTERSON, Sara A.	84	Mo/law	F/W		NC	NC	NC
215	PATTERSON, Nathaniel	57		M/W	Farmer	Tn	NC	NC
	McCORKLE, Andrew	19	Boarder	M/W	farm labor	Tn	Tn	Tn
216	McGEE, Levander	28		M/W	Farmer	Tn	Tn	Tn
	Bertha	37	Wife	F/W		Tn	Va	Va
	Jerry M.	15	Dau	F/W	At School	Tn	Tn	Tn
	Bertha	10	Dau	F/W	At School	Tn	Tn	Tn
	Willie	8	Son	M/W		Tn	Tn	Tn
	Nealy	6	Dau	F/W		Tn	Tn	Tn
	Leslie	4	Son	M/W		Tn	Tn	Tn
217	FUSTON, Hariet	49		F/W		Tn	Tn	Tn
	Susan	62	Sister	F/W		Tn	Tn	Tn
218	McGEE, James	54		M/W	Farmer	Tn	Tn	Tn
	Martha	54	Wife	F/W		Tn	Tn	Tn
	Johnnie L.	15	Son	M/W		Tn	Tn	Tn

No.	Name	Age	Rel. to Head	Sx/Race	Occupation	Birth of Person-Father-Mother		
219	JULIAN, James	31		M/W	Farmer	Tn	Tn	Tn
	Holly	28	Wife	F?W		Tn	Tn	Tn
	William H.	10	Son	M/W	At School	Tn	Tn	Tn
	Charles D.	6	Son	M/W		Tn	Tn	Tn
	Horace B.	3	Son	m/W		Tn	Tn	tn
220	DUVAUL, Lizzie	39		F/W		Fle	Fla	Fla
	Willie L.	17	Son	M/W	Day Labor	Fla	Fla	Fla
	Wesley A.	15	Son	M/W		Fla	Fla	Fla
221	HINES, William	ca 50		M/W	Farmer	Tn	Tn	Tn
	Mary	ca 57	Wife	F/W		Tn	Tn	Tn
222	BOSTON, John	67		M/W	Farmer	Ohio	Eng	Pa
	Mary	70	Wife	F/W		Ohio	Pa	Va
	ELLIOT, Hattie E.	27	Niece	F/W		Ohio	Ohio	Ohio
223	BOSTON, Albert A.	31		M/W	Farm Labor	Ohio	Ohio	Ohio
	Hannah J.	31	Wife	F/W		Ohio	Ohio	Ohio
224	HOLLEY, William	36		M/W	Farm Labor	Tn	Tn	Tn
	Martha	43	Wife	F/W		Tn	Tn	NC
	Willie	12	Dau	F/W		Tn	Tn	Tn
	Effie M.	4	Dau	F/W		Tn	Tn	Tn
	John	1	Son	M/W		Tn	Tn	tn
225	CRAWFORD, James R.	40		M/W	Farmer	Tn	Tn	Tn
	Margaret	37	Wife	F/W		Tn	Tn	Tn
	Arthur	16	Son	M/W	Farm Labor	Tn	Tn	Tn
	Jessie	10	Dau	F/W	At School	Tn	Tn	Tn
	Claudy	7	Son	M/W		Tn	Tn	Tn
	Clarence	4	Son	M/W		Tn	Tn	Tn
	Holly M.	2	Dau	F/W		Tn	Tn	Tn
226	CLARK, Herbert	46		M/W	Farmer	NY	NY	NY
	Dora E.	47	Wife	F/W		NY	NY	NY
227	BLACK, Isaac	27		M/W	Day Labor	Tn	Tn	Tn
	Aldona	23	Wife	F/W		Tn	Tn	Tn
	WEBSTER, Booker	22	Boarder	M/W	Day Labor	Tn	Tn	Tn
228	ARNOLD, Henry	54		M/W		Ohio	Ohio	Ger
	Mary	51	Wife	F/W		Ga	SC	SC
	Della	27	Dau	F/W	Teacher	Ohio	Ohio	Ga
	Fred O.	21	Son	M/W	Farm Labor	Ohio	Ohio	Ga
	Marvel R.	10	Son	M/W	At School	Ohio	Ohio	ga
	COPE, Belle	19	Cook	F/W	Cook	Tn	Tn	Tn
229	HOBBS, Samson	Unk		M/Bl	Day Laborer	Tn	Tn	Tn
	Ellen	Unk	Wife	F/Bl		Tn	Ala	Ala
	RAMSEY, Ella	Unk	Head	F/Bl		Tn	Va	Va
	Jennie	Unk	Dau	F/Bl	Housework	Tn	Tn	Tn
	Mary	ca 22	Dau	F/Bl	Housework	Tn	Tn	Tn

No.	Name	Age	Rel. to Head	Sx/Race	Occupation	Birth of Person-Father-Mother		
	RAMSEY, Jim	7	Gr/son	M/Bl		Tn	Tn	Tn
	Fate	1	Gr/Son	M/Bl		Tn	Tn	Tn
	Charlotte	20	Dau	F/Bl		Tn	Tn	Tn
	Susan	18	Dau	F/Bl		Tn	Tn	Tn
	Ivy	15	Dau	F/Bl		Tn	Tn	Tn
	SAFLEY, John	Unk	Boarder	M/Bl	Day Labor	??	??	??
	RAMSEY, Molly	Unk	au/law	F/Bl	Washwomas	??	??	??
230	McGREGGOR, Bruce	30		M/W	Farmer	Tn	Tn	Tn
	Molly	26	Wife	F/W		Tn	Tn	Tn
	Eddie	8	Son	M/W		Tn	Tn	Tn
	Lucile	7	Dau	F/W		Tn	Tn	Tn
	Bertha	5	Dau	F/W		Tn	Tn	Tn
	Hanible	1	Son	M/W		Tn	Tn	Tn
231	WEBSTER, Lizzie	52		F/W		Ky	Ky	KY
	Bird	52	Husb.	M/W	Farmer	Ky	Tn	Tn
232	HUTCHINS, Rollin	27		M/W	Lumberman	Mich	NY	NY
	Gillia	24	Wife	F/W		Tn	Tn	Tn
	FENNEL, Lela	12	Boarder	F/W		Tn	Tn	Tn
233	OWENS, Robert	35		M/W	Farmer	Tn	Tn	Tn
	Nancy	34	Wife	F/W		Tn	Tn	Tn
	Virgie E.	8	Dau	F/W		Tn	Tn	Tn
	Sally L.	7	Dau	F/W		Tn	Tn	Tn
	John R.	1	Son	M/W		Tn	Tn	Tn
234	MELTON, Thomas	47		M/W	Farmer	Tn	Tn	Tn
	Sarah	43	Wife	F/W		Tn	Tn	Tn
	Cheatham	20	Son	M/W	Farm Labor	Tn	Tn	Tn
	Floyd	17	Son	M/W	Farm Labor	Tn	Tn	Tn
	Georgia	15	Dau	F/W	At School	Tn	Tn	Tn
	Blanch	11	Dau	F/W	At School	Tn	Tn	Tn
	Lizzie	7	Dau	F/W		Tn	Tn	Tn
	Pivons	12	Son	M/W		Tn	Tn	Tn
235	NORTHCUTT, Elijah	52		M/W	Farmer	Tn	Tn	Tn
	Sarah	48	Wife	F/W		Tn	Tn	Tn
	Tommy	21	Son	M/W	Farm Labor	Tn	Tn	Tn
	Eva	18	Da/Law	F/W		Tn	Tn	Tn
	Era	18	Dau	F/W	At School	Tn	Tn	Tn
	Marvin	14	Son	M/W	At School	Tn	Tn	Tn
	Lillian	8	Dau	F/W		Tn	Tn	Tn
236	ANDERSON, John	37		M/W	Merchant	Tn	Tn	Tn
	Lockey	33	Wife	F/Wf		Tn	Tn	Tn
	Joseph F.	13	Son	M/W	At School	Tn	Tn	Tn
	Isaac A.	3	Son	M/W		Tn	Tn	Tn
237	FINGER, Cicero	54		M/W	Farmer	Tn	Tn	Tn
	Eliza	40	Wife	F/W		Tn	Tn	Tn

No.	Name	Age	Rel. to Head	Sx/Race	Occupation	Birth of Person-Father-Mother		
	FINGER, Ethel	16	Dau	F/W	At School	Tn	Tn	Tn
	John P.	14	Son	M/W	At School	Tn	Tn	Tn
	Irene	11	Dau	F/W	At School	Tn	Tn	Tn
	Elma	9	Dau	F/W		Tn	Tn	Tn
	Lucile	5	Dau	F/W		Tn	Tn	Tn
	Hershel	3	Son	M/W		Tn	Tn	Tn
238	TILLET, George	46		M/W	Farmer	Tn	Tn	Tn
	Jennie	46	Wife	F/W		Tn	Tn	Tn
	Freddie	20	Son	M/W	Farm Labor	Tn	Tn	Tn
	Georgia	14	Dau	F/W	At School	Tn	Tn	Tn
239	HOOVER, Othnol A.	25		M/W	Farm Labor	Tn	Tn	Tn
	Arrilla	19	Wife	F/W		Tn	Tn	Tn
	Eva	2	Dau	F/W		Tn	Tn	Tn
240	STROUD, James	43		M/W	Farmer	Tn	Tn	Tn
	Millie J.	48	Wife	F/W		Tn	Tn	Tn
	Octa Jane	21	Dau	F/W	Farm Labor	Tn	Tn	Tn
	Charley M.	20	Son	M/W	Farm Labor	Tn	Tn	Tn
	Cora A.	18	Dau	F/W	At School	Tn	Tn	Tn
	Pearl B.	16	Dau	F/W	At School	Tn	Tn	Tn
	Icy J.	14	Dau	F/W	At School	Tn	Tn	Tn
	Mandy E.	19	Dau	F/W		Tn	Tn	Tn
	Hilda M.	6	Dau	F/W		Tn	Tn	Tn
241	MELTON, Sally	62		F/W		NC	NC	NC
	Sudora	22	Dau	F/W		Tn	Tn	NC
	Emma J.	19	Dau	F/W		Tn	Tn	NC
242	HENDERSON, John S.	55		M/W		Tn	Tn	Tn
	Frances	ca 48	Wife	F/W		Tn	Tn	Tn
	Daniel	22	Son	M/W		Tn	Tn	Tn
	John	18	Son	M/W		Tn	Tn	Tn
	Tennie	15	Dau	F/W		Tn	Tn	Tn
	Winnie	14	Dau	F/W		Tn	Tn	tn
	Allice	11	Dau	F/W		Tn	Tn	tn
	Willie	8	Son	M/w		Tn	Tn	tn
	Verlia	2	Son	M/w		Tn	Tn	Tn
243	BROWN, Mary	69		F/W		Ohio	Ohio	Ohio
	William E.	40	Son	M/W	Farmer	Ohio	Ohio	Ohio
244	CROUCH, Lawson	37		M/W	Farm Labor	Tn	Tn	Tn
	Lucy	33	Wife	F/w		Tn	Tn	Tn
	Milton	17	dau	F/W	At School	Tn	Tn	Tn
	Charley	13	Son	M/W	At School	Tn	Tn	Tn
	Gola	11	Dau	F/W	At School	Tn	Tn	Tn
	Lottie	10	Dau	F/w	At School	Tn	Tn	Tn
	Belle	7	Dau	F/W	At School	Tn	Tn	Tn
245	BROWN, William	ca 46		M/W	Farmer	Tn	Tn	Tn
	Sue	38	Wife	F/W		Tn	Tn	Tn

No.	Name	Age	Rel. to Head	Sx/Race	Occupation	Birth of Person	Father	Mother
246	PARIS, Joseph	56		M/W	Farmer	Tn	Tn	Tn
	Bettie	54	Wife	F/W		Ill	Ill	Ill
	Claud	25	Son	M/W	Farm Labor	Tn	Tn	Ill
	Leona	21	Dau	F/W	Dressmaker	Tn	Tn	Ill
	John R.	17	Son	M/W	Farm Labor	Tn	Tn	Ill
	Hackett	15	Son	M/W	At School	Tn	Tn	Ill
	Mazel	11	Son	M/W	At School	Tn	Tn	Ill
	LOGAN, Margaret	78	Mo/law	F/W		Ill	Ky	Ky
	PARIS, Edna	18	Dau/law	F/W		KY	Ky	Ky
	Bettie	1/12	Gr/Dau	F/W		Ill	Tn	Ky
247	ALDERSON, James J. ca	62		M/W	Farmer	Tn	??	??
	C. J.	56	Wife	F/W		Tn	Tn	Tn
	Frank	22	son	m/W	Express Man	Tn	Tn	Tn
	Audy	15	Son	M/W	Farm Labor	Tn	Tn	Tn
248	SAVAGE, Harry	47		M/Bl	Farm Labor	Tn	Tn	Tn
	Josie	36	Wife	F/Bl		Tn	Tn	Ky
	Theodore	20	Son	M/Bl	Farm Labor	Tn	Tn	Tn
	George	6	Son	M/Bl		Tn	Tn	Tn
	ETTER, George	11	St/Son	M/Bl		Tn	Tn	Tn
	Merreil	8	St/Son	M/Bl		Tn	Tn	Tn
249	LOCK, Lewis	46		M/Bl	Farmer	Tn	Tn	Tn
	Fleeta	28	Wife	F/Bl		Tn	Tn	Tn
250	LOCK, Francis ca	60		F/Bl	Farmer	Tn	Tn	Tn
	Roda	22	Dau	F/Bl		Tn	Tn	Tn
	Harry	4	Gr/Son	M/Bl		Tn	Tn	Tn
	Lee	5	Gr/Son	m/Bl		Tn	Tn	Tn
	Josie	7	Dau	F/W		Tn	Tn	Tn
251	PARIS, Sue	42		F/W		Tn	Tn	Tn
	Florence	1	Dau	F/W		Tn	Tn	Tn
	SMITH, Hugh	16	Son	M/W		Tn	Tn	Tn
	Callie	14	Dau	F/W	At School	Tn	Tn	Tn
252	THROWER, John	23		M/W	Laborer	Tn	Tn	Tn
	Mary	22	Wife	F/W		Tn	Tn	Tn
253	LOCKE, Ceaser	30		M/Bl	Day Laborer	Tn	Tn	Tn
	Nora	26	Wife	F/Bl		Tn	Tn	Tn
	Lillie B.	4	Dau	F/Bl		Tn	Tn	Tn
	Van J.	1	Son	M/Bl		Tn	Tn	Tn
254	SAVAGE, William	70		M/Bl	Day Labor	Tn	??	Tn
	Jennie	46 (?)	Wife	F/Bl		Tn	??	Tn
	Cornelius	18	Son	M/Bl	Day Labor	Tn	Tn	Tn
	Bennie	12	Son	M/Bl	Day Labor	Tn	Tn	Tn
	Hillis	10	Son	M/Bl	At School	Tn	Tn	Tn
	Eddie	7	Son	M/Bl		Tn	Tn	Tn
	Ethel	2	Dau	F/Bl		Tn	Tn	Tn
255	CRAWLEY, Lafate	72		M/W	Farmer	NC	NC	NC
	Lula	55	Wife	F/W		Tn	Tn	Tn
	Sam J.	26	Son	M/W		Tn	NC	Tn
256	QUICK, George	61		M/W		Eng	??	Eng
	Maglin	50	Wife	F/W		Scot	Scot	Scot
	John	19	Son	M/W	Farm Labor	Dakota	Eng	Scot
	Charles	16	Son	M/W	Farm Labor	Dakota	Eng	Scot
	James	13	Son	M/W	Farm Labor	Dakota	Eng	Scot
	George	8	Son	M/W		Dakota	Eng	Scot
257	BURKS, Howard	49		M/W	Farmer	Tn	Tn	Tn
	Emma	30	Wife	F/W		Tn	Tn	Tn
	Mattie	11	Dau	F/W	At School	Tn	Tn	Tn
	May	9	Dau	F/w		Tn	Tn	Tn
	Lula	8	Dau	F/W		Tn	Tn	Tn
	Mable	5	dau	F/W		Tn	Tn	Tn
	Hewey	3	Son	M/W		Tn	Tn	Tn
	Leander	1	Son	M/W		Tn	Tn	Tn
258	SMITH, Frank	39		M/Bl	Farm Labor	Tn	Tn	Tn
	Tamer	85	Mother	F/Bl		Tn	??	??
259	BLAIR, Cornelius	54		F/W		Tn	Tn	Tn
	Beulah	23	Dau	F/W		Tn	Tn	Tn
	Edgar	20	Son	M/W	Farm Labor	Tn	Tn	Tn
260	MONTGOMERY, Lelia	49		F/W	Farmer	Maine	Maine	maine
	Elmer	14	Son	m/W		Dakota	Wisc	Maine
	Meldrias	9	Dau	F/W		Tn	Wusc	maine
	Gertrude	6	Dau	F/W		Tn	Wisc	Maine
	William	3	Son	M/W		Tn	Wisc	Maine
261	CROW, Emery	22		M/W	??	Minn	Can	Minn
	Martha	17	Wife	F/W		SD	Wis	Minn
	Milton	25	Brother	M/W	Laborer	Minn	Can	Minn
262	DEMPSY, John L.	51		M/W	Farmer	Md	Md	Del
	Margaret	59	Wife	F/W		Pa	Pa	Pa
	ETTER, Joe ca	25	Serv	M/Bl	Servant	Tn	Tn	Tn
	SPURLOCK, Abraham ca	31	Boarder	M/Bl	Servant	Tn	Tn	Tn
263	BLAIR, Carol	38 (?)		M/W	Farmer	Tn	Tn	Tn
	Della	38	Wife	F/W		Tn	??	??
	William	14	Son	M/W		Tn	Tn	Tn
	Alvin	8	Son	M/W		Tn	Tn	Tn
	GRAHAM, Pearl	11	Boarder	F/W	Boarder	Tn	Tn	Tn
264	SWANCUT, Jonathan	70		M/W	Farmer	Wales	Wales	wales
265	SMARTT, William	50		M/W	Marble Cutter	Tn	Tn	Tn
	Martha A.	38	Wife	F/W		Tn	Tn	Tn
	Edna M.	7	Dau	F/w		Tn	Tn	Tn

No.	Name	Age	Rel. to Head	Sx/Race	Occupation	Birth of Person	Father	Mother
	SMARTT, Kenedy B.	2	Son	M/W		Tn	Tn	Tn
	Sue Ella	11	Dau	F/W	At School	Tn	Tn	Tn
266	TALLY, William	33		M/W	Farmer	Tn	Tn	Tn
	Josie	29	Wife	F/W		Tn	Tn	Tn
	SUMMERS, Henry	17	Bro/law	M/W	Farm Labor	Tn	Tn	Tn
267	THOMAS, Sam	70		M/W	Farmer	Tn	Tn	Tn
	Emma	45	Wife	F/W		Miss	miss	Miss
	Calvin	24	Son	M/W		Tn	Tn	Miss
	Minnie	22	dau	F/W		Tn	Tn	Miss
	Simpson	20	Son	m/W	Farm Labor	Tn	Tn	Miss
	Sam	15	Son	m/w	Farm Labor	Tn	Tn	Miss
	Davis	13	Son	M/W	Farm Labor	Tn	Tn	Miss
268	BROWN, John	55		M/W	Farmer	Tn	Tn	Tn
	Deemy	44	Wife	F/W		Tn	Tn	Tn
	MILES, Ann	74	Mo/law	F/W		Tn	Tn	Tn
269	HOMES, William	55		M/W	Farmer	Tn	Tn	Tn
	Sarah	52	Wife	F/W		Tn	Tn	Tn
	James A.	34	Son	M/W	Farm Labor	Tn	Tn	Tn
	Bertha T.	11	Gr/Dau	F/W	At School	Tn	Tn	Tn
	Ruda	5	Gr/Son	M/W		Tn	Tn	Tn
	Bradford B.	2	Gr/Son	M/W		Tn	Tn	Tn
270	SMARTT, William	73		M/W	Farmer	Tn	Tn	NC
	Ha----	63	Wife	F/W		Tn	Ky	Ky
	Sam T.	41	Son	M/W	??	Tn	Tn	Tn
	Daniel T.	27	Son	M/W	Farm Labor	Tn	Tn	Tn
	Sally	23	Dau	F/W		Tn	Tn	Tn
	THOMAS, Parmelia	67	Sis/Law	F/W		Tn	Tn	Tn
271	RIGGS, Clyde	23		M/W	Farmer	Tn	Tn	Tn
	Elva	25	Wife	F/W		Wis	Maine	Maine
	Grace	1	Dau	F/W		Tn	Tn	Wis
	Madge	5/12	Dau	F/W		Tn	Tn	Wis
	John	59	Father	M/W	Farm Labor	Tn	Tn	va
	Virginia	77	Aunt	F/W	Carpet Weaver	Tn	Tn	Va
	Martha	57	Aunt	F/W	Carpet Weaver	Tn	Tn	Va
	Mary	55	Aunt	F/W	Carpet Weaver	Tn	Tn	Va
	Margaret	47	Aunt	F/W	Carpet Weaver	Tn	Tn	Va
272	RICE, Merrett	43		M/W	Farmer	Wis	NY	NY
	Rose	47	Wife	F/W		Wis	Ger	Ger
	Clara	18	Dau	F/W		Wis	Wis	Wis
	Roy	13	Son	M/W		Wis	Wis	Wis
	HARKNESS, Edward	16	Boarder	M/W	Farm Labor	Wis	Wis	Wis
	CONANT, Harry	33	Boarder	M/W	Trav. Salesman	Pa	Pa	Pa
	Lou	33	Boarder	F/W		Tn	Mich	Pa
	Earl	8	Boarder	M/W		Ky	Mich	Pa
	Harol	6	Boarder	M/W		Ky	Mich	Pa
	Florence	1	Boarder	F/W		Tn	Mich	Pa

No.	Name	Age	Rel. to Head	Sx/Race	Occupation	Birth of Person	Father	Mother
273	WILSON, Milow	22		M/W	Farm Labor	Ky	Tn	Tn
	Bula	24	Wife	F/W		Tn	Tn	Tn
274	HOYT, Horace	72		M/W	Farmer	Vt	Mass	Vt
	Scott	44	Son	M/W	Farm Labor	Mich	Vt	Vt
	Susan	42	Dau	F/W		Mich	Vt	Vt
275	HOLLINS, Joseph	27		M/Bl	Day Labor	Tn	??	??
	Malvina	32	Wife	F/Bl		Tn	??	??
	Jessie M.	10	Dau	F/Bl	At School	Tn	Tn	Tn
	Norman	5	Son	M/Bl		Tn	Tn	Tn
	Mamie	2	Dau	F/Bl		Tn	Tn	Tn
276	BREWSTER, George	37		M/Bl	Farmer	Tn	??	??
	Ada E.	38	Wife	F/Bl		Tn	??	??
	Finley	27	Son	M/Bl	Farm Labor	Tn	Tn	Tn
	George H.	10	Son	M/Bl	At School	Tn	Tn	Tn
277	CARDWELL, James	55		M/W	Farmer	Tn	??	??
	Eliza	44	Wife	F/W		Tn	Tn	Tn
	Daisy	13	Dau	F/W	At School	Tn	Tn	Tn
278	PATTERSON, I-----	68		M/Bl	Day Labor	Tn	??	Tn
	Millie	38	Wife	F/Bl		Tn	Tn	Tn
	HOLLINS, Walter	21	St/Son	M/Bl	Day Labor	Tn	Tn	Tn
	Lucy	21	St/Dau	F/Bl		Tn	Tn	Tn
	Adaline	1	Gr/Dau	F/Bl		Tn	Tn	Tn
279	JONES, George	49		M/W	Farmer	Tn	Tn	Tn
	Nancy	39	Wife	F/W		Tn	Tn	Tn
	Allen	18	Son	M/W	Farm Labor	Tn	Tn	Tn
	Lizzie	16	Dau	F/W	At School	Tn	Tn	Tn
	Horace	13	Son	M/W	At School	Tn	Tn	Tn
	Susie E.	9	Dau	F/W		Tn	Tn	Tn
	Dora M.	3	Dau	F/W		Tn	Tn	Tn
280	BIRD, Thomas	59		M/W	Farmer	Tn	Tn	Tn
	Fannie	32	Wife	F/W		Tn	Tn	Tn
	John	15	Son	M/W	At School	Tn	Tn	Tn
	William J.	14	Son	M/W	At School	Tn	Tn	Tn
	Mollie L.	9	Dau	F/W		Tn	Tn	Tn
	Golier	4	Dau	F/W		Tn	Tn	Tn
	Bertha	2	Dau	F/W		Tn	Tn	Tn
281	COPE, Elcana	47		M/Bl	Day Labor	Tn	Tn	Tn
	Vicie	43	Wife	F/Bl		Tn	Tn	Tn
	Elizabeth	16	Dau	F/Bl		Tn	Tn	Tn
	Nannie	15	Dau	F/Bl		Tn	Tn	Tn
	Katie	13	Dau	F/Bl		Tn	Tn	Tn
	Fannie	9	Dau	F/...		Tn	Tn	Tn
	Jobial	7	Son	M/Bl		Tn	Tn	Tn
	Ugene	5	Son	M/Bl		Tn	Tn	Tn

No.	Name	Age	Rel. to Head	Sx/Race	Occupation	Birth of Person-Father-Mother		
282	PENNINGTON, William	27		M/W	Farmer	Tn	NC	Tn
	Nora	26	Wife	F/W		Tn	Tn	Tn
	Rilla	7	Dau	F/W		Tn	Tn	Tn
	Thomas C.	4	Son	M/W		Tn	Tn	Tn
	Dora	1	Dau	F/W		Tn	Tn	Tn
283	HUDDLESOME, Isome	Unk		M/Bl	Day Labor	Tn	Tn	Tn
	Emma	Unk	Wife	F/Bl		Tn	Tn	Tn
	Stokes	15	Son	M/Bl	Day Labor	Tn	Tn	Tn
	Harrison	12	Son	M/Bl	Day Labor	Tn	Tn	Tn
	Mary	10	Dau	F/Bl		Tn	Tn	Tn
	Willie	8	Son	M/Bl		Tn	Tn	Tn
	Berry	5	Son	M/Bl		Tn	Tn	Tn
	Rachiel	3	Dau	F/Bl		Tn	Tn	Tn
	Laura	1	Dau	F/Bl		Tn	Tn	Tn
284	GRAYSON, Alexander	40		M/Bl	Day Labor	Ga	Ga	Ga
	Sylvia	35	Wife	F/Bl		Tn	Tn	Tn
285	PATTERSON, Jones	28		M/Bl	Day Labor	Tn	Tn	Tn
	Hattie	24	Wife	F/Bl		Tn	Tn	Tn
	Pauline	3	Dau	F/Bl		Tn	Tn	Tn
286	GRAYSON, Selby	Unk		M/Bl	Day Labor	Ga	Ga	Ga
	Lillie	35	Wife	F/Bl		Tn	Tn	Tn
	Isam	16	Son	M/Bl	Day Labor	Tn	Ga	Tn
	George	14	Son	M/Bl	Day Labor	Tn	Ga	Tn
	Woods	9	Son	M/Bl		Tn	Ga	Tn
	Eddie	6	Son	M/Bl		Tn	Ga	Tn
	Hugh	5	Son	m/Bl		Tn	Ga	Tn
	Ruby	3	Dau	F/Bl		Tn	Ga	Tn
	Bula	5/12	Dau	F/Bl		Tn	Ga	Tn
287	HILL, Shealy	27		M/Bl	Day Labor	Tn	Tn	Tn
	Maggie	28	Wife	F/Bl		Tn	Tn	Tn
	Sarah	6	Dau	F/Bl		Tn	Tn	Tn
	Ardella	7/12	Dau	F/Bl		Tn	Tn	Tn
288	PATTERSON, Frank	Unk		M/Bl	Day Labor	Tn	Tn	Tn
	COPE, Calista	16	Dau	F/Bl		Tn	Tn	Tn
	Jasper	23	Son/law	M/Bl	Day Labor	Tn	Tn	Tn
	PATTERSON, Tom	22	Son	M/Bl		Tn	Tn	Tn
289	MARBURY, John	20		M/Bl	Day Labor	Tn	Tn	Tn
	Elisa	19	Wife	F/Bl		Tn	Tn	Tn
	GRAYSON, MAc	21	Boarder	M/Bl	Day Labor	Tn	Tn	Tn
290	FOSTER, Samuel	53		M/Bl	Day Labor	Tn	Tn	Tn
	Lucy	45	Wife	F/Bl		Tn	Tn	Tn
	Samuel	17	Son	M/Bl	Day Labor	Tn	Tn	Tn
	Cindia	14	Dau	F/Bl		Tn	Tn	Tn
	Harmon	8	Son	M/Bl		Tn	Tn	Tn
	Pearlie	6	Dau	F/Bl		Tn	Tn	Tn

No.	Name	Age	Rel. to Head	Sx/Race	Occupation	Birth of Person-Father-Mother		
	FOSTER, Walter	5	Son	M/Bl		Tn	Tn	Tn
	Susie	4	Dau	F/Bl		Tn	Tn	Tn
291	McREYNOLDS, John	32		M/Bl	Day Labor	Tn	Tn	Tn
	Phronia	23	Wife	F/Bl		Tn	Tn	Tn
	James K.	5	Son	M/Bl		Tn	Tn	Tn
	Willie	4	Son	M/Bl		Tn	Tn	Tn
	Wallace	2	Son	M/W		Tn	Tn	Tn
	Gracie	9/12	Dau	F/Bl		Tn	Tn	Tn
292	HIGGINBOTHAM,							
	Thomas	69		M/Bl		Tn	Tn	Tn
	C----rst	68	Wife	F/Bl		Tn	Tn	Tn
293	ROBINSON, Peter	39		M/Bl	Day Labor	Tn	Tn	Tn
	Mary	23	Wife	F/Bl		Tn	Tn	Tn
	Lizzy	1	Dau	F/Bl		Tn	Tn	Tn
294	FARLESS, Thomas	32		M/W		Tn	Tn	Tn
	Hatty	27	Wife	F/W		Tn	Tn	Tn
	Pearl	13	Dau	F/W	At School	Tn	Tn	Tn
	Jimmie	5	Son	M/W		Tn	Tn	Tn
295	McREYNOLDS, James	25		M/Bl		Tn	Tn	Tn
	Rulina	22	Wife	F/Bl		Tn	Tn	Tn
	Christina	1	Dau	F/Bl		Tn	Tn	Tn
296	BROWN, George	34		M/Bl		Tn	Tn	Tn
	Florence	30	Wife	F/Bl		Tn	Tn	Tn
	Herbert	9	Son	M/Bl		Tn	Tn	Tn
	Lucile	4	Dau	F/Bl		Tn	Tn	Tn
	Charles W.	7/12	Son	M/Bl		Tn	Tn	Tn
297	McREYNOLDS, Marvin	56		M/Bl	Farm Labor	Tn	Va	VA
	Ellen	33	Wife	F/Bl		Tn	Tn	Tn
	Willie M.	9	Dau	F/Bl		Th	Tn	Tn
	George G.	4	Son	M/Bl		Tn	Tn	Tn
	Henry	1	Son	M/Bl		Tn	Tn	Tn
298	HUDGENS, Andrew	Unk		M/Bl	Day Labor	Tn	Tn	Tn
	Marie	Unk	Wife	F/Bl		Tn	Tn	Tn
	Willie	11	Son	M/Bl		Tn	Tn	Tn
	Gustavas	9	Son	M/Bl		Tn	Tn	Tn
	Jodi	5	Son	M/Bl		Tn	Tn	
299	McREYNOLDS, Andy	66		M/Bl	Farmer	Tn	Tn	Tn
	Percilla	58	Wife	F/Bl		Tn	Tn	Tn
	William	28	Son	M/Bl	Day Labor	Tn	Tn	Tn
	Hallie	18	Dau	F/Bl		Tn	Tn	Tn
	Claudy	15	Son	M/Bl	Day Labor	Tn	Tn	Tn
	Eddie	10	Son	M/Bl		Tn	Tn	Tn
	HILL, Dosie	Unk		F/Bl		Tn	Tn	Tn
	George	Unk		M/Bl	Farm Labor	Tn	Tn	Tn

No.	Name	Age	Rel. to Head	Sx/Race	Occupation	Birth of Person	Father	Mother
	HILL, Johnnie	Unk	Son	M/Bl		Tn	Tn	Tn
	Josephine	Unk	Dau	F/Bl		Tn	Tn	Tn
	Katie	Unk	Dau	F/Bl		Tn	Tn	Tn
300	PARKER, Preston	Unk		M/Bl	Cannor Read	??	??	??
	Marcelis	Unk	Wife	F/Bl		Tn	??	??
	Nelson	Unk	Son	M/Bl		Tn	??	Tn
301	GARDNER, Minor	38		M/Bl	Cannot Read	Tn	Tn	Tn
	Lucy	42	Wife	F/Bl		Tn	Tn	Tn
	Lurethia	Unk	Dau	F/Bl		Tn	Tn	Tn
	Ethel	Unk	Dau	F/Bl		Tn	Tn	Tn
	Lovy	8	Dau	F/Bl		Tn	Tn	Tn
302	COPINGER, Thomas	5- (?)		M/Bl	Cannot Read	Tn	??	??
	Tillie	Unk	Wife	F/Bl		Tn	Tn	Tn
	Joseph	Unk	Son	M/Bl		Tn	Tn	Tn
	Osha	Unk	Dau	F/Bl		Tn	Tn	Tn
	Franzada	Unk	Dau	F/Bl		Tn	Tn	Tn
	Delia	Unk	Dau	F/Bl		Tn	Tn	Tn
	Ophelia	Unk	Dau	F/Bl		Tn	Tn	Tn
303	MOORE, Dallas	Unk		M/Bl	Cannot Read	Tn	Tn	Tn
	Sally	Unk	Wife	F/Bl		Tn	Tn	Tn
	Clem	Unk	Son	M/Bl		Tn	Tn	Tn
	Lela	15	Dau	F/Bl		Tn	Tn	Tn
	Evva	12	Dau	F/Bl		Tn	Tn	Tn
	Mainar	9	Son	M/Bl		Tn	Tn	Tn
	Clarence	8	Son	M/Bl		Tn	Tn	Tn
	Haywood	6	Son	M/Bl		Tn	Tn	Tn
	Ulus	4	Son	M/Bl		Tn	Tn	Tn
	Rhody	Unk	Dau	F/Bl		Tn	Tn	Tn
	WHITE, Will	Unk	Cousin	M/Bl		Tn	Tn	Tn
304	LAMON, Uriah	45		M/W	Cannot Read	Ind	??	??
	Annie L.	38	Wife	F/W		Ind	??	Ind
	Blanche	12	Dau	F/W		Ind	Ind	Ind
	Herman	10	Son	M/W		Ind	Ind	Ind
	Edmon	6	Son	M/W		Tn	Tn	Tn
305	MARBURY, Silas	60		M/Bl	CAnnot Read	Tn	??	Tn
	Jane	50	Wife	F/Bl		Tn	Tn	Tn
	Aron	16	Son	M/Bl	Day Laborer	Tn	Tn	Tn
	Silas	9	Son	M/Bl		Tn	Tn	Tn
	Mollie	8	Dau	F/Bl		Tn	Tn	Tn
	Agnice	5	Dau	F/Bl		Tn	Tn	Tn
306	STERLING, Simon	53		M/W	Farmer	Canada	??	??
	Ruth	58	Wife	F/W		CAnada	??	??
	Willie	21	Son	M/W	Farm Labor	Canada	Canada	Canada
	PIERCE, Edward	46	Boarder	M/W	FArm Labor	NY	Mass	Mass

No.	Name	Age	Rel. to Head	Sx/Race	Occupation	Birth of Person	Father	Mother
307	WILSON, Merril	66		M/Bl	Day Laborer	Tn	Tn	Tn
	Ester A.	Unk	Wife	F/Bl		Tn	Tn	Tn
308	LAND, William	39		M/W	Carpenter	Tn	Tn	Tn
	Leota	32	Wife	F/W		Tn	Tn	Tn
	Johnnie	12	Son	M/W		Tn	Tn	Tn
	Jimmie	8	Son	M/W		Tn	Tn	Tn
	HARIMAN, Frankie	13	Cook	M/W	Cook	Tn	Tn	Tn
309	GRIMER, William	30		M/W	Farmer	Tn	??	??
	Della	29	Wife	F/W		Tn	Tn	Tn
	Norah	4	Dau	F/W		Tn	Tn	Tn
	Clara	8/12	Dau	F/W		Tn	Tn	Tn
310	HERSIE, John	42		M/W	Farmer	Tn	Tn	Tn
	Martha	51	Wife	F/w		Tn	Tn	Tn
	William T.	17	Son	M/W	Farm Labor	Tn	Tn	Tn
	Leonard	15	Son	M/W	Farm Labor	Tn	Tn	Tn
	Effie	13	Dau	F/W		Tn	Tn	Tn
311	STILES, Philip	42		M/W	Carpenter	Tn	Tn	Tn
	Sally	41	Wife	F/W		Tn	Tn	Tn
	Willie	15	Son	M/W	At School	Tn	Tn	Tn
	Elzie	10	Son	M/W	At School	Tn	Tn	Tn
	Mattie B.	7	Dau	F/W		Tn	Tn	Tn
	HALL, Samuel	22	Son/law	M/W	Preacher	Tn	Tn	Tn
	Jennie	17	Dau	F/W		Tn	Tn	Tn
	Phillip	3/12	Son	M/W		Tn	Tn	Tn
312	THROWER, William	47		M/W	Machinist	Tn	Tn	Tn
	Fannie	Unk	Wife	F/W	TAilor	Tn	Tn	Tn
	Dock	20	Son	M/W	Day Labor	Tn	Tn	Tn
	Sam	16	Son	M/W	Day Labor	Tn	Tn	Tn
	Winnie	14	Dau	F/W	At School	Tn	Tn	Tn
	Andrew	12	Son	M/W	At School	Tn	Tn	Tn
313	CUNNINGHAM, Richard	21		M/W	DAy LAborer	Tn	Tn	Tn
	Neva	19	Wife	F/W		Tn	Tn	Tn
314	MARTIN, Walter	24		M/W	Cooper	Tn	Tn	Tn
	Anna	24	Wife	F/W		Pa	Ger	Ger
	JAmes	10/12	Son	M/W		Tn	Tn	Pa
315	MARBURY, Benjamin	30		M/Bl	Farm Labor	Tn	Tn	Tn
	Birdie	27	Wife	F/Bl		Tn	Tn	Tn
	Thompson	2/12	Son	M/Bl		Tn	Tn	Tn
	SETTLES, Clarence	2	Nephew	M/Bl		Tn	Tn	Tn
316	PENNINGTON, Nannie	Unk		F/W		NC	NC	NC
317	GARDNER, Mary	59		F/W		Tn	Va	Tn
	Minnie	31	DAu	F/W		Tn	Tn	Tn
	Adelpha	25	Dau	F/W		Tn	Tn	Tn

No.	Name	Age	Rel. to Head	Sx/Race	Occupation	Person	Father	Mother
318	HARKNESS, John	58		M/W	Farmer	NY	Scot	Scot
	Lillian	39	Wife	F/W		Wisc	Maine	Maine
	Grace	17	Dau	F/W	At School	Wisc	NY	Wisc
	Robert	14	Son	M/W	Farm Labor	Wisc	NY	Wisc
	Minnie	4	Dau	F/W		Wisc	NY	Wisc
319	FARLESS, James M.	52		M/W	Lawyer	Tn	Tn	Va
	Catherine	51	Wife	F/W		Tn	Tn	Tn
	Lona	13	Gr/Dau	F/W		Tn	Tn	Tn
320	HIGGINBOTHAM, Aaron	61		M/W	Cannot Read	Tn	Tn	Tn
	Margaret	60	Wife	F/W		Tn	Tn	Tn
	Samuel	20	Son	M/W	CAnnot Read	Tn	Tn	Tn
	Frank	18	Son	M/W	Cannot Read	Tn	Tn	tn
321	DODSON, William	49		M/W	Cannot Read	Tn	Tn	Tn
	Lucretia	41	Wife	F/W		Tn	Tn	Tn
	Wesley	16	Son	M/W	Cannot Read	Tn	Tn	Tn
	Alice	14	Dau	F/W		Tn	Tn	Tn
	Shelley	2	Dau	F/W		Tn	Tn	Tn
322	COUNTISS, Isham	45		M/W	Cannot Read	Tn	Tn	Tn
	Fanny	40	Wife	F/W		Tn	Tn	Tn
323	DeBARD, Cannot Read	58		M/W		Ky	Ky	Va
	Laura B.	38	Wife	F/W		Mo	??	Ky
	David M.	15	Son	M/W		Tn	Ky	Mo
	Unie E.	11	Dau	F/W		Tn	Ky	Mo
	COPPINGER, Mary	19	Cook	F/Bl	Cook	Tn	Tn	Tn
324	BURNES, James	35		M/W	Innkeeper	Ky	Ky	Ky
	Helen	34	Wife	f/W		Ky	Ky	Va
	Helen	9	Dau	F/W		Tn	Ky	Ky
	George	1	Son	M/W		Tn	Ky	Ky
325	McGREGOR, John	27		M/W	Cannot Read	Tn	Tn	Tn
	Ida	23	Wife	F/W		Tn	Tn	Tn
	Erfred	3	Son	M/W		Tn	Tn	Tn
	Gertrude	1	Dau	F/W		Tn	Tn	Tn
326	SIMONS, John	Unk		M/W	Cannot Read	Tn	Va	??
	Polly	40	Wife	F/W		Tn	??	??
	George	11	Son	M/W		Tn	Tn	Tn
	Ida Suella	6	Dau	F/W		Tn	Tn	Tn
	Fanny	5	Dau	F/W		Tn	Tn	Tn
	Robert	3	Son	M/W		Tn	Tn	Tn
327	CARDWELL, Robert L.	34		M/W	Farmer	Tn	Tn	Tn
	Minnie	Unk	Wife	F/W		Tn	Tn	Tn
	Ercie L.	7	Dau	F/W	At School	Tn	Tn	Tn
	Wavie	4	Dau	F/W		Tn	Tn	Tn
	Eunice	3	Dau	F/W		Tn	Tn	Tn
	Ector	2	Son	M/W		Tn	Tn	Tn
328	TURNER, William	24		M/W	Day Laborer	Tn	Tn	Tn
	Della	19	Wife	F/W		Tn	Tn	Tn
	Lena	2	Dau	F/W		Tn	Tn	Tn
	Thomas E.	3/12	Son	M/W		Tn	Tn	Tn
329	CHASTEEN, Miles	55		M/W	Farmer	Tn	Tn	Tn
	Mary	47	Wife	F/W		KY	Ky	Ky
	Tommy	14	Son	M/W	Farm Labor	Tn	Tn	Ky
	Maria	13	Dau	F/W	At School	Tn	Tn	Ky
	Mary	10	Dau	F/W	At School	Tn	Tn	Ky
	Nancy	7	Dau	F/W		Tn	Tn	Ky
	Robert	4	Son	M/W		Tn	Tn	Ky
	FERRELL, Harmon	16	Boarder	M/W	Farm Labor	Eng	Eng	Eng
330	POWELL, John	64		M/W	Farm Labor	Eng	Eng	Eng
	Emma	61	Wife	F/W		Tn	NC	NC
	Melburn	25	Son	M/W	Farm Labor	Tn	Eng	Tn
	Eliza	20	Dau	F/W		Tn	Eng	Tn
	William B.	20	Son	M/W	Farm Labor	Tn	Eng	Tn
	Della	17	Dau	F/W		Tn	Eng	Tn
331	BEECH, George	51		M/W	Farmer	Tn	Va	Ba
	Maria	41	Wife	F/W		Tn	Tn	Tn
332	GAFFIN, Charley	38		M/W	Farmer	Ill	??	Ohio
	Ida	30	Wife	F/W		Wisc	NY	NY
	Cleveland	4	Son	M/W		Tn	Ill	Wisc
	Herbert	11/12	Son	M/W		Tn	Ill	Wisc
333	GAFFIN, Walter	23		M/W	Farm Labor	Ill	??	Ohio
	Lucy	23	Wife	F/W		Tn	Tn	Tn
334	GAFFIN, Jane	59		F/W	Farmer	Ohio	Va	Tn
335	HENNESSEE, Joe	45		M/W	Farmer	Tn	Tn	Tn
	Martha	43	Wife	F/W		Tn	Tn	Tn
	Virgil	16	Son	M/W		Tn	Tn	Tn
	Frank	13	Son	M/W		Tn	Tn	Tn
	Luther	11	Son	M/W		Tn	Tn	Tn
	Joseph	3	Son	M/W		Tn	Tn	Tn
336	HIGGINBOTHAM,							
	James M.	86		M/W	Farmer	Tn	NC	NC
	Elizabeth	60	Wife	F/W		Tn	Tn	Tn
337	PHELPS, Foster	22		M/W	Farmer	Tn	Tn	Tn
	Docia	19	Wife	F/W		Tn	Tn	Tn
338	PHELPS, James	50		M/W	Farmer	Tn	Ga	Tn
	Virginia	48	Wife	F/W		Tn	Tn	Tn
	Willie	11	Dau	F/W	At School	Tn	Tn	Tn

No.	Name	Age	Rel. to Head	Sx/Race	Occupation	Birth of Person-Father-Mother		
339	CASE, Walker	38		M/W	Farmer	Wisc	NY	NY
	Lucinda	36	Wife	F/W		Tn	Tn	Tn
	Peter	70	Father	M/W		NY	??	??
340	DERLEY, William	33		M/Bl	Farm Labor	Tn	Tn	Tn
	Nona	23	Wife	F/W		Tn	Tn	Tn
	Arthur	9	Son	M/W		Tn	Tn	Tn
	Lemuel	5	Son	M/W		Tn	Tn	Tn
	Sarah	3	Dau	F/W		Tn	Tn	Tn
341	BRUSTER, Jane	71		F/W		Tn	NC	Tn
	Frank	30	Son	M/W	Farmer	Tn	Ky	Tn
342	EARLS, Thomas	57		M/W	Farmer	Tn	Tn	Tn
	Sarah	49	Wife	F/W		Tn	Tn	Tn
	Sam T.	23	Son	M/W	Farm Labor	Tn	Tn	Tn
	Ida J.	23	Dau	F/W		Tn	Tn	Tn
	Hacket	19	Son	M/W	Farm Labor	Tn	Tn	Tn
	Lula	16	Dau	F/W		Tn	Tn	Tn
	Ernest J.	14	Son	M/W	Farm Labor	Tn	Tn	Tn
	Della	11	Dau	F/W		Tn	Tn	Tn
	Leta M.	5	Dau	F/W		Tn	Tn	Tn
	FRENCH, Henry L.	26	Boarder	F/W	Farm Labor	Ohio	Wales	Eng
343	PHELPS, Luther	28		M/W	Farmer	Tn	Tn	Tn
	Florence	23	Wife	F/W		Tn	Tn	Tn
	Mirtle	7	Dau	F/W		Tn	Tn	Tn
	Grace	4	Dau	F/W		Tn	Tn	Tn
344	CONLIN, Charlie	47		M/W	Cannot Read	Ind	Ind	Ky
	Louisa	49	Wife	F/W		Ind	Ill	Ind
	Matilda E.	24	Dau	F/W	Cannot Read	Ind	Ind	Ind
	William B.	22	Son	M/W	Cannot Read	Ind	Ind	Ind
	Hariet E.	20	Dau	F/W		Ind	Ind	Ind
	Sarah E.	18	Dau	F/W		Ind	Ind	Ind
	Georgia G.	13	Dau	F/W		Ind	Ind	Ind
	Charles W.	10	Son	M/W		Ind	Ind	Ind
	Samuel O.	7	Son	M/W		Ind	Ind	Ind
345	GRIMER, George ca	36		M/W	Farmer	Tn	Tn	Tn
	Mary	20	Wife	F/W		Tn	Tn	Tn
	Alice M.	3	Dau	F/W		Tn	Tn	Tn
	Leland M.	1	Son	M/W		Tn	Tn	Tn
	WOODLEE, Lona ca	11	Boarder	F/Bl		Tn	Tn	Tn
346	NUNLEY, Hood C.	56		M/W	Farmer	Tn	Tn	Tn
	Lula	34	Wife	F/W		Tn	Tn	Tn
	William M.	28	Son	M/W	Farm Labor	Tn	Tn	Tn
	REED, Rachael	21	Dau	F/W		Tn	Tn	Tn
	NUNLEY, Mary T.	3	Gr/Dau	F/W		Tn	Tn	Tn
	Johnnie L.	1	Gr/Son	M/W		Tn	Tn	Tn

No.	Name	Age	Rel. to Head	Sx/Race	Occupation	Birth of Person-Father-Mother		
347	ASMUS, H.	58		M/W	Not Given	Ger	Ger	ger
	Lena	49	Wife	F/W		ger	Ger	Ger
	Mattie	21	Dau	F/W		Pa	Ger	Ger
348	JETT, George	65		M/W	Farmer	Tn	Tn	Va
	Marthy	56	Wife	F/W		Tn	Tn	Tn
	Floyd	16	Son	M/W	Farm Labor	Tn	Tn	Tn
	Arina	12	Dau	F/w		Tn	Tn	Tn
	Zora	19	Dau	F/W		Tn	Tn	Tn
349	PEARSALL, G-----	30		M/W	Gunsmith	Tn	NJ	RI
	Maggie	28	Wife	F/W		tn	Tn	Tn
	Marlin	8	Son	M/W		Tn	Tn	Tn
	Freddie	6	Son	M/w		Tn	Tn	Tn
	Eugene	3	Son	M/W		Tn	Tn	Tn
350	HIGGINBOTHAM, Drury	45		M/W	Machinist	Tn	Tn	Tn
	Linnie	30	Wife	F/W		Tn	Tn	Tn
	Elbert	23	Son	M/w	Day Laborer	Tn	Tn	Tn
	Madge	20	Dau	F/W		Tn	Tn	Tn
	Willie	18	Son	M/W	Day Laborer	Tn	Tn	Tn
	Fred	10	Son	M/W	At School	Tn	Tn	Tn
	Jessie	7	Dau	F/W		Tn	Tn	Tn
	Alene	1	Dau	F/W		Tn	Tn	Tn
351	MARTIN, John	48		M/W	Teacher-Writing	Tn	Tn	Tn
	Roberta	46	Wife	F/W		Tn	Tn	Tn
	Ester	21	Dau	F/W	Music Teacher	Tn	Tn	Tn
	Ettsetric	14	Son	M/W	At School	Tn	Tn	Tn
	Maggie	12	Dau	F/W	At School	Tn	Tn	Tn
	Alfred	7	Son	M/W		Tn	Tn	Tn
	Harman	6	Son	M/W		Tn	Tn	Tn

Note Number change back ---

No.	Name	Age	Rel. to Head	Sx/Race	Occupation	Birth of Person-Father-Mother		
252	CUTTS, Logan	57		M/W	Farmer	NC	NC	NC
	Mary	51	Wife	F/W		Va	Va	Va
	Absolom	23	Son	M/W	Day Laborer	Tn	NC	Va
	Thomas	18	Son	M/W	Farm Labor	Tn	NC	Va
	Charley	15	Son	M/W	day Laborer	Tn	NC	Va
	Lizzie	14	Dau	F/W	At School	Tn	NC	Va
	Elmer	9	Son	M/W		Tn	NC	Va
253	THOMPSON, John	53		M/W	Night Watch	Tn	Carolina	Tn
	Mary	59	Wife	F/W		Tn	Tn	Tn
	DUNCAN, Sarah	24	Boarder	F/W	Housework	Tn	Tn	Tn
254	CUNNINGHAM, James	27		M/W	Day Laborer	Tn	Tn	Tn
	Ada	24	Wife	F/W		Tn	Tn	Tn
	Walter	5	Son	M/W		Tn	Tn	Tn
	Bethel	2	Son	M/W		Tn	Tn	Tn

No.	Name	Age	Rel. to Head	Sx/Race	Occupation	Person	Father	Mother
255	BAILEY, James B.	42		M/W	Day Laborer	Tn	Tn	Tn
	Mary	38	Wife	F/W		Tn	Tn	Tn
	Minus	18	Son	M/W	Day Laborer	Tn	Tn	Tn
	Martha	13	Dau	F/W	At School	Tn	Tn	Tn
	Lela L.	9	Dau	F/W		Tn	Tn	Tn
	James L.	8	Son	M/W		Tn	Tn	Tn
	Cally E.	4	Dau	F/W		Tn	Tn	Tn
	Obediah	1	son	m/W		Tn	Tn	Tn
256	PEARSALL, William	77		M/W	Farmer	NY	NY	NY
	Susan	60	Wife	F/W		NJ	La	Eng
	Florence	22	Dau	F/W		Tn	NY	NJ
	Truman	18	Son	M/W		Tn	NY	NJ
	LARSON, Katie	14	Niece	F/W		Tn	Tn	Dem'k
257	REYNOLDS, Henry C.	51		M/W	Day Laborer	Va	Va	Va
	Cally	36	Wife	f/W		Tn	Tn	Tn
	Mary E.	17	Dau	F/W	At School	Tn	Va	Tn
	Willie	15	Dau	F/W		Tn	Va	Tn
	Nancy	13	Dau	F/W	At School	Tn	Va	Tn
	Tommy	12	Son	M/W		Tn	Va	Tn
	EARL, Ada	11	Boarder	F/W		Tn	Tn	Tn
258	HASTINGS, Frank	40		M/W	Day Laborer	Tn	Tn	Tn
	Molly E.	38	Wife	F/W		Tn	Tn	Tn
259	STARKEY, John	34		M/W	Day Laborer	Tn	Tn	Tn
	Isabell	24	Wife	F/W		Tn	Tn	Tn
260	STILES, Howard H.	44		M/W	Carpenter	Tn	Tn	Tn
	Julia	41	Wife	F/W		Ga	Ga	Ga
261	STILES, Elizabeth	69		F/W		Tn	NC	NC
	Lewis	25	Son	M/W	Carpenter	Tn	Tn	Tn
262	DEBERRY, James B.	39		M/W	Farmer	Tn	Tn	Tn
	Fannie	22	Dau	F/W		Tn	Tn	Tn
	Susie	17	Dau	F/W	At School	Tn	Tn	tn
	Floid	10	Son	M/W	Farm Labor	Tn	Tn	Tn
263	HOPKINS, William	77		M/W	Farmer	Va	Va	Va
	Jane	50	Wife	F/W		Tn	Tn	Tn
	William	27	Son	m/w	Day Laborer	Tn	Va	Tn
	WOODLEY, James O.	8	Gr/Son	M/W		Tn	Tn	Tn
	MARTIN, Blanch L.	3	Gr/Dau	F/W		Tn	Tn	Tn
264	MASY, Ann	Unk		F/Bl	Washwoman	Tn	Va	Tn
	BATES, Frank	23	Son	M/Bl	Day Laborer	Tn	Tn	Tn
	TERRY, Joe	22	Son	M/Bl	Day Laborer	Tn	Tn	Tn
	MASON, George	18	Son	M/Bl	Day Laborer	Tn	Tn	Tn
	THOMAS, James	1	Gr/Son	M/Bl		Tn	Tn	Tn

No.	Name	Age	Rel. to Head	Sx/Race	Occupation	Person	Father	Mother
265	MITCHELL, Mirt	37		M/W	Shoemaker	Tn	Tn	Tn
	Eva	26	Wife	F/W		Minn	Swed	Swed
	Mable	2	Dau	F/W		Tn	Tn	Minn
266	HENNESSEE, Munroe	Unk		M/Bl	Day Laborer	Tn	Tn	Tn
	Eva	42	Wife	F/Bl		Tn	Tn	Tn
	Willie	15	Son	M/Bl	Day Laborer	Tn	Tn	Tn
	GREEN, Hariet	Unk	Aunt	F/Bl		Tn	Tn	Tn
	BARNES, Thomas	15	Boarder	M/Bl	DAy Laborer	Tn	Tn	Tn
267	CAUTHORN, William	41		M/W	Farm Labor	Tn	Tn	Tn
	Frances	46	Wife	F/W		Tn	Ga	Ga
	Sarah A.	12	Dau	F/w	At School	Tn	Tn	Tn
268	PEPPER, Cinthia	57		F/W		Tn	NC	Tn
	Joe B.	23	Son	M/W	farmer	Tn	Tn	Tn
	Anderson	21	Son	M/W	Farm Labor	Tn	Tn	Tn
	Doctor C.	19	Son	M/W	Farm Labor	Tn	Tn	Tn
	Maggie F.	16	Dau	F/W	At School	Tn	Tn	Tn
	William	30	Son	M/W	Farm Labor	Tn	Tn	Tn
269	SUMMERHILL, George W.	53		M/W	Farmer	Tn	Ga	Tn
	Martha	48	Wife	F/w		Tn	Tn	Tn
	Ethel B.	15	Dau	F/W	At School	Tn	Tn	Tn
	William E.	20	Son	M/W	Day Laborer	Tn	Tn	Tn
	Martha	12	Dau	F/W	At School	Tn	Tn	Tn
	Roy	10	Son	M/W	At School	Tn	Tn	Tn
	Anna	7	Dau	F/W		Tn	Tn	tn
	Lawrence	4	Son	m/W		Tn	Tn	Tn
270	SUMMERHILL, Buford	27		M/W	Farmer	Tn	Tn	Tn
	Ann	32	Wife	F/W		Tn	NY	NY
271	BONNER, James	53		M/W	Farmer	Tn	NC	Tn
	Florence	45	Wife	F/W		Tn	Tn	Tn
	MEDLEY, Laura	73	Mo/law	F/W		Tn	NC	Tn
	COLLIER, John T.	50		M/W	Farmer	Tn	Tn	Tn
	Maud	38	Wife	F/W		Tn	Tn	Tn
	Robert	14	Son	M/W	At School	Tn	Tn	Tn
	Leta B.	9	Dau	F/W		Tn	Tn	Tn
	Lida J.	7	Dau	F/W		Tn	Tn	Tn
	John B.	5	Son	m/W		Tn	Tn	Tn
272	PHELPS, Spencer	42		M/W	Farmer	Tn	Tn	Tn
	Vira	36	wife	F/W		Tn	Tn	tn
	Howard	13	Son	m/W	At School	Tn	Tn	Tn
273	WOMACK, Abner D.	42		M/W	Farmer	Tn	Tn	Tn
	Louisse	34	Wife	F/W		Tn	Tn	Tn
	Ella	17	Dau	F/W	At School	Tn	Tn	Tn
	George C.	15	Son	M/W	At School	Tn	Tn	Tn
	Mary L.	12	Dau	F/W	At School	Tn	Tn	Tn

No.	Name	Age	Rel. to Head	Sx/Race	Occupation	Birth of Person-Father-Mother		
	WOMACK, Alberta	6	Dau	F/w		Tn	Tn	Tn
	Ruby	4	Dau	F/w		Tn	Tn	Tn
	Denton M.	1	Son	m/w		Tn	Tn	Tn
274	BONNER, Jackson	68		M/W	Farmer	Tn	NC	Tn
	Annie E.	52	Wife	F/W		Tn	Va	Tn
	Thomas W.	30	Son	m/W	Farm Labor	Tn	Tn	Tn
	Hattie	26	Dau	F/W		Tn	Tn	Tn
	Golda	20	Dau	F/W		Tn	Tn	Tn
275	CUTTS, John W.	27		M/W	Farmer	Tn	Tn	Tn
	Christiana	27	Wife	F/W		Pa	Ger	Ger
	Harmon	4	Son	M/W		Tn	Tn	Pa
	Mattie	9/12	Dau	F/W		Tn	Tn	Pa
276	NUNLEY, Will D.	76		M/W	Farmer	Tn	SC	Tn
	Nancy	63	Wife	F/W		Tn	Tn	Tn
	Martha	37	Dau	F/W		Tn	Tn	Tn
	Certa	24	Dau	F/W		Tn	Tn	Tn
	Isaac	22	Son	M/W	Farm Labor	Tn	Tn	Tn
	Hallie	19	Dau	F/W		Tn	Tn	Tn
	Mandy	5	Gr/Dau	F/W		Tn	Tn	Tn
277	NUNLEY, Sam	36		M/W	Farm Labor	Tn	Tn	Tn
	Daisy	24	Wife	F/W		Tn	Tn	Tn
	Willie	3	Son	M/W		Tn	Tn	Tn
278	WOODLEY, Albert	38		M/W	Farmer	Tn	Tn	Tn
	Buford	6	Son	m/W		Tn	Tn	Tn
	Harol	5	Son	M/W		Tn	Tn	Tn
279	LISTER, Isaac	51		M/W	Farmer	Ohio	??	??
	Sarah	47	Wife	F/W		Ohio	??	Va
	Etta E.	16	Dau	F/W	At School	Tn	Ohio	Ohio
	Alla F.	11	Dau	F/W	At School	Tn	Ohio	Ohio
	Lucy	10	Dau	F/W	At School	Tn	Phio	Ohio
280	BOWAN, Eldridge	60		M/W	Farmer	Tn	Tn	Tn
	Lucy	50	Wife	F/W		Tn	Tn	Tn
	Orville	23	Son	M/W	Farm Labor	Tn	Tn	Tn
	Nina	21	Dau	F/W	Photographer	Tn	Tn	Tn
	Noble	20	Son	M/W	At School	Tn	Tn	Tn
	Lucy	18	Dau	F/W	At School	Tn	Tn	Tn
	Elcie	12	Dau	F/W	At School	Tn	Tn	Tn
281	STANIKER, William	33		M/W	Farmer	Ind	??	??
	Mary	40	Wife	f/W		Ill	Eng	Eng
282	VOGAL, William	70		M/W	Farm Labor	Ger	Ger	Ger
	Martha	43	Wife	F/W		Tn	Tn	Tn
	Ella	2	Dau	F/W		Tn	Ger	Tn

- 42 -

No.	Name	Age	Rel. to Head	Sx/Race	Occupation	Birth of Person-Father-Mother		
283	MARTIN, Daniel	35		M/Bl	Farm Labor	Ala	Tn	Tn
	Martha	31	Wife	F/Bl		Tn	Tn	Tn
	Flora	13	Dau	F/Bl		Tn	Ala	Tn
	Munroe	11	Son	M/Bl	DAy Labor	Tn	Ala	Tn
	Johnny	7	Son	M/Bl		Tn	Ala	Tn
	Albert	5	Son	M/Bl		Tn	Ala	Tn
	Sally	1	Dau	F/Bl		Tn	Ala	Tn
284	BROWN, Harry	58		M/Bl	Farmer	Tn	Tn	Tn
	Mary	50	Wife	F/Bl		Tn	Tn	Tn
	Louis M.	24	Son	M/Bl	Day Labor	Tn	Tn	Tn
	Sally F.	22	Dau	F/Bl		Tn	Tn	Tn
	Alla M.	20	Dau	F/Bl		Tn	Tn	Tn
	John U.	18	Son	M/Bl		Tn	Tn	Tn
	Benjamin F.	9	Gr/Son	M/Bl		Tn	Tn	Tn
285	MARTIN, Wesley	53		M/Bl	Farmer	Tn	Tn	Tn
	Maggie	20	Dau	F/Bl		Tn	Tn	Tn
	Willie	10	Dau	F/Bl		Tn	Tn	Tn
	SETTLES, Ida	9	Gr/Dau	F/Bl		Tn	Tn	Tn
286	DRAKE, Charles C.	76		M/W	Farmer	Ohio	Mass	NY
	Dothia D.	77	Wife	F/W		Ohio	NY	Vt
	PAINE, Mary A.	55	Sister	F/W	Dressmaker	Ohio	NY	Vt
287	MARTIN, John	25		M/Bl	Day Laborer	Tn	Tn	Tn
	Nora	22	Wife	F/Bl		Tn	Tn	Tn
	Willie	3	Son	M/Bl		Tn	Tn	Tn
	Emma S.	1	Son	M/Bl		Tn	Tn	Tn
	JOICE, Ora	10	Boarder	F/Bl		Tn	Tn	Tn
288	RANKIN, Nellie	38		F/Bl	Washwoman	Tn	Tn	Tn
	Maggie	18	Dau	F/Bl		Tn	Tn	Tn
	Cornelius T.	11	son	M/Bl	DAy Laborer	Tn	Tn	Tn
	Julia	9	Dau	F/Bl		Tn	Tn	Tn
	Charles T.	5	Son	M/Bl		Tn	Tn	Tn
	James E. W.	3	Son	M/Bl		Tn	Tn	Tn
	JOHNSON, Addie	25	Sister	F/Bl	Cook	Tn	Tn	Tn
	J. Polk	3	Nephew	M/Bl		Tn	Tn	Tn
	Cecil H.	2	Nephew	M/Bl		Tn	Tn	Tn
289	GIPSON, Alfred L.	67		M/Bl	Day Labor	Va	Va	Va
	Richard	25	Son	M/Bl	Day Labor	Tn	Va	Va
	Annie L.	22	Dau	F/Bl		Tn	Va	Tn
	Ellarora	20	Dau	F/Bl		Tn	Va	Tn
	Maggie	8	Dau	F/Bl		Tn	Tn	Tn
290	GIPSON, Nelson	28		M/Bl	Day Labor	Tn	Va	Tn
	Ferbia	23	Wife	F/Bl		Tn	Tn	Tn
	Wayman	3	Son	M/Bl		Tn	Tn	Tn

- 43 -

No.	Name	Age	Rel. to Head	Sx/Race	Occupation	Birth of Person-Father-Mother		
291	LEWIS, Blanche	59		F/W		Tn	Pa	Pa
	CAMPBELL, Lavita	16	Niece	F/W	At School	Tn	Tn	Tn
	Eugenia	15	Niece	F/W	At School	Tn	Tn	Tn
	LAWRENCE, Harriett	38	Cook	F/Bl	Cook	Tn	Tn	Tn
	WILLIAMS, Hugh	19	Serv	M/Bl	Servant	Tn	Tn	Tn
292	HIGGINBOTHAM, Rebecca	56		F/W		Tn	Tn	Tn
	ROWAN, Jennie	18	Dau	F/W		Tn	Tn	Tn
	ATNIP, Mary	79	Mother	F/W		Tn	Tn	Tn
	Jenn----	48	Sister	F/W	Weaver	Tn	Tn	Tn
	LEWIS, Martha	74	Aunt	F/W		Pa	Pa	Pa
293	MITCHELL, JAmes	36		M/W	Foreman Cotton Mill	Tn	Tn	Tn
	Hattie	36	Wife	F/W		Tn	Tn	Tn
	Roy E.	12	Son	m/W	At School	Tn	Tn	Tn
	Wayman	9	Son	m/W		Tn	Tn	Tn
	Lively E.	5	Son	M/W		Tn	Tn	Tn
	Lela O.	1	DAu	F/W		Tn	Tn	Tn
294	MARTIN, Barclay	74		M/W	Farm Labor	Tn	Eng	Holl
295	DAVIS, Luther	44		M/W	Carder	Tn	Tn	Tn
	Ritta	43	Wife	F/W		Ga	Ga	Ga
	Minnie	21	Dau	F/W	Weaver	Tn	Tn	Ga
	Fannie	19	Dau	F/W	Spinner	Tn	Tn	Ga
	Robert	17	Son	M/W	Day Laborer	Tn	Tn	Ga
	William	15	Son	m/w	Day Labor	Tn	Tn	Ga
	Buzzy	13	Son	M/W	At School	Tn	Tn	Ga
	Hassie	10	Dau	f/W	At School	Tn	Tn	Ga
	Hallie	10	Dau	F/W	At School	Tn	Tn	Ga
	Claud	9	Son	m/W		Tn	Tn	Ga
	Verra G.	7	Dau	F/W		Tn	Tn	Ga
	Richard	5	Son	M/W		Tn	Tn	Ga
	Mirtle	2	Dau	F/W		Tn	Tn	Ga
296	SLATTON, James	28		M/W	Day Laborer	Tn	Tn	Tn
	Jennie	22	Wife	F/W		Tn	Tn	Tn
	Fannie	4	Dau	F/W		Tn	Tn	Tn
	Dewey	3	Son	m/w		Tn	Tn	Tn
	Sampson	6/12	Son	M/W		Tn	Tn	Tn
	MEADOWS, Ella	16	Sis/Law	F/W	Weaver	Tn	Tn	Tn
	Birdie	14	Sis/Law	F/W	Spinner	Tn	Tn	Tn
	SLATTON, Priscilla	24	Sister	F/W	Weaver	Tn	Tn	Tn
	Fannie	19	Sister	F/W	Spinner	Tn	Tn	Tn
297	SIMPSON, William	59		M/W	Minister	Tn	Tn	Tn
	Caroline	58	Wife	F/W		Tn	Tn	Tn
	Minnie	24	Dau	f/W	Weaver	Tn	Tn	Tn
	Mollie	21	Dau	F/W	Weaver	Tn	Tn	Tn
	Mathew	17	Son	M/W	Day Laborer	Tn	Tn	Tn
	Willie	16	Son	M/W	Day Laborer	Tn	Tn	Tn
	Lula	14	Dau	F/W	Weaver	Tn	Tn	Tn

No.	Name	Age	Rel. to Head	Sx/Race	Occupation	Birth of Person-Father-Mother		
	SIMPSON, Robert	12	Son	M/W	At School	Tn	Tn	Tn
	John	10	Son	M/W	At School	Tn	Tn	Tn
	Roy	7	Son	M/W		Tn	Tn	Tn
	Herman	5	Son	m/W		Tn	Tn	tn
298	McDANIELS, Andrew	40		M/W	Teamster	Tn	Tn	Tn
	Mary	35	Wife	F/W		Tn	Tn	Tn
	Lula	19	Dau	F/W	Carder	Tn	Tn	Tn
	Charley	15	Son	M/W	day Laborer	Tn	Tn	Tn
	Mandy	14	Dau	F/W	Spinner	Tn	Tn	Tn
	Claud	10	Son	M/W	At School	Tn	Tn	Tn
	Anna	4	Dau	F/W		Tn	Tn	Tn
	Frances	2	Dau	F/W		Tn	Tn	Tn
299	CURBY (KIRBY), Sara	49		F/W		Tn	Tn	Tn
	Ada	21	Dau	F/W	Carder	Tn	Tn	Tn
	Hassie	18	Dau	F/W	Spinner	Tn	Tn	Tn
	Eliza	17	Dau	F/W	Carder	Tn	Tn	Tn
	Jessie	11	Dau	F/W	At School	Tn	Tn	Tn
300	SPANGLER, Lucus	37		M/W	Overseer-Spinning	Tn	??	??
	Dosha	34	Wife	F/W		Tn	Tn	Tn
	Hassie	15	Dau	F/W	Spinner	Tn	Tn	Tn
	Mattie	9	Dau	F/w		Tn	Tn	Tn
	Luna	8	Son	M/W		Tn	Tn	Tn
	Sam	5	Son	m/W		Tn	Tn	Tn
	Leda	2	Dau	F/w		Tn	Tn	Tn
301	GREEN, Ely	43		M/W	Fireman-Cooper	Tn	Tn	Tn
	Lututia	40	Wife	F/W		Ill	Pa	Ohic
	Charles	16	Son	M/W	Farm Labor	Tn	Tn	Ill
	Clarence	10	Son	M/W	At School	Tn	Tn	Ill
	Emma	7	Dau	F/W		Tn	Tn	Ill
302	STARKEY, Matilda	66		F/W		Tn	Tn	Tn
	Michael	28	Son	M/W	Machinist	Tn	Tn	tn
	Jarvis	24	Son	M/W	Day Laborer	Tn	Tn	Tn
	Andrew J.	22	Son	m/W	Day Laborer	Tn	Tn	Tn
	Vanis	40	Dau	F/w		Tn	Tn	Tn
	MOSS, Minnie	15	Cook	f/w	Cook	Tn	Tn	Tn
303	STARKEY, Joel	29		M/W	Day Laborer	Tn	Tn	Tn
	Ella	23	Wife	F/w		Tn	Tn	Tn
	Minnie	1	Dau	F/W		Tn	Tn	tn
304	THATCH, Robert A.	57		M/W	Merchant	Miss	NC	Ga
	Caldonia	51	Wife	F/W		Tn	NC	Tn
	Charles	20	Son	M/W	Day Laborer	Tn	Niss	Tn
	Calla	17	Son	M/W	At School	Tn	Miss	tn
305	STILES, Samuel H.	56		M/W	Carpenter	Tn	Tn	Tn
	Ellen	48	Wife	F/W		Tn	Tn	Tn
	Myra	28	Dau	F/W		Tn	Tn	Tn

No.	Name	Age	Rel. to Head	Sx/Race	Occupation	Person	Father	Mother
	STILES, Nora	25	Dau	F/W	Weaver	Tn	Tn	Tn
	Daisy	21	Dau	F/W	Weaver	Tn	Tn	Tn
	Andrew	16	Son	M/W	Farm Labor	Tn	Tn	Tn
	Ed	14	Son	M/W	At School	Tn	Tn	Tn
	John	10	Son	M/W	At School	Tn	Tn	Tn
	Susan J.	10	Dau	F/W	At School	Tn	Tn	Tn
	Huldy	75	Mother	F/W		Tn	Tn	tn
306	ARGO, John J.	55		M/W	Farmer	Tn	Tn	Tn
	Tabitha	42	Wife	F/W		Tn	Tn	Tn
	Robert	20	Son	M/W	M/W	Tn	Tn	Tn
	Josie	17	Dau	F/W		Tn	Tn	Tn
	Johnnie L.	15	Son	M/W	At School	Tn	Tn	Tn
	Victor H.	12	Son	M/W	At School	Tn	Tn	Tn
	George W.	9	Son	M/W		Tn	Tn	Tn
	Nancy E.	6	Dau	F/W		Tn	Tn	Tn
307	MITCHELL, Green	64		M/W	Watchman	Tn	Tn	Ga
	Sarah	60	Wife	F/W		Tn	Tn	Tn
	Ollie	19	Dau	F/W	Spinner	Tn	Tn	Tn
308	GRIFFITH, Ethel	19		F/W	Weaver	Tn	Tn	Tn
	Willie	17	Sister	F/W	Weaver	Tn	Tn	Tn
	Claud	15	Brother	M/W	Day Laborer	Tn	Tn	Tn
	Isaac	10	Brother	M/W	At School			
309	CANTRELL, Stephen	53		M/W	Weaver Boss	Tn	Tn	Tn
	Frances	44	wife	F/W		Tn	Tn	Tn
	OWEN, Betty J.	27	Dau	f/W		Tn	Tn	Tn
	CANTRELL, James T.	20	Son	M/W	Day Laborer	Tn	Tn	tn
	Rhoda P.	9	Dau	F/W		Tn	Tn	Tn
	MORROW, Lula B.	17	Dau	F/W		Tn	Tn	Tn
	William	22	Son/Law	M/W	Day Labor	Tn	Tn	Tn
310	BOAZ, Edmond	61		M/W	Farmer	Ind	Va	Va
	Ariama	58	Wife	F/W		Ohio	Va	Va
	James	29	Son	M/W	Farm Labor	Ind	Ohio	Ind
	GILBERT, Fate	21	Boarder	M/W	Carpenter	Tn	Tn	Tn
311	ROWAN, Stokley	25		M/W	Elec Engineer	Tn	Tn	Tn
312	ELAM, Dora	47		F/W		Tn	Tn	Tn
	William	22	Son	m/W	day Laborer	Tn	Tn	tn
	Mollie	20	Dau	F/W	Weaver	Tn	Tn	tn
	Minnie	16	Dau	F/W	Spooler	Tn	Tn	Tn
	SPANGLER, James	23	Nephew	M/W	Fireman	Tn	Tn	Tn
313	FAULKNER, William P.	62		M/W	Manufacturer	Tn	SC	Va
	Mary	52	Wife	F/W		Mo	Ala	??
	Eliza	20	Dau	F/W	At School	Tn	Tn	Mo
	Willie P.	16	Son	M/W	At School	Tn	Tn	Mo
	WILLIAMS, Julia	35	Cook	F/Bl	Cook	Tn	Tn	Tn

No.	Name	Age	Rel. to Head	Sx/Race	Occupation	Person	Father	Mother
314	PEARSON, John	47		M/W	Day Laborer	Tn	Tn	Tn
	Carry A.	18	Dau	F/W	Draws Maps	Tn	Tn	Tn
	Ida A.	15	Dau	F/W	Spinner	Tn	Tn	Tn
	Mandy	13	DaU	F/W		Tn	Tn	Tn
	Delia	10	Dau	F/W	At School	Tn	Tn	Tn
	Maggie	8	Dau	F/W		Tn	Tn	Tn
	Mary E.	6	Dau	F/W		Tn	Tn	Tn
	Willie J.	3	Dau	F/W		Tn	Tn	Tn
315	CANTRELL, Martha	67		F/W		Tn	??	??
	Lucy	29	Dau	F/W	Spinner	Tn	Tn	tn
	Josie A.	23	Dau	F/W	Spinner	Tn	Tn	Tn
	Mary E.	50	Dau	F/W	Spinner	Tn	Tn	Tn
316	ARGO, Julia	Unk		F/W	Spinner	Tn	Tn	Tn
	Susie	Unk	Sister	f/W	Spooler	Tn	Tn	Tn
	Laura	Unk	Sister	F/W	Weaver	Tn	Tn	Tn
317	DAVIS, John	56		M/W	Farmer	Tn	Tn	Tn
	Sarah	48	Wife	F/W		Tn	Tn	Tn
	Lenard	22	Son	M/W	Public Works	Tn	Tn	Tn
	JAmes	21	Son	M/W	Day Labor	Tn	Tn	Tn
	Bettie	19	Dau	F/W		Tn	Tn	Tn
	Georgie	16	Son	M/W	Farm Labor	Tn	Tn	Tn
	Willie	13	Son	M/W	At School	Tn	Tn	tn
	Bethel	11	Dau	F/W	At School	Tn	Tn	Tn
318	BELL, William	57		M/W	Farmer	Tn	Va	Tn
	Nancy	35	Wife	F/W		Tn	Tn	Tn
	Bethiah	12	Dau	F/W	At School	Tn	Tn	Tn
	Willie	10	Dau	F/W	At School	Tn	Tn	Tn
	Nancy	8	Dau	F/W		Tn	Tn	Tn
	Frank	6	Son	M/W		Tn	Tn	Tn
	Freddie	4	Son	M/W		Tn	Tn	Tn
	Lizzie	2	Dau	F/W		Tn	Tn	Tn
319	LOAG (Logue), David	53		M/W	Farmer	Tn	Tn	Tn
	Mary	49	Wife	F/W		Tn	Tn	Tn
	Willie	16	Son	M/W	FArm Labor	Tn	Tn	Tn
	Joseph	12	Son	M/W	At School	Tn	Tn	Tn
	Myra	10	Dau	F/W	At School	Tn	Tn	Tn
	Arthur	9	Son	M/W		Tn	Tn	Tn
320	DODD, Julius	31		M/W	Day Laborer	Tn	Tn	Tn
	Liddie	23	Wife	F/W		Tn	Tn	Tn
	Hershell	11/12	Son	M/W		Tn	Tn	Tn
321	EARLE, John M.	32		M/W	Farmer	Tn	Tn	Tn
	Maggie	25	Wife	F/W		Tn	Tn	Tn
	Litha	47	Mother	F/W		Tn	Tn	Va
322	FISHER, Frederick	59		M/W	Farmer	Tn	Pa	Tn
	Annie R.	57	Wife	F/W		Ohio	NJ	Ohio

No.	Name	Age	Rel. to Head	Sx/Race	Occupation	Birth of Person	Father	Mother
	FISHER, Charley	29	Son	M/W	Farm Labor	Tn	Tn	Ohio
	Maggie	25	Dau	F/W		Tn	Tn	Ohio
	Jessie C.	27	Gr/DAu	F/W		Tn	Ky	Tn
	Cirus B.	3	Gr/Son	M/W		Tn	Ky	Tn
323	TITTSWORTH, Richard	44		M/W	Farmer	Tn	??	??
	Hester S.	31	Wife	F/w		Tn	Tn	Tn
	Vera M.	14	Dau	F/W	At School	Tn	Tn	Tn
	Nottie E.	11	Dau	F/W	At School	Tn	Tn	Tn
	Richard G.	9	Son	M/W		Tn	Tn	tn
324	PIRTLE, Samuel	30		M/W	Day Laborer	Tn	Tn	Tn
	Belle	26	Wife	F/W		Tn	Tn	Tn
	Ida	6	Dau	F/W		Tn	Tn	Tn
	Jocie L.	2	Dau	F/W		Tn	Tn	tn
325	ALLISON, John M.	42		M/W	Farmer	Tn	NC	Tn
	Mary	50	Wife	F/W		Tn	Tn	Tn
	Monroe M.	19	Son	M/W	Farm Labor	Tn	Tn	Tn
	Lena B.	17	Dau	F/W	At School	Tn	Tn	Tn
	Thomas M.	14	Son	M/W	Farm Labor	Tn	Tn	Tn
326	MORRISON, Elisha	57		M/W	Carpenter	Tn	Tn	Tn
	Mary	60	Wife	F/W		Tn	Tn	Tn
	JAmes A.	20	Dau	F/W	Farm Labor	Tn	Tn	Tn
327	KING, William W.	58		M/W	Farmer	Tn	Tn	Tn
	Mary	54	Wife	F/W		Tn	Tn	Tn
	Maggie	23	Dau	F/W		Tn	Tn	Tn
	Fannie	17	Dau	F/W	At School	Tn	Tn	Tn
328	KING, William	25		M/W	Engineer	Tn	Tn	Tn
	Margie	18	Wife	F/W		Tn	Tn	Tn
329	BLANKS, John S. B.	61		M/W	Farmer	Tn	Tn	Tn
	Eliza J.	49	Wife	F/W		Tn	Tn	Tn
	Robert	19	Son	M/W	Farm Labor	Tn	Tn	Tn
	Gilbert	17	Son	M/W	FArm Labor	Tn	Tn	Tn
	Sarah	24	Dau	F/W		Tn	Tn	Tn
	Artie P.	27	Dau	F/W		Tn	Tn	Tn
	Linas M.		Son	M/W	At School	Tn	Tn	Tn
	Mary L.	11	Dau	F/W	At School	Tn	Tn	Tn
	Ada E.	9	Dau	F/W		Tn	Tn	Tn
330	BLANKS, John W.	30		M/W	Farmer	Tn	Tn	Tn
	Ada E.	22	Wife	F/W		Tn	Tn	Tn
	Ella M.	6/12	DAu	F/W		Tn	Tn	Tn
331	SPURLOCK, John	45		M/Bl	Farm Labor	Tn	Tn	Tn
	Cinthia	Unk	Wife	F/Bl		Tn	Tn	Tn
	Oscar	6	Son	M/Bl		Tn	Tn	Tn
	Robert	2	Son	M/Bl		Tn	Tn	Tn

No.	Name	Age	Rel. to Head	Sx/Race	Occupation	Birth of Person	Father	Mother
332	MILLER, William	45		M/W	FArmer	Tn	Tn	Tn
	Fannie	35	Wife	F/W		Tn	Va	Ala
	Tibirous	20	Son	M/W	Farm LaBOR	Tn	Tn	Tn
	Martha C.	14	Dau	F/W	At School	Tn	Tn	Tn
	Willie	12	Son	M/W	At School	Tn	Tn	Tn
	Tommy	9	Son	M/W		Tn	Tn	Tn
	Bert	3	Son	M/W		Tn	Tn	Tn
333	JONES, Andy	78		M/W	Farmer	Tn	NC	Va
	Ann	64	Wife	F/W		Tn	NC	Va
334	CRAWLEY, Sarah	50		M/W		Tn	NC	Tn
	Thomas	12	Son	M/W	Farm Labor	Tn	Tn	Tn
	Robert	11	Son	M/W	FArm Labor	Tn	Tn	Tn
	TALLY, Thomas	24	Boarder	M/W	FArm Labor	Tn	??	??
335	McAFEE, Hison	56		M/W	Farmer	Tn	NC	Tn
	Lucy	53	Wife	F/W		Tn	Tn	Tn
	Kizzie	26	Dau	F/W		Tn	Tn	Tn
	Octa	15	Dau	F/W	At School	Tn	Tn	Tn
	Bilbrey	18	Son	M/W	At School	Tn	Tn	Tn
336	CROUCH, Dillas	41		M/W	Farmer	Tn	Tn	Tn
	Florence	38	Wife	F/W		Tn	Tn	Tn
	Daisy	15	Dau	F/W	At School	Tn	Tn	Tn
	Bennie	8	Son	M/W		Tn	Tn	Tn
337	BLAIR, John	72		M/W	Day Laborer	Tn	Tn	Tn
338	DICKINSON, Wm. P.	37		M/W	Teamster	Tn	Tn	Tn
	Julia V.	36	Wife	F/W		Tn	Tn	Tn
	Carlie M.	17	Son	M/W	Teamster	Tn	Tn	Tn
	John T.	16	Son	M/W	Day LAborer	Tn	Tn	Tn
	William F.	13	Son	M/W	At School	Tn	Tn	Tn,
	Cora L.	11	Dau	F/W	At School	Tn	Tn	Tn
	Carrie G.	9	Dau	F/W		Tn	Tn	Tn
	George E.	7	Son	M/W		Tn	Tn	Tn
	Charles S.	2	Son	M/W		Tn	Tn	Tn
	Jessie	6/12	Dau	F/W		Tn	Tn	Tn
339	MUNCIE (ey), Martin M.	Unk		M/W	Farmer	Tn	Tn	Tn
	Clar----	49	Wife	F/W		Tn	Tn	Tn
	William	15	Son	M/W		Tn	Tn	Tn
	Charles	9	Son	M/W		Tn	Tn	Tn
340	NEWBY, William	54		M/W	Farmer	Tn	Tn	Tn
	Susan	57	Wife	F/W		Ga	Va	VA
	JAmes	30	Son	m/W	Farm Labor	Tn	Tn	Ga
	Mary E.	26	Dau	F/W	School Teacher	Tn	Tn	Ga
	Emma K.	24	Dau	F/W		Tn	Tn	Ga
	America	22	Dau	F/W		Tn	Tn	Ga

No.	Name	Age	Rel. to Head	Sx/Race	Occupation	Birth of Person	Father	Mother
341	HAMILTON, James S.	30		M/W	Farmer	Tn	Tn	Tn
	Meda	29	Wife	F/W		Tn	Tn	Tn
342	CASS, Richard M.	45		M/W	Farmer	Tn	NC	NC
	Louvernia	30	Wife	F/W		Tn	Tn	Tn
	Jimmie	12	Son	M/W	At School	Tn	Tn	Tn
	Willie	7	Son	M/W		Tn	Tn	Tn
	Richard	3	Son	M/W		Tn	Tn	Tn
	Charley	1	Son	M/W		Tn	Tn	Tn
343	CARVER, John H.	40		M/W	Farmer	Tn	NC	NC
	Hattie	29	Wife	F/W		Tn	??	Tn
	Elnora	7	DAu	F/W		Tn	Tn	Tn
	Mary M.	5	Dau	F/W		Tn	Tn	Tn
	Clara P.	3	Dau	F/W		Tn	Tn	Tn
	Mamie E.	1	Dau	F/W		Tn	Tn	Tn
344	MACK, Vendel M.	45		M/W	Farmer	Ohio	??	??
	Clara B.	37	Wife	F/W		Tn	Tn	Tn
	Lethia	14	Dau	F/W	At School	Tn	Ohio	Tn
	Effie M.	10	Dau	F/W	At School	Tn	Ohio	Tn
	Sidney K.	7	Son	M/W		Tn	Ohio	Tn
	Clara B.	4	Dau	F/W		Tn	Ohio	Tn
345	MERRIMAN, Isaac M.	49		M/W	Farmer	Tn	NC	Tn
	Martha C.	47	Wife	F/W		Tn	Tn	Tn
	Richard	20	Son	M/W	Farm Labor	Tn	Tn	Tn
	Elie	15	Son	M/W	At School	Tn	Tn	Tn
	Annie	13	Dau	F/W	At School	Tn	Tn	Tn
	Belle	11	Dau	F/W	At School	Tn	Tn	Tn
	Bertie	9	Dau	F/W		Tn	Tn	Tn
346	JONES, Sarepta	Unk		F/W	Day Labor	Tn	Tn	Tn
	SaMANTHA	Unk	Sister	F/W		Tn	Tn	Tn
	Rommy	15	Nephew	M/W	Day Labor	Tn	Tn	Tn
347	RITCHEY, Wm. H.	53		M/W	Farmer	Pa	Pa	Pa
	Katherine	54	Wife	F/W		Pa	Pa	Pa
	Arthur	19	Son	M/W	Farm Labor	Tn	Tn	Tn
	Birdie	16	Dau	F/W	At School	Tn	Tn	Tn
	Jessie	13	Dau	F/W	At School	Tn	Tn	Tn
348	HOBBS, Frank	40		M/W	Farmer	Tn	Tn	Tn
	Isaac C. 13	Son	M/W	Farm Labor		Tn	Tn	Tn
	Clara L.	10	Dau	F/W	At School	Tn	Tn	Tn
	Rosa	54	Mother	F/W		Tn	Va	Va
	John M.	37	Brother	M/W	Farm Labor	Tn	Tn	Tn
	Sara J.	35	Sister	F/W		Tn	Tn	Tn
	SMITH, SALLY	Unk		F/W		Tn	Tn	Tn
349	JATTER, Joseph	49		M/W	Farmer	Iowa	Ohio	??
	Cora	19	Dau	F/W		Iowa	Iowa	Mo

No.	Name	Age	Rel. to Head	Sx/Race	Occupation	Birth of Person	Father	Mother
350	MOORE, David E.	50		M/W	Farmer	Tn	Tn	Tn
	Nancy	40	Wife	F/W		Tn	Tn	Tn
	Tommy	20	Son	M/W	Farm Labor	Tn	Tn	Tn
	Ola	18	Dau	F/W		Tn	Tn	Tn
	Lucy	16	Dau	F/W		Tn	Tn	Tn
	Lillie	9	Dau	F/w		Tn	Tn	Tn
	Cora	6	Dau	F/W		Tn	Tn	Tn
	Frank	4	Son	M/W		Tn	Tn	Tn
	Bryan	2	Son	m/W		Tn	Tn	Tn
	Eugene	5/12	Son	M/W		Tn	Tn	Tn
351	GREER, William M.	Unk		M/W	Day Laborer	Tn	Tn	Va
	nANCY	Unk	Wife	F/W		Tn	Tn	Tn
	Albert W.	58	Son	M/W	Preacher	Tn	Tn	Tn
352	ROGERS, Jefferson	26		M/W	FArmer	Tn	Tn	Tn
	Velma	22	Wife	F/W		Tn	Tn	Tn
	Harol	4	Son	M/W		Tn	Tn	Tn
	James	2	Son	M/W		Tn	Tn	Tn
353	HANES, John R.	33		M/W	Farm Labor	Tn	Tn	Tn
	Alma	33	Wife	F/W		Tn	Tn	Tn
	Mary	59	Mother	F/W		Tn	Tx	Va
354	POTTER, Robert	40		M/W	Trav. Salesman	Tn	NC	Tn
	Ora M.	28	Wife	F/W		Tn	Tn	Tn
	George M.	15	Son	M/W	FArm Labor	Tn	Tn	Tn
	Laura P.	13	Dau	F/W	At School	Tn	Tn	Tn
	Robert J.	11	Son	M/W	At School	Tn	Tn	Tn
	Howard S.	8	Son	M/W		Tn	Tn	Tn
	Fred S.	5	Son	M/W		Tn	Tn	Tn
	Susie M.	10/12	Dau	F/W		Tn	Tn	Tn
	GIST, Charley C.	25	Bro/Law	M/W	Farm Labor	Tn	Tn	Tn
355	CAUTHORN, John	44		M/W	Farm Labor	Tn	Tn	Tn
	Sally	34	Wife	F/W		Tn	Tn	Tn
	Jessie	13	Dau	F/W	At School	Tn	Tn	Tn
	Johnnie	10	Son	M/W	At School	Tn	Tn	Tn
	Rosa M.	7	Dau	F/W		Tn	Tn	Tn
	Eugene	4	Son	M/W		Tn	Tn	Tn
	LEVAN, George	14	Boarder	M/W	Day Laborer	Tn	Tn	Tn
356	SINGLETON, James	38		M/W	FArmer	Tn	Tn	Tn
	Elizabeth	39	Wife	F/W		Tn	Tn	Tn
	Alma B.	15	Dau	F/W	At School	Tn	Tn	Tn
	Horace	12	Son	M/W	At School	Tn	Tn	Tn
	Eva	10	Dau	F/W	At School	Tn	Tn	Tn
	Frank	7	Son	m/W		Tn	Tn	Tn
	Ernest	3	Son	M/W		Tn	Tn	Tn
357	LOCKE, William	79		M/W	Farm Labor	Tn	Va	Va
	Sarah	71	Wife	F/W		Tn	??	??
	Miles	38	Son	M/W	Farm Labor	Tn	Tn	Tn

No.	Name	Age	Rel. to Head	Sx/Race	Occupation	Person	Father	Mother
358	BONNER, Miles	58		M/W	Farmer	Tn	NC	Va
	T-------	38	Wife	F/W		Tn	Tn	Tn
	Lucy	10	Dau	F/W	At School	Tn	Tn	Tn
	Katie	6	Dau	F/W		Tn	Tn	Tn
	Mary	8/12	Dau	F/W		Tn	Tn	Tn
	SPURLOCK, Robert	25	Boarder	M/Bl	Farm Labor	Tn	Tn	Tn
359	LUTRELL, John	31		M/W	Farmer	Tn	Tn	Tn
	Frances	32	Wife	F/W		Tn	Tn	Tn
	Allie	13	Dau	F/W	At School	Tn	Tn	Tn
	Lillie	10	Dau	F/W	At School	Tn	Tn	Tn
	Minnie	8	Dau	F/W		Tn	Tn	Tn
	Maggie	6	Dau	F/W		Tn	Tn	Tn
	Dorsa W.	3	Dau	F/W		Tn	Tn	Tn
	Sally M.	9/12	Dau	F/W		Tn	Tn	Tn
360	NEWMAN, Edward	39		M/W	Farmer	Tn	Tn	Tn
	Flora	32	Wife	F/W		Tn	Tn	Tn
	Fannie B.	4	Dau	F/W		Tn	Tn	Tn
	Andrew J.	69	Father	M/W		Tn	NC	Ky
	Elizabeth	62	Mother	F/W		Tn	NC	Ky
361	THAXTON, Ira	31		M/W	Farmer	Tn	Tn	Tn
	Flora	28	Wife	F/W		Tn	Tn	Tn
	William	7	Son	M/W		Tn	Tn	Tn
	Sarah E.	3	Dau	F/W		Tn	Tn	Tn
	WILLIAMS, Arthur	19	Boarder	M/Bl	Farm Labor	Tn	Tn	Tn
362	LOCKE, Jessie	52		M/W	Farmer	Tn	Tn	Tn
	Tellas	48	Wife	F/W		Tn	Tn	Tn
	Fairy	19	Dau	F/W		Tn	Tn	Tn
	Sally A.	15	Dau	F/W	At School	Tn	Tn	Tn
	SPURLOCK, thomas	Unk	Boarder	M/Bl	FArm Labor	Tn	Tn	Tn
363	McBRIDE, Sam	32		M/W	Farm Labor	Tn	Tn	Tn
	Jennie	38	Wife	F/W		Tn	Tn	Tn
	Bonnie J.	8	Dau	F/W		Tn	Tn	Tn
	Osa B.	6	Dau	F/W		Tn	Tn	Tn
	Charley B.	3	Son	M/W		Tn	Tn	Tn
364	McLAUGHLIN, William	38		M/W	Farmer	Ohio	NY	Pa
	Elsie A.	40	Wife	F/W		Kans	Mich	NY
	Villa	14	Dau	F/W	At School	KAns	Ohio	Kans
	MERRITT, Edith B.	24	Niece	F/W		Mich	Mich	Mich
	Mable	20	Niece	F/W		Kans	Mich	Mich
	TAFT, Stephen	72	FAth/Law	M/W		Mich	RI	Conn
	Mary	69	Mo/Law	F/W		NY	NY	NY
365	HURD, Wesley	Unk		M/Bl	Day Laborer	Miss	Miss	??
	Puss	Unk	Wife	F/Bl		Tn	Tn	Tn
	John W.	20	Son	M/Bl	Day Laborer	Tn	Miss	Tn
	Mat	15	Son	M/Bl		Tn	Miss	Tn
	Henry	12	Son	M/Bl	Day Laborer	Tn	Miss	Tn
..	HURD, Eddie	7	Son	M/Bl		Tn	Miss	Tn
	Charley	9/12	Son	M/Bl		Tn	Miss	Tn
366	POTTER, John	34		M/W	Farmer	Tn	Tn	Tn
	Betty	32	Wife	F/W		Tn	Tn	Tn
	Martha R.	7	Dau	F/W		Tn	Tn	Tn
	John H.	3	Son	M/W		Tn	Tn	Tn
	LOCKE, Nancy	30	Sister	F/W		Tn	Tn	Tn
367	BONNER, R------	67		M/W	Farmer	Tn	NC	Va
	Margaret	64	64	Wife	F/W	Tn	Va	Va
368	BILES, Nick	Unk		M/Bl	Farm Labor	Tn	??	??
	Florence	35	Wife	F/Bl		Tn	Tn	Va
	James	15	Son	M/Bl	Day Laborer	Tn	Tn	Tn
	Julia	13	Dau	F/Bl		Tn	Tn	Tn
	Harrison	11	Son	M/Bl	Day Laborer	Tn	Tn	Tn
	Joseph	8	Son	M/Bl		Tn	Tn	Tn
	Jennie L.	6	Dau	F/Bl		Tn	Tn	Tn
	Andrew	1	Son	M/Bl		Tn	Tn	Tn
369	SPURLOCK, Judsa	Unk		F/Bl		Va	Va	Va
	Nancy	26	Dau	F/Bl	Cook	Tn	Tn	Va
	Johnnie	9	Gr/Son	M/Bl		Tn	Tn	Tn
	Litle	5	Gr/Son	M/Bl		Tn	Tn	Tn
	Nellie	3/12	Gr/Dau	F/Bl		Tn	Tn	Tn
370	WILSON, John	71		M/W	Farmer	Tn	NC	Tn
	Betty	67	Wife	F/W		Tn	Va	NC
	Belle	29	Dau	F/W		Tn	Tn	Tn
371	HINKLEY, Orion D.	63		M/W	FArmer	Maine	Maine	Maine
	Martha	54	Wife	F/W		Maine	Maine	Maine
	Gilbert W.	24	Son	M/W	School Teacher	Wisc	Maine	Maine
	Eugene H.	15	Son	M/W	At School	S Dak	Maine	Maine
	Mirtle L.	13	Dau	F/W		S Dak	Maine	Maine
372	TANNER, John	58		M/W	Day Laborer	Tn	Tn	Tn
	Sophronia	27	Wife	F/W		Mo	Ala	Mo
	THOMASON, Wade	49	Boarder	M/W	Day Laborer	Ala	??	??
	Willie	10	Boarder	M/W		Tn	Ala	??
	Travis	8	Boarder	M/W		Tn	Ala	??
373	SAVAGE, Sam	45		M/Bl	Farm Labor	Tn	Tn	Tn
	Alice	46	Wife	F/Bl		Tn	Tn	Tn
	Burks	14	Son	M/Bl	Farm Labor	Tn	Tn	Tn
	Sam	11	Son	M/Bl	Farm Labor	Tn	Tn	Tn
	Allie	7	Son	M/Bl		Tn	Tn	Tn
374	WALTERS, James	31		M/W	Day Laborer	Tn	Tn	Tn
	Lila	27	Wife	F/W		Tn	Tn	Tn
	Jessie	9	Dau	F/W		Tn	Tn	Tn
	May	5	Dau	F/W		Tn	Tn	Tn

No.	Name	Age	Rel. to Head	Sx/Race	Occupation	Person	Father	Mother
	WALTERS, Lizzie	3	Dau	F/W		Tn	Tn	Tn
	ROGERS, Silas	67	Fath/Law	M/W		Tn	Tn	Tn
	Elizabeth	56	Mo/Law	F/W		Tn	Tn	Tn
	William	10	Bro/Law	M/W	Day Laborer	Tn	Tn	Tn
375	MARTIN, Tom	29		M/Bl	Farmer	Tn	Tn	Tn
	Lillie	26	Wife	F/Bl		Tn	Tn	Tn
	Martha	6	Dau	f/Bl		Tn	Tn	Tn
	Mary	4	Dau	F/Bl		Tn	Tn	Tn
	Laura	3	Dau	F/Bl		Tn	Tn	Tn
	Ernest	4/12	Son	M/Bl		Tn	Tn	Tn
	SAVAGE, Della	Unk	Mo/Law	F/Bl		Tn	Tn	Tn
376	SAVAGE, William	26		M/Bl	Day Laborer	Tn	Tn	Tn
	Nora	26	Wife	F/Bl		Tn	Tn	Tn
	Lucy	5	Dau	F/Bl		Tn	Tn	Tn
	Pearl	3	Dau	F/Bl		Tn	Tn	Tn
377	CURBY (KIRBY), Henry	Unk		M/W	Farmer	??	??	??
378	SMARTT, Sam	50		M/W	Farmer	Tn	Tn	Tn
	Elizabeth	50	Wife	F/W		Tn	Tn	Tn
	Mary O.	22	Dau	F/W	School Teacher	Tn	Tn	Tn
	Clair M.	18	Dau	F/W	FArm Labor	Tn	Tn	Tn
379	BRADFORD, James A.	48		M/W	FArmer	Tn	Tn	Va
	Emma	49	Wife	F/W		Tn	Tn	Tn
	Alma	22	Dau	F/W		Tn	Tn	Tn
	Campbell	16	Son	M/W	Farm Labor	Tn	Tn	Tn
	Rachiel	12	Dau	F/W	At School	Tn	Tn	Tn
	SPURLOCK, Lisle	40	Nephew	M/W	Trav. Salesman	Tn	Tn	Tn
380	SUTTLE, Amanda	Unk		F/Bl	Washwoman	Tn	Tn	Tn
381	TEMPLE, Lafate	64		M/W	Day Laborer	Tn	Tn	Tn
	Perlie	Unk	Wife	F/W		Tn	Tn	Tn
382	TANNER, William	21		M/W	Day Laborer	Tn	Tn	Tn
	Mary	Unk	Wife	F/W		Tn	Tn	Tn
	Mary	Unk	Mother	F/W		Tn	Tn	Tn
383	GRAHAM, Jane	55		F/W		Tn	Tn	Tn
	John	59	Brother	M/W	Day Laborer	Tn	Tn	Tn
	Albert	21	Nephew	M/W	Day Laborer	Tn	Tn	Tn
	Flement	17	Nephew	M/W	Day LAborer	Tn	Tn	Tn
	BELL, Robert	1-	Boarder	M/W	Day Laborer	Tn	Tn	Tn
384	BURKS, William	42		M/W	Farmer	Tn	Tn	Tn
	James H.	14	Son	m/W	Farm Labor	Tn	Tn	Tn
	Elizabeth J.	69	Mother	F/W		Tn	NC	NC
385	TIDWELL, Henry	51		M/Bl	Farmer	Tn	Tn	??
	Elizabeth	50	Wife	F/Bl		Tn	Tn	Va

No.	Name	Age	Rel. to Head	Sx/Race	Occupation	Person	Father	Mother
	TIDWELL, John	18	Son	M/Bl	Farm Labor	Tn	Tn	Tn
	Henry	16	Son	M/Bl	Farm Labor	Tn	Tn	Tn
	Susan	14	Dau	F/Bl	At School	Tn	Tn	Tn
	Alfred	9	Son	M/Bl		Tn	Tn	Tn
	Sally	6	Dau	F/Bl		Tn	Tn	Tn
386	BURKS, Richard	33		M/W	farmer	Tn	Tn	Tn
	Ester	30	Wife	F/w		Tn	Tn	Tn
	Mirtle	9	dau	F/W		Tn	Tn	Tn
	Paul	7	Son	M/W		Tn	Tn	Tn
	Calvin W.	4	Son	M/W		Tn	Tn	Tn
	Georgia	2	Dau	F/W		Tn	Tn	Tn
	Edna	3/12	Dau	F/W		Tn	Tn	Tn
387	TURNER, William	63		M/W	Farm Labor	Tn	SC	NC
	Phebe	17	Dau	F/W		Tn	Tn	Tn
	Archa	22	Son	M/W	DAy Laborer	Tn	Tn	Tn
	Obediah	14	Son	M/W	Day Laborer	Tn	Tn	Tn
	Laura	12	Dau	F/W		Tn	Tn	Tn
388	MADDUX, Thea----	45		M/W	Labor	Tn	Tn	Va
	Beulah	21	Dau	F/W		Tn	Tn	Tn
	MILLER, Sally	35	Boarder	F/W		Tn	Tn	Tn
389	FOWLER, Frederick	39		M/W	Day Laborer	Mich	Ohio	Mich
	Lauria	38	Wife	F/W		Ohio	Ohio	Ohio
	ALLEN, Howard	13	Sr/Son	M/W	Day Labor	Mich	NY	Ohio
	FOWLER, Marshall	3	Son	M/W		Mich	Mich	Ohio
	Thomas	71	Father	M/W		Ohio	Pa	Pa
390	SMITH, Alfred	46		M/Bl	Day Laborer	Tn	Va	Tn
	Sarah	27	Wife	f/W		Tn	Tn	Tn
391	RANKIN, John	47		M/W	Farmer	Tn	Tn	Tn
	Lourea	51	Wife	F/W		Tn	Tn	Tn
	James A.	19	Son	M/W	Farm Labor	Tn	Tn	Tn
	Anna	13	Dau	F/W	At School	Tn	Tn	Tn
392	STILES, Alfred	46		M/W	Shoemaker	Tn	Tn	Tn
	Isabelle	44	Wife	F/W		Tn	Tn	Tn
	Hugh	13	Son	M/W	At School	Tn	Tn	Tn
393	DEWEY, George	30		M/W	Traveler	NY	NY	NY
	Annie L.	43	Wife	F/W		Ill	NY	NY
	BRUNSON, Libbie	32	Sis/Law	F/W	Traveler	Ill	NY	NY
	Edmon	43	Bro/Law	M/W	Traveler	Ill	NY	NY
	ELSWORTH, Ethel	17	Niece	F/W	Traveler	Mo	Ill	Ill
394	WILSON, John T.	44		M/W	Farmer	Tn	Tn	Tn
	Ada	44	Wife	F/w		Tn	Tn	Tn
	William	24	Son	m/W	Farm Labor	Tn	Tn	Tn
	Avis	23	Dau	F/W	School Teacher	Tn	Tn	Tn
	Samuel	17	Son	m/W	At School	Tn	Tn	Tn

No.	Name	Age	Rel. to Head	Sx/Race	Occupation	Person	Father	Mother
	WILSON, Thomas B.	15	Son	M/W	At School	Tn	Tn	Tn
	Mattie E.	13	Dau	F/W	At School	Tn	Tn	Tn
	Ada B.	10	Dau	f/W	At School	Tn	Tn	Tn
	Hackett L.	6	Son	M/W		Tn	Tn	Tn
	Mary G.	4	Dau	F/W		Tn	Tn	Tn

U. S. CENSUS   1900   1st District   W. P. Woody - Enumerator

June 1, 1900

No.	Name	Age	Rel. to Head	Sx/Race	Occupation	Person	Father	Mother
1	WOODY, William P.	46		M/W	Lawyer	Ind	NC	Va
	Mattie J.	38	Wife	F/W		Ind	Ind	Pa
	Hazel	16	Dau	F/W	At School	Ind	Ind	Ind
	Ward	12	Son	M/W	At School	Ind	Ind	Ind
	Easter	10	DAu	F/W	At School	Ind	Ind	Ind
2	WALLING, Hugh L.	67		M/W	MAnufacturing	Tn	Tn	Tn
	Nancy	62	Wife	F/W		Tn	Tn	Tn
	CHENAULT, Georgia E.	28	Dau	F/W		Tn	Tn	Tn
	David	3	Gr/Son	M/W		Tn	Tn	Tn
3	WEBB, Evan J.	48		M/W	Merchant	Tn	Tn	Tn
	Mary	41	Wife	F/W		Tn	Tn	Tn
	Jessie M.	20	Dau	F/W	Music Teacher	Tn	Tn	Tn
	Arthur	16	Son	M/W	At School	Tn	Tn	Tn
	Evan H.	10	Son	M/W	At School	Tn	Tn	Tn
4	CHAPPEL, Elbert	37		M/W	Salesman	Wisc	Pa	Wisc
	Jennie E.	22	Wife	F/W		Tn	Tn	Tn
	Carrie S.	2	Dau	F/W		Tn	Wisc	Tn
5	HAGGARD, P-------	64		M/W		Tn	Tn	Tn
	Mary L.	39	Wife	F/W	Dressmaker	Tn	Tn	Tn
6	ROWAN, Josie	37		F/Bl	Servant	Tn	Tn	Tn
	BATES, Jessie	22	Dau	F/Bl	Servant	Tn	Tn	Tn
7	HOPPER, John A.	41		M/W	Merchant	Tn	Tn	Tn
	Mattie B.	32	Wife	F/W		Tn	Tn	Tn
	Mattie S.	12	Dau	F/W		Tn	Tn	Tn
	Martha	64	Mother	F/W		Tn	Tn	Tn
	James W.	24	Brother	M/W	Salesman	Tn	Tn	Tn
	THOMAS, James W.	41	Lodger	M/W	Servant	SC	SC	SC
8	TAYLOR, Andrew D.	50		M/W	Merchant	Tn	Tn	Tn
	Mary E.	41	Wife	F/W		Tn	Tn	Tn
	John R.	12	son	m/W	At School	Tn	Tn	Tn
	BONNER, John	38	Boarder	M/W	Merchant	Tn	Tn	Tn
	Alvira	27	Boarder	F/W	Sales lady	Tn	Tn	Tn
	Sarah	25	Boarder	F/W	Dressmaker	Tn	Tn	Tn

No.	Name	Age	Rel. to Head	Sx/Race	Occupation	Person	Father	Mother
9	RAY, William M.	32		M/W	Laundryman	Tn	Tn	Tn
	Lena M.	21	Wife	F/W		Tn	Tn	Tn
10	CONGER, William	42		M/W	Saloon Keeper	Tn	Tn	Tn
	Lillie O.	32	Wife	F/W		Tn	Ga	Tn
	Nepoleon	18	Son	M/W	At School	Tn	Tn	Tn
11	STROUD, Shuth (?)	29		M/W	Grist Mill Fireman	Tn	Tn	Tn
	Mamie B.	29	Wife	F/W		Tn	Tn	Tn
	Joe R.	7	Son	M/W		Tn	Tn	Tn
	Sally L.	2	Dau	F/W		Tn	Tn	Tn
12	GRIBBLE, Chr-----	40		M/W	Mechanic	Tn	Tn	Tn
	Nancy E.	33	Wife	F/W		Tn	Tn	Tn
	Ethel C.	16	Dau	F/W	At School	Tn	Tn	Tn
	Stella R.	14	Dau	F/W	At School	Tn	Tn	Tn
	Zadie J.	10	Dau	F/W	At School	Tn	Tn	Tn
	Willie L.	3	Son	M/W		Tn	Tn	Tn
	Roland	6/12	Son	M/W		Tn	Tn	Tn
	ROLAND, MArgaret E.	78	Mo/Law	F/W		Tn	Tn	Tn
13	GROSS, George	25		M/W	Teamster	Tn	Tn	Tn
	Mattie E.	19	Wife	F/W		Tn	Tn	Tn
	EARL, Henry	26	Head	M/W	Day Laborer	Tn	Tn	Tn
	Annie	25	Wife	F/W		Tn	Tn	Tn
	Harold	2	Son	M/W		Tn	Tn	Tn
14	EDWARDS, R. S.	52		M/W	Coloring/Pressing	Tn	Ga	Tn
	Flora B.	15	DAu	F/W	At School	Tn	Wisc	Tn
	TAYLOR, William D.	33	Head	M/W	Restauranter	Tn	Tn	Tn
	Lucy E.	27	Wife	F/W		Tn	Tn	Tn
	Charles H.	9	Son	m/W		Tn	Tn	Tn
15	CAWTHORN, Isaac	41		M/W	Carpenter	Tn	Tn	Tn
	Minnie C.	44	Wife	F/W		Tn	Tn	Tn
	William S.	17	Son	M/W	At School	Tn	Tn	Tn
	Leslie P.	12	Son	M/W	At School	Tn	Tn	Tn
	Isaac E.	9	Son	m/W	At School	Tn	Tn	Tn
16	SMITH, Irving	35		M/W	Lawyer	Tn	Tn	Va
	Addie	29	Wife	F/W		Tn	Tx	Tx
	Clara B.	12	Dau	F/W	At School	Tn	Tn	Tx
	Arsey C.	8	Son	m/W	At School	Tn	Tn	Tx
17	WRIGHIMAN, David	46		M/W	Wheelwright	NC	NC	NC
	Tennessee	45	Wife	F/W		Tn	Tn	Tn
	Elizabeth A.	21	Dau	F/W	Milliner	Tn	Tn	Tn
	Asa L.	18	Son	M/W	At School	Tn	Tn	Tn
	Arthur D.	9	Son	M/W		Tn	Tn	Tn
	Baby	1	Dau	F/W		Tn	Tn	Tn

No.	Name	Age	Rel. to Head	Sx/Race	Occupation	Birth of Person	Father	Mother
18	HUDSON, Charles D.	24		M/W	Merchant/Tailor	Tn	Tn	Tn
	Pearl E.	23	Wife	F/W		Tn	Tn	Tn
	Allie T.	6/12	Dau	F/W		Tn	Tn	Tn
19	WEBB, James W.	36		M/W	Carpenter	Tn	Tn	Tn
	Cam------	34	Wife	F/W		Tn	Tn	Tn
	Claud C.	16	Son	M/W	Carpenter	Tn	Tn	Tn
	Mary E.	15	Dau	F/W	At School	Tn	Tn	Tn
	Maud L.	12	Dau	F/W	At School	Tn	Tn	Tn
	James M.	8	Son	M/W		Tn	Tn	Tn
	Gertie H.	6	Dau	F/W		Tn	Tn	Tn
	Bessie M.	2	Dau	F/W		Tn	Tn	Tn
	Alice P.	7/12	Dau	F/W		Tn	Tn	Tn
20	MOORE, Albert	29		M/W	Sawmill Machinist	Tn	Tn	Tn
	Mattie D.	30	Wife	F/W		Tn	Tn	Tn
	Baby	1	Son	M/W		Tn	Tn	Tn
21	SMILEY, William L.	34		M/W	Day Laborer	Tn	Ala	Tn
	Laura L.	35	Wife	F/W		Tn	Tn	Tn
	Eugene G.	6	Son	M/W		Tn	Tn	Tn
	Cassie F.	4	Dau	F/W		Tn	Tn	Tn
	William L.	1	Son	M/W		Tn	Tn	Tn
22	WEBB, John	44		M/W	Day Laborer	Tn	Tn	Tn
	Amanda B.	42	Wife	F/W		Tn	Tn	Tn
	Hudia M.	19	Dau	F/W	At School	Tn	Tn	Tn
	Lela C.	17	Dau	F/W	At School	Tn	Tn	Tn
	Lizzie G.	15	Dau	F/W	At School	Tn	Tn	Tn
	Robert B.	12	Son	m/W	At School	Tn	Tn	Tn
	Claudia E.	10	Dau	F/W	At School	Tn	Tn	Tn
	Charlotte M.	7	Dau	F/W	At School	Tn	Tn	Tn
	Mary A.	5	Dau	F/W		Tn	Tn	Tn
	John A.	2	Son	M/W		Tn	Tn	Tn
	Ruby M.	4/12	DAu	F/W		Tn	Tn	Tn
23	ARLEDGE, Dick	37		M/W	Day Laborer	Tn	Tn	Tn
	Eliza B.	24	Wife	F/W		Tn	Tn	Tn
	Ruby A.	11	Dau	F/W	At School	Tn	Tn	Tn
	Lee A.	8	Son	M/W	At School	Tn	Tn	Tn
	Annie M.	4	Dau	F/W		Tn	Tn	Tn
24	KOLWICK, Horace	47		M/W	Day Labor	Tn	Tn	Tn
	Tine	37	Wife	F/W		Tn	Tn	Tn
	James H.	10	Son	M/W	At School	Tn	Tn	Tn
	William B.	5	Son	M/W		Tn	Tn	Tn
	Jennings B.	3	Son	m/W		Tn	Tn	Tn
	Mathew H.	7/12	Son	M/W		Tn	Tn	Tn
25	MATHEWS, Delitha A.	40		F/W	Washwoman	Tn	Tn	Tn
	Calvin B.	20	Son	M/W	Day Laborer	Tn	Tn	Tn
	Maud A.	11	Dau	F/W	At School	Tn	Tn	Tn
	Leona	7	Dau	F/W	At School	Tn	Tn	Tn

1900 CENSUS - WARREN COUNTY, TENN.

No.	Name	Age	Rel. to Head	Sx/Race	Occupation	Birth of Person	Father	Mother
	MATHEWS, Ida	5	Dau	F/W		Tn	Tn	Tn
	MOSS, Alonzo	19	Head	M/W	Day Laborer	Tn	Tn	Tn
	Martha	15	Wife	F/W		Tn	Tn	Tn
	SANDERS, John	60	Head	M/W		Va	Va	Va
26	SANDERS, Pembra (?)	42		M/W	Farmer	Tn	Tn	Tn
	Tamara C.	42	Wife	F/W		Tn	Tn	Tn
	Hattie	16	Dau	F/W	Seamstress	Tn	Tn	Tn
27	CUCKLER, Charles E.	24		M/W	Farmer	Ohio	Ohio	Ohio
	Walca	23	Brother	M/W	Farmer	Ohio	Ohio	Ohio
28	FUSTON, Jonah	61		M/W	FArmer	Tn	Va	Va
	Louisa J.	55	Wife	F/W		Ky	Tn	Tn
29	RICE, Bradley	70		M/W	Farmer	NY	NY	NY
	Rebecca	65	Wife	F/W		NY	NY	NY
	Lyle	5	Gr/Son	M/W		Wisc	Wisc	Wisc
30	MOORE, William	51		M/W	Brick Mason	Tn	NC	Tn
	Temperance E.	57	Wife	F/W		Tn	NC	Tn
	Robert M.	22	Son	M/W	Day Laborer	Tn	Tn	Tn
	Carlos F.	18	Son	M/W	Day Laborer			
31	CARTER, Claud	31		M/W	Carpenter	Tn	Tn	Tn
	Lillie L.	35	Wife	F/W		Tn	Tn	Tn
	Truman C.	10	Son	M/W	At School	Tn	Tn	Tn
	Lillian C.	7	Dau	F/W	At School	Tn	Tn	Tn
	Mary H.	6	Dau	F/W		Tn	Tn	Tn
	Golda	5	Dau	F/W		Tn	Tn	Tn
	William C.	2	Son	M/W		Tn	Tn	Tn
32	SMITH, Frank	64		M/W	Lawyer	Tn	Tn	Tn
	A------	56	Wife	f/W		Ky	Ky	Ky
	MEAD, Caroline E.	63	Boarder	F/W		Ky	Ky	Ky
	BATES, Wallie	25	Serv	F/Bl	Servant	Tn	Tn	Tn
33	WOMACK, John W.	29		M/W	Carpenter	Tn	Tn	Tn
	Belle I.	26	Wife	F/W		Tn	Tn	Tn
	Power H.	6	Son	M/W		Tn	Tn	Tn
	Octa J.	4	Dau	F/W		Tn	Tn	Tn
	JAmes D.	1	Son	M/W		Tn	Tn	Tn
	Joseph	11/12	Son	M/W		Tn	Tn	Tn
	Harrel P.	66	FAther			Tn	Va	NC
34	TEMPLES, Clayborn	23		M/W	Day Laborer	Tn	Tn	Tn
	Josie	26	Wife	F/W		Ky	NC	Tn
	Mable L.	5	Dau	F/W		Tn	Tn	Ky
35	MORTON, John	29		M/W	Day Laborer	Tn	Tn	Tn
	Margie M.	35	Wife	F/W		Tn	Tn	Tn
	Melissa	6	Dau	F/W		Tn	Tn	Tn

No.	Name	Age	Rel. to Head	Sx/Race	Occupation	Birth of Person-Father-Mother		
	MORTON, Robert L.	3	Son	M/W		Tn	Tn	Tn
	William W.	4/12	Son	M/W		Tn	Tn	Tn
36	MOSS, George W.	46		M/W	Day Laborer	Tn	Tn	Tn
	Dealie A.	29	Wife	F/W		Tn	Tn	Tn
	Minnie I.	14	Dau	F/W	Servant	Tn	Tn	Tn
	Mary E.	3	Dau	F/W		Tn	Tn	Tn
	Hattie M.	1	Dau	F/W		Tn	Tn	Tn
37	MOSS, Wallis	23		M/W	Day Laborer	Tn	Tn	Tn
	Mable M.	17	Wife	F/W		Tn	Mich	Mich
	Pruella E.	2	Dau	F/W		Tn	Tn	Tn
38	GAZAWAY, Charles	31		M/W	Merchant	Tn	Tn	Tn
	Nora	27	Wife	F/W		Tn	Tn	Tn
	Josie E.	7	Dau	F/W	At School	Tn	Tn	Tn
	Rachel A.	5	Dau	F/W		Tn	Tn	Tn
	james B.	2	Son	M/W		Tn	Tn	Tn
	DOBBS, James B.	48	Uncle	M/W	Merchant	Tn	Tn	Va
	Sarah E.	46	Aunt	F/W		Tn	Tn	Tn
39	MAYO, William	39		M/W	Day Laborer	Tn	Tn	Tn
	Sarah	48	Wife	F/W		Tn	Tn	Tn
	Bertie	11	Dau	F/W	At School	Ky	Tn	Tn
	William G.	8	Son	M/W	At School	Ky	Tn	Tn
40	BOSTICK, Mack	35		M/W	Salesman	Tn	Tn	Tn
	Daisy A.	31	Wife	F/W		Tn	Tn	Tn
	Nannie M.	10	Dau	F/W	At School	Tn	Tn	Tn
	William M.	1	Son	W/W		Tn	Tn	Tn
41	WARD, Samuel	34		M/W	Register, Warren Co	Tn	Tn	Tn
	Margaret	69	other	F/W		Tn	SC	SC
	Josie	6	Dau	F/W		Tn	Tn	Tn
42	YORK, Samuel	34		M/W	Merchant	Tn	Tn	Tn
	Dorthula	35	Wife	F/W		Tn	Tn	Tn
	Corbin	8	Adopt Son	M/W	At School	Tn	Unk	Tn
	WEBB, George M.	28	Br/Law	M/W	School Teacher	Tn	Tn	Tn
43	THURMAN, William	31		M/W	Merchant	Tn	Tn	Tn
	Cora E.	31	Wife	F/W		Ind	Ohio	Ind
	Cora L.	4	Dau	F/W		Tn	Tn	Ind
	DEAKINS, Dee	33	Boarder	F/W	Sales Lady	Tn	Tn	Tn
	JACKSON, Mary	18	Boarder	F/W		Ind	Ind	Ind
44	McNABB, Walter L.	45		M/W	Produce Dealer	Tn	Va	NC
	Marian	44	Wife	F/W		Tn	Tn	Tn
	BURN, Ellen	74	Mo/Law	F/W		Tn	Tn	Tn
45	WILSON, John	57		M/W	Farmer	Wisc	Can	Pa
	Mary E.	51	Wife	F/W		Ohio	Conn	NY
	Mina L.	26	Dau	F/W		Wisc	Wisc	Ohio
	Archie	16	Son	M/W	At School	Wisc	Wisc	Ohio

No.	Name	Age	Rel. to Head	Sx/Race	Occupation	Birth of Person-Father-Mother		
46	GROSS, William	49		M/W	Teamster	Tn	NC	Tn
	Sallie E.	43	Wife	F/W		Tn	Tn	Tn
	Frank H.	20	Son	M/W	Telegraph Oper.	Tn	Tn	Tn
	Lena J.	19	Dau	F/W		Tn	Tn	Tn
	Beulah M.	11	Dau	F/W		Tn	Tn	Tn
47	CUMMINGS, William	63		M/W		Tn	NC	NC
	Fannie H.	50	Wife			Tn	Va	Va
	Maude M.	23	Dau	F/Q		Tn	Tn	Tn
48	BILES, Thomas	38		M/W	Carpenter	Tn	Tn	Tn
	Flora M.	25	Wife	F/W		Tn	Tn	Tn
49	EVANS, Harold	35		M/W	Salesman	Tn	Tn	Tn
	Elizabeth	28	Wife	F/W		Tn	Tn	Tn
	Albert	4	Son	m/W		Tn	Tn	Tn
	WEBB, JAmes K.	22	Boarder	M/W	Salesman	Tn	Tn	Tn
50	SAFLEY, Isham	42		m/W	Teamster	Tn	Tn	Tn
	Nora	29	Wife	F/W		Tn	Tn	Tn
	Laura L.	9	Dau	F/W	At School	Tn	Tn	Tn
	Herman M.	6	Son	M/W		Tn	Tn	Tn
	Eva	2	Dau	F/W		Tn	Tn	Tn
	Avery	2	Son	m/W		Tn	Tn	Tn
51	LIVELY, Joseph M.	37		M/W	Furniture	Tn	Tn	Tn
	Ellen S.	34	Wife	F/W		Tn	Tn	Tn
	Mamie C.	9	Dau	F/W		Tn	Tn	Tn
	Kathryn E.	7	Dau	F/W		Tn	Tn	Tn
	Willie J.	6	Dau	F/W		Tn	Tn	Tn
52	LIVELY, William S.	44		M/W	Photography	Tn	Tn	Tn
	Lela	39	Wife	F/W		Ala	Ala	Ala
	Joseph S.	19	Son	M/W	At School	Ala	Tn	Ala
	Nancy P.	16	Dau	F/W	At School	Tn	Tn	Tn
53	CANTRELL, James L.	51		M/W	Restaurant	Tn	Tn	Tn
	Sarah	53	Wife	F/W		Tn	Tn	Tn
	Robert L.	14	Son	M/W	Day Labor	Tn	Tn	Tn
	Lila	11	Dau	F/W	At School	Tn	Tn	Tn
	MATHAHIA, John	Head	M/W	M/W	Day Laborer	Tn	Tn	Tn
	Mary L.	20	Wife	F/W		Tn	Tn	Tn
	Lillie M.	0/12	Dau	F/W				
54	SPUGH, Jmaes	42		M/W	Marble Mason	Ala	Ala	Ala
	Mary	39	Wife	F/W		NC	NC	NC
	William L.	16	Son	M/W	At School	Ala	Ala	NC
55	JUDKINS, David	62		M/W	Merchant	NC	NC	NC
	Libby	59	59	Wife	F/W		Ky	NC	Va
	Mary	34	Dau	F/W	Sales Lady	Ky	NC	Ky
56	JONES, Andrew	46		M/W	Merchant	Tn	Tn	Tn
	Lillie	35	Wife	F/W		Pa	Wales	Wales

No.	Name	Age	Rel. to Head	Sx/Race	Occupation	Person	Father	Mother
	RICE, Walter	9	St/Son	M/W	At School	Tn	Wisc	Pa
	Nellie C.	6	St/Dau			Tn	Wisc	Pa
57	SMITH, David	50		M/W	Merchant	Mo	Mo	Mo
	Lucy G.	35	Wife	F/W	Dressmaker	Ky	Va	Tn
	Louise M.	19	Dau	F/W	At School	Tn	MO	Ky
	Nathan S.	15	Son	M/W	At School	Tn	Mo	Ky
	Lita D.	6	Dau	F/W		Tn	Mo	ky
	Elizabeth	4	Dau	F/W		Tn	Mo	Ky
58	GRIBBLE, Reed	48		M/W	Salesman	Tn	Tn	Tn
	Mary	52	Wife	F/W		Tn	Tn	Tn
	Burnis S.	24	Dau	F/W		Tn	Tn	Tn
	Mary E.	23	Dau	F/W		Tn	Tn	Tn
	Florence E.	20	Dau	F/W		Tn	Tn	Tn
	MASSIE, Frank L.	45	Head	M/W	Salesman	Tn	Va	Tn
	Mary C.	37	Wife	f/W		Tn	Tn	Tn
	James C.	15	Son	M/W	At School	Tn	Tn	Tn
	Mable A.	12	Dau	F/W	At School	Tn	Tn	Tn
	Mary A.	8	Dau	F/W	At School	Tn	Tn	Tn
59	MAUPINS, M-------	49		F/Bl	Washwoman	Mo	??	Mo
	William T.	25	Son	M/Bl	Day Laborer	Tn	Tn	Mo
	HANLEY, David J.	27	Son/Law	M/Bl	Barber	Tn	Tn	Tn
	Maggie J.	29	Dau	F/Bl	Cook	Tn	Tn	Tn
	MAUPINS, George R.	6	Gr/Son	M/Bl	At School	Tn	Tn	Tn
	MACHIN, Albert C.	27	Boarder	M/Bl	School Teacher	Tn	Tn	Tn
60	GRIFFY, Queen	31		F/Bl	Cook	Tn	??	Ky
	Willie	15	Son	M/Bl	At School	Tn	Tn	Tn
	John H.	14	Son	M/Bl	At School	Tn	Tn	Tn
61	ROWAN, Ann	75		F/Bl	Washwoman	Tn	??	??
	Richard	45	Son	/Bl	Day Laborer	Tn	Tn	Tn
	Talbert	24	Gr/Son	M/Bl	Day Laborer	Tn	Tn	Ala
	Clarence	20	Gr/Son	M/Bl	Day Laborer	Tn	Tn	Ala
	Eugene	9	Gr/Son	M/Bl	Fay Laborer	Tn	Tn	Ala
	Emma	32	Dau	F/Bl	Cook	Tn	Tn	Ala
	Lewis	24	Son	m/W	Day Laborer	Tn	Tn	Ala
62	POTTER, Evan	54	M/W	Merchant		Tn	Tn	Tn
	Mary A.	52	Wife	F/W		Tn	NC	Irel
	John C.	20	Son	M/W	Day Labor	Tn	Tn	Tn
	Walter W.	16	Son	M/W	At School	Tn	Tn	Tn
	Grace T.	13	Dau	F/W	At School	Tn	Tn	Tn
	DENNIS, Lillie	20	Serv	F/W	Servant	Tn	Tn	Tn
63	FUGITT, Irwin	41		M/Bl	Horse Trainer	Tn	Va	Va
	Mary	19	Dau	F/W	At School	Tn	Tn	Tn
64	RANDOLPH, William	41		M/W	Day LAborer	Tn	Va	Tn
	Nannie P.	38	Wife	F/W		Va	Tn	Tn
	Ora M.	16	Dau	f/W	At School	Tn	Tn	Tn
	Jessie L.	11	Son	M/W	At School	Tn	Tn	Tn
65	ARLEDGE, Jess (?)	53		M/W	Day Laborer	NC	NC	NC
	Rose A.	59	Wife	F/W		Miss	Tn	Tn
	Leander J.	??	Son	M/W	Day Laborer	Tn	Tn	Miss
66	THROWER, Frank	34		M/W	Day Laborer	Tn	Tn	Tn
	Ida	22	Wife	F/W		Tn	Tn	Tn
	YOUNG, Robert	25	Head	M/W	Day Laborer	Tn	Tn	Tn
	Cleter	20	Wife	F/W		Tn	Tn	Tn
	Bertha E.	1	Dau	F/W		Tn	Tn	Tn
67	MULLICAN, John	24		M/W	Show Maker	Tn	Tn	Tn
	Sciotha	19	Wife	F/W		Tn	Tn	Tn
68	HENNESSEE, Arch	39		M/W	Painter	Tn	Tn	Tn
	Lillie	35	Wife	F/W		Tn	Tn	Tn
	Ira L.	16	Son	M/W	At School	Tn	Tn	Tn
	Elza L.	15	Son	M/W	At School	Tn	Tn	Tn
	Samuel C.	12	Son	M/W	At School	Tn	Tn	Tn
	Nora B.	10	Dau	F/W	At School	Tn	Tn	Tn
	Bethel	9	Son	M/W	At School	Tn	Tn	Tn
	Roy J.	7	Son	M/W	At School	Tn	Tn	Tn
	Vernon	3	Son	M/W		Tn	Tn	Tn
	Clarence	1	Son	M/W		Tn	Tn	Tn
69	JONES, Morgan	27		M/W	Day Laborer	Tn	Tn	Tn
	Nettie	32	Wife	F/W		Tn	Tn	Tn
	Frederick	5	Son	M/W		Tn	Tn	Tn
70	PATRICK, Gilbert	26		M/W	Ice Dealer	Tn	Tn	Tn
	Ellen	20	Wife	F/W		Tn	Tn	Tn
71	SMITH, Escort	23		M/W	Day Laborer	Tn	Tn	Tn
	Lota A.	25	Wife	F/W		Tn	Tn	Tn
	Montie E.	1	Son	M/W		Tn	Tn	Tn
	THROWER, James	27	Head	M/W	Day Laborer	Tn	Tn	Tn
	Mary	22	Wife	F/W		Tn	Tn	Tn
	William J.	19	Son	M/W		Tn	Tn	Tn
72	RANKIN, Worth	34		M/W	Barber	Tn	Tn	Tn
	Mary	27	Wife	F/W		Tn	Tn	Tn
	Ruby C.	5	Dau	F/W		Tn	Tn	tn
73	STUBBLEFIELD, Julius	54		M/W	Day Laborer	Tn	Tn	Va
	Mary	56	Wife	F/W		Tn	Tn	Tn
74	STUBBLEFIELD, William	23		M/W	Day Laborer	Tn	Tn	Va
	Queen M.	26	Wife	F/W		Tn	Tn	Tn
	MARTIN, Frank	9	St/Son	M/W	At School	Tn	Tn	Tn
75	JULIAN, George	41		M/W	Produce Merchant	Tn	Tn	Tn
	Frances E.	38	Wife	F/W		Tn	Tn	Tn
	Virga	2	Dau	F/W		Tn	Tn	Tn

No.	Name	Age	Rel. to Head	Sx/Race	Occupation	Person	Father	Mother
76	EASTWOOD, Thomas	47		M/W	Foundryman	Tn	Eng	Tn
	Mary	40	Wife	F/W		Tn	Tn	Tn
	Mattilou	15	Dau	F/W	At School	Tx	Tn	Tn
	Thomas B.	12	Dau	F/W	At School	Tn	Tn	Tn
	Annie	9	Dau	F/W	At School	Tn	Tn	Tn
	Nell	7	Dau	F/W	At School	Tn	Tn	Tn
	Cass L.	4	Dau	F/W		Tn	Tn	Tn
	John	2	Son	M/W		Tn	Tn	Tn
77	MURPHY, A---------	63		M/W	Shoemaker	Tn	NC	NC
	Martha	52	Wife	F/W		Tn	Tn	NC
	James F.	25	Son	M/W	Printer	Tn	Tn	Tn
	Maude E.	16	Dau	F/W		Tn	Tn	Tn
	O'NEAL, Samuel T.	41	Boarder	M/W	Lawyer	Tn	NC	Tn
	MURPHY, Charles D.	23	Son	M./W	Brick Mason	Tn	Tn	Tn
	Flora L.	19	Dau/Law	F/W		Tn	Tn	Tn
78	WALKER, Mary L.	49		F/W		Tn	Nc	NC
	Louise	15	Dau	F/W	At School	Tn	Tn	Tn
	LANGDON, Grace T.	26	Dau	F/W	Bookkeeper	Tn	Mo	Tn
	Tennie	20	Dau	F/W		Mo	Mo	Tn
79	HENNESSEE, J--------	47		M/W	Plastering	Mo	Tn	Tn
	Alvira	45	Wife	F/W		Tn	Tn	Tn
	Joseph A.	23	Son	M/W	Printing	Tn	Mo	Tn
	Eva L.	19	Dau	F/W	Dressmaker	Tn	Mo	Tn
80	MONTGOMERY, Erby	45		M/W	Merchant	Tn	Va	Va
	Nealy	39	Wife	F/W		Ky	Tn	Tn
	Florence	15	Dau	F/W	At School	Tn	Tn	Ky
81	ARGO, Oren S.	52		M/W	Day Laborer	Tn	NC	NC
	Mary H.	31	Wife	F/W		Tn	Tn	Tn
	Florence A.	25	Dau	F/W	School Teacher	Tn	Tn	Tn
	Oren	23	Son	M/W	Salesman	Tn	Tn	Tn
	Susan L.	19	Dau	F/W	At School	Tn	Tn	Tn
	Charles E.	12	Son	M/W	At School	Tn	Tn	Tn
	Minnie L.	8	Dau	F/W	At School	Tn	Tn	Tn
	William A.	7	Son	M/W	At School	Tn	Tn	Tn
	Buren F.	3	Son	M/W		Tn	Tn	Tn
82	DICKSON, James	33		M/W	Day Laborer	Tn	Tn	Tn
	Maggie	27	Wife	F/W		Tn	Tn	Tn
	Robert	7	Son	M/W		Tn	Tn	Tn
	Leta J.	5	Dau	F/W		Tn	Tn	Tn
	William H.	2	Son	M/W		Tn	Tn	Tn
	NORWOOD, Martha	72	Head	F/W		Tn	Md	Tn
83	COLEMAN, George	47		M/W	Butcher	Va	Va	Va
	Martha D.	43	Wife	F/W		DC	Eng	Va
	James E.	19	Son	M/W	Butcher	Va	Va	DC
	Mattie G.	15	Dau	F/W	At School	Va	Va	DC
	Grace M.	12	Dau	F/W	At School	Va	Va	DC
	Maci----	10	Dau	f/W	At School	Va	Va	DC

No.	Name	Age	Rel. to Head	Sx/Race	Occupation	Person	Father	Mother
84	MITCHELL, Edmond S.	50		M/W	Machinist	Tn	Tn	Tn
	Ellen G.	44	Wife	F/W		Tn	Tn	Tn
	Thomas E.	21	Son	M/W	Salesman	Tn	Tn	Tn
	Lela M.	19	Dau	F/W		Tn	Tn	tn
	Anna J.	16	Dau	F/W	At School	Tn	Tn	Tn
	Ernest	15	Son	m/W	At School	Tn	Tn	Tn
	Edmond S.	12	Son	M/W	At School	Tn	Tn	Tn
	Sallie P.	10	Dau	F/W	At School	Tn	Tn	Tn
	Arthur L.	8	Son	M/W	At School	Tn	Tn	Tn
	George W.	6	Son	m/W		Tn	Tn	Tn
85	BURGER, John	63		M/W	Physician	Tn	Tn	Tn
	Ellen	57	Wife	F/W		Tn	Tn	Tn
86	WALLING, Jessie	57		M/W	Banking	Tn	Tn	Tn
	Winton	51	Wife	F/W		Tn	Tn	Tn
	Huel B.	22	Son	M/W	Banking	Tn	Tn	Tn
	Edgar W.	13	Son	m/W	At School	Tn	Tn	Tn
	Clarence	9	Son	M/W	At School	Tn	Tn	Tn
	WILCOX, Jessie	4	Gr/Son	M/W		Tn	Tn	Tn
87	RAHM, Henry	67		M/W	Shoemaker	Ger	Ger	Ger
	Celina T.	62	Wife	F/W		Tn	Nc	Va
	Edna	22	Dau	F/W	Sales Lady	Tn	Ger	Ger
	CLUNG, Heloise	32	Dau	F/W		Tn	Ger	Tn
88	BARTON, James	68		M/W	Lawyer	Tn	Tn	Tn
	Maggie	29	Wife	F/W		Tn	Nc	Va
89	MURPHY, Christopher	66		M/W	Brick Mason	Tn	NC	NC
	Eliza	61	Wife	F/W		Tn	NC	Va
	Henry W.	39	Son	M/W	Brick Mason	Tn	Tn	Tn
	Ida L.	26	Dau	F/W		Tn	Tn	Tn
	Mesia	23	Dau	F/W		Tn	Tn	Tn
90	JONES, Pil----	54		M/W	Merchant	Tn	Tn	Tn
	FAnnie	51	Wife	F/W		Tn	Tn	Tn
	HARTWELL, Mira	75	Head	F/W		Mich	NY	NY
91	CUNNINGHAM, JAmes	44		M/W	Merchant	Tn	Tn	Tn
	Mary	32	Wife	F/W		Tn	Tn	Tn
	Carlton B.	3	Son	M/W		Tn	Tn	Tn
92	FAULKNER, Asa	44		M/W	Postmaster	Tn	Tn	Tn
	Jennie C.	46	Wife	F/W		Tn	Tn	Tn
	Lula G.	20	Dau	F/W	At School	Tn	Tn	Tn
	Alla M.	17	Dau	F/W	At School	Tn	Tn	tn
	Niel	15	Dau	F/W	At School	Tn	Tn	Tn
	Hansell C.	8	Son	m/W	At School	Tn	Tn	Tn
	Johnnie	5	Dau	F/W	At Svhool	Tn	Tn	Tn
	Lucinda	81	Mother	F/W		Tn	SC	SC
	James H.	22	Nephew	M/W	Dept Postmaster	Tn	Tn	Tn
	CRISP, Birdy	18	Serv	F/Bl	Servant	Tn	Tn	Tn

No.	Name	Age	Rel. to Head	Sx/Race	Occupation	Birth of Person	Father	Mother
93	BROWN, Mary	53		F/W	Seamstress	NY	NY	NY
	Roy L.	27	Son	M/W	Bookkeeper	Tn	NY	NY
	Mary M.	25	Dau	F/W		Tn	NY	NY
94	McGREGOR, William	64		M/W	Carpenter	Tn	SC	SC
	Isabelle	49	Wife	F/W		Tn	Tn	Tn
	Hattie	33	Dau	F/W	Seamstress	Tn	Tn	Tn
95	SWAN, William L.	71		M/W		Tn	Tn	Tn
	Synthia B.	73	Wife	F/W		Tn	Tn	tn
96	MASON, Alice	37		F/W		Tn	Tn	Tn
	Susie B.	15	Dau	f/W	At School	Tn	Tn	Tn
	Raymon H.	13	Son	M/W	At School	Tn	Tn	Tn
	Alice S.	8	Dau	F/W	At School	Tn	Tn	Tn
	Mary J.	6	Dau	F/W	At School	Tn	Tn	Tn
	Nellie S.	2	Dau	F/W		Tn	Tn	Tn
	EVANS, Josie L.	45	Lodger	F/W	Seamstress	Tn	Tn	Tn
97	BURROUGHS, N------	61		F/W		Tn	Tn	NC
	Martha E.	35	Dau	F/W		Tn	Tn	Tn
	James M.	37	Son	M/W	Salesman	Tn	Tn	Tn
	Lillie D.	32	Dau	F/W		Tn	Tn	Tn
	Nannie V.	3	Gr/Dau	F/W		Tn	Tn	Tn
98	FAULKNER, Henry H.	70		M/W	Merchant	Tn	SC	Va
	Mary	57	Wife	F/W		Tn	Tn	Tn
99	BRITTIAN, William G.	73		M/W		NC	NC	NC
	Samuel D.	42	Son	M/W	Tin Smith	Tn	NC	NC
	Nannie E.	38	Dau	F/W	Seamstress	Tn	NC	NC
	SNODGRASS, Mary P.	41	Dau	F/W	Seamstress	Tn	NC	NC
	Fannie E.	15	Gr/Dau	F/W	At School	Tn	NC	NC
	George L.	13	Gr/Son	M/W	At School	Tn	NC	NC
100	GRIBBLE, John	49		M/W	Salesman	Tn	Tn	Tn
	Laren J.	39	Wife	F/W		Ohio	Ohio	Ind
	William E.	21	Son	M/W	Telephone	Tn	Tn	Ohio
	Jessie M.	19	Dau	F/W	Telephone	Tn	Tn	Ohio
	Vernon M.	13	Son	m/W	Express Carrier	Tn	Tn	Ohio
101	ROBERTS, Bell	34		M/W	Keep House	Tn	Tn	Tn
	Jewell	6	Son	m/W	At School	Tn	Can	Tn
	Leta M.	4	Dau	F/W		Tn	Can	Tn
	FOWLER, MArtha	43	Sister	F/W		Tn	Tn	Tn
	SIMPSON, Charles	24	Head	M/W	Day Laborer	Tn	Tn	Tn
	Mollie	28	Wife	F/W		Tn	Tn	tn
	Athel	2	Dau	F/W		Tn	Tn	Tn
102	JONES, John	37		M/W	Farmer	Tn	Tn	Tn
	Bettie	43	Wife	F/W		Tn	Tn	Tn
	Marie	16	Dau	F/W	At School	Tn	Tn	Tn
	George E.	12	Son	M/W	At School	Tn	Tn	Tn

No.	Name	Age	Rel. to Head	Sx/Race	Occupation	Birth of Person	Father	Mother
	JONES, Helen	8	Dau	F/W	At School	Tn	Tn	Tn
	Locky	6	Dau	F/W	At School	Tn	Tn	Tn
103	TANNATT, Tennessee	57		F/W	Kindedartin	Tn	Tn	Tn
104	BAKER, Ellen	64		F/W	Teacher	Tn	Tn	Tn
	LAWRENCE, Robert	30	Head	M/W	Day Laborer	Tn	Tn	Tn
	Flora A.	25	Wife	F/W		Tn	Tn	Tn
	Eula S.	9	Dau	F/W	At School	Tn	Tn	Tn
	Odessa	3	Dau	F.W		Tn	Tn	Tn
	Baby	4/12	Dau	F/W		Tn	Tn	Tn
105	LAWRENCE, Henry	60		M/W	Brick Mason	Tn	Tn	Tn
	Cannot Read	57	Wife	F/W		Tn	Tn	Tn
	Hettie	22	Dau	F/W		Tn	Tn	Tn
	Pearl	19	Dau	F/W		Tn	Tn	Tn
	Lota	17	Dau	F/W	At School	Tn	Tn	tn
	MASON, Allie	26	Dau	F/W		Tn	Tn	Tn
	Ola M.	6	Gr/Dau	F/W		Tn	Tn	Tn
	James L.	2	Gr/Son	M/W		Tn	Tn	Tn
	RAINS, John B.	41	Son/Law	M/W	Salesman	Tn	Tn	Tn
	Selma	7	Gr/Son	M/W	At School	Tn	Tn	Tn
106	BROWN, Bettie	43		F/W		Tn	Tn	tn
	Biloat	24	Son	M/W	Co Court Clerk	Tn	Tn	Tn
	William O.	22	Son	M/W	Carpenter	Tn	Tn	Tn
	Ralston	21	Son	M/W		Tn	Tn	Tn.
	CAnnot Read	13	Son	M/W	At School	Tn	Tn	Tn
107	YORK, William H.	45		M/W	Merchant	Tn	Mo	Tn
	Tennie	40	Wife	F/W		Tn	Tn	tn
	Rosa B.	21	Dau	F/W	College	Tn	Tn	Tn
	Chatham	19	Son	M/W	At School	Tn	Tn	Tn
	Emma	17	Dau	F/W		Tn	Tn	Tn
	William H., Jr.	15	Son	M/W	At School	Tn	Tn	Tn
	WillieM.	6	Dau	F/W		Tn	Tn	Tn
108	YORK, Benjamin	36		M/W	Merchant	Tn	Mo	Tn
	Ella	30	Wife	F/W		Tn	Tn	tn
	Ella D.	13	Dau	F/W	At School	Tn	Tn	Tn
	William F.	12	Son	M/W	At School	Tn	Tn	Tn
	Myrtle B.	10	Dau	F/W	At School	Tn	Tn	Tn
	Samuel C.	8	Son	m/W	At School	Tn	Tn	Tn
	Marcus O.	4	Son	m/W		Tn	Tn	tn
	Ruby P.	2	Dau	F/W		Tn	Tn	Tn
	Parlee	65	Mother	F/W		Tn	Tn	Tn
109	FAULKNER, Mary	32		F/W		Tn	Tn	Tn
	Charles H.	30	Son	M/W	Bookkeeper	Tn	Tn	Tn
	Thomas H.	23	Son	M/W	Locomotive F'man	Tn	Tn	tn
	William P.	21	Son	m/W	Engineer/Sawmill	Tn	Tn	Tn
	Marietta	18	Dau	F/W	At School	Tn	Tn	Tn

No.	Name	Age	Rel. to Head	Sx/Race	Occupation	Birth of Person-Father-Mother		
	MONTGOMERY, Mattie L.	32	Dau	F/W		Tn	Tn	Tn
	Thomas	37	Son/Law	M/W	Salesman	Ky	Va	Va
	Frank	10	Gr/Son	M/W	At School	Tn	Ky	Tn
110	MOFFITT, Hattie E.	50		F/W		Tn	Tn	Tn
111	KELTON, JAmes	50		M/W	Lumber Dealer	Tn	Tn	Tn
	Ada	36	Wife	F/W		Ky	Ky	Ky
	William S.	24	Son	M/W	Painter	Tn	Tn	Tn
	Claud M.	22	Son	M/W	Hotel Clerk	Tn	Tn	Tn
112	RAINS, Radford	42		M/W	Editor	Tn	Tn	Tn
	Jessie C.	32	Wife	F/w		Tn	Tn	Tn
	Chatham C.	9	Son	m/W	At School	Tn	Tn	Tn
	Lindon D.	8	Son	M/W	At School	Tn	Tn	Tn
	Evelyn	6	Dau	F/W		Tn	Tn	Tn
	Mary M.	3	Dau	F/W		Tn	Tn	Tn
	COFFEE, Hallie M.	44	Sis/Law	F/W		Tn	Tn	Tn
	SMITHSON, Bettie	39	Niece	F/W	Typist	Ark	Ark	Tn
	ARMSTRONG, Belle	34	Serv	F/Bl	Servant	Tn	Tn	Tn
113	LEWIS, George W.	45		M/W	Farmer	Tn	Tn	Tn
	Lula	41	Wife	F/W		Tn	Tn	Tn
	Leila L.	18	dau	F/W	At School	Tn	Tn	Tn
	Sophia A.	12	Dau	f/W	At School	Tn	Tn	Tn
114	GINN, William M.	34		M/W	Railroad Man	Tn	Tn	Tn
	Josie	23	Wife	F/W		Tn	Tn	Tn
	Olva	9	Son	m/W		Tn	Tn	Tn
	Clara	6	Dau	F/W		Tn	Tn	Tn
115	WALLING, William	20		M/W	BAnking	Tn	Tn	Tn
	Lydia	23	Wife	F/W		Tn	Tn	Tn
	MARTIN, Mamie M.	18	Serv	F/Bl	Servant	Tn	Tn	Tn
116	JONES, Po-----	69		F/W	Seamstress	NC	NC	NC
117	GARRETT, JAmes	50		M/W	Farming	Va	Va	Va
	Bessie	19	Dau	F/W	School	Tn	Va	Ohio
118	ANDERSON, Henry	52		M/Bl	Contractor	Va	Miss	Va
	Mary	51	Wife	F/Bl	Washwoman	Tn	Tn	Tn
	Frederick	21	Son	M/Bl	At School	Tn	Va	Tn
	Jacob	18	Son	M/Bl	Day Laborer	Tn	Va	Tn
	Doctor	16	Son	M/Bl	Teamster	Tn	Va	Tn
	Lucinda	14	Dau	F/Bl	Nurse	Tn	Va	Tn
	DUNCAN, Samuel	74	Father/Law	M/Bl	Day Laborer	Tn	Tn	Tn
	Alfred	23	Bro/Law	M/Bl	Barber	Tn	Tn	Tn
119	WOODLEE, JAmes	27		M/Bl	Teacher	Tn	Tn	Tn
	Mary	30	Wife	F/Bl		Tn	Tn	Tn
	Pearl L.	7	Dau	F/Bl		Tn	Tn	Tn
	Blanch E.	5	Dau	F/Bl		Tn	Tn	Tn

No.	Name	Age	Rel. to Head	Sx/Race	Occupation	Birth of Person-Father-Mother		
	WOODLEE, Rosena A.	3	Dau	F/Bl		Tn	Tn	Tn
	Lucy V.	5/12	Dau	F/W		Tn	Tn	Tn
	GILES, William	13	Lodger	M/W	Day Laborer	Tn	Tn	Tn
120	LEEPER, Franklin	42		M/W	Minister	Ala	Tn	Va
	Sarah D.	26	Dau	F/W		SC	Ala	SC
	John S.	17	Son	M/W	At School	NC	Ala	SC
	George H.	13	Son	M/W	At School	SC	Ala	SC
	Samuel	9	Son	M/W	At School	Tn	Ala	SC
	JAmes E.	5	Son	M/W		SC	Ala	SC
121	GRAY, John	39		M/W	Fruit Dealer	Wisc	Wisc	Wisc
	Myrtle F.	30	Wife	F/W		Wisc	Wisc	NY
	Marian M.	12	Dau	F/	At School	Wisc	Wisc	Wisc
	Ethel M.	10	Dau	F/W	At School	Tn	Wisc	Wisc
122	BURGER, Archibald	59		M/W	Merchant	Tn	Tn	Tn
	Mary C.	43	Wife	F/W		Tn	Va	Tn
	Thomas O.	23	Son	M/W	Physician	Tn	Tn	Tn
	Herbert A.	20	Son	M/W	Teacher	Tn	Tn	Tn
	Effie M.	16	Dau	F/W	At School	Tn	Tn	Tn
	Mary L.	12	Dau	F/W	At School	Tn	Tn	Tn
	REAMS, Mary A.	33	Boarder	F/W	Teacher	Tn	Tn	Tn
123	BOWMAN, Stephen	40		M/W	Baker	Ohio	Ger	Ger
	Mary E.	29	Wife	F/W		Tn	Tn	Tn
	Frederick R.	13	Son	M/W	At School	Tn	Ohio	Tn
	Stephen J.	11	Son	M/W	At School	Tn	Ohio	Tn
	MAud L.	9	Dau	F/W	At School	Tn	Ohio	Tn
	JAmes R.	7	Son	M/W		Tn	Ohio	Tn
	Paul	2	son	m/W		Tn	Ohio	tn
	Ruth L.	10/12	Dau	f/W		Tn	Ohio	Tn
124	PATRICK, John	55		M/W	Day Laborer	Tn	Tn	Tn
	Martha M.	55	Wife	F/W		Tn	Sc	Tn
	Albert W.	32	Son	M/W	Teamster	Tn	Tn	Tn
	Francis M.	24	Son	M/W	Ice Dealer	Tn	Tn	Tn
	Emma S.	22	Dau	F/W	Seamstress	Tn	Tn	Tn
	William H.	19	Son	M/W	Blacksmith	Tn	Tn	Tn
	Alexander B.	7	St/Son	M/W		Tn	Tn	Tn
125	LIVELY, Samuel	40		M/W	Cabinet Maker	Tn	Tn	Tn
	Ruth J.	41	Wife	F/W		Tn	Va	Tn
	Frank J.	21	Son	m/W	Day Laborer	Tn	Tn	Tn
	William D.	19	Son	M/W	Day Laborer	Tn	Tn	Tn
	Furman S.	16	Son	M/W	Day Laborer	Tn	Tn	tn
	Beta C.	14	Dau	F/W	At School	Tn	Tn	Tn
	Smith M.	8	Son	M/W	At School	Tn	Tn	Tn
	Ruth T.	7	Dau	F/W	At School	Tn	Tn	Tn
	Elizabeth	4	Dau	F/W		Tn	Tn	tn
126	MARBURY, Hugh	40		M/Bl	Stone Cutter	Tn	Tn	Tn
	Vera L.	19	Dau	F/Bl	Teacher	Tn	Tn	Tn

No.	Name	Age	Rel. to Head	Sx/Race	Occupation	Birth of Person	Father	Mother
	MARBURY, Irving	17	Son	M/Bl	At School	Tn	Tn	Tn
	Willie R.	12	Son	M/Bl	At School	Tn	Tn	Tn
	Martha J.	10	Dau	F/Bl	At School	Tn	Tn	Tn
127	ANDERSON, John	21		M/Bl	Day Laborer	Tn	Tn	Tn
	Alice	25	Dau	F/Bl		Tn	Tn	Tn
128	SMARTT, Br------	21		M/Bl	Blacksmith	Tn	Tn	Va
	Wallzie	20	Wife			Ala	Tn	Ala
	Lucile	4	Dau	F/Bl		Tn	Tn	Ala
	Frank	2	Son	M/Bl		Mo	Tn	Ala
	PURYEAR, Ross	12	Bro/Law	M/Bl	At School	Ala	Tn	Ala
	Lyda	15	Sis/Law	F/Bl	At School	Ala	Tn	Ala
129	HILL, Elisha	27		M/Bl	Day Laborer	Tn	Tn	Tn
	Eler	23	Wife	F/Bl	Washwomas	Tn	Tn	Tn
	Ovid	5	Son	M/Bl		Tn	Tn	Tn
	Julia	/12	Dau	F/Bl		Tn	Tn	Tn
130	HENNIGER, Frank	47		M/Bl	Farmer	Tn	Tn	Tn
	Anna	48	Wife	F/Bl	Washwoman	Tn	Tn	Tn
	Thomas	19	Son	M/Bl	Day Laborer	Tn	Tn	Tn
	Matilda	14	Dau	F/Bl	At School	Tn	Tn	Tn
	Joshua J.	8	Son	M/Bl		Tn	Tn	Tn
	Alton	7	Son	M/Bl		Tn	Tn	Tn
	Walter L.	2	Son	M/Bl		Tn	Tn	Tn
	HILL, Anna	50	Head	F/Bl	Washwoman	Tn	Ga	Tn
	Harriett	19	Dau	F/Bl	Cook	Tn	Tn	Tn
	Charles	6	Son	M/Bl		Tn	Tn	tn
	McKinley	2	Son	M/Bl		Tn	Tn	tn
	WILLIAMS, Cordia	12	Gr/Son	M/Bl		Tn	Tn	Tn
131	SHAW, Mariah	73		F/Bl	Washwoman	Va	Va	Va
132	GRIBBLE, Joseph	42		M/Bl	Day Laborer	Tn	Tn	Tn
	Mary M.	38	Wife	f/Bl	Washwoman	Tn	Tn	Tn
	DUN, Bessie	9	Lodger	F/Bl		Tx	Tx	Tn
133	GILES, Lucy	50		F/Bl	Cook	Va	Va	Va
	Mattie	20	Dau	F/Bl	Washwoman	Tn	Va	Va
	John	14	Son	m/W	Day Laborer	Tn	Va	Va
134	POTTER, Joseph	34		M/W	Carpenter	Tn	Tn	Tn
	Lizzie I.	29	Wife	F/W		Tn	Tn	tn
	Jesse S.	13	Son	M/W	At School	Tn	Tn	Tn
	Flora M.	9	Dau	F/W		Tn	Tn	tn
	Ava F.	8	Dau	F/W		Tn	Tn	Tn
	Herman W.	5	Son	M/W		Tn	Tn	Tn
	Haskell S.	4	Son	M/W		Tn	Tn	Tn
	Bernard P.	1	Son	M/W		Tn	Tn	Tn
135	FAULKNER, Charles	41		M/W	Salesman	Tn	Tn	Tn
	Ida M.	41	Wife	F/W		Tn	Va	Va
	Madalen	10	Dau	f/W	At School	Tn	Tn	tn
	William L.	1	Son	M/W		Tn	Tn	Tn

No.	Name	Age	Rel. to Head	Sx/Race	Occupation	Birth of Person	Father	Mother
136	TUCK, Laura	55		F/W		Tn	Va	Tn
	Hala J.	27	Dau	F/W	Housekeeper	Tn	Eng	Tn
	Jessie C.	24	Dau	F/W		Tn	Eng	Tn
	Hershell A.	21	Son	M/W	Teamster	Tn	Eng	Tn
	James B.	17	Son	M/W	Day Laborer	Tn	Eng	Tn
	Jesse M.	10	Gr/Son		At School	Tn	Tn	Tn
137	GOODSON, Roland	31		M/W	Dep. County Trustee	Tn	NC	Tn
	Mary	27	Wife	F/W		Tn	Tn	Tn
	Kitty C.	8	Dau	F/W	At School	Tn	Tn	Tn
	Lelia M.	6	Dau	F/W		Tn	Tn	Tn
	Tempy	63	Mother	F/W		Tn	NC	Tn
138	MASSIE, Fidelia	77		F/W		Ct	Ct	Ct
	Charles S.	40	Son	M/W	Carpenter	Tn	Va	Ct
	Florence J.	38	Dau	F/W		Tn	Va	Ct
139	BROWN, Isaac	48		M/W	City Marshall	Tn	Tn	Tn
	Julia A.	41	Wife	F/W		Tn	Va	Tn
	Ada P.	17	Dau	F/W	At School	Tn	Tn	Tn
	Aubrey L. J.	12	Son	M/W	At School	Tn	Tn	Tn
	Albert F.	8	Son	M/W		Tn	Tn	Tn
	Leonard B.	3	Son	M/W		Tn	Tn	Tn
140	BROWN, Lewis	26		M/W	Lumber Dealer	NY	??	NY
	Belle	26	Wife	F/W		Tn	Tn	Tn
141	DRAKE, William	42		M/W		Tn	Tn	Tn
	Tabitha	42	Wife	F/W		Tn	Tn	NC
	Govenor D.	19	Son	M/W		Tn	Tn	Tn
	Uriah	17	Son	M/W		Tn	Tn	Tn
	Lucy	15	Dau	F/W		Tn	Tn	Tn
	Nettie	14	Dau	F/W		Tn	Tn	tn
	Charles	12	Son	M/W		Tn	Tn	tn
	Julia	9	Dau	F/W		Tn	Tn	Tn
	Eugene	5	Son	M/W		Tn	Tn	Tn
	Frank	2	Son	M/W		Tn	Tn	Tn
142	MEAD, Ebem-----	76		M/W		Pa	Pa	Pa
	Hulda E.	64	Wife	F/W		NY	NY	NY
	PARKER, Willie	8	Serv	F/W	Servant	Tn	Tn	Tn
143	BEARDEN, George A.	36		M/W	Teacher	Tn	Tn	Tn
	Pentelope	25	Wife	F/W	Teacher	Tn	Ger	Ger
	Arvell S.	9	Dau	F/W		Tn	Tn	Tn
	Horace	5	Son	M/W		Tn	Tn	Tn
	STOCKARD, Martin	34	Head	M/W	Minister	Tn	Tn	Tn
	Anna	22	Wife	F/W		Tn	Tn	Tn
	Esther	1	Dau	F/W		Tn	Tn	Tn
144	RAHM, George	30		M/W	Teamster	Tn	Ger	Tn
	Laura	23	Wife	F/W		Ark	Tn	Tn
	George S.	1	Son	M/W		Tn	Tn	Ark

No.	Name	Age	Rel. to Head	Sx/Race	Occupation	Birth of Person-Father-Mother		
145	DUGAN, George	30		M/W	Merchant	Tn	Tn	Tn
	Nannie	25	Wife	F/W		Tn	Tn	Tn
146	SMARTT, Mary	65		F/W		Tn	Tn	Tn
	Thomas	39	Son	M/W	Druggist	Tx	Tn	Tn
	Jennie	28	Dau	F/W		Tn	Tn	Tn
147	BEECH or BUCK, John	53		M/W	Merchant	Tn	Tn	Tn
	Batavia	45	Wife	F/W		Tn	Tn	Tn
	Virginia D.	19	Dau	F/W	College	Tn	Tn	Tn
	Lawrence	10	Son	M/W	At School	Tn	Tn	Tn
	Betavia A.	9	Dau	F/W		Tn	Tn	Tn
	PARKER, Fannie	13	Serv	F/Bl	Servant	Tn	Tn	Tn
148	WOMACK, William E.	57		F/W	Insurance	Tn	NC	Tn
	Mary C.	51	Wife	F/W		Tn	Tn	Tn
	Ellen G.	22	Dau	F/W		Tn	Tn	Tn
	William C.	20	Son	M/W	At School	Tn	Tn	Tn
	Charles R.	18	Son	M/W	At School	Tn	Tn	Tn
	Dowell D.	16	Son	M/W	At School	Tn	Tn	Tn
149	McCLARTY, Bill	29		M/W	R R Agent	Tn	Ky	Tn
	Daisy	29	Wife	F/W		Tn	Tn	Tn
	Julia E.	6	Dau	F/W		Tn	Tn	Tn
	Nora	21	Sister	F/W		Tn	Tn	Tn
	COLVILLE, bathiah L.	77	Gr/Mother	F/W		Tn	NC	Tn
150	STUBBLEFIELD, Henry P.	27		M/W	Lawyer	Tn	Tn	Ohio
151	SMITH, Henry	53		M/W	Real Estate	Wisc	Can	Wisc
152	CRAIN, -------- C.	36		M/W	Boarding House	Tn	Tn	Tn
	Tabitha	43	Wife	F/W	Tn	Ga	Tn	
	ROGERS, Ernest	17	St/Son	M/W	At School	Tn	Tn	Tn
	CRAIN, Edward	15	Son	M/W	At School	Tn	Tn	Tn
	CANTRELL, Mary	20	Serv	F/W	Servant	Tn	Tn	Tn
	OWENS, Edward	25	Boarder	M/W	Store Janitor	Tn	Tn	Tn
	MARTIN, Jesse	29	Boarder	Day Laborer		Tn	Tn	Tn
	MITCHELL, Frank P.	29	Boarder	M/W	Teacher	Ala	Tn	Ala
	ALLEN, Ernest	18	Boarder	M/W	Paper Hanger	Tn	Tn	Tn
153	TANNER, James	22		M/W	Day Laborer	Tn	Tn	Tn
	Sofronia	31	Wife	F/W	Washwoman	Tn	Tn	Ala
	LAWSON, Margaret	8	St/Dau	F/W		Tn	Tn	Tn
	Ada	6	Dau	F/W		Tn	Tn	Tn
154	OVERTURF, William	52		M/W	Day Laborer	Tn	Tn	Tn
	Mattie L.	50	Wife	F/W	Washwoman	Tn	Tn	Tn
	Cecil	10	Son	M/W	At School	Tn	Tn	Tn
	Winnie E.	6	Dau	F/W		Tn	Tn	Tn
	Edwin	4	Son	M/W		Tn	Tn	Tn
---	MORFORD, Millie	70		F/Bl	Washwoman	Tn	Tn	Tn
	Margaret	40	Dau	F/Bl	Cook	Tn	Tn	Tn

No.	Name	Age	Rel. to Head	Sx/Race	Occupation	Birth of Person-Father-Mother		
	MORFORD, Lafayette	38	Son	M/Bl	Day Laborer	Tn	Tn	tn
	Ridley	26	Son	M/Bl	Day Laborer	Tn	Tn	tn
	Walter H.	19	Gr/Son	m/Bl	At School	Tn	Tn	Tn
	Claud M.	17	Gr/Son	M/Bl	Day Laborer	Tn	Tn	Tn
	Bertha	17	Gr/Dau	F/Bl	At School	Tn	Tn	Tn
	George	15	Gr/Son	M/Bl	Day Laborer	Tn	Tn	Tn
	Retha	8	Gr/Dau	F/Bl		Tn	Tn	Tn
	EDGE, Lena	16	Gr/Dau	F/Bl	Washwoman	Tn	Tn	Tn
155	MAYFIELD, Alice	39		F/Bl	Washwoman	Tn	Tn	Tn
	Eugene	17	Son	M/Bl	Day Laborer	Tn	Tn	Tn
	Leslie	15	Son	M/Bl	Day Laborer	Tn	Tn	Tn
156	BONNER, Harry	60		M/Bl	Day Laborer	Tn	Tn	Tn
	Bettie	53	Wife	F/Bl	Washwoman	Tn	Tn	Tn
	Bettie J.	18	Dau	F/Bl	Cook	Tn	Tn	Tn
	Polk	16	Son	M/Bl	Day Laborer	Tn	Tn	Tn
	Harriet	13	Dau	F/Bl	At School	Tn	Tn	Tn
	fannie	10	Dau	F/Bl	At School	Tn	Tn	Tn
157	JONES, Samuel	30		M/Bl	Foundry	Tn	Pa	Tn
	Ella	22	Wife	F/Bl		Tn	Tn	Tn
	Mary A.	1	Dau	F/Bl		Tn	Tn	Tn
	FINGER, Puss	48	Mo/Law	F/Bl	Cook	Tn	Tn	Tn
158	TERRY, Carry	23		F/Bl	Laundress	Miss	Miss	Miss
	Bessie	8	Dau	F/Bl		Miss	Ga	Miss
	CUNNINGHAM. Laura	45	Head	F/Bl	Cook	Ga	Ga	Va
	DEEN, Ruth B.	5	Gr/Dau	F/Bl		Tn	Tx	Tn
	Melsia	2	Gr/Son	M/Bl		Tn	Tx	Tn
159	HOLDER, Rebecca	65		F/W		Tn	Tn	Tn
	Harris	13	Gr/Son	M/W	At School	Tn	Tn	Tn
	OVERTURF, Amanda	23	Head	F/W	Washwoman	Tn	Tn	Tn
	Robert	5	Son	M/W		Tn	Tn	Tn
	William B.	11/12	Son	M/W		Tn	Tn	
160	MARBURY, William	40		M/Bl	Day Laborer	Tn	Tn	Tn
	Ellen	31	Wife	F/Bl		Tn	Tn	Tn
	William	18	Son	m/Bl	Day Laborer	Tn	Tn	Tn
	Robert	2	Son	m/Bl		Tn	Tn	Tn
	MARTIN, Roy L.	9	St/Son	m/Bl		Tn	Tn	Tn
	Oliver T.	8	St/Son	M/Bl		Tn	Tn	Tn
	SMITH, Mary	16	Boarder	F/Bl		Tn	Tn	Tn
	Peter	25	Boarder	M/Bl	Musician	Ga	Ga	Ga
161	RAMSEY, Reeta	45		F/Bl	Washwoman	Tn	Tn	Tn
	WEBB, William	20	Son	m/Bl	Day Laborer	Tn	Tn	Tn
	RAMSEY, John	8	Son	M/Bl		Tn	Tn	Tn
	SPARKMAN, Nancy	60	Head	F/Bl	Washwoman	Tn	Tn	Tn
162	ROLLINGS, David	46		M/W	Day Laborer	Tn	Tn	Tn
	Hannah	56	Wife	F/W		Tn	Tn	Tn
	Robert	17	Son	M/W	Painter	Tn	Tn	Tn
	Ella	12	Dau	F/W	At School	Tn	Tn	Tn

No.	Name	Age	Rel. to Head	Sx/Race	Occupation	Birth of Person-Father-Mother		
	ROLLINGS, James	9	Son	M/W		Tn	Tn	Tn
	Maggie	7	Dau	F/W		Tn	Tn	Tn
	Samuel	4	Son	M/W		Tn	Tn	Tn
	TEMPLETON, Beulah	28	St/Dau	F/W	Seamstress	Tn	Tn	Tn
---	McREYNOLDS, Charles	75		M/Bl	House Servant	Va	Va	Va
	Eliza A.	60	Wife	F/Bl	Washwoman	Tn	Tn	Tn
	SMITH, David	35	Boarder	M/Bl	Hostler	Tn	Va	Tn
	Samuel	9	Boarder	M/Bl		Tn	Tn	Tn
163	SEALS, Edward	73		M/W		Tn	SC	SC
	OWEN, Isabelle	40	Dau	F/W		Tn	Tn	Tn
	Edmond O.	10	Gr/Son	M/W		Tn	Tn	Tn
	RANDOLPH, Emma	75	Lodger	F/W		Tn	Tn	??
164	SEALS, John	46		M/W		Tn	Tn	Tn
	Mollie	32	Wife	F/W		Tn	Tn	Tn
	Ruby E.	5	Dau	F/W		Tn	Tn	Tn
	Edmond W.	2	Son	M/W		Tn	Tn	Tn
	Pattie M.	9/12	Dau	F/W		Tn	Tn	Tn
165	FUGGITT, Lester	20		M/Bl		Tn	Tn	Tn
	Violet	24	Wife	F/Bl		Tn	Tn	Tn
	WOODLEE, Nota	8	St/Dau	F/Bl		Tn	Tn	Tn
	Hattie	6	St/Dau	F/Bl		Tn	Tn	Tn
166	HASTING, William	40		M/W		Tn	Tn	Tn
	Sally	22	Wife	F/W		Tn	Tn	Tn
	Bettie	5	Dau	F/W		Tn	Tn	Tn
	Ollie	7/12	Dau	F/W		Tn	Tn	Tn
---	EARL, James	62		M/W		Tn	Tn	Tn
	Manerva	59	Wife	F/W		NC	NC	NC
	Ada	11	Gr/Dau	F/W		Tn	Tn	Tn
	James	6	Gr/Son	m/W		Tn	Tn	Tn
	Franklin	4	Gr/Son	M/W		Tn	Tn	Tn
167	BRAXTON, Elizabeth	69		F/W	Seamstress	NC	NC	NC
	Mary	34	Dau	F/W	Seamstress	Tn	NC	NC
	GREEN, George	24	Head	M/W	Day Laborer	Tn	Tn	Ohio
	Anna	21	Wife	F/W		Tn	Tn	Tn
	Ola	1	Dau	F/W		Tn	Tn	Tn
168	FANCHER, James	47		m/W	Merchant	Ill	Ill	Ill
	Hester	49	Wife	F/W		Tn	NC	Tn
	EARL, Charles	28	Head	M/W	Blacksmith	Tn	Tn	NC
	Callie	28	Wife	F/W		Tn	Tn	Tn
	DAVIS, William	13	Lodger	M/W	Blacksmith	Tn	Tn	Tn
169	BETCHEL, Thomas	21		M/W	Day Labor	ILL	Ill	Ill
	Stella	21	Wife	F/W		Tn	Ill	Tn
	Nealy	5/12	F/W	F/W		Tn	Ill	Tn
170	GROSS, Isaac	55		M/W	Harness Maker	Tn	NC	Tn
	Hallie	37	Wife	F/W		Tn	Tn	Tn

No.	Name	Age	Rel. to Head	Sx/Race	Occupation	Birth of Person-Father-Mother		
	GROSS, Ira		Son	M/W	Day Laborer	Tn	Tn	Tn
	Roy M.	11	Son	M/W	At School	Tn	Tn	Tn
	Della M.	7	Dau	F/W		Tn	Tn	Tn
	Charles L.	5	Son	M/W		Tn	Tn	Tn
	Jessie	3	Son	M/W		Tn	Tn	Tn
	John	21	Son	M/W	Salesman	Tn	Tn	tn
171	HOUCHIN, Josephine	54		F/W		Tn	Va	Va
	Florence	26	Sister	F/W		Tn	Va	Va
	Caroline	74	Mother	F/W		Va	Va	Va
172	MILLER, William D.	38		M/W	Sheriff	Tn	NC	Tn
	Emma	32	Wife	F/W		Tn	Tn	Tn
	Euclid	14	Son	M/W		Tn	Tn	Tn
	Eugene	9/12	Son	M/W		Tn	Tn	Tn
	Raleigh	7	Son	M/W		Tn	Tn	Tn
173	BROWN, Mattie	38		F/Bl	Cook	Tn	Tn	Tn
	Edna	14	Dau	F/Bl		Tn	Tn	Tn
	Benjamin	10	Son	M/Bl	At School	Tn	Tn	Tn
	George	8	Son	M/W		Tn	Tn	Tn
	David	7	Son	M/W		Tn	Tn	Tn
174	LOWE, Samuel	26		M/W	Day Laborer	Tn	Tn	Tn
	Mattie	27	Wife	F/W	Seamstress	Tn	Tn	Tn
	Bessie	4	Dau	F/W		Tn	Tn	Tn
	Elbert S.	1	Son	m/W		Tn	Tn	Tn
	SISOM, Katy M.	11	St/Dau	F/W	At School	Tn	Tn	Tn
	Horace L.	10	St/Son	m/W	At School	Tn	Tn	Tn
	Albert	7	St/Son	M/W		Tn	Tn	Tn
	Jessie V.	5	St/Dau	F/W		Tn	Tn	Tn
175	GRIFFEY, John	59		M/Bl	Hotel Porter	Tn	Tn	Tn
	MARTIN, George	34	Son/Law	M/Bl	Day Laborer	Tn	Va	Tn
	Eva	29	Dau	F/Bl	Washing/Cooking	Tn	Tn	Tn
	BOWMAN, Ulysses	15	Gr/Son	M/Bl		Tn	Tn	Tn
176	JOHNSON, Addie	35		F/Bl	Washwoman	Tn	Tn	Tn
	WINTON, Hassie	18	Dau	f/Bl	Washwoman	Tn	Tn	Tn
	Callie	15	Dau	f/Bl		Tn	Tn	Tn
	ROBERTS, Suppis	20	Boarder	M/Bl	Blacksmith	Tn	Tn	Tn
	WINTON, McKinley	2	Gr/Son	M/Bl		Tn	Tn	Tn
177	STROUD, Lewis	45		M/Bl	Barber	Tn	Tn	Tn
	Jane	45	Wife	F/Bl	Nurse	Tn	Tn	Tn
178	McREYNOLDS, Ammon	34		M/Bl	Cook	Tn	Tn	Tn
	Mattie	22	Wife	F/Bl		Tn	Tn	Tn
179	BRADFORD, Mary	50		F/Bl	Washwoman	Tn	Tn	Tn
	Bettie	21	Dau	F/Bl	Wash & Cook	Tn	Tn	Tn
	Minnie	17	Dau	F/Bl	Wash & Cook	Tn	Tn	Tn
	Harrison	10	Son	M/Bl	At School	Tn	Tn	Tn
	William	8	Son	M/Bl	At School	Tn	Tn	Tn

No.	Name	Age	Rel. to Head	Sx/Race	Occupation	Birth of Person-Father-Mother		
	BRADFORD, Novella	5	Dau	F/Bl		Tn	Tn	Tn
	Thomas	23	Son	M/Bl	Day Laborer	Tn	Tn	Tn
	Irene	21	Dau/Law	F/Bl		Tn	Tn	Tn
	Eva M.	1	Gr/Dau	F/Bl		Tn	Tn	Tn
	James T.	2/12	Gr/Son	M/Bl		Tn	Tn	Tn
	SMITH, Phelix	6	Gr/Son	M/Bl		Tn	Tn	Tn
	Henrietts	4	Gr/Dau	F/Bl		Tn	Tn	Tn
	Alice M.	1	Gr/Dau	F/Bl		Tn	Tn	Tn
	WHITELY, Lib	55	Brother	M/Bl		Tn	Tn	Tn
180	BROWN, M------	35		F/Bl	Cook	Tn	Ga	Tn
	PAGE, Minnie	20	Niece	F/Bl	Nurse	Tn	Tn	Ga
	STROUD, Henry	25	Boarder	M/Bl	Day Laborer	Tn	Tn	Tn
181	LOOPER, William	56		M/Bl	Day Labor	SC	Sc	Sc
	Daisy E.	16	Dau	F/Bl	Cook	Tn	SC	Tn
	Doctor	14	Son	M/Bl	Day Laborer	Tn	SC	Tn
	Nola B.	10	Dau	F/Bl	At School	Tn	SC	Tn
	Rebecca A.	7	Dau	F/Bl		Tn	SC	Tn
	Willie W.	3	Dau	F/Bl		Tn	SC	Tn
	WOOD, Anna	23	Head	F/Bl	Wash & Iron	Tn	Tn	Tn
	FARRIS, Nadazire	24	Boarder	M/Bl	Day Laborer	Tn	Tn	Tn
182	MORFORD, Laura	50		F/Bl	Cook	Tn	Tn	Tn
	Eugene	17	Son	M/Bl		Tn	Tn	Tn
	Ethel	14	Dau	F/Bl	Washwoman	Tn	Tn	Tn
	Arthur	13	Son	M/Bl	Day Labor	Tn	Tn	Tn
183	HIGGINS, Pleasant	63		M/Bl	Farmer	Tn	Tn	Tn
	Malissa	52	Wife	F/Bl	Washwoman	Tn	Tn	Tn
	BOUNDS, Robert W.	25	St/Son	M/Bl	Day Laborer	Tn	Tn	Tn
	Ella	28	St/Dau	F/Bl	Cook	Tn	Tn	Tn
	MOORE, Iola	6	St/Gr Dau	F/Bl		Tn	Tn	Tn
	Leona	4	St/Gr Dau	F/Bl		Tn	Tn	Tn
	LOOPER, Andrew	28		M/Bl	Day Laborer	Tn	Tn	Tn
184	SNODGRASS, John	42		M/Bl	Day Laborer	Tn	Tn	Tn
	WILSON, Charity	85	Gr/Mother	F/Bl		Tn	Tn	Tn
185	ROACH, Porter	35		M/Bl	Day Laborer	Ala	Ala	Ala
	Madi----	27	Wife	F/Bl	Washwoman	Tn	Tn	Tn
	Jennie	18	Dau	F/Bl		Tn	Ala	Tn
	Charles	17	Son	M/Bl	DAy Laborer	Tn	Ala	Tn
	John	16	Son	M/Bl	Blacksmith	Tn	Ala	Tn
	Anna	15	Dau	F/Bl	At School	Tn	Ala	Tn
	Fanny	12	Dau	F/Bl	At School	Tn	Ala	Tn
	Eugene	11	Son	m/Bl	Day Laborer	Tn	Ala	Tn
	Nathaniel	8	Son	M/Bl	At School	Tn	Ala	Tn
186	NANCE, John	30		M/Bl	Day Laborer	Tn	Tn	Tn
	Jane	24	Wife	F/Bl		Tn	Va	Tn
	LOOPER, Dillon	26	Lodger	F/Bl	Day Laborer	Tn	Va	Tn

- 76 -

No.	Name	Age	Rel. to Head	Sx/Race	Occupation	Birth of Person-Father-Mother		
187	SPURLOCK, ANN	60		F/Bl	Washwoman	Tn	??	??
	JOHNSON, Jasper	30	Son	m/Bl	Day Laborer	Tn	Ky	Tn
	MARBURY, Vicy	35	Head	F/Bl	Cook	Tn	Tn	Tn
	Laura	8	Dau	F/Bl		Tn	Tn	Tn
	Martha	85	Mother	F/Bl		Tn	??	??
188	McCLURE, Dow	55		M/Bl	Day Laborer	Ala	Ala	Ala
	Willie	44	Wife	F/Bl	Wash & iron	Tn	Tn	Va
	Robert J.	18	Son	M/Bl	Day Laborer	Tn	Ala	Tn
	Albert	16	Son	m/Bl	Day Laborer	Tn	Ala	Tn
	Alden	14	Son	M/Bl	Day Laborer	Tn	Ala	Tn
	Roy	12	Son	M/Bl	At School	Tn	Ala	Tn
	William	7	Son	M/Bl	At School	Tn	Ala	Tn
	Hansel	4	Son	M/Bl		Tn	Ala	Tn
189	TIDWELL, Moses	65		M/Bl	Day Laborer	Tn	Tn	Tn
	Rebecca	65	Wife	F/Bl	Wash & iron	Tn	Tn	Tn
	Georgia	16	Dau	F/Bl		Tn	Tn	Tn
	Elnora	20	Dau	F/Bl		Tn	Tn	Tn
	ARMSTRONG, Alice	22	Dau	F/Bl		Tn	Tn	Tn
	Collier	1	Gr/Son	M/Bl		Tn	Tn	Tn
	SMARTT, Effie	17	Gr/Dau	F/Bl	Cook	Tn	Tn	Tn
190	FERGUSON, Bettie	27		F/Bl	Wash & Iron	Tn	Tn	NC
	William	4	Son	M/Bl		Tn	Tn	Tn
	George D.	1	Son	m/Bl		Tn	Tn	Tn
191	BATES, Hervy	49		M/Bl	Day Labor	Tn	Tn	Tn
	Mariah	53	Wife	F/Bl		Tn	Tn	Tn
	John	21	Son	M/Bl	Day Laborer	Tn	Tn	Tn
	Ida	6	Dau	F/Bl		Tn	Tn	Tn
	Sallie	5	Dau	F/Bl		Tn	Tn	Tn
	William	18	Son	m/Bl	Day Laborer	Tn	Tn	Tn
192	MITCHELL, Mary	40		F/W	WASHWOMAN	Tn	Tn	Tn
	Andrew	13	Son	M/W	At School	Tn	Tn	Tn
193	HILL, Miriah	45		F/Bl	Wash & Iron	Tn	Tn	Tn
194	COPE, Henry	25		M/Bl	Day Laborer	Tn	Tn	Tn
	Sintha		Wife	F/Bl	Wash & Iron	Tn	Tn	Tn
	MARBURY, John	17	St/Son	M/Bl	Day Laborer	Tn	Tn	Tn
	COPE, Lucinda	10	Dau	F/Bl	At School	Tn	Tn	Tn
	Hattie	6	Dau	F/Bl		Tn	Tn	Tn
195	CARR, James	24		M/W	Day Laborer	Tn	Tn	Tn
	Nancy E.	26	Wife	F/W	Seamstress	Tn	Tn	Tn
	ADAMS, William	7	St/Son	M/W		Tn	Tn	Tn
196	LOOPER, Elvin	24		M/Bl	Teacher	Tn	Tn	Tn
	Mattie	25	Wife	F/Bl	Music Teacher	Tn	Tn	Tn
197	ERVIN, Grant	25		M/Bl	Day Laborer	Tn	Tn	Tn
	Hessie	20	Wife	F/Bl	Wash & Iron	Tn	Tn	Tn
	MARTIN, Warren	65	Father/Law	M/Bl	Day Laborer	Miss	Miss	Miss
	Vicy	65	Mother/Law	F/Bl	Wash 7 Iron	Tn	Tn	Va

- 77 -

No.	Name	Age	Rel. to Head	Sx/Race	Occupation	Birth of Person	Father	Mother
198	CRAIN, Irene	80		F/Bl		Va	Va	Va
	KING, Florence	25	Dau	F/Bl	Cook	Tn	Va	Tn
	Eugene	10	Son	M/Bl	At School	Tn	Tn	Tn
	Oliver	3	Son	M/Bl		Tn	Tn	Tn
	Jeanette	3	Dau	f/Bl		Tn	Tn	Tn
199	HAMILTON, Telitha	32		F/Bl	Wash & Iron	Tn	Tn	Tn
	LUSK, Florence	12	Dau	F/Bl		Tn	Tn	Tn
	OFFICER, John	35	Head	M/Bl	Barber	??	Va	Va
	Belle	31	Wife	F/Bl		Tn	Tn	Tn
	John L.	9	Son	M/Bl		Tn	??	Tn
	Lawrence	7	Son	M/Bl		Tn	??	Tn
	Horace	4	Son	M/Bl		Tn	??	Tn
	Jesse	1	Son	M/Bl		Tn	??	Tn
	MARTIN, Jessie	22	Sis/Law	F/Bl	Cook	Tn	Tn	Tn
200	MARTIN, Lettie	65		F/Bl		Tn	Va	Va
	THOMAS, Mary	40	Dau	F/Bl	Wash & Iron	Tn	Tn	Tn
	CLARK, Hattie	28	Lodger	F/Bl	Nurse/Cook	Tn	Tn	Tn
	HAMILTON, Lucy	28	Head	F/Bl	Cook/Servant	Tn	Tn	Tn
	Hattie	10	Dau	F/Bl	At School	Tn	Tn	Tn
	Sarah	4	Dau	F/Bl		Tn	Tn	tn
	BROWN, Belle	21	Sister	./Bl	Cook	Tn	Tn	Tn
201	RAMSEY, Sh------	19		M/Bl	Barber	Tn	Tn	Tn
	Maud	18	Wife	F/Bl		Tn	Tn	Tn
	Hattie	35	Mother	F/Bl	Saleswoman	Tn	Tn	Tn
	EVANS, Doctor	50	Lodger	M/Bl		Tn	NC	SC
202	RUSHEN, Stephen	50		M/Bl	Day Laborer	Tn	Tn	Tn
	Vina	35	Wife	F/Bl	Cook	Tn	Tn	Tn
203	RHODES, Sandy	45		M/Bl	Day Labor	Tn	Tn	Va
	Sarah	42	Wife	F/Bl		Ga	Ga	Ga
	William S.	18	Son	M/Bl	At School	Tn	Tn	Ga
	Herman	16	Son	M/Bl	At School	Tn	Tn	Ga
	Earl	14	Son	M/Bl	At School	Tn	Tn	Ga
	JONES, Tennie	16	Niece	F/Bl	At School	Tn	Tn	Tn
	Birdie	12	Niece	F/Bl	At School	Tn	Tn	Tn
204	HILL, Susan	65		F/Bl		Va	Va	Va
	Henry	30	Son	M/Bl	Day Laborer	Tn	Tn	Va
	Ellen	32	Dau	F/Bl	Cook	Tn	Tn	Va
	James	21	Gr Son	M/Bl	Day Laborer	Tn	Tn	Va
	Maggie	18	Gr/Dau	F/Bl	At School	Tn	Tn	Tn
	Lula	7	Gr/Dau	F/Bl		Tn	Tn	Tn
205	MARTIN, Joseph	35		M/Bl	Day Laborer	Tn	Tn	Tn
	Ellen	30	Wife	F/W	Washwoman	Tn	Tn	Tn
	Gussie	2	Son	M/Bl		Tn	Tn	Tn
	SETTLES, Robert	11	St/Son	M/Bl	At School	Tn	Tn	Tn
	EVANS, Lula	16	Lodger	F/Bl		Tn	Tn	Tn
206	HAMLEN, Isabell	50		F/Bl	Washwoman	Tn	Va	Va
	GRISSOM, William	20	Son	M/Bl	Day Laborer	Tn	Tn	Tn

No.	Name	Age	Rel. to Head	Sx/Race	Occupation	Birth of Person	Father	Mother
207	SMARTT, George	75		M/Bl		Tn	Tn	Tn
	Alice	70	Wife	F/Bl		Va	Va	Va
	MARTIN, Robert	30	Lodger	M/Bl	Hotel Waiter	Tn	Tn	Tn
	James	28	Lodger	M/Bl	Hotel Waiter			
	LOCK, Hubbard	15	Lodger	M/Bl	Day Laborer	Tn	Tn	Tn
	BELL, Russell	12	Lodger	M/Bl	At School	Tn	Ga	Ga
208	MARBURY, Jackson	75		M/Bl	Cook	Va	Va	Va
	Parlee	46	Wife	F/Bl	Cook	Tn	Ala	Ala
	William	27	St/Son	M/Bl	Cook	Tn	Tn	Tn
	Louvicy	23	St Dau/Law	F/Bl	Teacher	Tn	Va	Tn
209	PATTERSON, Robert R.	53		M/W	Blacksmith	Tn	Tn	Tn
	Sallie F.	43	Wife	F/W	Milliner	Tn	Tn	Ky
	Elfleda	20	Dau	F/W	Music Teacher	Tn	Tn	Tn
	Robert R.	18	Son	m/W	Laundryman	Tn	Tn	Tn
	William C.	16	Son	M/W	Salesman	Tn	Tn	Tn
	John B.	11	Son	M/W	At School	Tn	Tn	Tn
	Martha S.	9	Dau	F/W		Tn	Tn	Tn
	Florence	6	Dau	F/W		Tn	Tn	Tn
	JARVIS, Lydia	35	Cook	F/Bl	Cook	NC	NC	NC
210	WOMACK, James	65		M/W	Teacher	Tn	NC	SC
	Tennessee G.	56	Wife	F/W		Tn	Va	Tn
211	SPARK, Benjamin	63		M/W	Physician	Ga	Ga	Ga
	Ruth M.	52	Wife	F/W		Tn	Tn	Tn
	Susan R.	22	Dau	F/W		Tn	Ga	Tn
	Jane A.	16	Dau	F/W	At School	Tn	Ga	Tn
212	MORFORD, Josiah	70		M/W		Tn	NJ	Tn
	John J.	45	Son	M/W	Merchant	Tn	Tn	Tn
	Sarah R.	33	Dau/Law			Ala	Va	Tn
	Josiah, Jr.	5	Gr/Dau	M/W		Tn	Tn	Ala
	CLOUD, Lucy	3	Lodger	F/W		Ala	Ala	Ala
213	HARWELL, Montgomery	65		M/W	Contractor	Tn	NC	Tn
	Laura A.	56	Wife	F/W		Tn	NC	NC
	Horace F.	29	Son	M/W	Insurance	Tn	Tn	Tn
214	RHEAY, Isaac	58		M/W	Merchant	Tn	Tn	Tn
	Bettie	37	Wife	F/W		Tn	Tn	Va
	Lula M.	30	Dau	F/W	Seamstress	Tn	Tn	Tn
	Horace H.	7/12	Son	M/W		Tn	Tn	Tn
215	WHITSON, William	53		M/W	Lawyer	Tn	Tn	Tn
	Carrie L.	39	Wife	F/W		Tn	Tn	Tn
	Pauline	18	Dau	F/W		Tn	Tn	Tn
	William G.	16	Son	M/W	At School	Tn	Tn	Tn
	Morford	14	Son	M/W	At School	Tn	Tn	Tn
	Rebecca	10	Dau	F/W	At School	Tn	Tn	Tn
	Frances H.	5	Dau	F/W		Tn	Tn	Tn
	Essie M.	3	DAu	F/W		Tn	Tn	Tn

No.	Name	Age	Rel. to Head	Sx/Race	Occupation	Birth of Person	Father	Mother
216	FLETCHER, Minor L.	29		M/W	Merchant	Tn	Tn	Tn
	Carrie L.	25	Wife	F/W		Tn	Tn	Tn
	Minor L., Jr.	4/12	Son	M/W		Tn	Tn	Tn
	STROUD, George S.	39	Boarder	M/W	Livery Stableman	Tn	Tn	Tn
	Frank	8	Boarder	M/W		Tn	Tn	Tn
	PRICE, Angelina	77	Boarder	F/W		Tn	NC	Tn
	EWING, Mary	24	Serv.	F/Bl	Servant	Tn	Tn	Tn
217	HARLISON, John	69		M/W	Physician	Tn	Tn	Va
	Julia E.	66	Wife	F/W		Tn	Md	Va
218	STRATTON, Thomas	33		M/W	Salesman	Tn	Tn	Tn
	Lula	29	Wife	F/W		Tn	Tn	Va
219	SMALLMAN, M. D.	62		M/W	Judge, Co Court	Tn	Tn	Tn
	Lillian	24	Dau	F/W		Tn	Tn	Tn
	MAGNESS, William H.	34	Bro/Law	M/W	Insurance	Tn	Tn	Tn
220	FLEMING, William H.	52		M/W	Druggist	Tn	Ohio	Tn
	Kate	43	Wife	F/W		Tn	Ky	Tn
	MERCER, Lula	19	Serv	F/Bl	Servant	Tn	Tn	Tn
221	JONES, JAmes E.	57		M/W	Merchant	Tn	NC	Tn
	Elizabeth J.	51	Wife	F/W		Tn	Tn	Tn
	Jennie	24	Dau	F/W		Tn	Tn	Tn
	Eliza	19	Dau	F/W	At School	Tn	Tn	Tn
222	WEST, Luther	32		M/W	Merchant	Tn	Tn	Tn
	Nora	28	Wife	F/W		Tn	Tn	Tn
	Gordon T.	4	Son	M/W		Tn	Tn	Tn
	Elizabeth C.	3	Dau	F/W		Tn	Tn	Tn
223	NORTHCUTT, JAmes A.	47		M/W		Tn	Tn	Tn
	Susan J.	45	Wife	F/W		Tn	Tn	Tn
	Eugene E.	20	Son	M/W	At School	Tn	Tn	Tn
	John A.	13	Son	M/W	At School	Tn	Tn	Tn
	BRIXEY, Arey	17	Serv	F/W	Servant	Tn	Tn	Tn
	CRAMWELL, John J.	27	Head	M/W	Minister	Tz	Eng	Tx
	Eden V.	29	Wife	F/W		Ky	Ger	Ger
224	FAIRBANKS, William	48		M/W	LAwyer	Tn	Tn	Tn
	Adel	42	Wife	F/W		Tn	Tn	Tn
	Pauline	3	Dau	F/W	At School	Tn	Tn	Tn
225	HENEGAR, George B.	32		M/W	Merchant	Tn	Tn	Tn
	Ida F.	27	Wife	F/W		Tn	Tn	Tn
226	BREWSTER, Samuel	41		M/W	Livery Man	Tn	Tn	Tn
	Ida W.	28	Wife	F/W		Tn	Tn	Tn
	William F.	2	Son	M/W		Tn	Tn	Tn
	MERRIMAN, Matilda	50	Serv	F/W	Servant	Tn	Tn	Tn

No.	Name	Age	Rel. to Head	Sx/Race	Occupation	Birth of Person	Father	Mother
227	MADDUX, Frank	41		M/W	Merchant	Tn	Va	Va
	FAnnie L.	34	Wife	F/W		Tn	Va	Tn
	Clyde N.	15	Son	M/W	At School	Tn	Tn	Tn
	Frank N.	7	Son	M/W		Tn	Tn	Tn
	BREWSTER, Maria	45	Serv	F/Bl	Servant	Tn	Tn	Tn
228	RAMSEY, James	77		M/W		Tn	NC	Tn
	ROWAN, Flora	30	Serv	F/Bl	Servant	Tn	Tn	Tn
229	BILES, John	53		M/W	Liveryman	Tn	Tn	Tn
	Julia	48	Wife	F/W		Tn	Va	Tn
	Jane L.	17	Dau	F/W	At School	Tn	Tn	Tn
	MAUZY, Thomas	83	Fa/Law	M/W		Va	Va	Va
	BRAXTON, Dona	30	Serv	F/W	Servant	Tn	Tn	Tn
230	JONES, Ann L.	55		F/W		Ky	Va	Ky
	Anna M.	22	Dau	F/W		Tn	Md	Ky
	Lucy E.	14	Dau	F/W	At School	Tn	Md	Ky
	JOHNSON, Anna	16	Serv	F/W	Servant	Tn	Tn	Tn
231	JEANNAIRE, Heloise	45		F/W		France	France	France
	FINNEY, JAmes I.	24	Son/Law		Deputy Clerk	La	Eng	mo
	Herminie	29	Dau	F/W		Tn	Switz	France
	BROWN, MArtha	23	Serv	F/Bl	Servant	Tn	Tn	Tn
232	YOUNG, Melvin B.	28		M/W	Salesman	Tn	Tn	Tn
	Mildred E.	25	Wife	F/W		Pa	Pa	Pa
	Madge C.	6	Dau	F/W		Tn	Tn	Pa
	Harold G.	5	Son	M/W		Tn	Tn	Pa
	Elsie C.	3	Dau	F/W		Tn	Tn	Pa
	TAYLOR, Madge S.	25	Sister	F/W		Pa	Pa	Pa
233	RICE, William J.	61		M/W	Lumberman	NY	NY	NY
	Lois E.	60	Wife	f/W		NY	NY	NY
	Frances	26	Dau	F/W	At School	Wisc	NY	NY
	Minnie M.	20	Dau	f/W	At School	Wisc	NY	NY
	GREEN, William M.	3	Gr/Son	M/W		Wisc	Wisc	Wisc
234	MERCER, Foso H.	52		M/W	Lawyer	Tn	NC	NC
	Mary	41	Wife	F/W		Va	Ky	Va
	Elinor G.	18	Dau	F/W	At School	Tn	Tn	Va
	William D.	17	Son	M/W	Soldier	Tn	Tn	Va
	Sadie A.	14	Dau	F/W	At School	Tn	Tn	Va
	Elzie R.	11	Son	M/W	At School	Tn	Tn	Va
	Loe----	89	Father	M/W		NC	NC	NC
235	SMARTT, Frank	41		M/W	Salesman	Tn	Tn	Tn
	Lue E.	40	Wife	F/W		Tn	Tn	Tn
	Norman T.	19	Son	M/W	Clerk	Tn	Tn	Tn
	Susie L.	14	Dau	F/W	At School	Tn	Tn	Tn
	Mary A.	29	Boarder	F/W		Tn	Tn	Tn
	Eugene F.	10	Boarder	M/W	At School	Tn	Tn	Tn
	SMARTT, Chaney	25	Serv	F/W	Servant	Tn	Tn	Tn
	Eliza J.	46	Boarder	F/W		Tn	Va	NC
	DUNCAN, Charles	18	Serv	M/W	Servant	Tn	Tn	Tn
	GRISWOLD, Marion	3	Boarder	M/W		Tn	Tn	Tn

No.	Name	Age	Rel. to Head	Sx/Race	Occupation	Birth of Person	Father	Mother
236	LONG, Betsy M.	61		F/W		Pa	NY	Pa
	Mary W.	32	Dau	F/W	Music Teacher	Pa	Pa	Pa
	CLARK, Harriet A.	71	Boarder	F/W		NJ	NJ	NJ
	SMITH, Jerome	44	Boarder	M/W	Physician	Mich	NY	NY
237	CANTRELL, Lewis K.	55		M/W	Day Laborer	Tn	Tn	Tn
	Mary E.	48	Wife	F/W		Tn	SC	SC
	Thomas J.	28	Son	M/W	Day Laborer	Tn	Tn	Tn
	Albert M.	14	Son	M/W	Day Laborer	Tn	Tn	Tn
	EVANS, John	21	Head	M/W	Day Laborer	Tn	Tn	Tn
	Mary E.	31	Wife	F/W		Tn	Tn	Tn
	Julius	1	Son	M/W		Tn	Tn	Tn
	HOLLINGSWORTH, George	20	Boarder	M/W	Day Laborer	Tn	Tn	Tn
238	WALLING, Jesse D.	37		M/W	Salesman	Tn	Tn	Tn
	Ellen L.	36	Wife	F/W		Tn	Tn	Ala
	Maud L.	17	Dau	F/W	Music Teacher	Tn	Tn	Tn
	Kathryne P.	15	Dau	F/W	At School	Tn	Tn	Tn
	Fred J.	13	Son	M/W	At School	Tn	Tn	Tn
	Annie B.	11	Dau	F/W	At School	Tn	Tn	Tn
	Willie N.	8	Dau	M/W		Tn	Tn	Tn
239	FLANAGHAN, louise E.	79		F/W		Va	Va	Va
	Annie C.	46	Dau	F/W		Va	Va	Va
	CROWDER, Nettie E.	45	Dau	f/W		Va	Va	Va
	Edward N.	18	Gr/Son	M/W	Lawyer	Tn	Tn	Tn
	John C.	13	Gr/Son	M/W	At School	Tn	Tn	Tn
240	CANTRELL, Endora		F/W Cook		Cook	Tn	NC	Tn
	Octa	21	Dau	F/W		Tn	Tn	Tn
	Irwing	15	Son	M/W	Day Laborer	Tn	Tn	Tn
	Arthur	8	Son	M/W	At School	Tn	Tn	Tn
	JACO, William	19	Son/Law	M/W	Day Laborer	Tn	Tn	Tn
	Dora	16	Dau	F/W		Tn	Tn	Tn
241	HARRIS, Geneva	60		F/W	Dentist	Tn	Tn	Tn
	Mary E.	18	Dau	F/W	At School	Tn	Tn	Tn
	Bessie L.	13	Dau	F/W	At School	Tn	Tn	Tn
	Sadie R.	7	Dau	F/W		Tn	Tn	Tn
242	PEERS, Rhuben N.	49		M/W	Farming	Wisc	Eng	NY
	Ada M.	43	Wife	F/W		NY	NY	NY
	George A.	20	Son	M/W	Farming	Wisc	Wisc	Wisc
	Susie	6	Dau	F/W		Wisc	Wisc	Wisc
	WILCOX, Eva S.	41	St/Mother	F/W		Mich	NY	Vt
	Waldon A.	13	½/Bro	M/W	At School	Mo	NY	Wisc
243	SMITH, John	34		M/W	Nurseryman	Tn	Tn	Tn
	Laura	33	Wife	F/W		Ala	Ala	Ky
	Carrie E.	13	Dau	F/W	At School	Tn	Tn	Ala
244	McCARVER, Joseph	51		M/W	Nurse	Tn	Tn	Tn

No.	Name	Age	Rel. to Head	Sx/Race	Occupation	Birth of Person	Father	Mother
245	MORTON, William M.	57		M/W	DAy Laborer	Tn	Va	Tn
	Mary E.	48	Wife	F/W		Tn	Tn	SC
	Curg	17	Son	M/W	Day Laborer	Tn	Tn	Tn
	Edward	9	Son	M/W		Tn	Tn	Tn
	Levi	8	Son	M/W		Tn	Tn	Tn
	MORTON, Robert	24	Head	M/W	Day Laborer	Tn	Tn	Tn
	Emma	21	Wife	F/W		Tn	NY	Tn
	Edith	3	Dau	F/W		Tn	Tn	Tn
	Minnie	11/12	Dau	F/W		Tn	Tn	Tn
	TOMPKINS, Eliza	62	Mo/Law	F/W	Cook	Tn	Va	Va
246	SMITH, Sarah	61		F/W		Tn	NC	Tn
	Mary E.	40	Dau	F/W	Seamstress	Tn	NC	Tn
	Julia L.	28	Dau	F/W		Tn	NC	Tn
	William G.	23	Son	M/W	Salesman	Tn	NC	Tn
247	SEITZ, Emma	57		F/W		Tn	Tn	Tn
	Hallie	27	Dau	F/W	Telephone Oper.	Tn	Tn	Tn
	Minnie L.	26	Dau	F/W	Seamstress	Tn	Tn	Tn
	Jessie	24	Dau	F/W	Music Teacher	Tn	Tn	Tn
	Alma	20	Dau	F/W		Tn	Tn	Tn
	YOUNG, John	22	Boarder	M/W	Jeweler	Tn	Tn	Tn
248	WILLIS, John M.	40		M/W	Carpenter	Ohio	Ohio	Ohio
	Nellie M.	16	Dau	F/W		Ohio	Ohio	Ohio
	Grace E.	13	Dau	F/W	At School	Ohio	Ohio	Ohio
	Laura B.	11	Dau	F/W	At School	Tn	Tn	Tn
	Karl V.	9	Son	M/W	At School	Tn	Tn	Tn
	Earl M.	4	Son	M/W		Tn	Tn	Tn
249	HARMON, Evaline	37		F/W	Farming	Iowa	Pa	Ohio
	Jennie H.	8	Dau	F/W		S D	Ny	Iowa
	Esther P.	5	Dau	F/W		S D	NY	Iowa
250	JOHNSON, William A.	61		M/W	Real Estate	Ohio	Va	NY.
	Mary E.	59	Wife	F/W		Ohio	Ohio	Ohio
251	TURPIN, Mary	45		F/W		Tn	Tn	Tn
	Octa	21	Wife	F/W	Music Teacher	Tn	Tn	Tn
	James	19	Son	M/W	Druggist	Tn	Tn	Tn
	Robert C.	17	Son	M/W	Salesman	Tn	Tn	Tn
	Lewis C.	16	Son	M/W	At School	Tn	Tn	Tn
252	BRACKNEY, Rea-----	58		M/W	Carpenter	Ind	Ind	Tn
	Alberta	51	Wife	F/W		Ind	Ohio	Ind
	L. D.	25	Son	M/W	Architect	Ind	Ind	Ind
	Claud C.	20	Son	M/W	Carpenter	Ind	Ind	Ind
	Binnie B.	17	Dau	F/W		Ind	Ind	Ind
253	ARGO, Elza	53		M/W	Tombstone	Tn	NC	NC
	Elizabeth	44	Wife	F/W		Tn	Tn	Tn
	Susan	25	Dau	F/W	Milliner	Tx	Tn	Tn

No.	Name	Age	Rel. to Head	Sx/Race	Occupation	Birth of Person	Father	Mother
254	GARDNER, Claud	33		M/W	Tinsmith	Tn	Tn	Tn
	Lura J.	27	Wife	F/W		Tn	Tn	Tn
	Charles R.	7	Son	M/W		Tn	Tn	Tn
	Thomas	5	Son	M/W		Tn	Tn	Tn
255	HOWARD, James	57		M/W	Salesman	Tn	NC	Tn
	Martha E.	54	Wife	F/W		Tn	Tn	Tn
	William M.	28	Son	M/W	Traveling Sales	Tn	Tn	Tn
	Alice L.	22	Dau	F/W	Teacher	Tn	Tn	Tn
	Frank H.	14	Son	M/W	At School	Tn	Tn	Tn
256	PARIS, Colonel	50		M/W	Merchant	Tn	Tn	Tn
	Alice	29	Wife	F/W		Tn	Tn	Tn
	Jessie M.	16	Dau	F/W	At School	Tn	Tn	Tn
	Edward L.	10	Son	M/W		Tn	Tn	Tn
	STEPHENS, Joe T.	12	St/Son	M/W	At School	Tn	Tn	Tn
	William H.	10	St/Son	M/W	At School	Tn	Tn	Tn
	Alice W.	8	St/Dau	F/W	At School	Tn	Tn	Tn
	Dora H.	5	Dau	F/W		Tn	Tn	Tn
257	CUMMINGS, William M.	44		M/W	Salesman	Tn	Tn	Tn
	Josie	43	Wife	F/w		Tn	Tn	Ala
	Claud	15	Son	M/W	At School	Tn	Tn	Tn
	Thomas	9	Son	M/W		Tn	Tn	Tn
	Edgar	7	Son	m/W		Tn	Tn	Tn
	MEDLEY, Sallie	22	Serv	F/W	Servant	Tn	Tn	Tn
258	CROWE, thompkins P.	63		M/W	FArmer	Can	Can	Can
	Walker	43	Wife	F/W		Tn	Tn	Tn
	Milton	25	Son	M/W	Farmer	Minn	Can	Minn
	R? H.	17	Son	m/W	Farmer	Minn	Can	Minn
	Abe	7	Son	m/W		Tn	Can	Tn
	R. D.	5	Son	M/W		Tn	Can	Tn
259	KING, Maggie	35		F/Bl	Cook	Tn	Tn	Tn
	Ella	14	Dau	F/Bl	Servant	Tn	Tn	Tn
260	WOODLEE, Louisa	50		F/Bl	Cook	Tn	Tn	Tn
	William	40	Brother	M/Bl	Day Laborer	Tn	Tn	Tn
	STUBBLEFIELD, Kate	24	Niece	F/Bl	Cook	Tn	??	Tn
	STONE, Kate	22	Dau	F/Bl	Wash & iron	Ala	Ala	Tn
261	CANTRELL, David L.	33		M/W	Cabinet Maker	Tn	Tn	Tn
	Jennie	29	Wife	F/W		Ohio	Ohio	Ohio
	Addie B.	10	Dau	F/W	At School	Tn	Tn	Ohio
	Robert L.	7	Son	M/W		Tn	Tn	ohio
	Bruce A.	5	Son	M/W		Tn	Tn	Ohio
	Luna R.	1	Son	M/W		Tn	Tn	Ohio
262	BELL, Isaac	40		M/Bl	Day Laborer	Tn	NC	Tn
	Mariah	75	St/Mother	F/Bl		Va	Va	Va
263	OWENS, William	36		M/W	Merchant	Tn	Tn	Tn
	Mattie	34	Wife	F/W		Tn	Tn	Tn
	William A.	11	Son	M/W	At School	Tn	Tn	Tn
	Bessie B.	7	Dau	F/W		Tn	Tn	Tn
	Julia L.	1	Dau	F/w		Tn	Tn	Tn
264	TUCK, Edward J.	30		M/W	Painter	Tn	Eng	Tn
	Anna A.	25	Wife	F/w		Ind	Ohio	Ohio
	Myrtle I,	6	Dau	F/W		Tn	Tn	Ind
	Mary L.	3	Dau	F/W		Tn	Tn	Ind
	Edna G.	2	Dau	F/W		Tn	Tn	Ind
	E. J.	1/12	Son	M/W		Tn	Tn	Ind
265	SHAROVER, Benjamin	59		M/W	Carpenter	Ohio	Ohio	Va
	Elizabeth	58	Wife	F/W		Ohio	Va	Ohio
	George B.	21	Son	M/W	Engineer	Ohio	Ohio	Ohio
	Mary	17	DAu	F/W		Ohio	Ohio	Ohio
266	NUNNELLY, Edward	56		M/W	Saloon Keeper	Tn	Tn	Tn
	Queen	48	Wife	F/W		Tn	Va	Va
267	ARLEDGE, William	40		M/W	Factory Fireman	Tn	NC	NC
	Mary E.	38	Wife	F/W		Tn	Tn	Tn
	Fred	16	Son	M/W	Day Laborer	Tn	Tn	Tn
	James	13	Son	M/W	At School	Tn	Tn	Tn
	Jesse	13	Son	m/W	At School	Tn	Tn	Tn
	Lela	8	Dau	F/W		Tn	Tn	Tn
	JONES, Jessie	20	Serv	F/W	Servant	Tn	Tn	Tn
268	HUGHES, William D.	42		M/W		Tn	Tn	Tn
	Anthie J.	31	Wife	F/W		Tn	Tn	Tn
	Althea F.	6	Dau	F/W		Tn	Tn	Tn
	Willie	4	Dau	F/W		Tn	Tn	Tn
	BRADY, Bertha	16	Sis/Law	F/W	At School	Tn	Tn	Tn
269	GROSS, Winnie	89		F/W		Tn	NC	NC
	Asa C.	51	Son	M/W	Hotel Clerk	Tn	Tn	Tn
	Elizabeth	34	Dau	F/W		Tn	Tn	Tn
	McLEMORE, Ruth J.	53	Dau	F/W		Tn	Tn	Tn
	JACKSON, Robert Mc.	42	Boarder	M/W	Printer	Pa	Md	Pa
	HODGES, Frank A.	43	Boarder	F/W		Pa	Pa	Pa
	Adalaide M.	44	Boarder	F/W		Pa	Pa	Pa
	SPARKMAN, Lewis	20	Serv	M/Bl	Servant	Tn	Tn	Tn
270	LIVELY, M.	67		F/W		Tn	Tn	Tn
	HAMILTON, Isabelle	52	Sister	F/W		Tn	Tn	Tn
271	GRIBBLE, Samuel	71		M/W	Merchant	Tn	NC	NC
	Josephine B.	28	Dau	F/W		Tn	Tn	Tn
	Samuel F.	24	Son	M/W	Printer	Tn	Tn	Tn
	SPARKMAN, Louisa	52	Serv	F/W	House Keeper	Tn	Tn	Tn
272	TATE, James D.	61		M/W	Merchant	Tn	Tn	Tn
	Mary J.	64	Wife	F/W		Tn	Tn	Tn
	MITCHELL, Charles A.	41	Son/Law	M/W	Merchant	Ala	Tn	Tn
	Martha A.	34	Dau	F/W	Dressmaker	Tn	Tn	Tn
	John F.	15	Gr/Son	M/W	At School	Tn	Tn	Tn

No.	Name	Age	Rel. to Head	Sx/Race	Occupation	Birth of Person	Father	Mother
	EWTON, Thomas	30	Boarder	M/W	Telegraphy	Tn	Tn	Tn
	HUTCHINSON, Zacchariah	63	Boarder	M/W	Electrician	Ky	Va	Ky
	ADCOCK, Winbain	22	Boarder	M/W	Deputy Marshall	Tn	Tn	Tn
	MYERS, Christopher J.	¢¢	Boarder	M/W	Carpenter	Tn	Tn	SC
	DENBY, Jefferson M.	22	Boarder	M/W	Salesman	Tn	Tn	Tn
	SCOTT, Robert	20	Serv	M/Bl	Servant	Tn	Tn	Tn
273	HILLIS, Ho-----	27		W/M	Carpenter	Tn	Tn	Tn
	Ida	23	Wife	F/W		Tn	Tn	Tn
	Arnold	3	Son	M/W		Tn	Tn	Tn
274	HARMON, Asah	41		M/W	Lawyer	Tn	Sc	Va
	Sallie A.	41	Wife	F/W		Tn	Tn	Tn
	William R.	18	Son	M/W	At School	Tn	Tn	Tn
	Elza D.	16	Son	M/W	At School	Tn	Tn	Tn
	Estus M.	15	Son	M/W	At School	Tn	Tn	Tn
	Zale	12	Son	M/W	At School	Tn	Tn	Tn
	Connie C.	10	Dau	F/W	At School	Tn	Tn	Tn
275	GROSS, William	27		M/W	Day Laborer	Tn	Tn	Tn
	Maggie	24	Wife	F/W		Tn	Tn	Tn
	Villa C.	9/12	Son	M/W		Tn	Tn	Tn
276	DAVIS, Logan	27		m/W	Day Labor	Tn	Tn	Tn
	Hattie	19	Wife	F/W		Tn	Tn	Ga
277	STREET, Henry	52		M/W	Merchant	Ohio	Va	Ohio
	Scra---y	39	Wife	F/W		Ind	Ind	Va
	Ralph L.	11	Son	M/W	At School	Tn	Ohio	Ind
	Mary V.	9	Dau	F/W		Tn	Ohio	Ind
	BOLDEN, Mollie	19	Serv	F/Bl	Servant	Tn	Tn	Tn
278	HOLDER, Do---	32		M/W	Liveryman	Tn	Tn	Tn
	ENGLISH, George	25	Lodger	M/W	Day Laborer	Tn	Tn	Tn
	TRECK, Herbert	21	Lodger	M/W	Day Laborer	Tn	Eng	Tn
279	BILES, Joe	42		M/W	Liveryman	Tn	Tn	Tn
	Fannie	36	Wife	F/W		Tn	Tn	Tn
280	BRINKLEY, James W.	35		M/W	Saloon Keeper	Tn	Tn	Tn
281	RUTLEDGE, Frank	29		M/W	Salesman	Tx	Tn	Tn
282	SNIPES, Arthur B.	22		M/W	Salesman	Tz	Tn	Tn
283	ROSS, Wright	37		M/W	Implements	Tn	Tn	Tn
	Julia S.	29	Wife	F/W		Tn	Tn	Tn
	Wright H.,Jr	5	Son	M/W		Tn	Tn	Tn
	MORFORD, Jennie	24	Serv	F/Bl	Servant	Tn	Tn	Tn
284	ROSS, John	69		M/W	Merchant	Tn	Tn	Tn
	Laura M.	64	Wife	F/W		Tn	Tn	Tn
	DURLEY, Mattie	23	Serv	F/Bl	Servant	Tn	Tn	Tn
	ROSS, Elizabeth	30	Dau	f/W		Tn	Tn	Tn

No.	Name	Age	Rel. to Head	Sx/Race	Occupation	Birth of Person	Father	Mother
285	BILES, William	55		M/W	Merchant	Tn	Tn	Tn
	Bettie A.	41	Wife	F/W		Tn	Tn	Tn
	Hallie C.	46	Sister	F/W		Tn	Tn	Tn
	FRENCH, Raymond	15	Serv	M/Bl	Servant	Tn	Tn	Tn
286	LIVINGSTON, Minnie	64		F/W		Prussia	Prussia	Prussia
	SIVERS, Olva	63	Serv	F/Bl	Servant	Tn	Tn	Tn
287	WEAKLEY, Wick	53		M/W	Minister	Tn	Tn	Tn
	Kate B.	47	Wife	F/W		Tn	Tn	Tn
288	HENEGAR, John	31		M/W	Salesman	Tn	Tn	Tn
289	MARTIN, Samuel	26		M/W	Bar Tender	Tn	Tn	Tn
290	ELKINS, William	31		M/W	Salesman	Tn	Tn	Tn
291	HOODENPYLE, George W.	67		M/W	Boarding Hse. Oper.	Tn	Tn	Tn
	Elizabeth	56	Wife	F/W		Va	Va	Va
	George L.	27	Son	M/W	Lawyer	Va	Va	Va
	HOPKINS, Arminta	52	Sis/Law	F/W		Va	Va	Va
	Martha E.	61	Sis/Law	F/W		Va	Va	Va
	Charles A.	40	Nephew		Salesman	Tn	Va	Tn
	ROBINSON, Walter	22	Boarder	M/W	Salesman	Tn	Tn	Tn
	ELKINS, Tillman	20	Boarder	M/W	Hotel Clerk	Tn	Tn	Tn
	COFFEE, Charles	27	Boarder	M/W	Merchant	Pa	Pa	Ohio
	MOORE, James A.	28	Boarder	M/W	Day Laborer	Tn	Tn	NC
	PRICE, Robert B.	35	Boarder	M/W	Minister	Tn	Tn	Tn
	HICKERSON, Frank	50	Servant	M/Bl	Servant	Tn	Tn	Tn
292	CAMPBELL, Robert	44		M/W	Hotel Keeper	Tn	Va	Tn
	Bena	37	Wife	F/W		Tn	Tn	Tn
	WALLACE, David F.	73	Boarder	M/W	Editor	Tn	Tn	Tn
	William W.	41	Boarder	M/W	Co. Court Clerk	Tn	Tn	Tn
	Maggie	35	Boarder	F/W	Music Teacher	Tn	Tn	Tn
	PAYNE, Sarah	26	Boarder	F/W	Teacher	Tn	La	La
	Jean	4	Boarder	F/W		Ala	Tn	La
	WHITSON, George	25	Boarder	M/W	Dentist	Tn	Tn	Tn
	SMARTT, Charles Q.	33	Boarder	m/W	Lawyer	Tn	Tn	Tn
	DONNAHUE, JAMES P.	43	Boarder	M/W	Clerkship	Ky	Irel	Irel
	CONNELL, William A.	52	Boarder	M/W	Merchant	Tn	Tn	Tn
	HOLMES, Walter A.	28	Boarder	M/W	Merchant	Tn	Ky	Tn
	LOWERY, Claud	30	Boarder	M/W	Telegraphy	Tn	Tn	Tn
	ELKINS, James D.	28	Boarder	M/W	School Teacher	Tn	Tn	Tn
	Colonel	24	Boarder	M/W	Salesman	Tn	Tn	Tn
	James H.	26	Boarder	M/W	Salesman	Tn	Tn	Tn
	WORTHAM, robert C.	41	Boarder	M/W	U S Gouger	Tn	Tn	Tn
	WILSON, Charles	21	Boarder	M/W	Shipping Clerk	Tn	Tn	Tn
	FLETCHER, Eugene H.	25	Boarder	M/W	Salesman	Tn	Tn	Tn
	SANDERS, Sidney G.	38	Boarder	M/W	Merchant	Tn	Va	Tn
	Mary	34	Boarder	F/W		Tn	Tn	Tn
	SAVAGE, John H.	84	Boarder	M/W	Lawyer	Tn	Tn	Va
	MATTHEWS, Nida	56	Serv	F/W	Pantry Woman	Pa	Pa	Pa
	HICKERSON, Bessie	7	Boarder	F/Bl		Tn	Tn	Tn

No.	Name	Age	Rel. to Head	Sx/Race	Occupation	Birth of Person	Father	Mother
	LOCK, Roda	26	Serv	F/Bl	Servant	Tn	??	Tn
	PRIDGETT, Clarence	14	Serv	M/Bl	Servant	Tn	??	Tn
	MARBURY, Silas	15	Serv	M/Bl	Servant	Tn	Tn	Tn
	PARKER, Mark	15	Serv	M/Bl	Servant	Tn	Va	Tn
293	PAIN, Mary J.	56		M/W		Tn	Va	Tn
	Anna	26	Dau	F/W		Tn	Tn	Tn
294	BLACK, Thomas	62		M/W	Physician	Tn	Ky	Tn
	Emma J.	55	Wife	F/W		Tn	Va	Tn
	Mary A.	30	Dau	F/W		Tn	Tn	Tn
	John Y.	29	Son	M/W	Farmer	Tn	Tn	Tn
	Sally E.	25	Dau	F/W		Tn	Tn	Tn
	Susan L.	23	Dau	F/W		Tn	Tn	Tn
	Emma	19	Dau	F/W	At School	Tn	Tn	Tn
	Clara	16	Dau	F/W	At School	Tn	Tn	Tn
	Georgia R.	12	Dau	F/W	At School	Tn	Tn	Tn
295	OLIVER, James	50		M/W	Blacksmith	Tn	SC	SC
	Emma R.	32	Wife	F/W		Ky	Ger	La
	Kate	7	Dau	F/W		Tn	Tn	Ky
	Bessie	4	Dau	F/W		Tn	Tn	Ky
	HALE, Ella	30	Serv	F/W	Servant	Tn	??	Ky
296	COLVILLE, Charles	46		M/W	Merchant	Tn	Tn	Tn
	Ada L.	43	Wife	F/W		Tn	Tn	Tn
	John L.	15	Son	M/W	At School	Tn	Tn	Tn
	Ellen A.	7	Dau	F/W		Tn	Tn	Tn
	Charles, Jr.	5	Son	M/W		Tn	Tn	Tn
	JETT, Elsa	50	Serv	F/Bl	Servant	Tn	Tn	Tn
297	BILES, James	54		M/W	Clerk & Master	Tn	Tn	Tn
	Mollie	51	Wife	F/W		Ky	Ky	Ky
	RICKMAN, Albert	35	Serv	M/W	Servant	Tn	Tn	Tn
298	SEITZ, Albert	32		M/W	Physician	Tn	Tn	Tn
	Sally M.	41	Wife	F/W		Tn	Pa	Pa
	MYERS, Mal	73	Mo/Law	F/W		Va	Va	Va
299	JOLLY, William	46		M/W	Physician	NC	NC	SC
	Mary E	42	Wife	F/W		Ind	Ky	Ind
	Charles W.	2	Son	M/W		Tn	NC	Ind
	GORIN, Hazel	11	St/Dau	F/W	At School	Kans	Mo	Ind
	Richard	6	St/Son	M/W		Ok	Mo	Ind
	HAMBY, Ada	26	Serv	F/W	Servant	Wisc	Eng	Ill
300	BROWN, George	55		M/W	Lbr. Merchant	NY	NY	NY
	Celia E.	53	Wife	F/W		Ny	NY	NY
	Birdie	29	Dau	F/W	Music Teacher	NY	NY	NY
301	MORFORD, Mary	45		F/W		Tn	Tn	Tn
	Rolla G.	15	Son	M/W	At School	Tn	Tn	Tn
	Mary B.	13	Dau	F/W	At School	Tn	Tn	Tn
	Chatham C.	11	Son	M/W	At School	Tn	Tn	Tn
	Josephine L.	7	Dau	F/W		Tn	Tn	Tn

No.	Name	Age	Rel. to Head	Sx/Race	Occupation	Birth of Person	Father	Mother
302	MAXEY, Emma	54		F.Bl	Chamber Maid	Tn	Tn	Tn
	RICH, Ortway	7	Gr/Son	M/Bl		Tn	Tn	Tn
303	JOSSI,	45		M/W	News Agent	Aswit	Switz	Switz
304	FLEMING, William H.,Jr.	26		M/W	Druggist	Tn	Tn	Tn
	Lillian	23	Wife	F/W		Tn	Tn	Tn
	LOCK, Vella	24	Serv	F/Bl	Servant	Tn	Tn	Tn
	FLETCHER, James	27	Boarder	M/W	Salesman	Tn	Tn	Tn
	Nannie	20	Boarder	F/W		Tn	Tn	Tn
305	WALLACE, Ruby	21		F/W	Musician	Tn	Tn	Tn
306	LIND, Thomas	57		M/W	Lawyer	Swed	Swed	Swed
	Ida	46	Wife	F/W		Tn	Tn	Tn
	Samuel C.	20	Son	M/W	At School	Tn	Swed	Tn
	Warner E.	10	Son	M/W	At School	Tn	Swed	Tn
	LEONARD, Norris C.	31	Boarder	M/W	Dentist	Tn	Tn	Tn
	Thomas A.	22	Boarder	M/W	At School	Tn	Tn	Tn
	NORTHCUTT, Ella	34	Serv	F/Bl	Servant	Tn	Tn	Tn
307	HOLMES, William B.	34		M/W	Minister	Tn	Ky	Tn
	Louisa T.	35	Wife	F/W		Tn	Tn	Tn
	Joseph W.	12	Son	M/W	At School	Tn	Tn	Tn
	Mary	4	Dau	F/W		Tn	Tn	Tn
	William B.	2	Son	M/W		Tn	Tn	Tn
	Henry G.	1	Son	M/W		Tn	Tn	Tn
308	RUTHERFORD, William	50		M/W	Lumberman	NC	Tn	Tn
	Clora	36	Wife	F/W		Miss	Va	Miss
	Mary A.	15	Dau	F/W		Tn	Tn	NC
	William A., Jr	3	Son	M/W		Tn	Tn	NC
	Florence C.	1	Dau	F/W		Tn	Tn	NC
	PAGE, Lucinda	24	Serv	F/Bl	Servant	Tn	Tn	Tn
	ARMSTRONG, Delsie	25	Serv	F/Bl	Servant	Tn	Tn	Tn
309	RAMSEY, Andrew B.	38		M/W	Physician	Tn	Tn	Tn
	Lula O.	35	Wife	F/W		Tn	Tn	Tn
	Mary C.	13	Dau	F/W	At School	Tn	Tn	Tn
	John B.	9	Son	M/W	At School	Tn	Tn	Tn
	WINTON, McRamsey	25	Boarder	M/W	Physician	Tn	Tn	Tn
	SMARTT, Robert	28	Boarder	M/W	Lawyer	Tn	Tn	Ala
310	McCOLLOCH, May	42		F/W		Tn	Tn	NC
	Frank	18	Son	M/W	Druggist	Tn	Tn	Tn
	GWIN, Charles R.	40	Brother	M/W	Salesman	NC	Tn	NC
311	BLACK, Charles G.	61		M/W	Justice of Peace	Tn	Ky	Tn
	William M.	58	Wife	F/W		Tn	Tn	Tn
	Josephine	22	Dau	F/W	Musician	Tn	Tn	Tn
312	DOYLE, James	45		M/W	Salesman	Tn	Tn	Tn
	Merrit	19	Son	M/W	At School	Tn	Tn	Tn
	WOOD, Emma	31	Sis/Law	F/W		Tn	Tn	Tn

No.	Name	Age	Rel. to Head	Sx/Race	Occupation	Person	Father	Mother
	DODSON, Jane C.	76	Mother	F/W		Tn	NC	NC
	SMITH, Lizzie	19	Serv	F/Bl	Servant	Tn	Tn	Tn
313	OWEN, Lon----	59		M/W	Collector	Va	Nc	Va
	Margaret E.	60	Wife	F/W		Tn	NC	NC
314	PALMER, Henry	30		M/W	Gunsmith	NY	NY	Ny
	Mary W.	40	Wife	F/W		Minn	Ohio	Ohio
	MARSH, Lewis	19	St/Son	M/W	Printer	Ind	Ind	Minn
315	MYERS, Charles F.	51		M/W	Salesman	Ky	Holl	Pa
	Amanda J.	42	Wife	F/W		Pa	Pa	Pa
	Carlisle	15	Son	M/W	At School	Iowa	Ky	Pa
316	SMITH, Butler	41		M/W	Merchant	Tn	NC	Tn
	Sallie	34	Wife	F/W		Tn	Tn	Tn
	Bessie C.	9	Dau	F/W		Tn	Tn	Tn
	ASMUS, Mattie	21	Serv	F/W	Servant	Tn	Ger	Ger
317	SIMPSON, Margaret	63		F/Bl	Wash & Iron	Tn	Tn	Tn
	WEBB, Frank L.	4	Nephew	M/Bl		Tn	Tn	Tn
318	MUMFORD, Mary E.	78		F/W		SC	SC	SC
	HARRIS, Virginia	29	Companion	F/W	Companion	Ny	Va	Tn
319	RUSHEN, R------	54		M/Bl	Day Labor	Tn	Tn	Tn
	Amanda	50	Wife	F/Bl	Wash & Iron	Va	Va	Va
	BATES, Alice	22	St/Dau	F/Bl	Wash & Iron	Tn	Tn	Va
	NEAL, Stella	19	St/Dau	F/Bl	At School	Tn	Tn	Va
320	FARRIS, Samuel	25		M/Bl	Day Laborer	Tn	Tn	Tn
	Faivory	23	Wife	F/Bl	Wash & Iron	Tn	Tn	Tn
321	BLACK, Ellen	45		F/Bl	Wash & Iron	Tn	Tn	Tn
	John	43	Head	M/Bl	Day Laborer	Tn	Tn	Tn
	VAUGHN, James P.	15	Son	M/Bl	At School	Tn	Tn	Tn
322	SMITH, Martha	55		F/Bl	Nurse	Tn	Tn	Tn
	Samuel	20	Son	M/Bl	Day Laborer	Tn	Tn	Tn
323	RUSHEN, Andrew	40		M/Bl	Day Laborer	Tn	Tn	Tn
	Ada	28	Wife	F/Bl	Cook	Tn	Tn	Tn
	Eliza	7	Dau	F/Bl		Tn	Tn	Tn
	WARREN, Douglas C.	30	Boarder	M/Bl	Minister	Ga	Ga	Ga
324	FERRELL, Margie	49		F/Bl	Cook	Tn	??	Va
	Hallie	30	Dau	F/Bl	Cook	Tn	Tn	Tn
	Elnora	24	Dau	F/Bl	Cook	Tn	Tn	Tn
	William	19	Son	M/Bl	Day Laborer	Tn	Tn	Tn
	George	16	Son	M/Bl	At School	Tn	Tn	Tn
	Laura	14	Dau	F/Bl	At School	Tn	Tn	Tn
325	GROSS, Nancy	46		F/Bl	Nurse	Tn	Tn	Tn
	Joseph	55	Husb	M/Bl	Day Laborer	Tn	Tn	Tn
	FLANAGHAN, Joseph	54	Boarder	M/Bl	Day Laborer	Va	Va	Va

No.	Name	Age	Rel. to Head	Sx/Race	Occupation	Person	Father	Mother
326	HUGGINS, Joseph	39		M/Bl	Day Laborer	Tn	??	??
	Fannie	38	Wife	F/Bl	Wash & Iron	Tn	??	??
	George	24	Son	M/Bl	Stone Mason	Tn	Tn	Tn
327	VAUGHN, Bessie	19		F/Bl	Laundress	Tn	Tn	Tn
	America	48	Mother	F/Bl	Laundress	Tn	Tn	Tn
	BREWINGTON, Rebecca	22	Sister	F/Bl	Laundress	Tn	Tn	Tn
	JONES, James	13	Cousin	M/Bl	At School	Tn	Tn	Tn
328	SMARTT, Lucy	55		F/Bl	Wash & Iron	Va	Va	Va
	Jackson	60	Husb	M/Bl	Day Laborer	Tn	Tn	Tn
	Carlee	24	Dau	F/Bl	Cook	Tn	Tn	Va
	Gertrude	23	Dau	F/Bl	Cook	Tn	Tn	Va
	Wilbert	18	Son	M/Bl	Blacksmith			
	Eugene	15	Son	M/Bl	Blacksmith	Tn	Tn	Va
	Vance	9	Son	M/W		Tn	Tn	Va
329	BROWN, Lee	54		M/Bl	Day Laborer	Tn	Tn	Tn
	Mary	55	Wife	F/Bl	Cook	Tn	??	Tn
	Arthur	16	Son	m/Bl	Day Laborer	Tn	Tn	Tn
	Vica	14	Dau	F/Bl	At School	Tn	Tn	Tn
	Oliver	13	Son	m/Bl	At School	Tn	Tn	Tn
	Hershell	10	Son	M/Bl	At School	Tn	Tn	Tn
330	BROWN, James	44		M/Bl	Minister	Tn	??	Tn
	Generess	10	Son	M/Bl	At School	Tn	Tn	Tn
	Hazel	6	Dau	F/Bl		Tn	Tn	Tn
	Matilda	65	St/Mother	F/Bl		Tn	Va	Va
331	MARTIN, Charles	40		M/Bl	Telegraph Repair	Va	Ga	Ga
	Lina	24	Wife	F/Bl		Tn	??	Tn
	Horace	7	Son	M/Bl		Tn	Va	Tn
	Edward	6	Son	M/Bl		Tn	Va	Tn
	Jesse	4	Son	M/Bl		Tn	Va	Tn
332	ANDERSON, William	33		M/Bl	Day Laborer	Tn	Tn	Tn
	Nellie	32	Wife	F/Bl	Wash & Iron	Tn	??	??
	ROWAN, Dora	15	St/Dau	F/Bl	At School	Tn	Tn	Tn
	RAMSEY, Fannie	16	Lodger	F/Bl	At School	Tn	Tn	Tn
	Parline	8	Lodger	F/Bl		Tn	Tn	Tn
	James	6	Lodger	M/Bl		Tn	Tn	Tn
333	ROWAN, Ellen	51		F/Bl	House Cleaning	Va	Va	va
	Carrie	17	Dau	F/Bl	Wash & Iron	Tn	??	Va
	Edward	21	Son	M/Bl	Barber	Tn	Tn	Tn
334	MARTIN, Lafayette	50		M/Bl	Stone Mason	Tn	??	??
	Elizabeth	31	Wife	F/Bl	Cook	Tn	Tn	NC
	Frank	7	Son	M/Bl		Tn	Tn	Tn
	Ferman	3	Son	m/Bl		Tn	Tn	Tn
	DURLEY, Lucinda	20	Cousin	f/Bl	Cook	Tn	Tn	Tn
	Virginia	1/12	Cousin	F/Bl		Tn	Tn	Tn
334	WOODLEE, Nelula	45		F/Bl	Wash & iron	Va	Va	Va
	BURKS, Joseph	38	Lodger	M/Bl	day Laborer	La	??	La

No.	Name	Age	Rel. to Head	Sx/Race	Occupation	Birth of Person	Father	Mother
	BURKS, Ransom	3	Lodger	M/Bl		Tn	Tn	La
	Ella M.	2	Dau	F/Bl		Tn	Tn	La
	Joseph	1	Lodger	M/Bl		Tn	Tn	La
	Thomas	5/12	Lodger	M/Bl		Tn	Tn	La
336	HOPKINS, Amy	50		F/Bl	Wash & Iron	Tn	Va	Va
	STUBBLEFIELD, Hattie	40	Sister	F/Bl	wash & Iron	Tn	Va	Va
	BOLDEN, George W.	30	Brother	M/Bl	Day Laborer	Tn	Tn	Tn
	MARSHALL, James	53	Boarder	M/Bl	Day Laborer	Tn	??	??
	FRALEY, Era	21	Boarder	F/Bl	Wash & Iron	Tn	Tn	Tn
337	ADAMSON, Mollie	26		F/Bl		Tn	Tn	NC
	HARRISON, Sarah	57	Mother	F/Bl		NC	NC	NC
	John	73	St/Father	M/Bl	Plasterer	Tn	Tn	Tn
338	POTTER, Rufus	34		M/Bl	Day Laborer	Tn	Tn	Tn
	Lillie	32	Wife	F/Bl		Tn	Tn	Tn
	EDGAR, Lucile	7	St/Son	M/Bl		Tn	Tn	Tn
	Eldridge	4	St/Son	m/Bl		Tn	Tn	Tn
	THOMAS, Floyd	34	Bro/Law	M/Bl	Day Laborer	Tn	Tn	Tn
339	CROSBY, Nora	23		F/Bl	Cook	Tn	Tn	Tn
	Bird	6	Son	M/Bl		Tn	Tn	Tn
	FISK, Daisey	43	Head	F/Bl	Wash & iron	Tn	Tn	Tn
	HERD, Clennie	9	Dau	f/Bl		Tn	Tn	Tn
	SCOTT, Andy	45	Boarder	M/Bl	Day Laborer	Tn	Tn	Tn
340	ROGERS, Charles	30		M/W	Merchant	IND	Can	Ky
	Eva Claire	29	Wife	f/W		Tn	Tn	Tn
	Florence M.	4	Dau	F/W		Tn	Ind	Tn
	Nellie B.	1	Dau	F/W		Tn	Ind	Tn
341	BOSTICK, Thomas R.	33		m/W	Druggist	Tn	Tn	Tn
	Hannah	33	Wife	F/W		Ohio	Ohio	Md
	Katherine	8	Dau	F/W		Tn	Tn	Ohio
	Martha A.	7	Dau	F/W		Tn	Tn	Ohio
	Thomas E.	3	Son	M/W		Tn	Tn	Ohio
	JAmes P.	40	Brother	M/W	Druggist	Tn	Tn	Tn
	SMITH, Laura D.	16	Boarder	F/W	At School	Tn	Tn	Tn
342	COLVILLE, Frank	41		M/W	Boarding	Tn	Tn	Tn
	Pearl	32	Wife	f/W		Ky	Ky	Ky
	Frank, Jr.	7	Son	M/W		Tn	Tn	Ky
	Rice	6	Son	M/W		Tn	Tn	Ky
	Elizabeth	4	Dau	F/W		Tn	Tn	Ky
	Margaret	10/12	Dau	F/W		Tn	Tn	Tn
	HOWELL, Alma	19	Boarder	F/W	Nurse	Tn	Tn	Tn
	McGEE, Frances	39	Cook	F/Bl	Cook	Tn	Tn	Tn
343	SMITH, George	26		M/W	Banking	Tn	Tn	Ky
	JAne W.	21	Wife	F/W		Tn	Tn	Tn
	Elizabeth	3/12	Dau	F/W		Tn	Tn	Tn
344	BREESE, Charles C.	28		M/W	Jeweler	Ohio	Ohio	Ky
	Katherine	21	Wife	F/W		Tn	Tn	Tn

No.	Name	Age	Rel. to Head	Sx/Race	Occupation	Birth of Person	Father	Mother
	BREESE, Dorothy	10/12	Dau	F/W		Tn	Ohio	Tn
	MORFORD, Anna D.	18	Serv	F/Bl	Servant	Tn	Tn	Tn
345	RITCHEY, James	69		M/W	Druggist	Tn	Tn	Tn
	Myra	62	Wife	F/W		Tn	Tn	Tn
	HILL, Mary V.	74	Sis/Law	F/W		Tn	Tn	tn
	SMARTT, Martha	72	Sis/Law	F/W		Tn	Tn	Tn
	HIBDON, Mary	27	Lodger	F/W		Tn	Tn	Tn
	MITCHELL, Matilda	72	Lodger	F/W		Tn	NC	NC
	BROWN, Lear	43	Serv	F/Bl	Servant	Tn	Tn	tn
346	BURROUGHS, John	41		M/W	Manufacturer	Tn	Tn	Tn
	Claudie G.	37	Wife	F/W		Ala	Tn	Ala
	Mamie	14	Dau	F/W	At School	Tn	Tn	Ala
	Thomas F.	7	Son	M/W		Tn	Tn	Ala
	Mildred	4	Dau	F/W		Tn	Tn	Ala
	JONES, Harry S.	26	Br/Law	M/W	Manufacturing	Tn	Tn	Tn
347	KEITH, Katy	25		F/Bl		Tn	??	Ark
	Lee	30	Husb	M/Bl	Day Laborer	Tn	??	Tn
	JOHNSON, Isaac	16	Boarder	M/Bl		Tn	??	Tn
	George	21	Boarder	M/Bl	Day Laborer	Tn	??	Tn
348	GEORGE, Cast---	25		M/Bl	Day Laborer	Tn	??	DC
	Mary	26	Wife	F/Bl	Wash & Iron	Tn	??	Tn
	Olis	7	Son	M/Bl		Tn	Tn	Tn
	Leatrice	6	Dau	F/Bl		Tn	Tn	Tn
	Lula	3	Dau	F/Bl		Tn	Tn	Tn
	Beatrice	1	Dau	F/Bl		Tn	Tn	Tn
	MILLER, Mary	18	Boarder	F/Bl	Servant	Tn	Tn	Tn
349	MILLER, Larkin	66		M/Bl	Day Laborer	Tn	Tn	Tn
	Barbara	42	Wife	F/Bl	Wash & Iron	DC	??	??
	Lola	18	Dau	F/Bl	Cook	Tn	Tn	DC
	Charles	13	Son	M/Bl	Day Laborer	Tn	Tn	DC.
	Maude	12	Dau	f/Bl	At School	Tn	Tn	DC
	GRIBBLE, Josie	55	Boarder	F/Bl	Day Laborer	Tn	Tn	Tn
	LISK, Samuel	30	Boarder	M/Bl	Day Laborer	Tn	??	Tn
	America	25	Wife	F/Bl		Tn	Tn	Tn
	Leander	2	Son	M/Bl		Tn	Tn	Tn
	Waymon	3/12	Son	M/Bl		Tn	Tn	Tn
350	WOODLEE, James	26		M/Bl	Day Laborer	Tn	Tn	Tn
	Maggie	25	Wife	f/Bl	Wash & iron	Tn	Tn	Tn
	Luther	4	Son	M/Bl		Tn	Tn	Tn
	Jacob	34	Brother	M/Bl	Day Laborer	Tn	Tn	Tn
351	MARTIN, Richard	56		M/Bl	Day Laborer	Tn	Tn	Tn
	Lucy	29	Wife	F/Bl	Wash & Iron	Tn	Tn	Tn
	Amanda	13	Dau	F/Bl		Tn	Tn	Tn
	May B.	11/12	Dau	F/Bl		Tn	Tn	Tn
	TIDWELL, John	26		M/Bl	Day Laborer	La	Tn	Tn
	Mollie	30	Wife	f/Bl	wash & Iron	Tn	Tn	Tn

No.	Name	Age	Rel. to Head	Sx/Race	Occupation	Birth of Person	Father	Mother
	THOMAS, Bessie	16	St/Dau	F/Bl	wash & Iron	Tn	Tn	Tn
	David J.	12	St/Son	M/Bl	Day Laborer	Tn	Tn	Tn
	William	9	St/Son	m/W		Tn	Tn	Tn
352	MERCER, Frank	48		M/Bl	Day Laborer	Tn	Tn	tn
	Vinnie	24	Wife	F/Bl		Tn	Tn	Tn
	Dora	7	Dau	F/Bl		Tn	Tn	Tn
353	NUNLEY, Edward A.	47		M/W	Day Laborer	Tn	Tn	Tn
	Emma D.	36	Wife	F/W		Ohio	Pa	Pa
	Corina P.	13	Dau	F/W		Tn	Tn	Tn
	Minnie L.	12	Dau	F/W		Tn	Tn	Ohio
	William H.	8	Son	M/W		Tn	Tn	Ohio
	Howard L.	4	Son	M/W		Tn	Tn	Ohio
	Jesse	2	Son	M/W		Tn	Tn	Tn
354	SPURLOCK, Samuel	23		M/Bl	Day Laborer	Tn	Tn	??
	Jessie	23	Wife	F/Bl		Tn	Tn	Tn
	Samuel F.	5	Son	M/Bl		Tn	Tn	Tn
	Anna	10/12	Dau	F/Bl		Tn	Tn	Tn
	MARTIN, Amy	55		F/Bl	Cook	Tn	Tn	Tn
	Tennessee	13	Dau	f/Bl	At School	Tn	Tn	Tn
355	COWAN, Robert	30		M/Bl	Day Laborer	Tn	Tn	Tn
	Katherine	30	Wife	F/Bl	Wash & iron	Tn	Tn	Tn
	MARTIN, James	25	Lodger	M/Bl	Day Laborer	Tn	Tn	Tn
356	GROSS, May J.	30		F/Bl	Wash & iron	Tn	Ky	Va
	Taylor	48	Husb	M/Bl	Day Laborer	Tn	Tn	tn
	Georgia	18	Dau	f/Bl	At School	Tn	Tn	tn
357	ERVING, Jennie	41		F/Bl	Wash & Iron	Tn	Ky	Va
	Maggie	22	Dau	F/Bl	Wash & Iron	Tn	NC	Tn
	THOMAS, Robert	45	Boarder	M/Bl	Day Laborer	Tn	Tn	tn
	Pearly	7	Boarder	F/Bl		Tn	Tn	Tn
358	WHITE, Alfred	52		M/Bl	Day Laborer	Tn	Tn	tn
	Delia	48	Wife	F/Bl	wash & Iron	Tn	Tn	Tn
	Ludie	21	Dau	F/Bl		Tn	Tn	Tn
	HUDDLESTON, Rachel	69	Mo/Law	F/Bl		Tn	??	??
359	WOODLEE, Ann	70		F/Bl	Cook	Tn	??	Tn
	Daisy	15	Dau	F/Bl	At School	Tn	Tn	Tn
	Mamie	11	Dau	F/Bl	At School	Tn	Tn	Tn
360	MOORE, Charles	54		M/Bl	Teamster	NC	NC	NC
	Ellen	40	Wife	F/Bl	Wash & Iron	Tn	Tn	Ind
	Robert	2	Son	M/Bl		Tn	NC	Tn
	WHITE, George	31		M/Bl	Teamster	Tn	Tn	Tn
	Susan	25	Wife	F/bl		Tn	Tn	va
	Lillian	1	Dau	F/Bl		Tn	Tn	Tn
	Fannie	6	St/Dau	F/Bl		Tn	Tn	tn
361	GIVIN, Loa----	52		M/Bl	Blacksmith	Tn	Tn	Tn
	Dolly	40	Wife	F/Bl	Washwoman	Tn	Tn	Tn

No.	Name	Age	Rel. to Head	Sx/Race	Occupation	Birth of Person	Father	Mother
	GIVIN, Mollie	19	Dau	F/Bl	At School	Tn	Tn	Tn
	Bessie	12	Dau	F/Bl	At School	Tn	Tn	Tn
	Roy	16	Son	M/Bl	At School	Tn	Tn	tn
	George	11	Son	M/Bl	At School	Tn	Tn	Tn
	Jessie	8	Dau	F/Bl		Tn	Tn	tn
	Ellen	5	Dau	F/Bl		Tn	Tn	Tn
	William	3	Son	M/Bl		Tn	Tn	Tn
362	CRITCHAM (?), Ada	19		F/Bl		Tn	Tn	
	Hi-----	35	Husb	M/Bl	Day Laborer	Tn	Tn	tn
	SEITZ, Ada	50	Mother	F/Bl	wash & Iron	Tn	Tn	Tn
363	WHITE, Elza	52		M/Bl	Day Laborer	Tn	Tn	??
	Sallie	45	Wife	f/Bl	Nurse	Tn	Va	Va
	George	32	Brother	M/Bl	Day Laborer	Tn	Tn	??
364	COPE, Buck	49		M/Bl	Barber	Tn	Tn	Tn
	Bettie	35	Wife	F/Bl	Music Teacher	Tn	Tn	Tn
	Lawrence	11	Son	M/Bl	At School	Tn	Tn	Tn
	Lexie	10		F.Bl	At School	Tn	Tn	Tn
	Edward	5	Son	M/Bl		Tn	Tn	Tn
	Hobart	3	Son	M/Bl		Tn	Tn	Tn
	Baby	0/12	Son	M/Bl		Tn	Tn	Tn
365	MAYBERRY, Susan	91		F/Bl		Tn	Va	Va
	TOLES, Mary J.	41	Dau	F/Bl	Seamstress	Tn	Md	Tn
366	BROWN, Oney	23		M/Bl	Day Laborer	Tn	Tn	Tn
	Emma	21	Wife	F/Bl		Tn	Tn	Tn
	Lucifer	1	Son	M/Bl		Tn	Tn	Tn
	YOUNG, Floyd	34		M/Bl	Stone mason	Tn	NC	NC
367	WOODLEE, Eliza	58		F/Bl	Wash & Iron	Tn	Tn	Tn
	BRYANT, Kessie	19	Nephew	M/Bl	Day Laborer	Tn	Tn	Tn
368	GARDNER, Silas	50		M/Bl	Engineer/Sawmill	Tn	Tn	Tn
	Camis	24	Wife	F/bl	Wash & iron	Tn	Tn	Va
	Eugene	7	Son	M/Bl		Tn	Tn	tn
369	JOHNSON, Thomas	44		M/Bl	Minister	Tn	Tn	Tn
	Charity	39	Wife	F/Bl		Tn	Tn	Tn
	Roger S.	23	Son	M/Bl		Tn	Tn	Tn
	Ernest N.	19	Son	M/Bl		Tn	Tn	Tn
	Thomas W.	18	Son	M/Bl	At School	Tn	Tn	Tn
	Luther R.	15	Son	M/Bl	At School	Tn	Tn	Tn
	Susan L.	13	Dau	F/Bl	At School	Tn	Tn	Tn
	Charity	12	Dau	F/Bl	At School	Tn	Tn	Tn
370	SPENCER, Thomas	23		M/Bl	Day Laborer	Tn	Tn	Tn
	Rena	22	Wife	F/Bl	Wash & Iron	Tn	Tn	Tn
	Frank	2	Son	M/Bl		Tn	Tn	Tn
	Harrison	1	Son	M/Bl		Tn	Tn	Tn
371	WHITE, Frederick	27		M/Bl	Day Laborer	Tn	??	Va
	Hettie	26	Wife	F/bl		Tn	Tn	Tn
	LANE, Hattie	70	Mo/Law	F/Bl		Tn	??	??

No.	Name	Age	Rel. to Head	Sx/Race	Occupation	Birth of Person-Father-Mother		
372	EDGE, Elizabeth	77		F/Bl	Day Laborer	Va	Va	Va
373	STUBBLEFIELD,							
	Charles	37		M/Bl	Blacksmith	Tn	??	Va
	Ellen	35	Wife	F/Bl		Tn	Tn	Tn
	Lela	15	Dau	F/Bl	At School	Tn	Tn	Tn
	Blanch	13	Dau	F/Bl	At School	Tn	Tn	Tn
374	WOODLEE, John	37		M/Bl	Day Laborer	Tn	??	Tn
	Millie	26	Wife	F/Bl		Tn	Tn	Tn
375	SPARKMAN, Sarah	40		F/Bl	Wash & Iron	Tn	Tn	Tn
	RAMSEY, Frank	30	Lodger	M/Bl	Day Laborer			
	LOCK, Belle	22	Dau	F/Bl	Cook	Tn	??	Tn
376	JETT, Samuel	40		M/Bl	Day Labor	Tn	Tn	Va
	Bettie	40	Wife	F/Bl	Wash & Iron	Tn	NC	??
	Orbin L.	13	Son	M/Bl	At School	Tn	Tn	Tn
	Arthur P.	10	Son	M/Bl	At School	Tn	Tn	Tn
	Arcie C.	8	Son	M/Bl		Tn	Tn	Tn
377	CUMMINGS, Amy	65		F/Bl		Tn	??	Tn
	Colonel	21	Son	M/Bl	Day Laborer	Tn	Tn	Tn
	RICE, Matilda	29	Dau	F/Bl	Dressmaker	Tn	Tn	Tn
378	MARBURY, Mary	31		F/Bl	Cook	Tn	??	??
	Emmy	17	Dau	F/Bl	Cook	Tn	Tn	Tn
379	MALONE, Preston	30		M/Bl	Day Laborer	Tn	??	Tn
	May	26	Wife	F/Bl		Tn	??	Tn
	Clarence C.	2	Son	M/Bl		Tn	Tn	Tn
	Orval K.	9.12	Son	M/Bl		Tn	Tn	Tn
380	SNELLING, Thomas	32		M/Bl	Day Laborer	Tn	Tn	Tn
	Allie	25	Wife	F/Bl		Tn	Tn	Tn
	PETTY, Hattie	9	Lodger	F/Bl		Tn	Tn	Tn
	BURT, Robert	28	Boarder	M/Bl	Physician	Miss	Miss	La
381	WEBB, Hewey	57		M/Bl	Hostler	Tn	Tn	Tn
	Mariah D.	57	Wife	F/Bl		Tn	Tn	Tn
	JONES, Raymond	7	Lodger	M/Bl		Tn	Va	Va
382	OVERBY, James	34		M/Bl	Farmer	Tn	Va	Va
	Susan F.	34	Wife	F/Bl		Tn	Tn	Tn
	William	8	Son	M/Bl		Tn	Tn	Tn
	Oscar	6	Son	M/Bl		Tn	Tn	Tn
383	YOUNG, Joel	42		M/Bl	Day Laborer	Tn	Tn	Tn
	Anna	28	Wife	F/Bl		Tn	Va	Tn
	Rose A.	4	Dau	F/Bl		Tn	Tn	Tn
	Harriett B.	2	Dau	F/Bl		Tn	Tn	Tn

No.	Name	Age	Rel. to Head	Sx/Race	Occupation	Birth of Person-Father-Mother		
384	MARTIN, Howard	65		M/Bl	Blacksmith	Tn	Tn	Tn
	Mira	45	Wife	F/Bl		Tn	Tn	Tn
	TERRY, Lula	19	St/Dau	F/Bl	At School	Tn	Tn	Tn
	WOODLEE, Anna	8	Lodger	F/Bl		Tn	Tn	Tn
384	CURRY, Lizzie	35		F/Bl	Wash & Iron	Tn	??	Tn
	Samuel	68	Husb	M/Bl	Day Laborer	Tn	??	Tn
	Levi	15	Son	M/Bl	At School	Tn	Tn	Tn
386	JOHNSON, Andrew	37		M/Bl	Barber	Tn	Tn	Tn
	Rachel	34	Wife	F/Bl		Tn	Tn	Tn
	Ader	23	Dau	F/Bl	At School	Tn	Tn	Tn
	Minnie	11	Dau	F/Bl	At School	Tn	Tn	Tn
	Nettie	5	Dau	F/Bl		Tn	Tn	tn
387	LEFTRICT, Thomas	25		M/Bl	Stone Mason	Tn	Tn	Tn
	May	25	Wife	F/Bl		Tn	Tn	Tn
	Walter	5	Son	M/Bl		Tn	Tn	Tn
388	MABRY, Theodore	52		M/Bl	Day Laborer	Tn	Tn	Tn
	Millie	40	Wife	F/Bl		Tn	Tn	Tn
	LEFTRICT, Hattie	21	Niece	F/Bl	School Teacher	Tn	Tn	Tn
389	JENNINGS, Bob-----	55		M/Bl	Day Laborer	Tn	Tn	Tn
	Bettie	39	Wife	F/Bl	Cook	Miss	Tn	Miss
	BRITTIAN, Lula D.	15	Sis/Law	F/Bl		Miss	Tn	Miss
	JENNINGS, Falla	2	Son	m/Bl		Tn	Tn	Miss
390	STUBBLEFIELD, Thomas	68		M/Bl	Teamster	Tn	Miss	Tn
	Mary	55	Wife	F/Bl		Tn	Tn	Tn
	Anna	16	Dau	F/Bl	Cook	Tn	Tn	Tn
	JAmes	19	Son	M/Bl		Tn	Tn	Tn
	Hattie	3	Dau	F/Bl		Tn	Tn	Tn
391	LEFTRICT, Samuel	48		M/Bl	Stone Mason	Tn	??	Tn
	Lou Ella	24	Wife	F/Bl		Tn	??	Tn
	Samuel	14	Son	M/Bl	At School	Tn	Tn	Tn
	John	2	Son	M/Bl		Tn	Tn	Tn
	Viny	80	Mother	F/Bl		Tn	Tn	Tn
392	SPEERS, Stephen	50		M/Bl	Plasterer	Tn	Tn	Tn
	Rosina	39	Wife	F/Bl	Teacher	Tn	Tn	Tn
393	YOUNG, Mack	67		M/Bl	Stone/Brick Mason	Tn	Tn	Tn
	Sallie	48	Wife	F/Bl		Tn	Tn	Tn
	Belle	18	Dau	F/Bl	At School	Tn	Tn	Tn
	Lama J.	10	Dau	F/Bl	At School	Tn	Tn	Tn
	Ben M.	3	Son	M/Bl		Tn	Tn	Tn
	DRAKE, Willie G.	26	St/Son	M/Bl	Day Laborer	Tn	Tn	tn
394	MAXWELL, Joseph	38		M/W	Saloon Keeper	Tn	Ala	Tn
	Sarah A.	34	Wife	F/W		Tn	Tn	Tn
	Sarah O.	9	Dau	F/W		Tn	Tn	Tn
	Emma	6	Dau	F/W		Tn	Tn	Tn
	Octa	3	Dau	F/W		Tn	Tn	Tn
	John	1	Son	M/W		Tn	Tn	Tn

No.	Name	Age	Rel. to Head	Sx/Race	Occupation	Person	Father	Mother
395	MAXWELL, Hugh	65		M/W	Saloon Keeper	Ala	NC	NC
	Mary	58	Wife	F/W		Tn	Va	??
396	SMITH, Alo-----	55		M/W	Fruit Dealer	Ill	Fla	Ind
	Willie	30	Wife	F/W		Tn	Tn	Tn
	William A.	8	Son	M/W		Tn	Ill	Tn
397	STUTLEY, George	66		M/W	Cooper	Ger	Ger	Ger
	Elizabeth	72	Wife	f/W		Ger	Ger	Ger
398	MULLIGAN, William	62		M/W		Tn	NC	NC
	Nancy E.	52	Wife	F/W		Tn	Tn	Tn
	Dora	19	Dau	F/W	At School	Tn	Tn	Tn
	James R.	17	Son	M/W	At School	Tn	Tn	Tn
	William E.	16	Son	M/W	At School	Tn	Tn	Tn
	Daisy M.	11	Dau	F/W		Tn	Tn	Tn
399	SNODGRASS, Flora	38		F/Bl	Wash & Iron	Tn	SC	Sc
	Paul	14	Son	M/Bl	At School	Tn	Tn	Tn
	John	11	Son	M/Bl	At School	Tn	Tn	Tn
400	BARNES, Henry	54		M/Bl	Day Laborer	Tn	Ga	Ala
	Ceasar	21	Son	M/Bl	Day Laborer	Tn	Tn	Tn
	Evalina	18	Dau	/Bl	Wash & Iron	Tn	Tn	Tn
	Thomas F.	16	Son	M/Bl	At School	Tn	Tn	Tn
	HOLLAND, Ellen	24	Dau	F/Bl	Wash & Iron	Tn	Tn	Tn
	Rosa	7	Gr/Dau	F/Bl		Tn	Tn	tn
	William	5	Gr/Son	M/Bl		Tn	Tn	Tn
401	WEBB, James	80		M/W		Ark	NC	Ky
	arah C.	50	Dau	F/W		Tn	Ark	Tn
	NOWLIN, Mary D.	54	Dau	F/W		Tn	Ark	Tn
	BYARS, Frank P.	23	Boarder	M/W	Day Laborer	Tn	Tn	Tn
402	WOOD, Edward	31		M/W	Day Laborer	Tn	Tn	tn
	Dicy	29	Wife	F/W		Tn	Tn	tn
	Mary L.	6	Dau	F/W		Tn	Tn	Tn
	Samuel C.	5	Son	M/W		Tn	Tn	Tn
	Clara N.	4	Dau	F/W		Tn	Tn	Tn
	James E.	8/12	Son	M/W		Tn	Tn	Tn
403	SCOTT, Henry	60		M/Bl	Day Laborer	Tn	??	Va
	Martha	17	Dau	F/Bl	At School	Tn	Tn	Ala
	Frank	19	Son	M/Bl	Day Laborer	Tn	Tn	Tn
	William	7	Son	M/Bl		Tn	Tn	Tn
	Jesse	10	Son	M/Bl		Tn	Tn	Tn
404	MEADOWS, William H.	52		M/W	Jeweler	Tn	Tn	Tn
	Georgia	30	Wife	F/W		Tn	ga	Tn
	Alfred	7	Son	M/W		Tn	Tn	Tn
	Leard	6	Son	M/W		Tn	Tn	Tn
	Robert	4	Son	M/W		Tn	Tn	Tn
	Susan	9/12	Dau	F/W		Tn	Tn	Tn
405	BROWN, Charles	50		M/Bl	Fireman/Sawmill	Tn	Tn	Tn
	Belle	38	Wife	f/Bl		Tn	Tn	Tn
	Osia	19	Dau	F/Bl	At School	Tn	Tn	Tn
	Lena	16	Dau	F/Bl	At School	Tn	Tn	Tn
	Bertha	14	Dau	F/Bl	At School	Tn	Tn	Tn
	Rose	7	Dau	F/Bl		Tn	Tn	Tn
406	ARNOLD, Julia	35		F/Bl	Wash & Iron	Tn	Tn	Tn
	HENDERSON, Edward	20	Son	M/Bl	Day Laborer	Tn	Tn	tn
407	PARKER, Thomas	56		M/W	Wagon Maker	Tn	Tn	Tn
	Mary J.	53	Wife	F/W		Tn	Tn	Tn
	Bettie	29	Dau	F/W	Seamstress	Tn	Tn	Tn
	Frank A.	15	Son	M/W	Day Laborer	Tn	Tn	Tn
	William B.	13	Son	M/W	At School	Tn	Tn	Tn
408	CURL, John	58		M/W	Sawmill Oper.	Tn	Tn	Tn
	Mary	54	Wife	F/W		Tn	Tn	Tn
	Jackson	29	Son	M/W	Engineer	Tn	Tn	Tn
	Finn	25	Son	M/W	Sawmill	Tn	Tn	Tn
	Charles	19	Son	M/W	Day Laborer	Tn	Tn	Tn
	WATSON, Rebecca	84	Mo/Law	F/W		Tn	Tn	Tn
409	HENNESSEE, Claude	33		M/W	Salesman	Tn	Tn	Tn
	Fannie	33	Wife	F/W		Tn	Tn	Tn
	Edwin	11	Son	M/W	At School	Tn	Tn	Tn
	Wilma	9	Dau	F/W		Tn	Tn	Tn
	Calish	6	Son	M/W		Tn	Tn	Tn
410	JOHNSON, Thomas	48		M/W	Logs & Lumber	Tn	Tn	NC
	Virginia A.	40	Wife	F/W		Tn	Tn	Tn
	William L.	23	Son	M/W	Farmer	Tn	Tn	Tn
	Madison	17	Son	M/W	At School	Tn	Tn	Tn
	Thomas A.	15	Son	M/W	At School	Tn	Tn	Tn
	Kizzie	20	Niece	F/W		Tn	Tn	Tn
	Minnie	17	Nephew	M/W	At School	Tn	Tn	Tn
	Samuel	15	Nephew	M/W	At School	Tn	Tn	Tn
	PHILLIPS, James A.	30	Son/Law	M/W	Logs & Lumber	Tn	Tn	Tn
	Martha L.	21	Dau	F/W		Tn	Tn	Tn
	Thomas T.	9/12	Gr/Son	M/W		Tn	Tn	Tn
411	WOODWARD, Jabe F.	62		M/W	Physician	Tn	NC	NC
	Eunica	49	Wife	F/W		Tn	Va	Ky
	Frank	18	Son	M/W	Printer	Tn	Tn	Tn
	Thomas	10	Son	M/W	Sales Boy	Tn	Tn	Tn
412	WEBB, William	21		M/Bl	Day Laborer	Tn	Tn	Tn
	BREWINGTON, Charles	23	Boarder	M/Bl		Tn	??	Tn
	Mariah	18	Boarder	F/Bl		Tn	Tn	Tn
413	FERGUSON, Fra----	52		M/Bl	Day Laborer	Tn	??	??
	Charity	48	Wife	F/Bl		NC	NC	NC
	Ada L.	18	Dau	F/Bl		Tn	Tn	NC

No.	Name	Age	Rel. to Head	Sx/Race	Occupation	Birth of Person-Father-Mother		
	FERGUSON, Sarah L.	16	Dau	f/Bl		Tn	Tn	NC
	Benjamin	7	Son	M/Bl		Tn	Tn	NC
414	MYSORIELLE (?), Edward	30		M/W	Saloon Keeper			Tn
415	GARRETT, Ewin	18		M/W	At School	Tn	Va	Ohio
416	BARNES, Lilly	27		F/W		Tn	Tn	Tn
	HILL, Ella	44	Lodger	M/W		Tn	Tn	Tn
	Nellie	12	Lodger	F/W	At School	Tn	Tn	Tn
417	WOMACK, William	30		M/W	Blacksmith	Tn	Tn	Tn
	Josie	28	Wife	F/W	Cook	Tn	Tn	tn
418	FARRIS, William	30		M/W	Day Laborer	Tn	Tn	Tn
	BOWBACK, George	18	Lodger	M/W	Day Laborer	Tn	Tn	Tn
	WILSON, John	35	Lodger	M/W	Day Laborer	Tn	Tn	Tn
419	BRYANT, K-------	20		M/Bl	Day Laborer	Tn	Tn	Tn
420	GUNTER, David	38		M/Bl	Day Laborer	Tn	Tn	Tn
421	WEST----, St. Clair	35		M/W	Salesman	Tn	Tn	Tn
422	LIVELY, Lee	20		M/W	Photography	Ala	Tn	Ala
	Lillian	20	Wife	F/W		Tn	Tn	Tn
423	EARL, JAmes	70		M/W		Tn	Tn	Tn
	Mary	68	Wife	F/W		Tn	Tn	Tn
424	LANGDON, Tisha	20		F/W		Mo	Mo	Tn

No.	Name	Age	Rel. to Head	Sx/Race	Occupation	Birth of Person-Father-Mother		
	DISTRICT No 2				June 1, 1900	Hartford Matherly Enumerator		
1	MARTIN, Brown	50		M/Bl	Farmer	Tn	Tn	Tn
	Nancy Ann	52	Wife	F/Bl		Tn	Tn	Tn
	Brown	19	Son	M/Bl	RR Labor	Tn	Tn	Tn
	Forrest	15	Son	M/Bl	RR Labor	Tn	Tn	Tn
	Martha	12	Dau	F/Bl		Tn	Tn	tn
2	MARTIN, Rowland	24		M/Bl	RR Labor	Tn	Tn	Tn
	Minnie	22	Wife	F/Bl		Tn	Tn	Tn
	Litnes	19	Brother	M/Bl	Farmer			
	Prudie	14	Sister	F/Bl		Tn	Tn	Tn
	RAMSEY, Maude	13	Niece	F/Bl		Tn	Tn	Tn
3	WOMACK, William	30		M/Bl	RR Labor	Tn	Tn	Tn
	Ada	24	Wife	F/Bl		Tn	Tn	tn
	Robert	1	Son	M/Bl		Tn	Tn	Tn
	Albert	4/12	Son	M/Bl		Tn	Tn	Tn
4	DAVENPORT, Maggie	37		F/W	Farmer	Tn	Tn	Tn
	MONTANDON, Henry	46	Brother	M/W		Tn	Denm	Switz
	DAVENPORT, Mary	9	Niece	F/W		Tn	Tn	Tn
5	MONTANDON, Albert	49		M/W	Farmer	NY	Denm	Switz
	Mary Lou	29	Wife	F/W		Tn	Tn	Tn
	Charles C.	15	Son	M/W	Farm Labor	Tn	NY	Tn
	Mary A.	12	Dau	F/W		Tn	NY	Tn
	Margie	10	Dau	F/W		Tn	NY	Tn
	Annie M.	7	Dau	F/W		Tn	NY	Tn
	John Asa	5	Son	M/W		Tn	NY	Tn
	George W.	7/12	Son	m/W		Tn	NY	Tn
6	CRIM, Frank	49		M/W	Farmer	Tn	Tn	Tn
	Mary L.	41	Wife	F/W		Tn	Tn	Tn
	Mortimore	19	Son	M/W		Tn	Tn	Tn
	Vance	15	Son	M/W		Tn	Tn	Tn
	Asa R.	13	Son	M/W		Tn	Tn	Tn
	Levi	11	Son	M/W		Tn	Tn	tn
	Rice	8	Son	M/W		Tn	Tn	Tn
	Nannie	5	Dau	F/W		Tn	Tn	Tn
	Mary Florence	6/12	Dau	F/W		Tn	Tn	tn
	WALLEY (?), A. L.	33		M/W		Tn	Tn	Tn
	Gertrude	23	Wife	F/W		Tn	Tn	Tn
	Bluford	3	Son	M/W		Tn	Tn	Tn
	Hunter	9/12	Son	M/W		Tn	Tn	Tn
	DURHAM, Rance	17	Boarder	M/W	Day Laborer	Tn	Tn	Tn
	MYERS, W. B.	35		M/W	Blacksmith	Tn	Tn	Tn
	Ollie C.	31	Wife	F/W		Tn	Tn	Tn
	Daisy M.	11	Dau	F/W		Tn	Tn	Tn

No.	Name	Age	Rel. to Head	Sx/Race	Occupation	Birth of Person	Father	Mother
	MYERS, John	10	Son	M/W		Tn	Tn	Tn
	Ervin	8	Son	M/W		Tn	Tn	Tn
9	LOOPER, R. D.	28		M/Bl	Farmer	Tn	Tn	Tn
	Kolb---	20	Wife	F/Bl		Tn	Tn	Tn
	Lillie	3	Dau	F.Bl		Tn	Tn	Tn
	Ary May	1	Dau	F/Bl		Tn	Tn	Tn
10	MARTIN, Harris (?)	22		M/Bl	RR Labor	Tn	Tn	Tn
	Annie	26	Wife	F/Bl		Tn	Tn	Tn
	Shely May	1	Dau	F/Bl		Tn	Tn	Tn
11	WOMACK, John	25		M/Bl		Tn	Tn	Tn
	Caoline	24	Wife	F/Bl		Tn	Tn	Tn
	Dora	16	Dau	F/Bl		Tn	Tn	Tn
	Easter	13	DAU	F/Bl		Tn	Tn	Tn
	Clementine	5	Dau	F/Bl		Tn	Tn	Tn
	Frank	9/12	Son	m/Bl		Tn	Tn	Tn
12	PRIEST, John	50		M/W	Farmer	Tn	Tn	Tn
	Bettie	44	Wife	F/W		Tn	Tn	Tn
	Dora	22	Dau	F/W	Dressmaker	Tn	Tn	Tn
	Della	19	Dau	F/W		Tn	Tn	Tn
	Maggie	18	Dau	F/W		Tn	Tn	Tn
	DAVID	9	Son	M/W		Tn	Tn	Tn
	Larkin	8	Son	M/W		Tn	Tn	Tn
	Lidabelle	7	Dau	F/W		Tn	Tn	Tn
	Lou Emma	5	Dau	F/W		Tn	Tn	Tn
13	LOCKEY, Mary	60		F/Bl	Farm Labor	Tn	Tn	Tn
	Dock	25	Son	M/Bl	RR Labor	Tn	Tn	Tn
14	MARTIN, Joseph	55		M/Bl	Farmer	Tn	Tn	Tn
	Fannie	44	Wife	F/B		Tn	Tn	Tn
	Nannie M.	19	Dau	F/Bl		Tn	Tn	Tn
	Ida	15	Dau	F/Bl		Tn	Tn	Tn
	Joseph	13	Son	m/Bl		Tn	Tn	Tn
	Annie	11	Dau	F/Bl		Tn	Tn	Tn
	Ethel Bell	10	Dau	F/Bl		Tn	Tn	Tn
	Leonard	8	Son	M/Bl		Tn	Tn	Tn
	Lou Ollie	2	Dau	F/Bl		Tn	Tn	Tn
15	CANTRELL, F. J.	37		M/W	T. L. Agent	Tn	Tn	Tn
	Cleo A.	34	Wife	F/W		Tn	Tn	Tn
	William A.	17	Son	M/W	Farmer	Tn	Tn	Tn
	Edgar F.	6	Son	M/W.		Tn	Tn	Tn
	Fred Randolph	1	Son	M/W		Tn	Tn	Tn
16	PLEASANT, Alex	20		M/Bl	FARMER	Tn	Tn	Tn
	Malvina	28	Wife	F/Bl		Tn	Tn	Tn
	Lelona	8	Dau	F/Bl		Tn	Tn	Tn

(Note: Alex b Mar 1880 - Malvine b b Aug 1870 - Married 9 yrs)

No.	Name	Age	Rel. to Head	Sx/Race	Occupation	Birth of Person	Father	Mother
17	MARTIN, William	30		M/Bl	Farmer	Tn	Tn	Tn
	Sarah E.	29	Wife	F/Bl		Tn	Tn	Tn
	Charlie A.	10	Son	M/Bl		Tn	Tn	tn
	Elizabeth W.	9	Dau	F/Bl		Tn	Tn	Tn
	Dennie	6	Son	M/Bl		Tn	Tn	Tn
	Vance	4	Son	M/Bl		Tn	Tn	Tn
	Elbert	7	Son	M/Bl		Tn	Tn	Tn
18	CRIM, John	49		M/W	Farmer	Tn	Tn	Tn
	Louisa	34	Wife	F/W		Tn	Tn	Tn
	Osia	18	Dau	F/W		Tn	Tn	Tn
	Dosia	17	Dau	F/W		Tn	Tn	Tn
	Andrew	16	Son	M/W		Tn	Tn	Tn
	Samm-- (?)	14	Dau	F/W		Tn	Tn	Tn
	Dossia	11	Dau	F/W		Tn	Tn	Tn
	Leila Belle	10	Dau	F/W		Tn	Tn	Tn
	Florence	8	Dau	F/W		Tn	Tn	Tn
	John B.	4	Son	M/W		Tn	Tn	Tn
	SMITH, Cap	25	Nephew	M/W	RR LaBOR	Tn	Tn	Tn
19	MOORE, James M.	71		M/W	Farmer	Tn	Tn	Tn
	Martha	50	Wife	F/W		Tn	Tn	Tn
20	GREEN, Daniel	64		M/W	Farmer	Tn	Tn	Tn
	MASSIE, Willie	29	Son/Law	M/W	Farmer	Tn	Tn	Tn
	Carmon	6	Gr/Dau	F/W		Tn	Tn	Tn
	Otto	4	Gr/Son	M/W		Tn	Tn	Tn
	Ethel	1	Gr/Dau	F/W		Tn	Tn	Tn
	GREEN, John	26	Son	M/W	Day Laborer	Tn	Tn	Tn
21	MASSIE, William	50		M/W	Farmer	Tn	Tn	Tn
	Eliza	57	Wife	F/W		Tn	Tn	Tn
	Fred K.	21	Son	M/W	Farmer	Tn	Tn	Tn
Twins (	Clarence	18	Son	M/W		Tn	Tn	Tn
(	Lorene	18	Dau	F/W		Tn	Tn	Tn
	Fannie	15	Dau	F/W		Tn	Tn	Tn
	Charley	13	Son	M/W		Tn	Tn	Tn
22	HIGGINBOTHAM, R. L.	26		M/W	Farmer	Tn	Tn	Tn
	Mollie	24	Wife	f/W		Tn	Tn	Tn
	Jennie Florence	3	Dau	F/W		Tn	Tn	Tn
	Clarence	1	Son	M/W		Tn	Tn	tn
23	McCOLLUM, B. J.	75		M/W		TN	Tn	Tn
	Sanford	25	Son	M/W		Tn	Tn	Tn
	Myra	21	Dau/Law	F/W		Tn	Tn	Tn
	Baby	5/12	Gr/Son	M/W'		Tn	Tn	Tn
	BROWN, Isaac	60	Bro/Law	M/W		Tn	Tn	Tn
24	WRANGE, James	25		M/Bl		Tn	Tn	Tn
	Martha	25	Wife	f/Bl		Tn	Tn	Tn
	Cleve	?	Son	M/Bl		Tn	Tn	Tn
	McKinley	4	Son	M/Bl		Tn	Tn	Tn

No.	Name	Age	Rel. to Head	Sx/Race	Occupation	Birth of Person	Father	Mother
25	BAIN, James M.	34		M/W	Farmer	Tn	Tn	Tn
	Mary Lou	28	Wife	F/W		Tn	Tn	Tn
	Bertha A.	6	Dau	F/W		Tn	Tn	Tn
	Kassie	1	Dau	F/W		Tn	Tn	Tn
26	SMITH, John	45		M/W	Farmer	Tn	Tn	Tn
	Elizabeth	37	Wife	F/W		Tn	Tn	Tn
	William Lee	16	Son	M/W		Tn	Tn	Tn
	Mary Lee	13	Dau	F/W		Tn	Tn	tn
	Jacob A.	10	Son	M/W		Tn	Tn	Tn
	Eugene	8	Son	M/W		Tn	Tn	Tn
	Florence	4	Dau	F/W		Tn	Tn	Tn
	Sallie Lusk	1	Dau	F/W		Tn	Tn	Tn
27	LOOPER, Jimmie	69		M/Bl	Farmer	Tn	Tn	Tn
	Mary	62	Wife	F/Bl		Tn	Tn	Tn
	William	18	Son	M/Bl	RR Labor	Tn	Tn	Tn
	Kensie	13	Son	M/Bl		Tn	Tn	Tn
28	MARTIN, Ellen	75		F/Bl	Farmer	Tn	Tn	Tn
	Elzie	10	Gr/Son	m/Bl		Tn	Tn	Tn
29	MARTIN, Jesse	21		m/Bl	RR Labor	Tn	Tn	Tn
	Lou	18	Wife	F/Bl		Tn	Tn	Tn
	Rowland	2	Son	M/Bl		Tn	Tn	Tn
	Willie	1	Son	M/Bl		Tn	Tn	Tn
30	GREEN, Jim	32		M/W	Farmer	Tn	Tn	Tn
	Minnie B.	27	Wife	F/W		Tn	Tn	Tn
	Mandie	10	Dau	F/W		Tn	Tn	Tn
	Ova	7	Dau	F/W		Tn	Tn	Tn
31	LOOPER, George	55		M/Bl	Farmer	Tn	Tn	Tn
	--enda	51	Wife	F/Bl		Tn	Tn	Tn
	Kilder (?)	24	Son	M/Bl	Farm Labor	Tn	Tn	Tn
	Jenettie	21	Dau	F/Bl		Tn	Tn	Tn
	JAmes K.	18	Son	M/Bl	Farm Labor	Tn	Tn	Tn
	Oliver C.	17	Son	M/Bl		Tn	Tn	Tn
	Kisey A.	13	Dau	F/Bl		Tn	Tn	Tn
	Ewing	11	Son	M/Bl		Tn	Tn	Tn
32	HUNTER, Virgil	45		M/Bl	Farmer	Tn	Tn	Tn
	Callie	40	Wife	F/Bl		Tn	Tn	Tn
	Dora	21	Dau	F/Bl		Tn	Tn	Tn
33	WOOD, Mary L.	50		F/Bl	Farmer	Tn	Tn	Tn
	Edward	26	Son	M/Bl	Teacher	Tn	Tn	Tn
	Ross	19	Son	M/Bl	Farmer	Tn	Tn	Tn
	Gereal	15	Son	m/Bl	Farm Laborer	Tn	Tn	Tn
	WILLAIMS, Georgia	15	Gr/Dau	F/Bl		Tn	Tn	Tn
	James Ed	5	Gr/Son	M/Bl		Tn	Tn	Tn
	Elector	2	Gr/Son	M/Bl		Tn	Tn	Tn
	COOPER, Dossie	20	Niece	F/Bl		Tn	Tn	Tn

No.	Name	Age	Rel. to Head	Sx/Race	Occupation	Birth of Person	Father	Mother
34	LAWRENCE, George	66		M/W	Farmer	Tn	Tn	Tn
	Mary	64	Wife	F/W		Tn	Tn	Tn
	Flora Ellen	31	Dau	F/W	Dressmaker	Tn	Tn	Tn
	George R.	22	Son	M/W	Farm Labor	Tn	Tn	Tn
35	LUSK, Sallie	51		F/W	Farmer	Tn	Tn	Tn
	William C.	28	Son	M/W	Farm Labor	Tn	Tn	Tn
	Vance D.	26	Son	M/W	Farmer	Tn	Tn	Tn
	Charlie M.	24	Son	M/W	Farm Labor	Tn	Tn	Tn
	Trousdale	21	Son	M/W	Farm Labor	Tn	Tn	Tn
	Elijah	17	Son	M/W	Farm Labor	Tn	Tn	Tn
	Walter	15	Son	M/W		Tn	Tn	Tn
	Sidney	13	Son	M/W		Tn	Tn	Tn
	Ella May	10	Dau	F/W		Tn	Tn	Tn
	Florence	27	Dau/Law	F/W		Tn	Tn	Tn
36	BAIN, Jasper	69		M/W	Farmer	Tn	Tn	Tn
	Estella	52	Wife	F/W		Tn	Tn	Tn
	Clara E.	24	Dau	F/W		Tn	Tn	Tn
	LAWRENCE, John	28	Son/Law	M/W	Farm Labor	Tn	Tn	Tn
	Allen	3	Gr/Son	M/W		Tn	Tn	Tn
37	MERS---HEW, Albert	30		M/W	RR Labor	Tn	Tn	Tn
	Martha	30	Wife	F/W		Tn	Tn	Tn
	Sadie A.	10	Dau	F/W		Tn	Tn	Tn
	William K.	9	Son	M/W		Tn	Tn	Tn
	Robert G.	8	Son	M/W		Tn	Tn	Tn
	Jerome	5	Son	M/W		Tn	Tn	Tn
	Clara A.	3	Dau	F/W		Tn	Tn	Tn
	Verda E.	9/12	Dau	F/W		Tn	Tn	Tn
38	BAIN, Isaac	38		M/W	Farmer	Tn	Tn	Tn
	Laura	32	Wife	F/W		Tn	Tn	Tn
	Nora P.	9	Dau	F/w		Tn	Tn	Tn
	Jesse	7	Son	M/W		Tn	Tn	Tn
	Kosen (?)	3	Son	M/w		Tn	Tn	Tn
39	MAYO, George	69		M/W	Farm Labor	Tn	Tn	Tn
	Sarah	59	Wife	F/W		Tn	Tn	Tn
	Alice	12	Dau	F/w		Tn	Tn	Tn
	Maggie	33	Dau	F/W		Tn	Tn	Tn
	Mary	10	Dau	F/W		Tn	Tn	Tn
	Sarah J.	9	Dau	F/W		Tn	Tn	Tn
	Josie	8	Dau	F/w		Tn	Tn	Tn
	Bertie	5	Dau	F/W		Tn	Tn	Tn
	Ethel	3	Dau	F/w		Tn	Tn	Tn
40	GREEN, John	63		M/W	Farmer	Tn	Tn	Tn
	Sallie	59	Wife	F/W		Tn	Tn	Tn
41	GREEN, J. R.	28		M/W	Farmer	Tn	Tn	Tn
	Lillian	22	Wife	F/W		Tn	Tn	Tn
	Walter	6	Son	M/W		Tn	Tn	Tn

No.	Name	Age	Rel. to Head	Sx/Race	Occupation	Birth of Person	Father	Mother
42	McCOLLUM, Wesley	32		M/W		Tn	Tn	Tn
	Amanda	22	Wife	F/W		Tn	Tn	Tn
	Floyd	6	Son	M/W		Tn	Tn	Tn
	Claude	3	Son	M/W		Tn	Tn	Tn
43	EWTON, C. J.	63		M/W	Farmer	Tn	Tn	Tn
	Nancy	58	Wife	F/W		Tn	Tn	Tn
	Ellen E.	33	Dau	F/W		Tn	Tn	Tn
	Elizabeth	22	Dau	F/W		Tn	Tn	Tn
	Isham	20	Son	M/W		Tn	Tn	Tn
44	LOOPER, Jack	35		M/Bl	Farmer	Tn	Tn	Tn
	Josie	23	Wife	F/Bl		Tn	Tn	Tn
	Kinlor (?)	5/12	Son	M/Bl		Tn	Tn	Tn
	PAGE, Ida	17	Sister	F/Bl		Tn	Tn	Tn
	Calvin	16	Brother	M/Bl		Tn	Tn	Tn
	Cla---	14	Sister	F/Bl				
45	BOWMAN, JAck	50		M/Bl	Farmer	Tn	Tn	Tn
	Kallie	10	Son	M/Bl		Tn	Tn	Tn
46	WOOD, George	41		M/Bl	Farmer	Tn	Tn	Tn
	Maggie	38	Wife	F/Bl		Tn	Tn	Tn
	Rolen	12	Son	M/Bl		Tn	Tn	tn
	Spurgeon	7	Son	M/Bl		Tn	Tn	Tn
	Mary M.	4	Dau	F/Bl		Tn	Tn	Tn
	Malcolm	1	Son	M/Bl		Tn	Tn	Tn
47	BATES, Samuel	50		M/Bl	Farmer	Tn	Tn	Tn
	Elizabeth	42	Wife	F/Bl		Tn	Tn	Tn
	William	25	Son	M/Bl		Tn	Tn	tn
	Annie May	17	Dau	F/Bl		Tn	Tn	Tn
	Samuel M.	13	Son	M/Bl		Tn	Tn	tn
	Ben	11	Son	m/Bl		Tn	Tn	Tn
	Ernest	8	Son	M/Bl		Tn	Tn	Tn
	L. F.	6	Son	M/Bl		Tn	Tn	Tn
	Amanda	3	Dau	F/Bl		Tn	Tn	Tn
48	BATES, Mary Ann	75		F/Bl	Dressmaker	Tn	Tn	Tn
	SMOOT, Willie	20	Son	M/Bl	RR Labor	Tn	Tn	Tn
	Katie	14	Gr/Dau	F/Bl		Tn	Tn	Tn
49	COLLIER, Calhoun	46		M/W	FArmer	Tn	Tn	Tn
	Nancy A.	39	Wife	F/W		Tn	Tn	Tn
	Stella S.	19	Dau	F/W.		Tn	Tn	Tn
	William	8	Son	M/W		Tn	Tn	Tn
50	LAWRENCE, Mollie	71		F/Bl	Seamstress	Tn	Tn	Tn
	JOHNSON, Zollie	25	Nephew	M/Bl	Farm Labor	Tn	Tn	Tn
	Willett	24	Wife	f/Bl		Tn	Tn	Tn
	SAFLEY, A. J.	30		M/Bl	RR Labor	Tn	Tn	Tn
	Mary Jane	31	Wife	F/Bl		Tn	Tn	Tn
	-------	15	Son	M/Bl		Tn	Tn	Tn

No.	Name	Age	Rel. to Head	Sx/Race	Occupation	Birth of Person	Father	Mother
52	CUNNINGHAM, ?//	75		M/Bl	Farm Labor	Tn	Tn	Tn
	Emma	58	Wife	F/Bl		Tn	Tn	Tn
	Henry	15	Son	M/Bl		Tn	Tn	Tn
	Ben	12	Son	M/Bl		Tn	Tn	Tn
	GRIBBLE, Lou	30	Niece	F/Bl	Washwoman	Tn	Tn	Tn
	Anna Bell	0/12	Niece	F/Bl		Tn	Tn	Tn
53	PATTERSON, Hellen	50		F/W	Farmer	Tn	Tn	Tn
	Casane (?)	27	Dau	F/W		Tn	Tn	Tn
	James	24	Son	M/W		Tn	Tn	Tn
	Issiman	19	Son	M/W		Tn	Tn	Tn
	Mary Lou	16	Dau	F/W		Tn	Tn	Tn
	Minnas K.	11	Son	M/W		Tn	Tn	Tn
	WILCHER, George	19	Son/Law	M/W	Farmer	Tn	Tn	Tn
	Elnora	7/12	Gr/Dau	F/W		Tn	Tn	Tn
54	WORTHINGTON, Martha	44		F/Bl	Farmer	Tn	Tn	Tn
	Ervan	21	Son	M/Bl	Farmer	Tn	Tn	Tn
	Ardell	17	Dau	F/Bl		Tn	Tn	Tn
55	SISSOM, D. L.	32		M/W	Farmer	Tn	Tn	Tn
	Randa	29	Wife	F/W		Tn	Tn	Tn
	Maggie	5	Dau	F/W		Tn	Tn	Tn
	Nancy A.	3	Dau	F/W		Tn	Tn	Tn
	Howard	2	Son	M/W		Tn	Tn	tn
	Baby	5/12	Son	M/W		Tn	Tn	Tn
	SMALLMAN, Thomas	21	Boarder	M/W	Day Laborer	Tn	Tn	Tn
56	CUNNINGHAM, Jim	31		M/W	Farmer	Tn	Tn	Tn
	Ellen	31	Wife	F/W		Tn	Tn	Tn
	Celia May	4	Dau	F/W		Tn	Tn	Tn
	Claude	1	Son	M/W		Tn	Tn	Tn
57	HIGGINBOTHAM, William H.	29		M/W	Farmer	Tn	Tn	Tn
	Elizabeth	30	Wife	F/W		Tn	Tn	Tn
	J. WAlter	8	Son	M/W		Tn	Tn	Tn
	Ella	5	Dau	F/W		Tn	Tn	Tn
	Henry C.	3	Dau	F/W		Tn	Tn	Tn
58	BETCHEL, Emanuel	56		M/W	Farmer/Miller	Ill	Ill	Pa
	Sarah	50	Wife	F/W		Ky	Ger	Irel
	Warren	24	Son	M/W		Ill	Ill	ky
	Thomas R.	21	Son	M/W		Ill	Ill	Ky
	Harry E.	7	Son	M/W				
59	HIGGINBOTHAM, JAmes	30		M/W	Farmer	Tn	Tn	Tn
	Cinda	30	Wife	F/W		Tn	Tn	Tm
	Charlie	8	Son	M/W		Tn	Tn	Tn
	Jessie	6	Son	M/W		Tn	Tn	Tn
	Marian	3	Son	M/W		Tn	Tn	Tn
60	BOST, William	35		M/W	Farmer	Tn	Tn	Tn
	Laura	32	Wife	F/W		Tn	Tn	Tn
	William Calhoun	12	Son	M/W		Tn	Tn	Tn

No.	Name	Age	Rel. to Head	Sx/Race	Occupation	Birth of Person-Father-Mother		
	BOST, Josie P.	10	Dau	F/W		Tn	Tn	Tn
	Luther	3	Son	M/W		Tn	Tn	Tn
	Johnnie	9/12	Son	M/W		Tn	Tn	Tn
61	ROGERS, Marion	33		M/W	Farmer	Tn	Tn	Tn
	Mary Lee	28	Wife	F/W		Tn	Tn	Tn
	Ethel Lee	9/12	Dau	F/W		Tn	Tn	Tn
62	DRAKE, John M.	87		M/W	Farmer	Tn	Va	Va
63	McGEE, Calhoun	24		M/W	Farm Labor	Tn	Tn	Tn
	Ida	24	Wife	F/W		Tn	Tn	Tn
	McGREGOR, Mary	64	Mo/Law	F/W	Dressmaker	Tn	Tn	Tn
64	WATLEY, Calhoun	52		M/W	Farmer	Tn	Tn	Tn
	Caroline	50	Wife	F/W		Tn	Tn	Tn
	Vorgold	15	Son	M/W		Tn	Tn	Tn
65	McGEE, Joseph	69		M/W	Farmer	Tn	Tn	Tn
	Elizabeth	61	Wife	F/w		Tn	Tn	Tn
	Florence	24	Dau	F/W	Dressmaking	Tn	Tn	Tn
	Sarah D.	17	Dau	F/W		Tn	Tn	Tn
	HENNESSEE, Joseph	14	Gr/Son	m/W		Tn	Tn	Tn
66	BOST, John	28		M/W	Farmer	Tn	Tn	Tn
	Belle L.	27	Wife	F/W		Tn	Tn	Tn
	Hassie	9	Dau	F/W		Tn	Tn	Tn
	Frank	7	Son	M/W		Tn	Tn	Tn
	Roy J.	4	Son	M/W		Tn	Tn	Tn
	Lillie	3	Dau	F/w		Tn	Tn	Tn
	William	0/12	Son	M/W		Tn	Tn	Tn
67	SWINDELL, John	46		m/W	Farmer	Tn	Tn	Tn
	Lester	37	Brother	M/W		Tn	Tn	Tn
	Lena	21	Dau	F/W		Tn	Tn	Tn
	Nimon L.	12	Son	M/W		Tn	Tn	tn
	Winnie	6	Dau	F/W		Tn	Tn	Tn
68	CRITTENDEN, Elzie	64		M/W	Farmer	Tn	Tn	Tn
	Sciotha	55	Wife	F/w		Tn	Tn	Tn
69	CRITTENDEN, Phillip	27		M/W	Farmer	Tn	Tn	Tn
	Katie	29	Wife	F/W		Tn	Tn	Tn
	Dosia	5	Dau	F/W		Tn	Tn	Tn
70	MOORE, Homer (?)	37		M/W'	Farmer	Tn	Tn	Tn
	Mary Lou	33	Wife	F/W		Tn	Tn	Tn
	Kassie E.	11	Dau	F/W		Tn	Tn	Tn
	Emmen	9	Son	M/W		Tn	Tn	Tn
	Charles A.	7	Son	M/W		Tn	Tn	Tn
	Orville P.	5	Son	M/W		Tn	Tn	Tn
	Clarence	1	Son	M/W		Tn	Tn	Tn

No.	Name	Age	Rel. to Head	Sx/Race	Occupation	Birth of Person-Father-Mother		
71	COLLIER, Jerome	39		M/W	Farmer	Tn	Tn	Tn
	Amanda	35	Wife	F/W		Tn	Tn	tn
	John A.	18	Son	M/W		Tn	Tn	Tn
	Ora	15	Dau	F/W		Tn	Tn	Tn
	Jimmie	12	Son	M/W		Tn	Tn	Tn
	Cassie	6	Son	M/W		Tn	Tn	Tn
72	BOST, James	32		M/W	Farmer	Tn	Tn	Tn
	Alice	32	Wife	F/W		Tn	Tn	Tn
	William C.	9	Son	M/W		Tn	Tn	Tn
	Harvey Lee	4	Son	M/W		Tn	Tn	Tn
	Mary Burton	2	Dau	F/W		Tn	Tn	Tn
73	MARTIN, Jennie	49		F/Bl	FArmer	Tn	Tn	Tn
	MILLER, Edgar	15	Gr/Son	M/Bl		Tn	Tn	Tn
	Florence	12	Gr/Dau	F/Bl		Tn	Tn	Tn
	Bulla	5	Gr/Dau	F/Bl		Tn	Tn	Tn
	Almon	1	Gr/Son	M/Bl		Tn	Tn	Tn
74	COLLIER, Tamer	78		F/W	Farmer	Tn	Tn	Va
75	COLLIER, Arthur	37		M/W	Farmer	Tn	Tn	Tn
	Sallie	39	Wife	F/W		Ala	Ala	Ala
	Joseph M.	9	Son	M/W		Tn	Tn	Tn
	Herman	5	Son	M/W		Tn	Tn	Tn
76	ELKINS, John	37		M/W	Farmer	Tn	Tn	Tn
	Sarah A.	35	Wife	F/W		Tn	Tn	Tn
	Mary G.	14	Dau	F/W		Tn	Tn	Tn
	Maggie J.	11	Dau	F/W		Tn	Tn	Tn
	Vinnie	8	Dau	F/W		Tn	Tn	tn
	JAmes Elmer	6	Son	M/W		Tn	Tn	Tn
77	MOFFITT, William	25		M/W	Farmer	Tn	Tn	Tn
	Maggie	21	Wife	F/W		Tn	Tn	Tn
78	ROSS, William	62		M/W	Merchant	Tn	Tn	Tn
	America M.	48	Wife	F/W		Tn	Tn	Tn
	Lena P.	18	Dau	F/W		Tn	Tn	Tn
	Jimmie L.	23	Son	M/W		Tn	Tn	Tn
79	LOWERY, Walter	28		M/W	Salesman	TN	Tn	Tn
80	HUNTER, George	35		M/Bl		Tn	Tn	Tn
	Laurine	30	Wife	F/Bl		Tn	Tn	Tn
	Claud	--	Son	M/BI		Tn	Tn	Tn
	Clarence	11	Son	M/Bl		Tn	Tn	Tn
	Minnie	11	Dau	F/Bl		Tn	Tn	Tn
	Dollie	5	Dau	F/Bl		Tn	Tn	Tn
	Thomas	4	Son	M/Bl		Tn	Tn	Tn
	Bennie	4	Son	M/Bl		Tn	Tn	Tn
	Jessie P.	3	Dau	F/Bl		Tn	Tn	Tn
	Wreatha May	3/12	Dau	F/Bl		Tn	Tn	Tn

No.	Name	Age	Rel. to Head	Sx/Race	Occupation	Birth of Person-Father-Mother		
81	LUSK, Permelia	75		F/W	Farmer	Tn	Tn	Tn
	Josephine	43	Dau	F/W	Dressmaker	Tn	Tn	Tn
82	LET-----, George	31		M/W	FArmer	Tn	Tn	Tn
	Bettie	29	Wife	F/W		Tn	Tn	Tn
	Claude	9	Son	M/W		Tn	Tn	tn
	Myrtle	7	Dau	F/W		Tn	Tn	tn
	Nancy	5	Dau	F/W		Tn	Tn	Tn
	James	3	Son	M/W		Tn	Tn	Tn
	Mandie	4/12	Dau	F/W		Tn	Tn	Tn
83	MARTIN, Henry	54		M/W	Farmer	Tn	Ky	??
	Neatie	45	Wife	F/W		Tn	Tn	Tn
	Amanda	28	Dau	f/W	Dressmaker	Tn	Tn	Tn
	Floyd	17	Son	M/W	Farm Labor	Tn	Tn	Tn
	Oscar	15	Son	M/W		Tn	Tn	Tn
	Edgar	9	Son	M/W		Tn	Tn	tn
	Nannie	7	Dau	F/w		Tn	Tn	Tn
	Annis	3	Dau	F/W		Tn	Tn	Tn
84	ARGO, William	75		M/W		Tn	Tn	Tn
	Polly Ann	66	Wife	f/W		Tn	Tn	Tn
	JOHNSON, Thomas	3	Gr?Son	M/W				
85	BOLLEN, M. B.	72		M/W		Tn	Tn	Tn
	Lizzie	45	Wife	F/W		Tn	Tn	Tn
86	HAMBRICK, Robert	29		M/W	Farmer	Tn	Tn	Tn
	Mollie	26	Wife	F/W		Tn	Tn	Tn
	Zora M.	7	Son	m/W		Tn	Tn	Tn
	Kelly	5	Son	M/W		Tn	Tn	Tn
	Annie Jane	2	Dau	F/W		Tn	Tn	Tn
87	McGREGOR, Phillip	24		M/W	Farm Labor	Tn	Tn	Tn
	Donna	19	Wife	F/W		Tn	Tn	Tn
88	CUNNINGHAM, T. L.	52		M/W	Farmer	Tn	Tn	Tn
	Julia	40	Wife	F/W		Tn	Tn	Tn
	George	14	Son	M/W		Tn	Tn	Tn
	Charlie	13	Son	M/W		Tn	Tn	Tn
	Bob	10	Son	M/W		Tn	Tn	tn
	Josie	9	Dau	F/W		Tn	Tn	Tn
	Arcie	7	Son	M/W		Tn	Tn	Tn
	Clarence	6	Son	M/W		Tn	Tn	Tn
	Hascal	4	Son	M/W		Tn	Tn	Tn
	Lila	2	Dau	F/W .		Tn	Tn	Tn
89	CUNNINGHAM, Jess L.	21		M/W		Tn	Tn	Tn
	Lizzie	22	Wife	F/W		Tn	Tn	Tn
	Willie	2	Son	M/W		Tn	Tn	Tn
	Hascal	5/12	Son	M/W		Tn	Tn	Tn
90	SMITH, Bee	23		M/W	Farmer	Tn	Tn	Tn
	Victoria	21	Wife	F/W		Tn	Tn	Tn

No.	Name	Age	Rel. to Head	Sx/Race	Occupation	Birth of Person-Father-Mother		
	SMITH, Gracie P.	5	Dau	F/W		Tn	Tn	tn
	Eva May	1	Dau	F/W		Tn	Tn	Tn
90	DOUGLAS, Alexander	60		M/W		Tn	.Tn	Tn
92	JONES, James	27		M/W	Farmer	Tn	Tn	Tn
	Mona	26	Wife	F/W		Tn	Tn	tn
	Thomas	8	Son	M/W		Tn	Tn	Tn
	Roy Elmon	6	Son	M/W		Tn	Tn	Tn
	Ronald	3	Son	M/W		Tn	Tn	Tn
	Erald D.	6/12	Son	M/W		Tn	Tn	Tn
93	CUNNINGHAM, James	51		M/W	Farmer	Tn	Tn	Tn
	Sarah Ann	55	Wife	F/W		Tn	Tn	Tn
	Charlie	16	Son	M/W		Tn	Tn	Tn
	Fletcher	13	Son	M/W		Tn	Tn	tn
94	BOLLEN, Sallie	40		F/W	Farmer	Tn	Tn	Tn
	Thomas	22	Son	M/W	FArm Labor	Tn	Tn	Tn
	John	18	Son	M/W		Tn	Tn	Tn
	Frances	12	Dau	F/W		Tn	Tn	Tn
95	HIGGINBOTHAM, W. A.	47		M/W	Farmer	Tn	Tn	Tn
	Caldona	34	Wife	F/W		Tn	Tn	Tn
	Ellen F.	10	Dau	F/W		Tn	Tn	Tn
	Mary Frances	9	Dau	F/W		Tn	Tn	Tn
	James Gordon	4	Son	M/W		Tn	Tn	tn
	Stella	1	Dau	F/W		Tn	Tn	Tn
96	McGEE, William	55		M/W	Farmer	Tn	Tn	Tn
	Manerva	79	Mother	F/W		Tn	Tn	Tn
	Ernest	24	Son	M/W	Farmer	Tn	Tn	Tn
	Maybelle	1	Gr/Dau	F/W		Tn	Tn	Tn
	JONES, Mandie	14	Niece	F/W		Tn	Tn	Tn
	Claud	17	Nephew	M/M		Tn	Tn	Tn
97	McGEE, Samuel	22		M/W	Farmer	Tn	Tn	Tn
	Willie	19	Wife	F/W		Tn	Tn	Tn
	Lillie Belle	2	Dau	F/W		Tn	Tn	Tn
	Amanda	4/12	Dau	F/W		Tn	Tn	Tn
98	McGEE, Elizabeth	46		F/W		Tn	Tn	Tn
	L------ E.	26	Dau	M/W		Tn	Tn	Tn
	Floyd	17	Son	M/W		Tn	Tn	Tn
	Cleveland	15	Son	M/W		Tn	Tn	Tn
	Irvin	13	Son	M/W'		Tn	Tn	Tn
Twins	Waymon	10	Son	M/W		Tn	Tn	Tn
	Wavie	10	Dau	F/W		Tn	Tn	Tn
	Lester	7	Son	M/W		Tn	Tn	Tn
99	CARDWELL, Frank	45		m/W	Farmer	Tn	Tn	Tn
	Ellen	41	Wife	F/W		Tn	Tn	Tn
	Frank R.	9	Son	M/W		Tn	Tn	Tn
	BOYD, Octia	17	Niece	F/W	Servant	Tn	Tn	Tn

No.	Name	Age	Rel. to Head	Sx/Race	Occupation	Birth of Person-Father-Mother		
100	TEMPLETON, James	59		M/W	Farmer	Tn	Tn	Tn
	Mary Ann	57	Wife	F/W		Tn	Tn	Tn
	Mollie	??	Dau/Law	F/W		Tn	Tn	tn
	Albert L.	??	Gr/Son	m/W		Tn	Tn	Tn
	Myrtle Lee	5	Gr/DAu	F/W		Tn	Tn	Tn
101	McGEE, Willie	25		M/W	Farmer	Tn	Tn	Tn
	Ada	18	Wife	F/W		Tn	Tn	Tn
102	HUNTER, J. P.	54		M/W	Farmer	Tn	Tn	Tn
	Elvira	43	Wife	F/W		Tn	Tn	Tn
	Lou---	24	Dau	F/W	School Teacher	Tn	Tn	Tn
	JAmes W.	23	Son	M/W	Farm Laborer	Tn	Tn	Tn
	Cyrus	4	Son	M/W		Tn	Tn	Tn
	Jesse Tom	3	Son	M/W		Tn	Tn	Tn
103	CARDWELL, W. J.	32		M/W	FArmer	Tn	Tn	Tn
	Georgia	23	Wife	F/W		Tn	Tn	Tn
	America	38	Sister	F/W		Tn	Tn	Tn
	Parlee	36	Sister	F/W		Tn	Tn	Tn
104	MAYO, Jim	30		M/W	FArmer	Tn	Tn	Tn
	Mollie	32	Wife	F/W		Tn	Tn	Tn
	Wavey	8	Dau	F/W		Tn	Tn	Tn
	Alice Garce	5	Dau	F/W		Tn	Tn	Tn
	Anna G.	10/12	Dau	F/W		Tn	Tn	Tn
105	MAYO, David	56		M/W	Farmer	Tn	Tn	Tn
	Nancy	28	Wife	F/W		Tn	Tn	Tn
	Birthie	8	Dau	F/W		Tn	Tn	Tn
	Benamin	6	Son	M/W		Tn	Tn	Tn
	Willie	3	Son	M/W		Tn	Tn	Tn
106	SMITH, Millie	52		F/W	Farmer	Tn	Tn	Tn
	Sophia	22	Dau	F/W		Tn	Tn	Tn
	Joseph, Jr.	18	Son	m/W	Farm Labor	Tn	Tn	tn
107	RUST, Thomas	69		M/W	Farmer	Tn	Va	Va
	Adaline	66	Wife	F/W		Tn	Va	Va
	McCOLLUM, Cora	31	Dau	F/W	Dressmaker	Tn	Tn	Tn
	Lena	11	Gr/Dau	F/W		Tn	Tn	Tn
	Walter	Son	Gr/Son	M/W		Tn	Tn	Tn
	Frank	8	Son	M/W		Tn	Tn	Tn
	Job (May 1900)	0/12	Gr/Son	M/W		Tn	Tn	Tn
108	THOMISON, Bob	52		M/W	Farmer	Tn	Tn	Tn
	Alvina	49	Wife	F/W		Tn	Tn	Tn
	Abijah	22	Son	M/W	Farmer	Tn	Tn	Tn
	Julia	19	Dau	F/W		Tn	Tn	Tn
	Murphy	16	Son	M/W		Tn	Tn	Tn
	William	14	Son	M/W		Tn	Tn	Tn
	Martha	11	Dau	F/W		Tn	Tn	Tn
	RUST, Laura	21	Dau	F/W		Tn	Tn	Tn
	Ben	25	Son/Law	M/W		Tn	Tn	Tn
	Abigha	1	Gr/Son	M/W		Tn	Tn	Tn

No.	Name	Age	Rel. to Head	Sx/Race	Occupation	Birth of Person-Father-Mother		
109	TEMPLETON, John	57		M/W	Farmer	Tn	Tn	Tn
	Sarah C.	48	Wife	F/W		Tn	Tn	Tn
	Della	22	Dau	F/W		Tn	Tn	Tn
	Annie	19	Dau	F/W		Tn	Tn	Tn
	CArrie	16	Dau	F/W		Tn	Tn	Tn
	James S.	13	Son	M/W		Tn	Tn	Tn
	Wm. W.	8	Son	M/W		Tn	Tn	Tn
110	CLARK, Thomas	50		M/W	Farmer	Tn	Tn	Tn
	Elizabeth	48	Wife	F/W		Tn	Tn	Tn
	HARRISON, Mary	60	Boarder	M/W		Tn	Tn	Tn
111	CLARK, John	41		M/W	FArmer	Tn	Tn	Tn
	Alice	38	Wife	f/W		Tn	Tn	Tn
	William K.	13	Son	M/W		Tn	Tn	Tn
	George M.	10	Son	M/W		Tn	Tn	Tn
112	CARDWELL, J. L.	35		M/W	Farmer	Tn	Tn	Tn
	Lina	29	Wife	F/W		Tn	Tn	Tn
	John	7	Son	M/W		Tn	Tn	Tn
113	CRAIN, O. C.	44		M/W	Farmer	Tn	Tn	Tn
	Julia	40	Wife	F/W		Tn	Tn	Tn
	Uriah	23	Son	M/W		Tn	Tn	Tn
	Everett	17	Son	M/W		Tn	Tn	Tn
	Hassie P.	14	Dau	F/W		Tn	Tn	Tn
	Julia	8	Dau	F/W		Tn	Tn	Tn
	Lou B.	5	Dau	F/W		Tn	Tn	Tn
	Willie	1	Dau	F/W		Tn	Tn	Tn
114	MOFFITT, William	53		M/W	Farmer	Tn	Tn	Tn
	Coralee	56	Wife	F/W		Tn	Tn	Tn
	Hamilton	23	Son	M/W		Tn	Tn	Tn
	Calhoun	14	Son	M/W	Farm Labor	Tn	Tn	Tn
115	MOFFITT, W. D.	27		M/W	FArmer	Tn	Tn	Tn
	Lizzie	23	Wife	F/W		Tn	Tn	Tn
	Baby	0/12	Son	M/W		Tn	Tn	Tn
116	COLLIER, Jesse	34		M/W	FArmer	Tn	Tn	Tn
	Nancy	34	Wife	F/W		Tn	Tn	Tn
	Jennie	13	Dau	F/W		Tn	Tn	Tn
117	CARDWELL, Sallie	79		F/W	Farmer	Tn	Tn	Tn
	GAFFIN, J. L.	30	Nephew	M/W		Tn	Tn	Tn
	Ida	29	Niece	F/W.		Tn	Tn	Tn
118	PATTERSON, Jim	24		M/W	Farm Labor	Tn	Tn	Tn
	Jennie	26	Wife	F/W		Tn	Tn	Tn
119	ELKINS, Susan	65		F/W	Dressmaking	Tn	TN	Tn
120	YORK, Alfred	25		M/Bl	RR Labor	Tn	Tn	Tn

No.	Name	Age	Rel. to Head	Sx/Race	Occupation	Birth of Person	Father	Mother
	DISTRICT No. 3			2 June 1900	Hartford Matherly Enumerator			
121	MATHERLY, Hartford	54		M/W	Farmer	Ky	Va	Ky
	Martha L.	49	Wife	F/W		Tn	Tn	Tn
	HALE, Florence	21	Dau	F/W		Tn	Ky	Tn
	Jim E.	26	Son/Law	M/W	Farm Labor	Tn	Tn	Tn
	Jessie	9/12		F/W		Tn	Tn	Tn
	WILLIAMS, Gus	15		M/Bl	Servant	Tn	Tn	Tn
122	PINEGAR, Thomas	28		M/W	Minister	Ill	Tn	Tn
	Sarah J.	27	Wife	F/W		Ill	Tn	Tn
	William J.	7	Son	M/W		Ill	Ill	Ill
	Elda J.	5	Son	M/W		Ill	Ill	Ill
	Clara E.	3	Dau	F/W		Ill	Ill	Ill
	Thomas E.	0/12	Son	M/W		Ill	Ill	Ill
123	McGEE, R. A.	60		M/W	Farmer	Tn	Tn	Tn
	James M.	21	Son	M/W	Laborer	Tn	Tn	Tn
124	CUMMINGS, J. P.	26		M/W	Laborer	TN	Tn	Tn
	Elizabeth	25	Wife	F/W		Tn	Tn	Tn
	Eva	6	Dau	F/W		Tn	Tn	Tn
	Dora	4	Dau	F/W		Tn	Tn	Tn
	Clarence	1	Son	M/W		Tn	Tn	Tn
125	CUMMINGS, Isaac	62		M/W	Farmer	Tn	Tn	Tn
	Mary A.	58	Wife	F/W		Tn	Tn	Tn
	Mattie B.	19	Dau	F/W		Tn	Tn	Tn
126	GRIBBLE, M. J.	64		M/W	Farmer	Tn	Tn	Tn
	Gobeal	39	Son	M/W	Farm Labor	Tn	Tn	Tn
127	McGEE, Emmett	24		M/W	Day Laborer	Tn	Tn	Tn
	Sallie	26	Wife	F/W		Tn	Tn	Tn
	Vesta A.	5	Dau	F/W		Tn	Tn	Tn
	MAggie	1	Dau	F/W		Tn	Tn	Tn
128	McGEE, Thomas	33		M/W	Teacher	Tn	Tn	Tn
	Ada	29	Wife	F/W		Tn	Tn	Tn
	Grace A.	10	Dau	F/W		Tn	Tn	Tn
	George	8	Son	M/W		Tn	Tn	Tn
	Everette	3	Son	M/W		Tn	Tn	Tn
	Florence	1	Dau	F/W		Tn	Tn	Tn
129	ROY, J. H.	36		M/W	Farmer	Tn	Tn	Tn
	Lillie A.	31	Wife	F/W		Tn	Tn	Tn
	------- D.	11	Son	M/W		Tn	Tn	Tn
	Elbert K.	9	Son	M/W		Tn	Tn	Tn
130	TEETERS, William	42		M/W	Farmer	Tn	Tn	Tn
	Elizabeth	39	Wife	F/W		Tn	Tn	Tn
	Thomas	18	Son	M/W		Tn	Tn	Tn

No.	Name	Age	Rel. to Head	Sx/Race	Occupation	Birth of Person	Father	Mother
131	GREEN, John	52		M/W	Farmer	Tn	Tn	Tn
	Lucy Jane	58	Wife	F/W		Tn	Tn	Tn
	Nancy A.	26	Dau	F/W		Tn	Tn	Tn
	Martha A.	24	Dau	F/W		Tn	Tn	Tn
	JAmes	20	Son	M/W		Tn	Tn	Tn
132	HENRY, John	28		M/W	Laborer	Tn	Tn	Tn
	Florence M.	30	Wife	F/W		Tn	Tn	Tn
	William V.	9	Son	M/W		Tn	Tn	Tn
	Jasper	7	Son	M/W		Tn	Tn	Tn
	Fannie	5	Dau	F/W		Tn	Tn	Tn
	Mary F.	3	Dau	F/W		Tn	Tn	Tn
	John Lee	10/12	Son	M/W		Tn	Tn	Tn
133	WOODS, J-------	23		M/W	Farmer	Tn	Tn	Tn
	Emma	32	Wife	f/w		Tn	Tn	Tn
	Connie	14	Dau	F/W		Tn	Tn	Tn
	Lillie	5	Dau	F/W		Tn	Tn	Tn
	Nota Vica	2	Dau	F/W		Tn	Tn	Tn
134	SHERRELL, Jess	36		M/W	Farmer	Tn	Tn	Tn
	Charley	6	Son	M/W		Tn	Tn	Tn
	Emma May	5	Dau	F/w		Tn	Tn	Tn
135	SHERRELL, M. M.	58		M/W	Farmer	Tn	Tn	Tn
	Mary M.	62	Wife	F/W		Tn	Tn	Tn
	Sarah M.	22	Dau	F/W		Tn	Tn	Tn
	Samuel D.	15	Son	M/W	Farm Labor	Tn	Tn	Tn
136	SHERRELL, J. W.	38		M/W	Farmer	Tn	Tn	tn
137	MILLER, James L.	78		M/W	Farmer	NC	NC	NC
	Louiza	72	Wife	F/W		Tn	Tn	Tn
	John Q.	45	Son	M/W	Farm Labor	Tn	NC	Tn
	WEBB, Sterlan P.	35	Nephew	M/W	Servant	Tn	Tn	Tn
138	GREEN, Nancy	49		F/W	Farmer	Tn	Tn	Tn
	Edgar	18	Son	M/W	Farm Labor	Tn	Tn	Tn
	John A.	17	Son	M/W	Laborer	Tn	Tn	Tn
	Charlie	13	Son	M/W	Farm Labor	Tn	Tn	Tn
	Nancy	8	Dau	F/W		Tn	Tn	Tn
	NAncy H.	77	Gr/Mother	F/W		Tn	Tn	Tn
139	PATTON, J. L.	58		M/W	Farmer	Tn	Va	Tn
	Cynthia	61	Wife	F/w		Tn	Tn	Tn
	Mary A.	33	Dau	F/W.		Tn	Tn	Tn
	Nora L.	24	Dau	F/W		Tn	Tn	Tn
140	SPARKMAN, Nelson	66		M/W	Farmer	Tn	NC	Tn
	Margaret	66	Wife	f/W		Tn	Va	Va
141	BOLT, John L.	48		M/W	Farmer	Ga	Ala	Ga
	Julia J.	39	Wife	F/W		Tn	Tn	Tn
	Mary M.	20	Dau	F/W		Tn	Ga	Tn
	James Nelson	17	Son	M/W		Tn	Ga	Tn

No.	Name	Age	Rel. to Head	Sx/Race	Occupation	Birth of Person	Father	Mother
	BOLT, Bertha	9	Dau	F/W		Tn	Tn	Tn
	Bessie	8	Dau	F/W		Tn	Tn	Tn
	William A.	4	Son	M/W		Tn	Tn	Tn
	Lillith R.	7/12	Dau	F/W		Tn	Tn	Tn
142	SAFLEY, D. A.	41		M/W	Farmer	Tn	Tn	Tn
	Malinda	36	Wife	F/W		Tn	Tn	Tn
	Jessie D.	19	Dau	F/W		Tn	Tn	Tn
	Ella May	15	Dau	F/W		Tn	Tn	Tn
	Sallie	12	Dau	F/W		Tn	Tn	Tn
	Maggie L.	10	Dau	F/W		Tn	Tn	Tn
	Jason R.	5	Son	M/W		Tn	Tn	Tn
	Sara	3	Dau	F/W		Tn	Tn	Tn
143	WILLIAMS, F. M.	30		M/W	Carpenter	Tn	Tn	Tn
	Martha	29	Wife	F/W		Tn	Tn	Tn
	Mary A.	4	Dau	F/W		Tn	Tn	Tn
144	DUNLAP, V.	70		M/W	Farmer	Tn	Tn	Tn
	DUNLAP D. S.	32	Son/Law	M/W	Farm Labor	Tn	Tn	Tn
	Cordia S.	36	Dau	F/W		Tn	Tn	Tn
	Sampson R.	9	Gr/Son	M/W		Tn	Tn	Tn
	Ubyo L.	6	Gr/Son	M/W		Tn	Tn	Tn
	Lillian	3	Gr/Dau	F/W		Tn	Tn	Tn
	Elmer S.	1	Gr/Son	m/W		Tn	Tn	Tn
145	GEORGE, CAl	23		M/W	Farm Labor	Tn	Tn	tn
	Sarah	33	Wife	f/w		Tn	Tn	tn
	Amanda	11/12	Dau	F/W		Tn	Tn	tn
146	O'NEAL, Nancy	69		F/W		Tn	Tn	Tn
	Mary E.	42	Dau	F/W		Tn	Tn	Tn
	Charlie	26	Son	M/W	Telephone Operator	Tn	Tn	Tn
147	PATTON, John M.	61		M/W	Farm Labor	Tn	Ky	Tn
148	GRIBBLE, W. L. D.	46		M/Bl	Farm Labor	Tn	Tn	Tn
	Lula	35	Wife	F/Bl		Tn	Tn	Tn
	John G.	15	Son	M/Bl	Farm Labor	Tn	Tn	Tn
	Willie D.	16	Son	m/Bl	Farm Labor	Tn	Tn	Tn
	Murphy D.	9	Son	M/W		Tn	Tn	Tn
	Loise E.	7	Dau	F/Bl		Tn	Tn	Tn
149	BLANKS, Charles	31		M/W	Carpenter	Tn	Tn	Tn
	Mar--- W.	29	Wife	f/W		Tn	Tn	Tn
	Annie C.	3	Dau	F/W		Tn	Tn	Tn
	Katie G.	2	Dau	F/W		Tn	Tn	tn
150	HASH, John A.	41		M/W	Farmer	Tn	Tn	Tn
	Mary	35	Wife	F/W		Tn	Tn	Tn
	Mattie	8	Dau	F/W		Tn	Tn	Tn
	Henry M.	6	Son	M/W		Tn	Tn	Tn
	John C.	4	Son	M/W		Tn	Tn	Tn
	Charlie K.	2	Son	m/W		Tn	Tn	tn
151	HILLIS, Isaac	60		M/W		Tn	Tn	Tn
	Nancy E.	61	Wife	F/W		Tn	Tn	Tn
	Mary	22	Dau	F/w		Tn	Tn	Tn
	JAne	10	Gr/Dau	F/W		Tn	Tn	Tn
	Robert	8	Gr/Son	M/W		Tn	Tn	Tn
	Nellie	4	Gr/DAu	F/W		Tn	Tn	Tn
152	HASH, W. H.	53		M/W	Farmer	Tn	Tn	Tn
	Josephine	49	Wife	F/W		Tn	Tn	Tn
	Hiram B.	25	Son	M/W	Farm Labor	Tn	Tn	Tn
	Hannah L.	23	Dau	F/W		Tn	Tn	Tn
	Charlie L.	19	Son	M/W		Tn	Tn	Tn
	John M.	14	Son	M/W		Tn	Tn	Tn
	Minnie F.	13	Dau	F/W		Tn	Tn	Tn
	Osa Lou	9	Dau	F/w		Tn	Tn	tn
	Bitha	8	Dau	F/W		Tn	Tn	Tn
	Josephine	6	Dau	F/W		Tn	Tn	Tn
153	HASH, J. D.	39		M/W	Farmer	Tn	Tn	Tn
	Mary	31	Wife	F/W		Tn	Tn	Tn
	William W.	8	Son	M/W		Tn	Tn	Tn
	Robert L.	6	Son	M/W		Tn	Tn	tn
	Wavie Lee	3	Dau	F/W		Tn	Tn	Tn
	Un-named	8/12	Dau	F/W		Tn	Tn	Tn
154	HASH, George	60		M/W	Farmer	Tn	NC	Ga
	Sophia E.	58	Wife	F/W		Tn	Tn	tn
	Ella D.	16	Dau	F/W		Tn	Tn	tn
155	MOORE, William	37		M/W	Druggist	Tn	Tn	tn
	Martha	36	Wife	F/w		Tn	Tn	Tn
	Lena May	15	Dau	F/W		Tn	Tn	Tn
	Leonard	12	Son	M/W		Tn	Tn	Tn
	Lillian	11	Dau	F/W		Tn	Tn	Tn
	George H.	9	Son	M/w		Tn	Tn	tn
	Willie	7	Son	M/W		Tn	Tn	Tn
	Clifford	3	Son	M/w		Tn	Tn	Tn
156	STROUD, Thomas J.	75		M/W	Farmer	Tn	NC	Tn
157	ARNOLD, C.	63		M/W	Telegraph Oper	Tn	Tn	Tn
	Cleora May	28	Wufe	F/W		Tn	Tn	Tn
	Lillian	25	Sis/Law	F/W		Tn	Tn	Tn
158	COTTON, Willie	25		M/W	Day Laborer	Tn	Tn	Tn
	Rosie M.	29	Wife	./W.		Tn	Tn	Tn
	Arthur B.	3	Son	M/W		Tn	Tn	Tn
	Cecle	1	Son	M/W		Tn	Tn	Tn
159	BARTLEY, L. B.	40		M/Bl	Farm Laborer	Tn	Tn	Tn
	Martha	40	Wife	F/Bl		Tn	Tn	Tn
	Robert A.	9	Son	M/Bl		Tn	Tn	Tn
	Mary M.	8	Dau	F/Bl		Tn	Tn	Tn
	Albert A.	3	Son	M/Bl		Tn	Tn	Tn
	Un-named	3/12	Son	M/Bl		Tn	Tn	Tn

No.	Name	Age	Rel. to Head	Sx/Race	Occupation	Birth of Person-Father-Mother		
160	BLACK, Arthur			M/W	Day Laborer	Tn	Tn	Tn
	Bettie	39	Wife	F/W		Tn	Tn	Tn
	William E.	14	Son	M/W		Tn	Tn	Tn
	Mary E.	11	Dau	F/W		Tn	Tn	Tn
	Charles E.	9	Son	M/W		Tn	Tn	Tn
	Jacob L.	6	Son	M/W		Tn	Tn	Tn
	Mary L.	3	Dau	F/W		Tn	Tn	Tn
	George P.	6/12	Son	M/W		Tn	Tn	Tn
161	PIRTLE, Isaac	40		M/W	Farmer	Tn	Tn	Tn
	May	48	Wife	F/W		Tn	Tn	Tn
	Minnie	30	St/Dau	F/W		Tn	Tn	tn
	Thomas L.	22	St/Son	M/W		Tn	Tn	Tn
	Mary F.	16	St/Dau	F/W		Tn	Tn	Tn
	William S.	13	St/Son	M/W		Tn	Tn	Tn
162	LOOPER, Gr-----	39		M/Bl		Tn	Tn	Tn
	Lena	22	Dau	F/Bl		Tn	Tn	Tn
	Stella	20	Dau	F/Bl		Tn	Tn	Tn
	Willie	2	Gr/Son	m/Bl		Tn	Tn	tn
163	GRIBBLE, Susie	20		F/Bl		Tn	Tn	Tn
	Georgia	15	Sister	F/Bl		Tn	Tn	Tn
	Martin	10	Brother	M/Bl		Tn	Tn	Tn
164	ODLE (?), Mary	25		F/W		Tn	Tn	Tn
	Benjamin	20	Brother	M/W	Day Laborer	Tn	Tn	Tn
	Ca --p A.	15	Brother		Farm Laborer	Tn	Tn	Tn
	JAmes	9	Brother	M/W		Tn	Tn	Tn
165	CHANDLER, L.	38		M/W	Day Laborer	Tn	Tn	Tn
	Mattie	19	Wife	F/W		Tn	Tn	Tn
166	KIRBY, Noah	23		M/W	Farmer	Tn	Tn	Tn
	Dollie W.	18	Wife	f/W		Tn	Tn	Tn
167	DEATON, E. M.	22		M/W	Farmer	Tn	Tn	Tn
	Martha C.	18	Wife	F/w		Tn	Tn	Tn
	JAmes C.	3/12	Son	M/W		Tn	Tn	tn
	FRANKS, Maggie	9	Sis/Law	F/W		Tn	Tn	Tn
168	HASH, Nancy	78		F/W	Farmer	Tn	Tn	Tn
	George W.	35	Son	m/W	Farmer	Tn	Tn	Tn
	Josie M.	23	Dau/Law	F/W		Tn	Tn	Tn
	Clinton	2	Gr/Son	M/W		Tn	Tn	Tn
169	JONES, Tabitha	69		F/W	Farmer	Tn	Va	NC
170	PATTON, Victor	22		M/W	Farmer	Tn	Tn	Tn
	Della	21	Wife	F/W		Tn	Tn	Tn
171	McGIBONEY, J. D.	49		M/W	Blacksmith	Tn	NC	Tn
	Sarah	50	Wife	F/W		Tn	Tn	Tn
	Allen C.	16	Son	M/W		Tn	Tn	Tn

No.	Name	Age	Rel. to Head	Sx/Race	Occupation	Birth of Person-Father-Mother		
172	HASH, Lou	59		F/W	Farmer	TN	Va	Va
	Tullas	26	Son	M/W	Farm Labor	Tn	Tn	Tn
	Katie L.	22	Dau	F/W		Tn	Tn	Tn
	SHERRELL, Norman	24	Son/Law	M/W	Laborer	Tn	Tn	Tn
	Crane	5	Gr/Son	m/W		Tn	Tn	Tn
	Mattie	2	Gr/Dau	F/W		Tn	Tn	Tn
173	McCORMICK, George	61		M/W	Farm Labor	Ky	Ky	Ky
	Lucy J.	43	Wife	F/W		Tn	Tn	Tn
	Robert H.	19	Son	M/W	Farm Labor	Tn	Ky	Tn
	Casty	18	Son	M/W		Tn	Ky	Tn
	Ed Thomas	15	Son	M/W	FArmer	Tn	Tn	Tn
	Mary Lou	13	Dau	F/w		Tn	Tn	Tn
	Ella	6	Dau	F/W		Tn	Tn	Tn
174	CRAWFORD, A. P.	57		M/W	Farmer	Tn	Tn	Tn
	Talitha	68	Wife	F/W		Tn	Tn	Tn
	Sophia	26	Dau	F/W		Tn	Tn	Tn
175	HALE, B--------	56		M/W	Farm Labor	Tn	Tn	Tn
	Margaret	36	Wife	F/W		Tn	Tn	Tn
	RUSSELL, John A.	17	t/Son	M/W	Day LAborer	Tn	Tn	Tn
	May Belle	11	St/Dau	F/W		Tn	Tn	Tn
	Freddie	7	St/Son	M/W		Tn	Tn	Tn
	Lector	5	Dau	F/W		Tn	Tn	Tn
	Charlie	4	Son	M/W		Tn	Tn	Tn
	Ulus S.	2	Son	M/W		Tn	Tn	Tn
176	GRISSOM, J. L.	24		M/W	Farmer	Tn	Tn	Tn
	Florence	22	Wife	F/W		Tn	Tn	Tn
	Fannie E.	5	Dau	F/W		Tn	Tn	Tn
	Tullus C.	2	Son	M/W		Tn	Tn	Tn
177	GAN----, Martha	77		F/W	Farmer	Tn	Tn	NC
	JAne E.	25	Dau	F/W		Tn	Tn	Tn
178	McBRIDE, Andrew	45		M/W	Day Laborer	Tn	Tn	Tn
	Amanda	40	Wife	F/W		Tn	Tn	Tn
	Rhesa	6	Dau	F/W		Tn	Tn	Tn
	Octa M.	4	Dau	F/W		Tn	Tn	Tn
179	JACO, J. M.	49		M/W	Farmer	Tn	Tn	Tn
	Recie B.	23	Dau	F/W		Tn	Tn	Tn
	Frances	46	Wife	f/W		Tn	Tn	Tn
	Angie C.	19	Dau	F/W		Tn	Tn	Tn
	JAmes S.	15	Son	m/W		Tn	Tn	Tn
180	JACO, JAmes	52		M/W	FArmer	Tn	Tn	Tn
	Annie c.	52	Wife	F/W		Tn	Tn	Tn
181	ROBERTS, George	41		M/W	Farmer	Tn	Tn	Tn
	McWHIRTER, N. P.	24	½ Brother	M/W	Teacher	Tn	Tn	Tn
182	JACO, John P.	80		M/W	Farmer	Tn	Md	NC
	Frances	62	Wife	F/w		Tn	Va	Va

No.	Name	Age	Rel. to Head	Sx/Race	Occupation	Birth of Person	Father	Mother
	JACO, Mary	24	Dau	F/W		Tn	Tn	Tn
	O. D.	65	Nephew	M/W	Farm LAborer	Tn	Tn	Tn
183	JACO, J. J.	67		M/W	Farmer	Tn	.Tn	Tn
	Johnson	39	Son	M/w	Farm Labor	Tn	Tn	Tn
	Eliza	36	Dau	F/W		Tn	Tn	Tn
	HARTT, JAmes	25	Son/law	M/W	Farm Labor	Tn	Tn	Tn
	Ruby E.	4	Gr/Dau	F/W		Tn	Tn	Tn
	Martha Lou	2	Gr/Dau	F/W		Tn	Tn	Tn
	Cecil Aubrey	3/12	Gr/Son	M/W		Tn	Tn	Tn
184	KELL, Charlie	43		M/W	Farmer	Tn	NC	Tn
	Dosia	23	Dau	F/W		Tn	Tn	Tn
	Claud G.	21	Son	M/W		Tn	Tn	Tn
	Clarence	18	Son	M/W		Tn	Tn	Tn
	Maude	15	Dau	F/W		Tn	Tn	Tn
	L-----	12	Son	M/W		Tn	Tn	Tn
	Ada	10	Dau	F/W		Tn	Tn	Tn
185	HASH, Mary E.	66		F/W		Tn	Tn	Tn
	Sarah C.	38	Wife	F/W		Tn	Tn	Tn
	Dora	28	Dau	F/W		Tn	Tn	Tn
186	McGIBONEY, John	41		M/W		Tn	NC	Tn
	Birdie	44	Wife	F/W		Tn	Tn	Tn
	Era A.	16	Dau	F/W		Tn	Tn	Tn
	Thomas	15	Son	M/W		Tn	Tn	Tn
	John W.	14	Son	M/W		Tn	Tn	Tn
187	HAYES, John C.	43		M/W		Tn	Tn	Tn
	Sarah C.	43	Wife	F/W		Tn	Tn	Tn
	Carrol L.	20	Son	M/W		Tn	Tn	Tn
	Dillard W.	17	Son	M/W		Tn	Tn	Tn
	Cleveland	15	Son	M/W		Tn	Tn	Tn
	Virgie	9	Da.	F/W		Tn	Tn	Tn
188	JACO, P. M.	72		M/W		Tn	Tn	Tn
	Jennie	53	Dau	F/W		Tn	Tn	Tn
	Sarah T.	47	Dau	F/W		Tn	Tn	Tn
189	MARTIN, George	34		M/W	Farmer	Tn	Tn	Tn
	Lucy S.	32	Wife	F/W		Tn	Tn	Tn
	Susan E.	13	Dau	F/W		Tn	Tn	Tn
	James H.	11	Son	M/W		Tn	Tn	Tn
	Sarah B.	8	Dau	F/W		Tn	Tn	Tn
	George W.	4	Son	M/W		Tn	Tn	Tn
	Thomas E.	1	Son	M/W		Tn	Tn	Tn
	Un-named	0/12	Dau	F/W		Tn	Tn	Tn
190	ROBERTS, Amanda	57		F/W	Farmer	Tn	Tn	Tn
	Thomas	27	Son	M/W	Carpenter	Tn	Tn	Tn
	Levi G.	18	Son	M/W	Day Laborer	Tn	Tn	Tn

No.	Name	Age	Rel. to Head	Sx/Race	Occupation	Birth of Person	Father	Mother
191	CHISAM, W. A.	31		M/W	Merchant	Tn	Tn	Tn
	Nola	36	Wife	F/W		Tn	Tn	Tn
	Mamie	3	Dau	F/W		Tn	Tn	Tn
	J. Noic (?)	10/12	Son	M/W		Tn	.Tn	Tn
	TROGLEN, Lucinda	83	Gr Mo/Law	F/W		Tn	Tn	Tn
192	ADAIR, William	49		M/W		Tn	Tn	Tn
	Sarah	49	Wife	F/W		Tn	Tn	Tn
	Victor	19	Son	M/W		Tn	Tn	Tn
	Maude	16	Dau	F/W		Tn	Tn	Tn
	Hallie	15	Dau	F/W		Tn	Tn	Tn
	Bettie	9	Dau	F/W		Tn	Tn	Tn
193	PATTON, Irving	22		M/W	Farmer	Tn	Tn	Tn
	Carrie	22	Wife	F/W		Tn	Tn	Tn
	Retta	4	Dau	F/w		Tn	Tn	tn
	Roy Loyd	2	Son	M/W		Tn	Tn	Tn
194	JACO, John	28		M/W	Farmer	Tn	Tn	Tn
	Fannie	22	Wife	F/W		Tn	Tn	Tn
	Leona	1	Dau	F/W		Tn	Tn	Tn
195	BARTLET, James	60		M/W	Day Laborer	Tn	Tn	Tn
	Mary Ann	36	Wife	F/W		Tn	Tn	Tn
	Rosa C.	14	Dau	F/W		Tn	Tn	Tn
	John B.	11	Son	M/W	Farm Labor	Tn	Tn	Tn
	James	8	Son	M/W		Tn	Tn	Tn
	Florence	6	Dau	F/W		Tn	Tn	Tn
Twins (	Mary B.	4	Dau	F/W		Tn	Tn	Tn
(	Martha H.	4	Dau	F/W		Tn	Tn	Tn
	Un-Named	4/12	Dau	F/W		Tn	Tn	Tn
196	ROBERTS, Jim	31		M/W	Carpenter	Tn	Tn	Tn
	Rutha	25	Wife	F/W		Tn	Tn	Tn
	Ethel	5	Dau	F/W		Tn	Tn	Tn
	Thomas	3	Son	M/W		Tn	Tn	Tn
197	HUNTER, M.--.	63		M/W		Tn	Tn	Tn
	Eliza C.	60	Wife	F/W		Tn	Tn	Tn
198	PASSONS, J. K.	41		M/W		Tn	Tn	Tn
	Laura	39	Wife	F/W		Tn	Tn	Tn
	James R.	13	Son	M/W		Tn	Tn	Tn
	Z. P.	19	Son	M/W		Tn	Tn	Tn
	Oscar	5	Son	M/W		Tn	Tn	Tn
	Reed	1	Son	M/w		Tn	Tn	Tn
199	KANNAN, John	28		M/W	Farm Labor	Tn	Tn	Tn
	Josie	26	Wife	F/W		Tn	Tn	Tn
	Thomas	6	Son	M/W		Tn	Tn	Tn
	Ryan	2	Son	M/W		Tn	Tn	Tn
200	FREEMAN, Ovaline	55		F/W	Dressmaker	Tn	Sc	Tn
	Malinda	22	Dau	F/w	Dressmaker	Tn	Tn	Tn
	Dosie	16	Dau	F/W		Tn	Tn	Tn

No.	Name	Age	Rel. to Head	Sx/Race	Occupation	Birth of Person	Father	Mother
201	MILLER, G. M.	47		M/W	Farmer	Tn	NC	Va
	Martha	48	Wife	F/W		Tn	Tn	Tn
	Burrell	23	Son	M/W	Farm Labor	Tn	Tn	Tn
	Esther	19	Dau	F/W		Tn	Tn	Tn
	Lee W.	13	Son	M/W		Tn	Tn	Tn
202	ROMANE, Sol	56		M/W	Farmer	Tn	Tn	Tn
	Lydia	56	Wife	F/W		Tn	Tn	Tn
	Bud	26	Son	M/W	Farm Labor	Tn	Tn	Tn
	Berta	18	Dau	F/W		Tn	Tn	Tn
	HESS, Jacob	19	Boarder	M/W	RR Labor	Tn	Tn	Tn
203	SPARKMAN, E.	62		M/W	Farmer	Tn	Tn	Tn
	Permelia	58	Wife	F/W		Tn	Tn	Tn
	Irving	28	Son	M/W	Farm Labor	Tn	Tn	Tn
	FAnnie P.	20	Dau	F/W		Tn	Tn	Tn
	Sarah	28	Dau/Law	F/W		Tn	Tn	Tn
204	MILLER, E. W.	73		M/W	Farmer	Pa	Irel	Pa
205	COTTON, H. L.	29		M/W	Farm Labor	Tn	Tn	Tn
	Calista	29	Wife	F/W		Tn	Tn	Tn
	Chester	7	Son	M/W		Tn	Tn	Tn
	Lela A.	4	Dau	F/W		Tn	Tn	Tn
206	PETTIT, Cyrus	47		M/W	Farmer	Tn	Tn	Tn
207	SMARTT, John	25		M/Bl		Tn	Tn	Tn
	Annie	19	Wife	F/Bl		Tn	Tn	Tn
	Ruby B.	3	Dau	F/Bl		Tn	Tn	Tn
	George F.	2	Son	M/Bl		Tn	Tn	Tn
	July	5/12	Dau	F/Bl		Tn	Tn	Tn
208	PETTIT, Thomas	29		M/W	Farmer	Tn	Tn	Tn
	Thenia	26	Sister	F/W		Tn	Tn	Tn
	Thersia	23	Sister	F/W		Tn	Tn	Tn
209	GRIBBLE, Jim	66		M/W	Wagonmaker	Tn	NC	Tn
	Angeline	64	Wife	F/W		Tn	NC	Tn
210	DURHAM, A. ?	41		M/W	Farm Labor	Tn	Tn	Tn
	Sarah L.	32	Wife	F/W		Tn	Tn	Tn
	Annie M.	15	Dau	F/W		Tn	Tn	Tn
	Isiah P.	10	Son	M/W		Tn	Tn	Tn
	McJesse	7	Son	m/W		Tn	Tn	Tn
	Smith	2	Son	M/W		Tn	Tn	Tn
	FRASIER, Mary Jane	40	Mo/Law	F/W	Dressmaker	Tn	Tn	Tn
211	STIPE, George	32		M/W	Farmer	Tn	Tn	Tn
	Annie	29	Wife	F/W		Tn	Tn	Tn
	Rhoda	9	Dau	F/W		Tn	Tn	Tn
	Wallace	8	Son	M/W		Tn	Tn	Tn
	Walter	5	Son	M/W		Tn	Tn	Tn
	Ruth	3	Dau	F/W		Tn	Tn	Tn
	Jacob W.	1	Son	M/W		Tn	Tn	Tn

No.	Name	Age	Rel. to Head	Sx/Race	Occupation	Birth of Person	Father	Mother
212	KEATHLEY, I. K.	36		M/W	Farmer	Tn	Tn	Tn
	Mary A.	28	Wife	F/W		Tn	Tn	Tn
	James C.	11	Son	M/W		Tn	Tn	Tn
	Lou C.	8	Dau	F/W		Tn	Tn	Tn
	Joseph B.	3	Son	M/W		Tn	Tn	Tn
	Kizie	11/12	Son	M/W		Tn	Tn	Tn
	Jerome W.	38	Brother	M/W	Farm Labor	Tn	Tn	Tn
	ROBERTS, J. W.	51	Uncle	M/W	RR Labor	Tn	Tn	Tn
213	WOODS, William	53		M/Bl	Farm Labor	Tn	Tn	Tn
	Sarah	45	Wife	F/Bl		Tn	Tn	Tn
	Elissia	18	Dau	F/Bl		Tn	Tn	Tn
	Jim	15	Son	M/Bl		Tn	Tn	Tn
	Annie	10	Dau	F/BL		Tn	Tn	Tn
	Lee	10	Son	M/Bl		Tn	Tn	Tn
	Morris	5	Son	M/Bl		Tn	Tn	Tn
	Willie	6	Gr/Son	M/Bl		Tn	Tn	Tn
	Charles	5	Gr/Son	m/Bl		Tn	Tn	Tn
214	CUMMINGS, W. L.	66		M/W	Physician	Tn	Tn	Tn
	Lou	14	Dau	F/W		Tn	Tn	Tn
	Elizabeth	7	Dau	F/W		Tn	Tn	Tn
	WEBB, Elizabeth	76	None	F/W	Servant	Tn	Tn	Tn
215	GRIBBLE, D. L.	45		M/W	Farmer	Tn	Tn	Tn
	Josie F.	44	Wife	F/W		Tn	Tn	Tn
216	GRIBBLE, L. M.	48		M/W	Farmer	Tn	Tn	Tn
	Clisy M.	32	Wife	F/w		Tn	Tn	Tn
217	GRIBBLE, W. T.	49		M/W	Farmer	Tn	Tn	Tn
	Lee Annie	55	Wife	F/W		Tn	Tn	Tn
	Lillian	16	Dau	F/W		Tn	Tn	Tn
	Ida	14	Dau	F/W		Tn	Tn	Tn
	Oscar	10	Son	M/W		Tn	Tn	Tn
	Lou	7/12	Gr/Dau	F/W		Tn	Tn	Tn
218	HANKINS, Thomas	60		M/W	Farmer	Tn	Tn	Tn
	Manerva	54	Wife	F/W		Tn	Tn	Tn
	Zollie C.	25	Son	M/W	Farm Labor	Tn	Tn	Tn
	Sallie A.	22	Dau	F/W		Tn	Tn	Tn
	Katie	18	Dau	F/w		Tn	Tn	Tn
	GRIBBLE, Mary Lou	28	Dau	F/W		Tn	Tn	Tn
	Beluah B.	3	Gr/Dau	F/W		Tn	Tn	Tn
219	FREEMAN, H. B.	29		M/W	Farm Labor	Tn	Tn	Tn
	Mary	25	Wife	F/W		Tn	Tn	Tn
	Jennie	7	Dau	F/W		Tn	Tn	Tn
	Lloyd	6	Son	M/w		Tn	Tn	Tn
	Sarah	1	Dau	F/W		Tn	Tn	Tn
220	GODDARD, Jim	45		M/W	Farmer	Tn	Tn	Tn
	Mary Jane	45	Wife	F/W		Tn	Tn	Tn
	Ada C.	22	Dau	F/w		Tn	Tn	Tn

No.	Name	Age	Rel. to Head	Sx/Race	Occupation	Birth of Person	Father	Mother
221	SPARKMAN, Earl	31		M/W		Tn	Tn	Tn
	Ann S.	28	Wife	F/W		Tn	Tn	Tn
	Massie	9	Dau	F/W		Tn	Tn	Tn
	Florence	6	Dau	F/W		Tn	Tn	Tn
	Kenneth	2	Son	M/W		Tn	Tn	Tn
	Birch A.	2/12	Son	M/W		Tn	Tn	Tn
222	BRATCHER, Thomas	28		M/W	Farmer	Tn	Tn	Tn
	Mary C.	28	Wife	F/W		Tn	Tn	Tn
	Carlna	9	Dau	F/W		Tn	Tn	Tn
	Elijah W.	2	Son	M/W		Tn	Tn	Tn
	Birthie	9/12	Dau	F/W		Tn	Tn	Tn
223	GRIBBLE, John M.	37		M/W	Farmer	Tn	Tn	Tn
	Wreathie	29	Wife	F/w		Tn	Tn	Tn
	Thurman	4	Son	M/W		Tn	Tn	Tn
	Levader	2	Son	M/W		Tn	Tn	Tn
224	TEMPLETON, ??	50		M/W	Farm Labor	Tn	Tn	Tn
	Martha	44	Wife	F/W		Tn	Tn	Tn
	Landie	17	Son	M/W		Tn	Tn	Tn
	George W.	15	Son	M/W		Tn	Tn	Tn
	Elizabeth	12	Dau	F/W		Tn	Tn	Tn
	Laura	7	Dau	F/W		Tn	Tn	Tn
	Coria D.	4	Dau	F/W		Tn	Tn	Tn
	Lilian	1	Dau	F/W		Tn	Tn	Tn
225	GRIBBLE, H. B.	48		M/W	Farmer	Tn	Tn	Tn
	Nannie	40	Wife	F/W		Tn	Tn	Tn
	Logan	11	Son	M/W		Tn	Tn	Tn
	Marntis (?)	2	Son	M/W		Tn	Tn	Tn
226	ROWLAND, John	53		M/W	Farmer	Tn	Tn	Tn
	Sarah E.	49	Wife	F/W		Tn	Tn	Tn
	John M.	18	Son	M/W		Tn	Tn	tn
	Sarah J.	16	Dau	F/W		Tn	Tn	tn
	LUSK, Robert	28	Serv	M/Bl	Farm Labor	Tn	Tn	Tn
227	DULANEY, David	72		M/W	Farmer	Tn	Tn	Tn
	Louise	64	Wife	F/W		Tn	Tn	Tn
	Mary F.	29	Dau	F/W		Tn	Tn	Tn
	James Warren	27	Son	M/W		Tn	Tn	Tn
	Katie	19	Dau/Law	F/W		Tn	Tn	Tn
	Jennings	3	Gr/Son	M/W		Tn	Tn	Tn
	Eula	1	Gr/Son	M/W		Tn	Tn	Tn
228	ROWLAND, George	53		M/W	Farmer	Tn	Tn	Tn
	Margaret	54	Wife	F/w		Tn	Tn	Tn
	JAmes E.	26	Son	M/W	Farm Labor	Tn	Tn	Tn
	-------	21	Dau	F/W		Tn	Tn	Tn
	Willie G.	18	Son	M/W	Farm Labor	Tn	Tn	Tn
229	GRIBBLE, John	63		M/W	Farmer	Tn	Tn	Tn
	John I.	31	Son	M/W	Farm Labor	Tn	Tn	Tn

No.	Name	Age	Rel. to Head	Sx/Race	Occupation	Birth of Person	Father	Mother
	GRIBBLE, D------	22	Dau/Law	F/W		Tn	Tn	Tn
	Josie	5	Dau	F/W		Tn	Tn	Tn
	Cato	1	Gr/Son	M/W		Tn	Tn	tn
	Gribble, Mollie	38	Adopt/Dau	F/W	Farmer	Tn	Tn	Tn
230	GRIBBLE, John	67		M/W	Farmer	Tn	Tn	Tn
	Sarah A.	40	Wife	F/W		Tn	Tn	Tn
	Flora J.	15	Dau	F/W		Tn	Tn	Tn
	Rolly	13	Son	M/W		Tn	Tn	Tn
	Oscar	11	Son	M/W		Tn	Tn	Tn
	Ida E.	8	Dau	F/W		Tn	Tn	Tn
	Andrew	5	Son	M/W		Tn	Tn	Tn
231	SPARKMAN, John	43		M/W	Farmer	Tn	Tn	Tn
	Martha	49	Wife	F/W		Tn	Tn	Tn
	Bernice	12	Dau	F/W		Tn	Tn	Tn
	Keester	8	Son	M/W.		Tn	Tn	Tn
	Nadine	5	Dau	F/W.		Tn	Tn	Tn
232	MONTANDON, Victor L.	38		M/W	Farmer	Va	Europe	Europe
	Alice B.	41	Wife	F/w		Mich	Mich	Mich
	Lee R.	18	Son	M/W	Farm Labor	Tn	Va	Mich
	V. Ernest	16	Son	M/W	Farm Labor	Tn	Va	Mich
	A. Clyde	14	Son	M/W	Farm Labor	Tn	Va	Mich
	Cleo Lillian	11	Dau	F/W		Tn	Va	Mich
	Daisy P.	7	Dau	F/W		Tn	Va	Mich
	Avo D.	5	Dau	F/W		Tn	Va	Mich
	Flossie May	3	Dau	F/W		Tn	Va	Mich
233	DUNLAP, B. L.	24		M/W	Farm Labor	Tn	Tn	Tn
	Minnie	19	Wife	F/W		Tn	Tn	Tn
	Myrtle	1	Dau	F/W		Tn	Tn	tn
234	CRAWFORD, W. C.	51		M/W	Farmer	Tn	Tn	Tn
	Julia A.	60	Wife	F/W		Tn	Tn	Tn
	John M.	25	Son	M/W	Farm Labor	Tn	Tn	Tn
	Nora A.	21	Dau	F/W		Tn	Tn	Tn
235	ROWLAND, L. ?	49		M/W	Farmer	Tn	Tn	Tn
	Mary	49	Wife	F/W		Tn	Tn	Tn
	Ma-----	19	Dau	F/W		Tn	Tn	Tn
	Lamone	16	Son	M/W		Tn	Tn	Tn
	Lemon	13	Son	M/W		Tn	Tn	Tn
236	ROWLAND, N.	19		M/W	Farmer	Tn	Tn	Tn
	Dosie	26	Wife	F/W'		Tn	Tn	Tn
	Lucious	1	Son	M/W		Tn	Tn	Tn
237	MILLER, DAniel	72		M/W	Farmer	Pa	Pa	Irel
	Jennie E.	49	Wife	F/W		Pa	Pa	Pa
	David N.	26	Son	M/W		Tn	Pa	Pa
	John Joseph	24	Son	m/W		Tn	Pa	Pa

No.	Name	Age	Rel. to Head	Sx/Race	Occupation	Birth of Person	Father	Mother
238	HUNTER, Daniel	32		M/W	Farm Labor	Tn	Tn	Tn
	Jennie E.	20	Wife	F/W		Tn	Tn	Tn
	Annie May	6	Dau	F/W		Tn	Tn	Tn
	Ada Bell	4	Dau	F/W		Tn	Tn	Tn
239	ROWLAND, A. W.	49		M/W	Farmer	Tn	Tn	Tn
	Margaret	41	Wife	F/W		Tn	Tn	Tn
	Myra May	20	Dau	F/W		Tn	Tn	Tn
	Jimmie	19	Son	M/W		Tn	Tn	Tn
	Willie	18	Son	M/W		Tn	Tn	Tn
240	DILLON, Clint	34		M/W	Farmer	Tn	Tn	Tn
	Hattie	31	Wife	F/W		Tn	Tn	Tn
	Winnie	67	Mother	F/W		Tn	Tn	Tn
	McELROY, Rector	16	Nephew	M/W	Farm Labor	Tn	Tn	Tn
241	OWENS, Charles	24		M/W	Farm Labor	Tn	Tn	tn
	Cora	27	Wife	F/W		Tn	Tn	Tn
	Thomas	9	Son	M/W		Tn	Tn	Tn
	Ready	8	Son	M/W		Tn	Tn	Tn
	Bluford	6	Son	M/W		Tn	Tn	Tn
	May	2	Dau	F/W		Tn	Tn	Tn
	Sarah	50	Mother	Tn		Tn	Tn	
242	GRIBBLE, Jim	26		M/W	Farmer	Tn	Tn	Tn
	Lou	27	Wife	F/W		Tn	Tn	Tn
	Flossie	5	Dau	F/W		Tn	Tn	Tn
	Eavie	2	Dau	F/W		Tn	Tn	Tn
	Luther	10/12	Son	M/W		Tn	Tn	Tn
243	ROWLAND, Lolton (?)	30		M/W	FArmer	Tn	Tn	Tn
	Nancy	25	Wife	F/W		Tn	Tn	Tn
	FLETCHER, Charley	27	Boarder	M/W	RR Labor	Tn	Tn	Tn
244	ROWLAND, Charlie	27		M/W	RR Labor	Tn	Tn	Tn
245	NICHOLS, John B.	42		M/W	RR Labor	Tn	Tn	Tn
	Hattie E.	39	Wife	F/W		Tn	Tn	Tn
	Estelle	14	Dau	F/W		Dau	Dau	Dau
	Georgia	4	Dau	F/W		Tn	Tn	Tn
246	PHIFER, Wiley	22		M/W	RR Labor	Tn	Tn	Tn
	Nannie	17	Wife	F/W		Tn	Tn	Tn
	Henry	2	Son	M/W		Tn	Tn	Tn
247	ENGLAND, Willie	25		M/Bl	RR Labor	Tn	Tn	Tn
	Maggie	20	Wife	F/Bl		Tn	Tn	Tn
248	BATES, William	25		M/Bl	RR Labor	Tn	Tn	Tn
	Jennie	20	Wife	F/Bl		Tn	Tn	Tn
249	BONNER, Wash	40		M/Bl	RR Labor	Tn	Tn	Tn
	GRANSON, Willie	20	Nephew	M/Bl	RR Labor	Tn	Tn	Tn

No.	Name	Age	Rel. to Head	Sx/Race	Occupation	Birth of Person	Father	Mother
250	SIMPSON, Maggart	55		M/W	Farmer	Tn	Tn	Tn
	James C.	23	Son	M/W	Farm Labor	Tn	Tn	Tn
	Margaret	20	Dau	F/W		Tn	Tn	Tn
	Bulla B.	18	Dau	F/W		Tn	Tn	Tn
	George E.	16	Son	M/W		Tn	Tn	Tn
	Dolly M.	12	Dau	F/W		Tn	Tn	Tn
251	BOYD, Wiley	55		M/W	Farm Labor	Tn	Tn	Tn
	Minerva	60	Wife	F/W		Tn	Tn	Tn
	Ervin	17	Son	M/W		Tn	Tn	Tn
	MACKIMA, George	10	Gr/Son	M/W		Tn	Tn	tn
	Della	8	Gr/Dau	F/W		Tn	Tn	Tn
252	SMITH, Levi	65		M/W	Merchandise	Tn	NC	NC
253	GRIBBLE, Thomas	73		M/W	Farmer	Tn	NC	Ky
	Jemima	50	Wife	F/W		Pa	Pa	Pa
	James L.	24	Son	M/W		Tn	Tn	Pa
	Anna M.	23	Dau	F/W		Tn	Tn	Pa
	Joseph	21	Son	M/W	Farm Labor	Tn	Tn	Pa
	Charlie M.	20	Son	M/W	Farm Labor	Tn	Tn	Pa
	Lee Roy	18	Son	M/W	Farm Labor	Tn	Tn	Pa
	Sallie E.	16	Dau	F/W		Tn	Tn	Pa
	Walter M.	15	Son	M/W		Tn	Tn	Pa
	Robert R.	13	Son	M/W		Tn	Tn	Pa
254	MARTIN, G-----	71		M/Bl	Farmer	Va	Va	Va
	Loucinda	70	Wife	F/Bl		Tn	Tn	Tn
	Mary P.	45	Dau	F/Bl		Tn	Va	Tn
	Lou Ada	29	Dau	F/Bl		Tn	Va	Tn
255	SPARKMAN, Hau---	19		M/W	Laborer	Tn	Tn	Tn
	Hattie E.	20	Wife	F/W		Ill	Tn	Tn
256	PINEGAR, P. G.	23		M/W	Laborer	Ill	Tn	Tn
	Annie	37	Wife	F/W		Tn	Tn	Tn

No.	Name	Age	Rel. to Head	Sx/Race	Occupation	Birth of Person-Father-Mother		
	DISTRICT No. 4			14 June 1900		Charles E. Gaffin Enumerator		
1	McGEE, Samuel	30		M/W	Farmer	Tn	Tn	Tn
	Maria	27	Wife	F/W		Tn	Tn	Tn
	Minnie	10	Dau	F/W		Tn	Tn	Tn
	William H.	6	Son	M/W		Tn	Tn	Tn
2	McGEE, John A.	51		M/W	Farmer	Tn	Tn	Tn
	Elizabeth	44	Wife	F/W		Tn	Tn	Tn
	Minerva	20	Dau	F/W	Tn	Tn	Tn	
	Georgia	13	Dau	F/W	At School	Tn	Tn	Tn
3	COLLIER, Charles	37		M/W	Farmer	Tn	Tn	Tn
	Josephine	38	Wife	F/W		Tn	Tn	Tn
4	SMITH, William (Pete)	44		M/W	Farmer	Tn	Tn	Tn
	Luticia	40	Wife	F/W		Tn	Tn	Tn
	John E.	19	Son	M/W	Laborer	Tn	Tn	Tn
5	WEBB, Isaac	43		M/W	Farmer	Tn	Tn	Tn
	Malissa	39	Wife	F/W		Tn	Tn	Tn
	Harlie B.	22	Son	M/W	Teacher	Tn	Tn	Tn
	Octie B.	18	Dau	F/W		Tn	Tn	Tn
	Isaac H.	16	Son	M/W		Tn	Tn	Tn
	Asa A.	11	Son	M/w		Tn	Tn	Tn
	Lillian	9	Dau	F/W		Tn	Tn	Tn
	Everett A.	6	Son	M/W		Tn	Tn	tn
	Bessie J.	3	Dau	F/w		Tn	Tn	tn
	Joe Wheeler	11/12	Son	M/W		Tn	Tn	Tn
6	DOUGLAS, Prater	57		M/W	Farmer	Tn	Tn	Tn
	Anna	49	Wife	F/W		Tn	Tn	Tn
	Josie	24	Dau	F/W		Tn	Tn	Tn
	Maggie	23	Dau	F/W		Tn	Tn	Tn
	Hence	21	Son	M/W	Farmer	Tn	Tn	Tn
	George	20	Son	M/W		Tn	Tn	Tn
	Ellen	16	Dau	F/W		Tn	Tn	Tn
	Anna	15	Dau	F/W		Tn	Tn	tn
	Gertrude	10	DaU	F/W		Tn	Tn	Tn
	Jess	6	Son	M/W		Tn	Tn	Tn
7	ROWLAND, James	45		M/W	Farmer	Tn	Tn	Tn
	Sarah	24	Wife	F/W		Tn	Tn	Tn
	Neal	8	Son	M/W		Tn	Tn	Tn
	Dena	6	Dau	F/W		Tn	Tn	Tn
8	HALE, William	53		M/W	Farmer	Tn	Tn	Tn
	Hetty Ann	40	Wife	F/W		Tn	Tn	Tn
	Buck	22	Son	M/W		Tn	Tn	Tn
	Samuel	17	Son	M/W		Tn	Tn	Tn
9	MAYFIELD, John	61		M/W	Farmer	Tn	Tn	Tn
	Clarisa	51	Wife	F/W		Tn	Tn	tn
	Jayhue	24	Son	M/W		Tn	Tn	Tn

No.	Name	Age	Rel. to Head	Sx/Race	Occupation	Birth of Person-Father-Mother		
10	FARLESS, Thomas	29		M/W	Farmer	Tn	Tn	Tn
	Vina	24	Wife	F/W		Tn	Tn	Tn
	Rachael	5	DAu	F/W		Tn	Tn	Tn
	Betty L.	3	Dau	F/W		Tn	Tn	Tn
	Nellie P.	2/12	DAu	F/W		Tn	Tn	Tn
11	FARLESS, JAmes	66		M/W		Tn	Tn	Tn
	Rachael	64	Wife	F/W		Tn	Tn	Tn
	Nancy E.	22	Dau	F/W		Tn	Tn	Tn
	Meady A.	19	Dau	F/W		Tn	Tn	tn
12	JONES, Robert	80		M/W	Farmer	Tn	Va	Va
	Nancy	78	Wife	F/w		Tn	Tn	Tn
	JONES, Andrew	40		M/W	Farmer	Tn	Tn	Tn
	Mary E.	39	Wife	F/W		Tn	Tn	Tn
	Nancy A.	18	Dau	F/W		Tn	Tn	Tn
	George R.	15	Son	M/W		Tn	Tn	Tn
	William H.	11	Son	M/W		Tn	Tn	Tn
	Mary A.	7	Dau	F/W		Tn	Tn	Tn
	Martha F.	5	Dau	F/W		Tn	Tn	Tn
	JAmes A.	2	Son	M/W		Tn	Tn	tn
13	HILLIS, William B.	30		M/W	Farmer	Tn	Tn	tn
	Sarah Nancy	25	Wife	F/W		Tn	Tn	tn
	John B.	12	Son	M/W		Tn	Tn	Tn
	Grover C.	10	Son	M/W		Tn	Tn	Tn
	James R.	7	Son	M/W		Tn	Tn	tn
	Celia A.	4	DAu	F/W		Tn	Tn	Tn
14	SCOTT, Willis	75		M/W		Tn	Tn	Tn
	Matilda	75	Wife	F/w		Tn	Tn	Tn
	Ernest	19	Son	M/W		Tn	Tn	Tn
	Leslie Lee	11	Son			Tn	Tn	Tn
15	SCOTT, Joseph	26		M/W	Farmer	Tn	Tn	tn
	Flora Lee	23	Wife	F/W		Tn	Tn	Tn
	Arcie	6	Son	M/W		Tn	Tn	Tn
	Emma A.	3	Dau	F/W		Tn	Tn	Tn
16	JONES, Henry	31		M/W		Tn	Tn	Tn
	Elizabeth	26	Wife	F/w		Tn	Tn	tn
	Robert	8	Son	M/W		Tn	Tn	tn
	Oshia	2	Dau	F/W		Tn	Tn	Tn
17	JOHNSON, George	36		M/Bl	Farmer	Tn	Tn	Tn
	Lucinda	37	Wife	F/Bl		Tn	Tn	Tn
	SHORES, Henry	14	Son	M/Bl	Laborer	Tn	Tn	Tn
	Alfred	2	Son	M/Bl		Tn	Tn	Tn
18	RUST, John M.	66		M/W		Tn	Va	Va
	Amanda	56	Wife	F/W		Tn	Tn	tn
	May	16	Dau	F/W		Tn	Tn	tn
	John	15	Son	M/W		Tn	Tn	tn
	George	12	Son	M/W		Tn	Tn	tn
	Jennie B.	9	Dau	F/W		Tn	Tn	tn

No.	Name	Age	Rel. to Head	Sx/Race	Occupation	Birth of Person	Father	Mother
19	GREEN, Crutcher	35		M/W		Tn	Tn	Tn
	Nancy J.	35	Wife	F/W		Tn	Tn	tn
	Geneva	16	Dau	F/W		Tn	Tn	Tn
	America	14	Dau	F/W		Tn	Tn	Tn
	Ferris H.	11	Son	M/W		Tn	Tn	Tn
	Harvey	9	Son	M/W		Tn	Tn	Tn
	Lelia	6	Dau	F/W		Tn	Tn	Tn
	Esther L.	1	Dau	F/W		Tn	Tn	Tn
	JOHNSON, William	9	Serv	M/Bl		Tn	Tn	Tn
20	MARTIN, Seamon	38		M/Bl		Tn	Tn	Tn
	FAnnie	46	Wife	F/W		Tn	Tn	Tn
	Charlie	13	Son	M/Bl		Tn	Tn	Tn
	Rody	10	DAu	F/Bl		Tn	Tn	Tn
	Nettie	3	Dau	F/Bl		Tn	Tn	Tn
21	SMITH, William	52		M/W		NC	NC	NC
	Sophia	21	Dau	F/W		Tn	NC	NC
	Joseph	11	Son	M/W		Tn	Tn	Tn
22	McVEY, William Polk	36		M/W	Farmer	Tn	Tn	Tn
	Sarah E.	37	Wife	F/W		Mo	Tn	Mo
	Lindsey Eli	18	Son	M/W	Farm Labor	Tn	Tn	Tn
	Rachel Lee	17	Dau	F/W		Tn	Tn	Tn
	Nannie E.	15	Dau	F/W		Tn	Tn	Tn
	Wm. Grover	13	Son	M/W		Tn	Tn	Tn
	Palo Alto	11	Son	M/W		Tn	Tn	tn
	Ezekiel	9	Son	M/W		Tn	Tn	Tn
	Josie	7	Dau	F/W		Tn	Tn	Tn
	Nettie P.	5	Dau	F/W		Tn	Tn	Tn
	Charlie H.	3	Son	M/W		Tn	Tn	Tn
	Marion E.	1	Dau	F/W		Tn	Tn	Tn
23	MINTON, John	33		M/W	Farmer	Tn	Tn	Tn
	Minnie	34	Wife	F/W		Tn	Tn	Tn
	Sallie	5	Dau	F/W		Tn	Tn	Tn
	Amanda	3	Dau	F/W		Tn	Tn	Tn
	Cordiss W.	7/12	Son	M/W		Tn	Tn	Tn
24	MARTIN, Theodore	35		M/Bl	Farmer	Tn	Tn	tn
	Martha	28	Wife	F/Bl		Tn	Tn	Tn
	Lela	11	Dau	F/Bl		Tn	Tn	Tn
	JAmes O.	7	Son	M/Bl		Tn	Tn	Tn
	Maurice	4	Son	M/Bl		Tn	Tn	Tn
25	MASSIE, Merrit L.	49		M/W	Farmer	Tn	Va	Va
	Ella N.	20	Dau	F/W		Tn	Tn	Tn
	Frank L.	18	Son	M/W	Tn	Tn	Tn	Tn
	Smith L.	14	Son	M/W		Tn	Tn	Tn
	John W.	13	Son	M/W		Tn	Tn	Tn
26	DUNCAN, William	41		M/W		Tn	Tn	Tn
	Carlee	38	Wife	F/W		Tn	Tn	Tn

No.	Name	Age	Rel. to Head	Sx/Race	Occupation	Birth of Person	Father	Mother
27	MOFFITT, Garrett	25		M/W	Farmer	Tn	Tn	Tn
	Minnie	22	Wife	F/W		Tn	Tn	Tn
	Ivan	5	Son	M/W		Tn	Tn	Tn
	Jerome	2	Son	M/W		Tn	Tn	Tn
28	HUDDLESTON, John	53		M/Bl	Farmer	Tn	Tn	tn
	Parmelia	40	Wife	F/Bl		Tn	Tn	Tn
	Albert	13	Son	M/Bl		Tn	Tn	Tn
	Edgar	12	Son	M/Bl		Tn	T	Tn
29	MARTIN, Ransom	58		M/W	Farmer	Tn	Tn	Tn
	Harriett	45	Wife	F/W		Tn	Tn	Tn
	Lossen	21	Son	M/W		Tn	Tn	Tn
	Gwyn	19	Son	M/W		Tn	Tn	Tn
	Laura	15	Dau	F/W		Tn	Tn	Tn
	Samuel	11	Son	M/W		Tn	Tn	tn
	Willie	9	Son	M/W		Tn	Tn	Tn
30	MILLRANEY, Joseph	44		M/W	Farmer	Tn	NC	NC
	Martha	53	Wife	F/W		Tn	Tn	Tn
31	HILLIS, Kelly	60		M/W		Tn	Tn	Tn
	Miranda	56	Wife	F/W		Tn	Tn	tn
	Miranda	18	Dau	F/W		Tn	Tn	Tn
32	MOFFITT, Robert	26		M/W	Farmer	Tn	Tn	Tn
	Jennie	24	Wife	F/W		Tn	Tn	Tn
	William V.	5	Son	M/W		Tn	Tn	tn
	Charles R.	4	Son	M/W		Tn	Tn	Tn
	Lee Wheeler	1	Son	M/W		Tn	Tn	Tn
	MILLER, Ellen	67	Mother	F/W		Tn	Tn	Tn
	WILLIAMS, Martin	21	Serv	M/Bl	Servant	Tn	Tn	Tn
33	GIBBS, Marion	34		M/W	Farmer	Tn	Tn	Tn
	MArtha A.	34	Wife	F/W		Tn	Tn	Tn
	Henry H.	10	Son	M/W		Tn	Tn	Tn
	Mary E.	6	Dau	F/W		Tn	Tn	Tn
	Louella	11/12	DAu	F/W		Tn	Tn	Tn
34	HILLIS, Charles M.	26		M/W	Farmer	Tn	Tn	Tn
	Minnie	25	Wife	F/W		Tn	Tn	tn
	Mary J.	3	Dau	F/W		Tn	Tn	tn
35	PETTIT, William	32		M/W	Farmer	Tn	Tn	Tn
	Oneida	26	Wife	F/W		Tn	Tn	tn
	Sallie	2	Dau	F/W		Tn	Tn	tn
	Maggie	1	Dau	F/W		Tn	Tn	Tn
36	WOOD, Ish	46		M/Bl	Farmer	Tn	Tn	Tn
	Lizzie	40	Wife	F/W		Tn	Tn	tn
37	WOOD, Thomas	44		M/Bl	Farmer	Tn	Tn	Tn
	Lou	27	Wife	F/Bl		Tn	Tn	tn
	Effie	10	Dau	F/Bl		Tn	Tn	Tn

No.	Name		Age	Rel. to Head	Sx/Race	Occupation	Birth of Person-Father-Mother		
	WOOD,	Octie	6	Dau	F/Bl		Tn	Tn	Tn
		Olin	5/12	Son	M/Bl		Tn	Tn	Tn
	CARR,	William	16	Lodger	M/Bl		Tn	Tn	Tn
38	MANIOS,	Marion	51		M/W	Farmer	Tn	Tn	tn
		Laura	42	Wife	F/W		Tn	Tn	Tn
	BRIGHT,	Margaret	42	½ Sister	F/W		Tn	Tn	Tn
39	BLANKS,	Reames	53		M/W	FArmer	Tn	Tn	Tn
		Sallie M.	52	Wife	F/W		Tn	Tn	Tn
		Thadus J.	22	Son	M/W		Tn	Tn	Tn
		Flora	19	Dau	F/W		Tn	Tn	Tn
		Coleman	17	Son	M/W		Tn	Tn	Tn
		Louella	15	Dau	F/W		Tn	Tn	Tn
		Rhoda	12	Dau	F/W		Tn	Tn	Tn
40	DUNCAN,	John	78		M/W		Tn	Ga	Tn
		Jesse	45	Son	M/W	Farmer	Tn	Tn	Tn
	RUSSELL,	Oda	25	Serv	M/Bl		Tn	Tn	Tn
	COPENHAVER,	H. V.	36	Son/Law	M/W	Physician	NC	Va	Va
		Mollie	34	Dau	F/W		Tn	Tn	Tn
41	LUSK,	Lewis	45		M/Bl	Farmer	Tn	Tn	Tn
		Mary	41	Wife	F/W		Tn	Tn	Tn
		Nora B.	22	Dau	F/Bl		Tn	Tn	Tn
		William T.	21	Son	M/Bl		Tn	Tn	tn
		Floyd A,	15	Son	M/Bl	Laborer	Tn	Tn	tn
		Ettie B.	13	Dau	F/Bl		Tn	Tn	Tn
		John M.	12	Son	M/W		Tn	Tn	Tn
42	ROWLAND,	Lee	25		M/W	Farmer	Tn	Tn	Tn
		Mattie	20	Wife	F/W		Tn	Tn	Tn
		Chily	62	Head	M/W		Tn	Tn	Tn
		Randa	28	Dau	F/W		Tn	Tn	Tn
		Claudie	10	Son	M/W		Tn	Tn	Tn
43	SPARKMAN,	Willll	26		M/W	Farmer	Tn	Tn	Tn
		Lizzie	17	Wife	F/W		Tn	Tn	tn
		Lydia	7/12	Dau	F/W		Tn	Tn	Tn
44	STIPES,	John	27		M/W	Farmer	Tn	Tn	Tn
		Mary L.	35	Wife	F/w		Tn	Tn	Tn
		Mary O.	6	Dau	F/W		Tn	Tn	tn
		Anna G.	3	Dau	F/W		Tn	Tn	Tn
45	SPAKES,	George	36		m/W	Farmer	Tn	Tn	Tn
		Martha E.	33	Wife	f/w		Tn	Tn	tn
		Richard	12	Son	M/W		Tn	Tn	Tn
		Olive M.	10	Dau	F/W		Tn	Tn	Tn
		George D.	9	Son	M/W		Tn	Tn	Tn
		Orville	7	Son	M/W		Tn	Tn	Tn
		Nancy J.	4	Dau	F/w		Tn	Tn	Tn
		Jesse L.	2	Son	M/W		Tn	Tn	Tn

No.	Name		Age	Rel. to Head	Sx/Race	Occupation	Birth of Person-Father-Mother		
46	STIPES,	Jacob	66		M/W	Farmer	Tn	Tn	Tn
		Amanda	38	Wife	F/W		Tn	Tn	Tn
47	SULLIVAN,	Bost	40		M/W	Laborer	Tn	Tn	Tn
		Sarah	39	Wife	F/W		Tn	Tn	Tn
48	SHOCKLEY,	John	31		M/Bl	Laborer	Tn	Tn	Tn
		Hannah	22	Wife	F/Bl		Tn	Tn	Tn
		Howard	5	Son	M/Bl		Tn	Tn	Tn
		Essick	2	Son	M/Bl		Tn	Tn	Tn
49	GROSS,	Jeff	38		M/W	Farmer	Tn	Tn	Tn
		Mary	41	Wife	F/W		Tn	Tn	Tn
50	HASTINGS,	Br-----	40		M/W	Farmer	Tn	Tn	Tn
		Lodema	36	Wife	F/W		Tn	Tn	Tn
		Rector L.	14	Son	M/W		Tn	Tn	tn
51	DAVIS,	JAmes	34		M/W	FArmer	Tn	Tn	tn
		Rebecca	28	Wife	F/W		Tn	Tn	tn
		Titus P.	10	Son	M/W		Tn	Tn	Tn
		Maud	7	Dau	F/W		Tn	Tn	tn
		Organie	4	Dau	F/W		Tn	Tn	tn
		Dennie	5/12	Son	M/W		Tn	Tn	tn
52	CATEN,	Jeff	36		M/W	Farmer	Tn	NC	Tn
		Orman	29	Wife	F/W		Tn	Ky	Tn
		Byron L.	5	Son	M/W		Tn	Tn	Tn
		Dennie E.	1	Son	M/W		Tn	Tn	Tn
53	TEMPLETON,	Lewis	60		M/W	Laborer	Tn	Tn	Tn
		Joseph	26	Son	M/W		Tn	Tn	Tn
54	PAGE,	Titus	58		M/W	Farmer	Ky	Va	Va
		Clarinda	33	Wife	F/W		Tn	Tn	tn
		Johnnie	28	Son	M/W	LAborer	Tn	Ky	Tn
		Maggie L.	18	Dau	F/W		Tn	Ky	Tn
		Wm. Titus	15	Son	M/W	Laborer	Tn	Ky	Tn
	McCORMICK,	Van	30	Serv	F/W	Servant	Tn	Tn	Tn
55	JOHNSON,	Horace	35		M/W	Millright	Tn	Tn	Tn
		Mary	28	Wife	F/W		Tn	Tn	Tn
		Allie	13	Dau	F/W		Tn	Tn	Tn
		Elmer C.	5	Son	M/W		Tn	Tn	Tn
		Aubrey	3	Son	M/W		Tn	Tn	tn
56	MAUZY,	Charles	36		M/W	Grocer	Tn	Tn	Tn
		Ida O.	32	Wife	F/W		Ark	Tn	Tn
		Kemper P.	10	Son	M/W		Tn	Tn	Ark
		Claud K.	8	Son	M/W		Tn	Tn	Ark
		Willie W.	6	Dau	F/W		Tn	Tn	Ark
		Mary	2	Dau	F/W		Tn	Tn	Ark
	HALE,	Orpha	30	Sis/Law	F/W		Ark	Tn	Tn

No.	Name	Age	Rel. to Head	Sx/Race	Occupation	Person	Father	Mother
57	York, Bettie	55		F/Bl	Laborer	Tn	Tn	Tn
	Tommy	13	Gr/Son	F/Bl		Tn	Tn	Tn
58	WOOD, Jeff	45		M/Bl	Laborer	Tn	Tn	Tn
59	bAIN, Sallie	30		F/W	Laborer	Tn	Tn	Tn
	Charles	9	Son	m/W		Tn	Tn	Th
	Hallie	8	Dau	F/W		Tn	Tn	Tn
	Odie	6	Son	M/W		Tn	Tn	Tn
60	MARTIN, John	46		M/Bl	Blacksmith	Tn	Tn	Tn
	Malissa	45	Wife	F/Bl		Tn	Tn	Tn
	Arthur	16	Son	M/Bl	Laborer	Tn	Tn	tn
	Mary	11	Dau	F/Bl		Tn	Tn	Tn
	Nannie	9	Dau	F/Bl		Tn	Tn	Tn
	Oscar L.	7	Son	m/Bl		Tn	Tn	Tn
	Everett	5	Son	M/Bl		Tn	Tn	tn
	Foster V.	3	Son	M/Bl		Tn	Tn	tn
	Margie	11/12	Dau	F/Bl		Tn	Tn	Tn
61	THOMISON, Charles	53		M/W	Farmer	Tn	Tn	Tn
	Mary l.	48	Wife	F/W		Tn	Tn	Tn
	Maggie	15	Dau	F/W		Tn	Tn	tn
	Maude E.	11	Dau	F/W		Tn	Tn	tn
	Wm. Floyd	8	Son	M/W		Tn	Tn	Tn
	McCORMICK, Minnie	35	Sis/Law	F/W		Tn	Tn	Tn
62	DUNCAN, Samuel	43		M/Bl	Farmer	Tn	Tn	Tn
	Myrtle	17	Dau	F/Bl		Tn	Tn	Tn
	Lou	11	Dau	F/Bl		Tn	Tn	Tn
	Malissa	9	Dau	F/Bl		Tn	Tn	Tn
	Leroy	8	Son	M/Bl		Tn	Tn	Tn
	Claud	4	Son	M/Bl		Tn	Tn	Tn
63	LEEPER, George	32		M/Bl		Tn	Tn	Tn
64	WOODS, Jeff	75		M/Bl	Farmer	Tn	Tn	Tn
	MONTANDON, Paul	42	Boarder	m/W		Va	Den	Swed
65	THOMISON, Marion	56		M/W	Farmer	Tn	Tn	Tn
	Susan	45	Wife	F/W		Tn	Tn	Tn
	Emma	28	Dau	F/W		Tn	Tn	Tn
	Wiley	16	Gr/Son	M/W		Tn	Tn	Tn
	Marion	9	Nephew	M/W		Tn	Tn	Tn
66	MAYFIELD, Elisha	51		M/W	Farmer	Tn	SC	SC
	Rebecca	45	Wife	F/W		Tn	Tn	Tn
	Benjamin	24	Son	M/W	Laborer	Tn	Tn	tn
67	WALLING, Harmon	71		M/W	Farmer	Tn	Va	Va
68	JOHNSON, William	30		M/W	Farmer	Tn	Tn	Tn
	Mamie	5	Dau	F/W		Tn	Tn	Tn
	Lucy	3	Dau	F/W		Tn	Tn	Tn
	Robert	1	Son	M/W		Tn	Tn	Tn

No.	Name	Age	Rel. to Head	Sx/Race	Occupation	Person	Father	Mother
69	McCORKLE, Martha	50		F/W	Keep House	Tn	Tn	Tn
	Miranda	17	Dau	F/W		Tn	Tn	Tn
	Flora J.	15	Dau	F/W		Tn	Tn	Tn
	Charles c.	12	Son	M/W	Laborer	Tn	Tn	tn
	WORLEY, Thomas	35	Son/Law	M/W	Laborer	Tn	Tn	Tn
	Lilly	25	Dau	F/W		Tn	Tn	Tn
70	AUSTIN, Ben	34		M/W	Farmer	Tn	Tn	Tn
	Nancy	29	Wife	F/W		Tn	Tn	Tn
	Susan	11	Dau	F/W		Tn	Tn	Tn
	Mary	9	Dau	F/W		Tn	Tn	Tn
	Essie	8	Dau	F/W		Tn	Tn	Tn
	Robert	5	Son	M/W		Tn	Tn	tn
	Maggie	3	Dau	F/W		Tn	Tn	tn
71	BARNETT, Robert	44		M/W	Farmer	Tn	Tn	Tn
	Emma	45	Wife	F/W		Tn	Tn	Tn
	Earl E.	19	Son	M/W	Laborer	Tn	Tn	Tn
	Clyde E.	18	Son	M/W		Tn	Tn	Tn
	Clarence K.	17	Son	M/W	Laborer	Tn	Tn	tn
72	HILLIS, Lossie	41		M/W	Farmer	Tn	Tn	Tn
	Sarah A.	32	Wife	F/W		Tn	Tn	Tn
	Hassie	10	Dau	F/W		Tn	Tn	Tn
	Celia	8	Dau	F/W		Tn	Tn	Tn
	Henry B.	4	Son	M/W		Tn	Tn	Tn
	Frank C.	3	Son	M/W		Tn	Tn	tn
	JAmes M.	9/12	Son	M/W		Tn	Tn	tn
73	McBRIDE, William	65		M/W	Farmer	Tn	Tn	Tn
	Anna E.	64	Wife	F/W		Tn	NC	Ga
74	PAGE, General	23		M/Bl	Farmer	Tn	Tn	Tn
	Lena	22	Wife	F/Bl		Tn	Tn	Tn
	Lou H.	4	Dau	F/Bl		Tn	Tn	Tn
	Minnie J.	2	Dau	F/Bl		Tn	Tn	Tn
	Alfred	10/12	Son	M/Bl		Tn	Tn	Tn
75	MARTIN, Jesse	43		M/W	FArmer	Tn	Tn	Tn
	MAttie	29	Wife	F/W		Tn	Tn	Tn
	Henrietta	69	Mother	F/W		Tn	Ga	Ga
	Maud	32	Sister	F/W		Tn	Tn	Tn
	WALLING, Joseph	26	Serv	M/Bl	Servant	Tn	Tn	Tn
76	CUMMINGS, DAniel	26		M/W	Farmer	Tn	Tn	Tn
	Dennie	30	Brother	M/W	Gaocer	Tn	Tn	Tn
	Dora	25	Sister	F/W		Tn	Tn	Tn
	Flora	21	Sister	F/W		Tn	Tn	Tn
	Carrie	21	Sister	f/W		Tn	Trh	Tn
	Ella	20	Sister	F/W		Tn	Tn	Tn
	Daisy	18	Sister	F/W		Tn	Tn	Tn
	Charlie	17	Brother	M/W	Laborer	Tb	Tn	Tn

No.	Name	Age	Rel. to Head	Sx/Race	Occupation	Birth of Person	Father	Mother
77	SIMONS, James	50		M/W	Laborer	Tn	Tn	tn
	KIRBY, William	31	Son	M/W	Farmer	Tn	Tn	Tn
	Mariona	14	Son	M/W	Laborer	Tn	Tn	Tn
	MARTIN, William	61	Head	M/W	Farmer	Tn	Tn	Tn
	Frances	50	Wife	F/W		Tn	Tn	Tn
	Lou	14	Dau	F/W		Tn	Tn	Tn
	SIMPSON, Robert	26	Head	M/W	Farmer	Tn	Tn	tn
	Lizzie	21	Wife	F/W		Tn	Tn	Tn
	Ethel	2	Dau	F/W		Tn	Tn	Tn
78	CRAIN, John M.	24		M/W	Farmer	Tn	Tn	Tn
	Jennie	23	Wife	F/W		Tn	Tn	Tn
79	MILLRANEY, Frank	36		M/W	Farmer	Tn	Tn	Tn
	Artimishie	34	Wife	F/W		Tn	Tn	Tn
	Hershel	15	Son	M/W		Tn	Tn	Tn
	Maud	13	Dau	F/W		Tn	Tn	Tn
	Lula	11	Dau	F/W		Tn	Tn	Tn
80	CRAIN, Jerry S.	42		M/W	Farmer	Tn	Tn	Tn
	Margaret	41	Wife	F/W		Tn	Tn	Tn
	Thomas O.	19	Son	M/W	Farm Labor	Tn	Tn	Tn
	Mollie L.	16	Dau	F/W		Tn	Tn	Tn
	John M.	13	Son	M/W	FArm Labor	Tn	Tn	tn
	Joseph	10	Son	M/W		Tn	Tn	Tn
	Jerry	7	Son	M/W		Tn	Tn	Tn
	James	5	Son	M/W		Tn	Tn	Tn
	Robert Lee.	2	Son	M/W		Tn	Tn	Tn
81	MARTIN, Bright	50		M/Bl	Laborer	Tn	Tn	Tn
	Jane	46	Wife	F/Bl		Tn	Tn	Tn
	Victor	26	Son	M/Bl	Laborer	Tn	Tn	Tn
	Van	22	Son	M/Bl		Tn	Tn	Tn
82	SMITH, Abraham	76		M/W	Farmer	NC	Irel	NC
	Emily Hite	62	Wife	F/W		Tn	Tn	Tn
	John W.	26	Son	M/W	Laborer	Nc	Nc	Tn
	GRIBBLE, Clarence	15	Gr/Son	M/W	Laborer	Tn	Tn	Tn
	Ruben	9	Gr/Son	M/W		Tn	Tn	Tn
	Byron S.	6	Gr/Son	M/W		Tn	Tn	Tn
	Mary R.	1	Gr/Dau	F/W		Tn	Tn	Tn
	Luther Lee	5	Gr/Son	M/W		Tn	Tn	Tn
83	GRIBBLE, Marietta	50		F/W	Farmer	Tn	Tn	Tn
	Caldona	16	Dau	F/W		Tn	Tn	Tn
	Merrit L.	13	Son	M/W		Tn	Tn	tn
	Julia	8	Dau	F/W		Tn	Tn	Tn
84	MOFFITT, Huel	60		M/W	Farmer	Tn	Mo	Tn
	Mary	50	Wife	F/W		Tn	Tn	Tn
	CRIM, Aaron	21	Uncle	M/W	Laborer	Tn	Tn	Tn
85	GRISSOM, SAmuel	53		M/W	Farmer	Tn	Tn	Tn
	Mary	46	Wife	F/W		Tn	Tn	Tn

No.	Name	Age	Rel. to Head	Sx/Race	Occupation	Birth of Person	Father	Mother
	GRISSOM, Lydia	23	Dau	F/W		Tn	Tn	Tn
	William	22	Son	M/W	Laborer	Tn	Tn	Tn
	Laura	21	Dau	F/W		Tn	Tn	Tn
	John S.	20	Son	M/W	Laborer	Tn	Tn	Tn
	Tennessee	18	Dau	F/W		Tn	Tn	Tn
	Phillip	16	Son	M/W	Laborer	Tn	Tn	Tn
	Robert T.	15	Son	M/W	Laborer	Tn	Tn	Tn
	Cleveland	11	Son	M/W		Tn	Tn	Tn
86	WORTHINGTON, Monroe	41		M/Bl	Laborer	Tn	Tn	Tn
	Laura	37	Wife	F/Bl		Tn	Tn	Tn
	Violet	16	Dau	F/Bl		Tn	Tn	tn
	Maggie	13	Dau	F/Bl		Tn	Tn	Tn
	Ernest	11	Son	M/Bl		Tn	Tn	tn
	Firm	8	Son	M/Bl		Tn	Tn	Tn
	Orval	7	Son	M/Bl		Tn	Tn	Tn
	Charles L.	5	Son	M/Bl		Tn	Tn	Tn
	Vesta	3	Dau	M/Bl		Tn	Tn	Tn
	Tessie	1	Dau	F/Bl		Tn	Tn	Tn
	Lavada	3/12	Dau	F/Bl		Tn	Tn	Tn
87	POPE, Derias S.	52		M/W	Farmer	Tn	Tn	Tn
	Mary M.	48	Wife	F/W		Tn	Tn	Tn
	Mary B.	24	Dau	F/W		Tn	Tn	Tn
	Andrew V.	21	Son	M/W	Laborer	Tn	Tn	tn
	Jerome J.	19	Son	M/W	Laborer	Tn	Tn	tn
	Susie	16	Dau	F/W		Tn	Tn	Tn
	Twins (Walter	14	Son	M/W	Laborer	Tn	Tn	Tn
	Twins (Arthur	14	Son	M/W	Laborer	Tn	Tn	Tn
	Tarleton	7	Son	M/W		Tn	Tn	Tn
88	HODGE, Edgar	40		M/W	Farmer	Tn	Tn	Tn
	Rhoda	31	Wife	F/W		Tn	Tn	Tn
	Bonnie	11	Dau	F/W		Tn	Tn	Tn
	Mary	9	Dau	F/W		Tn	Tn	Tn
	David O.	7	Da	F/W		Tn	Tn	Tn
	Bessie	6	Dau	F/W		Tn	Tn	Tn
	Virginia	4	Dau	F/W		Tn	Tn	Tn
	Leona	1	Dau	F/W		Tn	Tn	Tn
	MAUZY, Lizzie	70	Mo/Law	F/W		Tn	Tn	Tn
89	YORK, Huel	54		M/Bl	Farmer	Tn	Tn	Tn
	Harriett	60	Wife	F/Bl		Tn	Tn	Tn
	Wiley	28	Son	M/Bl	Laborer	Tn	Tn	Tn
	Trous	22	Son	M/Bl	Laborer	Tn	Tn	Tn
	Gaemus	18	Son	M/Bl	Laborer	Tn	Tn	Tn
	Nelly	14	Dau	F/Bl		Tn	Tn	Tn
	Caroline	12	Dau	F/Bl		Tn	Tn	Tn
	Harriett	10	Gr/Dau	F/Bl		Tn	Tn	Tn
90	WITT, William	38		M/W	FArmer	Tn	Tn	Tn
	Mary	38	Wife	F/W		Tn	Tn	Tn
	Norman	21	Son	M/W	Laborer	Tn	Tn	Tn
	Ada	15	Dau	F/W		Tn	Tn	tn

No.	Name		Age	Rel. to Head	Sx/Race	Occupation	Birth of Person-Father-Mother		
	WITT,	JAmes	11	Son	M/W		Tn	Tn	Tn
		Ida	9	Dau	F/W		Tn	Tn	Tn
		Arcie	5	Son	M/W		Tn	Tn	Tn
		Luther	5/12	Son	M/W		Tn	Tn	Tn
91	SWINDLE, Harmon		42		M/W	Farmer	Tn	Tn	tn
		Emma	33	Wife	F/W		Tn	Tn	tn
		May	13	Dau	F/W		Tn	Tn	tn
		Mattie	11	Dau	F/W		Tn	Tn	Tn
		Billy	8	Son	M/W		Tn	Tn	Tn
		Charlie	5	Son	M/W		Tn	Tn	Tn
		Cyrus	2	Son	M/W		Tn	Tn	Tn
	MORGAN, Jack		72	Boarder	M/W	(Blind)	Tn	Tn	Tn
	MARTIN, Felix		21	Boarder	M/W		Tn	Tn	Tn
92	MYERS, Elby J.		29		M/W	Farmer	Tn	Tn	Tn
		Charity	26	Wife	F/W		Tn	Tn	tn
		Maude	12	Dau	F/W		Tn	Tn	Tn
		Bertha	10	Dau	F/W		Tn	Tn	Tn
		Nettie	9	Dau	F/W		Tn	Tn	Tn
		Ovia	7	Dau	F/W		Tn	Tn	Tn
		Ruby	5	Dau	F/W		Tn	Tn	Tn
		Newton	2	Son	M/W		Tn	Tn	Tn
		Pheobe	1	Dau	F/W		Tn	Tn	Tn
	CHRISTIAN, Ebba		21	Hired	M/W	Farm Labor	Tn	Tn	Tn
93	HERD, Henry		30		M/W	Laborer	Tn	Tn	Tn
		Viola	34	Wife	F/W		Tn	Tn	Tn
		Albert	11	Son	M/W		Tn	Tn	Tn
		JAmes	9	Son	M/W		Tn	Tn	Tn
		Sciotha	6	Dau	F/W		Tn	Tn	Tn
94	WALKER, John J.		32		M/W	Farmer	Tn	Tn	Tn
		Leila R.	26	Wife	F/W		Tn	Tn	Tn
		Alma	7	Dau	F/W		Tn	Tn	Tn
		Mary L.	4	Dau	F/W		Tn	Tn	Tn
		William H.	5/12	Son	M/W		Tn	Tn	Tn
95	JOHNSON, Elizabeth		67		F/W	FArmer	Tn	Tn	Tn
		Firm T.	23	Son	M/W	Laborer	Tn	Tn	Tn
	OVERTURF, Bob		34	Head	M/W	Laborer	Tn	Tn	Tn
		Sophia	22	Wife	F/W		Tn	Tn	Tn
	WILLIAMS, Charles		17	Serv	M/Bl	Servant	Tn	Tn	Tn
96	DRAKE, Laura		48		F/W	Farmer	Tn	Tn	Tn
		Della	24	Dau	F/W.		Tn	Tn	Tn
		Jefferson	15	Son	M/W	Laborer	Tn	Tn	Tn
97	SMITH, Byron R.		37		M/W	Farmer	Tn	Tn	Tn
98	LUSK, Lewis		35		M/Bl	Farmer	Tn	Tn	Tn

No.	Name		Age	Rel. to Head	Sx/Race	Occupation	Birth of Person-Father-Mother		
	DISTRICT No. 5					1 June 1900	Charles E. Gaffin Enumerator		
99	CHASTEEN, Samuel B.		61		M/W	Farmer	Tn	Va	Tn
		Mary	56	Wife	F/W		Tn	Tn	Tn
		Mattie	18	Dau	F/W		Tn	Tn	Tn
		Anna	15	Dau	F/W		Tn	Tn	tn
		Henry	14	Son	M/W		Tn	Tn	Tn
100	EVANS, Arthur P.		32		M/W	Farmer	Tn	Va	Tn
		Emma	29	Wife	F/W		Tn	Tn	Tn
		Murphy	10	Son	M/W		Tn	Tn	Tn
		Joseph	8	Son	M/W		Tn	Tn	Tn
		Harold	5	Son	M/W		Tn	Tn	Tn
		Averell	3	Son	M/W		Tn	Tn	tn
		Clyde	1	Son	M/W		Tn	Tn	Tn
101	McGREGOR, Aaron		44		M/W	Farmer	Tn	Tn	Tn
		Josie	28	Wife	F/W		Tn	Tn	tn
		JAmes	18	Son	M/W		Tn	Tn	tn
		Claud	15	Son	M/W		Tn	Tn	Tn
		FAnnie	10	Dau	F/W		Tn	Tn	Tn
		Callie	7	Dau	F/W		Tn	Tn	tn
		Myrtle	2	Dau	F/W		Tn	Tn	Tn
		Jess	10	Son	M/w		Tn	Tn	Tn
102	FARLESS, James		27		M/W	Farmer	Tn	Tn	Tn
		Myrtle	21	Wife	F/W		Tn	Tn	Tn
		Nora C.	4	Dau	F/W		Tn	Tn	Tn
		William M.	2	Son	M/W		Tn	Tn	Tn
		James F.	6/12	Son	M/W		Tn	Tn	Tn
103	BOTTOMS, William P.		24		M/W	Farmer	Tn	Tn	Tn
104	BOTTOMS, Miranda		70		F/W	Farmer	Tn	NC	Tn
105	JARRETT, Barney P.		85		M/W	Farmer	Tn	NC	NC
		Mahalia	82	Wife	F/W		Tn	NC	NC
106	JARRETT, James		40		M/W	Farmer	Tn	NC	Tn
		Leona	34	Wife	F/W		Tn	Va	Tn
107	SMARTT, Wesley		29		M/W	Farmer	Tn	Tn	Tn
		Naomi	26	Wife	F/W		Tn	Tn	Tn
		Harvey A.	7/12	Son	M/W		Tn	Tn	Tn
	DODSON, Harvey T.		21	Boarder	M/W		Tn	Tn	Tn
108	CURTIS, Richmond		29		M/W	Farmer	Tn	Tn	Tn
		Laura	26	Wife	F/W		Tn	Tn	Tn
		Luther	8/12	Son	M/W		Tn	Tn	Tn
	EVANS, Belle		14	Niece	F/W		Tn	Tn	Tn
	CURTIS, Jesse		40	Uncle	M/W		Tn	Tn	Tn
		Clarinda	51	Mother	F/W		Tn	Tn	Tn

No.	Name	Age	Rel. to Head	Sx/Race	Occupation	Person	Father	Mother
109	KESEY, Willie R.	25		M/W	Farmer	Tn	Tn	Tn
	Nora	23	Wife	F/W		Tn	Tn	Tn
	McGREGOR, Allen	16	Brother	M/W	Laborer	Tn	Tn	Tn
	Norman	13	Brother	M/W		Tn	Tn	Tn
110	ARGO, Mary Ann	63		F/W	Farmer	Tn	Tn	tn
	Taylor	42	Son	M/W	Laborer	Tn	Tn	tn
	Martha	40	Dau	F/W		Tn	Tn	Tn
111	ARGO, William T.	47		M/W	Farmer	Tn	Tn	Tn
	Sarah H.	44	Wife	F/W		Tn	Tn	Tn
	Robert L.	21	Son	M/W	Laborer	Tn	Tn	Tn
	David E.	19	Son	M/W	Laborer	Tn	Tn	tn
	Thomas E.	16	Son	M/W	Laborer	Tn	Tn	Tn
	Andrew J.	8	Son	M/W		Tn	Tn	Tn
	Joseph U.	7	Son	M/W		Tn	Tn	Tn
	Nellie A.	2	Dau	F/W		Tn	Tn	Tn
	William K.	2/12	Son	M/W		Tn	Tn	Tn
112	HENNESSEE, William T.	48		M/W	Farmer	Tn	Tn	Tn
	Ellen V.	43	Wife	F/W		Tn	Tn	Tn
	Mary M.	17	Dau	F/W		Tn	Tn	Tn
	Edda Maud	15	Dau	F/W		Tn	Tn	Tn
	William M.	12	Son	M/W		Tn	Tn	Tn
	Waymon D.	10	Son	M/W		Tn	Tn	Tn
	Thomas O.	8	Son	M/W		Tn	Tn	Tn
	Antha P.	6	Dau	F/W		Tn	Tn	Tn
	Ella	3	Dau	F/W		Tn	Tn	Tn
113	HENNESSEE, James	55		M/W	Farmer	Tn	Tn	Tn
	Nancy	40	Wife	F/W		Tn	Tn	Tn
	Sally	26	Dau	F/W		Tn	Tn	Tn
	Rachael	25	Dau	F/W		Tn	Tn	Tn
	Jesse D.	19	Son	M/W	Laborer	Tn	Tn	Tn
	George M.	16	Son	M/W	Laborer	Tn	Tn	Tn
	Oscar	13	Son	M/W		Tn	Tn	Tn
	Suelly	11	Dau	f/W		Tn	Tn	Tn
	Aney	6	Dau	F/W		Tn	Tn	Tn
	Josie A.	3	Dau	F/W		Tn	Tn	Tn
	Albert A.	1	Son	M/W		Tn	Tn	Tn
114	DODSON, James	59		M/W	Farmer	Tn	Tn	Tn
	Augusta	53	Wife	F/W		Tn	Va	Va
	Romulus	25	Son	M/w	Farmer	Tn	Tn	Tn
	JAmes, Jr.	20	Son	M/W	At School	Tn	Tn	Tn
	Richmond	14	Son	M/W.	At School	Tn	Tn	Tn
	Ersa	10	Dau	F/W		Tn	Tn	Tn
	George L.	7	Son	M/W		Tn	Tn	Tn
115	TALLY, Caleb	84		M/W	Farmer	Tn	Va	NC
	Mary	70	Wife	F/w		Tn	Tn	Tn
116	PEDEN, Will T.	46		M/W	Farmer	Tn	Tn	Tn
	Mary	48	Wife	F/w		Tn	Tn	Tn
	James N.	22	Son	M/W	Laborer	Tn	Tn	Tn
	PEDEN, William	18		M/W	At School	Tn	Tn	Tn
	John D.	17	Son	M/W	Laborer	Tn	Tn	tn
	Maggie M.	14	Dau	F/W		Tn	Tn	Tn
	Joseph S.	12	Son	M/W		Tn	Tn	Tn
117	McGREGOR, James	54		M/W	Farmer	Tn	Tn	Tn
	Mary	54	Wife	F/w		Miss	Ohio	Miss
	Della	21	Dau	F/W		Tn	Tn	Miss
	Jesse A.	29	Son	m/W		Tn	Tn	Miss
	Bell C.	26	Dau	F/W		Tn	Tn	Miss
	Lena A.	4	Gr/Dau	F/W		Tn	Tn	Tn
118	McGREGOR, Irvin	24		M/W	Farmer	Tn	Tn	Miss
	Alice	20	Wife	F/W		Tn	Tn	Tn
119	McGREGOR, Pearlie	52		F/W	Farmer	Tn	Tn	NC
	James	20	Son	M/W		Tn	Tn	Tn
	CURTIS, Marshall	10	Nephew	M/W		Tn	Tn	Tn
120	McGREGOR, Horace	33		M/W	Farmer	Tn	Tn	Miss
	Gillie	31	Wife	F/W		Tn	Tn	Tn
	Ora M.	10	Dau	F/W		Tn	Tn	Tn
	George W.	8	Son	M/W		Tn	Tn	Tn
	Foster	5	Son	M/W		Tn	Tn	Tn
	Clinton	3	Son	M/W		Tn	Tn	Tn
	KESEY, Vicky	31	Sis/Law	F/W		Tn	Tn	Tn
121	McGEE, Elzie T.	41		M/W	Farmer	Tn	Tn	Tn
	Cleo	36	Wife	F/w		Tn	Tn	Tn
	George	11	Son	M/W	Laborer	Tn	Tn	Tn
	Clarence	8	Son	M/W		Tn	Tn	Tn
	Thurman	2	Son	M/w		Tn	Tn	Tn
122	JONES, Isaac	30		M/W	Farmer	Tn	Tn	Tn
	Halla	27	Wife	F/W		Tn	Tn	Tn
	James C.	10	Son	M/W		Tn	Tn	Tn
	Ethel M.	8	Son	M/W		Tn	Tn	Tn
	Jesse L.	5	Son	M/W		Tn	Tn	Tn
	Charles Otto	4	Son	M/W		Tn	Tn	Tn
	Martha C.	1	Dau	F/W		Tn	Tn	Tn
123	POWELL, William	31		M/W	Farmer	Tn	Tn	Tn
	Milly C.	29	Wife	F/W		Tn	Tn	Tn
	Jane	9	Dau	F/W		Tn	Tn	Tn
	Jesse	7	Son	M/W		Tn	Tn	Tn
	George	4	Son	M/W		Tn	Tn	Tn
	Martha	2	Dau	F/w		Tn	tn	Tn
124	GARDNER, Matt	83		M/Bl	Farmer	Va	Va	Va
	Sarah	54	Wife	F/Bl		Tn	Tn	Tn
	BROWN, Willie	21	Gr/Son	M/Bl		Tn	Tn	Tn
125	BROWN, William R.	56		M/W	Laborer	Ga	Ill	Ill
	Nancy	47	Wife	F/W		Tn	Tn	Tn

No.	Name		Age	Rel. to Head	Sx/Race	Occupation	Birth of Person-Father-Mother		
	BROWN,	Elza	21	Son	M/W	Laborer	Tn	Tn	Ga
		Andy	17	Son	M/W	Laborer	Tn	Tn	Ga
		Rachel	15	Dau	F/w		Tn	Tn	Tn
		Nancy	11	Dau	F/W		Tn	Tn	tn
		Delia	10	Dau	F.W		Tn	Tn	Tn
126	POWELL,	Henry	62		M/W	Laborer	Eng	Eng	Eng
		Martha	51	Wife	F/W		Tn	NC	NC
		Robert	28	Son	M/W	Laborer	Tn	Eng	Tn
		Mary J.	26	Dau	F/W		Tn	Eng	Tn
127	CURTIS,	Henry	53		M/W	Laborer	Tn	Tn	Tn
		Angie	37	Wife	F/W		Tn	Tn	Tn
128	CUNNINGHAM,	Sam	44		M/W	Farmer	Tn	Tn	tn
		Charlotte	34	Wife	F/W		Tn	Tn	Tn
		Waymon	13	Son	M/W	Laborer	Tn	Tn	Tn
		Alden	12	Son	M/W	Laborer	Tn	Tn	Tn
		Jason	9	Son	M/W		Tn	Tn	Tn
		Tressa	6	Dau	F/W		Tn	Tn	Tn
		Nancy M.	3	Dau	F/W		Tn	Tn	Tn
129	GARDNER,	J. R.	49		M/W	Farmer	Tn	Tn	Tn
		Mary	25	Wife	F/W		Tn	Tn	Tn
		William J.	4	Son	M/W		Tn	Tn	Tn
		Brown R.	3	Son	M/W		Tn	Tn	Tn
		James R.	2	Son	M/W		Tn	Tn	Tn
130	DODSON,	Grundy	50		M/W	Laborer	Tn	Tn	Tn
		Cassie	51	Wife	F/W		Tn	Tn	Tn
	Twins (	MArtha	25	Dau	F/W		Tn	Tn	Tn
	(	Mary	25	Dau	F/W		Tn	Tn	Tn
		Venus	21	Son	M/W	Laborer	Tn	Tn	Tn
		Murphy	19	Son	M/W	Laborer	Tn	Tn	Tn
		William C.	14	Son	M/W	Laborer	Tn	Tn	Tn
	Twins (	Myrtle	9	Dau	F/W		Tn	Tn	Tn
	(	Mandie	9	Dau	F/W		Tn	Tn	Tn
131	GARDNER,	Steve	66		M/W	Farmer	Tn	Va	Va
		Harriett	74	Sister	F/W		Tn	Va	Va
		Ella	65	Sister	F/W		Tn	Va	Va
		Martha	62	Sister	F/W		Tn	Va	Va
		J. T.	41	Nephew	M/W		Tn	Tn	Tn
132	MARTIN,	Mose	42		M/W	Farmer	Tn	Tn	Tn
		Sophronia	39	Wife	f/W		Tn	Tn	Tn
		Andrew	17	Son	M/W	Laborer	Tn	Tn	Tn
		Amanda	16	Dau	F/W		Tn	Tn	Tn
		Dora	13	Dau	F/W		Tn	Tn	Tn
		Maggie	11	Dau	F/W		Tn	Tn	Tn
		Betty	8	Dau	F?W		Tn	Tn	tn
		Julia	5	Dau	F/W		Tn	Tn	Tn
		Frank	2	Son	M/W		Tn	Tn	Tn
	MARTIN,	Polly	85	Mother	F/W		Tn	Va	NC

No.	Name		Age	Rel. to Head	Sx/Race	Occupation	Birth of Person-Father-Mother		
133	McGREGOR,	Alfred	83		M/W	Farmer	Tn	Va	NC
		Beersheba	57	Wife	f/W		Tn	Tn	Tn
		Alfred J.	23	Son	M/W	Laborer	Tn	Tn	Tn
		Maud	19	Dau	F/W		Tn	Tn	Tn
		James Claud	11	Son	M/W		Tn	Tn	Tn
134	FARLESS,	William	49		M/W	Laborer	Tn	Tn	tn
		Hannah	34	Wife	F/W		Tn	Tn	tn
		Anna	16	Dau	F/W		Tn	Tn	tn
		America	14	Dau	F/W		Tn	Tn	Tn
		Ethel	13	Dau	F/w		Tn	Tn	tn
		Hassie	9	Dau	F/W		Tn	Tn	Tn
		Virgil	5	Son	M/W		Tn	Tn	Tn
		Ervin	3	Son	M/W		Tn	Tn	Tn
135	PEDEN,	James	76		M/W	Farmer	Tn	Va	NC
		Sallie	76	Wife	F/W		Tn	NC	NC
		Malinda	45	Dau	F/W		Tn	Tn	Tn
		Susie	41	Dau	F/W		Tn	Tn	Tn
136	HOODENPYLE,	P.	70		M/W	Farmer	Tn	NC	Tn
	COX,	John	51	Boarder	M/W	Laborer	Tn	Tn	Tn
	COX,	Mary Bell	16	Boarder	F/W	Servant	Tn	Tn	Tn
137	McGREGOR,	Marshall	53		M/W	Farmer	Tn	Tn	Tn
		Cora	47	Wife	F/W		Tn	Tn	Tn
		Wesley	20	Son	M/W		Tn	Tn	tn
		Julia	9	Dau	F/W		Tn	Tn	Tn
138	STEVENSON,	John	64		M/W	Farmer	Ala	Ala	Ala
		Mary	56	Wife	F/W		Tn	NC	NC
		Wallace B.	23	Son	M/W	Laborer	Tn	Tn	Ala
139	STUBBLEFIELD,	N. B.	56		M/W	Farmer	Tn	Tn	Tn
		Nancy	56	Wife	F/W		Tn	Ala	NC
		Richard	23	Son	M/W		Tn	Tn	Tn
		George	20	Son	M/W		Tn	Tn	Tn
		Bettie	16	Dau	F/w		Tn	Tn	Tn
		Mack	11	Son	m/W	Laborer	Tn	Tn	Tn
		Rebecca	67	Mother	F/W		Tn	NC	NC
140	JONES,	Noah B.	47		M/W	Laborer	Tn	Tn	Tn
		Nancy	45	Wife	F/w		Tn	Tn	Tn
		Lester D.	18	Son	M/W		Tn	Tn	Tn
		Mary V.	15	Dau	F/W		Tn	Tn	Tn
		William C.	10	Dau	F/W		Tn	Tn	Tn
		Nora F.	7	Dau	F/W		Tn	Tn	Tn
		Howard D.	4	Son	M/w		Tn	Tn	Tn
		Nancy M.	2	Dau	F/W		Tn	Tn	Tn
141	HARMON,	Joe	41		M/W	Farmer	Tn	Tn	Tn
		Josie	21	Dau	F/W		Tn	Tn	Tn
		W. B.	20	Son	M/W	Laborer	Tn	Tn	Tn
		Lula L.	18	Dau	F/W		Tn	Tn	Tn
		Frankie	13	Dau	F/w		Tn	Tn	Tn

No.	Name	Age	Rel. to Head	Sx/Race	Occupation	Birth of Person-Father-Mother		
142	HUSS, Edward	48		M/W	Farmer	Ind	Ind	France
	Mary	42	Wife	F/W		Ohio	Ger	Ger
	Lean C.	3	Dau	F/W		Ohio	Ind	Ohio
143	WARE, William	64		M/W	FArmer	Tn	Tn	Tn
	Catherine	54	Wife	F/W		Tn	Tn	Tn
	Bell	29	Dau	F/W		Tn	Tn	Tn
	John M.	12	Gr/Son	M/W	LAborer	Tn	Tn	Tn
	W. M., Jr.	27	Son	M/W	FArmer	Tn	Va	Tn
144	GRISSOM, thomas	42		M/W	Farmer	Tn	Tn	Tn
	Malinda	40	Wife	F/W		Tn	Tn	tn
	Claud J.	14	Son	E/W		Tn	Tn	Tn
	Emma	11	Dau	F/W		Tn	Tn	Tn
	Eunice	8	Dau	F/W		Tn	Tn	Tn
	Arsy	6	Son	M/W		Tn	Tn	Tn
	Mary	3	Dau	F/w		Tn	Tn	Tn
145	SAFLEY, Enoch	50		M/W	Farmer	Tn	Tn	tn
	Milbrey	56	Wife	F/W		Ala	Ky	Ga
146	JONES, J. S.	55		M/W	Farmer	Tn	Tn	tn
	Isabell	50	Wife	F/W		Tn	tn	Tn
	Ella	25	Dau	F/w		Tn	Tn	Tn
147	TURNER, J. D.	46		M/W	Farmer	Tn	Tn	Tn
	Myra	42	Wife	F/w		Tn	Tn	Tn
	Marion	22	Son	M/W	Farmer	Tn	Tn	Tn
	Martha	19	Dau	F/w		Tn	Tn	tn
	James D.	17	Son	M/W	Laborer	Tn	Tn	tn
	William N.	15	Son	M/W	Laborer	Tn	Tn	tn
	Luther	12	Son	M/W	Laborer	Tn	Tn	tn
	Pearl	20	Dau	F/W		Tn	Tn	Tn
	Katie J.	6	Dau	F/W		Tn	Tn	Tn
	Arthur	4	Son	M/W		Tn	Tn	Tn
	Edwin	2	Son	M/W		Tn	Tn	Tn
148	HAYES, Maggie	57		F/W	Farmer	Tn	Tn	Tn
	Jessie	21	Wife	F/W		Tn	Tn	tn
	Frank	18	Son	M/W	Laborer	Tn	Tn	Tn
	Nellie	14	Dau	F/W		Tn	Tn	Tn
149	RUSSELL, Nancy	30		F/W	Domestic	Tn	Tn	Tn
	Charles C.	10	Son	M/W		Tn	Tn	Tn
	John W.	9	Son	M/w		Tn	Tn	Tn
	Frank C.	8	Son	M/W		Tn	Tn	Tn
	Lenora	5	Dau	F/W		Tn	Tn	Tn
	Gertie M/	1	Dau	F/w		Tn	Tn	Tn
150	JONES, Leander	24		M/W	Farmer	Tn	Tn	Tn
	Elsie	21	Wife	f/W		Tn	Tn	tn
	Eva L.	3	DAu	F/W		Tn	Tn	Tn
	JONES, FAitha	86	Aunt	F/W		Va	Va	Va

No.	Name	Age	Rel. to Head	Sx/Race	Occupation	Birth of Person-Father-Mother		
151	CANTRELL, MArtha	58		F/W	Farmer	Tn	Tn	Tn
	AKEMAN, John W.	28	Son	M/W	Laborer	Tn	Tn	Tn
	George W.	17	Son	M/W		Tn	Tn	Tn
152	BOYD, Ben	26		M/W	Farmer	Tn	Tn	Tn
	Clara	23	Wife	F/W		Tn	Tn	Tn
	Martha	3	Dau	F/W		Tn	Tn	Tn
153	BOYD, M. C.	66		M/W	Farmer	Tn	Va	Tn
	William	23	Son	M/W	Laborer	La	Tn	Tn
	Andrew	18	son	M/W	Laborer	Tn	Tn	Tn
	Drucilla	16	Dau	F/W		Tn	Tn	Tn
	Bright J.	12	Son	M/W		Tn	Tn	Tn
	Foster G.	10	Son	M/W		Tn	Tn	
	Vera Lee	4	Dau	F/w		Tn	Tn	tn
	WOODLY, Charles L.	18	Orphan	M/W	Laborer	Tn	Tn	Tn
	BOYD, Drucilla	54	Sister	F/W		Tn	Tn	Tn
154	BOYD, John A.	33		M/W	Farmer	Tn	Tn	Tn
	Visa	31	Wife	F/w		Tn	Tn	Tn
	Lester R.	17	Son	M/W		Tn	Tn	Tn
	Edgar T.	7	Son	M/W		Tn	Tn	Tn
	Anna G.	3/12	Dau	F/W		Tn	Tn	Tn
155	CARTRIGHT, John	50		M/W	Farmer	Tn	Tn	Tn
	Sarah	43	Wife	F/W		Tn	Tn	Tn
	Martha M.	22	Dau	F/W		Tn	Tn	Tn
	Jesse Ed	17	Son	M/W	Laborer	Tn	Tn	tn
	Isaac Lee	5	Son	M/W		Tn	Tn	Tn
156	TURNER, Vesta	51		F/W	Farmer	Tn	Tn	Tn
	Leander	21	Son	M/W	Laborer	Tn	Tn	Tn
	KAtie	17	Dau	F/W		Tn	Tn	Tn
	CLENDENON, John T.	22	Son/Law	M/W	Laborer	Tn	Tn	Tn
	Alva	3/12	Gr/Son	M/W		Tn	Tn	Tn
157	TURNER, John J.	68		M/W	Farmer	Tn	Tn	tn
	Margaret	60	Wife	F/W		Tn	Tn	Tn
	Henry L.	38	Son	M/W	Laborer	Tn	Tn	Tn
	Claud G.	27	Son	M/W		Tn	Tn	Tn
	Parrett A.	22	Dau	F/W		Tn	Tn	Tn
158	TURNER, William W.	36		M/W	Farmer	Tn	Tn	Tn
	Martha J.	34	Wife	F/W		Tn	Tn	Tn
	Lelia M.	14	Dau	F/W		Tn	Tn	Tn
	Maggie	13	Dau	F/W.		Tn	Tn	Tn
	Gertrude	12	Dau	F/W		Tn	Tn	Tn
	Hattie L.	9	Dau	F/W		Tn	Tn	Tn
	Jesse W.	6	Son	M/W		Tn	Tn	Tn
	Oma N.	4	Dau	F/W		Tn	Tn	Tn
	Everette	1	Son	M/W		Tn	Tn	Tn
159	TURNER, Oriah	59		M/W	Farmer	Tn	Tn	Tn
	Martha	57	Wife	F/W		Tn	Tn	Tn
	Julia	26	Dau	F/W		Tn	Tn	tn

No.	Name	Age	Rel. to Head	Sx/Race	Occupation	Birth of Person	Father	Mother
	TURNER, Cora	24	Dau	F/W		Tn	Tn	Tn
	George D.	17	Son	M/W	Laborer	Tn	Tn	tn
	Irvin F.	16	Son	M/W	Laborer	Tn	Tn	Tn
160	TURNER, Henry	74		M/W	Laborer	Tn	SC	SC
	Mary J.	71	Wife	F/W		Tn	Ga	Ga
	Frances	22	Dau	F/W		Tn	Tn	Tn
161	SAVAGE, Grorge M.	43		M/W	Farmer	Tn	Tn	Tn
162	SAVAGE, Ben	42		M/W	Farmer	Tn	Tn	Tn
	Mary	33	Wife	F/W		Tn	Tn	Tn
	Oscar I.	12	Son	M/W		Tn	Tn	Tn
	Mattie M.	8	Dau	F/W		Tn	Tn	Tn
163	SAVAGE, Andrew	37		M/W	Farmer	Tn	Tn	Tn
	Hallie	32	Dau	F/W		Tn	Tn	Tn
	Hattie R.	11	Dau	F/W		Tn	Tn	Tn
	Jude	10	Dau	F/W		Tn	Tn	Tn
	William B.	6	Son	M/W		Tn	Tn	tn
	Josie	1	Dau	F/W		Tn	Tn	Tn
164	BRADY, Sam	51		M/W	Farmer	Tn	Tn	Tn
	Nancy	52	Wife	F/w		Tn	Tn	Tn
	Charlie T.	18	Son	M/W		Tn	Tn	Tn
	Clara J.	11	Dau	F/W		Tn	Tn	Tn
	Edna P.	8	Dau	F/W		Tn	Tn	tn
165	BOTTOMS, Charley B.	39		M/W	Farmer	Tn	Tn	tn
	Willie	37	Wife	F/W		Tn	Tn	Tn
	Thomas	14	Son	M/W	Laborer	Tn	Tn	Tn
	James C.	13	Son	M/W	Farm Labor	Tn	Tn	Tn
	Nettie	12	Dau	F/W		Tn	Tn	Tn
	Ersa	9	Dau	F/W		Tn	Tn	Tn
	James R.	5	Son	M/W		Tn	Tn	Tn
	Erma Lee	6	Dau	F/W		Tn	Tn	tn
	Minnie	4/12	Dau	F/W		Tn	Tn	Tn
167	O'NEAL, Albert	20		M/W	Laborer	Tn	Tn	Tn
	Myrtle	19	Wife	F/W		Tn	Tn	Tn
	Joseph	1	Son	M/W		Tn	Tn	Tn
168	BARNES, Charles	45		M/W	Farmer	Tn	Tn	Tn
	Rachael	50	Wife	F/W		Tn	Tn	tn
	John T.	26	Son	M/W	Teacher	Tn	Tn	Tn
	Robert	24	Son	M/W	Laborer	Tn	Tn	Tn
	William	22	Son	M/W	Teacher	Tn	Tn	Tn
	Archie	18	Son	M/W	Laborer	Tn	Tn	Tn
	Nancy A.	16	Dau	F/W		Tn	Tn	tn
	Minnie L.	13	Dau	F/W		Tn	Tn	Tn
	Virgil Eugene	6	Gr/Son *	M/W		Tn	Tn	Tn
	Anna	4	Gr/Dau *	F/W		Tn	Tn	tn
	Delia	2	Gr/Dau *	F/W		Tn	Tn	Tn

* Children of Robert

See page 147 for # 166 O'Neal, Wm.   - 146 -

No.	Name	Age	Rel. to Head	Sx/Race	Occupation	Birth of Person	Father	Mother
166	O'NEAL, William	70		M/W	Farmer	Tn	Tn	Tn
	Permelia	66	Wife	F/w		Tn	Tn	Tn
169	CUNNINGHAM, Elisha	38		M/W	Farmer	Tn	Tn	Tn
	Reatha	36	Wife	F/W		Tn	Tn	tn
	Eugene F.	12	Son	M/W		Tn	Tn	tn
	Sallie A.	8	Dau	F/w		Tn	Tn	Tn
	Jennie F.	6	Dau	F/W		Tn	Tn	Tn
	William P.	2	Son	M/W		Tn	Tn	tn
170	HENNESSEE, James	44		M/W	Farmer	Tn	Tn	tn
	Mary	38	Wife	F/W		Tn	Tn	tn
	William M.	15	Son	M/w		Tn	Tn	tn
	Charles K.	13	Son	M/W		Tn	Tn	tn
	Polly Lee	7	Dau	F/W		Tn	Tn	Tn
	Kelly E.	4	Son	M/W		Tn	Tn	Tn
	Jesse Harris	3	Son	M/W		Tn	Tn	Tn
	Andy M.	3	Son	M/w		Tn	Tn	Tn
171	JENNINGS, William	39		M/W	Farmer	Tn	Tn	Tn
	Samantha	35	Wife	f/W		Tn	Tn	tn
	Tammie	15	Dau	F/W		Tn	Tn	tn
	William T.	14	Son	M/W		Tn	Tn	tn
	Julia	10	Dau	F/w		Tn	Tn	Tn
	George K.	7	Son	M/W		Tn	Tn	tn
	JAmes B.	6	Son	M/W		Tn	Tn	Tn
	Bryan	3	Son	M/W		Tn	Tn	Tn
	Nannie	1	Dau	F/W		Tn	Tn	Tn
172	MYERS, Darius	53		M/W	Farmer	Tn	Tn	Tn
	Sarah	40	Wife	F/w		Tn	Tn	Tn
	Ercie A.	16	Dau	F/W		Tn	Tn	Tn
	Clarence C.	15	Son	M/W	Laborer	Tn	Tn	Tn
	Martha J.	13	Dau	F/W		Tn	Tn	Tn
	Ella	12	Dau	F/W		Tn	Tn	Tn
	Louella	7	Dau	F/W		Tn	Tn	Tn
173	CHRISTIAN, Ca-----	32		M/W	Farmer	Tn	Tn	Tn
	Mary	32	Wife	F/w		Tn	Eng	Tn
	Horace	12	Son	M/W	Laborer	Tn	Tn	Tn
	Hattie C.	9	Dau	F/W		Tn	Tn	Tn
	Amos	6	Son	M/W		Tn	Tn	Tn
	Herman	3	Son	M/W		Tn	Tn	Tn
174	SMITH, Frank	32		M/W	FArmer	Tn	Tn	Tn
	Josie	32	Wife	F/W		Tn	Tn	Tn
	Mattie	14	Dau	F/W		Tn	Tn	tn
	Allen	11	Son	M/W		Tn	Tn	Tn
	Maggie	9	Dau	F/W		Tn	Tn	Tn
	Arthur	6	Son	M/W		Tn	Tn	Tn
	Hallie	1	Dau	f/W		Tn	Tn	Tn

No.	Name	Age	Rel. to Head	Sx/Race	Occupation	Birth of Person	Father	Mother
175	O'NEAL, JAmes M.	42		M/W	Farmer	Tn	Tn	tn
	Amanda	45	Wife	F/W		Tn	Tn	Tn
	Laura	22	Dau	F/W		Tn	Tn	Tn
	Martin	20	Son	M/W	Laborer	Tn	Tn	tn
	Della	16	Dau	F/W		Tn	Tn	tn
	Victoria R.	15	Dau	F/W		Tn	Tn	Tn
	Sarah A.	9	Dau	F/W		Tn	Tn	tn
	Maud J.	5	Dau	F/W		Tn	Tn	Tn
	Minnie	2	Dau	F/W		Tn	Tn	Tn
176	HARRISON, Mary	38		F/W		Tn	Tn	Tn
	Edward	15	Son	M/W	Laborer	Tn	Tn	tn
	Bryan	9	Son	M/W		Tn	Tn	Tn
	Dorsie J.	3	Dau	F/W		Tn	Tn	Tn
	Dora	2/12	Dau	F/W		Tn	Tn	Tn
177	TURNER, William	35		M/w	Farmer	Tn	Tn	Tn
	JAne C.	30	Wife	F/w		Tn	Tn	Tn
	Virgil	14	Son	M/W	Laborer	Tn	Tn	Tn
	Eugene	12	Son	M/W	Laborer	Tn	Tn	tn
	G. B.	9	Son	M/W	Lsborer	Tn	Tn	Tn
	Anna M.	8	Dau	F/W		Tn	Tn	Tn
	Ella D.	6	Dau	F/w		Tn	Tn	Tn
178	FARLESS, Obediah	29		M/W	Farmer	Tn	Tn	Tn
	Ida M.	29	Wife	F/w		Tn	Tn	Tn
	Anna M.	7	Dau	F/W		Tn	Tn	Tn
	Ella D.	6	Dau	F/W		Tn	Tn	tn
	Nannie	4	Dau	F/w		Tn	Tn	Tn
	Jessie	1	Dau	F/w		Tn	Tn	tn
	Sarah	3	Dau	F/W		Tn	Tn	Tn
	Emily	1	Dau	F/W		Tn	Tn	Tn
179	WARD, William	31		M/W	Farmer	Tn	Tn	Tn
	Arkie	27	Wife	F/W		Tn	Tn	Tn
	Orie	8	Dau	F/W		Tn	Tn	Tn
	Birdie	5	Dau	F/W		Tn	Tn	Tn
	Howard	1	Son	M/w		Tn	Tn	tn
	HAYES, Maggie	30	Sister	F/W		Tn	Tn	Tn
180	HILLIS, Thomas	34		M/W	Farmer	Tn	Tn	Tn
	Maggie	29	Wife	F/W		Tn	Tn	tn
	Squire H.	10	Son	M/W		Tn	Tn	Tn
	Levada	8	Son	M/W		Tn	Tn	tn
	Bettie	7	Dau	F/W		Tn	Tn	tn
	Laura	3	Dau	F/w		Tn	Tn	tn
181	CHRISTIAN, Sam	50		M/W	Laborer	Tn	Tn	tn
	Sarah	49	Wife	F/W		Tn	Tn	Tn
	Thomas	16	Son	M/W	Laborer	Tn	Tn	tn
	Samuel	9	Son	M/W		Tn	Tn	Tn
	Robert	6	Son	m/W		Tn	Tn	Tn
	HILL, Margaret	85	Mother	F/W		Tn	NC	NC

No.	Name	Age	Rel. to Head	Sx/Race	Occupation	Birth of Person	Father	Mother
182	GILLENTINE, Martin	37		M/W	Farmer	Tn	Tn	tn
	Maxie	30	Wife	F/W		Tn	Tn	Tn
	Bettie	13	Dau	F/W		Tn	Tn	tn
	Rachel	9	Dau	F/W		Tn	Tn	tn
	Mandy	8	Dau	F/W		Tn	Tn	tn
	William	6	Son	M/W		Tn	Tn	Tn
	Jesse	4	Son	M/W		Tn	Tn	tn
	Liza B.	2	Dau	F/W		Tn	Tn	Tn
	Logan	10/12	Son	M/W		Tn	Tn	tn
183	MAYES, James	23		M/W	FArmer	Tn	Tn	Tn
	Sallie	25	Wife	F/W		Tn	Tn	tn
	Oscar	13	Son	M/W		Tn	Tn	Tn
	Florence	9	Dau	F/W		Tn	Tn	Tn
184	McGREGOR, Willis	48		M/W	Farmer	Tn	Tn	Tn
	Drucilla	22	Wife	F/W		Tn	Tn	Tn
	John	21	Son	M/W		Tn	Tn	Tn
	William	18	Son	M/W		Tn	Tn	Tn
	Sophia	15	Dau	F/W		Tn	Tn	tn
	Emery	5	Son	M/W		Tn	Tn	Tn
	Mollie	4	Dau	F/W		Tn	Tn	Tn
185	ROBERTS, Adrian	50		M/W	Farmer	Tn	Tn	Tn
	Mary	44	Wife	F/W		Tn	Tn	tn
	Thomas	15	Son	M/W		Tn	Tn	tn
	Frank	13	Son	M/W	Laborer	Tn	Tn	Tn
	Isham	11	Son	M/W	Laborer	Tn	Tn	Tn
	Daniel	4	Son	M/W		Tn	Tn	Tn
186	GILLENTINE, C------	78		M/W	Farmer	Tn	Tn	tn
	Nancy	75	Wife	F/W		Tn	Tn	tn
187	WISEMAN, Joseph	22		M/W	Laborer	Tn	Tn	Tn
	Eliza	22	Wife	F/W		Tn	Tn	Tn
188	HILLIS, James	39		M/W	Laborer	NC	TN	TN
	Margaret	32	Wife	F/W		Tn	Tn	Tn
	Nancy	9	Dau	F/W		Tn	Tn	Tn
	Mary	7	Dau	F/W		Tn	Tn	Tn
	Hallie	6	Dau	F/W		Tn	Tn	Tn
	Marion	2	Son	M/W		Tn	Tn	Tn
	William	3/12	Son	M/W		Tn	Tn	Tn
	WISEMAN, Anna	1/12	#187 Dau	F/W		Tn	Tn	Tn
189	ROBERTS, Thomas	44		M/W	Farmer	Tn	Tn	Tn
	Delphia	40	Wife	F/W		Tn	Tn	tn
	William	20	Son	M/W	Laborer	Tn	Tn	Tn
	John H.	18	Son	M/W	Laborer	Tn	Tn	Tn
	Arthur	13	Son	M/W		Tn	Tn	Tn
	Adrian	10	Brother	M/W		Tn	Tn	Tn
	Leuti shia	8	Dau	F/W		Tn	Tn	Tn
	Lenora	6	Dau	F/W		Tn	Tn	Tn
	Jeffie	3	Dau	F/W		Tn	Tn	tn
	Cinthia	1	Dau	F/W		Tn	Tn	Tn

No.	Name	Age	Rel. to Head	Sx/Race	Occupation	Person	Father	Mother
190	JORDAN, James	28		M/W	Farmer	Tn	Tn	Tn
	Ellen A.	26	Wife	F/W		Tn	Tn	tn
	Etta Pearl	7	Dau	F/W		Tn	Tn	Tn
	Laura	5	DAu	F/W		Tn	Tn	Tn
	Nettie	2	Dau	F/W		Tn	Tn	tn
	Virgie	1	Son	M/W		Tn	Tn	Tn
191	ROBERTS, Isaac	51		M/W	FArmer	Tn	Tn	Tn
	Matilda	42	Wife	F/W		Tn	Tn	Tn
	Elijah	20	Son	F/W	Laborer	Tn	Tn	tn
	Amelia	18	Dau	F/W		Tn	Tn	Tn
	Isaiah	15	Son	M/W	Laborer	Tn	Tn	Tn
	Isaac	10	Son	M/W		Tn	Tn	tn
	Minnie	4	Dau	F/W		Tn	Tn	tn
	Stanley	2	Son	M/W		Tn	Tn	tn
192	O'NEAL, Thomas	26		M/W	Laborer	Tn	Tn	tn
	Maggie	25	Wife	F/W		Tn	Tn	tn
	Lillie	7	Dau	F/W		Tn	Tn	tn
	Dalton	2	Son	M/W		Tn	Tn	Tn
	Henry	5/12	Son	M/W		Tn	Tn	Tn
193	BUTCHER, James	43		M/W	Farmer	Tn	Tn	Tn
	Cora	29	Wife	F/W		Tn	Tn	Tn
	JAmes	18	Son	M/W		Tn	Tn	Tn
	Ellen	17	Dau	F/W	Laborer	Tn	Tn	Tn
	Josie	15	Dau	F/W		Tn	Tn	Tn
	Octie	12	Dau	F/W		Tn	Tn	Tn
	Mary	11	Dau	F/W		Tn	Tn	Tn
	Jesse	10	Son	M/W		Tn	Tn	Tn
	Flora	6	Dau	F/W		Tn	Tn	Tn
	Harrison	4	Son	M/W		Tn	Tn	tn
194	MARTIN, Albert	37		M/W	Farmer	Tn	Tn	Tn
	Nannie	24	Wife	F/W		Tn	Tn	Tn
	Annie Pearl	14	Dau	F/W		Tn	Tn	Tn
	Jimmie	11	Son	M/W		Tn	Tn	tn
	Ellen	65	Mother	F/W		Tn	Tn	tn
	QUICK, Isham	31	Boarder	M/W	Laborer	Tn	Tn	Tn
195	WISEMAN, George	52		M/W	Farmer	Tn	Tn	Tn
	Mary	46	Wife	F/W		Tn	Tn	tn
	Walker	13	Son	M/W	Laborer	Tn	Tn	Tn
	Nancy	11	Dau	F/W		Tn	Tn	Tn
	Lizzie	18	Dau	F/W		Tn	Tn	Tn
	Obediah	15	Son	M/W		Tn	Tn	Tn
	Maggie	14	Dau	F/W		Tn	Tn	Tn
	Martin	12	Son	M/W		Tn	Tn	Tn
	Allie Bell	10	Dau	F/W		Tn	Tn	Tn
	Dillard	7	Son	M/W		Tn	Tn	Tn
	George	1	Son	M/W		Tn	Tn	Tn
196	WISEMAN, Edley	39		M/W	Farmer	Tn	Tn	Tn
	Florence	33	Wife	F/W		Tn	Tn	Tn

No.	Name	Age	Rel. to Head	Sx/Race	Occupation	Person	Father	Mother
	WISEMAN, Mary	6	Dau	F/W		Tn	Tn	Tn
	Buna	3	Dau	F/W		Tn	Tn	Tn
197	TEMPLETON, Samuel	33		M/W	Farmer	Tn	Tn	Tn
	Lizzie	23	Wife	F/W		Tn	Tn	Tn
	Julia	11/12	Dau	F/W		Tn	Tn	Tn
198	McGEE, Samuel	33		M/W	Farmer	Tn	Tn	Tn
	Mandy	30	Wife	F/W		Tn	Tn	Tn
	Jesse	13	Son	M/W		Tn	Tn	Tn
	Mattie	6	Dau	F/W		Tn	Tn	Tn
199	McGEE, Elizabeth	51		M/W	Farmer	Tn	Tn	Tn
	Georgia	20	Dau	F/W		Tn	Tn	Tn
	WISEMAN, Daniel	81	Father	M/W		Tn	Tn	Tn
200	SMITH, Harrison	27		M/W	Farmer	Tn	Tn	Tn
	Ada	24	Wife	F/W		Tn	Tn	Tn
	WILSON, Walter	14	Boarder	M/W	Laborer	Tn	Tn	Tn
201	McCORKLE, Morgan	25		M/W	Laborer	Tn	Tn	Tn
	Harriett	22	Wife	F/W		Tn	Tn	Tn
	Eddie	3	Son	M/W		Tn	Tn	Tn
	Mary	2/12	Dau	F/W		Tn	Tn	Tn
202	RICHARDSON, Grundy	27		M/w	Farmer	Tn	Tn	Tn
	Frona Jane	20	Wife	F/W		Tn	Tn	Tn
	Pearlie	1	Dau	F/W		Tn	Tn	Tn
203	McCORKLE, Elizabeth	55		F/W	Farmer	Tn	Tn	Tn
	PURSLEY, John	29		M/W	Laborer	Tn	Tn	Tn
	Anna	22	Dau	F/W		Tn	Tn	Tn
204	McCORKLE, Robert	58		M/W		Tn	Tn	Tn
	Sallie	60	Wife	F/W		Tn	Tn	Tn
205	TAYLOR, norman	46		M/W	Laborer	Tn	Tn	NC
	Grace	17	Dau	F/w		Tn	Tn	Tn
	Icie Willie	12	Dau	F/W		Tn	Tn	Tn
	Twins (Joseph	7	Son	M/W		Tn	Tn	Tn
	(Samuel	7	Son	M/W		Tn	Tn	Tn
	Nancy	70	Mother	F/W	Tn	NC	NC	
206	DANIEL, William	37		M/W	Laborer	Tn	Tn	Tn
	Hannah	39	Wife	F/W		Tn	Tn	Tn
	Charity	11	Dau	F/W		Tn	Tn	Tn
	Octie	6	Dau	F/W		Tn	Tn	Tn
	Katie	3	Dau	F/W		Tn	Tn	Tn
	Andrew	1	Son	M/W		Tn	Tn	Tn
207	MYERS, Floyd	28		M/W	Farmer	Tn	Tn	Tn
	Caroline	75	Mother	F/W		Tn	Tn	Tn
	CARL, Martha	21	Boarder	F/W		Tn	Tn	Tn

No.	Name	Age	Rel. to Head	Sx/Race	Occupation	Birth of Person	Father	Mother
208	JORDAN, James	29		M/W	Farmer	Tn	Tn	Tn
	Maggie	??	Wife	F/W		Tn	Tn	Tn
	Hattie	??	Dau	F/W		Tn	Tn	Tn
	John	??	Son	M/W		Tn	Tn	Tn
	Julia	10	Dau	F/W		Tn	Tn	Tn
209	McPHERSON, Mary	40		F/W	Farmer	Tn	Tn	Tn
	Frank	23	Son	M/W		Tn	Tn	Tn
	David	18	Son	M/W		Tn	Tn	Tn
	Matilda	9	Dau	F/W		Tn	Tn	Tn
	Henry	11	Son	M/W		Tn	Tn	Tn
	Virginia	5	Dau	F/w		Tn	Tn	Tn
	Litta	3	Dau	F/W		Tn	Tn	Tn
210	HILLIS, Addison	24		M/W	Farmer	Tn	Tn	Tn
	Delia	22	Wife	F/W		Tn	Tn	Tn
	Lorin	5	Son	M/W		Tn	Tn	Tn
	Cleora	3	Dau	F/W		Tn	Tn	Tn
	Viola	1	Dau	F/W		Tn	Tn	Tn
211	MYERS, Andrew	47		M/W	Farmer	Tn	Tn	Tn
	Octa	38	Wife	F/W		Tn	Tn	Tn
	Irena	17	Dau	F/W		Tn	Tn	Tn
	Edna G.	15	Dau	F/W		Tn	Tn	Tn
	Lester	13	Son	M/W	Laborer	Tn	Tn	Tn
	Martha Lee	11	Dau	F/W		Tn	Tn	Tn
	Sutton	8	Son	M/W		Tn	Tn	Tn
	Mary	6	Dau	F/W		Tn	Tn	Tn
	John B.	4	Son	M/W		Tn	Tn	Tn
	MYERS, thomas	82	Father	M/W		Tn	Tn	Tn
	FAIRBANKS, Nancy	33	Sister	F/W		Tn	Tn	Tn
212	FAIRBANKS, David	71		M/W	Farmer	Tn	Tn	Tn
	Lafayette	39	Son	M/W		Tn	Tn	Tn
213	FAIRBANKS, John	42		M/W	Farmer	Tn	Tn	Tn
	Mattie	26	Wife	F/W		Tn	Tn	Tn
	Livingstone	7	Son	M/W		Tn	Tn	Tn
	Robert F.	1	Son	M/W		Tn	Tn	tn
214	GILLENTINE, Thomas	45		M/W	Farmer	Tn	Tn	Tn
	Pheobe	35	Wife	F/W		Tn	Tn	Tn
	William	16	Son	M/W		Tn	Tn	Tn
	Charles	6	Son	M/W		Tn	Tn	Tn
	Alex	3	Son	M/W		Tn	Tn	Tn
215	HAYES, Calhoun	57		M/W	Farmer	Tn	Tn	Tn
	Allemedia	43	Wife	f/W		Tn	Tn	Tn
	Lizzie	17	Dau	F/W		Tn	Tn	Tn
216	O'NEAL, Thomas	31		M/W	Farmer	Tn	Tn	Tn
	Josie	29	Wife	F/W		Tn	Tn	Tn
	Nannie	7	Dau	F/W		Tn	Tn	Tn

No.	Name	Age	Rel. to Head	Sx/Race	Occupation	Birth of Person	Father	Mother
	O'NEAL, Calhoun	5	Son	M/W		Tn	Tn	tn
	Ella	4	Dau	F/W		Tn	Tn	tn
	William	1	Son	M/W		Tn	Tn	Tn
217	CUNNINGHAM, Cannot Read	57		M/W		Tn	Tn	Tn
	Emma	51	Wife	F/W		Tn	Tn	Tn
218	BOTTOMS, James	31		M/W	Farmer	Tn	Tn	Tn
	Florence	24	Wife	F/W		Tn	Tn	Tn
	Frank	5	Son	M/W		Tn	Tn	Tn
	Joseph	3	Son	M/W		Tn	Tn	Tn
	Miranda	2	DAu	F/w		Tn	Tn	Tn
	Wm. Everette	6/12	Son	M/W		Tn	Tn	Tn
	HARRISON, Maud	22	Boarder	F/W		Tn	Tn	Tn
219	SMITH, Charles	26		M/W	Farmer	Tn	Tn	Tn
	Mollie Dee	26	Wife	F/W		Tn	Tn	Tn
	Wm. Jennings	3	Son	M/W		Tn	Tn	Tn
220	WOODLEY, Ben	37		M/W		Tn	Tn	Tn
221	GROVE, William	33		M/W	Farmer	Tn	Tn	Tn
	Fluella	27	Wife	F/W		Tn	Tn	Tn
	Joseph	11	Son	M/W		Tn	Tn	Tn
	Clayburn	8	Son	M/W		Tn	Tn	Tn
	Robert	6	Son	M/W		Tn	Tn	Tn
	Nettie	2	Dau	F/W		Tn	Tn	Tn
222	TEMPLETON, Samuel	63		M/W		Tn	Tn	Tn
	Julia	60	Wife	F/W		Tn	Tn	Tn
	Harrison	31	Son	M/w		Tn	Tn	Tn
	Arthur	27	Son	M/W		Tn	Tn	Tn
	Claud	24	Son	M/W		Tn	Tn	Tn
	Jennie	22	Dau	F/W		Tn	Tn	Tn
	Silas	20	Son	M/W		Tn	Tn	Tn
223	QUICK, William	27		M/W	Farmer	Tn	Tn	Tn
	Victoria	24	Wife	F/W		Tn	Tn	Tn
	Joseph	3	Son	M/w		Tn	Tn	Tn
224	SMITH, Allen	39		M/W	Farmer	Tn	Tn	Tn
	Mary	38	Wife	F/W		Tn	Tn	Tn
	John	19	Son	M/W	Laborer	Tn	Tn	tn
	George	17	Son	M/W	Laborer	Tn	Tn	tn
	JONES, Mary	9	Gr/Dau	F/W		Tn	Tn	Tn
	SMITH, James	34		M/W.	Farmer	Tn	Tn	Tn
	Eliza	32	Wife	F/W		Tn	Tn	Tn
	Waymon	9	Son	M/W		Tn	Tn	Tn
	Tillman	7	Son	M/W		Tn	Tn	Tn
	Mary	3	Dau	F/W		Tn	Tn	Tn
	Carlee	0/12	Dau	F/W		Tn	Tn	Tn
	QUICK, Jimmie	NG	None	M/W		Tn	Tn	Tn
225	HAYES, Arch	38		M/W	Farmer	Tn	Tn	Tn
	MArtha	38	Wife	F/w		Tn	Tn	tn

No.	Name	Age	Rel. to Head	Sx/Race	Occupation	Birth of Person	Father	Mother
	HAYES, Brunetta	18	Dau	F/W		Tn	Tn	Tn
	Rosetta	16	Dau	F/W		Tn	Tn	Tn
	Greenberry	18	Borther	M/W		Tn	Tn	Tn
226	WHITEAKER, George	22		M/W		Tn	Tn	Tn
	Maggie	36	Wife	F/W		Tn	Tn	tn
	Alma	14	Dau	F/W		Tn	Tn	Tn
	Minnie	12	Dau	F/W		Tn	Tn	Tn
	Charles	8	Son	M/W		Tn	Tn	Tn
	Jodie	6	Son	M/W		TN	Tn	Tn
	Smith	3	Son	M/W		Tn	Tn	Tn
227	QUICK, Jennie	55		F/W	Farmer	Tn	Tn	Tn
	Isham	31	Son	M/W	LAborer	Tn	Tn	Tn
	George	27	Son	M/W	LAborer	Tn	Tn	Tn
	Aaron	25	Son	M/W		Tn	Tn	Tn
	Albert	20	Son	M/W	Laborer	Tn	Tn	Tn
	Dora	18	Dau	F/W		Tn	Tn	Tn
	Nannie Maud	15	Dau	F/W		Tn	Tn	Tn
	Jesse	12	Son	M/W		Tn	Tn	Tn
228	CURTIS, John M.	35		M/W	Farmer	Tn	Tn	Tn
	Leona	29	Wife	F/W.		Tn	Tn	Tn
	Thomas	12	Son	M/W		Tn	Tn	Tn
	Jefferson	9	Son	M/W		Tn	Tn	Tn
	Abraham	7	Son	M/W		Tn	Tn	Tn
	Nannie	4	Dau	F/W		Tn	Tn	Tn
	Laura	9/12	Dau	F/W		Tn	Tn	Tn
229	SMITH, Audley	56		M/W	Farmer	Tn	Tn	Tn
	Caldona	49	Wife	F/W		Tn	Tn	Tn
	Alfred	21	Son	M/W		Tn	Tn	Tn
230	QUICK, Nancy	57		F/W		Tn	Tn	Tn
	Victoria	33	Dau	F/W		Tn	Tn	Tn
	Viola	8	DAu	F/W		Tn	Tn	Tn
	Ethel	5	Dau	F/W		Tn	Tn	Tn
231	JONES, Ed	49		M/W	Farmer	Tn	Tn	Tn
	Parlee	45	Wife	F/W		Tn	Tn	Tn
	Rebecca	21	Dau	F/W		Tn	Tn	Tn
	Worth G.	19	Son	M/W		Tn	Tn	Tn
	Ada L.	15	Dau	F/W		Tn	Tn	Tn
	Johnnie	13	Son	M/W		Tn	Tn	Tn
	Willie	11	Son	M/W		Tn	Tn	Tn
	Lula	9	Dau	F/W·		Tn	Tn	Tn
	Edward	7	Son	M/W		Tn	Tn	Tn
	Henry	6	Son	M/W		Tn	Tn	Tn
	Millie	4	Dau	F/W		Tn	Tn	Tn
232	GROVE, Wyatt	33		M/W	Farmer	Tn	Tn	Tn
	Arcola	23	Wife	F/W		Tn	Tn	Tn
	Dallas G.	6	Son	M/W		Tn	Tn	Tn
	Josie	1	Dau	F/W		Tn	Tn	Tn
	Esther	0/12	Dau	F/W		Tn	Tn	Tn

No.	Name	Age	Rel. to Head	Sx/Race	Occupation	Birth of Person	Father	Mother
233	EARLES, William	54		M/W	Farmer	Tn	Tn	Tn
	Sophia	33	Wife	F/W		Tn	Tn	Tn
	John B.	15	Son	M/W		Tn	Tn	Tn
	Willie	5	Dau	F/W		Tn	Tn	Tn
	Annie	1	Dau	F/W		Tn	Tn	Tn
	Charles	3/12	Son	M/W		Tn	Tn	Tn
	Alexander	22	Son	M/W		Tn	Tn	Tn
	Anna B.	23	Dau/Law	F/W		Tn	Tn	Tn
234	HAYES, Martha	44		F/W	Farmer	Tn	Tn	Tn
	Willis H.	15	Son	M/W		Tn	Tn	Tn
	Jennie	13	Dau	F/W		Tn	Tn	Tn
	Calhoun	10	Son	M/W		Tn	Tn	Tn
	Pearly	4	Dau	F/W		Tn	Tn	TN
	Bertha A.	4	Dau	F/W		Tn	Tn	Tn
235	SCOTT, Elijah	40		M/W		Tn	Tn	Tn
	Mollie	29	Wife	F/W		Tn	Tn	Tn
	Edward	13	Son	M/W		Tn	Tn	Tn
	MAry T.	9	DAu	F/W		Tn	Tn	Tn
	Nancy	6	Dau	F/w		Tn	Tn	Tn
	Delia	4	Dau	F/W		Tn	Tn	Tn
	Lula	1	Dau	F/W		Tn	Tn	Tn
236	QUICK, Joseph	55		M/W	Farmer	Tn	NC	Tn
	Columbia	55	Wife	F/W		Tn	Va	Va
	Bettie	12	Gr/Dau	F/W		Tn	Tn	Tn
	Mattie	22	Dau	F/W		Tn	Tn	Tn
	Fannie	6/12	Niece	F/W		Tn	Tn	Tn
	Jesse	25	Son	M/W	Farmer	Tn	Tn	Tn
	Parlee	40	Dau/Law	F/W		Tn	Tn	Tn
237	TAYLOR, Alfred	27		M/W	Farmer	Tn	Tn	Tn
	Susie	20	Wife	F/W		Tn	Tn	Tn
	Jesse	3	Son	M/W		Tn	Tn	Tn
	Bennie	5/12	Son	M/W		Tn	Tn	tn
238	DOUGLAS, Abraham	37		M/W	Farmer	Tn	Mo	Tn
	Minnie	29	Wife	F/W.		Tn	Tn	Tn
	Silas	2	Son	M/W		Tn	Tn	Tn
239	GROVE, Joseph	57		M/W	Farmer	Tn	Tn	Tn
	Mary F.	51	Wife	F/W		Tn	Tn	Tn
	Nettie	29	Dau	F/W		Tn	Tn	Tn
	GREEN, Sammy	6	Gr/Son	M/W		Tn	Tn	Tn
240	GROVE, Charlie	31		M/W	Farmer	Tn	Tn	Tn
	America Anis	28	Wife	F/W		Tn	Tn	Tn
	Bennie	7	Son	M/W		Tn	Tn	Tn
	Ada	6	Dau	F/W		Tn	Tn	Tn
	Joseph	4	Son	M/W		Tn	Tn	Tn
	Charles F.	1	Son	M/W		Tn	Tn	Tn
	SIMONS, JAmes	25	Boarder	M/W	Laborer	Tn	Tn	Tn

No.	Name	Age	Rel. to Head	Sx/Race	Occupation	Birth of Person-Father-Mother		
241	RICHARDSON, G.	29		M/W	Laborer	Tn	Tn	Tn
	Mary	26	Wife	F/w		Tn	Tn	Tn
	Lucy	23	Sister	F/W		Tn	Tn	Tn
	Julia	20	Sister	F/W		Tn	Tn	Tn

DISTRICT No 6   18 June 1900   Ben L. Stanley Enumerator

No.	Name	Age	Rel. to Head	Sx/Race	Occupation	Birth of Person-Father-Mother		
137	CLARK, Carol	72		M/W	Farmer	Tn	Tn	NC
	Margaret	70	Wife	F/W		Tn	Tn	NC
	WRIGHT, James M.	56	Boarder	M/W	Farmer	Ga	NC	Ger
	TATE, Elizabeth	78	Boarder	F/W		NC	Nc	NC
138	MADEWELL, John	82		M/W	Farmer	Tn	NC	NC
	Dica	60	Wife	F/W		Tn	Tn	Ger
139	FELTY or FULTZ, John	73		M/W	Woodworking	Tn	Tn	Tn
	Jane	69	Wife	F/W		Tn	Tn	Tn
140	CLENDENON, James	27		M/W	Farmer	Tn	Tn	Tn
	Martha	27	Wife	F/W		Tn	Tn	Tn
	Roy	1	Son	M/W		Tn	Tn	Tn
141	WOODLEE, D. V.	33		M/W	Farmer	Tn	Tn	Tn
	Luvernia	30	Wife	F/W		Tn	Tn	Tn
	Maud	6	Dau	F/W		Tn	Tn	Tn
	Tom B.	5	Son	M/W		Tn	Tn	Tn
	Clifton	2	Son	M/W		Tn	Tn	Tn
142	CLENDENON, James N.	59		M/W	Farmer	Tn	Tn	Tn
	Mary	55	Wife	F/W		Tn	Tn	Tn
	Twins(Hervey Z.	18	Son	M/W		Tn	Tn	Tn
	Twins(Harmon V.	18	Son	M/W		Tn	Tn	Tn
	Frank	12	Son	M/W		Tn	Tn	Tn
143	CLENDENON, William	31		M/W	Farmer	Tn	Tn	Tn
	Lucy	21	Wife	F/W		Tn	Tn	Tn
	Alma	1	Dau	F/w		Tn	Tn	Tn
144	HILLIS, Sarah	36		F/W	Farmer	Tn	Tn	tn
	Mary	17	Dau	F/W		Tn	Tn	Tn
	Clee	14	Son	M/W	Laborer	Tn	Tn	Tn
	Clarence	10	Son	M/W		Tn	Tn	Tn
	Lou	7	Dau	F/w		Tn	Tn	Tn
	Charity	4	Dau	F/W		Tn	Tn	Tn
	Emma	1	Dau	F/w		Tn	Tn	Tn
145	JOHNSON, William M.	32		M/W	Farm Labor	Tn	Tn	Tn
	Hattie	28	Wife	F/w		Tn	Tn	Tn
	Sidney	10	Son	M/W		Tn	Tn	Tn

No.	Name	Age	Rel. to Head	Sx/Race	Occupation	Birth of Person-Father-Mother		
	JOHNSON, Joseph E.	7	Son	M/W		Tn	Tn	Tn
	Wheeler	4	Son	M/W		Tn	Tn	Tn
	Winnie	2	Dau	F/W		Tn	Tn	Tn
146	PATRICK, Carloine	58		F/W	Farmer	Tn	Tn	Tn
	Johnnie	18	Son	M/W	Farm Labor	Tn	Tn	Tn
	Josie	14	Dau	F/W	At School	Tn	Tn	Tn
	NUNLEY, Susan	34	Dau	F/W		Tn	Tn	Tn
	Grace	4	Gr/Dau	F/W		Tn	Tn	Tn
147	WOODLEE, Harrison	79		M/W	Farmer	Tn	Va	Tn
	Malissa	66	Wife	F/W		Tn	Tn	Tn
	Franklin	35	Son	M/W	Farmer	Tn	Tn	Tn
	JAMIE L.	7	Gr/Dau	F/W		Tn	Tn	Tn
148	WOODLEE, Ed	30		M/W	Farmer	Tn	Tn	Tn
	Tennie	30	Wife	F/W		Tn	Tn	Tn
	Inez	3	Dau	F/W		Tn	Tn	Tn
149	STEPP, Fred	54		M/W	Cannot Read	Tn	Tn	tn
	Syrena	43	Wife	F/W		Tn	Tn	tn
	Richard	18	Son	M/W		Tn	Tn	Tn
	Fred	12	Son	M/W		Tn	Tn	Tn
150	BESS, John	30		M/W	Cannot Read	Tn	Ala	Tn
	Jimmie	19	Wife	F/W		Tn	Tn	Tn
	Henry	4	Son	M/W		Tn	Tn	Tn
	Dunking E.	4/12	Son	M/W		Tn	Tn	Tn
151	MEEKS, Brit	Unk		M/W	Cannot Read	Tn	Tn	Tn
	Sarah	Unk	Wife	F/W		Mo	Mo	Mo
	Lizzie	19	Dau	F/W		Tn	Tn	Tn
	Mary	16	Dau	F/W		Tn	Tn	Tn
	Clara	13	Dau	F/W		Tn	Tn	Tn
	Charity	10	Dau	F/W		Tn	Tn	Tn
152	BESS, Willie	26		M/W	Cannot Read	Tn	Tn	Tn
	Mollie	22	Wife	F/W		Tn	Tn	Tn
	Lillian	1	Dau	F/W		Tn	Tn	Tn
153	BARNES, Ben W.	43		M/W	Cannot Read	Tn	Tn	Tn
	Barsheba	37	Wife	F/W		Tn	Tn	Tn
	Thomas	16	Son	M/W		Tn	Tn	Tn
	Athelia	13	Dau	F/W		Tn	Tn	Tn
	Hackett	10	Son	M/W		Tn	Tn	Tn
	Hall	7	Son	M/W		Tn	Tn	Tn
	Georgia	2	Dau	F/W		Tn	Tn	Tn
	COPPINGER, Margaret	Unk	Mo/Law	F/W		Tn	Tn	Tn
154	MADEWELL, Jesse	47		M/W	Cannot Read	Ala	Tn	Tn
	Mary	31	Wife	F/w		Tn	Tn	Tn
	Sarah T.	8	Dau	F/W		Tn	Ala	tn
	JAmes A.	6	Son	M/w		Tn	Ala	Tn

No.	Name	Age	Rel. to Head	Sx/Race	Occupation	Birth of Person-Father-Mother		
	MADEWELL, Lydia C.	5		M/W		Tn	Ala	Tn
	John A.	3	Son	M/W		Tn	Ala	Tn
	Allison	2	Son	M/W.		Tn	Tn	tn
	Baby	5/12	Dau	F/W		Tn	Tn	Tn
155	WANNAMAKER, James	24		M/W	Farmer	Tn	Tn	Tn
	Nancy	21	Wife	F/w		Tn	Tn	Tn
156	STONER, Sam	50		M/W	Farmer	Tn	Tn	Tn
	Nancy J.	40	Wife	F/W		Tn	Tn	Tn
	Rosa B.	22	Dau	F/W		Tn	Tn	Tn
	Jesse E.	16	Son	M/W	Farm Labor	Tn	Tn	Tn
	Henry E.	13	Son	M/W	Farm Labor	Tn	Tn	tn
	Lucinda	11	Dau	F/W		Tn	Tn	Tn
	Aline D.	8	Dau	F/W		Tn	Tn	Tn
	Elsie	5	Dau	F/W		Tn	Tn	Tn
	JAmes L.	1	Son	M/W		Tn	Tn	tn
157	SMARTT, Franklin	25		M/W	Farmer	Tn	Tn	Tn
	Myrick	23	Wife	F/W		Tn	Tn	Tn
158	FULTZ, Ras----	37		M/W	Farmer	Tn	Tn	Tn
	Mary	33	Wife	F/W		Tn	Tn	Tn
159	NUNLEY, John W.	49		M/W	Farmer	Tn	Tn	NC
	Ellen	17	Dau	F/W		Tn	Tn	tn
	Jonah	15	Son	M/W	Farm Labor	Tn	Tn	Tn
	Ira	10	Son	M/W		Tn	Tn	Tn
	STAWN, Jesse	Unk	Boarder	M/W	Farm Labor	Tn	Tn	tn
	BESS, Willie	60	Boarder	M/W	Day Laborer	Tn	Tn	tn
160	BESS, Andrew	23		M/W		Tn	Tn	Tn
161	COPPINGER, Jesse	38		M/W	Farmer	Tn	Tn	tn
	Bettie	36	Wife	F/W,		Tn	Tn	Tn
	Ollie	14	Dau	F/w		Tn.	Tn	tn
	Andrew	9	Son	M/W		Tn	Tn	tn
	Sexton	5	Son	M/W		Tn	Tn	tn
162	LOCKHART, Holman	75		M/W	Farmer	Tn	SC	SC
	Nancy	70	Wife	F/W		Tn	Tn	Tn
163	SCOTT, Levi	33		M/W	FArmer	Tn	Tn	Tn
	Nannie	27	Wife	F/W		Tn	Tn	Tn
	Eugene	9	Son	M/W		Tn	Tn	Tn
	Addie	7	Dau	F/w		Tn	Tn	Tn
	Ocie	5	DAu	F/W		Tn	Tn	Tn
	Lincoln	2	Son	M/W		Tn	Tn	Tn
	Evritt	7/12	Son	M/W		Tn	Tn	Tn
	WARNER, Frank	18	Serv	M/W	Farm Laborer	--	--	--
164	WILLIAMS, Susan	43		M/W	Farmer	Tn	Tn	Tn
	Mary B.	37	Wife	F/W		Tn	Tn	Tn
	Ida J.	19	Dau	F/W	At School	Tn	Tn	Tn
	Noah M.	14	Son	M/W		Tn	Tn	Tn

No.	Name	Age	Rel. to Head	Sx/Race	Occupation	Birth of Person-Father-Mother		
	WILLIAMS, Livie H.	12	Son	M/W		Tn	Tn	Tn
	Jody	8	Dau	F/W		Tn	Tn	Tn
	Lucy E.	5	Dau	F/W		Tn	Tn	Tn
165	CHRISTIAN, John	64		M/W	Farmer	Tn	Tn	Tn
	Myra C.	55	Wife	F/W		Tn	Tn	Tn
	Losson	26	Son	M/W	Farm Labor	Tn	Tn	Tn
166	KILLIAN, Green	51		M/W	Farmer	Ga	Ga	Ga
	Susie E.	20	Dau	F/W		Tn	Ga	Tn
	William B.	18	Son	M/W		Tn	Ga	
	Charley T.	16	Son	M/W		Tn	Ga	Tn
167	HILLIS, LAndy	43		M/W	Farmer	Tn	Tn	Tn
	Sarah	48	Wife	F/W		Tn	Tn	Tn
	Ivory	18	Son	M/W	Farm Labor	Tn	Tn	Tn
	Frank	16	Son	M/W	Farm Labor	Tn	Tn	Tn
	Stella	15	Dau	F/W		Tn	Tn	Tn
168	HAYES, Henry L.	64		M/W	Farmer	Tn	Va	NC
	NAncy J.	59	Wife	F/W		Tn	Va	Tn
	Jay	32	DAu	F/W	School Teacher	Tn	Tn	Tn
	Etta	31	Dau	F/W		Tn	Tn	Tn
	George	27	Son	M/W		Tn	Tn	Tn
	Elizabeth	24	Dau	F/W	Music Teacher	Tn	Tn	Tn
	Tom	22	Son	M/W	At School	Tn	Tn	Tn
	Lee	19	Son	M/W	At School	Tn	Tn	Tn
	Hariett	15	Son	F/W	At School	Tn	Tn	Tn
	SEITZ, Nellie	74	Sister	F/W		Tn	Va	Tn
169	WILCHER, Arch P.	22		M/W	Teamster	Tn	Tn	Tn
	Jesse	21	Wife	F/W		Tn	Tn	Tn
170	BONNER, William	77		M/W	Farmer	Tn	Va	SC
	Thomas	40	Son	M/W	Farm Labor	Tn	Tn	Tn
	PERRY, Eliza	61	Serv	F/W	Cook	Tn	Tn	Tn
	BONNER, Greer	32		M/W	Farmer	Tn	Tn	Tn
171	HILL, Malissa	26		F/W	Farmer	Tn	Tn	Tn
	Frances	11/12	Dau	F/W		Tn	Tn	Tn
172	HILL, ___ ?? B.	55		M/W	Farmer	Tn	Tn	Tn
	JAne	46	Wife	F/W		Tn	Tn	Tn
	Henry	24		F/W		Tn	Tn	Tn
	CHRISTIAN, Algia	5/12	Son	m/W		Tn	Tn	Tn
	HILL, Susan	75	Mother	F/W'		Tn	Tn	Tn
	Eliza	22	Dau/Law	F/W		Tn	Tn	Tn
	WOODLEE, Willie	13	Serv	M/W	Farm Labor	Tn	Tn	Tn
173	CHRISTIAN, William	84		M/W	Farmer	Tn	Tn	Tn
	Sophia	9	Dau	F/W		Tn	Tn	Tn
	Osha	8	Dau	F/W		Tn	Tn	Tn
	Dosia	6	Dau	F/W		Tn	Tn	Tn
	Ersa	4	Dau	F/w		Tn	Tn	Tn

No.	Name	Age	Rel. to Head	Sx/Race	Occupation	Birth of Person	Father	Mother
174	HILL, James	51		M/W	Farmer	Tn	Tn	Tn
	Barbara	64	Wife	F/W		Tn	Tn	Tn
	Isaac	23	Son	M/W	Farmer	Tn	Tn	Tn
175	BURKS, Jesse	31		M/W	Farmer	Tn	Tn	Tn
	Annie	26	Wife	f/w		Tn	Tn	Tn
	Alma	7/12	Dau	F/W		Tn	Tn	Tn
176	HILL, Andrew P.	33		M/W	FArmer	Tn	Tn	Tn
	Mollie	33	Wife	F/W		Tn	Tn	Tn
	Ervant	2	Son	M/W		Tn	Tn	Tn
177	HILL, Iserel P.	75		M/W	Farmer	Tn	NC	Ga
	Cathern N.	68	Wife	F/W		Va	Va	Va
	Isaac	47	Son	M/W	Farmer	Tn	Tn	Va
178	SCOTT, Archibald	63		M/W	Framer	Tn	SC	Tn
	Parlee	57	Wife	F/W		Tn	Tn	Tn
	Victoria	32	Dau	F/W		Tn	Tn	Tn
	Cathern	24	Dau	F/W		Tn	Tn	Tn
	Cooper	19	Son	M/W		Tn	Tn	Tn
	Lillie	10	Dau	F/W		Tn	Tn	Tn
179	ROBERTS, Dredman	52		M/W	Farmer	Tn	Tn	Tn
	Sarah	52	Wife	F/W		Tn	Tn	Tn
	George	22	Son	M/W	Farm Labor	Tn	Tn	Tn
	Eliza	22	Dau	F/W		Tn	Tn	Tn
	Lucian	17	Son	M/W	Farm Labor	Tn	Tn	Tn
	Isaac	14	Son	M/W	Farm Labor	Tn	Tn	Tn
	Ben	12	Son	M/W	Farm Labor	Tn	Tn	Tn
	Drucilla	11	Dau	F/W		Tn	Tn	Tn
	Dredman	6	Son	M/W		Tn	Tn	Tn
180	CLENDENON, Eliga	55		M/W	Farmer	Tn	Tn	Tn
	Callie	26	Dau	F/W		Tn	Tn	Tn
	Marion	25	Son	M/W	Farmer	Tn	Tn	Tn
	Minnie	16	Dau	F/W		Tn	Tn	Tn
181	HILL, Marion	26		M/W	Farmer	Tn	Tn	Tn
	Susan	23	Wife	F/W		Tn	Tn	Tn
	Ira	4	Son	M/W		Tn	Tn	Tn
	Opia	1	Dau	F/W		Tn	Tn	Tn
	BARNES, Harriett	22	Serv	F/W	Cook	Tn	Tn	Tn
182	PANTER, Lafayette	26		M/W	FArmer	Tn	Tn	Ga
	Mary	22	Wife	F/W		Tn	Tn	Tn
	Ethel	9/12	Dau	F/W		Tn	Tn	Tn
	BESS, Willie	13	Serv	F/W		Tn	Tn	Tn
183	SLAUGHTER							
	Hughey J.M.A.J.	40		M/W	Farmer	Tn	Tn	Tn
	Cora	40	Wife	F/W		Tn	Tn	Tn
	James	15	Son	M/W	Farm Labor	Tn	Tn	Tn
	Adel	12	Dau	F/W		Tn	Tn	Tn
	SLAUGHTER, Laura	9	Dau	F/W		Tn	Tn	Tn
	Jesse	7	Son	M/W		Tn	Tn	Tn
	Fenia	5	Dau	F/W		Tn	Tn	Tn
	Annie	2	Dau	F/W		Tn	Tn	Tn
184	CHRISTIAN, Ernest	26		M/W	Farmer	Tn	Tn	Tn
	Martha	27	Wife	F/W		Tn	Tn	Tn
	Laney	5	Son	M/w		Tn	Tn	Tn
	Hubert	3	Son	M/W		Tn	Tn	Tn
	Charley	1	Son	M/W		Tn	Tn	Tn
	BARNES, Cora	47	Aunt	F/W		Tn	Tn	Tn
185	ETTER, E. B.	44		M/W	School Teacher	Tn	Tn	Tn
	Mattie	36	Wife	F/W		Tn	Tn	Tn
	N. Rosco	12	Son	M/W	At School	Tn	Tn	Tn
	Verney	3	Dau	F/W		Tn	Tn	Tn
	Infant	6/12	Son	M/W		Tn	Tn	Tn
	DANIEL, Mary	25	Serv	F/W	Cook	Tn	--	Tn
186	SCOTT, William	26		M/W	Cannot read	Tn	Tn	Tn
	Caldonia	23	Wife	F/W		Tn	Tn	Tn
	Lettie	6	Dau	F/W		Tn	Tn	Tn
	Delia	3	Dau	F/W		Tn	Tn	Tn
	Ula	4/12	DAu	F/W		Tn	Tn	Tn
187	BARNES, Cambell	46		M/W	Farmer	Tn	Tn	Tn
	Catherine	40	Wife	F/W		Tn	Tn	Tn
	Elsie	23	Dau	F/W	At School	Tn	Tn	Tn
	John	16	Son	M/W	Farm Labor	Tn	Tn	Tn
	Arwood	12	Son	M/W	FArm Labor	Tn	Tn	Tn
	Nettie	10	Dau	F/W		Tn	Tn	Tn
	Vicy	6	Dau	F/W		Tn	Tn	Tn
	Charley H.	2	Son	M/W		Tn	Tn	Tn
188	CHRISTIAN, O. B.	55		M/W	Farmer	Tn	Tn	Tn
	Mary	54	Wife	F/W		Tn	Tn	Tn
	Ida	21	Dau	F/W		Tn	Tn	Tn
	Henry	19	Son	M/W	Farmer	Tn	Tn	Tn
	Cleo	16	Dau	F/W		Tn	Tn	Tn
	Louise	14	Dau	F/W		Tn	Tn	Tn
189	JENNINGS, Jesse	24		M/W	Farm Labor	Tn	Tn	Tn
	Belzora	27	Wife	F/W		Tn	Tn	Tn
	Sarah	8	Dau	F/W		Tn	Tn	Tn
190	HOBBS, James	33		M/W	Teamster	Tn	Tn	Tn
	Jane	34	Wife	F/W		Tn	Tn	Tn
	Virgil	11	Son	M/W		Tn	Tn	Tn
	Harris	9	Son	M/W		Tn	Tn	Tn
	John	6	Son	M/W		Tn	Tn	Tn
	Henry	4	Son	M/W		Tn	Tn	Tn
	Rosa	1	Dau	F/W		Tn	Tn	tn
191	CURTIS, Irving	45		M/W	Farmer	Tn	Tn	Tn
	Bettie W.	38	Wife	F/W		Tn	Tn	tn

No.	Name	Age	Rel. to Head	Sx/Race	Occupation	Birth of Person	Father	Mother
	CURTIS, Emmett	18	Son	M/W	Farm Labor	Tn	Tn	Tn
	Martin	10	Son	m/W		Tn	Tn	Tn
	Aaron	8	Son	m/W		Tn	Tn	Tn
	Asa R.	5	Son	m/W		Tn	Tn	
192	CURTIS, Louis	43		M/W	Farmer	Tn	Tn	Tn
	Horace	20	Son	M/W	Farmer	Tn	Tn	Tn
	Ida	14	Dau	F/W		Tn	Tn	Tn
	Escal	10	Son	M/W		Tn	Tn	Tn
	Lula	8	D au	F/W		Tn	Tn	Tn
	Bruce	5	Son	M/W		Tn	Tn	Tn
193	SMARTT, Stim	50		M/W	Farmer	Tn	Tn	Tn
	Martha	38	Wife	F/W		Tn	Tn	Tn
	Carlee	19	Dau	F/W		Tn	Tn	Tn
	Stim	24	Son	M/W		Tn	Tn	Tn
	Parett	8	Dau	F/W		Tn	Tn	Tn
	Ben	13	Son	M/W		Tn	Tn	Tn
	Bulah	2	Dau	F/W		Tn	Tn	tn
194	SCOTT, Richard	26		M/W	Farmer	Tn	Tn	Tn
	Lyara	19	Wife	F/W		Tn	Tn	Tn
	William B.	2	Son	M/W		Tn	Tn	Tn
195	TAYLOR, Marion	46		M/W	Day Laborer	Tn	Tn	Tn
	Grace	18	Dau	F/W	Day Laborer	Tn	Tn	Tn
	Arra	12	Son	M/W	Day Laborer	Tn	Tn	Tn
Twins (	Samuel	7	Son	M/W		Tn	Tn	Tn
(	Joseph	7	Son	M/W		Tn	Tn	Tn
	Floyd	5	Son	M/W		Tn	Tn	Tn
	Nancy	72	Mother	F/W		Tn	Tn	Tn
196	MARTIN, William H.	32		M/W	Farmer	Tn	Tn	Tn
	Mary Myrtle	31	Wife	F/W		Tn	Tn	Tn
	Harriett E.	5	Dau	F/W		Tn	Tn	Tn
	Elijah D.	3	Son	M/W		Tn	Tn	Tn
	George T.	1	Son	M/W		Tn	Tn	Tn
197	STEPP, Jackson	Unk		M/Bl	Farm Labor	Tn	Tn	Tn
	Martha	Unk	Wife	F/Bl		Tn	Tn	Tn
	MYERS, Wilmer	Unk	Gr/Son	M/Bl		Tn	Tn	Tn
	Marcus	4	Gr/Son	M/Bl		Tn	Tn	Tn
198	SHA--------, George	45		M/W	Farmer	Ala	Ala	Ala
	Vesta L.	42	Wife	F/W		Tn	Tn	Tn
	Alice	13	Dau	F/W		Ga	Ala	Tn
	Houston	11	Son	M/W		Ga	Tn	Tn
	Charley	8	Son	M/W		Ga	ALa	Tn
	SOLOMON, James	28	Serv	M/Bl	Farm Labor	Tn	Tn	Tn
199	SAFLEY, Columbus	41		M/Bl	Farm Labor	Tn	Tn	tn
	Tennessee	46	Wife	F/Bl		Tn	Tn	Tn
	Mary	8	Dau	F/W		Tn	Tn	Tn
	Lester E.	5	Son	M/Bl		Tn	Tn	Tn

No.	Name	Age	Rel. to Head	Sx/Race	Occupation	Birth of Person	Father	Mother
	STEPP, Elza	Unk	Mo/Law	F/Bl		Tn	Tn	Tn
200	MOFFITT, Francis M.	65		M/W	Farmer	Tn	NC	Tn
	Tennessee	30	Wife	F/W		Tn	Tn	Tn
201	CLENDENON, Losson	33		M/W	Farmer	Tn	Tn	Tn
	Linson	24	Wife	F/W		Tn	Tn	Tn
202	McGEE, Martin	26		M/W	FArmer	Tn	Tn	Tn
	Isreal	20	Brother	M/W	Day Laborer	Tn	Tn	Tn
203	MOFFITT, Elzie	36		M/W	Farmer	Tn	Tn	Tn
	Maggie	34	Wife	F/W		Tn	Tn	Tn
	Elisha	15	Son	M/W	Farm Labor	Tn	Tn	Tn
	Lester	13	Son	M/W	Farm Labor	Tn	Tn	Tn
	Hascal	10	Son	M/W		Tn	Tn	Tn
	Willie	7	Son	M/W		Tn	Tn	Tn
	Paul	5	Son	M/W		Tn	Tn	Tn
	Joe C.	2	Son	M/W		Tn	Tn	Tn
	Infant	5/12	Son	M/W		Tn	Tn	Tn
	BOULDIN, Mary	67	Mo/Law	F/W		Tn	Tn	Tn
	MOFFITT, Laura	50	Sister	F/W		Tn	Tn	Tn
204	PERRY, Taylor	27		M/W	Farm Labor	Tn	Tn	Tn
	Jimmie	23	Wife	F/W		Tn	Tn	Tn
	Chester	6	Son	M/W		Tn	Tn	Tn
	Henry	3	Son	m/W		Tn	Tn	Tn
	Infant	6/12	Son	M/W		Tn	Tn	Tn
	Martha	19	Sister	F/W		Tn	Tn	Tn
205	PERRY, Isham	22		M/W	Farmer	Tn	Tn	Tn
	Mary	17	Wife	F/W		Tn	Tn	Tn
206	MADEWELL, William M.	60		M/W	Farmer	Tn	Tn	Tn
	Emma	34	Wife	F/W		Tn	Tn	Tn
	John	14	Son	M/W	Farm Labor	Tn	Tn	tn
	Beverly	10	Dau	F/w		Tn	Tn	Tn
	Jesse	8	Son	M/W		Tn	Tn	Tn
	Richard	6	Son	M/W		Tn	Tn	Tn
	Hascal	3	Son	m/W		Tn	Tn	Tn
	Bulah	1	Dau	F/W		Tn	Tn	Tn
207	HILL, Frank	44		M/W	Farmer	Tn	Tn	Tn
	Lenora	43	Wife	F/W		Tn	Tn	Tn
	Oscar	22	Son	M/W	At School	Tn	Tn	Tn
	Hugh L. W.	19	Son	M/W	Farm Labor	Tn	Tn	Tn
	Beatrice	14	Dau	F/W		Tn	Tn	Tn
	Newton	10	Son	m/W		Tn	Tn	Tn
	Livingston	7	Son	m/W		Tn	Tn	Tn
	Emma	4	Dau	f/W		Tn	Tn	Tn
	KING, Mary	18	Serv	F/W	Household Duties	Tn	Tn	Tn
208	KING, Thomas	37		M/W	Farm Laborer	Tn	Tn	Tn
	Martha J.	31	Wife	F/W		Tn	Tn	Tn
	Rhoda	14	Dau	f/W		Tn	Tn	Tn

No.	Name	Age	Rel. to Head	Sx/Race	Occupation	Person	Father	Mother
	BARNES, Moffitt	7	Son	M/W		Tn	Tn	Tn
	Mary E.	4	Dau	F/W		Tn	Tn	tn
218	SLAUGHTER, Jesse	33		M/W	Farmer	Tn	Tn	Tn
	Euphemia	38	Wife	F/w		Tn	Tn	Tn
	Leander	13	Son	M/W		Tn	Tn	Tb
	White	8	Son	M/W		Tn	Tn	Tn
	Floyd	5	Son	M/W		Tn	Tn	Tn
	Cora	3	Dau	F/W		Tn	Tn	Tn
219	PANTER, John	42		M/W	Farmer	Tn	Tn	Tn
	Eliza	42	Wife	F/W		Tn	Tn	Tn
	Annie	20	Dau	F/W		Tn	Tn	Tn
220	BARNES, Albert	25		M/W	Farmer	Tn	Tn	Tn
	Lillie	24	Wife	F/W		Tn	Tn	Tn
	Clyde	1	Son	M/W		Tn	Tn	Tn
221	BROWN, Arthur	38		M/W	Farm Labor	Tn	Tn	Tn
	Mary	32	Wife	F/W		Tn	Tn	Tn
	John	12	Son	M/W	Farm Labor	Tn	Tn	Tn
	Thomas	9	Son	M/W		Tn	Tn	Tn
	Fluella	6	Dau	F/W		Tn	Tn	Tn
	Floyd	4	Son	M/W		Tn	Tn	Tn
	Andrew	2	Son	M/W		Tn	Tn	Tn
	Annie C.	e/12	Dau	F/W		Tn	Tn	Tn
222	PERRY, Isaiah	40		M/W	Farmer	Tn	Tn	Tn
	Malinda	81	Mother	F/w		Tn	NC	NC
223	McCONNELL, James	52		M/W	Sawmill	Ind	Pa	Mass
	Lois	46	Wife	F/W		NY	Ger	NY
	William	24	Son	M/W	Sawmill	Mich	Ind	NY
	Blanche	17	Dau	F/W		Mich	Ind	NY
	Harry	8	Son	M/W		Va	Ind	NY
	Edson	4	Son	M/W		Ky	Ind	NY
224	BARNES, Andrew	34		M/W	Farmer	Tn	Tn	Tn
	Eliza	23	Wife	F/W		Tn	Tn	Tn
	Lester	3	Son	M/W		Tn	Tn	Tn
	CLENDENON, Rice	27	Bro/Law	M/W	Farmer	Tn	Tn	Tn
225	KING, Lee Roy	26		M/W	Sawmill Labor	Tn	Tn	Tn
	Eva	26	Wife	F/w		Tn	Tn	Tn
	Martha	10	Dau	F/W		Tn	Tn	Tn
	Aubra H.	1	Son	M/W		Tn	Tn	Tn
226	CRIG (?), James	28		M/W	Sawmill Labor	Ky	Ky	Ky
	Brittania	28	Wife	F/W		Tn	Tn	Tn
	Ova	6	Dau	F/W		Tn	Ky	Tn
227	TAYLOR, Andrew	27		M/W	Farmer	Tn	TN	Ga
	Laura	26	Wife	f/w		Tn	Tn	Tn
	Lester	4	Son	M/W		Tn	Tn	Tn
	Della	1	Dau	F/W		Tn	Tn	Tn

No.	Name	Age	Rel. to Head	Sx/Race	Occupation	Person	Father	Mother
	KING, Susanna	11	Dau	F/W		Tn	Tn	tn
	George W.	9	Son	M/W		Tn	Tn	Tn
	Merrell S.	7	Son	M/W		Tn	Tn	tn
	Lenora	5	Dau	F/W		Tn	Tn	Tn
	John R.	3	Son	M/W		Tn	Tn	Tn
	Henry C.	1	Son	M/W		Tn	Tn	Tn
209	FORD, James	51		M/W	Mechanic	Tn	Tn	Tn
	Ida	41	Wife	F/W		Tn	Tn	Tn
210	KING, John	46		M/W	Farmer	Tn	Tn	Tn
	Leathy E.	40	Wife	F/W		Tn	Tn	Tn
	Barnum B.	19	Son	M/W	Farm Labor	Tn	Tn	Tn
	Mary V.	18	Dau	F/W		Tn	Tn	Tn
	Robert	15	Son	M/W		Tn	Tn	Tn
	Laura	13	Dau	F/W		Tn	Tn	Tn
	Octa O.	6	Dau	F/W		Tn	Tn	Tn
	Susan	75	Mother	F/W		Tn	Tn	Tn
211	GREEN, William C.	34		M/W	Farmer	Tn	Tn	Tn
	Mary J.	23	Wife	F/W		Tn	Tn	Tn
	Bettie M.	6	Dau	F/W		Tn	Tn	Tn
	Claborn	4	Son	M/W		Tn	Tn	Tn
	Maud M.	1	Dau	F/W		Tn	Tn	Tn
212	KING, Hyram	23		M/W	Farmer		Tn	Tn
	Martha	25	Wife	F/W		Tn	Tn	Tn
	Wilburn B.	4/12	Son	m/W		Tn	Tn	Tn
213	HILL, Virginia	76		F/W	Farmer	Tn	Tn	Tn
	COOKWOOD, Harriett	70	Sister	F/W		Tn	Tn	Tn
214	KING, Jasper	42		M/W	Farmer	Tn	Tn	Tn
	Loucinda	33	Wife	F/W		Tn	Tn	Tn
	Jesse	18	Son	M/W	Farm Labor	Tn	Tn	Tn
	Doctor	15	Son	M/W		Tn	Tn	Tn
	Sarah L.	14	Dau	F/W		Tn	Tn	tn
	Frances	13	Dau	F/W		Tn	Tn	Tn
	Bettie P.	11	Dau	F/W		Tn	Tn	Tn
	Venus	9	Son	M/W		Tn	Tn	Tn
	R. G.	1	Son	m/W		Tn	Tn	Tn
215	McCORMICK, Samuel	24		M/W	Teamster	Tn	Tn	Tn
	Lou	24	Wife	F/W		Tn	Tn	Tn
	Livingston	2	Son	m/w		Tn	Tn	tn
	Allie	6/12	Dau	F/w		Tn	Tn	Tn
216	MADEWELL, Martha	31		F/W	Washwoman	Tn	Tn	Tn
	Kenneth	14	Son	M/W	Farm Labor	Tn	Tn	Tn
	Sidney	10	Son	M/W		Tn	Tn	Tn
	Dee	8	Son	M/w		Tn	Tn	Tn
	William	3	Son	M/W		Tn	Tn	Tn
217	BARNES, Losson	34		M/W	Farmer	Tn	Tn	Tn
	Lillian	28	Wife	F/w		Tn	Tn	Tn

No.	Name	Age	Rel. to Head	Sx/Race	Occupation	Birth of Person-Father-Mother		
228	BARNES, Julia	53		F/W	Farmer	Tn	NC	Tn
	Mack C.	22	Son	M/W	Farm Labor	Tn	Tn	Tn
229	TAYLOR, Andrew	63		M/W	Farmer	Tn	Ga	Tn
	Catherine	56	Wife	F/w		Ga	SC	SC
	Thomas	33	Son	M/W	Sawmill Labor	Tn	Tn	Ga
	Marion	26	Son	M/W	Sawmill Labor	Tn	Tn	Ga
	Franklin	18	Son	M/W	Farm Labor	Tn	Tn	Ga
	Sarah	16	Dau	F/W		Tn	Tn	Ga
	Bertha	8	Gr/Dau	F/W		Tn	Tn	Tn
	Catherine	5	Gr/Dau	F/W		Tn	Tn	Tn
	Jackson	1	Gr/Son	M/W		Tn	Tn	Tn
230	BARNES, Richard	60		M/W	Farmer	Tn	Tn	Tn
	CHRISTIAN, Josie	34	Dau	F/W		Tn	Tn	Tn
	Loyd	11	Gr/Son	M/W	Farm Labor	Tn	Tn	Tn
	Pearl	10	Gr/Dau	F/W		Tn	Tn	Tn
	Myrtle	7	Gr/Dau	F/W		Tn	Tn	Tn
231	TAYLOR, Samuel	32		M/W	Farmer	Tn	Tn	Tn
	Luella	21	Wife	F/W		Tn	Tn	Tn
	Livy L.	4	Son	M/W		Tn	Tn	Tn
	Losson	2	Son	M/W		Tn	Tn	Tn
	BESS, Tempie B.	51	Mo/Law	F/W		Tn	Tn	Tn
	Maggie	18	Sis/Law	F/W		Tn	Tn	Tn
	Grover C.	15	Bro/Law	M/W		Tn	Tn	Tn
232	BOYD, Elbert	56		M/w	Farmer	Tn	Ky	Maine
	Harriett	45	Wife	F/W		Tn	Tn	Tn
	John	27	Son	M/W	School Teacher	Tn	Tn	Tn
	Lillie A.	22	Dau	F/W		Tn	Tn	Tn
	Terrie	21	Son	M/W	Farm Labor	Tn	Tn	Tn
	Willie	18	Son	M/W	Farm Labor	Tn	Tn	tn
	Dorcus	17	Dau	F/W		Tn	Tn	Tn
	Eliza J.	12	Dau	F/W	At School	Tn	Tn	Tn
	Harley	11	Son	M/W	Farm Labor	Tn	Tn	Tn
	Oscar	9	Son	M/W		Tn	Tn	Tn
	Alda	5	Dau	f/W		Tn	Tn	Tn
233	CAGLE, Isaac	37		M/W	Farm Labor	Tn	Tn	Tn
	Laura	29	Wife	F/W		Tn	Tn	Tn
	R. G.	10	Son	M/W		Tn	Tn	Tn
	Thomas J.	8	Son	M/W		Tn	Tn	Tn
	Mary A.	5	Dau	F/W		Tn	Tn	Tn
	Elijah	3	Son	M/W		Tn	Tn	Tn
234	CLARK, Charlie B.	36		M/W	Farmer	Tn	Tn	Tn
	Adie	37	Wife	F/W		Tn	Tn	Tn
	Nathan	15	Son	M/W	Farm Labor	Tn	Tn	Tn
	James	13	Son	M/W	Farm Labor	Tn	Tn	Tn
	Charley	10	Son	M/W		Tn	Tn	Tn
	Ida	8	Dau	F/W		Tn	Tn	Tn
	Annie	6	Dau	F/W		Tn	Tn	Tn

No.	Name	Age	Rel. to Head	Sx/Race	Occupation	Birth of Person-Father-Mother		
235	LYTLE, George	Unk		M/W	Farmer	Tn	Tn	Tn
	Jane	Unk	Wife	F/W		Tn	Tn	Tn
	Myrtle	17	Dau	F/W		Tn	Tn	Tn
	Ida	14	Dau	F/W		Tn	Tn	tn
	Willie	12	Son	M/w		Tn	Tn	Tn
	M------	8	Dau	F/W		Tn	Tn	tn
	Rhoda	3	Dau	F/W		Tn	Tn	Tn
	GREEN, Holis	Unk	Boarder	M/W	Farm Labor	Tn	Tn	Tn
236	BESS, Allen	34		M/W	Farmer	Tn	Tn	Tn
	Thomas	7	Son	M/W		Tn	Tn	Tn
	Marcus D. L.	4	Son	M/W		Tn	Tn	Tn
	Britannia	66	Mother	F/W		Tn	Tn	Tn
237	CURTIS, thomas	34		M/W	Farmer	Tn	Tn	Tn
	Elizabeth	33	Wife	F/W		Tn	Tn	Tn
	Laura M.	9	Dau	F/W		Tn	Tn	Tn
	JAmie E.	7	Dau	F/W		Tn	Tn	tn
	Jacob E.	6	Son	M/W		Tn	Tn	Tn
	Richard H.	2	Son	M/W		Tn	Tn	Tn
238	BESS, Andrew	45		M/W	Farmer	Tn	SC	NC
	Mary	39	Wife	F/W		Tn	Tn	Tn
	Eli	18	Son	M/W	Farm Labor	Tn	Tn	Tn
	Oliver	16	Son	M/W	Farm Labor	Tn	Tn	Tn
	Florence	14	Dau	F/W		Tn	Tn	tn
	Venus	12	Son	M/W	Farm Labor	Tn	Tn	Tn
	Jimmie	11	Dau	F/W		Tn	Tn	Tn
	Lola	7	Dau	F/W		Tn	Tn	Tn
	Lonnie	3	Son	M/W		Tn	Tn	Tn
	Rufus	50	Brother	M/W	Sawmill	Tn	Tn	Tn
	John	8	Nephew	M/W		Tn	Tn	Tn
	Arra G.	5	Nephew	M/W		Tn	Tn	Tn
	Willie	13	Nephew	M/W		Tn	Tn	Tn
239	MEADOWS, Jerome	47		M/W	Merchant	Tn	Tn	Tn
	Emma	47	Wife	F/W		Tn	Tn	Tn
	Marcus	17	Son	M/W	At School	Tn	Tn	Tn
	Margie L.	13	Dau	F/W	At School	Tn	Tn	Tn
	Janie	10	DAu	F/W	At School	Tn	Tn	Tn
	Irene	9	Dau	F/W		Tn	Tn	Tn
	Charlie	6	Son	M/W		Tn	Tn	Tn
	STONE, J. C.	32	Son/Law	M/W	Dentist	Tn	Tn	Tn
	Lela	19	Dau	F/W		Tn	Tn	Tn
	Edith	10/12	Gr/Dau	F/W		Tn	Tn	Tn
240	MARTIN, Harriet E.	62		F/W	Farmer	Tn	Va	Tn
	Eugene R.	23	Son	M/W	Farmer	Tn	Tn	Tn
	Lou	23	Dau/Law	F/W		Tn	Tn	Tn
	SOLOMON, thomas	30	Serv	M/Bl	Farm Labor	Tn	Tn	Tn
	Bertha	24	Serv	F/Bl		Tn	Tn	Tn
241	FULTZ, Robert	50		M/W	Farm Labor	Tn	Tn	Tn
	Ella	19	Wife	F/W		Tn	Tn	Tn

No.	Name	Age	Rel. to Head	Sx/Race	Occupation	Person	Father	Mother
	FULTZ, Bruster	15	Son	M/W	Farm Labor	Tn	Tn	Tn
	Henry	12	Son	M/W	Farm Labor	Tn	Tn	Tn
	Either	10	Son	M/W		Tn	Tn	Tn
	Pearl	8	Dau	F/W		Tn	Tn	tn
	Gracey	6	Dau	F/W		Tn	Tn	
242	BONNER, William	37		M/W	Farmer	Tn	Tn	Tn
	Mary A.	32	Wife	F/W		Tn	Tn	Tn
	Oscar	11	Son	M/W	Farm Labor	Tn	Tn	Tn
	Oma	9	Dau	F/W		Tn	Tn	Tn
	Eliza J.	7	Dau	F/W		Tn	Tn	Tn
	Willie E.	5	Son	M/W		Tn	Tn	Tn
243	ETTER, William G.	58		M/W	Farmer	Tn	Tn	Ga
	Carlee	45	Wife	F/W	School Teacher	Tn	Tn	Tn
	Cecil	18	Son	M/W	At School	Tn	Tn	Tn
	Alda	15	Dau	F/W		Tn	Tn	Tn
	Ray	11	Son	M/W		Tn	Tn	Tn
	JETT, Mary R.	51	Sister	F/W		Tn	Tn	Ga
244	STANLEY, Ben L.	32		M/W	Farmer	Miss	Miss	Miss
	Lela	33	Wife	F/W		Tn	Tn	tn
	John L.	5	Son	M/W		Tn	Miss	Tn
	Lamont L.	3	Son	M/W		Tn	Miss	Tn
	Levi W.	8/12	Son	M/W		Tn	Tn	Tn
	WOODLEE, Pearl	16	Niece	F/W		Tn	Tn	Tn
245	CAGLE, Thomas	36		M/W	Farm Labor	Tn	Tn	tn
	Arkansas	34	Wife	F/W		Tn	Tn	Tn
	Everett D.	6	Son	M/W		Tn	Tn	Tn
	James A.	4	Son	M/W		Tn	Tn	Tn
	Infant	3/12	Son	M/W		Tn	Tn	Tn
246	CURTIS, James W.	46		M/W	Farmer	Tn	Tn	Tn
	Gertrude	47	Wife	F/W		Tn	Tn	Tn
	Eritt	20	son	M/W	Farm Labor	Tn	Tn	Tn
	Barnim	18	Son	M/W	Farm Labor	Tn	Tn	Tn
	Martha E.	15	Dau	F/W		Tn	Tn	Tn
	Odena	13	Dau	F/W		Tn	Tn	Tn
	Lester	9	Son	M/W		Tn	Tn	Tn
	Irving A.	3	Son	M/W		Tn	Tn	Tn
247	CURTIS, Wiley D.	Unk		M/W	Farmer	Tn	Tn	Tn
	Susan	49	Wife	F/W		Tn	Tn	Tn
	William	26	Son	M/W	Farm Labor	Tn	Tn	Tn
	Isaac	22	Son	M/W	Farm Labor	Tn	Tn	Tn
	Maggie	13	Dau	F/W		Tn	Tn	Tn
	Nancy J.	12	Dau	F/W		Tn	Tn	Tn
	Mary	10	Dau	F/W		Tn	Tn	Tn
248	BOULDIN, Charlie	43		M/W	Farmer	Tn	Tn	Tn
	Lucinda	35	Wife	F/W		Tn	Tn	Tn
	William L.	19	Son	M/W	Farm Labor	Tn	Tn	Tn
	Marion C.	17	Son	M/W	Farm Labor	Tn	Tn	Tn

No.	Name	Age	Rel. to Head	Sx/Race	Occupation	Person	Father	Mother
	BOULDIN, Margaret	14	Dau	F/W		Tn	Tn	Tn
	Jamima	6	Dau	F/W		Tn	Tn	Tn
	Bryan	3	Son	M/W		Tn	Tn	Tn
249	BARNES, Joseph	53		M/W	Farmer	Tn	Tn	Tn
250	BARNES, Losson	30		M/W	Farmer	Tn	Tn	Tn
	Azzie	24	Wife	F/W		Tn	Tn	Tn
	Dexter	6	Son	M/W		Tn	Tn	Tn
	Edgar	4	Son	M/W		Tn	Tn	tn
	Lorin	8/12	Son	M/W		Tn	Tn	Tn
251	BARNES, Robert	56		M/W	Farmer	Tn	Tn	Tn
	Cyrena	57	Wife	F/W		Miss	Tn	Tn
252	BOULDIN, William	75		M/W	Farmer	Tn	SC	NC
	Jamima	--	Wife	F/W		Tn	Tn	Tn
253	BOULDIN, H-----	31		M/W	Farmer	Tn	Tn	Tn
	Samantha	30	Wife	F/W		Tn	Tn	Tn
	America	7	Dau	F/W		Tn	Tn	Tn
	Lafayette	5	Son	M/W		Tn	Tn	tn
	Dee	3	Son	M/W		Tn	Tn	Tn
	BESS, Nazarilla	2	Nephew	M/W		Tn	Tn	Tn
254	SCOTT, Samuel	60		M/W	Farmer	Tn		NC
	Mary	28	Wife	F/W		Tn	Tn	Tn
	Conway	7	Son	M/W		Tn	Tn	Tn
	Sammie	2	Son	M/W		Tn	Tn	Tn
	Elijah	5/12	Son	M/W		Tn	Tn	tn
	Chad	17	Son	M/W		Tn	Tn	Tn
255	CURTIS, Jacob	59		M/W		Tn	NC	NC
	Elizabeth	56	Wife	F/W		Tn	Tn	Tn
	Nancy B.	15	Dau	F/W		Tn	Tn	Tn
	??	11	Son	M/W		Tn	Tn	Tn
256	BARNES, William T.	44		M/W	Farmer	Tn	Tn	Tn
	Sarah	41	Wife	F/W		Tn	Tn	Tn
	Lemma L.	6	Dau	F/W		Tn	Tn	Tn
	Mabelle	4	Dau	F/W		Tn	Tn	Tn
	Rice S.	7/12	Son	M/W		Tn	Tn	Tn
257	BARNES, Isom	70		M/W	Farmer	Tn	Tn	Tn
	Polly Anna	49	Wife	F/W		Tn	Tn	Tn
	Leandus	23	Son	M/W	Farm Labor	Tn	Tn	Tn
	Ada	13	Dau	F/W		Tn	Tn	tn
	Emma	11	Dau	F/W		Tn	Tn	Tn
	Cecil	9	Son	M/W		Tn	Tn	Tn
	HILLIS, Bethia	23	Dau	F/W		Tn	Tn	Tn
	Winslow	15	Gr/Son	M/W		Tn	Tn	Tn
	Lillian	12	Gr/Dau	F/W		Tn	Tn	Tn
258	BARNES, Joseph	60		M/Bl	Farmer	Tn	Tn	Tn
	Alleen	40	Wife	F/Bl		Tn	Tn	Tn

No.	Name	Age	Rel. to Head	Sx/Race	Occupation	Person	Father	Mother
259	CURTIS, William E.	47		M/W	Farmer	Tn	Tn	Tn
	Tennie	48	Wife	F/W		Tn	Tn	Tn
	Ara	23	Dau	F/W		Tn	Tn	Tn
	Finas	18	Son	M/W		Tn	Tn	Tn
	Frank	12	Son			Tn	Tn	Tn
260	BARNES, Addison	44		M/W	Farmer	Tn	Tn	Tn
	Mary	40	Wife	F/W		Tn	Tn	Tn
	Charley	20	Son	M/W		Tn	Tn	Tn
	John	16	Son	M/W		Tn	Tn	Tn
	Arkie	14	Dau	F/W		Tn	Tn	Tn
	Hallie	12	Dau	F/W		Tn	Tn	Tn
	Jennie	10	Dau	F/W		Tn	Tn	Tn
	Addie	5	Dau	F/W		Tn	Tn	Tn
	Windell	3	Son	M/W		Tn	Tn	Tn
261	CURTIS, Margaret	75		F/W		Tn	Tn	Tn
262	BESS, Chat	43		M/W	FArm Laborer	Tn	Tn	Tn
	Rosa	38	Wife	F/W		Tn	Tn	Tn
	Eliza	78	Mother	F/W		Tn	Tn	Tn
263	MEADOWS, Will	78		M/W	Farm Labor	Tn	NC	Tn
	Jane	55	Wife	F/W		Tn	Tn	Tn
	Aubrey	29	Son	M/W		Tn	Tn	Tn
	Marion	26	Son	M/W		Tn	Tn	Tn

DISTRICT No. 7   1 June 1900   Ben L. Stanley Enumerator

No.	Name	Age	Rel. to Head	Sx/Race	Occupation	Person	Father	Mother
1	HOODENPYLE, Phillip	41		M/W	Farmer	Tn	Tn	Tn
	Armintha	33	Wife	F/W		Tn	Tn	Tn
	Maggie M.	20	Dau	F/W		Tn	Tn	Tn
	Phillip A. M.	18	Son	M/W	Farm Labor	Tn	Tn	Tn
	Ethel V.	16	Dau	F/w		Tn	Tn	Tn
	Mamie E.	13	Dau	F/W		Tn	Tn	Tn
	SOLOMON, Doctor R.	25	Serv	M/Bl	Farm Labor	Tn	Tn	Tn
	Benjamin	17	S.	M/	Farm Labor	Tn	Tn	Tn
2	GRISSOM, William P.	22		M/W	Farmer	Tn	Tn	Tn
	Dora E.	21	Wife	F/W		Tn	Tn	Tn
	Elzie L.	7/12	Son	M/W		Tn	Tn	Tn
3	SAFLEY, Spencer R.	73		M/W	Farmer	Tn	Pa	NC
	Frances H.	64	Wife	F/W		Tn	Va	Tn
	Jesse C.	28	Son	M/W	Farmer	Tn	Tn	Tn
	Elen M.	26	Dau	F/W		Tn	Tn	Tn
	Frank	3	Gr/Son	M/W		Tn	Tn	Tn
	Robert C.	1	Gr/Son	M/W		Tn	Tn	Tn
	MEISER, John	19	Boarder	M/W	Farmer	Ohio	Ohio	Ohio
	COPE, Adrian	23	Serv	M/Bl	Farm Labor	Tn	Tn	tn
	GREEK, Mirvin	28	Boarder	M/W	Sawmill	Ohio	Pa	Ohio

No.	Name	Age	Rel. to Head	Sx/Race	Occupation	Person	Father	Mother
	DODSON, Venus	21	Boarder	M/W		Tn	Tn	Tn
	BLUE, Frank P.	32	Boarder	M/W	Sawmill	Ohio	Ohio	Ohio
4	GREEK, George	31		M/W	Sawyer	Ohio	Pa	Ohio
	Laura	26	Wife	F/W		Tn	Tn	Tn
	Johnnie B.	3	Son	M/W		Tn	Ohio	tn
	Floyd N.	1	Son	M/W		Tn	Ohio	Tn
	COX, John W.	51	Boarder	M/W	Sawyer	Tn	NC	Tn
5	CROUCH, Nathaniel	50		M/W	Farmer	Tn	Tn	Tn
	Barshie	43	Wife	F/w		Tn	Tn	Tn
	Arkie	23	Dau	F/W		Tn	Tn	Tn
	Tolbert	21	Son	M/W		Tn	Tn	Tn
	Emma	18	Dau	F/W		Tn	Tn	tn
	Lafayette	16	Son	M/W		Tn	Tn	Tn
	Willie	13	Son	M/W		Tn	Tn	Tn
	Lillie	11	Dau	F/W.		Tn	Tn	Tn
	Thomas	9	Son	M/W		Tn	Tn	Tn
	Lou	7	Dau	F/W		Tn	Tn	Tn
	Eddie	4	Son	M/W		Tn	Tn	tn
	Hewey	1	Son	M/W		Tn	Tn	Tn
	Martha	45	Sister	F/W		Tn	Tn	Tn
6	CUNNINGHAM, William	73		M/W	Farmer	Tn	Tn	Tn
	Mary S.	30	Wife	F/W		Tn	Tn	Tn
	Oscar L.	11	Son	M/W		Tn	Tn	Tn
	Clara A.	8	Dau	F/W		Tn	Tn	Tn
	Cleo M.	6	Dau	F/W		Tn	Tn	Tn
	Willie A.	6/12	Dau	F/W		Tn	Tn	Tn
7	RUSSELL, William	73		M/W	FArmer	NC	NC	NC
	Vianna	68	Wife	F/W		Tn	NC	Tn
	Sallie	34	Dau	F/W		Tn	NC	Tn
8	RUSSELL, William R.	42		M/W	Farmer	Tn	NC	TN
	Mattie	35	Wife	F/W		Tn	Tn	Tn
	Thomas C.	14	Son	M/W		Tn	Tn	Tn
	Mary A.	12	Dau	M/W		Tn	Tn	tn
	Essie L.	6	Dau	F/W		Tn	Tn	Tn
	Henry	5	Son	M/W		Tn	Tn	Tn
	Della C.	2	Dau	F/W		Tn	Tn	Tn
9	NUNLEY, John	30		M/W	Farmer	Tn	Tn	Tn
	Rosa M.	23	Wife	F/W		Tn	Tn	Tn
	Allie	3	Dau	F/w		Tn	Tn	Tn
	Lillie	1	Dau	F/W		Tn	Tn	Tn
10	WAGNER, George F.	46		M/W	Farmer	Tn	Tn	Tn
	Mary	43	Wife	F/W		Tn	Tn	Tn
	Emma 1.	19	Dau	F/W		Tn	Tn	Tn
	Joe	17	Son	M/W	At School	Tn	Tn	Tn
	Claude	15	Son	M/W	Farm Labor	Tn	Tn	Tn
	Sallie	12	Dau	F/W		Tn	Tn	Tn

No.	Name	Age	Rel. to Head	Sx/Race	Occupation	Birth of Person	Father	Mother
	WAGNER, William J.	9	Son	M/W		Tn	Tn	Tn
	Thomas J.	6	Son	M/W		Tn	Tn	Tn
	Susie B.	3	Dau	F/W		Tn	Tn	Tn
11	HILL, Rose	Unk		F/Bl	Washwoman	Tn	Tn	tn
	Linnie	12	Dau	F/Bl		Tn	Tn	Tn
	Everet	9	Son	M/Bl		Tn	Tn	Tn
	Berthie	7	Dau	F/Bl		Tn	Tn	Tn
12	KINLEY, Charlie	23		M/Bl	Farm Labor	Tn	Tn	Tn
	Ida	25	Wife	F/Bl		Tn	Tn	Tn
	Johnnie	4	Son	M/Bl		Tn	Tn	Tn
	Pauline	8/12	Dau	F/Bl		Tn	Tn	Tn
13	JENNINGS, Jesse D.	55		M/W	Farmer	Tn	Tn	Tn
	Jane	53	Wife	F/W		Tn	tn	NC
	Hershell	18	Son	M/W	Farm Labor	Tn	Tn	Tn
	Claburn	15	Son	M/W	Farm Labor	Tn	Tn	Tn
	Alice	13	Dau	F/W		Tn	Tn	Tn
	Maggie	11	Dau	F/W		Tn	Tn	Tn
	Mary	8	Dau	F/W		Tn	Tn	Tn
14	SMITH, Thomas	29		M/W	Farmer	Tn	Tn	Tn
15	HENNESSEE, Andy	50		M/W	Farmer	Tn	Tn	Tn
	Laura	36	Wife	F/W		Tn	Tn	Tn
	Mary J.	20	Dau	F/W		Tn	Tn	Tn
	Thomas	18	Son	M/W	Farm Labor	Tn	Tn	Tn
	Floyd	17	Son	M/W	Farm Labor	Tn	Tn	tn
	Maxie	15	Dau	F/W		Tn	Tn	Tn
	George	11	Son	M/W		Tn	Tn	Tn
	Patrick	7	Son	M/W		Tn	Tn	Tn
	Martha	5	Dau	F/W		Tn	Tn	Tn
	Andy	3	Son	M/W		Tn	Tn	Tn
	Charlie	11/12	Son	M/W		Tn	Tn	Tn
16	RAINS, Hrram	--		M/Bl	Farm Labor	Tn	Tn	Tn
	Mary	26	Wife	F/Bl		Tn	Tn	Tn
	Anna	12	Dau	F/Bl		Tn	Tn	Tn
	Georgia R.	2	Dau	F/W		Tn	Tn	Tn
17	PEGG, Wesley	55		M/W	Farmer	Tn	Tn	Tn
	Sarah	36	Wife	F/W		Tn	Tn	Tn
	SMITH, Ralph	13	Son	M/W	Farm Labor	Tn	Tn	Tn
	Allie	12	Dau	F/W		Tn	Tn	Tn
	Hassie	3	Niece	F/W		Tn	Tn	Tn
18	WARE, Isham W.	36		M/W	Timber Agent	Tn	Tn	Tn
	T-----	29	Wife	F/W		Tn	Tn	Tn
	Maud	5	Dau	F/W		Tn	Tn	Tn
	Fay	2	Dau	F/W		Tn	Tn	Tn
	Allen	9/12	Son	M/W		Tn	Tn	Tn

No.	Name	Age	Rel. to Head	Sx/Race	Occupation	Birth of Person	Father	Mother
19	WOMACK, Arsey	49		M/W	Physician	Tn	Tn	Tn
	Ella	30	Wife	F/W		Tn	Tn	Tn
	Oscar	5	Son	M/W		Tn	Tn	Tn
	Mary	2	Dau	F/W		Tn	Tn	Tn
20	HUGHES, Hervey	18		M/W	Farmer	Tn	Tn	Tn
	Charlotte	18	Wife	F/W		Tn	Tn	Tn
	? ? , Maggie	19	Serv	F/W	Servant	Tn	Tn	Tn
21	MASON, Eil	27		M/W	Farmer	Tn	Tn	Tn
	Mollie	24	Wife	F/W		Tn	Tn	Tn
	Marcus	5	Son	M/W		Tn	Tn	Tn
	Robert	2	Son	M/W		Tn	Tn	Tn
	Linchia	9/12	Dau	F/W		Tn	Tn	Tn
22	CARSON, Richard	25		M/W	Day Laborer	Tn	Tn	Tn
	Harriett	25	Wife	F/W		Tn	Tn	Tn
	Lela E.	2	Dau	F/W		Tn	Tn	Tn
	Leonard	8/12	Son	M/W		Tn	Tn	tn
23	HAYES, Frances	30		F/W	Farmer	Tn	Tn	Tn
	Martin	9	Son	M/W		Tn	Tn	Tn
	Sallie	3	Dau	F/W		Tn	Tn	Tn
	McGREGOR, Teressa	60	Mother	F/W		Tn	Va	Tn
24	HILL, William I.	54		M/W	Farmer	Tn	Tn	Tn
	Eugenia	53	Wife	F/W		Tn	Tn	Tn
	Bernice	23	Dau	/W		Tn	Tn	Tn
	Walter S.	18	Son	M/W	At School	Tn	Tn	Tn
	Arsa W.	11	Son	M/W		Tn	Tn	Tn
25	NUNLEY, John	42		M/W	Farmer	Tn	Tn	Tn
	Margaret E.	43	Wife	F/W		Tn	Tn	Tn
	Maggie	16	Dau	F/W		Tn	Tn	Tn
26	ROBERTS, Columbus C.	48		M/W	Farmer	Tn	Tn	Tn
	Emma	51	Wife	F/W		Tn	Tn	Tn
	Martin	16	Son	M/W	Farm Labor	Tn	Tn	Tn
	Addie	13	Dau	F/W		Tn	Tn	Tn
	MUNCIE, Lee	24	Son/Law	M/W	Day Laborer	Tn	Tn	Tn
	Tempy	19	Dau	F/W		Tn	Tn	Tn
	Lucy	2	Gr/Dau	F/W		Tn	Tn	Tn
27	ROGERS, William	73		M/W	Farmer	Tn	Tn	Tn
	Julia	54	Wife	F/W		Tn	Tn	Tn
	Robert	18	Son	M/W	Farm Labor	Tn	Tn	tn
	Mollie	21	Dau	F/W		Tn	Tn	Tn
	Johnnie T.	8	Son	M/W		Tn	Tn	Tn
	Ira	6	Son	M/W		Tn	Tn	Tn
28	SMITH, Marion M.	53		M/W	FArmer	Tn	Va	Tn
	Elizabeth	43	Wife	F/W		Tn	Tn	Tn
	Jesse E.	30	Son	M/W	Farm Labor	Tn	Tn	Tn
	Orval	19	Son	M/W	Farm Labor	Tn	Tn	Tn

No.	Name	Age	Rel. to Head	Sx/Race	Occupation	Person	Father	Mother
29	COUNTIS, Prudence	71		F/W		Tn	Va	Va
	Mary	52	Dau	F/W		Tn	Tn	Tn
30	HOBBS, Mrrick	41		M/W	Farmer	Tn	Tn	Tn
	Myrick	35	Wife	F/W		Tn	Tn	Tn
	Dalton	17	Son	M/W	Farm Labor	Tn	Tn	Tn
	Nannie	14	Dau	F/W		Tn	Tn	Tn
	Robert	12	Son	M/W	Farm Labor	Tn	Tn	Tn
	Mandie	9	Dau	F/W		Tn	Tn	Tn
	Lee E.	6	Son	M/W		Tn	Tn	Tn
	Velma	10/12	Dau	F/W		Tn	Tn	Tn
31	ROGERS, Harris	24		M/W	Farmer	Tn	Tn	Tn
	Mary	18	Wife	F/W		Tn	Tn	Tn
	Hallie	8/12	Dau	F/W		Tn	Tn	Tn
32	STOTTS, James	38		M/W	Farmer	Tn	Tn	Tn
	Etta	33	Wife	F/W		Tn	Tn	Tn
	Leland	7	Son	M/W		Tn	Tn	Tn
	Bruce	6	Son	M/W		Tn	Tn	Tn
	Susan	3	Dau	F/W		Tn	Tn	Tn
	Isaac	1	Son	M/W		Tn	Tn	Tn
33	NUNLEY, John	67		M/W	Farmer	Tn	Tn	Tn
	Artimi	48	Wife	F/W		Tn	Tn	Tn
	Laura	14	Dau	F/W		Tn	Tn	Tn
	Edward	12	Son	M/W		Tn	Tn	Tn
	Henry	9	Son	M/W		Tn	Tn	Tn
	Jonas	7	Son	M/W		Tn	Tn	Tn
	Bersheba	6	Dau	F/W		Tn	Tn	Tn
	Lawson	4	Son	M/W		Tn	Tn	Tn
34	CAGLE, Preston	68		M/W	Farmer	Tn	NC	NC
	Sarah	50	Wife	F/W		Tn	NC	NC
	Loyd	14	Son	M/W	Farmer	Tn	Tn	Tn
	Harvey	8	Son	M/W		Tn	Tn	Tn
	Ned	34	Son	M/W	Farmer	Tn	Tn	Tn
	Charley	4	Gr/Son	M/W		Tn	Tn	Tn
	Orbry	1	Gr/Son	M/W		Tn	Tn	Tn
35	RAY, Lyman	36		M/W	Farmer	Tn	Tn	Tn
	Nellie	35	Wife	F/W		Tn	Tn	Tn
	Mackey	9	Son	M/W		Tn	Tn	Tn
	Nannie	5	Dau	F/W		Tn	Tn	Tn
	Arsa	4	Son	M/W		Tn	Tn	Tn
36	SOLOMON, Myrick	85		F/W	Farmer	Tn	NC	NC
	Nancy	59	Dau	F/W		Tn	Tn	Tn
	Faithey	52	Dau	F/W		Tn	Tn	Tn
37	NUNLEY, JAmes	27		M/W	FArmer	Tn	Tn	Tn
	Julia	28	Wife	F/W		Ga	Ga	Ga
	Arthur	7	Son	M/W		Ga	Tn	Ga
	Spurgeon	3	Son	M/W		Ga	Tn	Ga

No.	Name	Age	Rel. to Head	Sx/Race	Occupation	Person	Father	Mother
	NUNLEY, Leonard	2	Son	M/W		Ga	Tn	Ga
	Lela	2/12	Dau	F/W		Ga	Tn	Ga
38	ROACH, William	39		M/W	Farmer	Tn	Tn	Tn
	Jennie	43	Wife	F/W		Tn	Tn	Tn
39	ROACH, Li--	35		M/W	Farmer	Tn	Tn	Tn
	Callie	25	Wife	F/W		Tn	Tn	Tn
	William A.	2	Son	M/W		Tn	Tn	Tn
	Berthie P.	6/12	Dau	F/W		Tn	Tn	Tn
40	PARKES, George	57	Wife	F/W	FArmer	Tn	Tn	NC
	Ella M.	43	Wife	F/W		Tn	Tn	Tn
	Vera L.	6	Dau	F/W		Tn	Tn	Tn
41	WOODLEE, Eli	70		M/W	Farmer	Tn	NC	Tn
	Webster	14	Son	M/W	Farm Labor	Tn	Tn	Tn
	Bernard	13	Son	M/W	Farm Labor	Tn	Tn	Tn
42	CARSON, John	57		M/W	Farm Labor	Tn	Tn	Tn
	Mandy	58	Wife	F/W		Tn	Tn	Tn
43	MITCHELL, Andrew	40		M/W	Farmer	Tn	Tn	Tn
	Margaret	39	Wife	F/W		Tn	Tn	Tn
	William	14	Son	M/W	Farm Labor	Tn	Tn	Tn
	James A.	12	Son	m/W	Farm Labor	Tn	Tn	Tn
	Isham	10	Son	M/W		Tn	Tn	Tn
	Bob	6	Son	M/W		Tn	Tn	Tn
44	MOFFITT, Claborn	33		M/W	FArmer	Tn	Tn	Tn
	Mollie	38	Wife	F/W		Tn	Tn	Tn
45	TURNER, William	26		M/W	Farmer	Tn	Tn	Tn
	Della	25	Wife	F/W		Tn	Tn	tn
	Millie	6	Dau	F/W		Tn	Tn	Tn
	Ethel	3	Dau	F/W		Tn	Tn	Tn
46	TURNER, William	56		M/W	Farmer	Tn	Tn	Tn
	Susan	56	Wife	F/W		Tn	Tn	Tn
	Addie	20	Dau	F/W		Tn	Tn	Tn
	Robin	18	Son	M/W	Farm Labor	Tn	Tn	Tn
	Rittie	16	Dau	F/W		Tn	Tn	Tn
	Frank	13	Son	M/W		Tn	Tn	Tn
	Arra	7	Gr/Son	M/W		Tn	Tn	Tn
	Lillie	5	Gr/Dau	F/W		Tn	Tn	Tn
	Farey	9/12	Gr/Son	M/W		Tn	Tn	Tn
47	McCORMICK, Joe	39		M/W	Teamster	Tn	Tn	Tn
	Eliza	27	Wife	F/W		Tn	Tn	Tn
	Grover C.	7	Son	M/W		Tn	Tn	Tn
	James A.	6	Son	M/W		Tn	Tn	Tn
	Missey	4	Dau	F/W		Tn	Tn	Tn
	Murphy	2	Son	M/W		Tn	Tn	Tn

No.	Name	Age	Rel. to Head	Sx/Race	Occupation	Birth of Person	Father	Mother
48	MYERS, James	68		M/W	FArmer	Tn	Tn	Tn
	Louisa	66	Wife	F/W		Tn	Tn	Tn
	Thomas	33	Son	M/W	Far,er	Tn	Tn	Tn
	Lula	26	Dau/Law	F/W		Tn	Tn	Tn
	Linchie	17	Gr/Dau	F/W		Tn	Tn	Tn
	Charley	1	Gr/Son	M/W		Tn	Tn	Tn
49	ETTER, James P.	55		M/W	Farmer	Tn	Tn	Tn
	Ada G.	48	Wife	F/w		Tn	Tn	Tn
	Mandy	23	Dau	F/W		Tn	Tn	Tn
50	GROSS, Adam	32		M/W	Farmer	Tn	Tn	Tn
	Lizzie	30	Wife	F/w		Tn	Tn	Tn
	Audrey	11	Dau	F/W	At School	Tn	Tn	Tn
	Arsie	9	Son	M/W		Tn	Tn	Tn
	Ora	6	Son	M/W		Tn	Tn	Tn
	William	4	Son	M/w		Tn	Tn	Tn
	Charlotte	1	Dau	F/W		Tn	Tn	Tn
51	BONNER, J. N.	39		M/W	Spoke Mfg.	Tn	NC	Tn
	Hattie	32	Wife	F/W		Wisc	Eng	Wisc
	Jennie	12	DAu	F/W	At School	Tn	Tn	Wisc
52	STONER (?), Willie	25		M/W	Spoke Grader	Tn	Tn	Tn
	Allie	25	Wife	F/W		Tn	Tn	Tn
	Lillie	5	Dau	F/W		Tn	Tn	Tn
	Harvey	9/12	Son	M/W		Tn	Tn	Tn
53	WILKERSON, Ly--	28		M/W	Farmer	Tn	Tn	Tn
	Dosie	22	Wife	F/W		Tn	Ala	Ala
	William	2	Son	M/W		Tn	Tn	Tn
	THOMPSON, JAmes	27	Boarder	M/W	Day Laborer	Tn	Tn	Tn
	Pearl	21	Boarder	F/W		Tn	Tn	Tn
54	HILL, George	27	.	M/W	DAy LAborer	Tn	Tn	tn
55	REYNOLDS, Robert	22		M/W	Day Laborer	Tn	Tn	Tn
56	STRAWN, Ben	47		M/W	Teamster	Tn	Va	Tn
	Nancy	47	Wife	F/W		Tn	Va	Tn
	MAry A.	20	Dau	F/W		Tn	Tn	Tn
	Sarah L.	18	Dau	F/W		Tn	Tn	Tn
57	RAMSEY, George	25		M/Bl	Teamster	Tn	Tn	Tn
	Mary	23	Wife	F/Bl		Tn	Tn	Tn
	G. B.	2	Son	M/Bl		Tn	Tn	Tn
	Clarence	1	Son	M/Bl		Tn	Tn	Tn
	Gollie	8	St/Dau	F/Bl		Tn	Tn	Tn
58	RICHARDSON, JAmes M.	33		M/W	Teamster	Tn	Tn	Tn
	Mandy	29	Wife	F/W		Tn	Tn	Tn
	Florence	11	Dau	F/W		Tn	Tn	Tn
	Bernice	9	Dau	F/W		Tn	Tn	Tn

No.	Name	Age	Rel. to Head	Sx/Race	Occupation	Birth of Person	Father	Mother
	RICHARDSON, Willie	6	Son	M/W		Tn	Tn	Tn
	Lee	1	son	M/W		Tn	Tn	Tn
59	BARNES, Jonathan	45		M/W	Farmer	Tn	Tn	Tn
	Minerva	48	Wife	F/W		Tn	Tn	Tn
	Walter	14	Son	M/W		Tn	Tn	Tn
	LOCKHART, Henry	29	Boarder	M/W	Physician	Tn	Tn	Tn
	Cleo	23	Boarder	F/W		Tn	Tn	Tn
60	ARGO, Irving	51		M/W	Farmer	Tn	Mo	Tn
	Mary	43	Wife	F/W		Tn	Tn	Tn
	Della	24	Dau	F/W		Tn	Tn	tn
	Dollie A.	21	Dau	F/W		Tn	Tn	Tn
	Rosa	20	Dau	F/W		Tn	Tn	Tn
	Criss	18	Son	M/W		Tn	Tn	Tn
	Sarah	16	Dau	F/W		Tn	Tn	Tn
	Rilla	12	Dau	F/W		Tn	Tn	Tn
	Bruce	11	Son	M/W		Tn	Tn	Tn
	Henry	10	Son	M/W		Tn	Tn	Tn
	Floyd	8	Son	M/W		Tn	Tn	Tn
	Jennie	7	Dau	F/W		Tn	Tn	Tn
61	HOBBS, R-------	40		M/W	Farmer	Tn	Tn	Tn
	Laura	40	Wife	F/W		Tn	Tn	Tn
	Royce	10	Son	M/W		Tn	Tn	Tn
62	MANSFIELD, Thomas J.	57		M/W	Miller	Tn	Tn	Tn
	Sarah	63	Wife	F/W		Tn	Tn	NC
	PERRY, Manerva	32	Dau	F/W		Tn	Tn	Tn
	George W.	32	Son/Law	M/W	Merchant	Tn	Tn	Tn
	Charles T.	2	Gr/Son	M/W		Tn	Tn	Tn
63	PATRICK, Lafayette	36		M/W	Farmer	Tn	Tn	Tn
	Susan	51	Wife	F/W		Tn	Tn	Tn
	NUNLEY, Arthur	9	Nephew	M/W		Tn	Tn	Tn
64	HOARD (?), James	41		M/W	Sawmill	Tn	Tn	Tn
	May	46	Sister	F/W		Tn	Tn	Tn
	Ernest	18	Son	M/W	Sawmill Labor	Tn	Tn	Tn
	Annie	16	Dau	F/W	At School	Tn	Tn	Tn
	James	11	Son	M/W	At School	Tn	Tn	Tn
	Leslie	9	Son	M/W		Tn	Tn	tn
	William	3	Son	M/W		Tn	Tn	Tn
65	ETTER, George	69		M/W	Farmer	Tn	Tn	Tn
	Mandy	64	Wife	F/W		Tn	Tn	Tn
	ROGERS, Ann	59	Sis/Law	F/W		Tn	Tn	Tn
	CARTWRIGHT, Sarah	55	Sis/Law	F/W		Tn	Tn	Tn
	ETTER, Hua (?)	16	Nephew	M/W		Tn	Tn	Tn
66	MYERS, Ben	38		M/W	Farmer	Tn	Tn	Tn
	Willie	34	Wofe	F/W		Tn	Tn	Tn
	Thomas	15	Son	M/W		Tn	Tn	Tn
	Ray	11	Son	M/W		Tn	Tn	Tn

No.	Name	Age	Rel. to Head	Sx/Race	Occupation	Birth of Person-Father-Mother		
	MYERS, Marcus	5	Son	M/W		Tn	Tn	Tn
	Minnie	1	Dau	F/W		Tn	Tn	Tn
67	MYERS, Gull	25		M/W	Farmer	Tn	Tn	Tn
	Elizabeth	66	Mother	F/w		Tn	NC	NC
	Carrie	28	Sister	F/W		Tn	Tn	Tn
68	ETTER, Charlie M.	52		M/W	Farmer	Tn	Va	Tn
	Suella	54	Wife	F/W		Tn	Tn	Tn
	Hull	13	Son	M/W	At School	Tn	Tn	Tn
	Churley	10	Dau	F/W	At School	Tn	Tn	tn
	George	6	Son	M/W		Tn	Tn	Tn
	Lodwick	4	Nephew	M/W		Tn	Tn	Tn
69	HOBBS, St---	34		M/W	Farmer	Tn	Tn	Tn
	Minnie	22	Wife	F/W		Tn	Tn	Tn
	Kattie	4	Dau	F/W		Tn	Tn	Tn
	Infant	7/12	Son	M/W		Tn	Tn	Tn
	LINN, Mattie	18	Serv	F/W		Tn	Tn	Tn
70	SOLOMON, William	42		M/Bl	Farmer	Tn	Tn	Tn
	Maria	36	Wife	F/Bl		Tn	Tn	Tn
	Collin	18	Dau	F/Bl		Tn	Tn	Tn
	Oscar	11	Son	M/Bl		Tn	Tn	Tn
	Lucy	6	Dau	F/Bl		Tn	Tn	Tn
	Henry	3	Son	m/Bl		Tn	Tn	Tn
	Infant	2/12	Son	m/Bl		Tn	Tn	Tn
71	COPE, Cain	26		M/Bl	Framer	Tn	Tn	Tn
	Thellie	21	Wife	F/Bl		Tn	Tn	Tn
72	WALKER, Isaac	23		M/Bl	Farmer	Tn	Tn	Tn
	Lou Anna	25	Wife	F/Bl		Tn	Tn	Tn
73	SMARTT, Ell C.	50		M/W	Farmer	Tn	Tn	Tn
	Lizzie	53	Wife	F/W		Tn	Tn	Tn
	Maggie	19	Dau	F/W		Tn	Tn	Tn
	Arnold	16	Son	M/W	Farm Labor	Tn	Tn	Tn
	Thomas	15	Son	M/W	Farm Labor	Tn	Tn	Tn
	Fannie	11	Dau	F/W		Tn	Tn	Tn
	Murphy	9	Son	M/W		Tn	Tn	Tn
74	MASEY, Peter	Unk		M/Bl	Farmer	Tn	Tn	Tn
	Lou Ann	Unk	Wife	F/Bl		Tn	Tn	Tn
	Jessie	15	Dau	F/Bl		Tn	Tn	Tn
	Bill	12	Son	M/Bl	Farm Labor	Tn	Tn	Tn
	Ada	10	Dau	F/Bl		Tn	Tn	Tn
	Mary	9	Dau	F/Bl		Tn	Tn	Tn
	HILL, Chaina	13	Niece	F/Bl		Tn	Tn	Tn
75	COPE, Elihue	64		M/Bl	Farmer	Tn	NC	Tn
	Calina	Unk	Wife	F/Bl		Tn	Va	Tn
	Birdie	20	Dau	F/Bl		Tn	Tn	Tn
	Benjamin H.	10	Son	M/Bl		Tn	Tn	Tn

No.	Name	Age	Rel. to Head	Sx/Race	Occupation	Birth of Person-Father-Mother		
76	COPE, Hardy	52		M/Bl	Farmer	Tn	Tn	Tn
	Nancy	49	Wife	F/Bl		Tn	Tn	Tn
	Hassie	19	Dau	F/Bl		Tn	Tn	Tn
	King	18	Son	M/Bl	Farm Labor	Tn	Tn	Tn
	Archie	15	Son	M/Bl	Farm Labor	Tn	Tn	Tn
	Hardy	13	Son	M/Bl	Farm Labor	Tn	Tn	tn
	Endy	9	Dau	F/Bl		Tn	Tn	tn
	Bessie	7	Dau	F/Bl		Tn	Tn	Tn
77	MYERS, ohn	31		M/Bl	Farmer	Tn	Tn	tn
78	ROGERS, Greek	41		M/W	Farmer	Tn	Tn	Tn
	Margaret	34	Wife	F/W		Tn	Tn	tn
	Andy	15	Son	M/W	Farm Labor	Tn	Tn	Tn
	Mary	16	Dau	F/w		Tn	Tn	Tn
	Lucy	13	Dau	F/w		Tn	Tn	tn
	Susan	12	Dau	F/W		Tn	Tn	Tn
	Abner	10	Son	M/W		Tn	Tn	Tn
	Jimmie	8	Dau	F/W		Tn	Tn	Tn
	Rice	7	Son	m/W		Tn	Tn	Tn
	Walter	4	Son	M/W		Tn	Tn	tn
	Mandie	5	Dau	F/W		Tn	Tn	Tn
	Gertie	2	Dau	F/W		Tn	Tn	Tn
	Claudus	18	Son	M/W	Farm Labor	Tn	Tn	Tn
79	ROGERS, Fannie	83		F/W		Tn	Tn	Tn
80	BOULDIN, Thomas	47		M/W	Farmer	Tn	Tn	Tn
	Mary	34	Wife	F/W		Tn	Tn	Tn
	Bettie	6	Dau	F/W		Tn	Tn	Tn
	Cora	3	Dau	F/W		Tn	Tn	Tn
	GROVE, George	19	Cousin	M/W	FArm Labor	Tn	Tn	Tn
	Nannie	16	Niece	F/W		Tn	Tn	Tn
	BOULDIN, Nancy	62	Mother	F/W		Tn	Tn	Tn.
81	MOFFITT, Venus	42		M/W	Farmer	Tn	Tn	Tn
	Maggie	41	Wife	F/W		Tn	Tn	Tn
	Gilbert	19	Son	m/W	Farm Labor	Tn	Tn	Tn
	Narve	18	Son	M/W	Farm Labor	Tn	Tn	Tn
	Clyde	16	Son	M/W	Farm Labor	Tn	Tn	Tn
	Marion	15	Son	M/W	Farm Labor	Tn	Tn	Tn
	Johnnie	14	Son	M/W	Farm Labor	Tn	Tn	Tn
	Georgie	12	Son	M/W	Farm Labor	Tn	Tn	Tn
	Bennie	10	Son	M/W	Farm LAbor	Tn	Tn	Tn
	Mary	7	Dau	F/W		Tn	Tn	Tn
	Guy	3	Son	M/W		Tn	Tn	Tn
	Nancy	2	Dau	F/W		Tn	Tn	Tn
82	NOLAND, Grace	73		F/W	Farmer	Tn	Ga	Ga
83	ROGERS, Isaac	36		M/W	FArmer	Tn	Tn	Tn
	Victoria	38	Wife	F/W		Tn	Tn	Tn
	Addie	14	Dau	F/W		Tn	Tn	Tn
	Johnnie	13	Son	M/W	Farm Labor	Tn	Tn	Tn

No.	Name	Age	Rel. to Head	Sx/Race	Occupation	Person	Father	Mother
	ROGERS, Bertha	10	Dau	F/W		Tn	Tn	Tn
	Rose	7	Dau	F/W		Tn	Tn	Tn
	Arsie	4	Son	M/W		Tn	Tn	Tn
	Janie	3	Dau	F/W		Tn	Tn	Tn
84	SCOTT, William	39		M/W	Farmer	Tn	Tn	Tn
	Adelia	30	Wife	F/W		Tn	Tn	Tn
	Abner	12	Son	M/W	Farm Labor	Tn	Tn	Tn
	Nannie	9	Dau	F/W		Tn	Tn	Tn
	Liza	2	Dau	F/W.		Tn	Tn	tn
	Lettie	2/12	Dau	F/W		Tn	Tn	Tn
85	ROGERS, John	32		M/W	Farmer	Tn	Tn	Tn
	Lizzie	30	Wife	F/W		Tn	Tn	Tn
	Lilly	9	Dau	F/W		Tn	Tn	Tn
	Dion	7	Son	M/W		Tn	Tn	Tn
	Stella	5	Dau	F/W		Tn	Tn	Tn
	Lena	3	Dau	F/W		Tn	Tn	Tn
	Cora	7/12	Dau	F/W		Tn	Tn	Tn
86	WOODLEE, John	43		M/W	Farmer	Tn	Tn	Tn
	Liddie	31	Wife	F/W		Tn	Tn	Tn
	Horace	8	Son	M/W		Tn	Tn	Tn
	Sewell	6	Son	M/W		Tn	Tn	Tn
	Emma	2	Dau	F/W		Tn	Tn	Tn
	George B.	4/12	Son	M/W		Tn	Tn	Tn
87	COPE, Gr----	57		M/W	Farmer	Tn	Tn	Tn
88	BEDDINGFIELD, Charles	32		M/W	Surveyor	Ga	Ga	Ga
	Belle	29	Wife	F/W		Tn	Tn	Tn
	Myrtle	5	Dau	F/W		Ga	Ga	Tn
	Bessie	2	Dau	F/W.		Ga	Ga	Tn
	RAlph	1	Son	M/W		Tn	Ga	Tn
89	WOODLEE, Carvel (?)	31		M/W	Farmer	Tn	Tn	Tn
	Jessie	18	Wife	F/W		Tn	Tn	Tn
90	WOODLEE, Sallie	56		M/W	Farmer	Tn	Tn	Tn
	Levi	21	Son	M/W	Farm Labor	Tn	Tn	Tn
	Abner	19	Son	M/W	Farm Labor	Tn	Tn	tn
	Claudus	16	Son	M/W	Farm Labor	Tn	Tn	Tn
91	ARGO, John	45		M/W	Farmer	Tn	Tn	Tn
	Caline	40	Wife	F/W		Tn	Tn	Tn
	Belle	16	Dau	F/W		Tn	Tn	Tn
	Robert	13	Son	M/W	FArm Labor	Tn	Tn	tn
	Burr	10	Son	M/W		Tn	Tn	Tn
	Will	8	Son	M/W		Tn	Tn	Tn
	Carel	5	Dau	F/W		Tn	Tn	Tn
	Anny	1	Son	M/W (?)		Tn	Tn	Tn

No.	Name	Age	Rel. to Head	Sx/Race	Occupation	Person	Father	Mother
92	HUTCHINGS, R. G.	58		M/W	Sawmill Operator	NY	Vt	NY
	Marth	54	Wife	F/W		NY	NH	NY
	Harley	33	Son	M/W	Sawmill	Mich	NY	NY
93	WOODLEE, Frank	33		M/W	Farmer	Tn	Tn	Mich
	Myrtle	33	Wife	F/W		Tn	Tn	Tn
	Charity	8	Dau	F/W		Tn	Tn	Tn
	Grover	6	Dau	F/W		Tn	Tn	Tn
	Livy	5	Son	M/W		Tn	Tn	Tn
	Oscar	4	Son	M/W		Tn	Tn	Tn
	William C.	2	Son	M/W		Tn	Tn	Tn
	Hall	1	Son	M/W		Tn	Tn	Tn
94	NORTHCUTT, William E.	52		M/W	Carpenter	Ala	Tn	Tn
	Benjamin B.	23	Son	M/W	Farm Labor	Tn	Ala	Tn
	John	20	Son	M/W	Farm Labor	Tn	Ala	Tn
	Marvin	17	Son	M/W	Farm Labor	Tn	Ala	Tn
	Vernon	15	Son	M/W	Farm Labor	Tn	Ala	Tn
	Orange	14	Son	M/W	Farm Labor	Tn	Ala	Tn
	Gordon	12	Son	M/W		Tn	Ala	Tn
	Ora	10	Son	M/W	Farm Labor	Tn	Ala	Tn
	BOYD, Agness	28	Cousin	F/W		Tn	Tn	Tn
	Ollie	10	Dau	F/W		Tn	Tn	Tn
	Clarence	5	Son	M/W		Tn	Tn	Tn
95	HOBBS, Harris	24		M/W	Farmer	Tn	Tn	Tn
	Mary	24	Wife	F/W		Tn	Tn	tn
	Grover	5	Son	M/W		Tn	Tn	Tn
	Lou	3	Dau	F/W		Tn	Tn	Tn
	Dock	1	Son	M/W		Tn	Tn	Tn
96	FULTZ, George	46		M/W	Farmer	Tn	Tn	Tn
	C-----	42	Wife	F/W		Tn	Tn	Tn
	Cal	11	Son	M/W	Farm Labor	Tn	Tn	Tn
	John	9	Son	M/W		Tn	Tn	Tn
	Mary	22	Dau	F/W		Tn	Tn	tn
97	BEDDINGFIELD, William	46		M/W	Farmer	Ga	Ga	Ga
	Martha E.	47	Wife	F/W		Tn	Tn	Tn
	John H.	15	Son	M/W		Tn	Ga	Tn
	James	13	Son	M/W		Tn	Ga	Tn
	NORTHCUTT, Hassie	9	Niece	F/W		Tn	Tn	Tn
	Allie	7	Niece	F/W		Tn	Tn	Tn
	Shelly	6	Niece	F/W		Tn	Tn	Tn
	Ostie	5	Dau	F/W		Tn	Tn	Tn
98	SMARTT, Sarah	40		F/W	Farmer	Tn	Tn	tn
	Carrie	19	Wife	F/W		Tn	Tn	Tn
	Euca	17	Son	M/W	Farm Labor	Tn	Tn	Tn
	May	17	Dau	F/W		Tn	Tn	Tn
	Lester	15	Son	M/W	Farm Labor	Tn	Tn	Tn
	Pearl	13	Dau	F/W		Tn	Tn	Tn
	Lou	7	Dau	F/W		Tn	Tn	Tn
	Ethel	5	Dau	F/W		Tn	Tn	tn

No.	Name	Age	Rel. to Head	Sx/Race	Occupation	Birth of Person	Father	Mother
99	RAY, Charley	25		M/W	Farm Labor	Tn	Tn	Tn
	Viney	22	Wife	F/W		Tn	Tn	Tn
	Lilly	6	Dau	F/W		Tn	Tn	Tn
	Harris	5	Son	M/W		Tn	Tn	Tn
	Carlos	3	Son	M/W		Tn	Tn	Tn
100	KESEY, George	29		M/W	Farmer	Tn	Tn	Tn
	Celia	24	Wife	F/W		Tn	Tn	Tn
	Herbert	6	Dau	F/W		Tn	Tn	tn
	Moffitt	4	Son	M/W		Tn	Tn	Tn
	Ellen	2	Dau	F/W		Tn	Tn	Tn
	CROUCH, Larkin	29	Serv	M/W	Day Laborer	Tn	Tn	Tn
	KIRBY, William W.	54	Boarder	M/W	Sawyer	Tn	Tn	Tn
	Pelham	17	Boarder		Sawmill Labor	Tn	Tn	Tn
101	BILES, Eb	20		M/W	FArmer	Tn	Tn	Tn
	Guss	17	Wife	F/W		Tn	Tn	Tn
	Edly	1/12	Son	M/W		Tn	Tn	Tn
	HOBBS, Frank	21	Boarder	M/W	Day Laborer	Tn	Tn	Tn
102	POE, Nancy	36		F/W	Farmer	Tn	Tn	Tn
	Arthur	14	Son	M/W	Farm Labor	Tn	Tn	tn
	Jerome	14	Son	M/W		Tn	Tn	Tn
	Sinthy	3	Dau	F/W		Tn	Tn	tn
	Calhoun	47	Brother	M/W		Tn	Tn	Tn
103	NUNLEY, Leila	27		M/W	Farm Labor	Tn	Tn	Tn
	Mary	7	Dau	F/W		Tn	Tn	Tn
	Anna	6	Dau	F/W		Tn	Tn	Tn
104	STOTTS, Ben	43		M/W	FArmer	Tn	Tn	tn
	Rosa	41	Wife	F/W		Tn	Tn	tn
	Jessie	21	Son	F/W	FArm Labor	Tn	Tn	Tn
	Anna L.	18	Dau	F/W		Tn	Tn	Tn
	Samson	16	Son	M/W		Tn	Tn	Tn
	Bertha	14	Dau	F/W		Tn	Tn	tn
	Frank	12	Son	M/W		Tn	Tn	Tn
	Lee B.	9	Son	M/W		Tn	Tn	Tn
	Speaker D.	5	Son	M/W		Tn	Tn	Tn
	Bettie	2	Dau	F/W		Tn	Tn	tn
105	BARNES, Charlie	46		M/W	Farmer	Tn	Tn	Tn
	Lucy	39	Wife	F/W		Tn	Tn	Tn
	Isaac	18	Son	M/W	Farm Labor	Tn	Tn	Tn
	Lafayette	16	Son	M/W		Tn	Tn	Tn
	Edgar	14	Son	M/W		Tn	Tn	Tn
	Lassie A.	12	Dau	F/W		Tn	Tn	tn
	Harris	10	son	M/W		Tn	Tn	Tn
	Thomas	8	Son	M/W		Tn	Tn	Tn
	Wallace	6	Son	M/W		Tn	Tn	tn
	Winslow	4	Son	M/W		Tn	Tn	Tn
	Bryan	1	Son	M/W		Tn	Tn	Tn
106	BARNES, Andrew	65		M/W	Miller	Tn	Tn	Tn
	Cora	55	Wife	F/W		Tn	Tn	Tn
	STOTTS, Jennie	14	Gr/Dau	F/W		Tn	Tn	Tn
	Clyde	10	Gr/Son	M/W		Tn	Tn	Tn
107	WOODEN, Richard	24		M/W	Farmer	Tn	Tn	Tn
	Bettie	22	Wife	F/W		Tn	Tn	Tn
	Sadie L.	9/12	Dau	F/W		Tn	Tn	Tn
108	SHELVIN, Hugh	52		M/W	Farmer	NY	Irel	Irel
	Maggie	50	Wife	F/W		Tn	Va	Tn
109	ETTER, Jesse	46		M/W	Farmer	Tn	Tn	Tn
	Mary	42	Wife	F/W		Tn	Tn	tn
	Rilla	16	Dau	F/W		Tn	Tn	Tn
	Rowan	14	Son	M/W		Tn	Tn	Tn
110	KINLEY, William	25		M/Bl	Teamster	Tn	Tn	Tn
	Lizzie	23	Wife	F/		Tn	Tn	Tn
	Hobart M.	3	Son	M/		Tn	Tn	Tn
	Mary	1	Dau	F/		Tn	Tn	tn
111	KESEY, Ella	59		F/W	Farmer	Tn	Tn	Tn
	John	36	Son	M/W	Day Laborer	Tn	Tn	Tn
	Sallie	29	Dau	F/W		Tn	Tn	Tn
	Houston	24	Son	M/W	Day Laborer	Tn	Tn	Tn
	Ollie	18	Dau	F/W		Tn	Tn	Tn
	JENKINS, Ed	Unk	Serv	F/Bl	Farm Labor	Tn	Tn	Tn
112	GIBBS, Joe	40		M/W	Farmer	Tn	Tn	Tn
	Martha J.	37	Wife	F/W		Tn	Tn	Tn
	Thomas	16	Son	M/W	Farm Labor	Tn	Tn	Tn
	Mary	14	Dau	F/W		Tn	Tn	Tn
	Willie	12	Son	M/W	Farm Labor	Tn	Tn	Tn
	Blanche	8	Dau	F/W		Tn	Tn	Tn
	Houston	2	Son	M/W		Tn	Tn	Tn
	Sallie	4	Dau	F/W		Tn	Tn	Tn
113	SAFLEY, Lon	54		M/W	Farmer	Tn	Tn	Tn
	John	14	Son	M/W	Farm Labot	Tn	Tn	Tn
	Rody	6	Dau	F/W		Tn	Tn	Tn
	JONES, Mary	Unk	Serv	F/W		Tn	Tn	Tn
114	HENNESSEE, Collie	27		M/W	Farmer	Tn	Tn	Tn
	Lucy	21	Wife	F/W		Tn	Tn	Tn
	Alice	8/12	Dau	F/W		Tn	Tn	Tn
115	HENNESSEE, Poss	54		M/W	Farmer	Tn	Tn	Tn
	Mary M.	55	Wife	F/W		Tn	Tn	Tn
	Thomas	26	Son	M/W	Farm Labor	Tn	Tn	Tn
	Annie L.	27	Dau	F/W		Tn	Tn	Tn
	William W.	19	Son	M/W	Farm Labor	Tn	Tn	Tn
	Phillip A.	16	Son	M/W	Farm Labor	Tn	Tn	Tn
	Jesse L.	14	Son	M/W		Tn	Tn	Tn

No.	Name	Age	Rel. to Head	Sx/Race	Occupation	Birth of Person	Father	Mother
116	WAGNER, Sarah	73		F/W		Tn	Tn	Tn
117	MYERS, Dock	26		M/W	Farmer	Tn	Tn	Tn
	Cora	Unk	Wife	F/W		Tn	Tn	tn
	Dee	1	Son	M/W		Tn	Tn	Tn
	Nannie	4/12	Dau	F/W		Tn	Tn	Tn
118	WOODLEE, A. J.	61		M/W	Farmer	Tn	Tn	Tn
	Louvisa	56	Wife	F/W		Tn	Tn	Tn
	Daisy	22	Dau	F/W		Tn	Tn	Tn
119	WOODLEE, Enoch	26		M/W	Farmer	Tn	Tn	Tn
	Rebecca	20	Wife	F/W		Tn	Tn	Tn
	Osmon	7/12	Son	M/W		Tn	Tn	Tn
	Thomas	19	Serv	M/Bl		Tn	Tn	Tn
120	HILL, Sidney	34		M/W	Farmer	Tn	Tn	Tn
	Emma	27	Wife	F/W		Tn	Tn	Tn
	Mary	11	Dau	F/W	At School	Tn	Tn	Tn
	Elisha B.	8	Son	M/W		Tn	Tn	Tn
	Frances L.	3	Dau	F/W		Tn	Tn	Tn
	Buster M.	1	Son	M/W		Tn	Tn	Tn
	Mary	76	Mother	F/W		Tn	Tn	Tn
121	SAFLEY, Robert	60		M/W	Farmer	Tn	TN	Tn
	Romalin	63	Wife	F/W		Tn	Tn	Tn
122	FRANCE, Joshua	48		M/Bl	FArmer	Tn	Tn	Tn
	Ada	32	Wife	F/Bl		Tn	Tn	Tn
	Oliver	7	Son	M/Bl		Tn	Tn	Tn
	Hamer	5	Son	M/Bl		Tn	Tn	Tn
	Tennie	3	Dau	F/Bl		Tn	Tn	Tn
	HArriett	11/12	Dau	F/Bl		Tn	Tn	Tn
123	SOLOMON, Henry	67		M/Bl	Farm Labor	Tn	Tn	NC
124	WOODLEE, William	67		M/W	Farmer	Tn	Va	Tn
	Coleen	53	Wife	F/W		Tn	Tn	Tn
	Hassie	21	Dau	F/W		Tn	Tn	Tn
	Isaac	19	Son	M/W	Farm Labor	Tn	Tn	Tn
	Charley	12	Son	M/W	Farm Labor	Tn	Tn	Tn
125	BARNES, Charley L.	35		M/W	Farmer	Tn	Tn	Tn
	Maggie L.	33	Wife	F/W		Tn	Tn	Tn
	William S.	7	Son	M/W		Tn	Tn	Tn
	Charles V.	4	Son	m/W		Tn	Tn	Tn
	Decker 1.	1	Son	m/W		Tn	Tn	Tn
126	LYNN, Haston	41		M/W	Teamster	Tn	Tn	Tn
	Malissa	Unk	Wife	F/W		Tn	Tn	Tn
	Mattie	18	Dau	F/W	Servant	Tn	Tn	Tn
	Minnie	14	Dau	f/W		Tn	Tn	tn
	Jessie	13	Dau	F/W		Tn	Tn	Tn
	LYNN, Genyre (?)	11	Son	M/W	Farm Labor	Tn	Tn	Tn
	Celia	10	Dau	F/W		Tn	Tn	Tn
	Willie	8	Son	M/W		Tn	Tn	Tn
	Isaac	6	Son	M/W		Tn	Tn	Tn
127	MASSINGALE, Mathew L.	55		M/W	Farmer	Tn	Tn	Ga
	Joseph C.	20	Son	M/W	Farmer	Tn	Tn	Tn
128	LOCKHART, Joseph	39		M/W	Farmer	Tn	Tn	Tn
	Eliza	34	Wife	F/W		Tn	Tn	Tn
	GRIMES, Henry	65	Fat/Law	M/W	Farm Labor	Tn	Tn	Tn
129	MILSTEAD, William M.	57		M/W	Farmer	Tn	Tn	Tn
	Susan J.	55	Wife	F/W		Tn	Tn	Tn
	Harris	25	Son	M/W	Farmer	Tn	Tn	Tn
	Ella	24	DAu	F/W		Tn	Tn	Tn
	Loson	18	Son	M/W	Farm Labor	Tn	Tn	Tn
	Claud	12	Son	M/W	Farm Labor	Tn	Tn	Tn
130	HUGHES, John	69		M/W	Farmer	Tn	NC	Tn
	Nannie	41	Wife	F/W		Tn	Tn	Tn
	Osha	15	Dau	F/W	At School	Tn	Tn	Tn
	Marcus	14	Son	M/W	At School	Tn	Tn	Tn
	Leila	25	Niece	F/W		Tn	Tn	Tn
131	NUNLEY, Jessie	21		M/W	Day Laborer	Tn	Tn	Tn
	Bettie	21	Wife	F/W		Tn	Tn	tn
	Dora	4/12	Dau	F/W		Tn	Tn	Tn
132	ISEREL, Andrew	54		M/W	Farmer	Tn	NC	Tn
	Harrison	21	Son	M/W	Farm Labor	Tn	Tn	Tn
	Jennie	15	Dau	F/W		Tn	Tn	Tn
	Venus	5	Gr/Son	M/W		Tn	Tn	Tn
133	WOODLEE, Eligah	27		M/W	Farmer	Tn	Tn	Tn
	Lucy	25	Wife	F/W		Tn	Tn	Tn
	Mamie	2	Dau	F/W		Tn	Tn	Tn
134	CORDELL, David	53		M/W	Wood Workman	Ga	Ga	Ga
	Leila	38	Wife	F/W		Tn	Tn	Tn
	Bertha M.	7	Dau	F/W		Tn	Tn	Tn
	Lela E.	6	Dau	F/W		Tn	Tn	Tn
	Abner D.	2	Son	M/W		Tn	Tn	Tn
	Flora	1	Dau	F/W		Tn	Tn	Tn
135	WOODLEE, JAmes	39		M/Bl	Blacksmith	Tn	Tn	Tn
	Harriett	45	Wife	F/Bl		Tn	Tn	Tn
	Ross D.	11	Son	M/Bl		Tn	Tn	Tn
	Firm M.	11	Son	M/Bl		Tn	TN	Tn
	BRIDGEMAN, JAmes R.	25	Son/Law	M/Bl	Blacksmith	Tn	Tn	Tn
	Tina	16	Dau	F/Bl		Tn	Tn	Tn

No.	Name	Age	Rel. to Head	Sx/Race	Occupation	Birth of Person-Father-Mother		
136	JENKINGS, James P.	39		M/W	Logging	Tn	Tn	Ala
	Callie	36	Wife	F/w		Tn	Tn	Tn
	Sarah E.	14	Dau	F/W		Tn	Tn	Tn
	Sammie	12	Son	M/W		Tn	Tn	Tn
	Della M.	10	Dau	F/W		Tn	Tn	Tn

DISTRICT No. 8   1 June 1900   Myrtle Reynolds Enumerator

No.	Name	Age	Rel. to Head	Sx/Race	Occupation	Birth of Person-Father-Mother		
1	PRATER, John	28		M/W	Farmer	Tx	Ga	Ga
	Mattie	32	Wife	F/W		Tn	Tn	Tn
	Bascomb	5	Son	M/W		Tn	Tx	Tn
	Marvin	3	Son	M/W		Tn	Tx	Tn
2	FULLER, Marie	34		F/W	Farmer	Tn	Tn	Tn
	Dora	15	Dau	F/W		Tn	Tn	Tn
	Charles	13	Son	M/W	Farm Labor	Tn	Tn	tn
	Mason	10	Son	M/W		Tn	Tn	Tn
	LOWE, Sarah	65	Mother	F/W		Tn	SC	SC
3	McDONOUGH, M.	78		M/W	Farmer	Tn	Tn	Tn
4	McDONOUGH, James	32		M/W	FArmer	Tn	Tn	Tn
	Mattie	29	Wife	F/W		Tn	Tn	Tn
	Grady	1	Son	M/W		Tn	Tn	Tn
5	BLANKS, William	31		M/W	Farmer	Tn	Tn	Tn
	Nora	25	Wife	F/W		Pa	Pa	Pa
6	ALLISON, D-----	51		F/W	Farmer	Tn	Tn	Tn
	Emma	20	Dau	F/W		Tn	Tn	Tn
	Hattie	17	Dau	F/W		Tn	Tn	Tn
	Octa	16	Dau	F/W		Tn	Tn	Tn
7	ALLISON, A-----s	53		M/W	Farmer	Tn	TN	Tn
	Mary	39	Wife	F/W		Tn	Tn	Tn
	Etta	11	Dau	F/W		Tn	Tn	Tn
	Harry	5	Son	M/W		Tn	Tn	Tn
8	COPE, A. D.	52		M/W	Farmer	Tn	Tn	Tn
	Cleopatra	54	Wife	F/W		Tn	Tn	Tn
	Maggie	30	Dau	F/W		Tn	Tn	Tn
	Belle	25	Dau	F/W		Tn	Tn	Tn
	Della	22	Dau	F/W		Tn	Tn	Tn
	Lillie	20	Dau	F/W		Tn	Tn	Tn
	Fred	16	Son	M/W		Tn	Tn	Tn
	Willie	11	Son	M/W		Tn	Tn	Tn
9	COPE, John	66		M/W	Farmer	Tn	Tn	Tn
	Frances	56	Wife	F/W		Tn	Tn	Tn

No.	Name	Age	Rel. to Head	Sx/Race	Occupation	Birth of Person-Father-Mother		
	COPE, Lucy	29	Dau	F/W		Tn	Tn	Tn
	Georgia	25	Dau	F/W		Tn	Tn	Tn
10	BROWN, William	30		M/W	Farmer	Tn	Tn	Tn
	Sarah	30	Wife	F/W		Tn	Tn	Tn
	Roy	10	Son	M/W		Tn	Tn	Tn
	E----	7	Son	M/W		Tn	Tn	Tn
	Hallie	5	Dau	F/W		Tn	Tn	Tn
11	STUBBLEFIELD, Harris	59		M/W	Farmer	Tn	Tn	Tn
	Mary	55	Wife	F/W		Tn	Tn	tn
	Lusk	22	Son			Tn	Tn	Tn
12	BILES, E. S.	60		M/W	Farmer	Tn	Tn	Tn
	Lou	23	Dau	F/W	Teacher	Tn	Tn	Tn
	Luther	16	Son	M/W	Farm Labor	Tn	Tn	Tn
	Porter	24	Son	M/W	Farm Labor	Tn	Tn	Tn
13	ROGERS, Bu-----	27		M/W	Farm Labor	Tn	Tn	Tn
	Belle	17	Wife	F/W		Tn	Tn	Tn
14	STOTTS, Margaret	61		M/W	Farmer	Tn	Tn	Tn
	D_____	35	Son	M/W	Farm Labor	Tn	Tn	Tn
	Hattie	30	Dau/Law	F/W		Tn	Tn	Tn
	Lewis	5	Gr/Son	M/W		Tn	Tn	Tn
	Asbury	3	Gr/Son	M/w		Tn	Tn	Tn
	Roy	2	Gr/Son	M/W		Tn	Tn	Tn
15	ROGERS, William	56		M/W	Farmer	Tn	Tn	Tn
	Emma	44	Wife	F/w		Tn	Tn	Tn
	Elihue	21	Son	M/W	Farm Labor	Tn	Tn	Tn
	Horace	19	Son	M/W	Farm Labor	Tn	Tn	Tn
	Arthur	20	Son	M/W		Tn	Tn	Tn
	Ella	16	Dau	F/W		Tn	Tn	Tn
	Annie	13	Dau	F/W		Tn	Tn	Tn
	Sallie	12	Dau	F/W		Tn	Tn	Tn
	Martha	7	Dau	F/W		Tn	Tn	Tn
	Hattie	6	Dau	F/W		Tn	Tn	Tn
	Fannie	1	Dau	F/W		Tn	Tn	Tn
16	THOMAS, John	37		M/W	Farm Labor	Tn	Tn	Tn
	Eva	19	Wife	F/W		Tn	Tn	Tn
17	NORTHCUTT, A.	63		M/W	Farmer	Tn	Tn	Tn
	Elizabeth	49	Wife	F/W		Tn	Tn	Tn
	RAMSEY, Ed	26	Son/Law	M/W	Farm LAbor	Tn	Tn	Tn
	Susie	30	DAu	F/W		Tn	Tn	Tn
18	REYNOLDS, _____	54		M/W	Farmer	Tn	Tn	Tn
	Dillard	19	Son	M/W	FArm Labor	Tn	Tn	Tn
	Charles	17	Son	M/W	Farm Labor	Tn	Tn	Tn
	Mamie	12	Dau	F/W		Tn	Tn	Tn

No.	Name	Age	Rel. to Head	Sx/Race	Occupation	Birth of Person	Father	Mother
19	SCOTT, Bettie	51		F/W	Farmer	Tn	Tn	Tn
	Emma	45	Sister	F/W		Tn	Tn	Tn
	Martha	43	Sister	F/W		Tn	Tn	
20	SCOTT, William	46		M/W	Farmer	Tn	Tn	Tn
	Mary	36	Wife	F/W		Tn	Tn	Tn
	James	18	Son	M/W	Farm Labor	Tn	Tn	Tn
	Lela	15	Dau	F/W		Tn	Tn	Tn
	Herschel	2	Son	M/W		Tn	Tn	Tn
	Berta	8/12	Dau	F/W		Tn	Tn	Tn
	Beulah	7	Dau	F/W		Tn	Tn	Tn
	Lura	3	Dau	F/W		Tn	Tn	Tn
	Fred	1	Son	M/W		Tn	Tn	Tn
21	WILLIS, Harmon	76		M/W	Farmer	Tn	NC	NC
	Maggie	39	Dau	F/W		Tn	Tn	Tn
22	BILES, JAmes	33		M/W	Farmer	Tn	TN	Tn
	Liza	32	Wife	F/W		Tn	Tn	Tn
	Lillie	9	Dau	F/W		Tn	Tn	Tn
	Hassie	7	Dau	F/W		Tn	Tn	Tn
	Mamie	6	Dau	F/W		Tn	Tn	Tn
23	STUBBLEFIELD, Eliz.	64		F/W	Farmer	Tn	Tn	Va
	WAGGONER, Ella	24	Dau	F/W		Tn	Tn	Tn
	Carrie	5	Gr/Dau	F/W		Tn	Tn	Tn
	STUBBLEFIELD, Tom	21	Son	M/W	Farm Labor	Tn	Tn	Tn
24	MOFFITT, Aaron	38		M/W	Farmer	Tn	Tn	Tn
	Mary	25	Wife	F/W		Tn	Tn	Tn
	Pearl	16	Dau	F/W		Tn	Tn	tn
	Iola	12	Dau	F/W		Tn	Tn	Tn
	Laura	9	Dau	F/W		Tn	Tn	Tn
	Herbert	8	Son	M/W		Tn	TN	Tn
	Gilbert	19	Boarder	M/W	Logger	Tn	Tn	Tn
25	THAXTON, -------	37		M/W	Merchant	Tn	Tn	Tn
	Lou	31	Wife	F/W		Tn	Tn	Tn
	Luther	13	Son	M/W		Tn	Tn	Tn
	Hervey	12	Son	M/W		Tn	Tn	Tn
	Ethel	10	Dau	F/W		Tn	Tn	Tn
	Edith	8	Dau	F/W		Tn	Tn	Tn
	Porter	3	Son	M/W		Tn	Tn	Tn
	Joseph	2	Son	M/W				
26	THAXTON, JAmes	39		M/W	??	Tn	Tn	Tn
	Bettie	39	Wife	F/W		Tn	Tn	Tn
	Frank	13	Son	M/W		Tn	Tn	Tn
	Cora	12	Dau	F/W		Tn	Tn	Tn
	Almon	11	Son	M/W		Tn	Tn	Tn
	Mary	8	Dau	F/W		Tn	Tn	Tn
	George	5	Son	M/W		Tn	Tn	Tn
	Roy	1	Son	M/W		Tn	Tn	Tn
27	DARLING, Justin E.	46		M/W	FArmer	NY	??	??
	Mary	43	Wife	F/W		Wisc	Emg	??
	Fred	19	Son	M/W		Minn	NY	Wisc
	Eva	14	Dau	F/W		Minn	ny	Wisc
	Sadie	11	Dau	F/W		Minn	NY	Wisc
	Lea	9	Dau	F/W		Minn	NY	Wisc
	Ralph	7	Son	M/W		Minn	NY	Wisc
	Archie	5	Son	M/W		Minn	NY	Wisc
	TALLEY, Laura	17	DaU	F/W		Minn	NY	Wisc
	Charlie C.	21	Son/Law	M/W	Farm Labor	Tn	Tn	Tn
28	HENDERSON, Robert	65		M/W		Tn	Tn	Tn
	Minerva	63	Wife	F/W		Tn	Tn	Tn
	Lucy	28	Dau	F/W		Tn	Tn	Tn
29	WILLIS, Alan (?)	42		M/W	FArmer	Tn	Tn	Tn
	Cassie	37	Wife	F/W		Tn	Tn	Tn
	Frank	19	Son	M/W	Farm Labor	Tn	Tn	Tn
	Clara	14	Dau	F/W		Tn	Tn	tn
	Sanford	11	Son	M/W		Tn	Tn	Tn
	Jessie	9	Fau	F/W		Tn	Tn	Tn
	Oscar	7	Son	M/W		Tn	Tn	Tn
	Foster	5	Son	M/W		Tn	Tn	Tn
30	HAMILTON, Henry	50		M/Bl	Farmer	Tn	Tn	Tn
	Mary	52	Wife	F/Bl	Farm Labor	Tn	Tn	Tn
	Henry	18	Son	M/Bl	Farm LAbor	Tn	Tn	Tn
	Mifford	16	Son	M/Bl	Farm Labor	Tn	Tn	Tn
	Henry	6	Gr/Son	M/Bl		Tn	Tn	Tn
31	ALLISON, Mattie	50		F/W	Farmer	Tn	Tn	Tn
	Rosa	28	Dau	F/W		Tn	Tn	tn
32	ALLISON, Barbee	26		M/W	FArmer	Tn	Tn	Tn
	Jane	30	Wife	F/W		Tn	Tn	Tn
	David	3	Son	M/W		Tn	Tn	Tn
	George	1	Son	M/W		Tn	Tn	Tn
33	STUBBLEFIELD, Edgar	49		M/Bl	Farmer	Tn	Tn	Tn
	HAMBLEN, Queen	21	Niece	F/Bl		Tn	Tn	Tn
	William	25	Nephew	M/Bl	Farm Labor	Tn	Tn	Tn
	Hubert	5	Nephew	M/Bl		Tn	Tn	Tn
	Frannie	2	Niece	F/Bl		Tn	Tn	Tn
	Demie	1	Niece	F/Bl		Tn	Tn	Tn
	STUBBLEFIELD, Thomas	12	Son	M/Bl		Tn	Tn	Tn
	Harris	10	Son	M/Bl		Tn	Tn	Tn
	Alma	8	Dau	F/W		Tn	Tn	tn
34	HAMMONDS, JAmes	53		M/Bl	Farmer	Tn	Tn	Tn
	Pollie	45	Wife	F/Bl		Tn	Tn	Tn
	Maggie	17	Dau	F/Bl		Tn	Tn	Tn
	Minnie	12	Dau	F/Bl		Tn	Tn	Tn
	Anna	10	Dau	F/Bl		Tn	Tn	Tn

No.	Name	Age	Rel. to Head	Sx/Race	Occupation	Birth of Person	Father	Mother
	HAMMONDS, Andrew	8	Son	M/Bl		Tn	Tn	Tn
	Liza	6	Dau	F/Bl		Tn	Tn	tn
	Johnson	2	Son	M/Bl		Tn	Tn	Tn
	Myrtle	0/12	Dau	F/Bl		Tn	Tn	Tn
35	RAMSEY,	25		M/Bl	Farm Labor	Tn	Tn	Tn
	Nannie	22	Wife	F/Bl		Tn	Tn	tn
	Anneth	2	Dau	F/Bl		Tn	Tn	Tn
	Twins { William	1	Son	M/Bl		Tn	Tn	Tn
	Twins { Minnie	1	Dau	F/Bl		Tn	Tn	Tn
36	BULLEN, W. A.	74		M/W	??	Tn	NC	??
	Bethiah	65	Wife	F/W		Tn	Tn	Tn
	SNIPES, Martha	44	Dau	F/W		Tn	Tn	Tn
	George	16	Gr/Son	M/W		Tn	Tn	Tn
	Claud	12	Gr/Son	M/W		Tn	Tn	Tn
	Eugene	10	Gr/Son	M/W		Tn	Tn	Tn
	William	8	Gr/Son	M/W		Tn	Tn	Tn
37	GARNER, Jeff	48		M/W	Farmer	Tn	Tn	Tn
	Jane	46	Wife	F/W		Tn	Tn	Tn
	Charles	21	Son	M/W	Farm Labor	Tn	Tn	tn
	John	18	Son	M/W	Farm Labor	Tn	Tn	Tn
	William	16	Son	M/W	Farm Labor	Tn	Tn	tn
38	HENDERSON,	32		M/W	Farmer	Tn	Tn	Tn
	Dicia	24	Wife	F/W		Tn	Tn	Tn
	Morman	3	Son	M/W		Tn	Tn	Tn
	Mary	1	Dau	F/W		Tn	Tn	tn
39	STUBBLEFIELD,	33		M/W	Farmer	Tn	Tn	Tn
		22	Wife	F/W		Tn	Tn	Tn
	Ruth	1	Dau	F/W		Tn	Tn	Tn
40	KELL, Lusanna	56		F/W	Farmer	Tn	Tn	Tn
	Martha	27	Dau	F/W		Tn	Tn	Tn
	Ida	25	Dau	F/W		Tn	Tn	Tn
	George	20	Son	M/W	Farm Labor	Tn	Tn	Tn
41	HAMMONS, Thomas	29		M/W	Farmer	Tn	Tn	Tn
	Bettie	29	Wife	F/W		Tn	Tn	Tn
	Belle	7	Dau	F/W		Tn	Tn	Tn
	Reecie	1	Dau	F/W		Tn	Tn	Tn
42	GARNER, James	38		M/W	Farmer	Tn	Tn	Tn
	Eva	30	Wife	F/W		Tn	Tn	Tn
	Eulus	10	Son	M/W		Tn	Tn	Tn
	Jeff	8	Son	m/W		Tn	Tn	Tn
	Libbie	6	Dau	F/W		Tn	Tn	Tn
	Thurman	4	Son	M/W		Tn	Tn	Tn
	Lillie	1/12	Dau	F/W		Tn	Tn	Tn
43	MORROW, Dock	40		M/W	Farm Labor	Tn	Tn	Tn
	Mary	29	Wife	F/W		Tn	Tn	Tn

No.	Name	Age	Rel. to Head	Sx/Race	Occupation	Birth of Person	Father	Mother
	MORROW, John	12	Son	M/W		Tn	Tn	Tn
	Clara	7	Dau	F/W		Tn	Tn	tn
	Emma	5	Dau	F/w		Tn	Tn	tn
	Howard	1	Son	M/W		Tn	Tn	Tn
44	MORROW, James	64		M/W	??	Tn	Tn	Tn
	Sarah	56	Wife	F/W		Tn	Tn	Tn
	Cleo	20	Dau	F/W		Tn	Tn	Tn
45	THAXTON, Joseph	56		W/M	Merchant	Tn	Tn	Tn
	Jessie	17	Son	M/W	Clerk	Tn	Tn	Tn
	Etta	16	Dau	F/W		Tn	Tn	Tn
	Frank	13	Son	M/W		Tn	Tn	Tn
	Lillie	11	Dau	f/W		Tn	Tn	Tn
	SCOTT, Frances	25	Serv	f/Bl	Cook	Tn	Tn	Tn
	WINDAM, Gussie	18	Serv	F/Bl	Housework	Tn	Tn	Tn
46	TALLEY, Joseph	56		M/W	Farmer	Tn	Tn	Tn
	Clementine	60	Wife	F/W		Tn	NC	Tn
	Jennie	34	Dau	F/W		Tn	Tn	Tn
	Sallie	29	Dau	F/W		Tn	Tn	Tn
	Anderson	25	Son	M/W		Tn	Tn	Tn
47	Tally, John	32		M/W	Farmer	Tn	Tn	Tn
	Ulra (?)	27	Wife	F/W		Tn	KY	Ky
48	STUBBLEFIELD, ??	28		M/W	FArmer	Tn	Tn	Tn
	Gussie	30	Wife	F/W		Tn	Tn	Tn
	Ernest	5	Son	M/W		Tn	Tn	Tn
	Nellie	1	Dau	F/W		Tn	Tn	Tn
	Margaret	67	Aunt	F/W		Tn	Tn	Tn
49	SCOTT, Thomas	30		M/W	Farm Labor	Tn	Tn	Tn
	Nelle	26	Wife	F/W		Tn	Tn	Tn
	Allie	5	Dau	F/W		Tn	Tn	Tn
	Eugene	1	Son	M/W		Tn	Tn	Tn
50	HENSLEY, Carroll	53		M/W	Farmer	Tn	Tn	Tn
	John	22	Son	M/W		Tn	Tn	Tn
	Nora	19	Dau	F/W		Tn	Tn	Tn
	Bessie	13	Dau	f/W		Tn	Tn	Tn
	RISNER, Margaret	85	Mother	F/W		Tn	Va	Va
	MILLER, Susan	77	Sis/Law	F/W		Tn	Va	Va
51	BROWN, Joseph	82		M/W	Farmer	Tn	Va	NC
	Mattie	48	Dau	F/W		Tn	Tn	Tn
	Robert	46	Son	M/W	Farm Labor	Tn	Tn	Tn
	Esta	32	Dau/Law	F/W		Tn	Tn	Tn
	Ores	11	Gr/Son	M/W		Tn	Tn	Tn
	Stella	8/12	Gr/Dau	F/W		Tn	Tn	Tn
52	BROWN, Frank	69		M/W	Farmer	Tn	Va	Va
	Martha	50	Wife	F/W		Tn	Tn	Tn
	Ada	25	Gr/Dau	F/W		Tn	Tn	tn

No.	Name	Age	Rel. to Head	Sx/Race	Occupation	Birth of Person	Father	Mother
	BROWN, D.	21	Gr/Son	M/W		Tn	Tn	Tn
	Clyde	17	Gr/Son	M/W	Farm Labor	Tn	Tn	Tn
	Harrison	22	Gr/Son	M/W	Farm Labor	Tn	Tn	Tn
	Tera	14	Gr/Son	M/W		Tn	Tn	Tn
	Leslie	12	Gr/Son	M/W		Tn	Tn	Tn
	Ross	7	Gr/Son	M/W		Tn	Tn	Tn
53	NORTHCUTT, William	53		M/W	Farmer	Tn	Tn	Tn
	Easter	45	Wife	f/W		Tn	Tn	Tn
	Edna	32	Dau	F/W		Tn	Tn	Tn
	Ben	29	Son	M/W	Farm Labor	Tn	Tn	Tn
	TH—, John	24	St/Son	M/W	Farm Labor	Tn	Tn	Tn
	Gillie	4	St Gr/Son	M/W		Tn	Tn	Tn
	Ollie	2	St Gr/Dau	F/W		Tn	Tn	Tn
54	PARKER, John	28		M/W	Farmer	Tn	Tn	Tn
	Jessie	26	Wife	F/W		Tn	Tn	Tn
Twins (	Lizzie	6	Dau	F/W		Tn	Tn	Tn
(	Lillie	6	Dau	F/W		Tn	Tn	Tn
55	WOOTEN, Benjamin	65		M/W	Farmer	Tn	Tn	Tn
	Mary	61	Wife	F/W		Tn	Tn	Tn
56	WAGGONER, Thomas	39		M/W	Farmer	Tn	Tn	Tn
	Bettie	33	Wife	F/W		Tn	Tn	Tn
	Brown	11	Son	M/W		Tn	Tn	Tn
	Elizabeth	66	Mother	F/W		Tn	Tn	Tn
57	HOBBS, Pleas	30		M/W	Farm Labor	Tn	Tn	Tn
	Lou	25	Wife	F/W		Tn	Tn	Tn
	Allie	13	Dau	F/W		Tn	Tn	Tn
	Ella	11	Dau	F/W		Tn	Tn	Tn
	Charles	7	Son	M/W		Tn	Tn	Tn
	Hugh	5	Son	M/W		Tn	Tn	Tn
	Mary	1	Dau	F/W		Tn	Tn	Tn
58	LAWRENCE, Joseph	52		M/W	Farmer	Tn	TN	Tn
	Mary	53	Wife	F/W		Tn	Tn	Tn
	Sallie	27	Dau	F/W		Tn	TN	Tn
	Lennie	25	Son	M/W		Tn	Tn	Tn
	Edgar	19	Son	M/W		Tn	Tn	Tn
59	ETTER, R. R.	64		M/W	Framer	Tn	Tn	Tn
	Sarah	64	Wife	F/W		Tn	Tn	Tn
	Stokley	27	Son	M/W		Tn	Tn	Tn
	May	23	Dau	F/W		Tn	Tn	Tn
	Hassie	12	Gr/Dau	F/W		Tn	Tn	Tn
	Reecie	7	Gr/Dau	F/W		Tn	Tn	Tn
	ROWAN, Lettie	18	Cousin	F?W		Tn	Tn	Tn
60	LYNN, Andy	26		M/W	Farm Labor	Tn	Tn	Tn
	Fannie	22	Wife	F/W		Tn	Tn	Tn
	Lafayette	5	Son	M/W		Tn	Tn	Tn
	Mary	2	Dau	f/W		Tn	Tn	Tn

No.	Name	Age	Rel. to Head	Sx/Race	Occupation	Birth of Person	Father	Mother
61	MILLER, Alexander	40		M/W	Farmer	Tn	Tn	Tn
	Bettie	37	Wife	F/W		Tn	Tn	Tn
	WAGGONER, Myrtle	17	St/Dau	F/W		Tn	TN	Tn
	Lillie	15	St/Dau	F/W		Tn	Tn	Tn
62	BROWN, William	70		M/W	??	Tn	Tn	Tn
	Emma	65	Wife	F/W		Tn	Tn	Tn
	Mary	24	Dau/Law	F/W		Tn	Tn	Tn
	Lou Anna	18	Dau	F/W		Tn	Tn	Tn
	Emma	19	Gr/Dau	F/W		Tn	Tn	Tn
	Louisa	15	Gr/Dau	F/W		Tn	Tn	Tn
	Sarah	14	Gr/Dau	F/W		Tn	Tn	Tn
	John	12	Gr/Son	M/W		Tn	Tn	Tn
	Elihu	10	Gr/Son	M/W		Tn	Tn	Tn
	Kizzie	9	Gr/Son	M/W		Tn	Tn	Tn
	Marvin	7	Gr/Son	M/W		Tn	Tn	Tn
63	KELTON, Dicy	63		F/W	Farmer	Tn	Tn	Tn
	TATE, Emilene	50		F/W		Tn	Tn	Tn
64	CAMPBELL, ??	55		M/W	FArmer	Tn	Tn	Tn
	Preston	32	Son	M/W	Farm Labor	Tn	Tn	Tn
	Maggie	19	Dau	F/W		Tn	Tn	tn
	Ella	18	Dau	F/W		Tn	Tn	Tn
65	FULTZ, Ca——	48		M/W	Farm Labor	Tn	Tn	Ark
	Oscar	8	Son	M/W		Tn	Tn	Tn
66	WILLIAMS, ??	54		M/W	Farmer	Tn	Tn	Ark
	Bettie	42	Wife	F/W		Tn	Tn	Tn
	Sallie	22	Dau	F/W		Tn	Tn	Tn
	Willie	11	Son	M/W		Tn	Tn	Tn
	Efie	10	Dau	F/W		Tn	TN	Tn
	Dave	8	Son	M/W		Tn	Tn	Tn
	Fronia	16	Dau	F/W		Tn	Tn	Tn
	Joe	18	Son	M/W	Farm Labor	Tn	Tn	Tn
	Enoch	1	Son	M/W		Tn	Tn	Tn
67	CAMPBELL, William	59		M/W	??	Tn	Tn	Tn
	Floyd	35	Son	M/W		Tn	Tn	Tn
	Nancy	33	Dau	F/W		Tn	Tn	Tn
	Josie	32	Dau	F/W		Tn	Tn	TN
	ADAMS, H. B.	31	Son	M/W		Tn	Tn	Tn
68	CARDWELL, Calvin	39		M/W	Farmer	Tn	Tn	Tn
	Sallie	38	Wife	F/W		Tn	Tn	Tn
	Nellis	3	Dau	F/W		Tn	Tn	Tn
69	BILES, F. M.	63		M/W	Farmer	Tn	Ark	Ark
	Belle	43	Dau	F/W		Tn	NC	Tn
	MArtha	14	Dau	F/W		Tn	NC	Tn
	Margaret	38	Dau	F/W		Tn	NC	Tn
	Amos	23	Son	M/W		Tn	NC	Tn
	Della	20	Dau	F/W		Tn	NC	Tn

No.	Name	Age	Rel. to Head	Sx/Race	Occupation	Birth of Person-Father-Mother		
70	BROWN, Isaac	37		M/W	Farm Labor	Tn	Tn	Tn
	Maggie	36	Wife	F/W		Tn	Tn	Tn
	Josie	20	DAu	F/W		Tn	Tn	Tn
	Amanda	17	Dau	F/W		Tn	Tn	Tn
	Lizzie	15	Dau	F/W		Tn	Tn	Tn
	Mac	13	Son	M/W		Tn	Tn	Tn
	Thomas	12	Son	M/W		Tn	Tn	Tn
	Martha	6	Dau	F/W		Tn	Tn	Tn
	Andrew	4	Son	M/W		Tn	Tn	Tn
	Herbert	3	Son	M/W		Tn	Tn	Tn
	Frank	1	Son	M/W		Tn	Tn	Tn
71	ROGERS, Elihue	22		M/W	Farm Labor	Tn	Va	Va
	Della	18	Wife	F/W		Tn	Tn	Tn
72	LYNN, Andrew	36		M/W	Farmer	Tn	Va	Va
	Lou	25	Wife	F/W		Tn	Tn	Tn
	Belle	8	Dau	F/W		Tn	Tn	Tn
	Amos	7	Son	M/W		Tn	Tn	Tn
	Hassie	5	Dau	F/W		Tn	TN	Tn
	Nellie	3	Dau	F/W		Tn	TN	Tn
	Harry	1	Son	M/W		Tn	Tn	Tn
73	ROGERS, Milton	39		M/W	Farmer	Tn	Tn	Va
	Josie	17	Wife	F/W		Tn	Tn	Tn
	Dillard	1	Son	M/W		Tn	Tn	Tn
74	ROGERS, Mary	65		F/W	Farmer	Va	Va	Va
	Almon	39	Son	M/W	Farm Labor	Tn	Va	Va
	Gillie	35	Son	M/W	Farm Labor	Tn	Va	Va
	Lusk	26	Son	M/W	Farm Labor	Tn	Va	Va
	Belle	23	Dau	F/W		Tn	Va	Va
75	FULTZ, Bake	67		M/W	Farmer	Tn	Tn	Tn
	Nancy	67	Wife	F/W		Tn	Tn	Tn
	SMITH, Grover	13	Gr/Dau	F/W		Tn	Tn	Tn
	Ella	11	Gr/Dau	F/W		Tn	TN	Tn
76	HOBBS, Richard	62		M/W	Farmer	Tn	NC	NC
	Daniel	30	Son	M/W	Logger	Tn	Tn	Tn
	Hugh	25	Son	M/W	Farm Labor	Tn	Tn	Tn
77	CALHOUN, William	42		M/W	Farmer	Tn	Tn	Tn
	Manda	38	Sister	F/W		Tn	Tn	Tn
	Emma	35	Sister	F/W		Tn	Tn	Tn
	Elizabeth	32	Sister	F/W		Tn	Tn	Tn
	Mary	31	Sister	F/W		Tn	Tn	Tn
	Joseph	27	Brother	M/W	Wood Chopper	Tn	Tn	Tn
78	MYERS, Easter	53		M/W	Farmer	Tn	Tn	Tn
	Clarence	20	Son	m/W	Farm Labor	Tn	Tn	Tn
	Lilly	17	Dau	F/W		Tn	Tn	Tn
	Claud	15	Son	m/W		Tn	Tn	Tn

No.	Name	Age	Rel. to Head	Sx/Race	Occupation	Birth of Person-Father-Mother		
79	BRAXTON, James	50		M/W	Farmer	Tn	Tn	Tn
	Fannie	48	Wife	F/W		Tn	Tn	Tn
	William	18	Son	M/W		Tn	Tn	Tn
	Vadie	15	Dau	F/W		Tn	Tn	Tn
	Claude	13	Son	M/W		Tn	Tn	Tn
	JAy	10	Son	m/W		Tn	Tn	Tn
80	HENNESSEE, B. M.	42		M/W	Farmer	Tn	Tn	Tn
	Jessie	16	Son	M/W		Tn	Tn	Tn
	Pearl	14	Dau	F/W		Tn	Tn	Tn
	Bettie	12	Dau	F/W		Tn	Tn	Tn
	Lem	9	Son	M/W		Tn	Tn	Tn
	Randolph	7	Son	M/W		Tn	Tn	Tn
81	CARSON, Elizabeth	42		F/W	FArmer	Tn	NC	NC
	Lou	20	Dau	F/W		Tn	Tn	Tn
	Jona	15	Son	M/W	Farm Labor	Tn	Tn	Tn
	Jessie	13	Son	M/W		Tn	Tn	Tn
	Arna	12	Son	M/W		Tn	Tn	Tn
	George	10	Son	M/W		Tn	Tn	Tn
	John	10	Son	M/W		Tn	Tn	Tn
	Thomas	4/12	Gr/Son	M/W		Tn	Tn	Tn
	Edgar	3	Gr/Son	M/W		Tn	Tn	Tn
82	TURNER, James	55		M/W	Farmer	Wisc	NY	NY
	Jeanette	48	Wife	F/W		Scot	Scot	Scot
	Frank	20	Son	M/W	Farm Labor	Tn	Tn	Tn
	James	14	Son	M/W	Farm Labor	Tn	Tn	Tn
	Mattie	13	Dau	F/W		Tn	Tn	Tn
	Walter	10	Son	M/W		Tn	Tn	Tn
	Robert	7	Son	m/W		Tn	Tn	Tn
83	KELL, Arthur	30		M/W	Farm Labor	Tn	Tn	Tn
	Gertrude	30	Wife	F/W		Tn	Tn	Tn
	Alice	8	Dau	F/W		Tn	Tn	Tn
	Oscar	6	Son	M/W		Tn	Tn	Tn
	Frank	4	Son	M/W		Tn	Tn	Tn
84	BELCHER, R. G.	73		M/W	Farmer	Tn	TN	NC
	Nancy	64	Wife	F/W		Tn	Tn	Tn
	PRESLEY, Sarah	34	Cook	F/W		Tn	Tn	NC
85	THAXTON, Perry	60		M/W	FArmer	Tn	Ala	Ala
86	STEVENSON, Jess	27		M/W	Farmer	Tn	NC	NC
	Lady	25	Wife	F/W		Tn	Tn	Tn
	Amos	4	Son	M/W		Tn	Tn	Tn
	Finas	2	Son	M/W		Tn	Tn	Tn
87	DUKES, Joseph	61		M/W	??	Ky	NC	Ga
	Margaret	50	Wife	F/W		Ky	Ky	Ky
	Lula	18	Dau	F/W		Ky	Ky	Ky

No.	Name	Age	Rel. to Head	Sx/Race	Occupation	Birth of Person	Father	Mother
88	LAWRENCE, William	32		M/W	Farmer	Tn	--	--
	Mamie	25	Wife	F/W		Tn	--	Ky
	Mattie	3	Dau	F/W		Tn	Tn	Tn
	Bessie	1	Dau	F/W		Tn	Tn	Tn
	BROWN, Mattie	13	Cook	F/W	Cook	Tn	Tn	Tn
89	RAMSEY, Walter	22		M/W	Farm Labor	--	--	--
	Angie	25	Wife	F/W		--	--	--
	Nellie	1	Dau	f/W		NC	--	--
90	HILDREIDE, H-----	45		M/W	Farmer	Tn	Tn	Tn
	Johnnie	12	Son	M/W		Tn	Tn	Tn
	Robert	10	Son	M/W		Tn	Tn	Tn
	-------	9	Son	M/W		Tn	Tn	Tn
	May	7	Dau	F/W		Tn	Tn	Tn
91	STUBBLEFIELD, Edgar	26		M/W	Farmer	Tn	Tn	Tn
	Sallie	24	Wife	F/W		Tn	Tn	Tn
	Willie	5	Son	M/W		Tn	Tn	Tn
	-------	3	Dau	F/W		Tn	Tn	Tn
	M--------, William	19		M/W		Tn	Tn	Tn
92	STANLEY, Jess	58		M/W	??	??	??	??
	, Flora	28	Dau	F/W		??	??	??
	Winnie	6	Dau	F/W		??	??	??
	Preston	8	Gr/Son	M/W		??	??	??
	Alice	7	Gr/Dau	F/W		??	??	??
93	FREEZE, William	49		M/W	??	??	??	??
	Sarah	48	Wife	F/W		??	??	??
	Rebecca	25	Dau	F/W		??	??	??
	??	22	Dau	F/W		??	??	??
	Allie	19	Dau	F/W		??	??	??
	Frank	18	Son	M/W		??	??	??
	Chester	16	Son	M/W		??	??	??
	James	13	Son	M/W		??	??	??
	CUNNINGHAM, James	18	Br/Law	M/W		??	??	??
	Wes	12	Br/Law	M/W		??	??	??
94	HOOVER, ??	42		M/W	??	Tn	Tn	Tn
	Sallie	38	Wife	F/W		Tn	Tn	Tn
	Fred	4	Son	M/W		Tn	Tn	Tn
95	WINTON, F. J.	??		M/W	Farmer	Tn	Tn	Tn
	Maud	23	Dau	F/W		Tn	Tn	Tn
	Nora	20	DAu	F/W		Tn	Tn	Tn
	Frank	16	Son	M/W		Tn	Tn	Tn
96	BAUMGARDNER, ??	34		M/W	Farmer	Tn	Tn	Tn
	Hester	23	Wife	F/W		Tn	Tn	Tn
97	CARTER, S. T.	43		M/W	Farmer	Tn	Tn	Tn
	Mary	41	Wife	F/W		Tn	Tn	Tn
	Hassie	18	Dau	F/W		Tn	Tn	Tn

No.	Name	Age	Rel. to Head	Sx/Race	Occupation	Birth of Person	Father	Mother
	CARTER, Georgia	15	Dau	F/W		Tn	Tn	Tn
	Finney	12	Son	M/W		Tn	Tn	Tn
	Julia	8	Dau	F/W		Tn	Tn	Tn
	Maryetta	4	Dau	F/W		Tn	Tn	Tn
	FINNEY, Joseph	20	Nephew	M/W	Wheelright	Tn	Tn	Tn
	Mary	18	Niece	F/W		Tn	Tn	Tn
	Lou	14	Niece	F/W		Tn	Tn	Tn
98	DOYLE, Henry	47		M/W	Physician	Tn	Tn	Tn
	Lou	47	Wife	F/W		Tn	Tn	Tn
	Samuel	25	Son	M/W	Farmer	Tn	Tn	Tn
	Harry	20	Son	M/W		Tn	Tn	Tn
	Marshall	18	Son	M/W		Tn	Tn	Tn
	Eston	16	Son	M/W		Tn	Tn	Tn
	William	12	Son	M/w		Tn	Tn	Tn
	Joe	11	Son	M/W		Tn	Tn	Tn
	MACON, Emma	47	Serv	F/W	Housekeeper	Tn	Tn	Tn
99	MOORE, W. H.	48		M/W	Physician	Tn	Tn	Tn
	N. V.	43	Wife	F/W		Tn	Tn	Tn
	O. W.	18	Son	M/W		Tn	Tn	Tn
	Lilly	16	Dau	F/W		Tn	Tn	Tn
	William H.	14	Son	M/w		Tn	Tn	Tn
	Kate	12	Dau	F/W		Tn	Tn	Tn
	Charles	8	Son	M/W		Tn	Tn	Tn
	Paul	3	Son	M/W		Tn	Tn	Tn
	Audley	1	Son	M/W		Tn	Tn	Tn
100	RAMSEY, ??	66		M/W	??	Tn	Pa	Tn
	Elizabeth	62	Wife	F/W		Tn	Pa	Tn
	WHEELER, Charles	34	Boarder	M/W	School	Tn	Tn	Tn
	FRENCH, John	15	Serv	M/Bl		Tn	Tn	Tn
	COATS, Annis	18	Cook	F/W		Tn	Tn	Tn
101	RAMSEY, James	38		M/W	Merchant	Tn	Tn	Tn
	Mattie	31	Wife	F/W		Tn	Tn	Tn
	Enoch	12	Son	M/W		Tn	Tn	Tn
	Howard	8	Son	M/W		Tn	Tn	Tn
102	WEST, J. R.	42		M/W	??	Tn	Tn	Tn
	Ann	35	Wife	F/W		Tn	Tn	Tn
	Della	20	Dau	F/W		Tn	Tn	Tn
	Era M.	18	Dau	F/W		Tn	Tn	Tn
	Oscar	17	Son	M/W		Tn	Tn	Tn
	Harry	5	Son	M/W		Tn	Tn	Tn
	El----	2	Son	m/W		Tn	Tn	Tn
	Andy	10/12	Son	M/W		Tn		Tn
103	BRADFORD, ??	54		F/W	Seamstress	Tn	Tn	Tn
	SMITH, Lucy	78	Mother	F/W		Tn	Tn	Tn
104	MARCUM, Lafayette	45		M/W		Tn	Tn	Tn
	Josie	34	Wife	F/w		Tn	Tn	Tn
	Marshall	22	Son	M/W	Teamster	Tn	Tn	Tn

No.	Name	Age	Rel. to Head	Sx/Race	Occupation	Birth of Person-Father-Mother		
105	GARNER, E. G.	53		M/W	Postmaster	Tn	Tn	Tn
	Mary	33	Wife	F/W		Tn	Tn	Tn
	Ida	9	Dau	F/W		Tn	Tn	Tn
	Cora	7	Dau	F/W		Tn	Tn	Tn
	Verna	6	Dau	F/W		Tn	Tn	Tn
	Nellie	3	Dau	F/W		Tn	Tn	Tn
	Dudley	1	Son	M/W		Tn	Tn	Tn
	Jennie	6/12	DAu	F/W		Tn	Tn	Tn
106	BREWER, A. ?.	40		M/W	Merchant	Tn	Tn	Tn
	Mattie	38	Wife	F/W		Tn	Tn	Tn
	William	8	Son	M/W		Tn	Tn	Tn
	Frank	5	Son	M/W		Tn	Tn	Tn
	Charles	1	Son	M/W		Tn	Tn	Tn
	FORD, Pany	23	Cook	F/W	Cook	Tn	Tn	Tn
	Thomas	19	Chore Boy	M/W	Chore Boy	Tn	Tn	Tn
107	MANSFIELD, G. J.	39		M/W	Miller	Tn	Tn	Tn
	Martha	37	Wife	F/W		Tn	Tn	Tn
	Elma	17	Son	M/W	Mechanic	Tn	Tn	Tn
	Clifford	15	Son	M/W	Mechanic	Tn	Tn	Tn
	Roy	13	Son	M/W		Tn	Tn	Tn
Twins {	Jessie	10	Son	M/W		Tn	Tn	Tn
{	Dessie	10	Dau	F/W		Tn	Tn	Tn
	Anna M.	6	Dau	F/W		Tn	Tn	Tn
	Ruby	1	Dau	F/w		Tn	Tn	Tn
108	DENTON, C. J.	33		M/W	??	Tn	Tn	Tn
	Lela	30	Wife	F/W		Tn	Tn	Tn
	Vellso	10	Son	M/W		Tn	Tn	Tn
	Otto	8	Son	M/W		Tn	Tn	Tn
Twins {	Herman	4	Son	M/W		Tn	Tn	Tn
{	Ferman	4	Son	M/W		Tn	Tn	Tn
	Gladys	3	D	F/W		Tn	Tn	Tn
	Otis	1/12	Son	M/W		Tn	Tn	Tn
	HATCH, Vicy	55	Mo/Law	F/W		Tn	Tn	Tn
	WOOTEN, Minnie	16	Cook	F/Bl	Cook	Tn	Tn	Tn
	DENTON, Charles	17	Cousin	M/W		CAl	Cal	Cal
109	EATON, F. M.	45		M/W	??	Tn	Cal	Cal
	Sallie	34	Wife	F/W		Ky	Ky	Ky
	Reba	9	Dau	F/W		Tn	Tn	Ky
	Clyde	5	Son	m/W		Tn	Tn	Ky
	Loyd	3	Son	M/W		Tn	Tn	Ky
110	HALL, J. R.	44		M/W	Carpenter	Tn	Tn	Pa
	Mollie	23	Wife	F/W		Tn	Tn	Tn
	Myrtle	5	Dau	F/W		Tn	Tn	Tn
	Herbert	4	Son	M/W		Tn	Tn	Tn
	MAmie	2	Dau	F/W		Tn	Tn	Tn
	Ellis	6/12	Son	M/W		Tn	Tn	tn

No.	Name	Age	Rel. to Head	Sx/Race	Occupation	Birth of Person-Father-Mother		
111	GWYNN, ??	74		M/W	Farmer	Tn	NC	NC
	Nannie	63	Wife	F/W		NC	NC	NC
	WOOD, Miranda	88	Mo/Law	F/W		NC	NC	NC
	HENSLEY, Jane	50	Cook	F/W	Cook	Tn	Tn	Tn
112	BELCHER, A-----	28		M/W	Farm Labor	Tn	Tn	Tn
	Amanda	25	Wife	F/W		Tn	Tn	Tn
	Bulah	1	Dau	F/W		Tn	Tn	Tn
	Horace	3/12	Son	M/W		Tn	Tn	Tn
	MORTON, Mattie	20	Cook	F/Bl	Cook	Tn	Tn	Tn
113	LAWRENCE, ?	29		M/W	Teamster	Tn	Tn	Tn
	Ressie	24	Wife	F/W		Tn	Tn	Tn
	Martha	3	Dau	F/W		Tn	Tn	Tn
	Emmett	7/12	Son	M/W		Tn	Tn	Tn
114	RAMSEY, J. M.	34		M/W	??	Tn	Tn	Tn
	Jessie	31	Wife	F/W		Tn	Pa	Tn
	MITCHELL, Martha	55	Mo/Law	F/W		Tn	NC	Pa
	Ethel	12	Sis/Law	F/W		Tn	Tn	Tn
115	TALLIFFAERO, ??	38		M/W	Farmer	Tn	Tn	Tn
	Maggie	38	Wife	F/W		Tn	Tn	Tn
	Irene	12	Dau	F/W		Tn	Tn	Tn
	Julia	10	Dau	F/W		Tn	Tn	Tn
	Fannie	8	Dau	F/W		Tn	Tn	Tn
	Rosa	6	DAu	F/W		Tn	Tn	Tn
	Edward	3	Son	M/W		Tn	Tn	Tn
	Anna	1/12	Dau	F/W		Tn	Tn	Tn
	MATHEWS, John	25	Boarder	M/W		Tn	Tn	Tn
	SEALS, George	49	Boarder	M/W		Tn	Tn	Tn
	William	45	Boarder	M/W		Tn	Tn	Tn
116	SAIN, L.	46		M/W	??	Tn	Tn	Tn
	Anna	40	Wife	F/W		Tn	Tn	Tn
	Horace	18	Son	M/W		Tn	Tn	Tn
	Bulah	16	Dau	F/W		Tn	Tn	Tn
117	GANNAWAY, Ed	42		M/W	??	Tn	Tn	Tn
	??	40	Wife	F/W		Tn	Tn	Tn
	Annie	4	Dau	F/W		Tn	Tn	Tn
	Emma	3	Dau	F/W		Tn	Tn	Tn
	WILLIAMS, Alice	15	St/Dau	F/W		Tn	Tn	Tn
	Charles	24	St/Dau	F/W		Tn	Tn	Tn
	Edward	11	St/Son	M/W		Tn	Tn	Tn
118	BROWN, Z------	58		M/W	??	Tn	Tn	Tn
	Frank	23	Son	M/W	??	Tn	Tn	Tn
	Jake	22	Son	M/W	??	Tn	Tn	Tn
	Lena	22	Dau/Law	F/W		Tn	Tn	Tn
	RAMSEY, Samuel	20	Boarder	M/W		Tn	Tn	Tn
	Lonnie	18	Boarder	M/W		Tn	Tn	Tn

No.	Name	Age	Rel. to Head	Sx/Race	Occupation	Birth of Person	Father	Mother
119	BONNER, H.	50		M/W	??	Tn	Tn	Tn
	Ellen	46	Wife	F/W		Tn	Tn	Tn
	J. E.	25	Son	M/W	??	Tn	Tn	Tn
	R. H.	22	Son	M/W	??	Tn	Tn	Tn
	Ida V.	22	Dau	F/W		Tn	Tn	Tn
	Lizzie M.	7	Dau	F/W		Tn	Tn	Tn
	Ella V.	3	Dau	F/W		Tn	Tn	Tn
120	WEST, H-----	22		M/W	??	Tn	Tn	Tn
	Jessie	18	Sister	F/W		Tn	Tn	Tn
Twins (	Lizzie	14		F/W		Tn	Tn	Tn
(	Maggie	14	F/W			Tn	Tn	Tn
121	JOHNSON, J. R.	33		M/W	Carpenter	Tn	Tn	Tn
	Virginia	28	Wife	F/W		Tn	Tn	Tn
	Wilmoth	3	Son	M/W		Tn	Tn	Tn
	Bulard	1	Son	M/W		Tn	Tn	Tn
	STONE, Elvira	30	Sis/Law	F/W		Tn	Tn	Tn
	C. C.	27	Bro/Law	M/W	??	Tn	Tn	Tn
	Elva	25	Bro/Law	M/W	??	Tn	Tn	Tn
122	BELCHER, J. R.	52		M/W	Farmer	Tn	Tn	Tn
	Elizabeth	52	Wife	F/W		Tn	NC	Tn
	Robert	32	Son	M/W	Blacksmith	Tn	Tn	Tn
	Flinn	21	Son	M/W	Teacher	Tn	Tn	Tn
	Frances	14	Dau	F/W		Tn	Tn	Tn
	WATERS, Bascomb	30	Boarder	M/W	Painter	Ky	NC	Ky
123	WOOTEN, Sallie	63		F/W	Farmer	Tn	Tn	Ala
	BRYANT, Minnie	22	Niece	F/W		Tn	Tn	Ala
	Roberta	15	Niece	F/W		Tn	Tn	Ala
	Nellie	12	Niece	F/W		Tn	Tn	Ala
124	BAILIFF, W. M.	31		M/W	Farm Labor	Tn	Tn	Tn
	Lillie	32	Wife	F/W		Tn	Tn	Tn
	Hudson	2	Son	m/W		Tn	Tn	Tn
	Foster	3/12	Son	M/W		Tn	Tn	Tn
125	STUBBLEFIELD, ??	40		M/W	Merchant	Tn	Tn	Tn
	Dessie	23	Wife	f/W		Tn	Tn	Tn
	BROWN, Emma	18	Cook	F/W	Cook	Tn	Tn	Tn
	William	15	Choreboy	M/W	Chore Boy	Tn	Tn	Tn
126	GRAYSON, ??	45		M/Bl	Farm Labor	Tn	Tn	Tn
	Fannie	36	Wife	F/Bl		Tn	Tn	Tn
	Charles	13	Son	M/Bl		Tn	Tn	Tn
	Findley	10	Son	M/Bl		Tn	Tn	tn
	Leonard	6	Son	M/Bl		Tn	Tn	Tn
	Lawson	5	Son	M/Bl		Tn	Tn	Tn
	Hobert	1	Son	M/Bl		Tn	Tn	Tn
127	HARLAN, W.	39		M/W	FArmer	Pa	Pa	Pa
	Nannie	31	Wife	F/W		Tn	Pa	Tn
	Malie	5	Dau	F/W		Tn	Pa	Tn

No.	Name	Age	Rel. to Head	Sx/Race	Occupation	Birth of Person	Father	Mother
	HARLAN, Carrie	4	Dau	F/W		Tn	Pa	Tn
	HENDERSON, Mamie	18	Sis/Law	F/W		Tn	Pa	Tn
	BROWN, Leslie	12	Serv	M/Bl	Servant	Tn	Tn	Tn
	Martha	19	Cook	F/Bl	Cook	Tn	Tn	Tn
128	STUBBLEFIELD, ??	39		M/W	Farmer	Tn	Tn	Tn
	Sallie	27	Wife	F/W		Tn	Tn	Tn
	Royce	8	Son	m/W		Tn	Tn	Tn
	Herman	6	Son	M/W		Tn	Tn	Tn
	Howard	3	Son	M/W		Tn	Tn	Tn
	Lola	6/12	Dau	F/W		Tn	Tn	Tn
	BROWN, Lou	24	Cook	F/Bl	Cook	Tn	Tn	Tn
129	JONES, Lewis	45		M/W	Farm Labor	Tn	Tn	Tn
	Zada	41	Wife	F/W		Tn	Tn	Tn
	Agie	15	Dau	F/W		Tn	Tn	Tn
	Susie	14	Dau	F/W		Tn	Tn	Tn
	Mary	7	Dau	F/W		Tn	Tn	Tn
	Thressa	6	Dau	F/W		Tn	Tn	Tn
	Lewis	4	Dau	F/W		Tn	Tn	Tn
130	STUBBLEFIELD, ??	75		M/W	Farmer	Tn	Tn	Tn
	M. J.	70	Wife	F/W		Tn	Tn	Tn
	STOUT, M. A.	60	Sis/Law	F/W		Tn	Tn	Tn
	STUBBLEFIELD, willie		Sister	F/W		Tn	Tn	Tn
131	WINTON, P.	58		M/W	FArmer	Tn	Tn	Tn
	Jessie	31	Wife	F/W		Tn	Tn	Tn
	BROWN, Emma	28	Cook	F/Bl	Cook	Ark	Ark	Ark
132	CROUCH, ??	45		M/W	Farmer	Tn	Tn	Tn
	Mattie	35	Wife	F/W		Tn	Tn	Tn
	Callie	5	Dau	F/W		Tn	Tn	Tn
	Rosa	3	Dau	F/W		Tn	Tn	Tb
	McBEE, Anna	21	St/Dau	F/W		Tn	Tn	Tn
	Lewis	18	St/Bro	M/W	Mechanic	Tn	Tn	Tn
133	YORK, W. T.	50		M/W	Farmer	Tn	Tn	Tn
	Josie	41	Wife	F/W		Tn	Tn	Tn
	Lester	17	Son	M/W	Farm Labor	Tn	Tn	Tn
	Vinson	15	Son	M/W	Farm Labor	Tn	Tn	Tn
	Thomas	13	Son	M/W	Farm Labor	Tn	Tn	Tn
	Alvy	12	Son	M/W	Farm Labor	Tn	Tn	tn
	Manla	9	Son	M/W		Tn	Tn	Tn
	Berta	7	Dau	F/W		Tn	Tn	Tn
	Howard	4	Son	M/W		Tn	Tn	Tn
	Mina	2	Son	M/W		Tn	Tn	Tn
	Ella	19	Niece	F/W		Tn	Tn	Tn
134	WHALER, Joseph	32		M/W	Merchant	Tn	Tn	Tn
	Mary	24	Wife	F/W		Tn	Tn	Tn
	SMITH, Alice	10	Sister	F/W		Tn	Tn	Tn
	Ula	8	Sister	F/W		Tn	Tn	Tn

No.	Name	Age	Rel. to Head	Sx/Race	Occupation	Birth of Person	Father	Mother
135	DOUGLAS, ??	60		F/W	Farmer	Va	Va	Va
	Therin	27	Son	M/W	Farm Labor	Tn	Tn	Va
	FLETCHER, Pilot	40	Son/Law	M/W	Farm Labor	Tn	Tn	Tn
	Mary	30	Dau	F/W		Tn	Tn	Tn
	Polly	64	Boarder	F/W		Tn	Tn	Tn
	BUTCHER, Jess	9	Boarder	M/W		Tn	Tn	Tn
	Polly	7	Boarder	F/W		Tn	Tn	Tn
136	TOSH, Jessie	53		M/W	Farmer	Tn	Va	Tn
	Elizabeth	53	Wife	F/W		Tn	Tn	Tn
	Belle	23	Dau	F/W		Tn	Tn	Tn
	Lizzie	18	Dau	f/W		Tn	Tn	Tn
	Tullis	16	Son	M/W	Farm Labor	Tn	Tn	Tn
	Elisha	13	Son	M/W	Farm Labor	Tn	Tn	Tn
	Mattie	11	Dau	F/W		Tn	Tn	Tn
137	BONNER, A.	44		M/W	FArmer	Tn	Tn	Tn
	Laura	45	Wife	F/W		Tn	Tn	Tn
	Pearl	19	Dau	F/W		Tn	Tn	Tn
	Ernest	18	Son	M/W	Farm Labor	Tn	Tn	Tn
	KING, Claud	16	Boarder	M/W	Farm Labor	Tn	Tn	Tn
	McAFEE, Albert	42	Boarder	M/W	Farm Labor	Dak	Dak	Dak
138	CROUCH, Tom	38		M/W	Farm Labor	Tn	Tn	Tn
	Tennessee	22	Wife	F/W		Tn	Tn	Tn
	Luther	11/12	Son	M/W		Tn	Tn	Tn
	CROUCH, John	20	Brother	M/W	Farm Labor	Tn	Tn	Tn
	Jodie	15	Sister	F/W		Tn	Tn	Tn
	Polly	12	Sister	F/W		Tn	Tn	Tn
139	RIDDLE, William	38		M/W	FArmer	Tn	Tn	Tn
	T. M.	46	Wife	F/W		Tn	Tn	Tn
	William	15	Son	M/W	Farm Labor	Tn	Tn	tn
	Lillie	13	Dau	F/W		Tn	Tn	Tn
	Richard	12	Son	M/W	Farm Labor	Tn	Tn	Tn
	Charles	10	Son	M/W		Tn	Tn	Tn
	Johnnie	8	son	M/W		Tn	Tn	Tn
	Emma	6	Dau	F/W		Tn	Tn	Tn
140	St.JOHN, John	70		M/W	??	Tn	Va	Tn
	Katherine	48	Wife	F/W		Tn	Tn	Tn
	Earl	19	Son	M/W	Farm Labor	Tn	Tn	tn
	Susie	17	Dau	F/W		Tn	Tn	Tn
	Mattie	12	Dau	F/W		Tn	Tn	Tn
	NORTHCUTT, A. A.	18	Serv	M/Bl	Farm Labor	Tn	Tn	Tn
	Ann	14	Serv	F/Bl		Tn	Tn	Tn
141	PATTON, Joseph	48		M/W	Farmer	Tn	Ky	Tn
	Sallie	45	Wife	F/w		Tn	Tn	Tn
	Minerva	23	Dau	F/W		Tn	Tn	Tn
	Manuel	18	Son	M/W		Tn	Tn	Tn
	Mattson	15	Son	M/W		Tn	Tn	Tn
	Martha	12	Dau	F/W		Tn	Tn	tn

No.	Name	Age	Rel. to Head	Sx/Race	Occupation	Birth of Person	Father	Mother
142	WINTON, Cal (?)	22		M/W	Farm Labor	Tn	Tn	Tn
	Dasy	18	Wife	F/W		Tn	Tn	Tn
	Jeannie	2	Dau	F/W		Tn	Tn	Tn
	RAINS, Martha	60	Mo/Law	F/W		Tn	Tn	Tn
	RAMSEY, James	30	Boarder	M/Bl	Farm Labor	Tn	Tn	Tn
143	BROWN, Alleck	34		M/Bl	Farm Labor	Tn	Tn	Tn
	Anna	31	Wife	F/Bl		Tn	Tn	Tn
	Mary	15	Dau	F/Bl		Tn	Tn	Tn
	Lena	13	DAu	F/Bl		Tn	Tn	Tn
	Brown	10	Son	M/Bl		Tn	Tn	Tn
	Buford	8	Son	M/Bl		Tn	Tn	Tn
	Elvin	7	Son	M/Bl		Tn	Tn	Tn
	FRENCH, Mollie	8	Niece	F/Bl		Tn	Tn	Tn
144	CROUCH, B-----	42		M/W	Farmer	Tn	Tn	Tn
	Myrtle	31	Wife	F/W		Tn	Tn	Tn
	Emma	10	Dau	F/W		Tn	Tn	Tn
	Rosa	5	Dau	F/W		Tn	Tn	tn
145	ESTES, William	37		M/W	Farmer	Tn	Tn	Tn
	Verna	34	Wife	F/W		Tn	Tn	Tn
	William	9	Son	M/W		Tn	Tn	tn
	Janie	8	Dau	F/W		Tn	Tn	Tn
	Ruby	6	Dau	F/W		Tn	Tn	Tn
	Fairy	4	Dau	F/W		Tn	Tn	Tn
	Leroy	2	Son	M/W		Tn	Tn	tn
	Ray	0/12	Son	M/W		Tn	Tn	Tn
	BARTON, Recie	31	Boarder	M/W	Farm Labor	Ark	Eng	Eng
	ELIM, Beatrice	15	Sis/Law	F/W		Tn	Tn	Tn
	Porter	12	Bro/Law	M/W		Tn	Tn	Tn
	Bascom	11	Boarder	M/W		Tn	Tn	Tn
146	ANDES, Amos	38		M/W	Farmer	Tn	Tn	Tn
	Minnie	27	Wife	F/w		Tn	Tn	Tn
	Fred	7	Son	M/W		Tn	Tn	tn
	Oscar	5	Son	M/W		Tn	Tn	tn
	Emmett	0/12	Son	M/W		Tn	Tn	Tn
147	SCOTT, Irason (?)	36		M/W	Farmer	Tn	Tn	Tn
	Vinnie	43	Wife	F/W		Tn	Tn	Tn
	Alton	14	Son	M/W	Farm Labor	Tn	Tn	Tn
	Ellen	12	Dau	F/W		Tn	Tn	Tn
	Cora	9	Dau	F/W		Tn	Tn	Tn
	CRISP, Nettie	46	Sis/Law	F/W		Tn	Tn	Tn
148	BONNER, T A.	34		M/W	Farmer	Tn	Tn	Tn
	Caroline	68	Mother	F/W		Tn	Tn	Tn
	Mary	40	Sister	F/W		Tn	Tn	Tn
	Jessie	37	Brother	M/W	Farmer	Tn	Tn	Tn
	TURNER, W. H.	21	Boarder	M/W	Farm Labor	Tn	Tn	Tn
149	BONNER, J.	49		M/W	Farmer	Tn	Tn	Tn
	Bessie	52	Wife	F/W		Tn	Tn	Tn

No.	Name	Age	Rel. to Head	Sx/Race	Occupation	Birth of Person	Father	Mother
	BONNER, J. M.	14	Son	m/W		Tn	Tn	Tn
	REDMON, Harvey	19	Boarder	M/W	Farm Labor	Ky	KY	KY
	William	15	Boarder	M/W		Ky	Ky	Ky
150	BONNER, Elza	32		M/W	FArmer	Tn	Tn	Tn
	Cora	31	Wife	F/w		Tn	Tn	Tn
	Lena	5	Dau	F/W		Tn	Tn	Tn
	Marc	3	Son	M/W		Tn	Tn	Tn
	Esta	51	Sis/Law	F/W		Tn	Tn	Tn
	Julia	34	Sis/Law	F/W		Tn	Tn	Tn
151	BONNER, Frank	69		M/W	Farmer	Tn	Tn	Tn
	Mary	59	Wife	F/W		Tn	Tn	Tn
	Sallie	34	Dau	F/W		Tn	Tn	Tn
	Benton	19	Son	M/W	Farm Labor	Tn	Tn	Tn
	Polly	17	Dau	F/W		Tn	Tn	Tn
	FRENCH, Buford	5	Boarder	M/W		Tn	Tn	Tn
	John	4	Boarder	M/W		Tn	Tn	Tn
152	BONNER, ??	60		M/W		Tn	Tn	Tn
	John	19	Son	M/W	Farm Labor	Tn	Tn	Tn
	Ella	18	Dau	F/W		Tn	Tn	Tn
	Molly	15	Dau	F/W		Tn	Tn	Tn
153	GIST, Rosa	60		F/W	Farmer	Tn	Tn	Tn
	Samuel	24	Son	M/W	Farm Labor	Tn	Tn	Tn
	Melvin	22	Son	M/W	Farm Labor	Tn	Tn	Tn
	Lillie	20	Dau	F/W		Tn	Tn	Tn
	Edward	20	Gr/Son	M/W	FArm LAbor	Tn	Tn	Tn
154	WINTON, P	70		F/Bl		Tn	Tn	Tn
	Ferby	5-	Dau/Law	F/Bl		Tn	Tn	Tn
	Ella	20	Gr/Dau	F/Bl		Tn	Tn	Tn
	Oma	5	G/Gr/Dau	F/Bl		Tn	Tn	Tn
155	ROGERS, Sarah	66		F/Bl		Tn	Tn	Tn
	Lizzie	23	Dau/Law	F/Bl		Tn	Tn	tn
	Roy	6	Gr/Son	M/Bl		Tn	Tn	Tn
Twins {	Lina	1	Gr/Son	M/Bl		Tn	Tn	Tn
	Paty	1	Gr/Son	M/Bl		Tn	Tn	Tn
	Ura	1/12	Gr/Dau	F/Bl		Tn	Tn	Tn
156	WILLIS, John	23		M/Bl		Tn	Tn	Tn
	BONNER, Elza	20	Cousin	M/Bl		Tn	Tn	Tn
	William	22	Cousin	M/Bl		Tn	Tn	Tn
	CROCKETT, Lawson	25	Boarder	M/Bl		Tn	Tn	Tn
	ROGERS, William	29	Boarder	M/Bl		Tn	Tn	Tn
157	ALLISON, William	56		M/W	Farmer	Tn	Tn	NC
	Hester	47	Wife	F/W		Tn	Tn	Tn
	John	27	Son	M/W	Farm Labor	Tn	Tn	Tn
	Callie	25	Dau	F/W		Tn	Tn	Tn
	Udera	22	Dau	F/W		Tn	Tn	Tn

Not Given

- 204 -

No.	Name	Age	Rel. to Head	Sx/Race	Occupation	Birth of Person	Father	Mother
	ALLISON, Maggie	19	Dau	F/W		Tn	Tn	Tn
	Gurt	15	Dau	F/W		Tn	Tn	Tn
	Emma	12	Dau	F/W		Tn	Tn	Tn
	Cora	9	Dau	F/w		Tn	Tn	Tn
	William	8	Son	M/W		Tn	Tn	Tn
	PEGG, Nannie	49	Sister	F/W		Tn	Tn	tn
	Norman	15	Nephew	M/W		Tn	Tn	Tn
158	RAMSEY, J----	25		M/Bl	Farm Labor	Tn	Tn	Tn
	Lizzie	26	Wife	F/Bl		Tn	Tn	Tn
	Johnnie	2	Son	M/Bl		Tn	Tn	Tn
159	BROWN, J----	26		M/Bl	FArm Labor	Tn	Tn	Tn
	Mag	25	Wife	F/Bl		Tn	Tn	Tn
	William	2	Son	M/Bl		Tn	Tn	Tn
	Bradford	1	Son	M/Bl		Tn	Tn	Tn
	Claud	0/12	Son	M/Bl		Tn	Tn	Tn
	BONNER, Carrie	7	Niece	F/Bl		Tn	Tn	Tn
160	SMARTT, M----	63		F/Bl		Ky	Ky	Va
	Liza	91	Mother	F/Bl		Va	Va	Va
	McGEEHEE, Ethel	10	Gr/Dau	F/Bl		Tn	Tn	Tn
161	SMARTT, G.	23		M/Bl	Livery Stable	Tn	Tn	Tn
	Ethel	25	Wife	F/Bl		Tn	Tn	Tn
	Hester	8	Dau	F/Bl		Tn	Tn	Tn
	Martha	4	Dau	F/Bl		Tn	Tn	Tn
162	HUGHES, JAmes	40		M/W	FArmer	Tn	Tn	Tn
	Mary	33	Wife	F/W		Tn	Tn	Tn
	Virginia	13	Dau	F/W		Tn	Tn	Tn
	Lawson	11	Son	M/W		Tn	Tn	Tn
	Velma	5	Dau	F/W		Tn	Tn	Tn
	McGOWAN, Lillie	21	Cook	F/W	Cook	Tn	Tn	Tn
163	DEAKINS, J.	39		M/W	Merchant	Tn	Tn	Tn
	Eliza	41	Wife	F/w		Tn	Tn	Tn
	Hill	5	Son	M/W		Tn	Tn	Tn
	Gladys	3	Dau	F/W		Tn	Tn	Tn
	Bulah	30	Sister	F/w		Tn	Tn	Tn
	Berta	28	Sister	F/W		Tn	Tn	Tn
	Walter	28	Brother	M/W		Tn	Tn	Tn
164	DARNELL, Sam	25		M/W	Farmer	Tn	Tn	Tn
	Lizzie	22	Wife	F/W		Tn	Tn	Tn
	Mary	5	Dau	F/w		Tn	Tn	Tn
	Preston	1	Son	M/W		Tn	Tn	Tn
165	WEST, G. P.	75		M/W	FArmer	Tn	Md	Md
	Hattie	51	Wife	F/W		Tn	Va	Ala
	Elma	27	Dau	F/W		Tn	Tn	Tn
	Mana	19	Dau	F/W		Tn	Tn	Tn
	Cecil	13	Son	M/W	Farm Labor	Tn	Tn	Tn

- 205 -

No.	Name	Age	Rel. to Head	Sx/Race	Occupation	Birth of Person	Father	Mother
166	CROUCH, Lawrence	40		M/W	Farmer	Tn	Tn	Tn
	Mary	34	Wife	F/w		Tn	Tn	Tn
	Robert	12	Son	M/W	Farm Labor	Tn	Tn	Tn
	Lucy	10	Dau	F/W		Tn	Tn	Tn
	Samuel	7	Son	M/W		Tn	Tn	Tn
	Jefferson	4	Son	M/W		Tn	Tn	Tn
167	FLYNN, John	36		M/W	??	Tn	Tn	Tn
	Addey	31	Wife	F/w		Tn	Tn	tn
	Fern	10	Dau	F/W		Tn	Tn	Tn
	Joseph	6	Son	M/W		Tn	Tn	Tn
	Leonard	4	Son	M/W		Tn	Tn	Tn
	Charles	2	Son	M/W		Tn	Tn	Tn
	Mattie	1	Dau	F/W		Tn	Tn	Tn
168	RAMSEY, William	68		M/W	Farmer	Tn	Tn	Tn
	Mary	59	Wife	F/W		Tn	Tn	Tn
	Floyd	22	Son	M/W	Farm Labor	Tn	Tn	Tn
	Belle	17	Dau	F/W		Tn	Tn	Tn
	MITCHELL, Lena	19	cook	F/Bl	Cook	Tn	Tn	Tn
	SIMPSON, John	29	Serv	M/W	Farm Labor	Tn	Tn	Tn
169	RAMSEY, Ed	40		M/W	Farmer	Tn	Tn	Tn
	Betty	35	Wife	F/W		Tn	Tn	Tn
	Mattie	13	Dau	F/w		Tn	Tn	Tn
	Mamie	10	Dau	F/W		Tn	Tn	Tn
	Sallie	7	Dau	F/W		Tn	Tn	Tn
	Bird	4	Son	M/W		Tn	Tn	Tn
	Era	2	Dau	F/W		Tn	Tn	Tn
170	STROUD, R----	74		M/W	Farmer	Tn	Tn	Tn
	Emma	15	Gr/DAu	F/W		Tn	Tn	Tn
	Mollie	11	Gr/Dau	F/W		Tn	Tn	Tn
	Maud	9	Gr/Dau	F/W		Tn	Tn	Tn
171	BONNER, D-----	36		M/W	FArmer	Tn	Tn	Tn
	Maggie	8	Dau	F/W		Tn	Tn	Tn
	Allie	6	Dau	F/W		Tn	Tn	Tn
	Susie	3	Dau	F/W		Tn	Tn	Tn
172	FRENCH, Frank	35		M/Bl	Farmer	Tn	Tn	Va
	Cli---	31	Wife	F/Bl		Tn	Tn	Tn
	Otto	17	Son	M/Bl		Tn	Tn	tn
	Aubry	15	Son	M/Bl		Tn	Tn	Tn
	Ann	13	Dau	F/Bl		Tn	Tn	Tn
	Ida	5	Dau	F/Bl		Tn	Tn	Tn
	Bennie	3	Son	M/Bl		Tn	Tn	Tn
173	MOORE, J. B.	27		M/W	Farmer	Tn	Tn	Tn
	Mattie	27	Wife	F/W		Tn	Tn	Tn
	Dave	4	Son	M/W		Tn	Tn	Tn
	Willie P.	2	Dau	F/W		Tn	Tn	Tn
	Lena	Dau 3/12		F/W		Tn	Tn	Tn

No.	Name	Age	Rel. to Head	Sx/Race	Occupation	Birth of Person	Father	Mother
174	KING, F. P.	44		M/W	Farmer	Tn	NC	Va
	Phillip	21	Son	M/W	Farm Labor	Tn	Tn	Tn
	D----	16	Son	M/W	Farm Labor	Tn	Tn	Tn
	Grover C.	14	Son	M/W	Farm Labor	Tn	Tn	Tn
	Lee	12	Dau	F/W		Tn	Tn	Tn
	Roberts	10	Dau	F/W		Tn	Tn	Tn
	Alice	7	DAu	F/W		Tn	Tn	Tn
	RAINS, William	20	Boarder	M/W		Tn	Tn	Tn
	BONNER, Lena	24	Cook	F/W	Cook	Tn	Tn	Tn
175	STROUD, William	52		M/W	??	Tn	Va	Va
	John	17	Son	M/W		Tn	Tn	Tn
	Amos	15	Son	M/W		Tn	Tn	Tn
	Albert	11	Son	M/W		Tn	Tn	Tn
176	ELKINS, Jack	39		M/W	Farmer	Tn	Tn	Tn
	Cornelia	43	Wife	F/W		Tn	Va	Va
	Emmett	10	Son	M/W		Tn	Tn	Tn
	Alberta	8	Dau	F/W		Tn	Tn	Tn
	Nannie	4	Dau	F/W		Tn	Tn	Tn
	Ethel	2	Dau	F/W		Tn	Tn	Tn
	BONNER, Emery	24	Boarder	M/Bl	Farm Labor	Tn	Tn	Tn
	Elton	20	Boarder	M/Bl	Farm Labor	Tn	Tn	Tn
177	PRATER, Granville	25		M/W	Farmer	Tn	Tn	Tn
	Ella	21	Wife	F/W		Tn	Tn	Tn
	Beatrice	3/12	Dau	F/W		Tn	Tn	Tn
178	CROUCH, M----	39		M/W	FArmer	Tn	Tn	NC
	Mary	33	Wife	F/W		Tn	Tn	Tn
	Arella	9	Dau	F/W		Tn	Tn	Tn
	Maud	7	Dau	F/W		Tn	Tn	Tn
	Charles	5	Son	M/W		Tn	Tn	Tn
	Albert	3/12	Son	M/W		Tn	Tn	Tn.
	CROUCH, Caroline	70	Mother	F/W		NC	NC	NC
	Amy	50	Sister	F/W		Tn	Tn	NC
	TURNER, Jess	17	Boarder	M/W	Farm Labor	Tn	Tn	Tn
179	LAND, R.	54		M/W	Farmer	Tn	Tn	NC
	Sallie	14	Dau	F/W		Tn	Tn	Tn
	JOHNSON, Vesta	28	Dau	F/W		Tn	Tn	Tn
	John	30	Son/Law	M/W	Farm Labor	Tn	Tn	Tn
	Martha	5	Gr/DAu	F/W		Tn	Tn	Tn
180	ROGERS, W. L.	44		M/W	Farmer	Tn	Tn	Mo
	Hannah	38	Wife	F/W		Tn	Tn	Tn
	Ira	17	DAu	F/W		Tn	Tn	Tn
	William	15	Son	M/W	Farmer	Tn	Tn	Tn
	Joe	13	Son	M/W	Farm Labor	Tn	Tn	Tn
	Lou	11	DAu	F/W		Tn	Tn	Tn
	Ona	8	Dau	F/W		Tn	Tn	Tn
	Sarah	6	Dau	F/W		Tn	Tn	Tn
	Sam Jones	4	Son	M/W		Tn	Tn	Tn
	Jessie	1	Son	M/W		Tn	Tn	Tn

No.	Name	Age	Rel. to Head	Sx/Race	Occupation	Birth of Person	Father	Mother
181	MARTIN, James	54		M/W	Farmer	Tn	Tn	NC
	Sarah	51	Wife	F/W		Tn	Tn	Tn
	John	23	Son	M/W	Farm Labor	Tn	Tn	Tn
	Martha	74	Mother	F/W		NC	NC	NC
182	FINNIS (?), James	29		M/W	??	Tn	Tn	Tn
	Eliza	26	Wife	F/W		Tn	Tn	Tn
	Barton	5	Son	M/W		Tn	Tn	Tn
	Martie	4	Dau	F/W		Tn	Tn	Tn
	Ethel	1	Dau	F/W		Tn	Tn	Tn
	Susie	2/12	Dau	F/W		Tn	Tn	Tn
183	SMITH, B----	54		M/W	??	Tn	Tn	Tn
	Sallie	25	Dau	F/W		Tn	Tn	Tn
	William	14	Son	M/W		Tn	Tn	Tn
	Martha	10	Dau	F/W		Tn	Tn	Tn
184	_ENNETH, ??	42		M/W	??	Tn	Tn	Tn
	Ora	33	Wife	F/w		Tn	Tn	Tn
	??	12	Son	M/W		Tn	Tn	Tn
	Berry	11	Son	M/W		Tn	Tn	Tn
185	HOOVER, ??	27		M/W	??	??	??	??
	Sallie	23	Wife	F/W		??	??	??
	John	3	Son	M/W		??	??	??
	??	1	Son	M/W		??	??	??
	BROWN, John	15	Boarder	M/W		??	??	??
186	RUTLEDGE, ??	65		M/W		??	??	??
	Mary	5-	Wife	F/W		??	??	??
	GWYNN, Martin	11	Serv	M/Bl	Servant	Tn	Tn	Tn
187	STROUD, ??	30		M/W	??	Tn	?	?
	Maud	26	Wife	F/W		Ala	?	?
	??	2	Son	M/W		Tn	?	Ala
	FRENCH, ??	18	Serv	M/Bl	Farm Labor	Tn	Tn	Tn
	BONNER, Elza	18	Serv	M/Bl	Servant	Tn	Tn	Tn
188	STROUD, Walter	33		M/W	??	Tn	Tn	Tn
	??	28	Wife	F/W		Tn	Tn	Tn
	William	6	Son	M/W		Tn	Tn	Tn
	SMARTT, ??	20	Boarder	M/Bl	FArm Labor	Tn	Tn	Tn
	John	17	Boarder	M/Bl	Boarder	Tn	Tn	Tn
189	RAMSEY, ??	71		M/W		Tn	Tn	Tn
	Clara	42	Wife	F/W		Tn	Tn	Tn
	Joseph	19	Son	M/W	Farm Labor	Tn	Tn	Tn
	??	16	Son	M/W		Tn	Tn	Tn
	Lizzie	12	Dau	F/W		Tn	Tn	Tn
	Jake	9	Son	M/W		Tn	Tn	Tn
	Reeder	6	Son	M/W		Tn	Tn	Tn
	Martin	2	Son	M/W		Tn	Tn	Tn
	Henry	3/12	Son	M/W		Tn	Tn	Tn
	MACON, HA1	47	Bro/Law	M/W	Farmer	Tn	Tn	Tn
	WOODLEE, Mac	18	Boarder	M/W	Farmer	Tn	Tn	Tn
	STEVENSON, Thomas	22	Boarder	M/W	Carpenter	Ala	Ala	Ala
	JAMES, John	19	Boarder	M/W	Farm Labor	Tn	Tn	Dak
190	RAMSEY,-------d	60		M/W	Farmer	Tn	Tn	Tn
	Hattie	49	Wife	F/W		Tn	Tn	Tn
	Bertha	18	Dau	F/W		Tn	Tn	Tn
	Steward	15	Son	M/W	Farm Labor	Tn	Tn	Tn
	McGEEHEE, Mamie	16	Cook	F/Bl	Cook	Tn	Tn	Tn
191	McCORMICK, .. B.	34		M/W	Farmer	Tn	Tn	Tn
	Lela	5	Dau	F/W		Tn	Tn	Tn
	Johnnie	3	Son	M/W		Tn	Tn	Tn
	Catherine	64	Mother	F/W		Tn	Tn	Tn
	William	15	--	M/W		Tn	Tn	Tn
192	DONNAHUE, ??	65		F/Bl	Farmer	Tn	Tn	Tn
	Robert	16	Son	M/Bl	Farm Labor	Tn	Tn	Tn
	Mary	14	Dau	F/W		Tn	Tn	Tn
	BROWN, D.	19	Boarder	M/Bl		Tn	Tn	Tn
	Livy	15	Boarder	M/Bl		Tn	Tn	Tn
193	KING, W___	29		M/W	Farmer	Tn	Tn	Tn
	Isabel	22	Wife	F/W		Tn	Tn	Tn
	MERCER, Thomas	12	Choreboy	M/Bl	Chore Boy	Tn	Tn	Tn
194	BROWN, John	27		M/Bl	Farm Labor	Tn	Tn	Tn
	??	16	Wife	F/Bl		Tn	Tn	Tn
	Clifford	6	Son	M/Bl		Tn	Tn	Tn
	Harry	3	Son	M/Bl		Tn	Tn	Tn
	Ollice	5/12	Son	M/Bl		Tn	Tn	Tn
	Charles	18	Cousin	F/Bl	Farm Labor	Tn	Tn	Tn
	Thomas	14	Cousin	M/Bl	Farm Labor	Tn	Tn	Tn
195	MERCER, ??	25		M/Bl	Farm Labor	Tn	Tn	Tn
	Eva	24	Wife	F/Bl		Tn	Tn	Tn
	Waley	3	Son	M/Bl		Tn	Tn	Tn
	Ruby	2	Dau	F/Bl		Tn	Tn	Tn
	William	1	Son	M/Bl		Tn	Tn	Tn
196	LEE, John	24		M/Bl	Farm Labor	Tn	Tn	Tn
	Jennie	23	Wife	F/Bl		Tn	Tn	Tn
	Florence	7	Dau	F/Bl		Tn	Tn	Tn
	Ed	5	Son	M/Bl		Tn	Tn	Tn
	Luther	4	Son	M/Bl		Tn	Tn	Tn
	Laurine	2	Dau	F/Bl		Tn	Tn	Tn
	Dessie	4/12	Dau	F/Bl		Tn	Tn	Tn
197	BROWN, M----	25		M/Bl	Farm Labor	Tn	Tn	Tn
	Betty	19	Wife	F/Bl		Tn	Tn	Tn
	Robert	3	Son	M/Bl		Tn	Tn	Tn
	Octa	1	Dau	F/Bl		Tn	Tn	Tn
	Mamie	3/12	Dau	F/Bl		Tn	Tn	Tn

No.	Name	Age	Rel. to Head	Sx/Race	Occupation	Birth of Person	Father	Mother
198	WINTON, G-----	26		M/Bl	Farm Labor	Tn	Tn	Tn
	Mary	25	Wife	F/Bl		Tn	Tn	Tn
	Lytle	3	Son	M/Bl		Tn	Tn	Tn
	Mattie	1	Dau	F/Bl		Tn	Tn	Tn
199	GWYNN, Leland	23		M/Bl	Farmer	Tn	Tn	Tn
	Sarah	21	Wife	F/Bl		Tn	Tn	Tn
	Hattie	2	Dau	F/Bl		Tn	Tn	Tn
Twins (	Dave	1	Son	M/Bl		Tn	Tn	Tn
(	Charles	1	Son	M/Bl		Tn	Tn	Tn
200	RAY, Charles	57		M/W	Shoemaker	Tn	Tn	Tn
	Louiza	38	Wife	F/W		Tn	Tn	Tn
	Martha	17	Dau	F/W		Tn	Tn	Tn
	Minnie	16	Dau	F/W		Tn	Tn	Tn
	Jonathan	13	DAu	F/W		Tn	Tn	Tn
	Jessie M.	10	Dau	F/W		Tn	Tn	Tn
201	WOOTEN, G-----	44		M/W	Farmer	Tn	Tn	Tn
	Lillie	41	Wife	F/W		Tn	Tn	Tn
	Roy	13	Son	M/W		Tn	Tn	Tn
	Annie	12	Dau	F/W		Tn	Tn	Tn
	Jessie	10	Dau	F/W		Tn	Tn	Tn
	Hudie	6	Dau	F/W		Tn	Tn	Tn
	Myrtle	2	Dau	F/W		Tn	Tn	Tn
	HILL, Alma	17	Cook	F/Bl	Cook	Tn	Tn	Tn
202	LEE, Gwynn	54		M/Bl	FArm Labor	Tn	Tn	Tn
	E----	40	Wife	F/Bl		Tn	Tn	Tn
	Thomas	20	Son	M/Bl		Tn	Tn	Tn
	Overton	14	Son	M/Bl		Tn	Tn	Tn
	Lena	12	Dau	F/Bl		Tn	Tn	Tn
203	McGEEHEE, George	24		M/Bl		Tn	Tn	Tn
	Fannie	20	Wife	F/Bl		Tn	Tn	Tn
	Fred	3	Son	M/Bl		Tn	Tn	Tn
	Marshall	2	Son	M/Bl		Tn	Tn	Tn
	Ben	6/12	Son	M/Bl		Tn	Tn	Tn
	MARTIN, George	16	Boarder	M/Bl	Farm Labor	Tn	Tn	Tn
204	WOOTEN, A-----	64		M/Bl	Farmer	Tn	Tn	Tn
	Ann	40	Wife	F/Bl		Tn	Tn	Tn
	Bettie	39	Dau	F/Bl		Tn	Tn	Tn
	Mary	25	Dau	F/Bl		Tn	Tn	Tn
	Hiram	18	Son	M/Bl	Farm Labor	Tn	Tn	Tn
	Charles	16	Son	M/Bl	Farm Labor	Tn	Tn	Tn
	Minnie	14	Dau	F/Bl		Tn	Tn	Tn
	Wade	10	Son	M/Bl		Tn	Tn	Tn
	John	8	Son	M/Bl		Tn	Tn	Tn
	Birdie	4	Dau	F/Bl		Tn	Tn	Tn
	Ramsey	2	Son	M/Bl		Tn	Tn	Tn
	Maud	5/12	Dau	F/Bl		Tn	Tn	Tn

No.	Name	Age	Rel. to Head	Sx/Race	Occupation	Birth of Person	Father	Mother
205	BERRY, John	79		M/W	Farmer	NC	NC	Va
	Sallie	69	Wife	F/W		Tn	Tn	Tn
	Isaac	27	Gr/Son	M/W		Tn	Tn	Tn
	Flora	23	Gr/Dau	F/W		Tn	Tn	Tn
206	LYNN, George	42		M/W	Farmer	Tn	Tn	Tn
	Nancy	45	Wife	F/w		Tn	Tn	Tn
207	THAXTON, Mary	58		F/W	Farmer	Tn	Tn	Tn
	R. L.	26	Son	M/W	Farmer	Tn	Tn	Tn
	Joseph	24	Son	M/W	FArmer	Tn	Tn	Tn
	Jonathan	22	Son	M/W		Tn	Tn	Tn
208	St. JOHN, Ca----	30		M/W	Farmer	Tn	Tn	Tn
	Hallie	24	Wife	F/W		Tn	Tn	Tn
	Harry	2	Son	M/W		Tn	Tn	Tn
	TALLY, Marcus	23	Boarder	M/W	Farm Labor	Tn	Tn	Tn
209	BARNES, J--------	45		M/Bl	Farm Labor	Tn	Tn	Tn
	Laura	41	Wife	F/Bl		Tn	Tn	Tn
	Bird	20	Son	M/Bl		Tn	Tn	Tn
	Frank	15	Son	M/Bl		Tn	Tn	Tn
	John	12	Son	M/Bl		Tn	Tn	Tn
	Emmett	4	Son	M/Bl		Tn	Tn	Tn
210	ANTHONY, V------	62		M/W	Farmer	Tn	Tn	tn
	Harriett	59	Sister	F/W		Tn	Tn	Tn
	Martha	54	Sister	F/W		Tn	Tn	Tn
211	BROWN, William	28		M/Bl	Farmer	Tn	Tn	Tn
	Ellen	30	Wife	F/Bl		Tn	Tn	Tn
	Hugh	10	Son	M/Bl		Tn	Tn	Tn
	Fannie	8	Dau	F/Bl		Tn	Tn	Tn
	Cora	5	Dau	F/Bl		Tn	Tn	Tn
	Bird	3	Son	M/Bl		Tn	Tn	Tn
	Sadie	2	Dau	F/Bl		Tn	Tn	Tn
	Bessie	2/12	Dau	F/Bl		Tn	Tn	Tn
212	LEE, James	30		M/Bl	FArm Labor	Tn	Tn	Tn
	Carrie	29	Wife	F/Bl		Tn	Tn	Tn
	Robert	6	Son	M/W		Tn	Tn	Tn
	Hassie	1	Dau	F/Bl		Tn	Tn	Tn
213	BROWN, ??	41		M/Bl	Farmer	Tn	Tn	Tn
	Lucy	35	Wife	F/Bl		Tn	Tn	Tn
	Charles	12	Son	M/Bl		Tn	Tn	Tn
	Ira	8	Son	M/Bl		Tn	Tn	Tn
	Sallie	5	Dau	F/Bl		Tn	Tn	Tn
214	WHITE, JAmes	24		M/Bl	Farmer	Tn	Tn	Tn
	Hallie	21	Wife	F/bl		Tn	Tn	Tn
	Carlee	2	Dau	F/Bl		Tn	Tn	Tn

No.	Name		Age	Rel. to Head	Sx/Race	Occupation	Birth of Person-Father-Mother		
215	LEWIS,	??	55		M/W	Farm Labor	Tn	Tn	Tn
		Helen	49	Wife	F/W		Tn	Tn	Tn
		Sarah	20	Dau	F/W		Tn	Tn	Tn
		Nannie	17	Dau	F/W		Tn	Tn	Tn
		Ella	16	Dau	F/W		Tn	Tn	Tn
		Fannie	13	Dau	F/W		Tn	Tn	Tn
	Twins (	Dudley	12	Son	M/W		Tn	Tn	Tn
	(	Tivis	12	Son	M/W		Tn	Tn	Tn
		William	8	Son	M/W		Tn	Tn	Tn
216	LYNN, E. W.		30		M/W	Farmer	Tn	Tn	Tn
		Mary	38	Wife	F/w		Tn	Tn	Tn
		Howard	4	Son	m/W		Tn	Tn	Tn
		Sam	1	Son	m/w		Tn	Tn	Tn
217	SCOTT, C. B.		40		M/W	Farmer	Tn	Tn	Ala
		Fannie	26	Wife	F/W		Tn	Tn	Tn
		Leona	10	Dau	F/W		Tn	Tn	Tn
		Dora	7	Dau	F/W		Tn	Tn	Tn
		Alpha	0/12	Dau	F/W		Tn	Tn	Tn
		William	17	Nephew	M/W	FArm Labor	Tn	Tn	Tn
218	CANTRELL, ??		44		M/W	Farmer	Tn	Tn	Tn
		Edna	28	Wife	F/W		Tn	Tn	Tn
		Meda	19	Dau	F/W		Tn	Tn	Tn
		Vera	14	Dau	F/W		Tn	Tn	Tn
		Ora	10	Dau	F/w		Tn	Tn	Tn
219	WILLIAMS, John		26		M/W	Farmer	Tn	Tn	Tn
		Sallie	27	Wife	F/w		Tn	Tn	Tn
		Wade	4	Son	M/W		Tn	Tn	Tn
		Mary	3	Dau	f/W		Tn	Tn	Tn
		Burton	10/12	Son	M/W		Tn	Tn	Tn
220	FULTZ, Nancy		66		F/W	Farmer	Tn	Tn	Tn
		William P.	25	Son	m/W	Farm Labor	Tn	Tn	Tn
		Sarah	20	Dau	f/w		Tn	Tn	Tn
		John	17	Son	M/w		Tn	Tn	Tn
		Martha	12	Dau	F/w		Tn	Tn	Tn
221	WOOTEN, J. F.		29		M/W	Farmer	Tn	Tn	Tn
		Anna	26	Wife	F/w		Tn	Tn	Tn
		Iona	8	DAu	F/W		Tn	Tn	Tn
		Alice	5	Dau	F/W		Tn	Tn	Tn
		Lizzie	3	Dau	F/w		Tn	Tn	Tn
		Thomas	1	Son	M/W		Tn	Tn	Tn
		Chester	3/12	Son	M/W		Tn	Tn	Tn
222	PARKER, W. P.		53		M/W	Farmer	Tn	Tn	Tn
		Ezora	51	Wife	F/w		Tn	Tn	Tn
		Flora	25	Dau	F/W		Tn	Tn	Tn
		Sallie	21	Dau	F/W		Tn	Tn	Tn
		Wade	19	Son	M/W		Tn	Tn	Tn

No.	Name		Age	Rel. to Head	Sx/Race	Occupation	Birth of Person-Father-Mother		
		PARKER, May	10	Dau	F/W		Tn	Tn	Tn
		Ella	15	Dau	F/W		Tn	Tn	Tn
223	HOOVER, Martha		60		F/W	Farmer	Tn	Va	NC
		Sallie	18	Dau	F/w		Tn	Tn	Tn
		D.	15	Sister	F/W		Tn	Tn	Tn
224	UNNLENHORN (?), ??		75	:	M/W		Tn	Tn	Va
		Mariam	12	Son	M/W		Tn	Tn	Tn
		Fern	8	Dau	F/W		Tn	Tn	Tn
		William	5	Son	M/W		Tn	Tn	Tn
225	LYNN, ??		48		M/W	Farmer	Tn	Tn	Tn
		Lucinda	29	Dau	F/W		Tn	Tn	Tn
		Martha	25	DAu	F/W		Tn	Tn	Tn
226	MERCER, John		58		M/Bl	Farmer	Tn	Va	Va
		M___	56	Wife	F/Bl		Tn	Tn	Tn
		Robert	19	Son	M/Bl	Farm Labor	Tn	Tn	Tn
	BROWN, Clifford		18	Nephew	M/Bl	Farm Labor	Tn	Tn	Tn
227	BAILIFF, A. .		29		M/W	Farmer	Tn	Tn	Tn
		Nettie	31	Wife	F/W		Tn	Tn	Tn
		Alma	5	Dau	F/W		Tn	Tn	Tn
		Eunice	4	Dau	F/W		Tn	Tn	Tn
		Lola E.	2	Dau	F/w		Tn	Tn	Tn
	COPPS, G. W.		63	Boarder	M/W	Farmer	Tn	Tn	Tn
228	MACON, James		29		M/Bl	Farmer	Tn	Tn	Tn
		Jean	25	Wife	F/Bl		Tn	Tn	Tn
		Mattie	5	Dau	F/Bl		Tn	Tn	Tn
		Robert	2	Son	M/Bl		Tn	Tn	Tn
		Leona	1	Dau	F/Bl		Tn	Tn	Tn
229	BROWN, James		59		M/W	Farmer	Tn	Tn	Tn
		Ella	37	Wife	F/W		Tn	Tn	Tn
		Bertie	20	Dau	F/W		Tn	Tn	Tn
		Emma	17	Dau	F/w		Tn	Tn	tn
		William	16	Son	M/W		Tn	Tn	Tn
		John	12	Son	M/w		Tn	Tn	Tn
		Ethel	11	Dau	F/W		Tn	Tn	Tn
		Lou	8	Dau	F/W		Tn	Tn	Tn
		James	5	Son	M/W		Tn	Tn	Tn
230	HUGHES, J.		39		M/W	Farmer	Tn	Va	Va
		Lou	32	Wife	f/w		Tn	Tn	Tn
	ETTER, Shirley		15	Niece	F/W		Tn	Tn	Tn
	FULTZ, Samuel		Serv		M/W	Farm Labor	Tn	Tn	Tn
231	DYER, John		39		M/W	Farmer	Tn	KY	KY
		Lou	35	Wife	F/w		Tn	Tn	Tn
		Agie	12	Dau	F/W		Tn	Tn	Tn
		John	9	Son	M/W		Tn	Tn	Tn
		Susie	7	Dau	F/W		Tn	Tn	Tn

No.	Name	Age	Rel. to Head	Sx/Race	Occupation	Birth of Person-Father-Mother		
232	WILCHER, Robert	56		M/W	Farmer	Tn	Tn	NC
	Allie	30	Wife	F/W		Tn	Tn	Tn
	Annie	3	Dau	F/W		Tn	Tn	Tn
	Dillard	9/12	Son	M/W		Tn	Tn	Tn
233	GUESS, M----	45		M/W	Farmer	Tn	Tn	Tn
	Martha	39	Wife	F/w		Tn	Tn	Tn
	Thomas	14	Son	M/W		Tn	Tn	Tn
	Sarah	10	Dau	/W		Tn	Tn	Tn
234	NORTHCUTT, ??	35		M/W	Farmer	Tn	Tn	Tn
	Amanda	34	Wife	F/w		Tn	Tn	Tn
	Mollie	3	Dau	F/w		Tn	Tn	Tn
	William	2	Son	M/w		Tn	Tn	Tn
	Watson	9/12	Son	M/W		Tn	Tn	Tn
235	LOCKE, Edgar	30		M/W	Farmer	Tn	Tn	Tn
	??	34	Wife	F/w		Tn	Tn	Tn
	William	2	Son	M/W		Tn	Tn	Tn
	BONNER, Jess	14	Choreboy	M/Bl	Chore Boy	Tn	Tn	Tn

U. S. Census 1900   9th Civil District   W. E. Morris
Enumerator

No.	Name	Age	Rel. to Head	Sx/Race	Occupation	Birth of Person-Father-Mother		
1	GWYN, Remus	33		M/W	Farmer	Tn	Tn	Ind
	Carra	31	Wife	F/w		Ala	Ala	Ala
	Mary	6	Dau	F/W		Tx	Tn	Ala
	Hugh	4	Son	M/W		Tx	Tn	Ala
	Thelma	10/12	Dau	F/W		Tn	Tn	Ala
	PEAY, Mamie	70	Mother	F/W		Ky	Ky	Ky
2	WERNDLI, Henry	38		M/W	Farmer	Switz	Switz	Switz
	Eliza	27	Wife	F/W		Tn	Tn	Tn
	Elizabeth	11	Dau	F/w		Tn	Switz	Tn
	Alton	10	Son	M/W		Tn	Switz	Tn
	Ida	9	Dau	F/W		Tn	Switz	Tn
	Bess	8	Dau	F/W		Tn	Switz	Tn
	Gilbert	4	Son	M/W		Tn	Switz	Tn
	Albert	2	Son	m/W		Tn	Switz	Tn
	Holbert	3/12	Son	M/W		Tn	Switz	Tn
3	RAMSEY, Frank M.	30		M/W	Farmer	Tn	Tn	Tn
	Lizzie	28	Wife	F/w		Tn	Tn	Tn
	Mary	4	Dau	F/W		Tn	Tn	Tn
	William F.	1	Son	M/W		Tn	Tn	Tn

No.	Name	Age	Rel. to Head	Sx/Race	Occupation	Birth of Person-Father-Mother		
4	BELCHER, Robert	47		M/W	Farmer	Tn	Tn	Tn
	N. E.	46	Wife	F/W		Tn	Tn	Tn
	Ida B.	25	Dau	F/W		Tn	Tn	Tn
	Ada B.	16	Dau	F/W		Tn	Tn	Tn
	Jessie P.	11	Dau	F/W		Tn	Tn	Tn
	Robert L.	8	Son	M/W		Tn	Tn	Tn
	Frank B.	2	Son	M/W		Tn	Tn	Tn
5	SAIN, George	53		M/W	Blacksmith	Tn	Tn	Tn
	Nancy J.	35	Wife	F/W		Tn	Tn	Tn
	Octa	8	Dau	F/W		Tn	Tn	Tn
	Nora B.	4	Dau	F/W		Tn	Tn	Tn
	Lizzie	2	Dau	F/w		Tn	Tn	Tn
	Sam	11/12	Son	M/W		Tn	Tn	Tn
	Sarah P.	77	Mother	F/W		Tn	Tn	Tn
	HAriett	40	Sister	F/W	Servant	Tn	Tn	Tn
	Bessie	16	Bessie	F/W		Tn	Tn	Tn
	Hugh	12	Nephew	M/W		Tn	Tn	Tn
6	LOCKE, J. E.	42		M/W	Farmer	Tn	Tn	Tn
	Tennie	38	Wife	F/W		Tn	Tn	Tn
7	BONNER, Isaac	47		M/W	Farmer	Tn	Tn	Tn
	Harriett	50	Wife	F/W		Tn	Tn	Tn
8	BAINE, Arch	52		M/W	Farmer	Tn	Tn	Tn
	Synthia	42	Wife	F/W		Tn	Tn	Tn
	Martha B.	18	Dau	F/W	Servant	Tn	Tn	Tn
	Hattie A.	16	Dau	F/W		Tn	Tn	Tn
	John B.	15	Son	M/W		Tn	Tn	Tn
	Olie	10	Dau	F/W		Tn	Tn	Tn
	Jim M.	8	Son	M/W		Tn	Tn	Tn
	MArgie B.	6	Dau	F/W		Tn	Tn	Tn
	HUNTER, John	81	Lodger	M/W	Lodger	Tn	Eur	NC
9	SAIN, Thomas B.	44		M/W	Farmer	Tn	Tn	Tn
	Thursey	44	Wife	F/W		Tn	Tn	Tn
	TODD, Maud	27	Dau	F/W		Tn	Tn	Tn
	John G.	32	Son/Law	M/W	FArmer	Tn	Tn	Tn
	Beatrice	10	Gr/DAu	F/W		Tn	Tn	Tn
	Olga D.	8	Gr/Dau	F/W		Tn	Tn	Tn
	Thursey C.	6	Gr/Dau	F/W		Tn	Tn	Tn
	Hiram	3	Gr/Son	M/W		Tn	Tn	Tn
	Hettie	1	Gr/Dau	F/W		Tn	Tn	Tn
10	POWELL, John	27		M/W	Merchant	Tn	Tn	Tn
	Jessie	25	Wife	F/W		Tn	Tn	Tn
	Clarence	2	Son	M/W		Tn	Tn	Tn
	Baby	0/12	Dau	F/W		Tn	Tn	Tn
11	ST. JOHN, George	37		M/W	FArmer	Tn	Tn	Tn
	Emma E.	23	Wife	F/W		Tn	Tn	Tn
	Vera P.	6	Dau	F/W		Tn	Tn	Tn

No.	Name	Age	Rel. to Head	Sx/Race	Occupation	Birth of Person	Father	Mother
	ST. JOHN, Dillard R.	4	Son	M/W		Tn	Tn	Tn
	Eula V.	1	DAu	F/W		Tn	Tn	Tn
12	GESSLER, John	36		M/W	FArmer	Ger	Ger	Ger
	Mary A.	42	Wife	F/W		Aust	Aust	Aust
	Theressa	21	Dau	F/W		Neb	Ger	Aust
	Joseph	18	Son	M/W		Neb	Ger	Aust
	Grant	15	Son	M/W		Neb	Ger	Aust
	John, Jr.	13	Son	M/W		Neb	Ger	Aust
	Harry	9	Son	M/W		Neb	Ger	Aust
	Annie	2	Dau	F/W		Neb	Ger	Aust
	Mamie	6/12	DAu	F/W		Neb	Ger	Aust

Note: Ger - Germany   Aust - Austria

No.	Name	Age	Rel. to Head	Sx/Race	Occupation	Birth of Person	Father	Mother
13	SOLOMON, Jake	30		M/Bl	Farm Labor	Tn	Tn	Tn
	Mollie	28	Wife	F/Bl		Tn	Tn	Tn
	Floyd	4	Son	M/Bl		Tn	Tn	Tn
	CArrie	2	Dau	F/Bl		Tn	Tn	Tn
	Roy	1	Son	M/Bl		Tn	Tn	Tn
14	RAMSEY, William T.	32		M/W	FArmer	Tn	Tn	Tn
	Annie	28	Wife	F/W		Tn	Tn	Tn
	Nannie	5	Dau	F/W		Tn	Tn	Tn
	William T., Jr	3	Son	M/W		Tn	Tn	Tn
	Bonnie	1	Dau	F/W		Tn	Tn	Tn
15	STROUD, George	39		M/W	Farmer	Tn	Tn	Tn
	Margaret	38	Wife	f/W		Tn	Tn	Tn
	Alice	20	Dau	F/W		Tn	Tn	Tn
	Philip	16	Son	M/W		Tn	Tn	Tn
	Howard	12	Son	M/W		Tn	Tn	Tn
	Grady	8	Son	M/W		Tn	Tn	Tn
	Linnie	7	Dau	F/W		Tn	Tn	Tn
	N. E.	69	Mother	F/W		Tn	Tn	Tn
	Katie	41	Sister	F/W		Tn	Tn	Tn
16	PARKER, Clance A.	23		M/W	FArmer	Tn	Tn	Tn
	Nora E.	16	Sister	F/W		Tn	Tn	Tn
	Grover C.	15	Brother	M/W		Tn	Tn	Tn
	Robert T.	13	Brother	M/W		Tn	Tn	Tn
	James R.	9	Brother	M/W		Tn	Tn	Tn
	McAFEE, HÁnnah	76	Gr/Mother	F/W		Tn	NC	NC
	Jessie M.	40	Aunt	F/W		Tn	Tn	Tn
17	STROUD, Emma	31		F/W		Tn	Tn	Tn
	Hannah	50	Sister	F/W		Tn	Tn	Tn
18	BRASSIER, George	31		M/W		Ind	Ind	Ohio
	Lizzie	26	Wife	F/w		Tn	Tn	Tn
	Alma	4	Dau	F/W		Tn	Ind	Tn
	Winford	2	Son	M/W		Tn	Ind	Tn
	Baby	4/12	DAu	F/W		Tn	Tn	Tn

No.	Name	Age	Rel. to Head	Sx/Race	Occupation	Birth of Person	Father	Mother
19	CLIFFORD, J. J.	31		M/W	Farmer	Minn	Irel	Irel
	Frank W.	27	Brother	M/W		Minn	Irel	Irel
	William	83	Father	M/W		Irel	Irel	Irel
20	MYERS, J. B.	40		M/W	Farmer	Tn	Tn	Tn
	Dora	43	Wife	F/W		Tn	Tn	Tn
	Maud	17	Dau	F/W		Tn	Tn	Tn
	Carrie	16	Dau	F/W		Tn	Tn	Tn
	Frank	13	Son	M/W		Tn	Tn	Tn
	Miles C.	10	Son	M/W		Tn	Tn	Tn
	Joseph P.	6	Son	M/w		Tn	Tn	Tn
	Howry C.	3	Son	M/W		Tn	Tn	Tn
21	O'Neal, U. G.	32		M/W	Farmer	Mp	Mo	Mo
	Unis	26	Wife	F/W		Tn	Tn	Tn
	S. F.	6	Son	M/W		Tn	Mo	Tn
	Robert G.	3	Son	M/W		Mo	Mo	Tn
	Benjamin L.	1	Son	M/W		Mo	Mo	Tn
22	SWAN, Bettie	66		F/W		Tn	Tn	Tn
	Cleo	23	Dau	F/W		Tn	Tn	Tn
	George W.	16	Son	M/W	Sawmill	Tn	Tn	Tn
	Mac	13	Son	M/w	Farm Labor	Tn	Tn	tn
23	SWAN, John	31		M/W	Sawyer	Tn	Tn	Tn
	Maggie	22	Wife	F/W		Tn	Tn	tn
	Floyd	8	Son	M/W		Tn	Tn	Tn
	Pauline	6	Dau	F/W		Tn	Tn	Tn
	Vance	1	Son	M/w		Tn	Tn	Tn
24	CASS, J. H.	46		M/W		Tn	Tn	Tn
	Elizabeth	47	Wife	F/w		Tn	Tn	Tn
	Sarah A.	22	Dau	F/W		Tn	Tn	Tn
	Henry C.	21	Son	m/W	Farm Labor	Tn	Tn	Tn
	Carlina	18	Dau	F/W		Tn	Tn	tn
	Dudley	17	Son	M/W	FArm Labor	Tn	Tn	Tn
	Sicero	15	Dau	F/w		Tn	Tn	Tn
	Betty L.	13	Dau	F/w		Tn	Tn	tn
	Matt D.	12	Son	M/W		Tn	Tn	Tn
	William P.	11	Son	M/W		Tn	Tn	Tn
	George G.	8	Son	M/W		Tn	Tn	Tn
	Frank	7	Son	m/W		Tn	Tn	Tn
25	SHANNON, George W.	59		M/W	Farmer	Tn	Va	Va
26	SHANNON, J. C.	29		M/W	FArmer	Tn	Tn	Tn
	J. A.	18	Wife	F/w		Tn	Tn	Tn
27	RILEY, Thomas	33		M/W	FArmer	Ill	Ind	Ill
	Alice	28	Wife	F/W		Ill	Ill	Ill
	Florence	5	Dau	f/w		Ill	Ill	Ill
	Ella	3	DAu	F/W		Ill	Ill	Ill
	Earl	5/12	Son	m/w		Ill	Ill	Ill
	Edward	65	Father	M/W	FArm Labor	Irel	Irel	Irel

No.	Name	Age	Rel. to Head	Sx/Race	Occupation	Birth of Person	Father	Mother
28	McBROOM, J. E.	28		M/W	Farmer	Tn	Tn	Tn
	M. J.	23	Wife	F/W		Tn	Tn	Tn
	Mary M.	6	Dau	F/W		Tn	Tn	Tn
	William R.	5	Son	M/W		Tn	Tn	Tn
	J. R.	2	Son	M/W		Tn	Tn	Tn
	ELLIOTT, M. C.	74	Lodger	M/W	Lodger	Tn	Tn	NC
29	BILES, Charles	28		M/W	Farmer	Tn	Tn	Tn
	Blanche	25	Wife	F/W		Tn	Tn	Tn
30	GOLADAY, A.	30		M/W	Farmer	Ohio	--	Ohio
	Emma	40	Wife	F/W		Ohio	Pa	Ohio
	Clance E.	17	Son	M/W		Ind	Ohio	Ohio
	Fernette	15	DAu	F/W		Ind	Ohio	ohio
	Roy	14	Son	M/W		Ind	Ohio	Ohio
	Ben M.	12	Son	M/W		Ind	Ohio	Ohio
	Edwin	10	Son	M/WA		Ind	Ohio	Ohio
	Edna	10	Dau	F/W		Ind	Ohio	Ohio
	Lester	8	Son	M/W		Ind	Ohio	Ohio
31	WOODLEE, Van	49		M/W	Farmer	Tn	Tn	Tn
	Mary	43	Wife	F/w		Tn	Tn	Tn
	Allie	21	Dau	F/W		Tn	Tn	Tn
	Jessie	20	Wife	F/W		Tn	Tn	Tn
	Lusk	16	Son	M/W		Tn	Tn	Tn
32	WRIGHT, B. F.	41		M/W	FArmer	Tn	Tn	Tn
	Sarah	41	Wife	F/W		Tn	Tn	tn
	Rector L.	20	Son	M/W	Farm Labor	Tn	Tn	tn
	Emma L.	19	DAu	F/W		Tn	Tn	Tn
	William A.	18	Son	M/W	Farm Labor	Tn	Tn	Tn
	Andy F.	17	Son	M/W	Farm Labor	Tn	Tn	Tn
	Virgil L.	12	Son	M/W	FArm Labor	Tn	Tn	Tn
	Henry G.	10	Son	M/W		Tn	Tn	Tn
	Ada B.	8	Dau	F/W		Tn	Tn	tn
	George W.	6	Son	M/W		Tn	Tn	Tn
	Sarah J.	3	DAu	F/W		Tn	Tn	Tn
	Lenora D.	4/12	Dau	F/W		Tn	Tn	Tn
33	WILSON, Belle	39		F/W		Tn	Tn	Tn
	Charles	16	Son	M/W	Farm Labor	Tn	Tn	Tn
	George M.	15	Son	M/W	Farm Labor	Tn	Tn	tn
	Mary U.	7	Dau	F/W		Tn	Tn	Tn
	Jess L.	5	Son	M/w		Tn	Tn	Tn
34	MILLER, Jim	60		M/W	Timber Chopper	Tn	Tn	Tn
	Elsy	23	Sister	F/W		Tn	Tn	Tn
	Worth	5	Nephew	M/W		Tn	Tn	Tn
35	DOTSON, Ida	37		F/Bl	WASHWOMAN	Tn	Tn	Tn
	Remus	11	Son	M/Bl		Tn	Tn	tn
	SOLOMON, General	24	Tramp	M/Bl	Tramp	Tn	Tn	tn

No.	Name	Age	Rel. to Head	Sx/Race	Occupation	Birth of Person	Father	Mother
36	KING, Hiram	67		M/W	Farmer	Tn	Va	NC
	Ruth J.	64	Wife	F/W		Tn	Tn	Tn
	Thomas	20	Son	M/W		Tn	Tn	Tn
	Daisy	15	Dau	F/W		Tn	Tn	Tn
37	WILLIS, Sallie	42		F/W	Housekeeping	Tn	Tn	Tn
	F. J.	11	Son	M/W		Tn	Tn	Tn
	McDOWELL, J.	80	Lodger	M/W	Lodger	Tn	Tn	Tn
38	BONNER, Jim	Unk		M/Bl	Farm Labor	Tn	Tn	Tn
	Jane	36	Wife	F/Bl		Tn	Tn	Tn
	Jessie	18	Son	M/Bl		Tn	Tn	Tn
	Lou	13	Dau	F/Bl		Tn	Tn	Tn
	Tennie	10	Dau	F/Bl		Tn	Tn	Tn
	Mattie	1	Dau	F/Bl		Tn	Tn	Tn
39	SETTLES, A. W.	28		M/Bl	Preacher	Mo	Mo	Mo
	Ida L.	17	Wife	F/Bl	School Teacher	Tn	Tn	Tn
40	SCOTT, Burnett	45		M/Bl	Farm Labor	Tn	Tn	Tn
	Frances	24	Wife	F/Bl		Tn	Tn	Tn
	Ebby	18	Son	M/Bl		Tn	Tn	Tn
	Willie	15	Son	M/Bl		Tn	Tn	Tn
	Lottie	6	Dau	F/Bl		Tn	Tn	Tn
	TUBB, Provessie	20	Son/Law	M/Bl	Farm Labor	Tn	Tn	Tn
	Martha	17	Dau	F/Bl		Tn	Tn	Tn
41	KING, Thomas	28		M/Bl	Farm Labor	Tn	Tn	Tn
	Mary	36	Wife	F/Bl		Tn	Tn	Tn
	HAMMOND, Lemmie	12	St/Dau	F/Bl		Tn	Tn	Tn
42	WHEELER, Mary	53		F/W	Farm Manager	Tn	Tn	Tn
	Bradie	28	Dau	F/W		Tn	Tn	Tn
	N. B.	26	Son	M/W	Hauler	Tn	Tn	Tn
	Ladie L.	22	Dau	F/W		Tn	Tn	Tn
	Fannie	20	Dau	F/W		Tn	Tn	Tn
	Nora	18	Dau	f/W		Tn	Tn	Tn
43	GANNON (?), S. M.	49		M/W	Farmer	Tn	NC	NC
	Rock	50	Wife	F/W		Tn	NC	NC
	Hattie	19	Dau	F/W		Tn	Tn	Tn
	Octiny	15	Dau	F/W		Tn	Tn	Tn
	Ellis T.	24	Son	M/W	Farm Labor	Tn	Tn	Tn
	Hattie	16	Dau/Law	F/W		Tn	Tn	Tn
	PITTARD, William R.	34	Son/Law	M/W		Tn	Tn	Tn
	Susie	23	Dau	F/w		Tn	Tn	tn
	Sam	4	Gr/Son	M/W		Tn	Tn	Tn
	Houston	1	Gr/Son	M/W		Tn	Tn	Tn
44	HENEGAR, Moses (?)	43		M/W		Tn	Tn	Tn
45	EDWARDS, Octy	33		F/W		Tn	Tn	Tn
	Lena	10	Dau	F/W		Tn	Tn	Tn

No.	Name	Age	Rel. to Head	Sx/Race	Occupation	Birth of Person-Father-Mother		
	EDWARDS, Alton	9	Dau	F/W		Tn	Tn	Tn
	Pearl	7	Dau	F/W		Tn	Tn	Tn
	Elma	3	Son	M/W		Tn	Tn	Tn
	Ophia	6/12	Dau	F/W		Tn	Tn	Tn
46	ELLIOTT, Sam	37		M/W	Farmer	Ark	Tn	Tn
	Ollie	31	Wife	F/W		Tn	Tn	Tn
	Stella	11	Dau	F/W		Tn	Tn	Tn
	Northcutt	9	Son	M/W		Tn	Tn	Tn
	Monroe	6	Son	M/W		Tn	Tn	Tn
	John	3	Son	M/W		Tn	Tn	Tn
	Baby	6/12	Son	M/W		Tn	Tn	Tn
47	BARRETT, Jim	42		M/W	Farmer	Tn	Tn	Tn
	R. A.	47	Wife	F/W		Tn	Tn	Tn
	A. O.	19	Son	M/W		Tn	Tn	tn
	Halie	16	Dau	F/W		Tn	Tn	Tn
	J. H.	14	Son	M/W		Tn	Tn	Tn
	Henry	13	Son	M/W		Tn	Tn	Tn
	George	10	Son	M/W		Tn	Tn	Tn
	Oby	4	Son	M/W		Tn	Tn	tn
48	NORTON, Mary	50		F/W		Tn	Tn	Tn
	Lizzie	24	Dau	F/w		Tn	Tn	Tn
	Willie	20	Son	M/W		Tn	Tn	Tn
	Mattie	16	Dau	F/W		Tn	Tn	Tn
	Wallace	13	Son	M/W		Tn	Tn	Tn
49	SPURLOCK, Charles	38		M/Bl	Farm Labor	Tn	Tn	Tn
	Mollie	27	Wife	F/Bl		Tn	Tn	Tn
	Annie	13	Dau	F/Bl		Tn	Tn	Tn
	Charles C.	11	Son	M/Bl		Tn	Tn	Tn
	Nellie P.	9	Dau	F/Bl		Tn	Tn	Tn
	Rollie	7	Son	M/Bl		Tn	Tn	Tn
50	INGRAM, S. O.	37		M/W	Farmer	Ill	Ill	Tn
	Alma	23	Wife	F/W		Ky	Ky	Ky
	Annie D.	13	Dau	F/W		Ill	Ill	Ky
	Charles C.	11	Son	M/W		Ill	Ill	Ky
	Willie P.	9	Dau	F/W		Ill	Ill	Ky
	Rollie F.	7	Son	M/W		Ill	Ill	Ky
51	HIRSCH, W. S.	54		M/W	Farmer	Pa	Pa	Pa
	Julia	50	Wife	F/W		Pa	Pa	Pa
	Jennie B.	29	Dau	F/W		Pa	Pa	Pa
	Maggie E.	25	Dau	F/W		Pa	Pa	Pa
	Ada	17	Dau	F/W		Pa	Pa	Pa
	Annie	20	Dau	F/W		Pa	Pa	Pa
	Ward W.	12	Son	M/W		Pa	Pa	Pa
	Carl	8	Son	M/W		Neb	Pa	Pa
	PARRIS, Jonnie	2	Gr/Son	M/W		Tn	Tn	Pa
52	CUBBIN, W. J.	48		M/W	Farmer	Ky	Eng	Ky
	Katie	40	Wife	F/W		Ky	Ill	Ky

No.	Name	Age	Rel. to Head	Sx/Race	Occupation	Birth of Person-Father-Mother		
	CUBBIN, Ashley	22	Son	M/W	Farm Labor	Ky	Ill	Ky
	Maud	12	Dau	F/W		Ky	Ill	Ky
	Jennie	9	Dau	F/W		Ky	Ill	Ky
	Mamie F.	7	Dau	F/W		Tn	Tn	Tn
	THAXTON, Arthur	17	Son/Law	M/W		Tn	Tn	Tn
53	MARTIN, William E.	33		M/W	Farmer & Postmaster	Tn	Tn	Tn
	Lou	27	Wife	F/W		Tn	Tn	Tn
	Alta L.	5	Dau	F/W		Tn	Tn	Tn
	Robert L.	3	Son	M/W		Tn	Tn	Tn
	Tennie Mae	1	Dau	F/W		Tn	Tn	Tn
54	JACOBS, H. W.	22		M/W	Farmer	Tn	Tn	Tn
	Mattie	43	Wife	F/W		Tn	Tn	Tn
55	FUSTON, John	27		M/Bl	Farm Labor	Tn	Tn	Tn
56	COSSFOOT (?), B.	76		M/W	Farmer	NY	NY	NY
	Nancy	65	Wife	F/W		Vt	Vt	Vt
57	AUSTIN, G. C.	37		M/W	FArmer	Ill	NY	NY
	Hattie	31	Wife	F/W		Ill	Eng	Eng
	Albert	11	Son	M/W		Ill	Ill	Ill
	Ruth	5	Dau	F/W		Ill	Ill	Ill
58	FUSTON, Frank	39		M/W	Farm Labor	Tn	Tn	Tn
	Lou	22	Wife	F/W		Tn	Tn	Tn
	Dela	15	Dau	F/W		Tn	Tn	Tn
	Jessie	5	Dau	F/W		Tn	Tn	Tn
59	HENEGAR, J. T.	34		M/W	Merchant	Tn	Tn	Tn
	Missie	29	Wife	F/W		Tn	Tn	Tn
	John B.	4	Son	M/W		Tn	Tn	Tn
	SMARTT, W. S.	42		M/W	Farmer	Tn	Tn	Tn
60	DAVIS, Will	21		M/W	R R Labor	Tn	Tn	Tn
	Thomas	19	Brother	M/W	FArm Labor	Tn	Tn	Tn
	Claud	17	Brother	M/W	Farm Labor	Tn	Tn	Tn
	Gallie	12	Sister	F/W		Tn	Tn	Tn
	Frank	11	Brother	M/W		Tn	Tn	Tn
	BENNETT, Paralee	46	Aunt	F/W		Tn	Tn	Tn
	Nancy	72	Gr/Mother	F/W		Tn	Tn	Tn
61	DUNCAN (?), George W	47		M/W	Blacksmith	Tn	Va	Va
	Nancy	52	Wife	F/W		Tn	Tn	Tn
	George W.	20	Son	M/W		Tn	Tn	Tn
	Daisie	15	Dau	F/W		Tn	Tn	Tn
	Mallie B.	11	Dau	F/W		Tn	Tn	Tn
	Paulcroft	6	Son	M/W		Tn	Tn	Tn
	Henry	4	Son	M/W		Tn	Tn	Tn
	MASEY, Mary	45		F/W		Tn	Tn	Tn
62	ANDERSON, Arthur	21		M/W	R R Labor	Tn	Tn	Tn
	Josie	28	Wife	F/W		Tn	Tn	Tn
	Annie B.	1	Dau	F/W		Tn	Tn	Tn

No.	Name	Age	Rel. to Head	Sx/Race	Occupation	Birth of Person	Father	Mother
63	FOSTER, Elma B.	29		M/Bl	R R Labor	Tn	Tn	Tn
	Belle	20	Wife	F/Bl		Tn	Tn	Tn
	Ella	5	Dau	F/Bl		Tn	Tn	Tn
	,ary	1	Dau	F/Bl		Tn	Tn	Tn
64	DURLEY, Ruft	33		M/Bl	R R Labor	Tn	Tn	Tn
	Ida	35	Wife	F/Bl		Tn	Tn	Tn
	Gennemae	5	Dau	F/Bl		Tn	Tn	Tn
	Mattie	2	Dau	F/Bl		Tn	Tn	Tn
	Henderson	62	Father	M/Bl	Farmer	Tn	Tn	Tn
	RAMSEY, Sam	20		M/Bl	R R Clerk	Tn	Va	Md
65	MARTIN, George M.	46		M/W	Carpenter	Tn	Tn	Tn
	Laura A.	44	Wife	F/W		Tn	Tn	Tn
	Leta J.	20	Dau	F/W	School Teacher	Tn	Tn	Tn
	Monroe	17	Son	M/W	FArmer	Tn	Tn	Tn
	James C.	16	Son	M/W	Farm Labor	Tn	Tn	Tn
	Wince	13	Son	M/W		Tn	Tn	Tn
	Oscar L.	11	Son	M/W		Tn	Tn	Tn
	Homer	1	Son	m/W		Tn	Tn	Tn
66	ANDERSON,	35		M/W	School Teacher	Tn	Tn	Tn
	M. J.	35	Wife	F/W		Tn	Tn	Tn
	J. H.	15	Dau	F/W		Tn	Tn	Tn
	F. L.	13	DAu	F/W		Tn	Tn	Tn
	Eldon	10	Dau	F/W		Tn	Tn	Tn
	M. C.	4	Son	M/W		Tn	Tn	Tn
	O. H.	6/12	Son	M/W		Tn	Tn	Tn
67	WILSON, D. M.	37		M/W	Carpenter	Tn	Tn	Tn
	Nannie	25	Wife	F/W		Tn	Tn	Tn
	Lela	3	Dau	F/w		Tn	Tb	Tn
	OGLE, Johnson	29	Boarder	M/W	CArpenter	Tn	Tn	Tn
68	HENEGAR, J. P.	70		M/W		Tn	Tn	Tn
	Nannie B.	30	Dau	F/W	Milliner	NC	NC	NC
69	OGLE, W. M.	61		M/W	Timber Chopper	Tn	Tn	Tn
	R. E.	58	Wife	F/W		Tn	Tn	Tn
	Harris	22	Son	M/W		Tn	Tn	Tn
	Elizabeth	17	Dau	F/W		Tn	Tn	Tn
	Fannie	14	Dau	F/W		Tn	Tn	Tn
	Cisero	13	Sister	F/W		Tn	Tn	Tn
70	CRAIN, Peter	49		M/W	Furniture Sales	NC	NC	NC
	Dora	46	Wife	F/W		Tn	Tn	Tn
	Thomas S.	20	Son	M/W	Farm Labor	Tn	NC	Tn
	Bettie	18	Dau	F/W		Tn	NC	Nc
	Ben F.	16	Son	M/W		Tn	NC	Tn
	Edith E.	12	Dau	F/w		Tn	NC	Tn
	Febe E.	24	Dau	F/W		Tn	Tn	Tn
71	SMARTT, Jim	68		M/W	Farmer	Tn	Tn	Tn
	Cellie	51	Wife	F/W		Tn	Tn	Tn

No.	Name	Age	Rel. to Head	Sx/Race	Occupation	Birth of Person	Father	Mother
72	SMARTT, Bob	28		M/Bl	Farm Labor	Tn	Tn	Tn
	Anna	18	Wife	F/Bl		Tn	Tn	Tn
	Tommie	17	Brother	M/Bl	Farm Labor	Tn	Tn	Tn
	Jimmie	20	Brother	M/Bl	Farm Labor	Tn	Tn	Tn
	Chasmise	16	Sister	F/Bl		Tn	Tn	Tn
	Jennie	11	Sister	F/Bl		Tn	Tn	Tn
Twins -- (	Bessie	8	Sister	F/Bl		Tn	Tn	Tn
(	Walter	8	Brother	M/Bl		tn	Tn	Tn
73	SMARTT, Mat	86		M/W	Farmer	Tn	Caro	Caro
	Cornelia B.	73	Wife	F/W		Ala	Ga	Ga
	Robert	26	Son	M/W		Tn	Tn	Ala
	Annie G.	25	DAu	F/W		Tn	TN	Ala
	Jesse A.	23	Dau	F/W		Tn	Tn	Ala
	BROWN, Frank	13	Gr/Son	M/W	Errand Boy	Tn	Tn	Tn
74	ROACH, JAmes	31		M/W	Farmer	Not Given		
	Hallie	20	Wife	F/W				
	Lillie	3	Dau	F/W				
	Henry	1	Son	M/W				
75	SMARTT, William H.	68		M/W	Farmer	Tn	NC	Tn
	Mary G.	61	Wife	F/W		Tn	Va	Tn
	Mary D.	33	Dau	F/W		Tn	Tn	Tn
	Sidney A.	27	Son	M/W	FArmer	Tn	Tn	Tn
	William H., Jr	25	Son	M/W	FArmer	Tn	Tn	Tn
	Ruby Jean	21	Dau	F/W	Music Teacher	Tn	Tn	Tn
76	SMARTT, F. G.	38		M/W	FArmer	Tn	Tn	Tn
	Anna B.	38	Wife	F/W		Tn	Tn	Tn
	Trent C.	15	Son	M/W		Tn	Tn	Tn
	Mary J.	12	Dau	F/W		Tn	Tn	Tn
	Lillie K.	10	Dau	F/W		Tn	Tn	Tn
	Hackett D.	7	Son	M/W		Tn	Tn	Tn
	Lucian S.	4	Son	M/W		Tn	Tn	Tn
	John Savage	2	Son	/W		Tn	Tn	Tn
	EDWARDS, Charles	18	Nephew	M/W	Farm Hand	Tn	Tn	Tn
	ROWAN, Anna	22	Cook	F/Bl	Cook	Tn	Tn	Tn
77	EDWARDS, JAmes	43		M/W	Farmer	Tn	Tn	Tn
	Joe	17	Son	M/W		Tn	Tn	Tn
78	BROWN, Fred	37		M/W	Farmer	Tn	Tn	Tn
	Saline	32	Wife	F/W		Tn	TN	Tn
	Cleo	15	Dau	F/W		Tn	Tn	Tn
	Willie	14	Son	M/W	At School	Tn	Tn	Tn
	Walter	11	Son	M/W	At School	Tn	Tn	Tn
	Ruthy	8	Son	M/W		Tn	Tn	Tn
	Andy	5	Son	M/W		Tn	Tn	Tn
	BLAIR, Ruby	3	Niece	F/W		Tn	Tn	Tn
79	CRAVEN, Thomas	53		M/W	FArmer	Tn	NC	NC
	Charley	22	Son	M/W	Farm Labor	tn	NC	NV

No.	Name	Age	Rel. to Head	Sx/Race	Occupation	Birth Person	Birth Father	Birth Mother
	CRAVEN, Oliver B.	4	Son	M/W		Tn	NC	NC
	Oren W.	3	Son	M/W		Tn	NC	NC
80	CRAVEN, Solomon	44		M/W	Truck Gardner	Tn	NC	NC
	Jennie	38	Wife	F/W		Tn	Tn	Tn
	W. H.	14	Son	M/W		Tn	Tn	Tn
81	COTHARAN, Thomas	43		M/W	FArm Labor	Tn	Tn	Tn
	Mary	34	Wife	F/W		Tn	Tn	Tn
82	JOHNSON, C. J.	38		M/W	FArmer	Swed	Swed	Swed
	Sophia	39	Wife	F/W		Swed	Swed	Swed
	Alice	3	Dau	F/W		Ind	Swed	Swed
	Baby	0/12	Son	M/W		Tn	Swed	Swed
83	SHONG, Arch	21		M/W	Farmer	Wisc	France	Pa
	Conny	27	Wife	F/W		Ind	Ind	Ill
84	SAVAGE, Wash	62		M/Bl	Farmer	Tn	Tn	Tn
	America	45	Wife	F/Bl		Tn	Tn	Tn
	Susie	13	Dau	F/W		Tn	Tn	Tn
	WINDAM, Lessie	10	Orphan	F/Bl		Tn	Tn	Tn
85	GOWGER, Ma-----	76		M/W	FArmer	Tn	Tn	Tn
	Sarah M.	71	Wife	F/W		Tn	Tn	Tn
86	RAMSEY, Charles	37		M/Bl	Farmer	Tn	Tn	Tn
	Jane	39	Wife	F/Bl		Tn	Tn	Tn
	Joe	11	Son	M/Bl		Tn	Tn	Tn
	Minnie	10	Dau	F/Bl		Tn	Tn	Tn
	Harrison	7	Son	M/Bl		Tn	Tn	Tn
	Jessie	5	Dau	F/Bl		Tn	Tn	Tn
	Aggy	3	DAu	F/Bl		Tn	Tn	Tn
	Wash	2	Son	M/Bl		Tn	Tn	Tn
87	HENDERSON, W.	47		M/Bl	Farm Labor	Tn	Tn	Tn
	Jennie	37	Wife	F/Bl		Tn	Tn	Tn
	Frank	11	Son	M/Bl		Tn	Tn	Tn
	Vera	9	Dau	F/Bl		Tn	Tn	Tn
	Giles	7	Son	M/Bl		Tn	Tn	Tn
	Davis	6	Son	M/Bl		Tn	Tn	Tn
	Ola	11/12	DAu	F/Bl		Tn	Tn	Tn
88	EVANS, Sam	54		M/Bl	Farmer	Tn	Tn	Tn
	Ida	20	DAu	F/Bl		Tn	Tn	Tn
	Elyprovene	18	Son	M/Bl	Farm Labor	Tn	Tn	Tn
	Ble B.	16	Son	M/Bl		Tn	Tn	Tn
89	ROACH, John	46		M/W	Farmer	Tn	Tn	Tn
	Bettie	40	Wife	F/W		Tn	Tn	Tn
	Colonel	18	Son	m/W	Farm Labor	Tn	Tn	Tn
	Pearl	13	Dau	F/W		Tn	Tn	Tn

No.	Name	Age	Rel. to Head	Sx/Race	Occupation	Birth Person	Birth Father	Birth Mother
90	MASEY, Joe	48		M/Bl	Farm Labor	Tn	Tn	Tn
	Cora	18	Dau	F/Bl		Tn	Tn	Tn
	Roda	15	Dau	F/Bl		Tn	Tn	Tn
	Walter	11	Son	M/Bl		Tn	Tn	Tn
91	KING, Ned	54		M/Bl	Farmer	Tn	Tn	Tn
	Marthy	64	Wife	F/Bl		Tn	Tn	Tn
	Polyfus	24	Son	M/Bl		Tn	Tn	Tn
	Ella	20	Dau/Law	F/Bl		Tn	Tn	Tn
	Otto	4	Gr/Son	M/Bl		Tn	Tn	Tn
	Emma	8/12	Gr/Dau	F/Bl		Tn	Tn	Tn
92	KING, Anderson	32		M/Bl	Farm Labor	Tn	Tn	Tn
	Florence	28	Wife	F/Bl		Tn	Tn	Tn
93	SAVAGE, J. H.	84		M/W	Lawyer	Tn	Tn	Tn
	DAVIS, Elizabeth	69	Dau	F/W		Tn	Tn	Tn
	SMARTT, William	26	Nephew	M/W	FArmer	Tn	Tn	Tn
	Josie	23	Niece	F/W		Tn	Tn	Tn
	GREEN, Mattie	23	Serv	F/W	Servant	Tn	Tn	Tn
94	DURLEY, Elizabeth	50		F/Bl		Tn	Tn	Tn
	Elzy	16	Son	M/Bl	FArm Labor	Tn	Tn	Tn
	Robert	13	Son	M/Bl	Farm Labor	Tn	Tn	Tn
95	BROWN, Elma	27		M/Bl	FArm Labor	Tn	Tn	Tn
	Emma	19	Wife	F/Bl		Tn	Tn	tn
	Willie	3	Dau	F/Bl		Tn	Tn	Tn
	Cornelius	1	Son	m/Bl		Tn	Tn	Tn
	SPURLOCK, M	16	Lodger	F/Bl		Tn	Tn	Tn
96	DURLEY, W----	58		M/Bl	Farmer	Tn	Tn	Tn
	Rebecca	54	Wife	F/Bl		Tn	Tn	Tn
	Margie	19	Dau	F/Bl		Tn	Tn	Tn
	Jennie	17	Dau	F/Bl		Tn	Tn	Tn
	Ester	13	DAu	F/Bl		Tn	Tn	Tn
97	SMARTT, Dole (?)	63		M/Bl	Farmer	Tn	Tn	Tn
	Rosie	57	Wife	F/Bl		Tn	Tn	Tn
	RICE, Emaline	82	Lodger	F/Bl	Lodger	Tn	Tn	Tn
	Charlsey	20	Lodger	F/Bl	Tramp	Tn	Tn	Tn
98	SNELLING, Mat	43		M/Bl	Odd Jobs	Tn	Tn	Tn
99	WILSON, Leonard	28		M/W	FArm Labor	Ky	Tn	Tn
	Mary	28	Wife	F/W		Tn	Tn	Tn
	Walker	3	Son	M/W		Tn	Tn	Tn
	Richard	5/12	Son	M/W		Tn	Tn	Tn
100	GRIFFIN, Lucy	41		F/W		Tn	Tn	Tn
	Fred	19	Son	M/W	Farm Labor	Tn	Tn	Tn
	Hassie	16	Dau	F/W		Tn	Tn	Tn
	Bradley	12	Dau	F/W		Tn	Tn	Tn

No.	Name	Age	Rel. to Head	Sx/Race	Occupation	Birth of Person	Father	Mother
	GRIFFIN, Carrie	9	Dau	F/W		Tn	Tn	Tn
	John H.	5	Son	M/W		Tn	Tn	Tn
101	BLAIR, J. P.	29		M/W	Blacksmith	Tn	Tn	Tn
	Vance	7	Son	M/W		Tn	Tn	Tn
	Oliver	4	Son	m/W		Tn	Tn	tn
	Ruby	3	DAu	F/W		Tn	Tn	tn
	Willie	11/12	Dau	F/W		Tn	Tn	Tn
102	CRAWLEY, Ellec	33		M/W	Farmer	Tn	Tn	Tn
	Mary G.	32	Wife	F/W		Ky	Ky	Ky
	Marva	12	Dau	F/W		Tn	Tn	Ky
	Martha	9	Dau	F/W		Tn	Tn	Ky
	Ida B.	8	Dau	F/W		Tn	Tn	Ky
	Elma	2	Son	M/W		Tn	Tn	Ky
103	CROUCH, Ed	40		M/W	Farmer	Tn	Tn	Tn
	Harriett	40	Wife	F/W		Tn	Tn	Tn
	Ed, Jr.	4	Son	M/W		Tn	Tn	Tn
	Owen M.	3	Son	M/W		Tn	Tn	Tn
104	SMARTT, Dece (?)	56		M/Bl	FArmer	Tn	TN	Tn
	Lucy	49	Wife	F/Bl		Tn	Tn	Tn
	John	22	Son	M/Bl	Farm Labor	Tn	Tn	Tn
	Anne	20	Dau	F/Bl	Cook	Tn	Tn	Tn
	Matt	18	Son	M/W		Tn	Tn	Tn
	Addie	3	Gr/Dau	F/Bl		Tn	Tn	Tn
	Stella	1	Gr/Dau	F/Bl		Tn	Tn	Tn
105	SMARTT, York	57		M/Bl	FArmer	Tn	Tn	Tn
	Erbesus (?)	41	Wife	F/Bl		Tn	Tn	Tn
	Lacray	23	Son	M/Bl	Farm Labor	Tn	Tn	Tn
	Halla	26	Dau	F/Bl		Tn	Tn	Tn
106	SAVAGE, Bob	42		M/Bl	Farmer	Tn	Tn	Tn
	Ester	35	Wife	F/Bl		Tn	Tn	Tn
107	SMARTT, Mac	40		M/Bl	FArmer	Tn	Tn	Tn
	Dianna	40	Wife	F/Bl		Tn	Tn	Tn
	James	15	Son	M/Bl		Tn	Tn	Tn
	Isaac	6	Son	M/Bl		Tn	Tn	Tn
108	THOMAS, Lawson	70		M/Bl	FArm Labor	Tn	Tn	Tn
	George	12	Son	M/Bl		Tn	Tn	Tn
109	MYERS, Martha	38		F/W	Housekeeper	Tn	Tn	Tn
	John	7	Son	M/W		Tn	Tn	Tn
	Myrtle	6	Dau	F/W		Tn	Tn	Tn
	Jimmie	3	Son	M W		Tn	Tn	Tn
	ROACH, Mary	34	Sister	F/W		Tn	Tn	Tn
110	COPE, Abner	29		M/W	Farmer	Tn	Tn	Tn
	Lora	26	Wife	F/W		Tn	Tn	Tn

No.	Name	Age	Rel. to Head	Sx/Race	Occupation	Birth of Person	Father	Mother
	COPE, Frank	3	Son	M/W		Tn	Tn	Tn
	Mecca	1	Dau	F/W		Tn	Tn	Tn
111	BLUE, Burr	23		M/W	Farmer	Tn	Tn	Tn
	Jim	29	Brother	M/W		Tn	Tn	Tn
112	WRITESMAN, Jim	44		M/W	Farmer	NC	NC	NC
	Mary	69	Mother	F/W		NC	NC	NC
113	BUCK, Mason	64		M/W	Farmer	Conn	Conn	Conn
	WHITCOMB, Jessie	39	Dau	F/W		Ohio	Conn	Conn
	Charley	44	Son/Law	M/W	Day Labor	NY	NY	Ny
Twins {	Hattie	11	Gr/Dau	F/W		Tn	NY	Conn
	Mattie	11	Gr/Dau	F/W		Tn	NY	Conn
	Sidney	7	Gr/Dau	F/W		Tn	NY	Conn
	Benjamin	2	Gr/Son	M/W		Tn	NY	Conn
114	HAMMONS, John	35		M/W	Farmer	Tn	Tn	Tn
	Gussie	38	Wife	F/W		Tn	Tn	Tn
	Robert	16	Son	M/W		Tn	Tn	tn
	Louis	12	Son	M/W		Tn	Tn	Tn
Twins {	Oscar	9	Son	M/W		Tn	Tn	Tn
	Austa	9	Dau	F/W		Tn	Tn	Tn
	Marshall	7	Son	M/W		Tn	Tn	Tn
	Avery	9/12	Son	M/W		Tn	Tn	Tn
115	ROGERS, Sy	39		M/W	Farmer	Tn	Tn	Tn
	Susie	32	Wife	F/W		Va	Va	Va
	Brown	11	Son	M/W		Tn	Tn	Va
	Stella	9	Dau	F/W		Tn	Tn	Va
	Pearl	3	Dau	F/W		Tn	Tn	Va
116	ROGERS, Mac	23		M/W	FaRMER	Tn	Tn	Tn
	Nannie	29	Wife	F/W		Tn	Tn	Tn
	Vera L.	9/12	Dau	F/W		Tn	Tn	Tn
	SAVAGE, Richard	17	Serv	M/W	Servant	Tn	Tn	Tn
117	BREWER, O. F.	41		M/W	Farmer	Tn	NC	Tn
	Belle	33	Wife	F/W		Tn	Tn	Tn
	Thomas	15	Son	M/W		Tn	Tn	Tn
	Claud	13	Son	M/W		Tn	Tn	Tn
	S. Lee	11	Dau	F/W		Tn	Tn	Tn
	Mae	4	Dau	F/W		Tn	Tn	Tn
	Mabel	2	Dau	F/W		Tn	Tn	Tn
118	HOOD, W. A.	66		M/W	Farmer	Ky	Ky	Ky
	Mary J.	60	Wife	F/W		Tn	Tn	Tn
119	ROGERS, E. J.	76		M/W	FArmer	Tn	Tn	Tn
	Sarah	59	Wife	F/W		Tn	Tn	Tn
120	ROGERS, Wes	48		M/W	Farmer	Tn	Tn	Tn
	Bi---	47	Wife	F/W		Tn	Tn	Tn
	Harrison	21	Son	M/W	Farm Labor	Tn	Tn	Tn

No.	Name	Age	Rel. to Head	Sx/Race	Occupation	Birth of Person-Father-Mother		
121	HAYHEARST, J-----	53		M/W	Farmer	Va	Va	Va
	Jonnie	29	Dau	F/W		Va	Va	Va
122	KENNEDY, William	37		M/W	Farmer	Tn	Tn	Tn
	Nora	28	Wife	F/W		Tn	Tn	Tn
	Lizzie	6	Dau	F/W		Tn	Tn	Tn
	ROGERS, Harrison	57	Fa/Law	M/W	FArmer	Tn	Tn	Tn
	Elizabeth	57	Mo/Law	F/W		Tn	Tn	Tn
	SAVAGE, Arthur	15		M/Bl	Farm Labor	Tn	Tn	Tn
123	CRAWLEY, John	37		M/W	Farmer	Tn	Tn	Tn
	Sarah	35	Wife	F/W		Tn	Tn	Tn
	Mary	13	Dau	F/W		Tn	Tn	Tn
	Willie	8	Son	M/W		Tn	Tn	Tn
124	ROGERS, John	23		M/W	Farmer	Tn	Tn	Tn
	Eliza	24	Wife	E/W		Tn	Tn	Tn
	Bettie L.	2	Dau	F/W		Tn	Tn	Tn
	Haston	1	Son	M/W		Tn	Tn	Tn
125	RAMSEY, Sam	66		M/Bl	Farmer	Tn	Tn	Tn
	Mary	43	Wife	F/Bl		Tn	Tn	Tn
	Isaac Will	28	Son	M/Bl	FArm Labor	Tn	Tn	Tn
	Joe	26	Son	M/Bl	R R Labor	Tn	Tn	Tn
	Minnie	21	Dau/Law	F/Bl		Tn	Tn	Tn
	Quilla	19	Son	M/Bl	Farm Labor	Tn	Tn	Tn
	Escu	15	Son	M/Bl	Farm Labor	Tn	Tn	Tn
	Willie	12	Son	M/Bl		Tn	Tn	Tn
126	LOW, John	58		M/W	Farmer	Tn	Tn	Tn
	Dovie	25	Wife	F/W		Tn	Tn	Tn
	Tassie	6	Son	M/W		Tn	Tn	Tn
	Asa	3	Son	M/W		Tn	Tn	Tn
	Sarah	10/12	Dau	F/W		Tn	Tn	Tn
127	BASHAM, Ed	30		M/W	FArmer	Tn	Tn	Tn
128	DECANE, G. S.	61		M/W	FArmer	Tn	Tn	Tn
	Nanny	49	Wife	F/W		Tn	Tn	Tn
	D. E.	33	Dau	F/W		Tn	Tn	Tn
	Hobart	30	Son	m/W	Farm Labor	Tn	Tn	Tn
	Maggie	25	Dau	F/W		Tn	Tn	Tn
	Laura L.	23	Dau	F/w		Tn	Tn	Tn
	Joe	21	Son	M/W	Farm Labor	Tn	Tn	Tn
	Thomas	19	Son	M/W.	Farm Labor	Tn	Tn	Thomas
	Ora	14	DAu	F/W		Tn	Tn	Tn
	Katie	12	Dau	F/W		Tn	Tn	Tn
	Willie Mae	10	Dau	F/W		Tn	Tn	Tn
129	BASHAM, John	70		M/W	Blacksmith	Tn	Tn	Tn
	Mary A.	62	Wife	F/W		Tn	Tn	Tn
	Mary	16	Dau	F/W		Tn	Tn	Tn
	Noah	24	Son	M/W	Farm Labor	Tn	Tn	Tn

No.	Name	Age	Rel. to Head	Sx/Race	Occupation	Birth of Person-Father-Mother		
130	NORTHCUTT, J. R.	36		M/W	Farmer	Tn	Tn	Tn
	Mary	31	Wife	F/W		Tn	Tn	Tn
	Robert H.	12	Son	M/W		Tn	Tn	Tn
	Hattie A.	10	Dau	F/W		Tn	Tn	Tn
	Roy C.	8	Son	M/W		Tn	Tn	Tn
	Charles O.	5	Son	M/W		Tn	Tn	Tn
	Lela	2	Dau	F/W		Tn	Tn	Tn
	Baby	10/12	Dau	F/W		Tn	Tn	Tn
131	LAWSON, Fred	24		M/W	Farm Labor	Tn	Tn	Tn
	Bettie	26	Wife	F/W		Tn	Tn	Tn
	Eugene	5	Son	M/W		Tn	Tn	Tn
	Lawrence	3	Son	M/W		Tn	Tn	Tn
	Elma	1	Dau	F/W		Tn	Tn	Tn
132	SMARTT, Henry	19		M/Bl	Farmer	Tn	Tn	Tn
	Lula	20	Wife	F/W		Tn	Tn	Tn
	Lizzie	1	Dau	F/W		Tn	Tn	Tn
133	SCOTT, Elec	21		M/Bl	FArmer	Tn	Tn	Tn
	Dinah	54	Mother	F/Bl		Tn	Tn	Tn
	Mary	17	Sister	F/Bl		Tn	Tn	Tn
	Bud	16	Brother	M/W	Farm Labor	Tn	Tn	Tn
134	PEPPER, William	38		M/W	Farmer	Tn	Tn	Tn
	Minerva	33	Wife	F/W		Tn	Tn	Tn
	VANN, Belle	17	Dau	F/W		Tn	Tn	Tn
	Willie	19	Son/Law	M/W		Tn	Tn	Tn
	PEPPER, Maggie	15	Dau	F/W		Tn	Tn	Tn
	Ovie	13	Dau	F/W		Tn	Tn	Tn
	Etta	10	Dau	F/W		Tn	Tn	Tn
	Aron	8	Son	M/W		Tn	Tn	Tn
	Willie	5	Son	M/W		Tn	Tn	Tn
	Charley	3	Son	M/W		Tn	Tn	Tn
	Ernest	1	Son	M/W		Tn	Tn	Tn
135	LAWSON, Peter	56		M/W	FArmer	Denmk	Denmk	Tn
	Maggie	32	Wife	F/W		Tn	Tn	Tn
	Carrie	10	Dau	F/W		Tn	Denmk	Tn
	Minnie	13	Niece	F/W		Tn	Tn	Tn
136	SCOTT, Ed	28		M/Bl	Farmer	Tn	Tn	Tn
	Hattie	24	Wife	F/Bl		Tn	Tn	Tn
	Lizzie	3	Dau	F/Bl		Tn	Tn	Tn
	Lena	8/12	Dau	F/Bl		Tn	Tn	Tn
137	RAINS, Josie	65		F/W	FArmer	Tn	Va	NC
138	NEWMAN, John	43		M/W	FArmer	Tn	Tn	Tn
	Ann	34	Wife	F/W		Tn	Tn	Tn
	Lillard	12	Son	M/W		Tn	Tn	Tn
	Mabel	8	Dau	F/W		Tn	Tn	Tn
	Charley	6	Son	M/W		Tn	Tn	tn

No.	Name	Age	Rel. to Head	Sx/Race	Occupation	Birth of Person-Father-Mother		
	NEWMAN, Katie	2	Dau	F/W		Tn	Tn	Tn
	Frank	9/12	Son	M/W		Tn	Tn	Tn
	RAINS, Elvira	56	Lodger	F/W	Boarder	Tn	Tn	Tn
139	ROGERS, Lock	26		M/W	Farmer	Tn	Tn	Tn
	Mollie	26	Wife	F/W		Tn	Tn	Tn
	Amon	3	Son	M/W		Tn	Tn	Tn
	Bessie	9/12	Dau	F/W		Tn	Tn	tn
140	ROGERS, Jim	50		M/W	Farmer	Tn	Tn	Tn
	Rosa	17	Dau	F/W		Tn	Tn	Tn
	Oscar	15	Son	M/W		Tn	Tn	Tn
141	LUTRELL, Rosy	56		F/W		Tn	Tn	Tn
142	SNIDER, Ann	55		F/W		Tn	Tn	Tn
143	SMARTT, F-----	59		M/Bl	Farmer	Tn	Tn	tn
	Carrie	57	Wife	F/Bl		Tn	Tn	Tn
	Wesley	17	Son	M/Bl	Farm Labor	Tn	Tn	Tn
	MARTIN, lucy	7	Gr/Dau	F/Bl		Tn	Tn	Tn
	Newman	3	Gr/Son	M/Bl		Tn	Tn	Tn
144	TUBBS, Everette	25		M/Bl	Farmer	Tn	Tn	Tn
	Jamie	27	Wife	F/Bl		Tn	Tn	Tn
	Eldy	4	Son	M/Bl		Tn	Tn	Tn
	John	3	Son	M/Bl		Tn	Tn	Tn
	Salena	1	Dau	F/Bl		Tn	Tn	Tn
145	BOST, James	28		M/W	Farm Labor	Tn	Tn	Tn
	Sarah	22	Wife	F/W		Tn	Tn	Tn
	Clarence	2	Son	M/W		Tn	Tn	Tn
	Fannie	1	Dau	F/W		Tn	Tn	Tn
146	BOST, Percy	38		M/W	Farm Labor	Tn	Tn	Tn
	Mamie	29	Wife	F/W		Tn	Tn	Tn
	Maud	11	Dau	F/W		Tn	Tn	tn
	Ella	8	Dau	F/W		Tn	Tn	tn
	Ida	4	Dau	F/W		Tn	Tn	Tn
	George	10/12	Son	M/W		Tn	Tn	Tn
147	LOCK, Wallace	46		M/W	Farmer	Tn	Tn	Tn
	Mary	44	Wife	F/W		Tn	Tn	tn
	Bula	23	Dau	F/W		Tn	Tn	Tn
	Mai	18	Dau	F/W		Tn	Tn	Tn
	John	16	Son	M/W		Tn	Tn	Tn
	Alton	15	Son	M/W		Tn	Tn	Tn
	Pearl	12	Dau	F/W		Tn	Tn	Tn
	Willie	10	Son	M/W		Tn	Tn	Tn
	Oshia	7	Dau	F/W		Tn	Tn	Tn
148	RAMSEY, Henry	28		M/Bl	Farmer	Tn	Tn	Tn
	Julia	26	Wife	F/Bl		Tn	Tn	tn

No.	Name	Age	Rel. to Head	Sx/Race	Occupation	Birth of Person-Father-Mother		
	RAMSEY, Jennie B.	6	Dau	F/Bl		Tn	Tn	Tn
	Nettie	4	DAu	F/Bl		Tn	Tn	Tn
	Henry B.	3	Son	M/Bl		Tn	Tn	Tn
	Eddie	1	Son	M/Bl		Tn	Tn	Tn
	Baby	0/12	Son	M/Bl		Tn	Tn	Tn
149	SPURLOCK, Roby	22		M/Bl	Farm Labor	Tn	Tn	Tn
	Anna	17	Wife	F/Bl		Tn	Tn	Tn
	Susie	2/12	Dau	F/Bl		Tn	Tn	Tn
150	KING, Phillip	65		M/W	Farmer	Tn	Tn	Tn
	Mary	55	Wife	F/W		Tn	Tn	Tn
	BASHAM, Claud	17	Labor	M/W	Farm Labor	Tn	Tn	Tn
151	REYNOLDS, J.	60		M/W	Farmer	Tn	NC	Tn
	Belle	56	Wife	F/W		Tn	Tn	Tn
	FORD, Maria	26	Dau	F/W	Teacher	Tn	Tn	tn
	Myrtle	25	Dau	F/W	Bookkeeper	Tn	Tn	tn
	William	23	Son	M/W	Lumberman	Tn	Tn	Tn
	H. A.	22	Son	M/W	FArm Labor	Tn	Tn	Tn
	Nora	19	Dau	F/W		Tn	Tn	Tn
	Gordon	17	Son	M/W	Farm Labor	Tn	Tn	Tn
	Clara	14	Dau	F/W		Tn	Tn	Tn
152	KING, John	63		M/W	Farmer	Tn	Tn	Tn
	Malvina	58	Wife	F/W		Tn	Tn	Tn
	Nannie	32	Dau	F/W		Tn	Tn	Tn
	Hassie	18	Dau	F/W		Tn	Tn	Tn
	Claud	16	Son	M/W	Farm Labor	Tn	Tn	Tn
	SCOTT, Will	12	Labor	M/Bl	FArm Labor	Tn	Tn	Tn
153	MILSTEAD, I. J. (?)	42		M/W	Odd Jobs	Tn	Tn	Tn
	Sarah E.	37	Wife	F/W		Tn	Tn	Tn
	Mandy	17	Dau	F/W		Tn	Tn	Tn
	Ida	15	Dau	F/W		Tn	Tn	Tn
	Pearl	13	DAu	F/w		Tn	Tn	tn
	James	11	Son	M/W		Tn	Tn	Tn
	Thomas	9	Son	M/W		Tn	Tn	Tn
	Jane	6	DAu	F/W		Tn	Tn	Tn
	Lillie	4	Dau	F/W		Tn	Tn	Tn
	Marcus	1	Son	M/W		Tn	Tn	Tn
154	RAY, John	34		M/W	FArmer	Tn	Tn	Tn
	Lillie	25	Wife	F/W		Tn	Tn	Tn
	Ross	7	Son	M/W		Tn	Tn	Tn
155	ROGERS, J----	34		M/W	FArmer	Tn	Tn	Tn
	Bell	19	Wife	F/w		Tn	Tn	Tn
	Forrest	4	Nephew	M/W		Tn	Tn	Tn
	TALLY, Austin	20	Orphan	M/W	Farm Labor	Tn	Tn	Tn
156	MASEY, Randall	52		M/W	Farmer	Tn	Tn	Tn
	Margaret	45	Wife	F/w		Tn	Tn	Tn
	Johnny	17	Orphan	M/W	Farm Labor	Tn	Tn	Tn

No.	Name	Age	Rel. to Head	Sx/Race	Occupation	Birth of Person	Father	Mother
157	McBRIDE, George	49		M/W	Farm Labor	Tn	Tn	Tn
	Mary	43	Wife	F/W		Tn	Tn	Tn
	Bee	23	Son	M/W		Tn	Tn	Tn
	John	20	Son	M/W		Tn	Tn	Tn
	Harry	19	Son	M/W		Tn	Tn	Tn
	Margaret	17	Dau	F/W		Tn	Tn	Tn
	Mollie	14	Dau	F/W		Tn	Tn	Tn
	Robert T.	13	Son	M/W		Tn	Tn	Tn
	Adie	10	Dau	F/W		Tn	Tn	Tn
	Minnie	8	Dau	F/W		Tn	Tn	Tn
	W. C.	7	Son	M/W		Tn	Tn	Tn
	Ethel	3	DAu	F/W		Tn	Tn	Tn
	Archie	1	Son	M/W		Tn	Tn	Tn
158	SMITH, George	39		M/W	Farm Labor	Tn	Tn	Tn
	Bridget	29	Wife	F/W		Tn	Tn	Tn
159	CHEEK, Joe	34		M/W	Farmer	Tn	Tn	Tn
	Anna	31	Dau	F/W		Tn	Tn	Tn
	Lela	16	Dau	F/W		Tn	Tn	Tn
	Mary	14	Dau	F/W		Tn	Tn	Tn
	John	12	Son	M/W		Tn	Tn	Tn
	Sarah	8	Dau	F/W		Tn	Tn	Tn
	Bessie	6	Dau	F/W		Tn	Tn	Tn
	Robert	4	Son	M/W		Tn	Tn	Tn
	Joseph	1	Son	M/W		Tn	Tn	Tn
160	McBRIDE, thomas	27		M/W	Farm Labor	Tn	Tn	Tn
	Belle	22	Wife	F/W		Tn	Tn	Tn
	William	1	Son	M/W		Tn	Tn	Tn
161	McBRIDE, Adline	65		F/W	FArmer	Tn	Tn	Tn
	John	41	son	M/W	Farm Labor	Tn	Tn	tn
	Lou	38	Sister	F/W		Tn	Tn	Tn
	James	35	Son	M/W		Tn	Tn	Tn
	Fulton	13	Gr/Son	M/W		Tn	Tn	Tn
162	McBRIDE, Arch	30		M/W	Farmer	Tn	Tn	Tn
	Kite	20	Wife	F/W		Tn	Tn	Tn
	Fossy	2	Son	M/W		Tn	Tn	Tn
	Eddy	2	Son	M/W		Tn	Tn	Tn
163	TURNER, F. W.	49		M/W	Farmer	Tn	Tn	Tn
	Fannie	34	Wife	F/W		Tn	Tn	Tn
	William	8	Son	M/W		Tn	Tn	Tn
	Lula	7	Dau	F/W		Tn	Tn	Tn
	Martha	5	Dau	F/W		Tn	Tn	Tn
	Walter	2	Son	M/W		Tn	Tn	Tn
164	ROACH, I. C.	79		M/W	Farmer	Tn	Tn	Tn
	Mary	36	DAu	F/W		Tn	Tn	Tn
	E. J.	44	Son	M/W	Log Hauler	Tn	Tn	Tn
	CASTLEMAN, Jake	78	Lodger	M/W		Tn	Tn	Tn
	HUNTER, James	22	Boarder	M/W	Log Hauler	Tn	Tn	Tn
165	COATES, F. J.	42		M/W	Farmer	Ill	Ill	Ill
	Mary	43	Wife	F/W		Can Fr	Can Fr	Can Fr
	Annie	18	DAu	F/W		Ill	Ill	Can Fr
	A-----	17	Dau	F/W		Ill	Ill	Can Fr
	Myrtle	16	Dau	F/W		SD	Ill	CAn Fr
	Roy	14	Son	M/W		SD	Ill	Can Fr
	Bert	10	Son	M/W		SD	Ill	Can Fr
	Frank	9	Son	M/W		SD	Ill	Can Fr
	Joe	5	Son	M/W		Tn	Ill	Can Fr
	Ben	1	Son	M/W		Tn	Ill	Can Fr
166	BASHAM, Alvie	62		M/W	Farmer	Tn	Tn	Tn
	Sarah A.	41	Wife	F/W		Tn	Tn	Tn
	Margaret	13	Dau	F/W		Tn	Tn	Tn
	Lerroba	10	Dau	F/W		Tn	Tn	Tn
	Floyd	6	Son	M/W		Tn	Tn	Tn
167	FINGER, Sam	39		M/Bl	Farmer	Tn	Tn	Tn
	Della	28	Wife	F/Bl		Tn	Tn	Tn
	Cebe	10	Son	M/Bl		Tn	Tn	Tn
	Columbus	9	Son	M/Bl		Tn	Tn	Tn
	Mary	6	Dau	F/Bl		Tn	Tn	Tn
	Winford	4	Son	M/Bl		Tn	Tn	Tn
	Mattie	1	Dau	F/Bl		Tn	Tn	Tn
168	FREIBURGER, Joseph	57		M/W		La	La	La
	Mary	57	Wife	F/W		Ohio	Ohio	Ohio
	George	23	Son	M/W	Miller	Ohio	La	Ohio
	Zora	18	DAu	F/W		Ohio	La	Ohio
169	BENNETT, B. B.	51		M/W	Farmer	Tn	Tn	Tn
	Ada	42	Wife	F/W		Tn	Tn	Tn
	Mai	22	Dau	F/W		Tn	Tn	Tn
	Grover	15	Son	M/W		Tn	Tn	Tn
	Rankin	13	Son	M/W		Tn	Tn	Tn
	Cecil	8	Son	M/W		Tn	Tn	Tn
	Daisy	5	Dau	F/W		Tn	Tn	Tn
170	SNIPES, John	36		M/W	Miller	Tn	Tn	Tn
	Nannie	33	Wife	F/W		Tn	Tn	Tn
171	REDMOND, Wes	34		M/W	Farmer	Ky	Ky	KY
	Ester	27	Wife	F/W		Tn	Tn	Tn
	Emmie	5	Dau	F/W		Tn	Ky	Tn
172	FINGER, J. L.	43		M/W	Farmer	Tn	Tn	Tn
	Frances	43	Wife	F/W		Tn	Tn	Tn
	Alton	18	Son	M/W	FARM Labor	Tn	Tn	Tn
	Mary	16	Dau	F/W		Tn	Tn	Tn
	Marvin	14	Son	M/W		Tn	Tn	Tn

No.	Name	Age	Rel. to Head	Sx/Race	Occupation	Birth of Person-Father-Mother		
	FINGER, Mary A.	66	Mother	F/W		Tn	Tn	Tn
	Emma	41	Sister	F/W	Dress Maker	Tn	Tn	Tn
173	COMER, John	53		M/W	Farmer	Tn	Tn	Tn
	George	17	Son	M/W		Tn	Tn	Tn
	Pearl	13	Dau	F/W		Tn	Tn	Tn
	Mac	10	Son	M/W		Tn	Tn	Tn
	Joe	7	Son	M/W		Tn	Tn	Tn
	MEADOWS, Mandy	63	Cook	F/W	Cook	Tn	Tn	Tn
174	REDMOND, W. H.	57		M/W	Farmer	Ky	Ky	Ky
	Harriett	50	Wife	F/W		Ky	Ky	Mo
	SAm	24	Son	M/W	Farm Labor	Ky	Ky	Ky
	Etta	22	Dau	F/W		Ky	Ky	Ky
	Henry	19	Son	M/W	FArm Labor	Ky	Ky	Ky
	James	17	Son	M/W	Farm Labor	Tn	Tn	Tn
	Polly A.	12	Dau	F/W		Tn	Tn	Tn
175	GOLLADAY, Peter	65		M/W	FArmer	Ohio	Ohio	Ohio
	Margaret	62	Wife	F/W		Va	Va	Va
176	CALLAHAN, Kil_s(A.H.)	64		M/W	Farmer	Va	Va	Va
	Jane	45	Wife	F/W		Va	Va	Va
	Minnie	17	Dau	F/W		Tn	Va	Va
	Clarence	10	Son	M/W		Tn	Va	Va
	Lula	29	DAU	F/W		Tn	Va	Va
177	EBERSTEIN (?), Henry	54		M/W	Farmer	Mich	Ger	Ger
	Ester	47	Wife	F/W		Mich	RI	Pa
	Madge	20	Dau	F/W		Mich	Mich	Mich
	Mollie	18	Dau	F/W		Mich	Mich	Mich
	Alfa	13	Son	M/W		Neb	Mich	Mich
178	CALLAHAN, David	72		M/W		Va	Va	Va
	Nancy	??	Wife	F/W		NC	NC	NC
179	BASHAM, Alvie	(Names covered with tape for repair)		M/W	Farmer	Tn	Tn	Tn
	Callie		Wife	F/W		Tn	Tn	Tn
180	HILL, Jesse	65		M/W	Physician	Tn	Tn	Tn
	Josie	47	Wife	F/W		Tn	Tn	Tn
181	WILLIAMS, Harry	76		M/W	Wheelright	Tn	Tn	Tn
	Susan	60	Wife	F/W		Tn	Tn	Tn
	Lisa	21	DAu	F/W		Tn	Tn	Tn
	Willie	26	Son	M/W	Farm Labor	Tn	Tn	Tn
	Maggie	24	Dau	F/W		Tn	Tn	Tn
	Emma	19	DAu	F/W		Tn	Tn	Tn
182	MACKLES (?), George	31		M/W	Preacher	Tn	Tn	Tn
	Mary	26	Wife	F/W		Tn	Tn	Tn
	Ethel B.	2	Dau	F/W		Tn	Tn	Tn
	Edith	5/12	Dau	F/W		Tn	Tn	Tn

No.	Name	Age	Rel. to Head	Sx/Race	Occupation	Birth of Person-Father-Mother		
183	FINGER, Charles	73		M/Bl	FArmer	Tn	NC	Va
	Mary	75	Wife	F/Bl		Tn	Tn	Tn
	Puss	44	Dau	F/Bl		Tn	Tn	Tn
	Belle	9	Gr/Dau	F/Bl		Tn	Tn	Tn
	John	7	Gr/Son	M/Bl		Tn	Tn	Tn
184	HENDERSON, William	53		M/W	Farmer	Can Fr	Can Fr	Can Fr
	Frances	42	Wife	F/W		Wisc	Pa	Can Fr
	Laura	19	DAu	F/W		Minn	Can Fr	Wisc
	MArk	14	Son	M/W		Minn	CAn Fr	Wisc
	Pearl	12	Dau	F/W		Minn	CAn Fr	Wisc
	Bullard	10	Son	M/W		Minn	Can Fr	Wisc
	Anal	4	Son	M/W		Tn	Can Fr	Wisc
	Francis	1	Son	M/W		Tn	Can Fr	Wisc
185	BONNER, Elec	44		M/Bl	Farmer	Tn	Tn	Tn
	Julia	33	Wife	F/Bl		Tn	Tn	Tn
	Belle	4	Dau	F/Bl		Tn	Tn	tn
	Luther	1	Son	M/Bl		Tn	Tn	Tn
186	STARKEY, Jim	55		M/Bl	Farmer	Tn	Tn	Tn
	Emma	15	Dau	F/Bl		Tn	Tn	Tn
	Andrew	22	Son	M/Bl	Farm Labor	Tn	Tn	Tn
187	SPURLOCK, Bill	24		M/Bl	Farmer	Tn	Tn	Tn
	Mary	22	Wife	F/Bl		Tn	Tn	Tn
	Harriett	4	Dau	F/Bl		Tn	Tn	Tn
	Liddy	3	Dau	F/Bl		Tn	Tn	Tn
	Ruby	1	Dau	F/Bl		Tn	Tn	Tn
	Baby	5/12	Son	M/Bl		Tn	Tn	Tn
188	NORTHCUTT, Arbaham	86		M/Bl	Farmer	Tn	Tn	Tn
	Dinah	70	Wife	F/Bl	(Died 6/17/1900)	Tn	Tn	Tn
189	GWYN, Romulas	34		M/Bl	FArmer	Tn	Tn	Tn
	Hattie	23	Wife	F/W		Tn	Tn	Tn
	STROUD, Hettie	70	Boarder	F/Bl	Boarder	Tn	Tn	Tn
190	JACOBS, Andrew	22		M/W	Farmer	Tn	Tn	Tn
	Josie	19	Wife	F/W		Tn	Tn	Tn

No.	Name	Age	Rel. to Head	Sx/Race	Occupation	Birth of Person	Father	Mother
	U. S. Cenuss 1900			10th Civil District		James Henegar Enumerator		
1	FRAIZIER, Marion	67		M/W	Farmer	NC	NC	NC
	Martha	55	Wife	F/W		NC	NC	NC
	Mary E.	45	Dau	F/W		NC	NC	NC
	WILSON. Jane	24	Serv	F/W	Servant	Tn	Mo	Tn
	JOHNSON, Claud	19	Labor	M/W	FArmer	Tn	Tn	Tn
	WILSON, Colonel	5	Lodger	M/W		Tn	Tn	Tn
2	COOPER, Henderson	43		M/W	Farmer	Tn	Tn	Tn
	Jane	40	Wife	F/W		Tn	Tn	Tn
	Mary	18	Dau	F/W		Tn	Tn	Tn
	Nannie B.	16	Dau	F/W		Tn	Tn	Tn
	Isaac W.	13	Son	M/W	Farm Labor	Tn	Tn	Tn
	Thomas J.	9	Son	M/W		Tn	Tn	Tn
	Jesse	6	Son	M/W		Tn	Tn	Tn
	Winford	4	Son	M/W		Tn	Tn	Tn.
	Virgie E.	3/12	DAu	F/W		Tn	Tn	Tn
3	MANNG--Y, Isabella	68		F/W	Farmer	Scot	Scot	Scot
4	ANDERSON, James	50		M/W	Farmer	Tn	Tn	Tn
	Sallie	49	Wife	F/W		Tn	Tn	Tn
	Zacha	20	Son	M/W	Farmer	Tn	Tn	Tn
	Albert	15	Son	M/W	Farm Labor	Tn	Tn	Tn
	Alton	11	Son	M/W	Farm Labor	Tn	Tn	Tn
	Bertha	7	DAu	F/W		Tn	Tn	Tn
5	KIRBY, John	36		M/W	Farmer	Tn	Tn	Tn
	Willie A.	24	Wife	F/W		Tn	Tn	Tn
6	SCOTT, Van	34		M/W	Farmer	Tn	Tn	Tn
	Amanda	23	Wife	F/W		Tn	Tn	Tn
	Irene	3	Dau	F/W		Tn	Tn	Tn
	Clara	2	DAu	F/W		Tn	Tn	Tn
	Versa	3/12	DAu	F/W		Tn	Tn	Tn
7	HOOVER, James	57		M/W	Farmer	Tn	Tn	Tn
	Barcelona	47	Wife	F/W		Tn	TN	Tn
	Oliver E.	24	Son	M/W	Farm Labor	Tn	Tn	Tn
	Sidney C.	23	Son	M/W	Farm Labor	Tn	Tn	Tn
	Fowler R.	21	Son	M/W	Farm Labor	Tn	Tn	Tn
	Armor A.	14	Dau	F/W		Tn	Tn	Tn
	Ethel M.	13	DAu	F/W		Tn	Tn	Tn
	Thurman D.	11	Son	M/W	Farm Labor	Tn	Tn	Tn
	James R.	9	Son	M/W		Tn	Tn	Tn
8	MOBLEY, Charley	22		M/W	FArm Labor	Ind	Ky	Ind
	Cleo	17	Wife	F/W		Tn	Tn	Tn
9	MORROW, Melton	32		M/W	Farmer	Tn	Tn	Tn
	WILSON, Ernets	13	Labor	M/W	Farm Labor	Tn	Tn	Tn
10	COMER, John D.	53		M/W	Farmer	Tn	Tn	Tn
	Mollie A.	44	Wife	F/W		Miss	Tn	Miss
	Sam	22	Son	M/W	Farmer	Tn	TN	Miss
	Ora	18	Dau	F/W		Tn	Tn	Miss
	Edith	16	Dau	F/W		Tn	Tn	Miss
	John J.	14	Son	M/W	Farm Labor	Tn	Tn	Tn
	Heber	12	Son	M/W	Farm Labor	Tn	TN	Miss
11	BONNER, Alice	34		F/Bl	Cook	Tn	TN	NC
	CROCKETT, Belah	17	DAu	F/Bl	Cook	Tn	Tn	Tn
	Walter	12	Son	M/Bl		Tn	Tn	Tn
	Eva L.	7	Dau	F/Bl		Tn	Tn	Tn
12	PARKER, Lorin	52		M/W	Farmer	Tn	Tn	Tn
	Callie C.	41	Wife	F/W		Tn	Tn	Tn
	Nevoda F.	29	Dau	F/W		Tn	Tn	Tn
	Tommy	23	Son	M/W	Day Labor	Tn	Tn	Tn
	Leona A.	21	Dau	F/W		Tn	Tn	Tn
	William H.	18	Son	M/W	Farm Labor	Tn	Tn	Tn
	Joseph L.	16	Son	M/W	Farm Labor	Tn	Tn	Tn
	Alvin L.	14	Son	M/W	Farm Labor	Tn	Tn	Tn
	Bonnie E.	9	Dau	F/W		Tn	Tn	Tn
	Ora S.	5	Dau	F/W		Tn	Tn	Tn
13	BROWNE, Hatton	23		M/W	Farmer	Tn	Tn	Tn
	Mary V.	20	Wife	F/W		Tn	Tn	Tn
	Marlan A.	57	Sis/Law	F/W		Tn	Tn	Tn
	BRIXEY, Jesse	20	Labor	M/W	Farm Labor	Tn	Tn	Tn
14	SIMS, George	42		M/W	Farmer	Ind	Ky	Ky
	Florence	31	Wife	F/W		Tn	Tn	Tn
	Mamie	12	Dau	F/W		Tn	Ind	Tn
	Rubie	8	Dau	F/W		Tn	Ind	Tn
	Andy F.	3	Son	M/W		Tn	Ind	Tn
15	KIRBY, Ab	34		M/W	Farmer	Tn	Tn	Tn
	Bettie	33	Wife	F/w		Tn	Tn	Tn
	Lona	8	Dau	F/W		Tn	Tn	Tn
	Florence	5	Dau	F/W		Tn	Tn	Tn
	Susie	1	DAu	F/W		Tn	Tn	Tn
16	WOODS, Obediah	54		M/W	Farmer	Tn	Va	Tn
	Virginia	53	Wife	F/W		Tn	TN	Tn
	Sallie	27	Dau	F/W		Tn	Tn	Tn
	Hiram	22	Son	M/W	Farmer	Tn	Tn	Tn
	Hattie	18	Dau	F/W		Tn	Tn	Tn
	Charley	15	Son	M/W	Farm Labor	Tn	Tn	Tn
	Colonel	12	Son	M/W	FArm Labor	Tn	Tn	Tn
	Roy	9	Son	M/W		Tn	Tn	Tn
	Icy	6	Dau	F/W		Tn	Tn	Tn

No.	Name	Age	Rel. to Head	Sx/Race	Occupation	Birth of Person-Father-Mother		
17	GARNER, Ba-----	57		M/W	Farmer	Tn	NC	NC
	Susie	49	Wife	F/W		Tn	Va	Tn
	Ada	25	Dau	F/W		Tn	Tn	Tn
	Frank	19	Son	M/W	Farm Labor	Tn	Tn	Tn
18	HENEGAR, SAmuel	56		M/W	Farmer	Tn	SC	Tn
	Eliza	36	Wife	F/W		Tn	Tn	Tn
	JAmes T.	33	Son	M/W	Teaches School	Tn	Tn	Tn
	Samuel	27	Son	M/W	Farmer	Tn	Tn	Tn
	William M.	15	Son	M/W	Farm Labor	Tn	Tn	Tn
	Floyd	11	Son	M/W	Farm Labor	Tn	Tn	Tn
	Minnie L.	5/12	Dau	F/W		Tn	Tn	Tn
19	SPURLOCK, Thomas	57		M/Bl	Farm Labor	Tn	Tn	Tn
	Liddie	52	Wife	F/Bl		Tn	Tn	Tn
	Napoleon	26	Son	M/Bl		Tn	Va	Tn
	Emma	17	Dau	F/Bl		Tn	Tn	Tn
	Laura	16	Dau	F/Bl		Tn	Tn	Tn
	Lou	13	Dau	F/Bl		Tn	Tn	Tn
	Dock	10	Son	M/Bl		Tn	Tn	Tn
	Charles	8	Son	M/Bl		Tn	Tn	Tn
20	BURCH, Margaret	32		F/W	Farmer	Tn	Tn	Tn
	L------	15	Dau	F/W		Tn	Tn	Tn
	Frank	11	Son	M/W	Farm Labor	Tn	Tn	Tn
	Amanda	8	Dau	F/W		Tn	Tn	Tn
	Riley	3	Son	M/W		Tn	Tn	Tn
	BOLLEN, Frank	61	Cousin	M/W	Farmer	Tn	Tn	Tn
21	FULTS, Charles	27		M/W	Farmer	Tn	Tn	Tn
	Belle	30	Wife	F/W		Tn	Tn	Tn
	Estel	3	Son	M/W		Tn	Tn	Tn
	Fred	5/12	Son	M/W		Tn	Tn	Tn
22	FULTS, Isaac	56		M/W	Farmer	Tn	Tn	Tn
	Martha	49	Wife	F/W		Tn	Tn	Tn
	William A.	21	Son	M/W	Farmer	Tn	Tn	Tn
	Cleo	20	Dau	F/W		Tn	Tn	Tn
	Cicero B.	17	Son	M/W	Farm Labor	Tn	Tn	tn
	Sallie	15	Dau	F/W		Tn	Tn	Tn
	George	13	Son	M/W	Farm Labor	Tn	Tn	Tn
	Edith	9	Dau	F/W		Tn	Tn	tn
	Elkan	6	Son	M/W		Tn	Tn	Tn
23	FULTS, Andrew	23		M/W	Farmer	Tn	Tn	Tn
	Cleo	21	Wife	F/W		Tn	Tn	Tn
	Ethel M.	1	Dau	F/W		Tn	Tn	Tn
	Clara	3/12	Dau	F/W		Tn	Tn	Tn
24	BROWN, William	46		M/W	Farmer	Tn	Tn	Tn
	Tennie	36	Wife	F/W		Tn	Tn	Tn
	Cressie	15	Dau	F/W		Tn	Tn	Tn
	WOOD, luna	19	Labor	M/W	Farmer	Tn	Tn	Tn

No.	Name	Age	Rel. to Head	Sx/Race	Occupation	Birth of Person-Father-Mother		
25	BROWN, Pir-----	66		M/W	Farmer	Tn	Tn	Tn
	James	44	Son	M/W	Farm Labor	Tn	Tn	tn
	Teat (?)	30	Dau	F/W		Tn	Tn	Tn
	Bertha	13	Dau	F/W		Tn	Tn	Tn
26	RICE, Manerva	52		F/Bl	Farmer	Tn	Tn	Tn
	Ella	31	Dau	F/Bl	Day Labor	Tn	Tn	Tn
	William	20	Son	M/Bl	Day Labor	Tn	Tn	Tn
	Harmon	17	Son	M/Bl	Farm Labor	Tn	Tn	Tn
	Conny	9	Gr/Son	M/Bl		Tn	Tn	Tn
	Bertha	7	Gr/Dau	F/Bl		Tn	Tn	Tn
27	SNYDER, Haywood	45		M/W	Farmer	Tn	Pa	NC
	Laura	45	Wife	F/W		Ala	Ala	NC
	Violet	19	Dau	F/W		Tn	Tn	Tn
	Viola	18	Dau	F/W		Tn	Tn	Ala
	Bena	16	Dau	F/W		Tn	Tn	Ala
	Elora	15	Dau	F/W		Tn	Tn	Ala
	Rahson (?)	10	Son	M/W		Tn	Tn	Ala
	Heber	8	Son	M/W		Tn	Tn	Ala
	Bermul	6	Son	M/W		Tn	Tn	Tn
	Twins (Charles	4	Son	M/W		Tn	Tn	Ala
	(Elon	4	Son	M/W		Tn	Tn	Ala
28	COMER, Harrison	28		M/W	Farmer	Tn	Tn	Tn
	Mary	25	Wife	F/W		Tn	Tn	Tn
29	COONROD, Simon	48		M/Bl	Farm Labor	Tn	Tn	Tn
	America	40	Wife	F/Bl	Day Labor	Tn	Tn	Tn
	Lillie	19	Dau	F/Bl	Cook	Tn	Tn	Tn
	Jessie	16	Dau	F/Bl		Tn	Tn	Tn
	Norman	12	Son	M/Bl	Farm Labor	Tn	Tn	Tn
	Tolbert	9	Son	M/Bl		Tn	Tn	Tn
	George	6	Son	M/Bl		Tn	Tn	Tn
	Twins (Berl	4	Son	M/Bl		Tn	Tn	Tn
	(Pearl	4	Dau	F/Bl		Tn	Tn	Tn
30	COPPINGER, Sam	45		M/W	Farmer	Tn	Tn	Tn
	Nora	22	Wife	F/W		Tn	Tn	Tn
	Lawson	22	Son	M/W	Farmer	Tn	Tn	Tn
	Stella	5	Dau	F/W		Tn	Tn	Tn
	Levi	6	Son	M/W		Tn	Tn	Tn
	Docie	2	Dau	F/W		Tn	Tn	Tn
31	TURNER, Isaac	18		M/W	Farmer	Tn	Tn	Tn
	Pearl	16	Wife	F/W		Tn	Tn	Tn
	PEGG, Hood	10	Lodger	M/W	Farm Labor	Tn	Tn	Tn
32	LEDMAN, Trea---	55		M/W		Ohio	Pa	Va
	Emmalene	49	Wife	F/W		Tn	Tn	Tn
	May	6	Dau	F/W		Tn	Ohio	Tn
	KLEIN, William	41	Boarder	M/W		Ohio	Tn	Tn

No.	Name	Age	Rel. to Head	Sx/Race	Occupation	Person	Father	Mother
33	McRAE, Joseph	52		M/W	Farmer	Tn	SC	SC
	Elizabeth	77	Mother	F/W		SC	NC	NC
34	STROUD, Cr------	46		M/W	Farmer	Tn	Tn	Tn
	Coras--	40	Wife	F/W		Tn	Tn	Tn
	Ida C.	20	Dau	F/W		Tn	Tn	Tn
	Harry	18	Son	M/W	Farm Labor	Tn	Tn	Tn
	John F.	15	Son	M/W	Farm Labor	Tn	Tn	Tn
	William	13	Son	M/W	Farm Labor	Tn	Tn	Tn
	Lizzie	10	DAu	F/W		Tn	Tn	Tn
	Harry B.	9	Son	M/W		Tn	Tn	Tn
	Oscar H.	5	Son	M/W		Tn	Tn	Tn
	Mattie L.	3	Dau	F/W		Tn	Tn	Tn
35	SMOOT, Joseph	49		M/W	Farmer	Tn	Tn	Tn
	Mary A.	49	Wife	F/W		Tn	Tn	Tn
	Lou E.	24	Dau	F/W		Tn	Tn	Tn
	Bettie C.	20	Dau	F/W		Tn	Tn	Tn
	James	15	Son	M/W	Farm Labor	Tn	Tn	Tn
	May	12	Dau	F/W		Tn	Tn	Tn
36	KEELE or KEIBE, Bill	36		M/W	Farmer	Tn	Tn	Tn
	Ora	36	Wife	F/W		Tn	Tn	Tn
	Myrtle L.	8	Dau	F/W		Tn	Tn	Tn
	Clara	6	Dau	F/W		Tn	Tn	Tn
	Vena	6	Dau	F/W		Tn	Tn	Tn
	Willie B.	1	Son	M/W		Tn	Tn	Tn
	STROUD, Andrew	??	Lodger	M/Bl	Farm Labor	Tn	Tn	Tn
37	McCARROLL (?), Timothy	61		M/W	Farmer	Tn	Va	Tn
	Lou	63	Wife	F/W		Tn	Va	NC
	John H.	22	Son	M/W		Tn	Tn	Tn
	STROUD, Allie	29	Lodger	F/W	Servant	Tn	Tn	Tn
38	CUNNINGHAM, ??	29		M/W	Farmer	Tn	Tn	Tn
	Belle	25	Wife	F/W		Tn	Tn	Tn
	Bob S.	6	Son	M/W		Tn	Tn	Tn
	George T.	2	Son	M/W		Tn	Tn	Tn
39	SMOOT, Matt	52		M/W	Farmer	Tn	Va	Tn
	Mary	25	Wife	F/W		Tn	TN	Tn
	Martha	9	Dau	F/W		Tn	Tn	Tn
	Maggie	4	Dau	F/W		Tn	Tn	Tn
	Willie M.	2	Dau	F/W		Tn	Tn	Tn
	THOMAS, Sallie	14		F/Bl	Servant	Tn	Tn	Tn
40	TURNER, James	54		M/W	Farmer	Tn	Tn	Tn
	Ann E.	54	Wife	F/W		Tn	Tn	Tn
	James J.	23	Son	M/W	Farm Labor	Tn	Tn	Tn
	Bessie	15	DAu	F/W		Tn	Tn	Tn
	Jane	56	Cousin	F/W		Tn	Tn	Tn
	Ellen	15	Niece	F/W		Tn	Tn	Tn
	SMOOT, Alfred M.	23	Labor	M/W	Farm Labor	Tn	Tn	Tn

No.	Name	Age	Rel. to Head	Sx/Race	Occupation	Person	Father	Mother
41	PATY, Thomas	42		M/W	Grain Dlr.	Tn	Tn	Tn
	Li-----	50	Wife	F/W		Tn	Tn	Tn
	B. F.	6	Son	M/W		Tn	Tn	Tn
	RICE, Ora	13	Serv	F/Bl	Servant	Tn	Tn	Tn
42	CARROLL, James	36		M/W	Farmer	Tn	Tn	Tn
	Emma	24	Wife	F/W		Tn	Tn	Tn
	SMOOT, Isaac	17	Labor	M/W	Farm Labor	Tn	Tn	Tn
43	KELL, Nimrod	37		M/W	??	Tn	Tn	Tn
	Nancy	35	Wife	F/W		Tn	Tn	Tn
	Maud	12	Dau	F/W		Tn	Tn	Tn
	Sallie O.	9	Dau	F/W		Tn	Tn	Tn
	William L.	8	Son	M/W		Tn	Tn	Tn
	Eliza J.	2	DAu	F/W		Tn	Tn	Tn
	Osborn F.	10/12	Son	m/W		Tn	Tn	Tn
44	EGGLESTON, Anne	72		F/W	Landlord	NY	NY	NY
	CROUCH, Allbena	78	Lodger	F/W		Tn	Tn	Tn
45	TURNER, Nancy	30		F/W	Landlord	Tn	SC	Ga
	Mamie	5	DAu	F/W		Tn	Tn	Tn
	Susa A.	4	DAu	F/W		Tn	Tn	Tn
	Daniel W.	2	Son	M/W		Tn	Tn	Tn
46	EDWARDS, Morda	45		F/W	Postmistress	Tn	SC	TN
	Jennie A.	17	Dau	F/W	Servant	Tn	Tn	Tn
	Nellie	12	DAu	F/W		Tn	Tn	Tn
47	TURNER, Lisha	33		M/W	Blacksmith	Tn	Tn	Tn
	Maggie	25	Wife	F/W		Tn	Tn	Tn
	Lamont	5	Dau	F/W		Tn	Tn	Tn
	Haskel	3	Son	M/W		Tn	Tn	Tn
	Bertha	1	Dau	F/W		Tn	Tn	Tn
	HOBBS, DAvid	21	Head	M/W		Tn	Tn	Tn
	Allie	18	Wife	F/W		Tn	Tn	Tn
48	DANIELS, thomas	62		M/W	Farm Labor	Tn	Tn	Tn
	Eliza A.	56	Wife	F/W		Tn	Tn	Tn
	Newton	12	Son	M/W		Tn	Tn	Tn
	TURNER, George	9	Lodger	M/W	Lodger	Tn	Tn	Tn
49	WILLIAMS, Josh	65		M/W	??	Tn	Va	Va
	Lina	62	Wife	F/w		Tn	Tn	Tn
	Albert	20	Son	M/W	FArm Labor	Tn	Tn	Tn
50	BROWN, John	67		M/W	??	Tn	NC	NC
	AVACH, James	15	Gr/Son	M/W		Tn	Tn	Va
51	GARNER, William	59		M/W	??	Tn	Nc	NC
	Mary E.	54	Wife	F/w		Tn	Tn	Tn
	James H.	19	Son	M/W		Tn	Tn	Tn

No.	Name	Age	Rel. to Head	Sx/Race	Occupation	Birth of Person	Father	Mother
	GARNER, Ballom	16	Son	M/W		Tn	Tn	Tn
	Tennie	15	Dau/Law	F/W		Tn	Tn	Tn
52	O'KELLEY, Horace	31		M/W	??	Tn	Tn	Tn
	Jennie M.	24	Wife	F/W		Tn	Tn	Tn
	Dora	5	St/Dau	F/W		Tn	Tn	Tn
	Lizzie	3	St/Dau	F/W		Tn	Tn	Tn
	Etta	11/12	Dau	F/W		Tn	Tn	Tn
53	BONNER, Malisa	60		F/Bl		Tn	Tn	Tn
	Ida B.	18	Dau	F/Bl	Cook	Tn	Tn	Tn
	Alfred	26	Son	M/Bl	Farm Labor	Tn	Tn	Tn
	Ada	23	Dau	F/Bl		Tn	Tn	Tn
	Hence	5/12	Son	M/Bl		Tn	Tn	Tn
54	WORLEY, O-----	48		M/W	Blacksmith	Tn	Tn	Tn
	??	52	Wife	F/W		Tn	Tn	Tn
	Alexander	17	Son	M/W	Blacksmith	Tn	Tn	Tn
	Arthur W.	14	Son	M/W	Blacksmith	Tn	Tn	Tn
	HILDRETH, May	5	Niece	F/W		Tn	Tn	Tn
55	MADDUX, James	51		M/W	Farmer	Va	Va	Va
	Mary H.	38	Wife	F/W		Tn	Tn	Tn
56	MARTIN, Joseph	55		M/W	Farmer	Tn	Tn	Tn
	William	35	Son	M/W	Logger	Tn	Tn	Tn
	Josie	15	Dau	F/W		Tn	Tn	Tn
	DARNELL, Robert	24	Boarder	M/W	Merchant	Tn	Tn	Tn
	RICE, Nellie	10	Serv	F/Bl	Servant	Tn	Tn	Tn
57	McAFEE, James	29		M/W	Farmer	Tn	Tn	Tn
	Lula E.	26	Wife	F/W		Tn	Tn	Tn
	Onie P.	3	Dau	F/W		Tn	Tn	Tn
58	KING, Polk	22		M/W	??	Tn	Tn	Tn
	Lela	23	Wife	F/W		Tn	Tn	Tn
	WOOD, Mallie	22		F/W	Servant	Tn	Tn	Tn
	BONNER, Benton	20	Labor	M/Bl	Labor	Tn	Tn	Tn
59	DARNELL, George	40		M/W	??	Tn	Ga	Va
	Callie M.	30	Wife	F/W		Tn	Tn	Tn
	Thurman	7	Son	M/W		Tn	Tn	Tn
	Alinder	5	DAu	F/W		Tn	Tn	Tn
	Dewey	2	Son	M/W		Tn	Tn	Tn
	COOPER, Mary	21	Dau	F/W		Tn	Tn	Tn
60	THAXTON, Dillard	29		M/W	??	Tn	Ga	Va
	Willie	25	Wife	F/W		Tn	Tn	Tn
	Harry	4	Son	M/W		Tn	Tn	Tn
	Tennie L.	3	Dau	F/W		Tn	Tn	Tn
	CROCKETT, Lula	15	Serv	F/Bl		Tn	Tn	Tn

No.	Name	Age	Rel. to Head	Sx/Race	Occupation	Birth of Person	Father	Mother
61	STEWART, William	75		M/W	Farmer	Ky	Pa	Mich
	Mollie C.	46	Wife	F/W		Ind	Ky	NC
62	McAFEE, John	45		M/W	Farmer	Tn	NC	Tn
	Annie	34	Wife	F/W		Tn	Tn	Tn
	Floyd	13	Son	M/W	Farm Labor	Tn	Tn	Tn
	Susie O.	8	Dau	F/W		Tn	Tn	Tn
	Jeanne	1	Dau	F/W		Tn	Tn	Tn
63	TURNER, Jesse	50		M/W	Farmer	Tn	Tn	Tn
	Ann	55	Wife	F/W		Tn	NC	NC
	James J.	19	Son	M/W	Farm Labor	Tn	Tn	Tn
	Dora B.	17	Dau	F/W		Tn	Tn	Tn
	Hervey J.	12	Son	M/W		Tn	Tn	Tn
64	BRYAN, James	27		M/W	Farmer	Tn	Tn	Tn
	Jesse	25	Brother	M/W	Farmer	Tn	Tn	tn
	THOMAS, Hubert	15	Labor	M/Bl	Farm Labor	Tn	Tn	Tn
65	ROGERS, Thomas B.	40		M/W	Farmer	Tn	Tn	Tn
	Petway	30	Wife	F/W		Tn	Tn	Tn
	Marvin	18	Son	M/W	Farm Labor	Tn	Tn	Tn
	May B.	16	Dau	F/W		Tn	Tn	tn
	Alton W.	15	Son	M/W	Farm Labor	Tn	Tn	Tn
	Horace	12	Son	M/W	Farm Labor	Tn	Tn	Tn
	Remus	10	Son	M/W		Tn	Tn	Tn
	Burr	8	Son	M/W		Tn	Tn	Tn
	Maggie	7	Dau	F/W		Tn	Tn	Tn
	Roy W.	4	Son	M/W		Tn	Tn	Tn
	Myrtle	2	Dau	F/W		Tn	Tn	Tn
66	CROUCH, Thomas	25		M/W	Farmer	Tn	Tn	Tn
	Della	19	Wife	F/w		Tn	Tn	Tn
	Mary E.	9/12	Dau	F/W		Tn	Tn	Tn
	Richard	25	Cousin	M/W	Farmer	Tn	Tn	Tn
67	MATHEWS, Chatham	55		M/W	Farmer	Tn	Tn	Tn
	Eda	52	Wife	F/W		Tn	Tn	Tn
	Chatham	20	Son	M/W	Farm Labor	Tn	Tn	Tn
	Margie	11	Dau	F/W	Farm Labor	Tn	Tn	Tn
	PARKS, Nica	25	Dau	F/W		Tn	Tn	Tn
	James	30	Son/Law	M/W	Farm Labor	Tn	Tn	Tn
	Leon	1	Gr/Son	M/W		Tn	Tn	Tn
	FRENCH, William	10	Labor	M/Bl	Labor	Tn	Tn	Tn
68	TOSH, Ben	29		M/W	Farmer	Tn	Tn	Tn
	Florence	28	Wife	F/W		Tn	Tn	Tn
	Arthur	9	Son	M/W		Tn	Tn	Tn
	Mary	6	Dau	F/W		Tn	Tn	Tn
	Robert	3	Son	M/W		Tn	Tn	Tn
	George	1	Son	M/W		Tn	Tn	Tn

No.	Name	Age	Rel. to Head	Sx/Race	Occupation	Birth of Person	Father	Mother
69	EDWARDS, James	45		M/W	Farmer	Tn	Tn	Tn
	B------	??	Wife	F/W		Ky	?	?
	Mary E.	24	??	F/W		Tn		Sc
	B-------, ??	11		M/W		??	??	??
70	WHITMAN,	38		M/W	??	Tn	Tn	Tn
		30	Wife	F/W		Tn	Tn	Tn
	Thomas	14	Son	M/W		Tn	Tn	Tn
	Cleo P.	10	Dau	F/W		Tn	Tn	Tn
	Willie L.	6/12	Dau	F/W		Tn	Tn	Tn
	TURNER, James	20	Son/Law	M/W		Tn	Tn	Tn
	Hallie	15	DAu	F/W		Tn	Tn	Tn
71	TOSH, H_____	35		M/W	??	Tn	Tn	Tn
	Mary	33	Wife	F/W		SC	SC	SC
	Minnie	13	DAu	F/W		Tn	Tn	SC
	Ben F.	12	Son	M/W		Tn	Tn	SC
	William	10	Son	M/W		Tn	Tn	SC
	Annie E.	5	DAu	F/W		Tn	Tn	SC
	Beatrice	3	Dau	F/W		Tn	Tn	Tn
	Elisha C.	1	Son	M/W		Tn	Tn	Tn
72	HOBBS, James	24		M/W	Farm Labor	Tn	Tn	Tn
	Susie	22	Wife	F/W		Tn	Tn	Tn
	Mary	3/12	DAu	F/W		Tn	Tn	Tn
73	TURNER, John	22		M/W	Farmer	Tn	Tn	Tn
	Laura	22	Wife	F/W		Tn	Tn	Tn
74	LOGUE, David	28		M/W	Landlord	Tn	Tn	Tn
	EDWARDS, William	??	Lodger	M/W		??	??	??
	Hanna	??	Lodger	F/W		??	??	??
75	MORRISON, John	??		M/W	??	??	??	??
	Nancy E.	??	Wife	F/W		??	??	??
	Thomas	47	Son	M/W	??	??	??	??
	HOLMES, Isaac	32	??	M/?	??	??	??	??
76	H_____,							
	Frank	20	Son	M/W	??	??	??	??
	Ray P.	17	Son	M/W		??	??	??
	H. G.	??	Dau/Law	F/W		??	??	??
	Lucy	4	Gr/Dau	F/W		??	??	??
	William W.	1	Gr/Son	M/W				
77	O'KILBEY, Ben F.	55		M/W	??	SC	SC	SC
	Elizabeth	46				Sc	SC	SC
	Thomas	26	Head	M/W	Day Labor	Tn	SC	SC
	Henry F.	23	Son	M/W	Day Labor	Tn	SC	SC
	Gertrude	19	Dau	F/W		Tn	SC	SC
	Walter	14	Son	M/W	Farm Labor	Tn	SC	SC
78	MORRISON, Samuel	55		M/W	Farm Labor	Tn	Tn	Tn
	Eliza H.	30	Wife	F/W		Tn	Tn	Tn

No.	Name	Age	Rel. to Head	Sx/Race	Occupation	Birth of Person	Father	Mother
	MORRISON, Bertha E.	10	DAu	F/W		Tn	Tn	Tn
	Anna L.	6	Dau	F/W		Tn	Tn	Tn
	Joseph	4	Son	M/W		Tn	Tn	Tn
	Robert M.	9/12	Son	M/W		Tn	Tn	Tn
79	WOOD, Jack	45		M/W	Farmer	Tn	Tn	Tn
	Fronia	49	Wife	F/W		NC	NC	NC
	Sallie T.	22	Dau	F/W		Tn	TN	NC
	Zannie	20	Dau	F/W		Tn	Tn	NC
	Arbie	17	Dau	F/W		Tn	Tn	NC
	Hillie	15	Son	M/W	Farm Labor	Tn	Tn	NC
	Jocie D.	13	Dau	F/W		Tn	Tn	NC
	Lizzie B.	10	Dau	F/W		Tn	Tn	NC
	Hugh J.	8	Son	M/W		Tn	Tn	Tn
	Izora B.	7	Dau	F/W		Tn	Tn	Tn
	Barrie	4	Son	M/W		Tn	Tn	Tn
80	HARRISON, Marshall	41		M/W	Farmer	NJ	NY	NJ
	Mary A.	39	Wife	F/W		Wisc	France	NY
	Guy E.	18	Son	M/W	Farm Labor	Minn	NJ	Wisc
	Flora	16	Dau	F/W		Minn	NJ	Wisc
	Lloyd	13	Son	M/W		Minn	NJ	Wisc
	Rolla V.	9	Son	M/W		Minn	NJ	Wisc
	Foster J.	7	Son	M/W		Minn	NJ	Wisc
	Marshall M.	4	Son	M/W		Tn	NJ	Wisc
	Willie	10/12	Son	M/W		TN	NJ	Wisc
81	HOBBS, James	56		M/W	Day Labor	Tn	Tn	Tn
	Bertha	54	Wife	F/W		Tn	Tn	Tn
	Lucy	18	Dau	F/W		Tn	Tn	Tn
	Pearl	16	Dau	F/W		Tn	Tn	Tn
	Enoch	14	Son	M/W	Day Labor	Tn	Tn	Tn
	WH_____, Lila	22	DAu	F/W		Tn	Tn	Tn
82	BONNER, Man	23		M/W	Farmer	Tn	Tn	Tn
	Lula	19	Wife	F/W		Tn	Tn	Tn
83	HERNDON, Jake	43		M/W	Farmer	Tn	Tn	Tn
	Dicie	13	Dau	F/W		Tn	Tn	Tn
84	ARGO, Thomas	54		M/W	Farmer	Tn	Tn	Tn
	Laura	4	Wife	F/W		Tn	Tn	Tn
	William T.	16	Son	M/W	Farm Labor	Tn	Tn	Tn
	Walter	18	Son	M/W	Farm Labor	Tn	Tn	Tn
85	HILL, John W.	54		M/W	Farmer	Tn	Tn	Tn
	Amanda	50	Wife	F/W		Tn	Tn	Tn
	Sarah	29	Dau	F/W		Tn	Tn	Tn
	Lou A.	18	Dau	F/W		Tn	Tn	Tn
	Walter C.	14	Son	M/W	Farm Labor	Tn	Tn	Tn
86	BONNER, Nimrod (?)	30		M/W	Farmer	Tn	Tn	Tn
	Lillie	27	Wife	F/W		Tn	Tn	Tn

No.	Name	Age	Rel. to Head	Sx/Race	Occupation	Birth of Person	Father	Mother
	BONNER, Hallon	5	Son	M/W		Tn	Tn	Tn
	Ina E.	2	DAu	F/W		Tn	Tn	Tn
87	WADE, Craven	62		M/W	Farmer	NC	NC	NC
		64	Wife	F/W		Tn	NC	NC
	M. A.	33	Son	M/W	Farmer	Tn	NC	Tn
	Isabell	31	Dau	F/W		Tn	Tn	Tn
	Turney	7	Gr/Son	M/W		Tn	Tn	Tn
	William T.	5	Gr/Son	M/W		Tn	Tn	tn
88	FRAZIER, Alfred	35		M/W	Farmer	Tn	NC	NC
	Martha	35	Wife	F/W		Tn	Tn	Tn
	Mary A.	11	Dau	F/W		Tn	Tn	Tn
	William M.	6	Son	M/W		Tn	Tri	Tn
89	BONNER, Redden	61		M/W	??	Tn	Tn	Tn
	Mary E.	58	Wife	F/W		Tn	Tn	Tn
	Nancy E.	19	Dau	F/W		Tn	Tn	Tn
	MACK R.	17	Son	M/W	Farm Labor	Tn	Tn	tn
90	KIMBALL, Grace	62		F/W	??	Wisc	NY	Pa
	WILLIAMS, Harriett	59	Sister	F/W	??	Pa	NY	Pa
91	KIMBALL, Ralf	24		M/W	??	Wisc	Wisc	Pa
	Lovie	27	Wife	F/W		Tn	Tn	Tn
	Harry	8/12	Son	M/W		Tn	Wisc	Tn
92	BREWER, Jesse	28		M/W	Farmer	Tn	Tn	Tn
	Annie	27	Wife	F/W		Tn	Tn	Tn
	Vera E.	6	Dau	F/W		Tn	Tn	Tn
	Cora B.	4	Dau	F/W		Tn	Tn	Tn
93	BONNER, Jesse	36		M/W	Farmer	Tn	Tn	Tn
	Myrtle	29	Wife	F/W		Tn	Tn	Tn
	Oscar M.	4	Son	M/W		Tn	Tn	Tn
	Elda N.	2	Dau	F/W		Tn	Tn	Tn
Twins (	Hallie	1	Dau	F/W		Tn	Tn	Tn
(	Allie	1	DAu	F/W		Tn	Tn	Tn
	PARKER, Bilbrey	28	Bro/Law	M/W	Farm Labor	Tn	Tn	Tn
	Frank	5	Nephew	M/W		Tn	Tn	Tn
94	SMOOT, Bethel	5		M/W	FArmer	Tn	Tn	Tn
	Laura	20	Wife	F/W		Tn	Tn	Tn
	Lila	1	Dau	F/W		Tn	Tn	Tn
95	RAMSEY, Jeff	44		M/Bl	Farmer	Tn	Tn	Tn
	Challer (?)	33	Wife	F/Bl		Tn	Tn	Tn
	Adair	14	Son	M/Bl	Farm Labor	Tn	Tn	Tn
	Grace	12	Dau	F/Bl		Tn	Tn	Tn
	Dovie	9	Dau	F/Bl		Tn	Tn	Tn
	RICHARDS, Mary	13	St/Dau	F/Bl		Tn	Tn	Tn
	Ada	11	St/Dau	F/Bl		Tn	Tn	Tn

No.	Name	Age	Rel. to Head	Sx/Race	Occupation	Birth of Person	Father	Mother
96	FRY, Silas	46		M/W	Farmer	Mich	Ger	Ger
	Amelia	44	Wife	F/W		Ill	Pa	Vt
	Myrtle	20	Dau	F/W		Wisc	Mich	Ill
	Eno	13	Dau	F/W		Wisc	Mich	Ill
	Frederick	1	Son	M/W		Tn	Mich	Ill
97	WILSON, Manly H.	72		M/W	Farmer	NC	NC	NC
	Maud	19	Dau	F/W		Tn	NC	Tn
	Zebade	17	Son	M/W		Tn	NC	TN
	Manly A.	14	Son	F/W		Tn	NC	Tn
	Virgle E.	10	Son	M/W		Tn	NC	Tn
	Willie T.	9	Dau	F/W		Tn	NC	Tn
98	YORK, Milton	53		M/W	Farmer	Tn	Tn	Tn
	Lizzie	26	Wife	F/W		Tn	Tn	Tn
	David B.	18	Son	M/W	Farm Labor	Tn	Tn	Tn
	Alma L.	17	Dau	F/W		Tn	Tn	Tn
	Joseph	16	Son	M/W	Farm Labor	Tn	Tn	Tn
	Aaron	13	Son	M/W	Farm Labor	Tn	Tn	Tn
	Eliza N.	2	Dau	F/W		Tn	Tn	Tn
	Hnery T.	1	Son	M/W		Tn	Tn	Tn
	FREEZE, Caldona	5	St/Dau	F/W		Tn	Tn	Tn
99	ELDER, Edgar	37		M/W	Farmer	Tn	Tn	Tn
	Cleo	24	Wife	F/W		Tn	Tn	Tn
	Jesse T.	2	Son	M/W		Tn	Tn	Tn
	William R.	9/12	Son	M/W		Tn	Tn	Tn
	COOPER, James T.	24	Labor	M/W	Farm Labor	Tn	Tn	Tn
100	FREEZE, Ben	35		M/W	Farmer	Tn	Tn	Tn
	Mallie	35	Wife	F/W		Tn	Tn	Tn
	Florence	14	Dau	F/W		Tn	Tn	Tn
Twins(	Audrew	13	Son	M/W		Tn	Tn	Tn
(	George	13	Son	M/W		Tn	Tn	Tn
	Nannie	11	Dau	F/W		Tn	Tn	Tn
	William	8	Son	M/W		Tn	Tn	Tn
	Lillie	6	Dau	F/W		Tn	Tn	Tn
	Ethel	3	Dau	F/W		Tn	Tn	Tn
101	YORK, Alton	25		M/W	??	Tn	Tn	Tn
	Bena	18	Wife	F/W		Tn	Tn	Tn
	Bertha	1	Dau	F/W		Tn	Tn	Tn
102	FREEZE, Stoke	41		M/W	Farmer	Tn	Tn	Tn
	Alice	38	Wife	F/W		Tn	Tn	Tn
	Larkin	15	Son	M/W	Farm Labor	Tn	Tn	Tn
	Martha	11	Dau	F/W		Tn	Tn	Tn
103	RAINS, Pressley	67		M/W	Farmer	Tn	Tn	Tn
	Pressie A.	36	DAu	F/W		Tn	Tn	Tn
	Artha A.	33	Dau	F/W		Tn	Tn	Tn
	Sallie F.	29	Dau	F/w		Tn	Tn	tn

No.	Name	Age	Rel. to Head	Sx/Race	Occupation	Person	Father	Mother
104	CASEY, William	48		M/W	Farmer	Ala	Ga	Ga
	Martha	40	Wife	F/W		Tn	Tn	Tn
	Thomas	19	Son	M/W	Farm Labor	Tn	Ala	Tn
	William	18	Son	M/W	Farm Labor	Tn	Ala	Tn
	Mary M.	16	Dau	F/W		Tn	Ala	Tn
	Jane	12	Dau	F/W		Tn	Ala	Tn
	George D.	10	Son	M/W	Farm Labor	Tn	Ala	Tn
	Paris	8	Son	M/W		Tn	Ala	Tn
	Jesse B.	2	Son	M/W		Tn	Ala	Tn
105	HULETT, William	55		M/W	Farmer	NC	NC	NC
	Bettie E.	34	Wife	F/W		Tn	Tn	Tn
	Mollie G.	16	Dau	F/W		Tn	NC	Tn
	Etta J.	10	Dau	F/W		Tn	NC	Tn
	PARSLEY, Ed	18	Labor	M/W	Farm Labor	Tn	Tn	Tn
106	HULETT, Lafayette	38		M/W	Farmer	Tn	Va	NC
	Sallie	71	Mother	F/W		NC	NC	NC
	Nancy	21	Sister	F/W		Tn	Va	NC
107	DAVIS, Elizabeth	71		F/W		Tn	NC	NC
	Martha	31	Dau	F/W	Day Labor	Tn	Tn	Tn
108	GILLEY, James	34		M/W	Farmer	Tn	Tn	Tn
	Sarah E.	33	Wife	F/W		Tn	Tn	Tn
	Mattie	13	Dau	F/W		Tn	Tn	Tn
	James	10	Son	M/W		Tn	Tn	Tn
	Bena E.	9	Dau	F/W		Tn	Tn	Tn
	Ammon	7	Son	M/W		Tn	Tn	Tn
	Lizzie B.	3	Dau	F/W		Tn	Tn	Tn
109	S---------, Cass	29		M/W	??	Tn	Tn	Tn
	Anna	25	Wife	F/W		Tn	Tn	Tn
	Lizzie	9	Dau	F/W		Tn	Tn	Tn
	Cora	5	Dau	F/W		Tn	Tn	Tn
110	-----1s, _____	26		M/W		??	??	??
	Prudie	24	Wife	F/W		Tn	Tn	Tn
	Clara E.	1	Dau	f/W		Tn	??	Tn
111	DURLEY, Joseph	60		M/Bl	??	Tn	??	??
	Callie	16	Dau	F/Bl		Tn	Tn	Tn
	Colonel	0/12	Gr/Son	M/Bl		Tn	Tn	Tn
112	TAYLOR, James	53		M/W	Farmer	Tn	??	??
	Parlee	48	Wife	F/W		Tn	Tn	Tn
	Ellen A.	24	Dau	F/W		Tn	Tn	Tn
	Mintora	23	Dau	F/W		Tn	TN	Tn
	Alton J.	18	Son	M/W	Farm Labor	Tn	Tn	Tn
	William A.	14	Son	M/W	Farm Labor	Tn	Tn	Tn
	Horace O.	8	Son	M/W		Tn	Tn	Tn
	ALMAN, Della J.	28	Dau	F/W		Tn	Tn	Tn
	Bertha	8	Gr/Dau	F/W		Tn	Tn	Tn

No.	Name	Age	Rel. to Head	Sx/Race	Occupation	Person	Father	Mother
113	GILLEY, Jess	65		M/W	Farmer	Tn	Tn	Tn
	Melvina	65	Wife	F/W		Tn	Tn	Tn
	James W.	39	Son	M/W	Farmer	Tn	Tn	Tn
	Horace	14	Gr/Son	M/W	Farm Labor	Tn	Tn	Tn
	Mattie	12	Gr/Dau	F/W		Tn	Tn	Tn
	David	10	Gr/Son	M/W	Farm Labor	Tn	Tn	Tn
	BUSH, William	18	Lodger	M/W	Farm Labor	Tn	Tn	Tn
114	McMAHAN, Thomas	18		M/W	Farmer	Tn	Tn	Tn
	Mary	29	Wife	F/W		Tn	Tn	Tn
	THOMAS, Joe	11	Lodger	M/W	Farm Labor	Tn	Tn	Tn
115	JAKES (?), Alex	43		M/W	Farmer	Tn	Tn	Tn
	Armandia	37	Wife	F/W		Tn	Tn	Tn
	Ewin	18	Son	M/W	Farm Labor	Tn	Tn	Tn
	Estus	13	Son	M/W	Farm Labor	Tn	Tn	Tn
	Connie	10	Son	M/W	Farm Labor	Tn	Tn	Tn
	Emmett	8	Son	M/W		Tn	Tn	Tn
	Ida M.	5	DAu	F/W		Tn	Tn	Tn
	Carmel	2	DAu	F/W		Tn	Tn	Tn
	Ernest	1/12	Son	M/W		Tn	Tn	Tn
116	MULLICAN, Wilson G.	41		M/W	Farmer	Tn	Tn	Tn
	Tennie	35	Wife	F/W		Tn	Tn	Tn
	Horace	13	Son	M/W	Farm Labor	Tn	Tn	Tn
	Esther M.	11	Dau	F/W		Tn	Tn	Tn
	Arthur E.	9	Son	M/W		Tn	Tn	Tn
	Alton H.	6	Son	M/W		Tn	Tn	Tn
	Claud C.	5	Son	M/W		Tn	Tn	Tn
	Elmore E.	1	Son	M/W		Tn	Tn	Tn
117	WEST, Tilda	57		F/W	Farmer	Tn	Tn	Tn
	Adam	18	Son	M/W	Farm Labor	Tn	Tn	Tn
	Anna	14	Dau	F/W		Tn	Tn	Tn
118	ROGERS, John	45		M/W	Farmer	Tn	Tn	Tn
	Eliza A.	33	Wife	F/W		Tn	Tn	Tn
	Mattie E.	18	DAu	F/W		Tn	Tn	Tn
	William	15	Son	M/W	Farm Labor	Tn	Tn	Tn
	Wavie E.	10	Dau	F/W		Tn	Tn	Tn
	Horace R.	8	Son	M/W		Tn	Tn	Tn
	Minnie T.	6	Dau	F/W		Tn	Tn	Tn
	Herbert H.	4	Son	M/W		Tn	Tn	Tn
	Bessie W.	1	Dau	F/W		Tn	Tn	Tn
119	RAINS, Cage	57		M/W	Farmer	Tn	Tn	Tn
	Susan	54	Wife	F/W		Tn	Tn	Tn
	Enoch	21	Son	M/W	FArm Labor	Tn	Tn	Tn
	Isaac R.	18	Son	M/W	Farm Labor	Tn	Tn	Tn
	Oscar	17	Son	M/W	Farm Labor	Tn	Tn	Tn
	Joseph	14	Son	M/W	Farm Labor	Tn	Tn	Tn
	Crittan	12	Son	M/W	Farm Labor	Tn	Tn	Tn
	Rufus	9	Son	M/W		Tn	Tn	Tn

No.	Name	Age	Rel. to Head	Sx/Race	Occupation	Birth of Person-Father-Mother		
120	ACRES, William	46		M/W	Farmer	Tn	Tn	'Tn
	Delphia	49	Wife	F/W		Tn	Tn	Tn
	Lillie	18	Dau	F/W		Tn	Tn	Tn
	Colomel	15	Son	M/W	Farm Labor	Tn	Tn	Tn
	Hattie	12	DAu	F/W		Tn	Tn	Tn
	William R.	6	Son	M/W		Tn	Tn	Tn
121	FOUTCH, John C.	64		M/W	Farmer	Tn	NC	Tn
	Emeline	60	Wife	F/W		Tn	Tn	NC
	JAmes C.	20	Son	M/W	Farm Labor	Tn	Tn	Tn
122	MAYS, Horatio	41		M/W	Farmer	Tn	Va	Tn
	Mary M.	35	Wife	F/W		Tn	Tn	NC
	Hallie H.	16	Dau	F/W		Tn	Tn	Tn
	Ross	12	Son	M/W	FArm Labor	Tn	Tn	Tn
	Anderson	10	Son	M/W	Farm Labor	Tn	Tn	Tn
	Josie	6	Dau	F/W		Tn	Tn	Tn
	Oscar	4	Son	M/W		Tn	Tn	Tn
123	ELAM, James	41		M/W	Farmer	Tn	Tn	Tn
	Rachel	36	Wife	F/W		Tn	Tn	Tn
	Laura A.	18	Dau	F/W		Tn	Tn	Tn
	Henry L.	16	Son	M/W	Farm Labor	Tn	Tn	Tn
	Jesse L.	13	Son	M/W	FArm Labor	Tn	Tn	Tn
	Mary E.	9	Dau	F/W		Tn	Tn	Tn
124	SHELTON, Ben	42		M/W	Farmer	Tn	Tn	Tn
	Sarah	42	Wife	F/W		Tn	Tn	Tn
	James T.	17	Son	M/W	Farm Labor	Tn	Tn	Tn
	Fannie	12	Dau	F/W		Tn	Tn	Tn
	George	10	Son	M/W	Farm Labor	Tn	Tn	Tn
	Jesse	8	Son	M/W		Tn	Tn	Tn
	Grover	6	Son	M/W		Tn	Tn	Tn
	Lennie B.	5	Dau	F/W		Tn	Tn	Tn
	Hoover	3	Son	M/W		Tn	Tn	Tn
	Laura L.	1	Dau	F/W		Tn	Tn	Tn
	FINLEY, Inez	70	Mother/Law	F/W		Tn	Tn	Md
125	TODD, William	27		M/W	Express Agent	Tn	Tn	Tn
	Victoria	21	Wife	F/W		Tn	Tn	Tn
	Jennings	1	Son	M/W		Tn	Tn	Tn
126	CARMACK, John	35		M/W	Farm Labor	Tn	Tn	Tn
	Ida	20	Wife	F/W		Tn	Tn	Tn
	Azora	25	Sister	F/W		Tn	Tn	Tn
	Lafayette	21	Brother	M/W	??	Tn	Tn	Tn
127	MITCHELL, Ca-----	55		M/W	Farmer	Tn	Tn	Tn
	Nancy J.	47		F/W		Tn	Tn	Tn
	Leander	21	Son	M/W	Farm Labor	Tn	Tn	Tn
	Nora A.	18	Dau	F/W		Tn	Tn	Tn
	Grover C.	15	Son	M/W	Farm Labor	Tn	Tn	Tn
	John	12	Son	M/W	Farm Labor	Tn	Tn	Tn
	SMITH, William	15	Gr/Son	M/W	Farm Labor	Tn	Tn	Tn
	Hiram	13	Gr/Son	F/W	Farm Labor	Tn	Tn	Tn
128	TODD, William	41		M/W	Farmer			
	Tennie	41	Wife	F/W		Tn	Tn	Tn
	James F.	20	Son	M/W	Farm Labor	Tn	Tn	Tn
	William	18	Son	M/W	Farm Labor	Tn	Tn	Tn
	Sallie A.	14	Dau	F/W		Tn	Tn	Tn
	Manson	10	Son	M/W	Farm Labor	Tn	Tn	Tn
	Hershell	9	Son	M/W		Tn	Tn	Tn
	Jesse B.	5	Son	M/W		Tn	Tn	Tn
129	McAFEE, John (?)	32		M/W	Physician	Tn	Tn	Tn
	Mary E.	31	Wife	F/W		Tn	Tn	Tn
	Flora	8	Dau	F/W		Tn	Tn	Tn
	Lorenzo	5	Son	m/W		Tn	Tn	Tn
130	JONES, Thomas	58		M/W	Farmer	Tn	Tn	Tn
	Mary	52	Wife	F/W		Tn	Tn	Tn
	Fannie	18	Dau	F/W		Tn	Tn	Tn
	Milton	15	Son	M/W	Farm Labor	Tn	Tn	Tn
	Robert	11	Son	M/W		Tn	Tn	Tn
	Wallie	9	Dau	F/W		Tn	Tn	Tn
	CARRICK, Alex	43	Boarder	M/W	Physician	Tn	Tn	Tn
131	AKERS, Isaac	47		M/W	Farmer	Tn	Tn	Tn
	Hanna	45	Wife	F/W		Tn	Tn	Tn
	Hassie	16	Dau	F/W		Tn	Tn	Tn
	Plummer	13	Son	M/W	Farm Labor	Tn	Tn	Tn
	A-------	11	Dau	F/W		Tn	Tn	Tn
	Hervey	6	Son	M/W		Tn	Tn	Tn
132	TODD, Houston	50		M/W	??	Tn	Tn	Tn
	Sarah E.	45	Wife	F/W		Tn	Tn	Tn
	Frank L.	16	Son	M/W		Tn	Tn	Tn
	Jesse M.	9	Son	M/W		Tn	Tn	Tn
	Mattie	6	Dau	F/W		Tn	Tn	Tn
	Pearl	4	Dau	F/W		Tn	Tn	Tn
	Calvin	20	Nephew	M/W		Tn	Tn	Tn
	JERNIGAN, Etta	76	Mother/Law	F/W		Tn	Tn	Tn
	CAMPBELL, Samuel	20	Labor	M/W	??	Tn	Tn	Tn
	PARRET, Billie	15	Serv	m?w		Tn	Tn	Tn
133	MITCHELL, Davis	28		M/W	Farmer	Tn	Tn	Tn
	L. E.	25	Wife	F/W		Tn	Tn	Tn
	PENNINGTON, Colonel	18	Labor	F/W	Farm Labor	Tn	Tn	Tn
134	YORK, Hugh	22		M/W	Farmer	Tn	Tn	Tn
	Bettie	20	Wife	F/W		Ky	Ky	Ky
	BELL, James	12	Lodger	M/W	Farm Labor	Tn	Tn	Tn
135	YORK, Hilton	47		M/W	??	??	.?	??
	Hattie	22	Dau	F/W		??	??	??

No.	Name	Age	Rel. to Head	Sx/Race	Occupation	Birth of Person	Father	Mother
	YORK, Jess	15	Son	M/W		??	??	??
	Herman	2	Gr/Son	M/W		??	??	??
136	HAREL, Isaac	50		M/W	FArmer	Tn	NC	Tn
	Mary	36	Wife	F/W		Tn	Tn	Tn
	Virgil	18	Son	M/W	Farm Labor	Tn	Tn	Tn
	Oda	16	Son	M/W	Farm Labor	Tn	Tn	Tn
	Retha	15	Dau	F/W		Tn	Tn	Tn
	Anna	11	Dau	F/W		Tn	Tn	Tn
	James A	9	Son	M/W		Tn	Tn	Tn
	Carlos B.	7	Son	M/W		Tn	Tn	Tn
	Thomas B.	4	Son	M/W		Tn	Tn	Tn
	William	2	Son	M/W		Tn	Tn	Tn
	Sallie	2/12	Dau	F/W		Tn	Tn	Tn
137	HULETT, George	40		M/W	??	Tn	Tn	Tn
	Anna	37	Wife	F/W		Tn	Tn	Tn
	Margie	15	Dau	F/W		Tn	Tn	Tn
	Lester	10	Son	M/W		Tn	Tn	Tn
138	WILSON, Sophia	71		F/W	??	Ala	SC	NC
	Hugh J.	29	Son	M/W	Farmer	Tn	NC	Ala
139	PARSLEY, James	42		M/W	Farmer	Tn	Tn	Tn
	Susanna	41	Wife	F/W		Tn	Tn	Tn
	Belle	16	Dau	F/W		Tn	Tn	Tn
	Robert L.	14	Son	M/W	Farm Labor	Tn	Tn	Tn
	Fannie	13	Dau	F/W.		Tn	Tn	Tn
	Myrtle	11	Dau	F/W		Tn	Tn	Tn
	Charles	8	Son	M/W		Tn	Tn	Tn
140	KENNEDY, King	68		M/W	Farmer	Tn	Va	??
	MAYS, John H.	37	Lodger	M/W		Tn	Tn	Va
	Emma	31	Wife	F/W		Tn	Tn	Tn
	Lawson	2	Son	M/W		Tn	Tn	Tn
141	CUNNINGHAM, James	48		M/W	??	Tn	Tn	Tn
	Mary	48	Wife	F/W		Ga	Tn	Tn
	Hugh A.	4	Son	M/W		Tn	Tn	Ga
	Allie	5	Dau	F/w		Tn	Tn	Ga
	Minnie	2	Dau	F/W		Tn	Tn	Ga
142	HULETT, John	52		M/W	Farmer	Tn	NC	Tn
	Mary F.	52	Wife	F/W		Tn	Ala	Tn
	Mattie J.	15	Dau	F/W		Tn	Tn	Tn
	FORD, John P.	19	Son/Law	M/W	Farm Labor	Tn	Tn	Tn
	Minnie	18	Dau	F/W		Tn	Tn	Tn
143	CUNNINGHAM,	41		M/W	Farmer	Tn	Tn	Tn
	Alice	?	Wife	F/W		Tn	Tn	Tn
	Daisy	17	Dau	F/W		Tn	Tn	Tn

No.	Name	Age	Rel. to Head	Sx/Race	Occupation	Birth of Person	Father	Mother
144	TALLEY, Thomas	52		M/W	Farmer	Tn	Tn	
	Anna A.	45	Wife	F/W		Tn	Tn	Tn
	Hassie M.	21	Dau	F/W		Tn	Tn	Tn
	Ida F.	17	Dau	F/W		Tn	Tn	Tn
	Lafayette	14	Son	M/W	Farm Labor	Tn	Tn	Tn
145	MOULDER, M	39		M/W	Farmer	Tn	Tn	Tn
	Altie M.	28	Wife	F/W		Tn	Tn	Tn
	Ethel	6	Dau	F/W		Tn	Tn	Tn
	Eugene	4	Son	M/W		Tn	Tn	Tn
	Roy	2	Son	M/W		Tn	Tn	Tn
	Estell	2/12	Son	M/W		Tn	Tn	Tn
146	BONNER, John	32		M/W	Farmer	Tn	Tn	Tn
	Sallie A.	27	Wife	F/W		Tn	Tn	Tn
	Troy M.	8	Son	M/W		Tn	Tn	Tn
	Grady R.	7	Son	M/W		Tn	Tn	Tn
	Bessie	5	Dau	F/W		Tn	Tn	Tn
	Loyd J.	2	Son	M/W		Tn	Tn	Tn
	Bob	7/12	Son	M/W		Tn	Tn	Tn
147	HENNESSEE, Dillard	31		M/W	Farmer	Tn	Tn	Tn
	Rosie A.	33	Wife	F/W		Tn	Tn	Tn
	Lizzie	13	Dau	F/W		Tn	Tn	Tn
	Willie	9	Dau	F/W		Tn	Tn	Tn
	Ida	6	Dau	F/W		Tn	Tn	Tn
	Elbert R.	4	Son	M/W		Tn	Tn	Tn
	John D.	1	Son	M/W		Tn	Tn	Tn
148	McDANIEL, George	33		M/W	Farmer	Tn	Tn	Tn
	Westie	29	Wife	F/W		Tn	NC	Tn
	Alton B.	4	Son	M/W		Tn	Tn	Tn
	Leah	1	Dau	F/W		Tn	Tn	Tn
149	CUNNINGHAM, Alton	24		M/W		Tn	Tn	Tn
	Gertrude	28	Wife	F/W		Tn	Tn	Tn
150	McCLAIN, Callie	49		F/W	Land Lord	Tn	Irel	Va
	CHAPMAN, Maud	31	Dau	F/W	Land Lord	Tn	Irel	Tn
	SWANGER, Charles	15	Gr/Son	M/W	Farmer	Tn	Tn	Tn
	Norah	13	Gr/Dau	F/W		Tn	Tn	Tn
	Roland	11	Gr/Son	M/W		Tn	Tn	Tn
151	BANKS, Harry	37		M/Bl	Farmer	Tn	Tn	Tn
	Rilla	29	Wife	F/Bl		Tn	Tn	Tn
	Sub	8	Son	M/Bl		Tn	Tn	Tn
	Zela L.	5	Dau	F/Bl		Tn	Tn	Tn
	Jesse C.	5	Son			Tn	Tn	Tn
152	RAMSEY, Isaac	79		M/Bl	Farmer	Tn	NC	Va
	HICKERSON, Thomas	28	Son/Law	M/Bl	R R Labor	Tn	Tn	Tn
	Carrie	27	Dau	F/Bl		Tn	Tn	Tn
	Allie	3	Gr/Dau	F/Bl		Tn	Tn	Tn

No.	Name	Age	Rel. to Head	Sx/Race	Occupation	Birth of Person-Father-Mother		
153	ROACH, William	37		M/W	Farmer	Tn	Tn	Tn
	Mattie	28	Wife	F/W		Tn	Tn	Tn
	Alvin C.	10	Son	M/W		Tn	Tn	Tn
	Lizzie	5	Dau	F/W		Tn	Tn	Tn
	Annie	7/12	Dau	F/W		Tn	Tn	Tn
154	BROOKS, John G.	27		M/W	Farmer	Tn	Tn	Tn
	Lizzie	19	Wife	F/W		Tn	Tn	Tn
	Rupert	9/12	Son	M/W		Tn	Tn	tn
155	SMOOT, William	50		M/W	FArmer	Tn	Tn	Tn
	Elizabeth	48	Wife	F/W		Tn	Tn	Tn
	Thomas	26	Son	M/W	Farm Labor	Tn	Tn	Tn
	Jesse H.	24	Son	M/W	Farm Labor	Tn	Tn	Tn
	Isaac	18	Son	M/W	Farm Labor	Tn	Tn	Tn
	Dock	17	Son	M/W	Farm LABOR	Tn	Tn	Tn
	Mary E.	15	Dau	F/W		Tn	Tn	Tn
	Cora B.	12	Dau	F/W		Tn	Tn	Tn
	George A.	10	Son	M/W		Tn	Tn	Tn
	Elah	8	Dau	F/W		Tn	Tn	Tn
	Roy B.	4	Son	M/W		Tn	Tn	Tn
156	SMOOT, Claud	20		M/W	Farmer	Tn	Tn	Tn
	Mary	24	Wife	F/W		Tn	Tn	Tn
	Thomas	1	Son	M/W		Tn	Tn	Tn
157	STARKEY, Isaiah	36		M/W	Farmer	Tn	Tn	Tn
	Jennie	34	Wife	F/W		Tn	Tn	Tn
	Eugene	8	Son	M/W		Tn	Tn	Tn
	Dovie	5	Dau	F/W		Tn	Tn	Tn
	William	1	Son	M/W		Tn	Tn	Tn
158	WILLIAMS, William	44		M/W	??	Tn	Tn	Tn
	Mary C.	38	Wife	F/W		Tn	Tn	Tn
	Cynthia E.	20	Dau	F/W		Tn	Tn	Tn
	Mary	18	Dau	F/W		Tn	Tn	Tn
	David	16	Son	M/W		Tn	Tn	Tn
	Jennie A.	12	Dau	F/W		Tn	Tn	Tn
	David S.	62	Father	M/W	Day Labor	Tn	Va	Tn
159	BROWN, Abner D.	24		M/W	Farm Labor	Tn	Tn	Tn
	Maud C.	19	Wife	F/W		Tn	Tn	Tn
	William J.	11/12	Son	M/W		Tn	Tn	Tn
160	JERNIGAN, Willie	49		M/W	Farmer	Tn	Tn	Tn
	Parlee	50	Wife	F/W		Tn	Tn	Tn
	BURKS, Charles	18	Labor	M/W	Farm Labor	Tn	Tn	Tn
	BUSH, Azilee	19	Lodger	F/W	Servant	Tn	Tn	Tn
161	WHITLOCK, James	37		M/W	Farmer	Tn	Tn	Tn
	Mahaly	44	Wife	F/W		Tn	Tn	Tn
	Dolphus	18	Son	M/W	Farmer	Tn	Tn	tn
	Mary	16	Dau	F/W		Tn	Tn	Tn
	WHITLOCK, Lizzie	15	Dau	F/W		Tn	Tn	Tn
	Aline	14	Dau	F/W		Tn	Tn	Tn
	Lucy	10	Dau	F/W		Tn	Tn	Tn
	Ocia	??	Dau	F/W		Tn	Tn	Tn
	James B.	4	Son	M/W		Tn	Tn	tn
	Isa	??	Dau	F/W		Tn	Tn	Tn.
162	ANDREWS or HENDERSON, H_____	28		M/W	Farmer	Tn	Tn	Tn
	Mary G.	28	Wife	F/W		Tn	Tn	Tn
	Lela A.	10	Dau	F/W		Tn	Tn	Tn
	William	8	Son	M/W		Tn	Tn	Tn
	George	6	Son	M/W.		Tn	Tn	Tn
	James	4	Son	M/W		Tn	Tn	Tn
	Lena	1	Dau	F/W		Tn	Tn	Tn
163	FORD, Callie	36		F/W	Landlord	Tn	Tn	Tn
	Easter	7	DAu	F/W		Tn	Tn	Tn
	Larkin	5	Son	M/W		Tn	Tn	Tn
	Lilliam	4	Dau	F/W		Tn	Tn	Tn
	FOX, Mary	67	Mother	F/W		Tn	Tn	Tn
164	HULETT, Hiram	25		M/W	Farmer	Tn	Tn	Tn
	Willie	26	Wife	F/W		Tn	Tn	Tn
	William A.	5/12	Son	M/W		Tn	Tn	Tn
	WILSON, Verd	9	St/Dau	F/W		Tn	Tn	Tn
165	CUNNINGHAM, Hugh	67		M/W	Farmer	Tn	Tn	Tn
	Sarah	63	Wife	F/W		Tn	Tn	Tn
166	CUNNINGHAM, York	20		M/W	Farmer	Tn	Tn	Tn
	Hannah	21	Wife	F/W		Tn	Tn	Tn
167	CRAWLEY, George	70		M/W	Farmer	Tn	Tn	Tn
	George	18	Son	M/W	Farm Labor	Tn	Tn	Tn
	Clarence	14	Son	M/W	Farm Labor	Tn	Tn	Tn
168	JACOBS, Jerry	52		M/W	Farmer	Tn	Tn	Tn
	Mary	45	Wife	F/W		Tn	Tn	Tn
	Charles	26	Son	M/W		Tn	Tn	Tn
	Allen	24	Son	M/W		Tn	Tn	Tn
	Lelia	18	Dau/Law	F/W		Tn	Tn	Tn
169	ELAM, Lafayette	47		M/W	Farmer	Tn	Tn	Tn
	Mary A.	39	Wife	F/W		Tn	Tn	Tn
	T	16	Son	M/W	Farm Labor	Tn	Tn	Tn
	John M.	13	Son	M/W	Farm Labor	Tn	Tn	Tn
	Ida	10	Dau	F/W		Tn	Tn	Tn
	Beecher	7	Son	M/w		Tn	Tn	Tn
	Lawton	5	Son	M/W		Tn	Tn	Tn
	Eva	2	Dau	F/W		Tn	Tn	Tn
170	TAYLOR, Crud	26		M/W	Farmer	Tn	Tn	Tn
	Norah	18	Wife	F/W		Tn	Tn	Tn

No.	Name	Age	Rel. to Head	Sx/Race	Occupation	Birth of Person-Father-Mother		
171	PENNINGTON, Claborn	58		M/W	Farmer	Tn	NC	Tn
	Caroline	44	Wife	F/W		Tn	Tn	Tn
	Wilford	21	Son	M/W	Farm Labor	Tn	Tn	Tn
	Mary C.	14	Dau	F/W		Tn	Tn	Tn
	Moses	11	Son	M/W	Farm Labor	Tn	Tn	Tn
	Gracy V.	9	Dau	F/W		Tn	Tn	Tn
	Orren	2	Son	M/W		Tn	Tn	Tn
172	SHIRLEY, John W.	59		M/W	Farmer	Tn	Tn	Tn
	Margarette	54	Wife	F/W		Tn	Tn	Tn
	Roland H.	22	Son	M/W	Farm Labor	Tn	Tn	Tn
	Myrtle	19	Dau	F/W		Tn	Tn	tn
173	SHIRLEY, Joseph	35		M/W	Farmer	Tn	Tn	Tn
	Harriett	20	Wife	F/W		Tn	Tn	Tn
	Mary	13	Dau	F/W		Tn	Tn	Tn
	William T.	1	Son	M/W		Tn	Tn	Tn
174	MITCHELL, Robert	26		M/W	Farmer	Tn	Tn	Tn
	Ella M.	22	Wife	F/W		Tn	Tn	Tn
175	SHIRLEY, John	31		M/W	Farmer	Tn	Tn	Tn
	Mallie	21	Wife	F/W		Tn	Tn	Tn
	Alton	8	Dau	F/W		Tn	Tn	Tn
	William	5	Son	M/W		Tn	Tn	Tn
	Dalton	3	Son	M/W		Tn	Tn	Tn
	Nellie	11/12	Dau	F/W		Tn	Tn	Tn
176	GILLEY, Isaac	44		M/W	Farmer	Tn	Tn	NC
	Mary C.	41	Wife	F/W		Tn	Tn	Tn
	William I.	15	Son	M/W	Farm Labor	Tn	Tn	Tn
	Isa B.	10	Dau	F/W		Tn	Tn	Tn
	Frank	5	Son	M/W		Tn	Tn	Tn
	Rebecca	68	Mother	F/W	Land Lord	NC	NC	NC
177	BREWER, Jackson	42		M/W	Farmer	Tn	Tn	Tn
	Eliza	39	Wife	F/W		Tn	Tn	Tn
	Mollie	19	Dau	F/W		Tn	Tn	Tn
	Par___	18	Dau	F/W		Tn	Tn	Tn
	Ben	14	Son	M/W	Farm Labor	Tn	Tn	Tn
	Florence	12	Dau	F/W		Tn	Tn	Tn
	Hattie B.	10	Dau	F/W		Tn	Tn	Tn
	Web	5	Son	M/W		Tn	Tn	Tn
	HERMAN, George H.	25	Son/Law	M/W	Farm Labor	Tn	Tn	Tn
	Lillie L.	20	Dau	F/W		Tn	Tn	Tn
178	SMOOT, John	39		M/W	Farmer	Tn	Va	Tn
	Myra	30	Wife	F/W		Tn	Tn	Tn
	James D.	Son	Son	M/W	Farm Labor	Tn	Tn	Tn
	William H.	8	Son	M/W		Tn	Tn	Tn
	Mable C.	7	Dau	F/W		Tn	Tn	Tn
	Jennie	5	Dau	F/W		Tn	Tn	Tn

No.	Name	Age	Rel. to Head	Sx/Race	Occupation	Birth of Person-Father-Mother		
	SMOOT, Myra M.	3	Dau	F/W		Tn	Tn	Tn
	John C.	1	Son	M/w		Tn	Tn	Tn
	TURNER, Callie	18	Serv	F/W	Servant	Tn	Tn	Tn
	WHITMAN, Henry	20	Labor	M/W	Farm Labor	Tn	Tn	Tn
179	SHIELDS, Robert	67		M/W	Farmer	Tn	Va	Tn
	Virginia	42	Wife	F/W		Tn	Tn	tn
	Mary C.	20	Dau	F/W		Tn	Tn	Tn
	Alexander	18	Son	M/W	Farm Labor	Tn	Tn	tn
	William W.	13	Son	M/W	Farm Labor	Tn	Tn	Tn
	Robert B.	10	Son	M/W		Tn	Tn	Tn
	Rhodham	5	Son	M/W		Tn	Tn	Tn
180	TEMPLES, Richard	46		M/W	Farm Labor	Tn	Tn	Tn
	Malvina	34	Wife	F/W		Tn	Tn	Tn
	William J.	10	Son	M/W		Tn	Tn	Tn
	Annie E.	7	Dau	F/W		Tn	Tn	Tn
	Lelia	4	Dau	F/W		Tn	Tn	Tn
	Alma	0/12	Dau	F/W		Tn	Tn	Tn
181	ANDERSON, Isaac	¢&		M/W	Farmer	Tn	Tn	Tn
	Nancy A.	69	Wife	F/W		Tn	Tn	Tn
	James H.	30	Son	M/W	Farmer	Tn	Tn	Tn
	Nancy	34	Dau	F/W		Tn	Tn	tn
182	SMITH, William	41		M/W	Farmer	Tn	Tn	Tn
	Sharlotte	44	Wife	F/W		Tn	Tn	Tn
	James M.	16	Son	M/W	Farm Labor	Tn	Tn	Tn
	Joseph	14	Son	M/W	Farm Labor	Tn	Tn	Tn
	Abe	12	Son	M/W	Farm Labor	Tn	Tn	Tn
	Roy B.	9	Son	M/W		Tn	Tn	Tn
	Hassie	6	Dau	F/w		Tn	Tn	Tn
	Richard	3	Son	M/W		Tn	Tn	Tn
	Henry B.	3/12	Son	M/W		Tn	Tn	Tn
	Mary	80	Mother	F/W		Tn	Tn	Tn
183	SINGLETON, Hannah	68		F/W	Pensioneer	Ga	Va	SC
	BURCH, Josie	33	Dau	F/W	Farm Labor	Tn	Tn	Ga
	Lula A.	18	Gr/Dau	F/W		Tn	Tn	Tn
	Melvin	14	Gr/Son	M/W	Farm Labor	Tn	Tn	Tn
	Arizona	11	Gr/Dau	F/W		Tn	Tn	Tn
	Lettie	9	Gr/Dau	F/W		Tn	Tn	Tn
	Ethel	5	Gr/Dau	F/W		Tn	Tn.	Tn
	N. B.	3	Gr/Son	M/W		Tn	Tn	Tn
	Ida B.	11/12	Gr/Dau	F/W		Tn	Tn	Tn
184	BURCH, William	33		M/W	Farmer	Tn	Tn	Tn
	Linda	33	Wife	F/W		Tn	Tn	Tn
	Dora	5	Dau	F/W		Tn	Tn	Tn
	Nina	2	Dau	F/W		Tn	Tn	Tn
	William L.	2/12	Son	M/W		Tn	Tn	Tn

No.	Name	Age	Rel. to Head	Sx/Race	Occupation	Birth of Person	Father	Mother
185	HENDERSON, Grant	30		M/W	Farmer	Tn	Tn	Tn
	Elizabeth	73	Mother	F/W		Tn	Tn	Tn
	BRIXEY, Horace	10	Nephew	M/W	FArm Labor	Tn	Tn	Tn
	BROWN, Maud	23	Serv	F/W	Servant	Tn	Tn	Tn
186	ANDERSON, Alex	48		M/W	Farmer	Tn	Tn	Tn
	Jane	41	Wife	F/W		Tn	Tn	Tn
	Henry G.	10	Son	M/W	Farm Labor	Tn	Tn	Tn
	Ellen	8	Dau	F/W		Tn	Tn	Tn
	Eligah A.	5	Son	M/W		Tn	Tn	Tn
	Lizzie	2	Dau	F/W		Tn	Tn	Tn
187	SMITH, John	45		M/W	Farmer	Tn	Tn	Tn
	Anna B.	45	Wife	F/W		Tn	Tn	Tn
	Otto	15	Son	M/W	Farm Labor	Tn	Tn	Tn
	Ulda G.	12	Dau	F/W		Tn	Tn	Tn
	Thomison	8	Son	M/W		Tn	Tn	Tn
	Cudge	8	Son	M/W		Tn	Tn	Tn
	Mary	6/12	Dau	F/W		Tn	Tn	Tn
	SINGLETON, Willie A.	22	St/Dau	F/W		Tn	Tn	Tn
	Alfred W.	25	St/Son	M/W		Tn	Tn	Tn
	Nellie	19	St/Dau	F/W		Tn	Tn	Tn
	James	4	Lodger	M/W		Tn	Tn	Tn
	BLAIR, Willie	0/12	Lodger	M/W		Tn	Tn	Tn
188	MATTHEWS, Lem	37		M/W	FArmer	Tn	Tn	Tn
	Angie	31	Wife	F/W		Tn	Tn	Tn
	Minnie	11	Dau	F/W		Tn	Tn	Tn
	Evert R.	9	Son	M/W		Tn	Tn	Tn
	Alton	7	Son	M/w		Tn	Tn	Tn
	Mary	5	Dau	F/W		Tn	Tn	Tn
	Florence	3	Dau	F/W		Tn	Tn	Tn
	Dollie	1	Dau	F/w		Tn	Tn	Tn
189	HERNDON, Ben	37		M/W	??	Tn	Va	Tn
	America	37	Wife	F/W		Tn	Tn	Tn
	Della	18	DAu	F/W		Tn	Tn	Tn
	Alton	12	Son	M/W		Tn	Tn	Tn
	Ben	10	Son	M/W		Tn	Tn	Tn
	May	6	Dau	F/W		Tn	Tn	Tn
	Thomas	5	Dau	F/W		Tn	Tn	Tn
	Fannie	48	Sister	F/W		Tn	Va	Tn
190	WHITE, Rachel	64		F/Bl	??	Tn	Tn	Tn
	Charles	19	Son	M/Bl	Farmer	Tn	Tn	Tn
	Malissa	17	Gr/Dau	F/Bl		Tn	Tn	Tn
	Eligah	15	Gr/Son	M/Bl	Day Labor	Tn	Tn	Tn
	Philip	2	Gr/Son	M/W		Tn	Tn	Tn
191	ROACH, Amanda	47		F/Bl	FArmer	Tn	Tn	Tn
	Ben	16	Son	M/Bl	Farm Labor	Tn	Tn	Tn
	Julia	15	Dau	F/Bl		Tn	Tn	Tn
	Daisie	10	Dau	F/Bl		Tn	Tn	Tn
	RAMSEY, Laura	5	Niece	F/Bl		Tn	Tn	Tn
192	BURCH, Wash	45		M/W	Farmer	Tn	Tn	Tn
	America	38	Wife	F/W		Tn	Tn	Tn
	William L.	6	Son	M/W		Tn	Tn	Tn
	Robert D.	3	Son	M/W		Tn	Tn	Tn
	Bessie	1	DAu	F/W		Tn	Tn	Tn
193	EVANS, Duskin	58		M/Bl	Day Labor	Tn	NC	Tn
	Lou	29	Wife	F/Bl		Tn	Tn	Tn
194	HERNDON, Charles	32		M/W	Farmer	Tn	Va	Tn
	Amanda J.	28	Wife	F/W		Tn	Tn	Tn
195	HERNDON, William	45		M/W	Carpenter	Tn	Va	Tn
	Carrie	46	Wife	F/w		Tn	Tn	Tn
	Ethel	17	Dau	F/W		Ohio	Tn	Tn
196	TALLEY, Laura	64		F/W	Farmer	Tn	Tn	Tn
	Bettie	18	Dau	F/W.	FArm Labor	Tn	Tn	Tn
	Anna	24	Niece	F/W		Tn	Tn	Tn
	Joseph	??	Lodger	M/W		Tn	Tn	Tn
197	TURNER (?), Jacob	30		M/W	Labor	??	??	??
	Lucy	24	Wife	F/W		Ohio	??	??
	Lawson	8	Son	M/W		??	??	Ohio
	Ernest F.	6	Son	M/W		??	??	Ohio
	Thomas H.	2	Son	M/W		??	??	Ohio
	Jacob	1	Son	M/W		??	??	Ohio
198	H , N. B.	32		M/W	??	Miss	??	Miss
		21	Wife	F/W		Kans	??	
	Mary	2	Dau	F/W		Tn	Miss	Kans
	Hugh C.	1	Son	M/W		Tn	Miss	Kans
	Mary F.	54	Mother	F/W		??	??	??
	Nell B.		Sister	F/W		??	??	??
	David E.	13	Brother	M/W		Tn	??	??
	REILEY, Mirah	27	Sister	F/W		??	??	??
	Amelia	6	Niece	F/W		??	??	??
	William	2	Nephew	M/W		??	??	??
	SPURLOCK, Mary	18	Serv	F/Bl		??	??	??
199	MALONE (?), Harry	39		M/Bl	Farm Labor	Tn	Tn	Tn
	Jane	31	Wife	F/Bl	Cook	Tn	Tn	Tn
	SMARTT, Zack	26	Lodger	M/Bl	Servant	Tn	Tn	Tn
200	CRISP,	52		F/W		Tn	Tn	Tn
	John	24	Son	M/W	Farm Labor	Tn	Tn	Tn
	Della	21	Dau	F/W		Tn	Tn	Tn
	Willie	17	Son	M/W	Farm Labor	Tn	Tn	Tn
	William	13	Son	M/W	Farm Labor	Tn	Tn	Tn
	P. M.	7	Dau	F/W		Tn	Tn	Tn
	JONES, Lou	83	Mother	F/W		Tn	Tn	Tn

No.	Name	Age	Rel. to Head	Sx/Race	Occupation	Birth of Person	Father	Mother
	U. S. CENSUS 1900			2 Jun 1900		Jesse W. Mathews		
	11th Civil District					Enumerator		
1	MATHEWS, Thomas	73	—	M/W	FArmer	Tn	NC	Tn
	Mary	55	Wife	F/W		Tn	Ky	Va
	Jesse W.	29	Son	M/W	Teacher	Tn	Tn	Tn
	Lena P.	21	Dau	F/W		Tn	Tn	Tn
	Richard B.	18	Son	M/W	Farm Labor	Tn	Tn	Tn
	Zula M	16	Dau	F/W		Tn	Tn	Tn
	Alfred	14	Son	M/W	Farm Labor	Tn	Tn	Tn
2	CRISP, Columbus	44		M/W	Farmer	Tn	Tn	Tn
	Ina L.	40	Wife	F/W		Ohio	??	??
	Alice E.	18	Dau	F/W		Tn	Tn	Ohio
	COPE, John W.	26	Boarder	M/W	Farm Labor	Tn	Tn	Tn
3	KING, Ned	24	—	M/Bl	Farmer	Tn	Tn	NC
	Mattie	23	Wife	F/Bl		Tn	Tn	Tn
	Hattie	1	Dau	F/Bl		Tn	Tn	Tn
4	CRISP, Will	34		M/W	Farmer	Tn	Tn	Tn
	Mary	34	Wife	F/W		Tn	Tn	Tn
	Lettie	12	Dau	F/W		Tn	Tn	Tn
	Horace	10	Son	M/W	Farm Labor	Tn	Tn	Tn
	Yerb A.	68	Father	M/W		Tn	NC	NC
5	PRICE, Jordan	64		M/Bl	Farmer	Tn	Tn	Tn
	Charley	26	Son	M/Bl	Farmer	Tn	Tn	Tn
6	KING, Sam	38		M/Bl	Farm Labor	Tn	Tn	NC
	Lizie M.	38	Wife	F/Bl		Tn	Ky	Ky
	James D.	11	Son	M/Bl	Farm Labor	Tn	Tn	Tn
	Bell C.	9	Dau	F/Bl		Tn	Tn	Tn
	Charley	5	Son	M/Bl		Tn	Tn	Tn
	SCOTT, Sam	13	Nephew	M/Bl	Farm Labor	Tn	Tn	Tn
	KING, Lou	29	Sister	F/Bl		Tn	Tn	NC
	Clay H.	9	Nephew	M/Bl		Tn	Tn	Tn
7	SNIPES, Albert	27		M/W	Farmer	Tn	Tn	Tn
	Aggie	22	Wife	F/W		Tn	Tn	Tn
	Oscar	3	Son	M/W		Tn	Tn	Tn
	Robert	6/12	Son	M/W		Tn	Tn	Tn
	Arthur	20	Brother	M/W	Farmer	Tn	Tn	Tn
8	WATERS, Landy	73		M/W	FArmer	Tn	Va	Va
	Nancy	64	Wife	F/W		Tn	Tn	Ohio
	KEEL, Anderson	70	Serv	M/bl	Farm Labor	Ala	Ala	SC
9	RHEAY, Henry	55		M/W	Farmer	Tn	Tn	Tn
	Mattie	46	Wife	F/W		Tn	Tn	Tn
	Josie	22	Dau	F/W		Tn	Tn	Tn
	TOSH, Fannie	15	St/Dau	F/W		Tn	Tn	Tn

No.	Name	Age	Rel. to Head	Sx/Race	Occupation	Birth of Person	Father	Mother
10	RANKIN, J_____	24		M/W	Farmer	Tn	Tn	Tn
	Susa	24	Wife	F/W		Tn	Tn	Tn
	Arthur	4/12	Son	M/W		Tn	Tn	Tn
	Annie	13	Sister	F/W		Tn	Tn	Tn
11	BALEY, Will T.	27		M/W	Farmer	Tn	Tn	Tn
	Georgia	26	Wife	F/W		Tn	Tn	Tn
	Elma	1	Son	M/W		Tn	Tn	Tn
	MITCHELL, Mattie	45	Mother/Law	F/W		Ala	Tn	SC
12	MITCHELL, Harmon	54		M/W	Farmer	Tn	NC	Tn
	Kelly O.	21	Son	M/W	FArmer	Tn	Tn	Ala
13	KILMER, Van	64		M/W	FArmer	NY	NY	NY
	Hulda	59	Wife	F/W		NY	Vt	NY
14	BAUER, Perry	33		M/W	Farmer	Ohio	Pa	Pa
	Orpha	34	Wife	F/W		Ohio	Ohio	Ohio
	Willie Lee	5	Son	M/W		Ohio	Ohio	Ohio
	Emmett E.	3	Son	M/W		Tn	Ohio	Ohio
	Gladys	7/12	Dau	F/W		Tn	Ohio	Ohio
15	, Ben	44		M/W	Farmer	Tn	Tn	Tn
	Nettie	39	Wife	F/W		Tn	Tn	Tn
	Belle M.	8	Dau	F/W		Tn	Tn	Tn
	Robert B.	3	Son	M/W		Tn	Tn	Tn
	HENDERSON, Will	32	Serv	M/W	Farm Labor	Tn	Tn	Tn
	EARLES, Tom	15	Serv	M/W	Farm Labor	Tn	Tn	Tn
16	HENEGAR, Tom	59		M/W	Farmer	Tn	Va	Va
	Susie	43	Wife	F/W		Tn	Tn	Tn
	George	23	Son	M/W	Farm Labor	Tn	Tn	tn
	Dosie	19	Dau	F/W		Tn	Tn	tn
	Edgar M.	13	Son	M/W	Farm Labor	Tn	Tn	Tn
	Frank	12	Son	M/W	Farm Labor	Tn	Tn	Tn
	Thomas J.	11	Son	M/W		Tn	Tn	Tn
	Ulric	8	Son	M/W		Tn	Tn	Tn
	Ernest C.	7	Son	M/W		Tn	Tn	Tn
	Harold	5	Son	M/W		Tn	Tn	Tn
	Porter	2	Son	M/W		Tn	Tn	Tn
17	HENEGAR, James	31		M/W	Farmer	Tn	Tn	Tn
	Cordia	31	Wife	F/W		Tn	Tn	NC
	Barbee	4	Son	M/W		Tn	Tn	Tn
18	COPE, Elizabeth A.	57		F/W	Farmer	Tn	Ill	Tn
	Bulah A.	24	Dau	F/W		Tn	Tn	Tn
	Richard	20	Son	M/W	Farm Labor	Tn	Tn	Tn
19	OUTLAW, Tom	32		M/W	Merchant	Tn	Va	Ala
	Mary B.	26	Wife	F/W		Tn	Tn	Tn
	Tommie E.	2	Son	M/W		Tn	Tn	Tn
	Annie M.	4	Dau	F/W		Tn	Tn	Tn

No.	Name	Age	Rel. to Head	Sx/Race	Occupation	Birth of Person-Father-Mother		
20	DODD, James	52		M/W	Farmer	Tn	Tn	Tn
	Abbie	43	Wife	F/W		Tn	Tn	Tn
	Willie C.	21	Dau	F/W		Tn	Tn	Tn
	Myrtle A.	19	Dau	F/W		Tn	Tn	Tn
	Horace B.	17	Son	M/W	Farm Labor	Tn	Tn	Tn
	Lillie B.	14	Dau	F/W		Tn	Tn	Tn
	Mary B.	7	DAu	F/W		Tn	Tn	Tn
	SAVAGE, Tom	17	Serv	F/W	Farm Labor	Tn	Tn	tn
21	BREWER, Tom	45		M/W	Farmer	Tn	Tn	Tn
	Ethel G.	20	Wife	f/W		Tn	Tn	Tn
	Will	7	Son	M/W		Tn	Tn	Tn
	JAmes	?	Son	M/W		Tn	Tn	Tn
	Tennie	?	Dau	F/W		Tn	Tn	Tn
	Claud	?	Son	M/W		Tn	Tn	Tn
	Tommie	5	Son	M/W		Tn	Tn	tn
22	McCORMACK, Sam	39		M/W	Farmer	Tn	Tn	Tn
	Nancy	52	Wife	F/W		Tn	Tn	tn
	Effie	12	Dau	F/w		Tn	Tn	tn
	DENTON, Joe S.	14	Boarder	M/W	Farm Labor	Tn	Tn	Tn
23	SUMMERS, Will	61		M/W	Farmer	Tn	Tn	Tn
	Susan	48	Wife	F/w		Tn	Tn	tn
24	GILLEY, Colonel E.	21		M/W		Tn	Tn	Tn
	Lou E.	19	Wife	F/w		Tn	Tn	Tn
25	CUMMINGS, Tom	64		M/W		Tn	Tn	Tn
	Mattie J.	52	Wife	F/W		Tn	Tn	Tn
26	ZUMBRO, George W.	82		M/W	Farmer	Va	Pa	Pa
	Hallie	73	Wife	F/W		Tn	Mass	Va
	Glenn	22	Gr/Son	M/W	Farmer	Tn	Tn	Tn
27	ELAM, Polie	43		M/W	Farmer	Tn	Tn	Tn
	Bettie	45	Wife	F/W		Tn	Tn	Tn
	Henry	17	Son	M/W	Farm Labor	Tn	Tn	Tn
	Lihugh M.	14	Son	M/W	Farm Labor	Tn	Tn	Tn
	George W.	12	Son	M/W	Farm Labor	Tn	Tn	Tn
	Lillard L.	8	Son	M/W		Tn	Tn	Tn
	Glen W.	4	Son	M/W		Tn	Tn	Tn
28	JAKES, Barnett	36		M/W	Farmer	Tn	Tn	Tn
	Lizzie	33	Wife	F/W		Tn	Tn	Tn
	Ethel	8	Dau	F/W		Tn	Tn	Tn
	Willie K.	3/12	Dau	F/W		Tn	Tn	Tn
29	HOLT, Lizie C.	40		F/W	Farmer	Tn	Tn	Tn
	CARRICK, Andy	18	Son	M/W	Farm Labor	Tn	Tn	Tn
	John J.	16	Son	M/W	Farm Labor	Tn	Tn	Tn
	Arthur	12	Son	M/W	Farm Labor	Tn	Tn	Tn

No.	Name	Age	Rel. to Head	Sx/Race	Occupation	Birth of Person-Father-Mother		
30	_ICKRUM, Frank	48		M/W	??	Tn	Tn	Tn
	Elsie	9	Son	M/W		Tn	Tn	Tn
	James	7	Son	M/W		Tn	Tn	Tn
	Mary	5	Dau	F/w		Tn	Tn	Tn
	Will J.	1	Son	M/W		Tn	Tn	tn
31	COPE, Jesse	29		M/W	Farmer	Tn	Tn	Tn
	Cleo P.	28	Wife	F/W		Tn	Tn	Tn
	Forest G.	5	Son	M/W		Tn	Tn	Tn
	Marvin B.	8/12	Son	M/W		Tn	Tn	Tn
	CROUCH, july A.	57	Mo/Law	F/W		Tn	Tn	Tn
32	YOUNG, Ezekiel	58		M/W	Farmer	Tn	Tn	Tn
	Lou	55	Wife	F/W		Tn	Tn	Tn
	Nancy	21	Dau	F/W		Tn	Tn	Tn
	Dortha	18	Dau	F/W		Tn	Tn	Tn
33	BREWER, Jackson	53		M/W	Farmer	NC	NC	Tn
	Annie E.	26	Dau	F/w		Tn	NC	Tn
	Will A.	22	Son	M/W	Farm Labor	Tn	NC	Tn
34	DAVENPORT, Robert	38		M/W	Farmer	Tn	Tn	Tn
	Sallie	30	Wife	F/W		Tn	Tn	Tn
	Alton	12	Son	M/W	Farm Labor	Tn	Tn	Tn
	Furm J.	9	Son	M/W		Tn	Tn	tn
35	MITCHELL, George	47		M/W	Farmer	Tn	Tn	NC
	Lizie J.	44	Wife	F/W		Tn	Tn	Tn
	John W.	24	Son	M/W	Farm Labor	Tn	Tn	Tn
	Berry J.	22	Son	M/W	Farm Labor	Tn	Tn	Tn
	Davy B.	19	Son	M/W	Farm Labor	Tn	Tn	tn
	Will R.	16	Son	M/W	Farm Labor	Tn	Tn	Tn
	Charley A.	11	Son	M/W	Farm Labor	Tn	Tn	Tn
	Byren R.	8	Son	M/W		Tn	Tn	Tn
36	BREWER, James	27		M/W	Farmer	Tn	Tn	Tn
	Harriett	27	Wife	F/W		Tn	Tn	Tn
	Maud L.	2	Dau	F/W		Tn	Tn	Tn
37	ARLEDGE, Jackson	52		M/W	Farmer	NC	NC	NC
	Margaret	41	Wife	F/W		Tn	Tn	Tn
	William M.	25	Son	M/W	Farm Labor	Tn	NC	Tn
	Bettie	19	Dau	F/W		Tn	NC	Tn
	Thomas H.	13	Son	M/W	Farm Labor	Tn	NC	Tn
	Jesse	11	Son	M/W	Farm Labor	Tn	NC	Tn
	Bertha J.	10	Dau	F/W		Tn	NC	Tn
	Lonzo C.	7	Son	M/W		Tn	NC	Tn
	Charley C.	4	Son	M/W		Tn	NC	Tn
38	BESS, Isreal P.	56		M/W	FArmer	Tn	Tn	Tn
	Bettie M.	40	Wife	F/W		Tn	Tn	tn
	Ollie E.	23	DAu	F/w		Tn	Tn	Tn
	Annie L.	5	Dau	F/w		Tn	Tn	Tn
	John B.	2	Son	M/W		Tn	Tn	Tn
	Cora	5/12	Dau	F/w		Tn	Tn	Tn

No.	Name	Age	Rel. to Head	Sx/Race	Occupation	Birth of Person-Father-Mother		
39	BESS, Byron F.	29		M/W	Farmer	Tn	Tn	Tn
	Mattie	28	Wife	F.W		Tn	Tn	Tn
	Minnie	9/12	Dau	F/W		Tn	Tn	Tn
40	FERRELL, Josh	39		M/W	Farmer	Tn	NC	NC
	Jane	31	Wife	F/W		Ill	Va	Tn
	DUKE, Josie F.	15	St/Dau	F/W		Tn	Tn	Ill
	Alta	14	St/Dau	F/W		Tn	Tn	Ill
	Ethel	12	St/Dau	F/W		Tn	Tn	Ill
	FERRELL, Robert G.	8	Son	M/W		Tn	Tn	Ill
	Barney W.	4	Son	M/W		Tn	Tn	Ill
	Fannie	2	Dau	F/W		Tn	Tn	Ill
	Jesse	10/12	Son	M/W		Tn	Tn	Ill
41	DAVENPORT, Joe	44		M/W	Farmer	Tn	Tn	Tn
	Edmon	76	Father	M/W	Farmer	Tn	NC	NC
42	JUSTICE, Edward	32		M/W	Farmer	Tn	Tn	Tn
	Fannie	30	Wife	F/W		Tn	Tn	Tn
	Walter W.	7	Son	M/W		Tn	Tn	Tn
	Jasper E.	5	Son	M/W		Tn	Tn	Tn
	Robert B.	3	Son	M/W		Tn	Tn	Tn
	Ruby L.	1	Dau	F/W		Tn	Tn	Tn
43	DAVENPORT, Walter	58		M/W	FArmer	Tn	Tn	Tn
	Lou J.	58	Wife	F/W		Tn	Tn	Tn
	Jesse C.	16	Son	M/W		Tn	Tn	Tn
	SMITH, Minnie	14	Serv	F/W	Servant	Tn	Tn	Tn
44	HERNDON, John D.	34		M/W	Farmer	Tn	Tn	Tn
	Callie	33	Wife	F/W		Tn	Tn	Tn
	Lillie L.	5	Dau	F/W		Tn	Tn	Tn
45	LANCE, Tilmon C.	63		M/W	FArmer	Tn	Tn	Tn
	Amy E.	56	Wife	F/W		Tn	Tn	Tn
46	DAVENPORT, James	53		M/W	Farmer	Tn	Tn	Tn
	Margaret	42	Wife	F/W		Tn	Tn	Tn
	Colonel	18	Son	M/W	Farm Labor	Tn	Tn	Tn
	Clark	14	Son	M/W		Tn	Tn	Tn
	Walter	9	Son	M/W		Tn	Tn	Tn
	Selma	8	Dau	F/W		Tn	Tn	Tn
47	ORRICK, Andy	39		M/W	Farmer	Tn	Tn	Tn
	Callie	37	Wife	F/W		Tn	Tn	Tn
	Andrew	18	Son	M/W	Farm Labor	Tn	Tn	Tn
	Albert	16	Son	M/W	Farm Labor	Tn	Tn	tn
	Richard	14	Son	M/W	Farm Labor	Tn	Tn	Tn
	Robert	12	Son	M/W	Farm Labor	Tn	Tn	Tn
	Josie	9	Dau	F/W		Tn	Tn	Tn
	Isham W.	7	Son	M/W		Tn	Tn	Tn
	Doyle G.	5	Son	M/W		Tn	Tn	Tn
	Maggie M.	3	Dau	F/W		Tn	Tn	Tn
	Oscar	1	Son	M/W		Tn	Tn	Tn

No.	Name	Age	Rel. to Head	Sx/Race	Occupation	Birth of Person-Father-Mother		
48	HALEY, William	38		M/W	Farmer	Tn	Tn	,Tn
	Dora	42	Wife	F/W		Tn	Tn	Tn
	Mary E.	15	Dau	F/W		Tn	Tn	Tn
	Willie G.	8	Son	M/W		Tn	Tn	Tn
	Nora	7	Dau	F/W		Tn	Tn	Tn
49	ROBERSON, Walrel (?)	68		M/W	Farmer	NC	NC	NC
	Hanna	58	Wife	F/W		Tn	Tn	Tn
50	GRAHAM, Robert	57		M/W	Farmer	NC	NC	NC
	Annie	28	Dau	F/W		Tn	NC	Tn
	Minnie F.	16	Dau	F/W		Tn	NC	Tn
	Herbert	9	Son	M/W		Tn	NC	Tn
51	BRUMLEY (?), Will M.	57		M/W	Farmer	Tn	Tn	Tn
	Martha	58	Wife	F/W		Tn	Tn	Tn
	Lucy	30	Dau	F/W		Tn	Tn	Tn
	Howard	19	Son	M/W	Farm Labor	Tn	Tn	tn
	Ida	10	Dau	F/W		Tn	Tn	Tn
	JONES, Emma	19	Serv	F/W	Servant	Tn	Tn	Tn
	Mary F.	3	Boarder	F/W		Tn	Tn	Tn
52	COMBS, David	69		M/W	Farmer	Tn	NC	Tn
	Martha E.	59	Wife	F/W		Tn	Tn	Tn
	SUMMERS, Eva M.	19	Dau	F/W		Tn	Tn	Tn
	B. E.	32	Son/Law	M/W	Farm Labor	Tn	Tn	Tn
53	COMBS, Leslie	22		M/W	Farmer	Tn	Tn	Tn
	Nancy	17	Wife	F/W		Tn	Tn	Tn
54	FLEMING, Steve H.	40		M/W	Farmer	Tn	Tn	Tn
	Lillie	36	Wife	F/W		Tn	Tn	Tn
	Willie E.	15	Son	M/W	Farm Labor	Tn	Tn	Tn
	Pearl M.	10	Dau	F/		Tn	Tn	tn
	Unis E.	6	Dau	F/		Tn	Tn	Tn
	Lillie F.	4	Dau	F/		Tn	Tn	Tn
55	THOMPSON, Brus	39		M/W	Farmer	Tn	Va	Va
	Emma	24	Wife	F/W		Tn	Tn	Tn
	Erba	1	Son	M/W		Tn	Tn	Tn
56	DABBS, James	38		M/W	Farmer	Tn	Tn	Tn
	Sarah C.	38	Wife	F/W		Tn	Tn	Tn
	Mallie	12	Dau	F/W		Tn	Tn	Tn
	Henry G.	7	Son	M/W		Tn	Tn	Tn
	SWAN, Ida J.	12	St/Dau	F/W		Tn	Tn	Tn
	Ross L.	9	St/Son	M/W		Tn	Tn	Tn
57	COMBS, Tev (?)	28		M/W	Farmer	Tn	Tn	Tn
	Rosy A.	23	Wife	F/W		Tn	Tn	Tn
58	HALEY, George W.	62		M/W	Farmer	Tn	Tn	Tn
	Mary D.	61	Wife	F/W		Tn	Tn	Tn
	COMBS, Fannie	19	Dau	F/W		Tn	Tn	Tn
	Will	24	Son/Law	M/W	Farm Labor	Tn	Tn	Tn

No.	Name	Age	Rel. to Head	Sx/Race	Occupation	Birth of Person	Father	Mother
59	HALEY, Barney	22		M/W	Farmer	Tn	Tn	Tn
	Mary	22	Wife	F/W		Tn	Tn	Tn
	Lula M.	4	Dau	F/W		Tn	Tn	Tn
	Belle F.	2	Dau			Tn	Tn	Tn
60	DEBERRY, Mike	50		M/W	Farmer	Tn	Tn	Tn
	Malinda	43	Wife	F/W		Tn	Tn	Tn
	Mollie E.	22	Dau	F/W		Tn	Tn	Tn
	Nannie M.	17	Dau	F/W		Tn	Tn	Tn
	Sanda Anna	13	Dau	F/W		Tn	Tn	Tn
	Allie V.	8	Dau	F/W		Tn	Tn	Tn
	Gertie L.	5	Dau	F/W		Tn	Tn	Tn
61	MULLICAN, Jonathan	72		M/W	Farmer	Tn	Va	Tn
	Nancy	78	Wife	F/W		Ky	Ky	Ky
	Elizabeth	51	Dau	F/W		Tn	Tn	Ky
	MATHEWS, Mollie	29	Serv	F/W	Servant	Tn	Tn	Tn
62	HAMILTON, Isaac	35		M/W	Farmer	Tn	Tn	Tn
	Mary R.	35	Wife	F/w		Tn	Tn	Tn
	Harvey	12	Son	M/W	Farm Labor	Tn	Tn	Tn
	May A.	10	Dau	F/W		Tn	Tn	Tn
	Cora P.	5	Dau	F/w		Tn	Tn	Tn
63	LANCE, Eugene	33		M/W	Farmer	Tn	Tn	Tn
	Lucy	30	Wife	F/W		Tn	Tn	Tn
	Vance	10	Son	M/w	Farm Labor	Tn	Tn	Tn
	H. Clay E.	3	Son	M/W		Tn	Tn	Tn
	Hatten J.	1	Son	M/w		Tn	Tn	Tn
64	ROBERSON, George	38		M/W	Farmer	Tn	NC	Va
	Tennie	32	Wife	F/W		Tn	Tn	Tn
	Edna	11	Dau	F/W		Tn	Tn	Tn
	Ernest	9	Son	M/W		Tn	Tn	Tn
	Jesse H.	7	Son	M/W		Tn	Tn	Tn
	Clyde	2	Son	M/W		Tn	Tn	Tn
	Ida M.	4/12	Dau	F/W		Tn	Tn	Tn
65	HARRELL, Ma-----	25		M/W	Merchant	Tn	Tn	tn
	Jennie	22	Wife	F/W		Tn	Tn	Tn
	Ollie	2	Dau	F/W		Tn	Tn	Tn
66	CATES, James E	50		M/W	Farmer	NC	NC	NC
	Mary B.	25	Wife	F/W		Tn	NC	Tn
	Lillie M.	22	Dau	E/W		Tn	NC	Tn
	Bettie L.	11	Dau	F/W		Tn	NC	Tn
	Nat T.	8	Son	M/W		Tn	NC	Tn
	JAmes V.	2	Son	M/W		Tn	NC	Tn
	Gordon	4/12	Son	M/W		Tn	Tn	Tn
67	BAYLOR, James	39		M/W	Farmer	Tn	Tn	Tn
	Mattie	40	Wife	F/W		Tn	Tn	Tn
	Ollie	19	Son	M/W	Farm Labor	Tn	Tn	tn
	Myrtle	16	Dau	F/W		Tn	Tn	Tn

No.	Name	Age	Rel. to Head	Sx/Race	Occupation	Birth of Person	Father	Mother
	BAYLOR, Lula	8	Dau	F/W		Tn	Tn	Tn
	Mattie	1	Dau	F/W		Tn	Tn	Tn
	Mary	82	Mother	F/W		Tn	NC	NC
68	LANCE, Eddie	31		M/W	Miller	Tn	Tn	Tn
	Lillie	27	Wife	F/W		Tn	Tn	Tn
	PERRY, Emma	22	Sis/Law	F/W		Tn	Tn	Tn
69	LANCE, Joseph	25		M/W	Farmer	Tn	Tn	Tn
	Meda	21	Wife	F/W		Tn	Tn	tn
	Ester B.	1	Dau	F/W		Tn	Tn	Tn
	Clarence	6/12	Son	M/W		Tn	Tn	Tn
70	BARNES, Clarence	37		M/W	Farmer	Rn	Tn	Tn
	Matilda	35	Wife	F/W		Tn	Tn	Tn
	Edna	12	Dau	F/W		Tn	Tn	Tn
	Doyle	11	Son	M/W		Tn	Tn	Tn
	Willie	9	Dau	F/W		Tn	Tn	Tn
	BELL, John	3	Boarder	M/W		Tn	Tn	Tn
71	DAURING, George	40		M/W	Farmer	Tn	Tn	Tn
	Sophia	39	Wife	F/W		Tn	Tn	Tn
	Myrtle	13	Dau	F/W		Tn	Tn	Tn
	Bobbie	10	Son	M/W		Tn	Tn	Tn
	BELL, Flora	6	Boarder	F/W		Tn	Tn	Tn
72	BARNES, Walter	32		M/W	Farmer	Tn	Tn	Tn
	Emma	30	Wife	F/W		Tn	Tn	Tn
	Lela H.	11	DAu	F/W		Tn	Tn	Tn
	Alfred N.	10	Son	M/W		Tn	Tn	Tn
	Nallie	8	Dau	F/W		Tn	Tn	Tn
	Willie C.	6	Son	M/W		Tn	Tn	Tn
	James	4	Son	M/W		Tn	Tn	tn
	Jesse H.	2	Son	M/W		Tn	Tn	Tn
	EMERY, Will	32	Boarder	M/W	Farm Labor	Tn	Tn	Tn
73	DYER, Manuel	29		M/W	Farmer	Ohio	Ohio	Ohio
	Theresa	23	Wife	F/W		Tn	Tn	Tn
	James A.	7	Son	M/W		Tn	Ohio	Tn
	Mary E.	6	DAu	F/W		Tn	Ohio	Tn
	John S.	1	Son	M/W		Tn	Ohio	Tn
74	HENNESSEE, Mary A.	55		F/W	FArmer	Ohio	Pa	Ohio
	Della M.	16	DAu	F/W		Tn	Tn	Ohio
	Lillie J.	13	Dau	F/W		Tn	Tn	Ohio
	DYER, Frank	27	Son	M/W	Farm Labor	Ohio	Ohio	Ohio
	Lousota	20	Dau	F/W		Ohio	Ohio	Ohio
	Viola M.	19	Dau	F/W		Ohio	Ohio	Ohio
75	FUSTON, Martha T.	40		F/W	Farmer	Tn	Tn	SC
	Henry O.	10	Son	M/W		Tn	Tn	Tn
	JAmes L.	9	Son	M/W		Tn	Tn	Tn
	Willie	6	Son	M/W		Tn	Tn	Tn
	Mary R.	3	Dau	F/W		Tn	Tn	Tn
	LANCE, Eliza	79	Mother	F/W		SC	SC	SC

No.	Name	Age	Rel. to Head	Sx/Race	Occupation	Birth of Person-Father-Mother		
76	HOLT, Henderson	60		M/W	Farmer	Tn	Tn	Tn
	Jane L.	22	DAu	F/W		Tn	Tn	'Tn
	Jesse F.	18	Son	M/W	Farm Labor	Tn	Tn	Tn
	Walter W.	16	Son	M/W	Farm Labor	Tn	Tn	Tn
	Dillard	13	Son	M/W	Farm Labor	Tn	Tn	Tn
77	HERNDON, Sarah	59		F/W	FArmer	Tn	Tn	Tn
	James W.	26	Son	M/W	Farm Labor	Tn	Tn	tn
	Bob A.	23	Son	M/W	Farm Labor	Tn	Tn	tn
	Henry B.	17	Son	M/W		Tn	Tn	Tn
	Mary T.	24	Dau	F/w		Tn	Tn	Tn
78	ROBERSON, Thomas L.	44		M/W	Farmer	Tn	Tn	Tn
	Mollie L.	36	Wife	F/W		Tn	Tn	Tn
	Arthur	18	Son	M/W	Farm Labor	Tn	Tn	Tn
	Howard	16	son	M/W	Farm Labor	Tn	Tn	Tn
	Cleo G.	12	Dau	F/W		Tn	Tn	Tn
	Mary M.	21	Dau/Law	F/W		Tn	Tn	Tn
79	DAVENPORT, Amos	49		M/W	FArmer	Tn	Tn	Tn
	Lockie	51	Wife	F/W		Tn	Tn	Tn
	JAmes	23	Son	M/W	FArm Labor	Tn	Tn	Tn
	Collie	20	Son	M/W	FArm Labor	Tn	Tn	Tn
	Minnie	26	Dau	F/W		Tn	Tn	Tn
	Lula R.	5	Gr/Dau	F/W		Tn	Tn	Tn
80	HENNESSEE, Waymon	55		M/W	Farmer	Tn	NC	Tn
	Sarah	57	Wife	F/W		Tn	Ky	Tn
	John	24	Dau	F/W		Tn	Tn	Tn
	Myrtle	15	Dau	F/W		Tn	Tn	Tn
	WILLIAMS, Waymon	20	Nephew	M/W	FArm Labor	Tn	Tn	Tn
	FENNELL, Martha	58	Sister	F/W		Tn	NC	Tn
81	SNIPES, Charley	72		M/W		Tn	NC	NC
	Margaret	67	Wife	F/W		Tn	Ky	Ky
	Geneva	39	DAu	F/W		Tn	Tn	Tn
	Callie	34	Dau	F/W		Tn	Tn	Tn
	Josie F.	26	Dau	F/W		Tn	Tn	Tn
	George	22	Son	M/W	Farm Labor	Tn	Tn	Tn
	JAmes H.	20	Son	M/W	Farm Labor	Tn	Tn	Tn
82	WARE, Charles	56		M/Bl	Farmer	Tn	Tn	Va
	Millie	43	Wife	F/Bl		Tn	Tn	Tn
	Gummie (?)	24	Son	M/Bl	Farm Labor	Tn	Tn	Tn
	Maude	12	Dau	F/Bl		Tn	Tn	Tn
	Charlie J.	11	Son	M/Bl		Tn	Tn	Tn
	Clara	7	Dau	F/Bl		Tn	Tn	Tn
83	YOUNG, Jack	25		M/W	Wood Chopper	Tn	Tn	Tn
	Victory	38	Wife	F/W		Tn	Tn	Tn
	BATES, Robert H.	12	St/Son	M/W	Wood Chopper	Tn	Tn	Tn
	JAmes A.	9	St/Son	M/W		Tn	Tn	Tn
	Alvin	6	St/Son	M/W		Tn	Tn	Tn

No.	Name	Age	Rel. to Head	Sx/Race	Occupation	Birth of Person-Father-Mother		
84	YORK, Henry	45		M/W	Farmer	NC	TN	Tn
	Mary D.	38	Wife	F/W		Tn	Tn	'Tn
85	MAZY, Waymon	22		M/W	Carpenter	Tn	Tn	Tn
	Lillie	26	Wife	F/W		Tn	Tn	Tn
	SMITH, Annie B.	5	St/Dau	F/W		Tn	Tn	Tn
86	SIMPSON, Will M.	62		M/W	Farmer	Tn	Tn	Tn
	Vesta	53	Wife	F/W		Tn	Tn	Tn
	Vesta B.	31	Dau	F/W		Tn	Tn	Tn
	Clary E.	21	Dau	F/W		Tn	Tn	Tn
	Josie	15	Dau	F/W		Tn	Tn	Tn
Twins	Jesse	15	Son	M/W	Farm Labor	Tn	Tn	Tn
	MELTON, Manda	27	Dau	F/W		Tn	Tn	Tn
	Charley	6	Gr/Son	M/W		Tn	Tn	Tn
	CARSON, Nancy	16	St/DAu	F/W		Tn	Tn	Tn
87	MEDLEY, Joseph	56		M/W	Farmer	Tn		Tn
	Elley	35	Wife	F/W		Tn	Tn	Tn
	Mallie	28	Dau	F/W		Tn	Tn	Tn
	Tommie	18	Son	M/W	Farm Labor	Tn	Tn	Tn
	Emma	12	Dau	F/W		Tn	Tn	Tn
	Bessie	10	Dau	F/W		Tn	Tn	Tn
	Hassie	8	Dau	F/W		Tn	Tn	Tn
	Flora	6	Dau	F/W		Tn	Tn	Tn
	Charley	4	Son	M/W		Tn	Tn	Tn
	Joseph	2	Son	M/W		Tn	Tn	Tn
	PENNINGTON, Jettie	14	St?dau	F/W		Tn	Tn	Tn
88	YORK, Will	38		M/W	Farmer	Tn	NC	NC
	Charlottie	36	Wife	F/W		Tn	Tn	Tn
	Novella	14	Dau	F/w		Tn	Tn	tn
	Willie A.	12	Son	M/W		Tn	Tn	Tn
	Myrtle B.	10	Dau	F/W		Tn	Tn	Tn
	Henry F.	7	Son	M/W		Tn	Tn	Tn
	SNIPES, Lon P.	56	Boarder	M/W	Printer	NC	NC	NC
89	SHOCKLEY, Ed	32		M/W	Teacher	Tn	Tn	Tn
	Nannie	29	Wife	F/W	Teacher	Tn	Tn	Tn
	Vivian	8	Dau	F/W		Tn	Tn	Tn
	WALLING, Jevice	36	Bro/Law	M/W	Farmer	Tn	Tn	Tn
90	WALLING, Sam D.	34		M/W	FArmer	Tn	Tn	Tn
	Aldenia	32	Wife	F/W		Tn	Tn	Tn
	Effie	9	Dau	F/W		Tn	Tn	Tn
	Nettie	4	Dau	F/W		Tn	Tn	Tn
91	BROWN, John	49		M/Bl	Farmer	Tn	Tn	Tn
	Belle	40	Wife	F/Bl		Tn	Tn	Tn
	Lee R.	19	Son	M/Bl	Farm Labor	Tn	Tn	Tn
	Anna B.	16	Dau	F/Bl		Tn	Tn	Tn
	Bessie T.	14	Dau	F/Bl		Tn	Tn	Tn
	Tommie	8	Son	M/Bl		Tn	t	Tn
	Herva	6	Son	M/Bl		Tn	Tn	Tn

No.	Name	Age	Rel. to Head	Sx/Race	Occupation	Birth of Person	Father	Mother
	BROWN, James	4	Son	M/Bl		Tn	Tn	,Tn
	Monica	1	Dau	F/Bl		Tn	Tn	Tn
92	MORFORD, Flora	38		F/Bl		Tn	Tn	Tn
	Drue	17	Son	M/Bl	Farm Labor	Tn	Tn	Tn
	Belle	11	Dau	F/Bl		Tn	Tn	Tn
	Olival	9	Dau	F/Bl		Tn	Tn	Tn
	Arthur	8	Son	M/Bl		Tn	Tn	Tn
	McKinley	4	Son	M/Bl		Tn	Tn	Tn
	Charley	2	Son	M/Bl		Tn	Tn	Tn
93	HAMMER, Hampton	50		M/W	Farmer	Tn	Tn	NC
	Mattie	34	Wife	F/W		Tn	Tn	Tn
	Frank	12	Son	M/W	Farmer	Tn	Tn	Tn
	Bedford	78	Father	M/W	Farmer	Tn	NC	NC
94	MELTON, James	18		M/W	Farmer	Tn	Tn	Tn
	Sidna	18	Wife	F/W		Tn	Tn	Tn
	Willie L.	15	Brother	M/W	Farm Labor	Tn	Tn	Tn
	Minnie E.	12	Sister	F/W		Tn	Tn	Tn
	Mallie	47	Mother	F/W		Tn	Tn	
	SMITH, Lee R.	24	Bro/Law	M/W	Farm Labor	Tn	Tn	Tn
	Pheba	23	Sister	F/W		Tn	Tn	Tn
95	CHRISTIAN, Isaac	36		M/W	Farmer	Tn	Tn	Tn
	Sallie	27	Wife	F/W		Tn	Tn	Tn
	Raborn	8	Son	M/W		Tn	Tn	Tn
	Nancy	5	Dau	F/W		Tn	Tn	Tn
	Miles F.	3	Son	M/W		Tn	Tn	Tn
	William B.	11/12	Son	M/W		Tn	Tn	Tn
96	RIGSBY, Nelson	49		M/W	Farmer	Tn	Tn	Tn
	Mary	42	Wife	F/W		Tn	Tn	Tn
	Claud	18	Son	M/W	Farm Labor	Tn	Tn	Tn
	John R.	13	Son	M/W	Farm Labor	Tn	Tn	tn
	Lizza A.	11	Dau	F/W		Tn	Tn	Tn
	George	9	Son	M/W		Tn	Tn	Tn
	Ernest	7	Son	M/W		Tn	Tn	Tn
	Robert	5	Son	M/W		Tn	Tn	Tn
97	LANCE, Julett	56			Farmer	Tn	Pa	Pa
	Florence	18	Dau	F/W		Tn	Tn	Tn
	George	15	Son	M/W	Farm Labor	Tn	Tn	Tn
98	LANCE, Charles	25		M/W	Farmer	Tn	Tn	Tn
	Josie	24	Wife	F/W		Tn	Tn	Tn
	Herbert	3	Son	M/W		Tn	Tn	Tn
99	LANCE, James A.	58		M/W	Farmer	Tn	Tn	Tn
	Martha J.	58	Wife	F/W		Tn	Pa	Tn
	NORTHCUTT, Wat	17	Serv	M/W	Farm Labor	Tn	Tn	Tn
100	DAVENPORT, Major	26		M/W	Farmer	Tn	Tn	Tn
	Mary E.	23	Wife	F/W		Tn	Tn	Tn
	Clara	1	Dau	F/W		Tn	Tn	Tn

No.	Name	Age	Rel. to Head	Sx/Race	Occupation	Birth of Person	Father	Mother
101	LANCE, Claud	20		M/W	Farmer	Tn	Tn	,Tn
	Ada M.	25	Wife	F/W		Tn	Tn	Tn
	Otha A.	8	Dau	F/W		Tn	Tn	Tn
	Bertha	7	Dau	F/W		Tn	Tn	Tn
102	WILLIAMSON, Henry	43		M/W	Farmer	Tn	Tn	Tn
	Bettie	38	Wife	F/W		Tn	Tn	Tn
	Oscar	20	Son	M/W	Farmer	Tn	Tn	Tn
	Joseph N.	17	Son	M/W	Farm Labor	Tn	Tn	Tn
	Nannie	14	Dau	F/W		Tn	Tn	Tn
	Ida M.	12	Dau	F/W		Tn	Tn	Tn
	Wesley J.	9	Son	M/W		Tn	Tn	Tn
	Ethel S.	6	Dau	F/W		Tn	Tn	Tn
	Ella	3	DAu	F/W		Tn	Tn	Tn
	Baby	1/12	Dau	F/W		Tn	Tn	Tn
103	JONES, Will	29		M/W	Farmer	Tn	Tn	Tn
	Bettie	23	Wife	F/W		Tn	Tn	Tn
	Ollie	9	Dau	F/W		Tn	Tn	Tn
	Etta	4	Dau	F/W		Tn	Tn	Tn
103	CARR, Jane	75		M/W	Not	Tn	Irel	Tn
	BENETT, Susan B.	33	Dau	F/W	Given	Tn	Tn	Tn
	CARR, John N.	9	Gr/Son	M/W		Tn	Tn	Tn
105	CARR, John	50		M/W	Farmer	Ky	Tn	Tn
	James L.	21	Son	M/W	Farmer	Tn	Ky	Tn
	Bettie A.	19	Dau	F/W		Tn	Ky	Tn
	Mary S.	17	Dau	F/W		Tn	Ky	Tn
	Lucy R.	15	Dau	F/W		Tn	Ky	Tn
Twins {	Oscar T.	13	Son	M/W	Farm Labor	Tn	Ky	Tn
{	Otis L.	13	Son	M/W	Farm Labor	Tn	Ky	Tn
106	LANCE, James	65		M/W	Farmer	Tn	Tn	Tn
	Marie	60	Wife	F/W		Tn	Pa	Tn
	Matilda	18	Dau	F/W		Tn	Tn	Tn
107	MASON, Charley	45		M/W	Farmer	Tn	Tn	Tn
	Minnie	9	Dau	F/W		Tn	Tn	Tn
108	CAMPBELL, Claton	48		M/W	Farmer	Tn	Tn	Tn
	Anna	47	Wife	F/W		Tn	Tn	Tn
	Josie	27	Dau	F/W		Tn	Tn	Tn
	Hallie	22	Dau	F/W		Tn	Tn	Tn
	Della B.	17	Dau	F/W		Tn	Tn	Tn
	Alice M.	14	Dau	F/W		Tn	Tn	Tn
	Robert	9	Son	M/W		Tn	Tn	Tn
	LANCE, Fred	5	Gr/Son	M/W		Tn	Tn	Tn
109	MUNCY, Eligah	67		M/W	Farmer	Tn	Tn	Tn
	Mary C.	52	Wife	F/W		Tn	Tn	Tn
	CAMPBELL, Hesper	18	Serv	F/W		Tn	Tn	Tn

No.	Name	Age	Rel. to Head	Sx/Race	Occupation	Birth of Person-Father-Mother		
110	MUNCY, Hatten	27		M/W	Farmer	Tn	Tn	,Tn
	Mollie	26	Wife	F/W		Tn	Tn	Tn
	Mary L.	1	Dau	F/W		Tn	Tn	Tn
111	BELL, Babe	25		M/W	Farmer	Tn	Tn	Tn
112	FLYNN, James	28		M/W	Farm Labor	Tn	Tn	Tn
	Tennie	22	Wife	F/W		Tn	Tn	Tn
	Nettie M.	5	Dau	F/W		Tn	Tn	Tn
	Hassie	2	Dau	F/W		Tn	Tn	Tn
113	OLIVER, Dick	38		M/W	Farmer	Tn	Tn	Tn
	Maggie	28	Wife	F/W		Tn	Tn	Tn
	Luther C.	11	Son	M/W		Tn	Tn	Tn
	Robert	9	Son	M/W		Tn	Tn	Tn
	James M.	7	Son	M/W		Tn	Tn	Tn
	Lillie	4	Dau	F/W		Tn	Tn	Tn
	Stella	1	Dau	F/W		Tn	Tn	Tn
114	DAVIS, John	58		M/W	Farmer	Tn	Tn	Tn
	Mary	55	Wife	F/W		Tn	Tn	Tn
	Lizia	29	Dau	F/W		Tn	Tn	Tn
	John	21	Son	M/W	Farm Labor	Tn	Tn	Tn
	George W.	15	Son	M/W	Farm Labor	Tn	Tn	Tn
	Andrew J.	12	Son	M/W	Farm Labor	Tn	Tn	Tn
	Vlear L.	10	Dau	F/W		Tn	Tn	Tn
115	FLYNN, Jane	54		M/W	Farmer	Tn	Tn	Tn
	Myrta	21	Son	M/W	Farmer	Tn	Tn	Tn
	Nora	19	Dau	F/W		Tn	Tn	Tn
116	CAMPBELL, Charley	25		M/W	FArmer	Tn	Tn	Tn
	Peggie	19	Wife	F/W		Tn	Tn	Tn
117	LANCE, James	65		M/W	FArmer	Tn	Tn	Tn
	Bettie W.	54	Wife	F/W		Tn	Tn	Tn
	Ida E.	27	Dau	F/W		Tn	Tn	Tn
	Theresa A.	25	Dau	F/W		Tn	Tn	Tn
	Mary G.	22	Dau	F/W		Tn	Tn	Tn
118	LANCE, Joseph	61		M/W	Farmer	Tn	NC	Tn
	Ellen	57	Wife	F/W		Tn	Tn	Tn
	YOUNGBLOOD, Ben	65	Bro/Law	M/W	Farmer	Tn	Ga	NC
	Joseph	22	Nephew	M/W	Farm Labor	Tn	Tn	Tn
	Dasie	19	Niece	F/W		Tn	Tn	Tn
119	NUNLEY, Tullie O.	23		M/W	FArmer	Tn	Tn	Tn
	May	18	Wife	F/W		Tn	Tn	Tn
120	LANCE, Henry	41		M/W	Farmer	Tn	Tn	Tn
	America	35	Wife	F/W		Tn	Tn	Tn
	Alec W.	14	Son	M/W	Farmer	Tn	Tn	Tn

No.	Name	Age	Rel. to Head	Sx/Race	Occupation	Birth of Person-Father-Mother		
	LANCE, Jane L.	12	Dau	F/W		Tn	Tn	,Tn
	Calvin H.	9	Son	M/W		Tn	Tn	Tn
	Matilda A.	8	Dau	F/W		Tn	Tn	Tn
	Mary A.	5	Dau	F/W		Tn	Tn	Tn
	Maggie E.	1	Dau	F/W		Tn	Tn	Tn
121	LUTRELL, Peter	82		M/W	Farmer	Tn	NC	NC
	Mary	77	Wife	F/W		Tn	NC	NC
	PENNINGTON, Charley	23	Gr/Son	M/W	Farmer	Tn	Tn	Tn
122	TAYLOR, Ben T.	53		M/W	Farmer	Tn	Tn	Tn
	Thomas	21	Son	M/W	FArmer	Tn	Tn	Tn
	Jacob	17	Son	M/W	Farmer	Tn	Tn	Tn
	Dury L.	15	Son	M/W	Farmer	Tn	Tn	Tn
	John C.	12	Son	M/W	Farmer	Tn	Tn	Tn
	Rochell	9	Dau	F/W		Tn	Tn	Tn
	Dee L.	7	Son	M/W		Tn	Tn	Tn
123	WHITLOCK, Sam	75		M/W		Tn	Tn	Tn
124	SCOTT, Mort	45		M/W	Farmer	Tn	Tn	tn
	Adaline	34	Wife	F/W		Tn	Tn	Tn
	John	16	Son	M/W	Farm Labor	Tn	Tn	Tn
	Henry	14	Son	M/W	Farm Labor	Tn	Tn	Tn
	Marshall	12	Son	M/W	Farm Labor	Tn	Tn	Tn
	Hattie	9	Dau	F/W		Tn	Tn	Tn
	Floyd	7	Son	M/W		Tn	Tn	Tn
	Etta	2	Dau	F/W		Tn	Tn	Tn
125	DAVIS, John	52		W/M	Farmer	Ind	Pa	Pa
	Sallie E.	49	Wife	F/W		Va	Va	Va
	Alvin M.	23	Son	M/W	Farmer	Ind	Ind	Va
	Mable	18	Dau	F/W		Mo	Ind	Va
	Laura	15	Dau	F/W		Mo	Ind	Va
	Tazewell	8	Son	M/W		Ind	Ind	Va
126	BROOKS, Willie	52		M/W	Farmer	Va	Va	Va
	Nancy	51	Wife	F/W		Ind	Tn	Tn
127	WALLACE, David	54		M/W	Farmer	Kt	Tn	Ky
	Mahala A.	55	Wife	F/W		Ky	Tn	Ky
	James	82	Father	M/W	Farmer	Tn	SC	Ve
128	LANCE, Tillford	49		M/W	FArmer	Tn	Tn	Tn
	Susan	44	Wife	F/W		Tn	Tn	Tn
	Vinson	13	Son	M/W	Farm Labor	Tn	Tn	Tn
	Anson	10	Son	M/W		Tn	Tn	Tn
	Nona	7	Dau	F/W		Tn	Tn	Tn
	Jasper	4	Son	M/W		Tn	Tn	Tn
	Joe B.	1	Son	M/W		Tn	Tn	Tn
129	LANCE, Edgar	19		M/W	Farmer	Tn	Tn	Tn
	Florence	20	Wife	F/W		Tn	Tn	Tn
	Robert	10/12	Son	M/W		Tn	Tn	Tn

No.	Name	Age	Rel. to Head	Sx/Race	Occupation	Birth of Person	Father	Mother
130	BATES, Ridley	66		M/W	Farmer	Tn	Tn	,Tn
	Mary E.	56	Wife	F/W		Tn	Tn	Tn
	Robert	33	Son	M/W	Farmer	Tn	Tn	Tn
	Benjamin	29	Son	M/W	Farmer	Tn	Tn	Tn
	Louella	26	Dau	F/W		Tn	Tn	Tn
	Lucy M.	17	Dau	F/W		Tn	Tn	Tn
131	AKERS, John	33		M/W	Farmer	Tn	Tn	Tn
	Lucy	29	Wife	F/W		Tn	Tn	Tn
	Ross J.	13	Son	M/W	Farm Labor	Tn	Tn	Tn
	Kezzie M.	11	Dau	F/W		Tn	Tn	Tn
	Lona G.	9	Dau	F/W		Tn	Tn	Tn
	Jimmie E.	5	Dau	F/W		Tn	Tn	Tn
	William S.	3	Son	M/W		Tn	Tn	Tn
	Ruby	1	Dau	F/W		Tn	Tn	Tn
132	JORDAN, Albert	34		M/W	Farmer	Tn	Tn	Tn
	Florence	26	Wife	F/W		Tn	Tn	Tn
	Robert	7	Son	M/W		Tn	Tn	Tn
	Roy	6	Son	M/W		Tn	Tn	Tn
	Willie	4	Son	M/W		Tn	Tn	Tn
	Lillie M.	2	DAu	F/W		Tn	Tn	Tn
	Claud D.	11/12	Son	M/W		Tn	Tn	Tn
133	LUTRELL, Charles	42		M/W	Farmer	Tn	Tn	Tn
	Lula	18	Dau	F/W		Tn	Tn	Tn
	Mable	16	Dau	F/W		Tn	Tn	Tn
	Edward	14	Son	m/W		Tn	Tn	Tn
	Roy	9	Son	M/W		Tn	Tn	Tn
134	BISHOP, William	41		M/W	Not Given	Tn	NC	Tn
	Nannie	38	Wife	F/W		Tn	Tn	Tn
	Jesse H.	14	Son	M/W		Tn	Tn	Tn
	William A.	10	Son	M/W		Tn	Tn	Tn
	GREER, Sintha	14	Serv	F/W	Servant	Tn	Tn	Tn
135	PHILLIPS, Plas (?)	28		M/W	Farm Labor	Tn	Tn	Tn
	Dosa	25	Wife	F/W		Tn	Tn	Tn
	Mattie	5	Dau	F/W		Tn	Tn	Tn
	Emily	2	Dau	F/W		Tn	Tn	Tn
136	TITTLE, Elzie	35		M/W	Farmer	Tn	Tn	Tn
	Callie	19	Wife	F/W		Tn	Tn	Tn
	Tommie	12	Son	M/W	Farm Labor	Tn	Tn	Tn
	Lizie	11	Dau	F/W		Tn	Tn	Tn
	Rosie	10	Dau	F/W		Tn	Tn	Tn
	Cordia	8	Dau	F/W		Tn	Tn	Tn
	Callie	5	Dau	F/W		Tn	Tn	Tn
137	HUBBARD, John	55		M/W	Farmer	Tn	Va	Tn
	Martha	54	Wife	F/W		Tn	Tn	Tn
138	HOLLAND, James W.	50		M/W		Tn	Tn	Tn
	Sarah	44	Wife	F/W		Tn	Tn	Tn
	Casville	16	Son	M/W		Tn	Tn	Tn

No.	Name	Age	Rel. to Head	Sx/Race	Occupation	Birth of Person	Father	Mother
	HOLLAND, Della	14	Dau	F/W		Tn	Tn	,Tn
	Susan	8	Dau	F/W		Tn	Tn	Tn
	Jennie	5	Dau	F/W		Tn	Tn	Tn
139	TOLBERT, Newton	33		M/W	Farmer	Tn	Va	Tn
	Martha	24	Wife	F/		Tn	Tn	Tn
	Virginia	5	Dau	F/W		Tn	Tn	Tn
	Flora E.	3	Dau	F/W		Tn	Tn	Tn
	William	7/12	Son	M/W		Tn	Tn	Tn
	LEWIS, Elizabeth	67	Mother	F/W		Tn	Va	Va
140	OWENS, Willie	21		M/W	Farmer	Tn	Tn	Tn
	Hallie	19	Wife	F/W		Tn	Tn	Tn
	Colonel	7/12	Son	M/W		Tn	Tn	Tn
141	DEBERRY, Henry E.	66		M/W	FArmer	Tn	Tn	Tn
	Annie	65	Wife	F/W		Tn	Tn	Tn
142	DEBERRY, John	25		M/W	Farmer	Tn	Tn	tn
	Flora	22	Wife	F/W		Tn	Tn	Tn
	Letha M.	5	Dau	F/W		Tn	Tn	Tn
	Evert	3	Son	M/W		Tn	Tn	Tn
	Bertha	1	Dau	F/W		Tn	Tn	Tn
143	MARTIN, Henry	41		M/W	FArmer	Tn	Tn	Tn
	Lou F.	38	Wife	F/W		Tn	Tn	Tn
	William	16	Son	M/W	FArm Labor	Tn	Tn	Tn
	Hattie B.	14	Dau	F/W		Tn	Tn	Tn
	Pearl	12	Dau	F/W		Tn	Tn	Tn
	Zeb B.	10	Son	M/W		Tn	Tn	Tn
	Mattie H.	8	Dau	F/W		Tn	Tn	Tn
144	NEWBY, Willy	21		M/W	??	Tn	Tn	Tn
	Ethel	21	Wife	F/W		Tn	Tn	Tn
	Katie	4/12	Dau	F/W		Tn	Tn	Tn
144	BLAIR, John	36		M/W	FArmer	Tn	Tn	Tn
	Ida	26	Wife	F/W		Tn	Tn	Tn
	Andy	6	Son	M/W		Tn	Tn	Tn
	Freland	8/12	Son	M/W		Tn	Tn	Tn
146	EDGE, Robert	43		M/W	Merchant	Tn	Tn	Tn
	Martha A.	43	Wife	F/W		Tn	Tn	Tn
	Zebedee S.	19	Son	M/W	Farm Labor	Tn	Tn	Tn
	Joseph M.	16	Son	M/W		Tn	Tn	Tn
	Mary A.	14	Dau	F/W		Tn	Tn	Tn
	Colonel B.	10	Son	M/W	Farm LAbor	Tn	Tn	Tn
	Ransom	8	Son	M/W		Tn	Tn	Tn
	Bettie	45	Sister	F/W		Tn	Tn	Tn
147	HOLDER, Bernard	34		M/W	Farmer	Tn	SC	Tn
	Mattie	29	Wife	F/W		Tn	Tn	Tn

No.	Name	Age	Rel. to Head	Sx/Race	Occupation	Birth of Person-Father-Mother		
148	BALEY, Mary	57		F./W	Farmer	Tn	Tn	NC
	Tolbert	29	Son	M/W		Tn	Tn	Tn
	Abby	22	Dau/Law	F/W		Tn	Tn	Tn
	Schyler	1	Gr/Son	M/W		Tn	Tn	Tn
149	SMITH, Sam	62		M/W	Farmer	Tn	Tn	Tn
	Sarah	46	Wife	F/W		Tn	Tn	Tn
	Will	32	Son	M/W	Mailman	Tn	Tn	Tn
	Monroe	15	Son	M/W	Farm Labor	Tn	Tn	Tn
	Hershell	3	Son	M/W		Tn	Tn	Tn
150	BRATCHER, Sam	39		M/W	Farmer	Tn	Tn	Tn
	Lillie	26	Wife	F/W		Tn	Tn	Tn
	Joe	16	Son	M/W	Farm Labor	Tn	Tn	Tn
	Callie	13	Dau	F/W		Tn	Tn	Tn
	Dee	11	Dau	F/W		Tn	Tn	Tn
	Nellie	6	Dau	F/W		Tn	Tn	Tn
	Samuel	5	Son	M/W		Tn	Tn	Tn
	Stella	8/12	DAu	F/W		Tn	Tn	Tn
151	CAMPBELL, Will	36		M/W	Farmer	Tn	Tn	Tn
	Lucy	41	Wife	F/W		Tn	Tn	Tn
	Oscar	11	Son	M/W	Farm Labor	Tn	Tn	Tn
	Hassie	8	Dau	F/W		Tn	Tn	Tn
	Ova	6	Dau	F/W		Tn	Tn	Tn
	Frona	1	Dau	F/W		Tn	Tn	Tn
152	CAMPBELL, Martha	80		F/W	Farmer	Tn	Tn	Tn
	BAILEY, Pearl	41	Dau/Law	F/W		Tn	Tn	Tn
	Arthur	13	Gr/Son	M/W	Farm Labor	Tn	Tn	Tn
	Dollie	10	Gr/Dau	F/W		Tn	Tn	Tn
	Thomas V.	5	Gr/Son	M/W		Tn	Tn	Tn
153	WILSON, James A.	39		M/W	Farm Labor	Tn	Tn	Tn
	Mattie	29	Wife	F/W		Tn	Tn	Tn
	Ellen	11	Dau	F/W		Tn	Tn	Tn
	Bettie	8	Dau	F/W		Tn	Tn	Tn
	Herman	5	Son	M/W		Tn	Tn	Tn
	Hobert	2	Son	M/W		Tn	Tn	Tn
154	JORDAN, James A.	53		M/W	Farmer	Tn	Tn	Tn
	Sarah	51	Wife	F/W		Tn	Tn	Tn
	David M.	24	Son	M/W	Farm Labor	Tn	Tn	Tn
	Mary F.	23	Dau	F/W		Tn	Tn	Tn
	James	18	Son	M/W	Farm Labor	Tn	Tn	Tn
	Ida L.	12	Dau	F/W		Tn	Tn	Tn
	Tommie	10	Son	M/W		Tn	Tn	Tn
	Martha	7	Dau	F/W		Tn	Tn	Tn
155	CLARK, George	57		M/W	Farmer	Tn	Va	Va
	Caroline	48	Wife	F/W		Tn	Ga	Tn
	Louis	5	Son	M/W		Tn	Tn	Tn
	Nettie P.	8	Dau	F/W		Tn	Tn	Tn
	Benjamin	5	Son	M/W		Tn	Tn	Tn
156	ROGERS, Eligah	53		M/W	Farmer	Ark	Tn	Tn
	Laura A.	48	Wife	F/W		Tn	Tn	Tn
	Lina	15	Dau	F/W		Tn	Ark	Tn
	Charley	12	Son	M/		Tn	Ark	Tn
	Luther	5	Son	M/W		Tn	Ark	Tn
157	PIGG, William	47		M/W	Farmer	Mo	Tn	Tn
	Annie	43	Wife	F/W		Ky	Tn	Tn
	Cora	11	Dau	F/W		Tn	Mo	Ky
	Bula	8	Dau	F/W		Tn	Mo	Ky
158	WILLIAMS, Newton	28		M/W	Farmer	Tn	Tn	Tn
	Nannie	25	Wife	F/W		Tn	Tn	Tn
	Lula M.	6	Dau	F/W		Tn	Tn	Tn
	Lizzie	4	Dau	F/W		Tn	Tn	Tn
	Myrtle	3	Dau	F/W		Tn	Tn	Tn
	Elma	9/12	Dau	F/W		Tn	Tn	Tn
159	CAMPBELL, Victor (?)	58		M/W	Farmer	Tn	Tn	Tn
	Sarah	56	Wife	F/w		Tn	Tn	Tn
	WALKER, Susan	71	Boarder	F/W		Tn	Tn	Tn
160	HALEY, Alec	40		M/W	Farmer	Tn	Tn	Tn
	Narcissie	34	Wife	F/W		Tn	Tn	Tn
	Venie	13	Dau	F/W		Tn	Tn	Tn
	Ina	10	Dau	F/W		Tn	Tn	Tn
	Grover	8	Son	M/W		Tn	Tn	Tn
161	ADKINS, James L.	38		M/W	Farmer	Tn	Tn	Tn
	Laura	31	Wife	F/W		Tn	Tn	Tn
	Luther H.	9	Son	M/W		Tn	Tn	Tn
	James P.	5	Son	M/W		Tn	Tn	Tn
	Hattie	3	Dau	F/W		Tn	Tn	Tn
	John C.	7/12	Son	M/W		Tn	Tn	Tn
162	HALE, George H.	37		M/W	Farmer	Tn	Tn	Tn
	Ella	33	Wife	F/W.		Tn	Tn	Tn
	Jesse W.	14	Son	M/W	Farm Labor	Tn	Tn	Tn
	Mattie	12	Dau	F/W		Tn	Tn	Tn
	Lillie	8	Dau	F/W		Tn	Tn	Tn
163	WILLIAMS, Brown	27		M/W	Farmer	Tn	Tn	Tn
	Minnie	19	Wife	F/W		Tn	Tn	Tn
	George	6.12	Son	M/W		Tn	Tn	Tn
164	HENDERSON, Thomas	36		M/W	Farmer	Tn	Tn	Tn
	Sarah E.	35	Wife	F/W		Tn	Tn	Tn
	Robert	9	Son	M/W		Tn	Tn	Tn
	Lillie M.	7	Dau	F/W		Tn	Tn	Tn
	James	2	Son	M/W		Tn	Tn	Tn
165	STEMBRIDGE, John	43		M/W	Farmer	Tn	Tn	Tn
	Mary	35	Wife	F/W		Tn	Tn	Tn
	William	28	Son	M/W	Farmer	Tn	Tn	Tn

No.	Name	Age	Rel. to Head	Sx/Race	Occupation	Birth of Person-Father-Mother		
	STEMBRIDGE, Bettie	9	Dau	F/W		Tn	Tn	Tn
	Martha	6	Dau	F/W		Tn	Tn	Tn
	Ellen	3	DAu	F/W		Tn	Tn	Tn
	Hattie	27	Dau/Law	F/W		Tn	Tn	Tn
	John H.	5	Dau	F/W		Tn	Tn	Tn
	Jennie	4	Dau	F/W		Tn	Tn	Tn
	Tim	7/12	Son	M/W		Tn	Tn	Tn
166	WILLIAMSON, Mary	55		F/W	FArmer	Tn	Tn	Tn
	Fayette	19	Son	M/W	Farmer	Tn	Tn	Tn
167	KIRBY, William	52		M/W	Farmer	Tn	Tn	Tn
	Mary	24	Wife	F/W		Tn	Tn	Tn
	Lizzie	8	Dau	F/W		Tn	Tn	Tn
	William G.	6	Son	M/W		Tn	Tn	Tn
	Martha S.	3	Dau	F/		Tn	Tn	Tn
168	GIBSON, Joseph	44		M/W	Farmer	Tn	Tn	Tn
	Nancy M.	44	Wife	F/W		Tn	Tn	Tn
	John D.	22	Son	M/W	Teacher	Tn	Tn	Tn
	Cleveland	10	Son	M/W		Tn	Tn	Tn
	Eva C.	7	Dau	F/W		Tn	Tn	Tn
169	CAMPBELL, James	34		M/W	Farmer	Tn	Tn	Tn
	Allie	22	Wife	F/W		Tn	Tn	Tn
	Vinson	5	Son	M/W		Tn	Tn	Tn
	Mary	22	Dau	F/W		Tn	Tn	Tn
170	HIGGINBOTHAM, Joe	52		M/W	Farmer	Pa	Pa	Pa
	Matilda	49	Wife	F/W		Tn	Tn	Tn
	Elmer	17	Son	M/W	Farm Labor	Tn	Pa	Tn
171	WINNETT, Frank	39		M/W	Farmer	Tn	Tn	Tn
	Willie C.	17	Son	M/W	Farm Labor	Tn	Tn	Tn
	Elizy	16	Dau/Law	F/W		Tn	Tn	Tn
	Jesse	15	Son	M/W	Farm Labor	Tn	Tn	Tn
	Adam J.	13	Son	M/W	Farm Labor	Tn	Tn	Tn
	Alex O.	10	Son	M/W	Farm Labor	Tn	Tn	Tn
	BELL, Hardy	27	Son/Law	M/W	Farm Labor	Tn	Tn	Tn
	Lou E.	18	Dau	F/W		Tn	Tn	Tn
	GILLIE, Martha	72	Mother/Law	F/W		Tn	Va	Va
172	MARCUM, Isaiah	33		M/W	Farmer	Tn	Tn	Tn
	Addie	27	Wife	F/W		Tn	Tn	Tn
	Nollie	13	Son	M/w	Farm Labor	Tn	Tn	Tn
	Johnnie	10	Son	M/W		Tn	Tn	Tn
	Robert	9	Son	M/W		Tn	Tn	Tn
	Henry	6	Son	M/W		Tn	Tn	Tn
	Nile	4	Son	M/W		Tn	Tn	Tn
	Tillie	2	Son	M/W		Tn	Tn	Tn
	MITCHELL, Mary	47	Mother/Law	F/W		Tn	Tn	Tn
	RIGSBY, Betsy	68	Gr/Mot/Law	F/W		Tn	Tn	Tn
173	FREED, John M.	51		M/W	FArmer	Tn	Tn	Tn
	Matilda	57	Wife	F/W		Tn	Tn	Tn

No.	Name	Age	Rel. to Head	Sx/Race	Occupation	Birth of Person-Father-Mother		
	FREED, Charley	19	Son	M/W	Farmer	Tn	Tn	Tn
	Emma	22	Dau/Law	F/W		Tn	Tn	Tn
174	BLAIR, John M.	82		M/W	Farmer	NC	NC	NC
	Sarah	67	Wife	F/W		NC	NC	NC
	Louisa	37	Dau	F/W		Ga	NC	NC
	MANNING, Connie	??	Serv	F/W	Servant	Tn	??	??
175	BLAIR, John C.	34		M/W	Farmer	Tn	NC	NC
	Mattie	30	Wife	F/W		Tn	Tn	Tn
	Vinnie	8	Dau	F/W		Tn	Tn	Tn
	John F.	6	Son	M/W		Tn	Tn	Tn
	Charley	4	Son	M/W		Tn	Tn	Tn
	Alta	2	Dau	F/W		Tn	Tn	Tn
	Dora	6/12	Dau	F/W		Tn	Tn	Tn
176	SMITH, Charley	44		M/W	Farmer	Tn	Tn	Tn
	Mary	37	Wife	F/W		Tn	Tn	Tn
	William	19	Son	M/W	Farmer	Tn	Tn	Tn
	Annie	17	Dau	F/W		Tn	Tn	Tn
	Adina	15	Dau	F/W		Tn	Tn	Tn
	Della	13	Dau	F/W		Tn	Tn	Tn
	Josie E.	10	DAu	F/W		Tn	Tn	Tn
	Taylor F.	9	Son	M/W		Tn	Tn	Tn
	Richmond	5	Son	M/W		Tn	Tn	Tn
	Mattie	3	Dau	F/W		Tn	Tn	Tn
	Annie	80	Mother	F/W		Tn	Tn	Tn
	Elizabeth	62	Sister	F/W		Tn	Tn	Tn
177	GOOD, Steve H.	42		M/W	Farmer	Tn	Tn	Tn
	Josie F.	42	Wife	F/W		Tn	Ky	Tn
	Alverda	19	DAu	F/W		Tn	Tn	Tn
	Elva A.	17	DAu	F/W		Tn	Tn	Tn
	Henry	15	Son	M/W	Farm Labor	Tn	Tn	Tn
	Alla	13	Dau	F/W		Tn	Tn	Tn
	Jim A.	11	Son	M/W	Farm Labor	Tn	Tn	Tn
	Ira A.	8	Son	M/W		Tn	Tn	Tn
	Willie	5	Son	M/W		Tn	Tn	Tn
	Andra M.	2	Dau	F/W		Tn	Tn	Tn
178	NEWBY, George W.	45		M/W	Farmer	Tn	Tn	Tn
	Haley	41	Wife	F/W		Tn	Tn	Tn
	Bertha E.	14	Dau	F/W		Tn	Tn	Tn
	Isaac	18	Son	M/W	Farm Labor	Tn	Tn	Tn
	Carson	8	Son	M/W		Tn	Tn	Tn
	SPARKMAN, Leonard	7	Nephew	M/W		Tn	Tn	Tn
	GRIZELL, Willie	25	Bro/Law	M/W	Farm Labor	Tn	Tn	Tn
	Hattie	21	Dau	F/W		Tn	Tn	Tn
	SUMMERS, Bud	40	Serv	M/W	Farm Labor	Tn	Tn	Tn
179	NEWBY, Randy	43		F/W	Not Given	Tn	Tn	Tn
	Jennie	16	Dau	F/W		Tn	Tn	Tn
	Lena M.	14	Dau	F/W		Tn	Tn	Tn

No.	Name	Age	Rel. to Head	Sx/Race	Occupation	Birth of Person	Father	Mother
180	MARCUM, John M.	33		M/W	Farmer	Tn	Tn	Tn
	Mattie	25	Wife	F/W		Tn	Tn	Tn
	Lou Ida	7	Dau	F/W		Tn	Tn	Tn
	Adell	2	Dau	F/W		Tn	Tn	Tn
	James A.	6/12	Son	M/W		Tn	Tn	Tn
181	WALKER, Jerrie	39		M/W	Farmer	Tn	Tn	Tn
	Martha	47	Wife	F/W		Tn	Tn	Tn
182	WALKER, Lossen	35		M/W	Farmer	Tn	Tn	Tn
	Mandy	31	Wife	F/W		Tn	Tn	Tn
	Sarah E.	12	DAu	F/W		Tn	Tn	Tn
	Mary C.	10	Dau	F/W		Tn	Tn	Tn
	John	7	Son	M/W		Tn	Tn	Tn
	George B.	1	Son	M/W		Tn	Tn	Tn
183	JORDAN, Leland	29		M/W	Farmer	Tn	Tn	Tn
	Belle D.	22	Wife	F/W		Tn	Tn	Tn
	Willie A.	6	Son	M/W		Tn	Tn	Tn
	Sheller H.	1	Dau	F/W		Tn	Tn	Tn
184	HOLDER, Jackson	44		M/W	Not Given	Tn	Tn	Tn
	Belle	31	Wife	F/W		Tn	Tn	Tn
	Mattie C.	12	Dau	F/W		Tn	Tn	Tn
	Frank	9	Son	M/W		Tn	Tn	Tn
	Dellia	6	Dau	F/W		Tn	Tn	Tn
	George D.	1	Son	M/W		Tn	Tn	Tn
	ROBERTS, Belle	21	Serv	F/W	Servant	Tn	Tn	Tn
185	SMITH, J. C.	29		M/W	Farmer	Tn	Tn	Tn
	Isia A.	20	Wife	F/W		Tn	Tn	Tn
	Edgar	8	Son	M/W		Tn	Tn	Tn
186	SMITH, William	27		M/W	Farmer	Tn	Tn	Tn
	Ella	18	Wife	F/W		Tn	Tn	Tn
	Garrett H.	1	Son	M/W		Tn	Tn	Tn
187	HOLDER, Floyd	24		M/W	Farmer	Tn	Tn	Tn
	Mary A.	20	Wife	F/W		Tn	Tn	Tn
	Herbert	1	Son	M/W		Tn	Tn	Tn
	John T.	21	Brother	M/W	Farm Labor	Tn	TN	Tn
	Alice S.	19	Sister	F/W		Tn	Tn	Tn
	Clara	14	Sister	F/W		Tn	Tn	Tn
	Robert P.	11	Brother	M/W	Farm Labor	Tn	Tn	Tn
188	PRATER, John	49		M/W	Farmer	Tn	Tn	Tn
	Hannah	46	Wife	F/W		Tn	Tn	Tn
	Newton	23	Son	M/W	Farm Labor	Tn	Tn	Tn
	Emma	22	Dau	F/W		Tn	Tn	Tn
	James	17	Son	M/W	Farm Labor	Tn	Tn	Tn
	Dallas	14	Son	M/W	Farm Labor	Tn	Tn	Tn
	Bascar	10	Son	M/W	Farm Labor	Tn	Tn	Tn
	Ernest	8	Son	M/W		Tn	Tn	Tn
	Henry	6	Son	M/W		Tn	Tn	Tn
	Clara	1	Gr/Dau	F/W		Tn	Tn	Tn

No.	Name	Age	Rel. to Head	Sx/Race	Occupation	Birth of Person	Father	Mother
189	SCURLOCK, John A.	69		M/W	Farmer	Tn	Tn	NC
	Tibithia	67	Wife	F/W		Tn	Tn	NC
	SW___tson, John	5	Gr/Son	M/W		Tn	Tn	Tn
190	SCURLOCK, Harvey	41		M/W	Farmer	Tn	Tn	Tn
	Ella	30	Wife	F/W		Tn	Tn	Tn
	John A.	8	Son	M/W		Tn	Tn	Tn
	James H.	6	Son	M/W		Tn	Tn	Tn
	Maggie	4	Dau	F/W		Tn	Tn	Tn
	Bonnie	2	Dau	F/W		Tn	Tn	Tn
	Thomas G.	3/12	Son	M/W		Tn	Tn	Tn
191	St. JOHN, Thomas G.	49		M/W	Farmer	Tn	Tn	Tn
	Sallie	35	Wife	F/W		Tn	Tn	Tn
	Pearl	10	Dau	F/W		Tn	Tn	Tn
	Gracy	8	Dau	F/W		Tn	Tn	Tn
	Osey	5	Dau	F/W		Tn	Tn	Tn
	John	3	Son	M/W		Tn	Tn	Tn
	Fred	2	Son	M/W		Tn	Tn	Tn
	Hershel	1	Son	M/W		Tn	Tn	Tn
192	HIGDON, Noah	23		M/W	Farmer	Tn	Tn	Tn
	Mallie	18	Wife	f/W		Tn	Tn	Tn
	David	11/12	Son	M/W		Tn	Tn	Tn
193	FOSTER, James	63		M/W	Farmer	Tn	Tn	Tn
	Tennessee	48	Wife	F/w		Tn	Tn	Tn
	Isaac	16	Son	M/W	Farm Labor	Tn	Tn	Tn
	Ida	15	Dau	F/W		Tn	Tn	Tn
	Meda	13	Dau	F/W		Tn	Tn	Tn
	Andy	11	Son	M/W	Farm Labor	Tn	Tn	Tn
	Maudie	8	Dau	F/W		Tn	Tn	Tn
	Jack	6	Son	M/W		Tn	Tn	Tn
	William	1	Son	M/W		Tn	Tn	Tn
194	NORTHCUTT, Billie	46		M/W	Farmer	Tn	Tn	Tn
	Callie	40	Wife	F/W		Tn	Tn	Tn
	Adeline	15	Dau	F/W		Tn	Tn	Tn
	Lee	13	Son	M/W	Farm Labor	Tn	Tn	Tn
	Jimmie	11	Son	M/W	Farm Labor	Tn	Tn	Tn
	Clarence	7	Son	M/W		Tn	Tn	Tn
	Deedy	5	Dau	F/W		Tn	Tn	Tn
	Mary R.	2	Dau	F/W		Tn	Tn	Tn
195	TAYLOR, James A.	37		M/W	Farmer	Tn	Va	Tn
	Minnie	29	Wife	F/W		Tn	Tn	Tn
Twins {	Lester	7	Son	M/W		Tn	Tn	Tn
Twins {	Vester	7	Son	M/W		Tn	Tn	Tn
	Joseph	5	Son	M/W		Tn	Tn	Tn
196	TAYLOR, Cru____	67		M/W	Brickman	Va	Va	Va
	Mary	72	Wife	F/W		Tn	Md	Va
	Nancy	40	Dau	F/W		Tn	Va	Tn

No.	Name	Age	Rel. to Head	Sx/Race	Occupation	Birth of Person-Father-Mother		
197	YOUNGBLOOD, John	51		M/W	F rmer	Tn	Tn	Tn
	Sarah	50	Wife	F/W		Tn	Tn	Tn
	Maggie	25	Dau	F/W		Tn	Tn	Tn
	Mattie	21	Dau	F/w		Tn	Tn	Tn
	Virgie	17	Dau	F/W		Tn	Tn	Tn
	Dallas	14	Son	M/W	Farm Labor	Tn	Tn	Tn
	Robert	12	Son	M/W	Farm Labor	Tn	Tn	Tn
198	WEST, Margaret	42		F/W		Tn	Tn	Tn
	George	18	Son	M/W	Farmer	Tn	Tn	Tn
	Lincoln	14	Son	M/W	Farmer	Tn	Tn	Tn
	Media	15	Dau	F/W		Tn	Tn	Tn
	Della	10	Dau	F/W		Tn	Tn	Tn
199	YOUNGBLOOD, James A.	49		M/W	Farmer	Tn		Tn
	Martha	45	Wife	F/W		Tn	Tn	Tn
	James O.	28	Son	M/W	Farmer	Tn	Tn	Tn
	Minnie	13	Dau	F/W		Tn	Tn	Tn
	Roy	6	Son	M/W		Tn	Tn	Tn
	TUCKER, Emma	28	DAu	F/W		Tn	Tn	Tn
	Willie	7	Gr/Son	M/W		Tn	Tn	Tn
200	BENNETT, Will J.	53		M/W	Merchant	Nr	NY	NY
	Millie	46	Wife	F/W		Tn	NC	Tn
	NICKOLSON, Sarah	78	Mo/Law	F/W		Tn	Holl	SC
201	DAVIS, Josephus	36		M/W	Farmer	Tn	Tn	Tn
	Mary A.	34	Wife	F/W		Tn	Tn	Tn
	Colonel	13	Son	M/W	Farm Labor	Tn	Tn	Tn
	Ernest	12	Son	M/W	Farm Labor	Tn	Tn	Tn
	Alice A.	10	Dau	F/w		Tn	Tn	Tn
202	YOUNGBLOOD, Robert	82		M/W		Tn	NC	SC
203	YOUNGBLOOD, John	41		M/W	FArmer	Tn	Tn	Tn
	Tennessee	32	Wife	F/W		Tn	Tn	Tn
	Becy A.	12	Dau	F/W		Tn	Tn	Tn
	Alice M.	7	Dau	F/W		Tn	Tn	Tn
	Charley	6	Son	M/W		Tn	Tn	Tn
	Hattie E.	4	Dau	F/W		Tn	Tn	Tn
	Ruby	2	Dau	F/W		Tn	Tn	Tn
204	YOUNGBLOOD, Joe	24		M/W	FArmer	Tn	Tn	Tn
	Eva	22	Wife	F/W		Tn	Tn	Tn
	Flora	3	Dau	F/W		Tn	Tn	Tn
	Bertha	9/12	Dau	F/W		Tn	Tn	Tn
205	VINSON, Cleveland	26		M/W	FArmer	Tn	Tn	Tn
	Hattie	24	Wife	F/W		Tn	Tn	Tn
	Clessa J.	4	Son	M/W		Tn	Tn	Tn
206	RIGSBY, John	78		M/W	FArmer	Tn	Tn	Tn
	Lucy A.	43	Wife	F/W		Tn	Tn	Tn
	Ida L.	16	Dau	F/W		Tn	Tn	Tn

No.	Name	Age	Rel. to Head	Sx/Race	Occupation	Person-Fat...
	RIGSBY, Hassie	13	Dau	F/W		Tn
	Sallie D.	10	Dau	F/W		Tn
207	YOUNGBLOOD, Henderson	46		M/W	Farmer	Tn
	Sarah J.	41	Wife	F/W		Tn
	Josie	17	Dau	F/W		Tn
	James E.	14	Son	M/W	Farm Labor	Tn
	Robert	12	Son	M/W	Farm Labor	Tn
	Alton H.	10	Son	M/W	Farm Labor	Tn
	Arcy A.	8	Son	M/W		Tn
	John L.	4	Son	M/W		Tn
	Scheley M.	9/12	Son	M/W		Tn
208	YOUNGBLOOD, ??	21		M/W	Farmer	Tn
	Maggie	24	Wife	F/W		Tn
	Florence	6/12	Dau	F/W		Tn
209	BISHOP, Samuel	36		M/W	Farmer	Tn
	Sarah	35	Wife	F/W		Tn
	Calvin	16	Son	M/W	Farmer	Tn
	Ed	15	Son	M/W	Farmer	Tn
	Nervy	12	Dau	F/W		Tn
	Jacob	5	Son	M/W		Tn
	Joseph	2	Son	M/W		Tn
210	SHELTON, William	65		M/W	Farmer	Tn
211	LORANCE, John	32		M/W	Farmer	Tn
	Theresa	31	Wife	F/w		Tn
212	WARE, Mary	50		F/W		Tn
	Thomas H.	64	Brother	M/W	Farmer	Va
213	NEWBY, Charley W.	31		M/W	Farmer	Tn
	Tennessee	30	Wife	F/W		Tn
	Alf W.	9	Son	M/W		Tn
	Hassie H.	7	Dau	F/W		Tn
	Minnie L.	5	Dau	F/W		Tn
	John F.	2	Son	M/W		Tn

No.	Name	Age	Rel. to Head	Sx/Race	Occupation	Birth of Person-Father-Mother		
	U. S. Census 1900			4 Jun 1900		P. G. Potter		
	12th Civil District					Enumerator		
115	ELROD, Sam D.	44		M/W	Farmer	Tn	Tn	Tn
	Sallie F.	38	Wife	F/W		Tn	Tn	Tn
	John G.	20	Son	M/W	Farm Labor	Tn	Tn	Tn
	William	18	Son	M/W	Farm Labor	Tn	Tn	Tn
	Charley	16	Son	M/W	Farm Labor	Tn	Tn	Tn
	Minnie	11	Dau	F/W		Tn	Tn	Tn
	Bertha	9	Dau	F/W		Tn	Tn	Tn
	Maggie	7	Dau	F/W		Tn	Tn	Tn
	Albert	5	Son	M/W		Tn	Tn	Tn
	Homer	2	Son	M/W		Tn	Tn	Tn
	Howard	0/12	Son	M/W		Tn	Tn	Tn
116	KIRBY, Marshall F.	51		M/W	Farmer	Tn	Tn	Tn
	Millie C.	46	Wife	F/W		Tn	Tn	Tn
	Della B.	17	Dau	F/W		Tn	Tn	Tn
	Maude P.	16	Dau	F/W		Tn	Tn	Tn
117	KIRBY, Betty L.	49		F/W	Housekeeper	Tn	Ky	Tn
	Mary P.	45	Sister	F/W		Tn	Ky	Tn
118	C_____, William T.	56		M/W	Farmer	Tn	Tn	Tn
	Bethenia	34	Wife	F/W		Tn	Tn	Tn
	Timothy F.	19	Son	M/W	Farm Labor	Tn	Tn	Tn
119	SAUNDERS, Margaret	38		F/W	Farmer	Tn	Tn	Tn
	James K.	24	St/Son	M/W	Farmer	Tn	Tn	Tn
	Mary F.	23	St/Dau	F/W		Tn	Tn	Tn
	Robert L.	22	St/Son	M/W	Farm Labor	Tn	Tn	Tn
	Martha D.	14	Dau	F/W		Tn	Tn	Tn
	Elijah P.	12	Son	M/W	Farm Labor	Tn	Tn	Tn
	George A.	10	Son	M/W		Tn	Tn	Tn
	Willie M.	6	Dau	F/W		Tn	Tn	Tn
	Hassie	2	Dau	F/W		Tn	Tn	Tn
120	PHELPS, George A.	32		M/W	Farmer	Tn	Tn	Tn
	Lena	31	Wife	F/W		Tn	Tn	Tn
	Walter	10	Son	M/W		Tn	Tn	Tn
	Hershell M.	9	Son	M/W		Tn	Tn	Tn
	Meda B.	8	Dau	F/W		Tn	Tn	Tn
	Elkina C.	5	Son	M/W		Tn	Tn	Tn
121	NEWBY, Jess	26		M/W	Farmer	Tn	Tn	Tn
	Lena	29	Wife	F/W		Tn	Tn	Tn
	BRATCHER, Nathaniel	15	Cousin	M/W	Farm Labor	Tn	Tn	Tn
122	WEBB, John K. P.	60		M/W	Farmer	Tn	Tn	Tn
	Sarah F.	52	Wife	F/W		Tn	Tn	Tn
	Mifflin D.	29	Son	M/W	Farm Labor	Tn	Tn	Tn

No.	Name	Age	Rel. to Head	Sx/Race	Occupation	Birth of Person-Father-Mother		
	WEBB, Hassie L.	17	Dau	F/W		Tn	Tn	Tn
	Tulla	14	Dau	F/W		Tn	Tn	Tn
	Myrtle M.	11	Dau	F/W		Tn	Tn	Tn
123	HOLDER, Joe	42		M/W	Sewing Mach. Agt.	Tn	Tn	Tn
	Liza	42	Wife	F/W		Tn	Tn	Tn
	Parlee	19	Dau	F/W		Tn	Tn	Tn
	Ellen	17	Dau	F/W		Tn	Tn	Tn
	Nannie	15	Dau	F/W		Tn	Tn	Tn
	Marion	13	Son	M/W		Tn	Tn	Tn
	John B.	8	Son	M/W		Tn	Tn	Tn
	R. P.	6	Son	M/W		Tn	Tn	Tn
124	JONES, Lenny G.	29		F/W	Farmer	Tn	Tn	Tn
	Ollie B.	11	Dau	F/W		Tn	Tn	Tn
	Osie L.	6	Dau	F/W		Tn	Tn	Tn
	Taylor	22	Cousin	M/W	Farm Labor	Tn	Tn	Tn
125	NEWBY, General	29		M/W	Farmer	Tn	Tn	Tn
	Della A.	26	Wife	F/W		Tn	Tn	Tn
	Nola B.	2	Dau	F/W		Tn	Tn	Tn
126	JONES, William	25		M/W	Farmer	Tn	Tn	Tn
	Julia	18	Wife	F/W		Tn	Tn	Tn
	Mary	83	Gr/Mother	F/W	Boarder	Tn	Tn	Tn
127	HALE, Smith	47		M/W	Farmer	Ohio	Ohio	Ohio
	Ella K.	37	Wife	F/W		NY	NY	NY
	William H.	17	Son	M/W	Farm Labor	SD	Ohio	NY
	Agness L.	15	Dau	F/W		SD	Ohio	NY
	Stephen M.	14	Son	M/W	Farm Labor	SD	Ohio	NY
	Mary M. B.	10	Dau	F/W		SD	Ohio	NY
	Hattie B.	8	Dau	F/W		SD	Ohio	NY
	Ruby V.	6	Dau	F/W		Tn	Ohio	NY
	Finis B.	3	Son	M/W		Tn	Ohio	NY
128	JONES, Harriett	54		F/W	Farmer	Tn	Tn	Tn
	Sam B.	26	Son	M/W	Farm Labor	Tn	Tn	Tn
129	MARTIN, E_____	38		M/W	Farmer	Tn	Tn	Tn
	Martha	35	Wife	F/W		Tn	Tn	Tn
	Berlie W.	10	Son	M/W		Tn	Tn	Tn
130	MO_____ON, Stephen P.	69		M/W	Carpenter	NY	NY	NY
	Catherine B.	69	Wife	F/W		NY	NY	NY
131	HALE, William H.	25		M/W	Farmer	Ohio	Ohio	Ohio
	Martha J.	22	Wife	F/W		Tn	Tn	Tn
	Jesse L.	3	Son	M/W		Tn	Ohio	Tn
	Sallie N.	1	Dau	F/W		Tn	Ohio	Tn
132	DAVENPORT, Joe L.	28		M/W	Farmer	Tn	Tn	Tn
	Laura F. A.	34	Wife	F/W		Tn	Tn	Tn
	Bessie A.	10/12	Dau	F/W		Tn	Tn	Tn

No.	Name	Age	Rel. to Head	Sx/Race	Occupation	Birth of Person-Father-Mother		
133	MARTIN (?), Joe L.	32		M/W	Farmer	Tn	Tn	Tn
	Winnie	30	Wife	F/W		Tn	Tn	Tn
	Herman A.	10	Son	M/W		Tn	Tn	Tn
	Ernest W.	8	Son	M/W		Tn	Tn	Tn
	Mike H.	6	Son	M/W		Tn	Tn	Tn
	Mary J.	5	Dau	F/W		Tn	Tn	Tn
	Annie L.	2	Wife	F/W		Tn	Tn	Tn
	Martha B.	2/12	Dau	F/W		Tn	Tn	Tn
134	WEBB, William B.	27		M/W	Farmer	Tn	Tn	Tn
	Sallie	27	Wife	F/W		Tn	Tn	Tn
	Stella	8	Dau	F/W		Tn	Tn	Tn
	Ova	4	Dau	F/W		Tn	Tn	Tn
	SHURLOCK, John	15	Nephew	M/W	Farm Labor	Tn	Tn	Tn
135	HOLDER, John	70		M/W	Farmer	Va	Va	Va
	M_____	68	Wife	F/W		Tn	Tn	Tn
	Amanda	26	Dau	F/W	Housewife	Tn	Va	Tn
136	G_____, Robert	20		M/W	Farmer	Tn	Tn	Tn
	Rocha	20	Wife	F/W		Tn	Tn	Tn
	Willie C.	6/12	Son	M/W		Tn	Tn	Tn
137	DAVENPORT, Maynard	29		M/W	Farmer	Tn	Tn	Tn
	Barbara	23	Wife	F/W		Tn	Tn	Tn
	Lolie F.	2	Dau	F/W		Tn	Tn	Tn
138	MORSE (?), Augier	32		M/W	Farmer	Maine	Maine	Maine
	Johnnie	32	Wife	F/W		Iowa	Ohio	Ind
	Mona B.	7	Dau	F/W		Neb	Maine	Ind
	Henry W.	6	Son	M/W		SD	Maine	Ind
	Violet B.	4	Dau	F/W		Tn	Maine	Ond
	Aline M.	4/12	Dau	F/W		Tn	Maine	Ind
	JOHNSON, Leona	16	Serv	F/W	Servant	Tn	Tn	Tn
139	ROBERTS, Thomas	26		M/W		Tn	Tn	Tn
	Mary E.	22	Wife	F/W		Tn	Tn	Tn
	Frank	1	Son	M/W		Tn	Tn	Tn
	Joseph D.	9/12	Son	M/W		Tn	Tn	Tn
140	PLESANT (?), Thomas J.	29		M/W	Farmer	Tn	Va	Tn
	Etta	23	Wife	F/W		Tn	Tn	Tn
	Jane L.	4	Dau	F/W		Tn	Tn	Tn
	Annie M.	0/12	Dau	F/W		Tn	Tn	Tn
141	BRATCHER, Thomas	43		M/W	Farmer	Tn	Tn	Tn
	Elizabeth	43	Wife	F/W		Tn	Tn	Tn
	Sam L.	18	Son	M/W	Farm Labor	Tn	Tn	Tn
	Colonel S.	17	Son	M/W	Farm Labor	Tn	Tn	Tn
	William R.	14	Son	M/W	Farm Labor	Tn	Tn	Tn
	Henry A.	12	Son	M/W	Farm Labor	Tn	Tn	Tn
	Robert F.	3	Son	M/W		Tn	Tn	Tn
	John E.	3/12	Son	M/W		Tn	Tn	Tn
	Sam M.	76	Father	M/W		Tn	Tn	Tn

No.	Name	Age	Rel. to Head	Sx/Race	Occupation	Birth of Person-Father-Mother		
142	VICKERS, Le-----	35		M/W	Farmer	Tn	Tn	Tn
	Cendella	26	Wife	F/W		Tn	Tn	Tn
	Kallie E.	8	Dau	F/W		Tn	Tn	Tn
	Willie	6	Son	M/W		Tn	Tn	Tn
	Lafayette	4	Son	M/W		Tn	Tn	Tn
	Sarah	60	Aunt	F/W		Tn	Tn	Tn
143	A_____, Ben	69		M/W	Farmer	NJ	NJ	NJ
	M. D.	57	Wife	F/W		NY	NY	NY
	G. I.	18	Son	M/W	Farm Labor	Iowa	NJ	NY
	JENKINS, Mary	16	Serv	F/W	Servant	Iowa	Ill	Ill
144	MARTIN, _. A.	19		M/W	Farmer	Tn	Tn	Tn
	Mona E.	17	Wife	F/W		SD	Ohio	Ind
145	PALMER, Edward	28		M/W	Farmer	SD	Ohio	Ind
	Ester	18	Wife	F/W		SD	Wisc	Wisc
	HA_____, Florence	9	Sis/Law	F/W		SD	Wisc	Wisc
146	VICKERS, William R.	64		M/W	Farmer	Tn	Tn	Eng
	Mary A.	56	Wife	F/W		Tn	Tn	Tn
	Charley M.	21	Son	M/W	Teacher	Tn	Tn	Tn
	SAm B.	18	Son	M/W	Farm Labor	Tn	Tn	Tn
147	ROBERTS, William	32		M/W	Farmer	Tn	Tn	Tn
	Nerva	22	Wife	F/W		Tn	Tn	Tn
	Martha A.	13	Dau	F/W		Tn	Tn	Tn
	Ella	11	Dau	F/W		Tn	Tn	Tn
	Della	9	Dau	F/W		Tn	Tn	Tn
148	RITCHEY, Thomas T.	49		M/W	Carpenter	Pa	Pa	Pa
	Miranda	46	Wife	F/W		WV	WV	WV
Twins {	Frank	19	Son	M/W	Farmer	Pa	Pa	WV
	Mary A.	19	Dau	F/W		Pa	Pa	WV
	Sylvania	15	Dau	F/W		Pa	Pa	WV
	Charley	11	Son	M/W		SD	Pa	WV
	Lee D.	9	Son	M/W		SC	Pa	WV
	Arcey G.	6	Son	M/W		SD	Pa	WV
149	BOREN, Joe D.	23		M/W	Farmer	Tn	Tn	Tn
	Mary	28	Wife	F/W		Tn	Tn	Tn
	Lewis E.	4	Son	M/W		Tn	Tn	Tn
150	GOFF, James G.	45		M/W	Farmer/Miller	Tn	Tn	Tn
	Josephine	41	Wife	F/W		Tn	Tn	Tn
	John S.	21	Son	M/W		Tn	Tn	Tn
	Sarah E.	18	Dau	F/W		Tn	Tn	Tn
	Verna	14	Dau	F/W		Tn	Tn	Tn
	Willie F.	10	Dau	F/W		Tn	Tn	Tn
	Lillie B.	9	Dau	F/W		Tn	Tn	Tn
	Stella M.	6	Dau	F/W		Tn	Tn	Tn
151	MULLICAN, John S.	35		M/W	Farmer	Tn	Tn	Tn
	Mary I.	36	Wife	F/W		Tn	Tn	Tn
	Cora I.	15	Dau	F/W		Tn	Tn	Tn

No.	Name	Age	Rel. to Head	Sx/Race	Occupation	Birth of Person-Father-Mother		
	MULLICAN, Allie M.	13	Dau	F/W		Tn	Tn	Tn
	Allie M.	13	Dau	F/W		Tn	Tn	Tn
	Eula V.	11	Dau	F/W		Tn	Tn	Tn
	Fannie E.	9	Dau	F/W		Tn	Tn	Tn
	Willie T.	8	Son	M/W		Tn	Tn	Tn
	Jesse J.	5	Son	M/W		Tn	Tn	Tn
	Bessie	3	Dau	F/w		Tn	Tn	tn
	James A.	1	Son	M/W		Tn	Tn	Tn
	HOLLAND, Fannie	65	Mo/Law	F/W		Tn	Tn	Tn
152	HOWELL, Thomas	41		M/W	Farmer	Tn	Tn	Tn
	Mary A.	25	Wife	F/W		Tn	Tn	Tn
	Finan	16	Son	M/W	Farm Labor	Tn	Tn	Tn
	Ella	12	Dau	F/W		Tn	Tn	Ella
	Rena	11	Dau	F/W		Tn	Tn	Tn
	James	10	Son	M/W		Tn	Tn	Tn
	Ernest	8	Son	M/W		Tn	Tn	Tn
	Charley	4/12	Son	M/W		Tn	Tn	Tn
153	RUSSELL, William H.	60		M/W	Farmer	Tn	NC	NC
	Mary E.	55	Wife	F/W		Tn	Tn	Tn
	Sarah E.	24	Dau	F/W		Tn	Tn	Tn
	Samantha P.	22	Dau	F/w		Tn	Tn	Tn
	Thomas	18	Son	M/W		Tn	Tn	Tn
	Hassie L.	13	Dau	F/W		Tn	Tn	Tn
154	RUSSELL, C. C.	28		M/W	Farmer	Tn	Tn	Tn
	Sarah	24	Wife	F/W		Tn	Tn	Tn
155	PARISH, James B.	40		M/W	Farmer	Tn	Tn	Tn
	Nannie A.	41	Wife	F/W		Tn	Tn	Tn
	Lossie	11	Son	M/W		Tn	Tn	Tn
	Walter D.	7	Son	M/W		Tn	Tn	Tn
	BOLES, John S.	24	Son/Law	M/W	Farmer	Tn	Tn	Tn
	Cora L.	17	Dau	F/W		Tn	Tn	Tn
	JONES, James	23	Serv	M/W	Servant	Ky	Ky	Ky
156	D_____, W. C.	50		M/W	Farmer	Tn	Tn	Tn
	Donie	39	Wife	F/W		Tn	Tn	Tn
	Ina I.	18	Dau	F/W		Tn	Tn	Tn
	Willie E.	qw	Son	M/W	Farm Labor	Tn	Tn	Tn
	Noel A.	10	Son	M/W	Farm Labor	Tn	Tn	Tn
	Erie M.	9	Dau	F/W		Tn	Tn	Tn
	Maude O.	7	Dau	F/W		Tn	Tn	Tn
	john	5	Son	M/W		Tn	Tn	tn
157	MARLER, William	42		M/W	Farmer	Tn	Tn	Tn
	Mary P.	32	Wife	F/W		Tn	Tn	Tn
	James U.	15	Son	M/W	Farm Labor	Tn	Tn	Tn
	Sarah L.	13	Dau	F/W		Tn	Tn	Tn
	Leona B.	11	Dau	F/W		Tn	Tn	tn
	O. P.	8	Dau	F/W		Tn	Tn	Tn
	Joe McK.	4	Son	M/W		Tn	Tn	Tn
	John G.	1	Son	M/W		Tn	Tn	Tn

No.	Name	Age	Rel. to Head	Sx/Race	Occupation	Birth of Person-Father-Mother		
158	MARLER, William B.	74		M/W	Farmer	Tn	NC	, SC
	Narcissa L.	64	Wife	F/W		Tn	Tn	Tn
159	VAUGHN, Sam V.	52		M/W	Farmer	Tn	Tn	NC
	Jamie	25	Dau	F/W		Tn	Tn	Tn
	John G.	23	Son	M/W	Farm Labor	Tn	Tn	Tn
	Sam L.	21	Son	M/W	Farm Labor	Tn	Tn	Tn
	Charley B.	18	Son	M/W	Farm Labor	Tn	Tn	Tn
	Margaret	15	Dau	F/W.		Tn	Tn	Tn
	Doctor	13	Son	M/W	Farm Labor	Tn	Tn	Tn
	Jane	79	Mother	F/W		NC	NC	NC
160	H_____, S. E.	35		M/W	Farmer	Tn	Tn	Tn
	Manda	30	Wife	F/W		Tn	Tn	Tn
	Hattie	14	Dau	F/W		Tn	Tn	Tn
	Willie	12	Son	M/W	Farm Labor	Tn	Tn	Tn
	Samantha P.	7	Dau	F/W		Tn	Tn	Tn
	James	5	Son	M/W		Tn	Tn	Tn
	Bertha	6/12	Dau	F/W		Tn	Tn	Tn
161	H_____, William	68		M/W	Farmer	Tn	NC	NC
	Isabell	61	Wife	F/W		Tn	NC	NC
	Columbus	26	Son	M/W	Farm Labor	Tn	Tn	Tn
	NEWBY, Jamimia	63	Sis/Law	F/W		Tn	NC	NC
162	BARBER (?), William	44		M/W	Farmer	Tn	Tn	Tn
	Mattie	36	Wife	F/W		Tn	Tn	Tn
	Edward	15	Son	M/W	Farm Labor	Tn	Tn	tn
	Nolie	9	Dau	F/W		Tn	Tn	Tn
	Jimmie	6	Son	M/W		Tn	Tn	Tn
	Pauline	3	Dau	F/w		Tn	Tn	Tn
	Jesse	1	Son	M/w		Tn	Tn	Tn
163	PARIS, Jennie	34		F/W	Farmer	Tn	Tn	Tn
	Elvirie	18	Dau	F/W		Tn	Tn	Tn
	William O.	16	Son	M/W	Farm Labor	Tn	Tn	Tn
	Mary B.	14	Dau	F/w		Tn	Tn	Tn
	Colonel C.	12	Son	M/W		Tn	Tn	Tn
	Lisabeth	8	Dau	F/W		Tn	Tn	Tn
	Ernest	6	Son	M/W		Tn	Tn	Tn
	Hallie	3	Dau	F/W		Tn	Tn	Tn
164	BARBER (?), William V.	41		M/W	Farmer	Tn	Tn	Tn
	Rebecca J.	38	Wife	F/W		Tn	Tn	Tn
	Hershell	19	Son	M/W	Farm Labor	Tn	Tn	Tn
	Lelia A.	14	Dau	F/W		Tn	Tn	Tn
	Miranda L.	12	Dau	F/W		Tn	Tn	Tn
	Willie	9	Son	M/W		Tn	Tn	Tn
	Maimma	7	Dau	F/W		Tn	Tn	Tn
	Gertrude	4	Dau	F/W		Tn	Tn	Tn
	Delma	1	Dau	F/W.		Tn	Tn	Tn
165	BAILEY, James B.	43		M/W	Farmer	Tn	Tn	Tn
	Leona	24	Wife	F/W		Tn	Tn	tn

No.	Name	Age	Rel. to Head	Sx/Race	Occupation	Person	Father	Mother
	BAILEY, Hattie L.	20	Dau	F/W		Tn	Tn	Tn
	Inez	18	Dau	F/w		Tn	Tn	Tn
	Robert	11	Son	M/W	Farm Labor	Tn	Tn	Tn
	Claude B.	10	Son	M/W		Tn	Tn	Tn
	John D.	4	Son	M/W		Tn	Tn	Tn
166	BAILEY, Robert	64		M/W	Farmer	Tn	NC	Tn
	Parazada	19	Dau	F/W		Tn	Tn	Tn
	Alma	12	Gr/Dau	F/W		Tn	Tn	Tn
167	SPURLOCK, James B.	39		M/W	Farmer	Tn	Tn	Tn
	Alice E.	35	Wife	F/W		Tn	Tn	Tn
	Lavada	15	Dau	F/w		Tn	Tn	Tn
	Willie J.	14	Son	M/W	Farm Labor	Tn	Tn	Tn
	Charley	13	Son	M/W	Farm Labor	Tn	Tn	Tn
	David	10	Son	M/W	Farm Labor	Tn	Tn	Tn
	Eddy	9	Son	M/W		Tn	Tn	Tn
	Emma	8	Dau	F/W		Tn	Tn	Tn
	Nettie	5	Dau	F/W		Tn	Tn	Tn
	Sealie	1	Dau	F/w		Tn	Tn	Tn
168	B_____, John	37		M/W	Farmer	Tn	Tn	Tn
	Mary	35	Wife	F/W		Tn	Tn	Tn
	Hattie	18	Dau	F/W		Tn	Tn	Tn
	Willie	19	Son/Law	M/W	Farm Labor	Tn	Tn	Tn
	Mamie	16	Dau	F/W		Tn	Tn	Tn
	Hezekiah	14	Son	M/W	Farm Labor	Tn	Tn	Tn
	Rach---	12	Dau	F/W		Tn	Tn	Tn
	James	5	Son	M/W		Tn	Tn	Tn
	Frank	2	Son	M/W		Tn	Tn	Tn
	Lena	6/12	Dau	F/W		Tn	Tn	Tn
169	MULLICAN, James P.	54		M/W	Farmer	Tn	Tn	Tn
	Martha J.	41	Wife	F/w		Ga	Ga	Ga
	Louisa B.	19	Dau	F/W		Tn	Tn	Ga
	James M.	17	Son	M/W	Farm Labor	Tn	Tn	Ga
	Alfred T.	12	Son	M/w	Farm Labor	Tn	Tn	Ga
	Hassie L.	9	Dau	F/W		Tn	Tn	Ga
	Henry C.	7/12	Son	M/W		Tn	Tn	Ga
170	MULLICAN, William C.	52		M/W	Farmer	Tn	Tn	Tn
	Margeurette A.	49	Wife	F/W		Tn	Tn	Tn
	Lee R.	19	Son	M/W	Farm Labor	Tn	Tn	Tn
	Hanna E. D.	16	Dau	F/W		Tn	Tn	Tn
	Willie A.	14	Son	M/W	Farm Labor	Tn	Tn	Tn
	Samuel	11	Son	M/W	Farm Labor	Tn	Tn	Tn
	Charley	26	Son	M/W	Farmer	Tn	Tn	Tn
	Edna	16	Dau/Law	F/W		Tn	Tn	Tn
	James P.	24	Son	M/W	Farmer	Tn	Tn	Tn
	Lillie	16	Dau/Law	F/W		Tn	Tn	Tn
171	NEWBY, Bird	55		M/W	Farmer	Tn	Tn	Tn
	Martha J.	48	Wife	F/W		Tn	Tn	Tn
	Twins { Clyde	11	Son	M/W		Tn	Tn	Tn
	Twins { Clara	11	DAu	F/W		Tn	Tn	Tn

No.	Name	Age	Rel. to Head	Sx/Race	Occupation	Person	Father	Mother
	LINDER, Eran	85	Mot/Law	F/W	Boarder	NC	NC	NC
172	MULLICAN, Perry G.	29		M/W	farmer	Tn	Tn	Tn
	Phebia A.	30	Wife	F/W		Tn	Tn	Tn
	James H.	9	Son	M/W		Tn	Tn	Tn
	Lola K.	7	Dau	F/W		Tn	Tn	Tn
	Jesse A.	3	Son	M/W		Tn	Tn	Tn
	Hallie E.	1	Dau	F/W		Tn	Tn	Tn
173	HOLDER, William E.	48		M/W	Farmer	Tn	Tn	Tn
	Mary J.	43	Wife	F/W		Tn	Tn	Tn
	Firm M.	21	Son	M/W	Farm Labor	Tn	Tn	Tn
	John C.	19	Son	M/W	Farm Labor	Tn	Tn	Tn
174	MARTIN, George	72		M/W	Farmer	Tn	Tn	Tn
	Martha A.	70	Wife	F/W		Tn	Tn	Tn
	HOLDER, A. Z.	29	Son/Law	M/W	Farmer	Tn	Tn	Tn
	Mattie E.	29	Dau	F/w		Tn	Tn	Tn
	George P.	3	Gr/Son	M/W		Tn	Tn	Tn
175	HOLDER, William W.	38		M/W	Farmer	Tn	Tn	Tn
	Ada E.	28		F/W		Tn	Tn	Tn
	Hattie B.	8	Dau	F/W		Tn	Tn	Tn
	William E.	5	Son	M/W		Tn	Tn	Tn
	Ruby L.	2	Dau	F/W		Tn	Tn	Tn
176	HOLDER, Lewis J.	64		M/W	Farmer	Tn	NC	NC
	Susan	60	Wife	F/W		Tn	Tn	NC
	D. T.	20	Son	M/W	Farm Labor	Tn	Tn	Tn
	Katie	20	Dau/Law	F/W		Tn	Tn	Tn
	Susan	9/12	Gr/Dau	F/W		Tn	Tn	tn
177	HOLDER, Columbus C.	60		M/W	Farmer	Tn	NC	NC
	Beulah F.	30	Wife	F/W		Tn	NC	Tn
178	HOLDER, John H.	25		M/W	Farmer	Tn	Tn	Tn
	Amanda B.	19	Wife	F/W		Tn	Tn	Tn
179	SMITH (?), A. L.	25		M/W	Farmer	Tn	Tn	Tn
	Leona B.	23	Wife	F/w		Tn	Tn	Tn
	Allie T.	2	Dau	F/W		Tn	Tn	Tn
	Bertha M.	9/12	Dau	F/W		Tn	Tn	Tn
	Huie	17	Brother	M/W	Farm Labor	Tn	Tn	Tn
180	MASEY, Micager T.	66		M/W	Farmer	Tn	NC	Tn
	S. A.	57	Wife	F/W		Tn	Tn	Tn
	Benny E.	14	Dau	F/W		Tn	Tn	Tn
181	MASEY, Thomas J.	21		M/W	Farmer	Tn	Tn	Tn
	Mary C.	20	Wife	F/W		Tn	Tn	Tn
	Henderson H.	1	Son	M/W		Tn	Tn	Tn
	Willie V.	1/12	Dau	F/W		Tn	Tn	tn
182	MASEY, William L.	24		M/W	Farmer	Tn	Tn	Tn
	Lou A.	26	Wife	F/W		Ill	Tn	Tn

No.	Name	Age	Rel. to Head	Sx/Race	Occupation	Birth of Person-Father-Mother		
	MASEY, Lafayette	8	Son	M/W		Tn	Tn	Ill
	Hallie M.	2	Dau	F/W		Tn	Tn	Ill
	Ruben E.	1	Son	M/W		Tn	Tn	Ill
	ROBERTS, Malissa	52	Mot/Law	F/W	Boarder	Tn	Tn	Tn
183	MASEY, James M.	27		M/W	Farmer	Tn	Tn	Tn
	Lilly B.	28	Wife	F/W		Tn	Tn	Tn
	Vinnie M.	7	Dau	F/W		Tn	Tn	Tn
	Docia A.	5	Dau	F/W		Tn	Tn	Tn
	John	3	Son	M/W		Tn	Tn	Tn
	Nellie E.	1	Dau	F/W		Tn	Tn	Tn
184	PARIS, Walter	23		M/W	Farmer	Tn	Tn	Tn
	Hattie	21	Wife	F/		Tn	Tn	Tn
	Lillie P.	3	Dau	F/W		Tn	Tn	Tn
185	PARIS, Joe F.	32		M/W	Farmer	Tn	Tn	Tn
	Georgia	24	Wife	F/W		Tn	Tn	Tn
	Myrtle M.	11	Dau	F/W		Tn	Tn	Tn
	Nettie A.	7	Dau	F/W		Tn	Tn	Tn
	Della E.	6	Dau	F/W		Tn	Tn	Tn
	Eugene	3	Son	M/W		Tn	Tn	Tn
	Burma E.	2	Dau	F/W		Tn	Tn	Tn
	Maude	0/12	Dau	F/W		Tn	Tn	Tn
186	PARIS, william B.	59		M/W	Farmer	Tn	Tn	Tn
	Mandy L.	50	Wife	F/W		Tn	Tn	Tn
	William T.	17	Son	M/W	Farm Labor	Tn	Tn	Tn
	Clarence M.	15	Son	M/W	Farm Labor	Tn	Tn	Tn
	Hassie H.	9	Dau	F/W		Tn	Tn	Tn
	EARLES, Mary D.	27	Dau	F/W		Tn	Tn	Tn
	Minnie L.	7	Gr/Dau	F/W		Tn	Tn	Tn
187	W_____, Sam D.	72		M/W	Farmer	Tn	Va	Ky
	Nancy A.	56	Wife	F/W		Tn	Tn	Tn
	Lucinda J.	17	St/Dau	F/W		Tn	Tn	Tn
188	CAnnot Read - Three in Household							
189	HOLCOMB, O. Y.	56		M/W	Farmer	Tn	Tn	Tn
	Classie J.	55	Wife	F/W		Tn	Tn	Tn
	Hiram J.	22	Son	M/W	Teacher	Tn	Tn	Tn
	Queen E.	18	Dau	F/W		Tn	Tn	Tn
	JAmes J.	17	Son	M/W	Farm Labor	Tn	Tn	Tn
	Martha E.	15	Dau	F/W		Tn	Tn	Tn
	Lawley	13	Dau	F/W		Tn	Tn	Tn
	John P.	10	Son	M/W		Tn	Tn	Tn
	Dovey	8	Dau	F/W		Tn	Tn	Tn
	William J. B.	3	Son	M/W		Tn	Tn	Tn
	MITCHELL, Leslie	21	Nephew	M/W	Farm Labor	Tn	Tn	Tn
190	DOLLAR or DALLAS, David	19		M/W	Day Labor	Tn	Tn	Tn
	Aluke (?)	16	Wife	F/W		Tn	Tn	Tn

No.	Name	Age	Rel. to Head	Sx/Race	Occupation	Birth of Person-Father-Mother		
191	PHELPS, William H.	38		M/W	Farmer	Tn	Tn	Tn
	Martha A.	37	Wife	F/W		Tn	Tn	Tn
	James A.	15	Son	M/W		Tn	Tn	Tn
	Ester B.	7	Dau	F/W		Tn	Tn	Tn
192	H_____, Martha	38		M/W	Farmer	Tn	Tn	Tn
	Tenny M.	15	Dau	F/W		Tn	Tn	Tn
	James	11	Son	M/W	Farm Labor	Tn	Tn	Tn
	George McC.	6	Son	M/W		Tn	Tn	Tn
	GREEN, Oscar	21	Nephew	M/W	Farm Labor	Tn	Tn	Tn
193	PINEGAR, Elda	25		M/W	Farmer	Ill	Tn	Tn
	Pearl	27	Wife	F/W		Tn	Miss	Tn
	Elizabeth	4	Dau	F/W		Tn	Ill	Tn
	Elbert	7/12	Son	M/W		Tn	Ill	Tn
	WOMACK, Jesse	10	Bor/Law	M/W		Tn	Miss	Tn
	SPARKMAN, Hamp	20	Bro/Law	M/W	Farmer	Tn	Tn	Tn
	Hattie	20	Sister	F/W		Ill	Tn	Tn
194	WOMACK, John S.	56		M/W	Farmer	Miss	Tn	Tn
	America A.	62	Wife	F/W		Tn	NC	NC
	CANTRELL, Sallie	72	Sis/Law	F/W	Boarder	Tn	Tn	Tn
195	STEMBRIDGE, Thomas	49		M/W	Farmer	Tn	Tn	Tn
	Rutha	43	Wife	F/W		Tn	Tn	Tn
	Huston	15	Son	M/W	Farm Labor	Tn	Tn	Tn
	Effie	11	Dau	F/W		Tn	Tn	Tn
	Ida	3	Dau	F/W		Tn	Tn	Tn
196	WOOD, Alonzo M.	26		M/W	FArmer	Tn	Tn	Tn
	Julia	26	Wife	F/W		Tn	Tn	Tn
197	WOOD, Lou	53		F/W	Farmer	Tn	SC	Va
	JONES, E,	42	Brother	M/W	Farm Labor	Tn	SC	Va
198	HARDCASTLE, Ben L.	50		M/W	Farmer	Tn	NC	NC
	Martha	43	Wife	F/W		Tn	Tn	Tn
	Ida J.	22	Dau	F/W	Seamstress	Tn	Tn	Tn
	Maude J.	18	Dau	F/W		Tn	Tn	Tn
	Claud M.	16	Son	M/W	Farm Labor	Tn	Tn	Tn
	John W. H.	14	Son	M/W	Farm Labor	Tn	Tn	Tn
	Mai E	11	Dau	F/W		Tn	Tn	Tn
	Benjamin R.	9	Son	M/W		Tn	Tn	Tn
	Sam H.	6	Son	M/W		Tn	Tn	Tn
199	WOMACK, George M.	50		M/W	Farmer	Miss	Miss	Tn
	Ester A.	45	Wife	F/W		Tn	Tn	Tn
	Mary E.	24	Dau	F/W		Tn	Miss	Tn
	George V.	23	Son	M/W	Farm Labor	Tn	Miss	Tn
	Burgess F.	21	Son	M/W	Farm Labor	Tn	Miss	Tn
	Cora A,	18	Dau	F/W		Tn	Miss	Tn
	William A.	15	Son	M/W	Farm Labor	Tn	Miss	Tn
	Doctor R.	10	Son	M/W	Farm Labor	Tn	Miss	Tn

No.	Name	Age	Rel. to Head	Sx/Race	Occupation	Birth of Person	Father	Mother
200	CANTRELL, Isaac D.	24		M/W	Farmer	Tn	Tn	Tn
	Mattie	26	Wife	F/W		Tn	Miss	Tn
201	WOMACK, Ben	81		M/W	Farmer	Ala	NC	Tn
	Elizabeth E.	78	Wife	F/W		Tn	NC	Tn
202	MINELOW (?), Lewis	53		M/W	Farmer	Ky	Ky	Ky
	Catherine	37	Wife	F/W		Tn	Tn	Tn
	Ella	17	Dau	F/W		Tn	Ky	Tn
	Birdie	14	Dau	F/W		Tn	Ky	Tn
	Grover C.	13	Son	M/W	Farm Labor	Tn	Ky	Tn
	James	12	Son	M/W	Farm Labor	Tn	Ky	Tn
	Nannie B.	6	Dau	F/W		Tn	Ky	Tn
	Isaac	3	Son	M/W		Tn	Ky	Tn
203	WOMACK, D. P.	45		M/W	Farmer	Tn	Miss	Tn
	Pandora P.	41	Wife	F/W		Tn	Tn	tn
	Florence	20	Dau	F/W	Housework	Tn	Tn	Tn
	Alice	18	Dau	F/W	Housework	Tn	Tn	Tn
	Richard	16	Son	M/W	Farm Labor	Tn	Tn	Tn
	Alvin	14	Son	M/W	Farm Labor	Tn	Tn	Tn
	Abner	11	Son	M/W	Farm Labor	Tn	Tn	Tn
	Charley	8	Son	M/W	Farm Labor	Tn	Tn	Tn
	Isaac D.	6	Son	M/W		Tn	Tn	Tn
	Lelia	3	Dau	F/W		Tn	Tn	Tn
	Luther	6/12	Son	M/W		Tn	Tn	Tn
204	HALEY, Jacob M.	48		M/W	Farmer	Tn	Mo	Tn
	Mary A.	50	Wife	F/W		Tn	Tn	Tn
	Albert	20	Son	M/W	Farm Labor	Tn	Tn	Tn
	Ludie C.	21	Dau	F/W		Tn	Tn	tn
	Letha J.	16	Dau	F/W		Tn	Tn	Tn
	Sampson	11	Son	M/W		Tn	Tn	Tn
	Rose E.	7	Dau	F/W		Tn	Tn	Tn
	Lillie	5	Dau	F/W		Tn	Tn	Tn
205	HARDCASTLE, Nancy	85		F/W	Farmer	NC	NC	NC
	Mary A.	66	Dau	F/W		NC	NC	NC
	Jane H.	58	Dau	F/W		NC	NC	NC
	Martha	47	Dau	F/W		Tn	NC	NC
206	CANTRELL, George L.	27		M/W	Farmer	Tn	Tn	Tn
	Josie A.	24	Wife	F/W		Tn	Tn	Tn
	Ollie B.	5	Dau	F/W		Tn	Tn	Tn
	Alex C.	4	Son	M/W		Tn	Tn	tn
	James R.	2	Son	M/W		Tn	Tn	Tn
	Leonard A.	1	Son	M/W		Tn	Tn	Tn
207	T_____, Jesse E.	30		M/W	Farmer	Tn	Tn	Tn
	Ella	30	Wife	F/W		Tn	Tn	Tn
	Osie F.	16	Sister	F/W		Tn	Tn	tn
	Ethel S.	14	Sister	F/W		Tn	Tn	Tn
	Helen E.	10	Sister	F/W		Tn	Tn	Tn
	Frank J.	7	Brother	M/W		Tn	Tn	Tn
208	CRAIN, William S.	44		M/W	Farmer	Tn	Tn	Tn
	June	30	Wife	F/W		Tn	Tn	Tn
	Maude	11	Dau	F/W		Tn	Tn	Tn
	Lela	9	Dau	F/W		Tn	Tn	Tn
	Myrtle	6	Dau	F/W		Tn	Tn	Tn
	Oscar	4	Son	M/W		Tn	Tn	Tn
209	CRAIN, Andy	74		M/W	Farmer	Tn	Ill	Ill
	Charles F.	29	Son	m/W	Nursery Agt.	Tn	Tn	Tn
	VANHOOSER, Isaac	55	Son/Law	M/W	Nursery Agt.	Tn	Tn	Tn
	Martha G.	35	Dau	F/W		Tn	Tn	Tn
	GRIBBLE, Andrew J.	14	Gr/Son	M/W	Farm Labor	Tn	Tn	Tn
	VANHOOSER, Eula	6	Gr/Dau	F/W		Tn	Tn	Tn
210	FERRELL, John L.	24		M/W	Farmer	Tn	Ill	Tn
	Margaret	22	Wife	F/W		Tn	Tn	Tn
	Lou	4	Dau	F/W		Tn	Tn	Tn
	Willie	1	Dau	F/W		Tn	Tn	Tn
211	WATSON, John M.	49		M/W	Farmer	Tn	Va	Tn
	Mary L.	45	Wife	F/W		Tn	Tn	Tn
	John B.	16	Son	M/W	Farm Labor	Tn	Tn	Tn
	William	14	Son	M/W	Farm Labor	Tn	Tn	Tn
	Bertha A.	11	Dau	F/W		Tn	Tn	Tn
	George R.	8	Son	M/W		Tn	Tn	Tn
	Ethel May	4	Dau	F/W		Tn	Tn	tn
212	WATSON, Ezekel	37		M/W	Farmer	Tn	Tn	Va
	Johnnie	21	Wife	F/W		Tn	Tn	Tn
	James E.	6	Son	M/W		Tn	Tn	Tn
	Edgar G.	4	Son	M/W		Tn	Tn	Tn
	Dewey P.	6/12	Son	M/w		Tn	Tn	Tn
	Margaret	23	Sister	F/W		Tn	Tn	Tn
	Margaret M.	63	Mother	F/W	Boarder	Va	Va	Va
213	WATSON, John	21		M/W	Farmer	Tn	Tn	Tn
	Julia	23	Wife	F/W		Tn	Tn	tn
	Frank	4/12	Son	M/W		Tn	Tn	Tn
214	LAWRENCE, Sircy	33		M/W	Farmer	Tn	Tn	Tn
	Ruthie C.	40	Wife	F/W		Tn	Tn	Tn
	Andy	8	Son	M/W		Tn	Tn	Tn
	Lanie	7	Son	M/W		Tn	Tn	Tn
	Josie A.	5	Dau	F/w		Tn	Tn	Tn
	Elizabeth	3	Dau	F/W		Tn	Tn	Tn
	Ruby	1	Dau	F/W		Tn	Tn	Tn
215	NEWBY, G. W. M.	65		M/W	Farmer	Tn	Tn	Tn
	Sallie F.	68	Wife	F/W		Tn	Tn	tn
	J. C.	27	Dau	F/W		Tn	Tn	Tn
216	NEWBY, William H.	50		M/W	Farmer	Tn	Tn	Tn
	Martha P.	40	Wife	F/W		Tn	Miss	Tn
	Ella M.	25	Dau	F/W		Tn	Tn	Tn

No.	Name	Age	Rel. to Head	Sx/Race	Occupation	Birth of Person-Father-Mother		
	NEWBY, James L.	20	Son	M/W	Farm. Labor	Tn	Tn	Tn
	Aubrey T.	18	Son	M/W	Farm Labor	Tn	Tn	Tn
	Mikel W.	7	Son	M/W		Tn	Tn	Tn
	Joseph M.	4	Son	M/W		Tn	Tn	tn
217	BURKETT, Joseph	50		M/W		Tn	Tn	Tn
	Rebecca C.	55	Wife	F/W		Tn	Tn	Tn
	Tolbert L.	16	Son	M/W	Farm Labor	Tn	Tn	Tn
	Lizzie L.	12	Dau	F/W		Tn	Tn	Tn
218	MULLICAN, William J.	31		M/W	Farmer	Tn	Tn	Tn
	Sarah E.	28	Wife	F/W		Tn	Tn	Tn
	Nora Lee	8	Dau	F/W		Tn	Tn	Tn
	Jimmie N.	6	Dau	F/W		Tn	Tn	Tn
	Maggie J.	4	DAu	F/w		Tn	Tn	Tn
	John T.	2	Son	M/W		Tn	Tn	Tn
	Bryan	1/12	Son	M/W		Tn	Tn	Tn
	TURNER, Sam W.	25	Bro/Law	M/W	Teacher	Tn	Tn	Tn
219	MARKUM (?), Isaac M.	30		M/W	Farmer	Tn	Tn	Tn
	Della	30	Wife	F/W		Tn	Tn	Tn
	Alfred	7	Son	M/W		Tn	Tn	Tn
220	WOMACK, Sam G.	43		M/W	Farmer	Tn	Tn	Tn
	Martha A.	49	Wife	F/W		Tn	Tn	Tn
	Mary H.	19	Dau	F/W		Tn	Tn	Tn
	Joe M.	17	Son	M/W	Farm Labor	Tn	Tn	Tn
	Lisia M.	15	Dau	F/w		Tn	Tn	tn
	Robert E.	12	Son	M/W	Farm Labor	Tn	Tn	Tn
	Ernest M.	10	Son	M/W		Tn	Tn	tn
	Betty L.	8	Dau	F/W		Tn	Tn	Tn
221	CO_____Y, Robert	29		M/W	Farmer	Tn	Tn	Tn
	Alice V.	29	Wife	F/W		Tn	Tn	Tn
	John B.	8	Son	M/W		Tn	Tn	Tn
	Wiley J.	5	Son	M/w		Tn	Tn	Tn
	Hassie L.	4	Dau	F/w		Tn	Tn	tn
	Jane A.	2	Dau	F/w		Tn	Tn	Tn
222	CO_____Y, Mary J.	54		F/W	Farmer	Tn	Tn	Tn
	Hugh L.	22		M/W	Farm Labor	Tn	Tn	tn
223	WARREN, Jacob	56		M/W	Mechanic	Tn	Tn	Tn
	Emily D.	49	Wife	F/W		Tn	Tn	Tn
	A. P.	23	Son	M/W	Farmer	Tn	Tn	Tn
	William A.	19	Son	M/W	Farm Labor	Tn	Tn	tn
	Jesse W.	17	Son	M/W	Farm Labor	Tn	Tn	Tn
	Cleveland	15	Son	M/W	Farm Labor	Tn	Tn	Tn
224	MELTON (?), David	48		M/W	Blacksmith	Tn	Tn	Tn
	Sarah	44	Wife	F/W		Tn	Tn	Tn
	Willie A.	18	Son	M/W	Farm Labor	Tn	Tn	Tn
	Alexander	13	Son	M/W	Farm Labor	Tn	Tn	Tn
	Clessie	11	Son	M/W	Farm Labor	Tn	Tn	Tn
	MELTON, Ezekiel	9	Son	M/W	Farm Labor	Tn	Tn	Tn
	Edwin	6	Son	M/W		Tn	Tn	Tn
	Ellen	4	Dau	F/W		Tn	Tn	Tn
	John A.	1	Son	M/W		Tn	Tn	Tn
225	V_____, Thomas	69		M/W	Farmer	Tn	Va	Va
	Susan	52	Wife	F/W		Tn	Va	Va
226	WAVIL, Joe L.	33		M/W	Farmer	Tn	Tn	Tn
	Mamie E.	32	Wife	F/W		Tn	Tn	Tn
	Hassie A.	9	Dau	F/W		Tn	Tn	Tn
	Lee M.	4	Dau	F/W		Tn	Tn	Tn
227	HAILEY (?), Fannie	46		F/W	Farmer	Ill	Eng	Eng
	Charles A.	24	Son	M/W	Farm Labor	Iowa	Eng	Ill
	Elda M.	16	Dau/Law	F/W		Tn	Tn	Tn
	Frank A.	21	Son	M/W	Farm Labor	Wisc	Eng	Ill
228	CRAIN, Eugene C.	46		M/W	Farmer	Tn	Tn	Tn
	Mary J.	34	Wife	F/W		Tn	Tn	Tn
	Bettie A.	13	Dau	F/W		Tn	Tn	Tn
	William J. P.	10	Son	M/W		Tn	Tn	Tn
	Major McK.	1	Son	M/W		Tn	Tn	Tn
229	GAGE (?), William M.	29		M/W	Farmer	Tn	Va	Va
	Margaret	29	Wife	F/W		Tn	Tn	Tn
	Jennie M.	9	Dau	F/W		Tn	Tn	Tn
	Lilly M.	6	Dau	F/W		Tn	Tn	Tn
	Willie L.	4	Dau	F/W		Tn	Tn	Tn
	Ida P.	2	Dau	F/W		Tn	Tn	Tn
	Malinda	55	Mother	F/W	Boarder	Tn	Tn	Tn
230	C_____, A. M.	54		M/W	Farmer	Tn	Sc	Tn
	Louisiana M.	39	Wife	F/W		Tn	Tn	Tn
	Dora	12	Dau	F/w		Tn	Tn	Tn
	Hallie	7	Dau	F/W		Tn	Tn	Tn
	Andrew W.	26	Son	M/W	Farm Labor	Tn	Tn	Tn
	Mattie	25	Dau/Law	F/W		Tn	Tn	Tn
231	W_____, Lewis P.	50		M/W	Farmer	Tn	Va	Tn
	Queen V.	44	Wife	F/W		Tn	Tn	Tn
	Henry S.	23	Son	M/W	Farm Labor	Tn	Tn	Tn
	Donnie H.	16	Son	M/W	FArm Labor	Tn	Tn	Tn
	Robert J.	14	Son	M/W	Farm Labor	Tn	Tn	Tn
232	W_____, Sam E.	35		M/W	Farmer	Tn	Tn	Tn
	Mary J.	28	Wife	F/W		Tn	Tn	Tn
	Nolia	15	Dau	F/W		Tn	Tn	Tn
	D. V.	11	Dau	F/w		Tn	Tn	Tn
	Robert L.	3	Son	M/W		Tn	Tn	Tn
233	BYRAN, Ezekiel	58		M/W	Farmer	Tn	Tn	Tn
	Sarah B.	54	Wife	F/W		Tn	Tn	Tn
	PARIS, Caroline	66	Mo/Law	F/W	Boarder	Tn	Tn	Tn

No.	Name	Age	Rel. to Head	Sx/Race	Occupation	Birth of Person	Father	Mother
234	NEWBY, Lafayette	40		M/W	Farmer	Tn	Tn	Tn
	D. W.	33	Wife	F/W		Tn	Tn	Tn
	N	16	Dau	F/W		Tn	Tn	Tn
	Ezekiel C.	13	Son	M/W	Farm Labor	Tn	Tn	Tn
	Dora E.	10	Dau	F/w		Tn	Tn	Tn
	Lula A.	6	Dau	F/W		Tn	Tn	Tn
	John L.	1	Son	m/W		Tn	Tn	Tn
235	S____LAND, Robert L.	41		M/W	Farmer	Tn	Tn	Tn
	May June	44	Wife	F/W		Ga	Tn	Tn
	Mattie L.	19	Dau	F/W		Tn	Tn	Ga
	William C.	15	Son	M/W	Farm Labor	Tn	Tn	Ga
236	NUNLEY (?), Nathen	73		M/W	Farmer	Tn	Tn	Tn
	Elisabeth	68	Wife	F/W		Tn	Tn	Tn
	WILSON, Mattie	28	Dau	F/W		Tn	Tn	Tn
	Hiram	5	Gr/Son	M/W		Tn	Tn	Tn
	Hubbard	3	Gr/Son	M/W		Tn	Tn	Tn
	Lillard	1	Gr/Son	M/W		Tn	Tn	Tn
237	W____, William	45		M/W	Farmer	Tn	Tn	Tn
	Helen W.	42	Wife	F/W		Tn	Tn	Tn
	John	20	Son	M/W	Farm Labor	Tn	Tn	Tn
	James	17	Son	M/w	Farm Labor	Tn	Tn	Tn
	Lufrances	15	DAu	F/w		Tn	Tn	Tn
	Joseph	13	Son	M/W	Farm Labor	Tn	Tn	Tn
	William	10	Son	M/W		Tn	Tn	tn
	Franklin	8	Son	M/W		Tn	Tn	Tn
	Jacob	6	Son	M/W		Tn	Tn	Tn
	Oliver	4	Son	M/w		Tn	Tn	Tn
238	NEWBY, Oliver	44		M/W	Merchant	Tn	Tn	Tn
	Lulu	33	Wife	F/W		Tn	Tn	Tn
	John W.	13	Son	M/W	FArm Labor	Tn	Tn	tn
	Emma L.	9	Dau	F/W		Tn	Tn	Tn
	Frank	5	Son	M/W		Tn	Tn	Tn
	Grady W.	2	Son	M/w		Tn	Tn	Tn
	Bettie	68	St/Mother	F/W	Boarder	Tn	Tn	Tn
	WOMACK, Cassie R.	21	Nephew	M/W	Boarder	Tn	Tn	Tn
239	WOMACK, Jeff B.	40		M/W	Farmer	Tn	Tn	Tn
	Julia	39	Wife	F/W		Tn	Tn	Tn
	Mamie	14	Dau	F/W		Tn	Tn	Tn
	Balie (?)	12	Dau	F/W		Tn	Tn	Tn
	John S.	10	Son	M/W		Tn	Tn	Tn
240	B____, Nathan	48		M/W	Farmer	Tn	Tn	Tn
	usie J.	45	Wife	F/W		Tn	Tn	Tn
	Ella	22	Dau	F/W		Tn	Tn	Tn
	Sam R.	13	Son	M/W	Farm Labor	Tn	Tn	Tn
	Willie	11	Son	M/w	Farm Labor	Tn	Tn	tn
	John H.	4	Son	M/W		Tn	Tn	Tn
241	S____, Dan L.	25		M/W	Fruit Agt	Tn	Tn	Tn
	Elizabeth A.	23	Wife	F/W		Tn	Tn	Tn

No.	Name	Age	Rel. to Head	Sx/Race	Occupation	Birth of Person	Father	Mother
	S____, Raymon	1	Son	M/W		Tn	Tn	Tn
	Reece B.	22	Brother	M/W	Street Car Driver	Tn	Tn	Tn
	DANIEL, John	19	None	M/W	Farm Labor	Tn	Tn	Tn
242	JONES, Sandy E.	43		M/W	Farmer	Tn	Tn	Tn
	Eliza J.	34	Wife	F/W		Tn	Tn	tn
	Emma S.	19	Dau	F/W		Tn	Tn	Tn
	Alice	13	Dau	F/W		Tn	Tn	Tn
	Lula	8	DAu	F/W		Tn	Tn	Tn
	James	2	Son	M/W		Tn	Tn	Tn
	A. A.	72	Father	M/W	Boarder	Tn	NC	Va
	Della	39	Sister	F/W		Tn	Tn	Tn
	Mattie	36	Sister	F/W		Tn	Tn	Tn
243	KING (?), Jackson	55		M/W	Farmer	Tn	Tn	Tn
	Morning	51	Wife	F/W		Tn	Tn	Tn
244	JONES, Franklin P.	47		M/W	Farmer	Tn	Tn	Tn
	Martha J.	47	Wife	F/W		Tn	Tn	Tn
	Charley	21	Son	M/W	Book Agt	Tn	Tn	Tn
	Susan L.	20	Dau	F/W		Tn	Tn	Tn
	Connie	19	Dau	F/w		Tn	Tn	Tn
	Emma J.	17	Dau	F/w		Tn	Tn	Tn
	George	14	Son	M/w		Tn	Tn	Tn
	Claud B.	13	Son	M/W		Tn	Tn	Tn
	Eula L.	11	Dau	F/w		Tn	Tn	Tn
	Josie	8	Dau	F/w		Tn	Tn	Tn
	Hugh L.	22	Son	M/W	Teacher	Tn	Tn	Tn
	Stella L.	18	Dau/Law	F/W		Tn	Tn	Tn
246	JONES, James C.	45		M/W	Farmer	Tn	Tn	Tn
	Dorey	20	Wife	F/W		Tn	Tn	Tn
	Lilly M.	5	Dau	F/W		Tn	Tn	tn
	Sandy E.	3	Son	M/W		Tn	Tn	Tn
	John	1	Son	M/W		Tn	Tn	Tn
247	JONES, James L.	28		M/W	Farmer	Tn	Tn	Tn
	Mary E.	25	Wife	F/W		Tn	Tn	Tn
	Georgia	6	Dau	F/w		Tn	Tn	Tn
	Jacob	4	Son	M/W		Tn	Tn	Tn
	John	1	Son	M/W		Tn	Tn	Tn

No.	Name	Age	Rel. to Head	Sx/Race	Occupation	Birth of Person	Father	Mother
	U. S. CENSUS 1900		13th Civil District		J. R. Oliver Enumerator			
1	OLIVER, James R.	45		M/W	Farmer	Tn	Tn	Ill
	Sophia H.	41	Wife	F/W		Tn	Tn	Tn
	John W.	20	Son	M/W	Farmer	Tn	Tn	Tn
	Joseph	18	Son	M/W	Farm Labor	Tn	Tn	Tn
	Govenor D.	16	Son	M/w	FArm Labor	Tn	Tn	tn
	Agness L.	13	Dau	F/W		Tn	Tn	Tn
2	OLIVER, John A.	42		M/W	Merchant	Tn	Tn	Tn
	Mary F.	40	Wife	F/W		Tn	Tn	Tn
	Brown	11	Son	M/W		Tn	Tn	Tn
	John	8	Son	M/W		Tn	Tn	Tn
	SPRIGG, Mary A.	26	Lodger	F/W	Land Lady	Tn	Pa	Tn
	Ignati	5	Lodger	M/W		Ark	Ark	Tn
3	WHITLOCK, James	60		M/W	Farmer	Tn	Tn	Tn
	Lucy A.	61	Wife	F/w		Tn	Tn	Tn
	SANDERS, Earle	20		M/W	Farmer	Tn	Tn	Tn
	Mary A.	17	Wife	F/W		Tn	Tn	Tn
4	OLIVER, Matthew S.	71		M/W	Farmer	Tn	Md	NC
	Malvina	66	Wife	F/W		Ill	Tn	NC
	Agness T.	48	Boarder	F/W		Tn	Tn	Ill
5	ADAMSON, Martha	48		M/W	Farmer	Tn	Tn	Tn
	Thomas E.	18	Son	M/W	Farm Labor	Tn	Tn	Tn
	Maude E.	14	Dau	F/W		Tn	Tn	Tn
	Mary T.	12	Dau	F/W		Tn	Tn	Tn
6	WHITLOCK, Pleasant	49		M/W	Farmer	Tn	Tn	Tn
	Mary E.	50	Wife	F/W		Tn	Va	Tn
	Robert L.	19	Son	M/W	Farm Labor	Tn	Tn	Tn.
	Elza C.	12	Son	M/w	Farm Labor	Tn	Tn	Tn
7	TICHENOR, William	71		M/W	Farmer	Ky	Del	Va
	Jane E.	70	Wife	F/W		Ky	Ky	Ky
8	KERR, Kate	41		M/W	Farmer	Tn	Tn	Tn
	Bruce	17	Son	P/		Tn	Tn	Tn
	Nellie	9	Dau	F/W		Tn	Tn	Tn
	William	5	Son	M/W		Tn	Tn	Tn
9	MARTIN, John B.	38		M/W	Farmer	Tn	Tn	Tn
	Eliza H.	38	Wife	F/W		Tn	Tn	Tn
	Jesse E.	15	Son	M/W	Farm Labor	Tn	Tn	Tn
	George T.	13	Son	M/w	Farm Labor	Tn	Tn	Tn
10	NEWBY, Samuel H.	25		M/W	Farmer	Tn	Tn	Tn
	James	78	Father	M/W		Tn	Tn	Tn
	Rebecca	63	Mother	F/W		Tn	NC	NC
	John L.	25	Brother	M/W	Nursery Salesman	Tn	Tn	Tn
	Emma A.	20	Sister	F/W		Tn	Tn	Tn

No.	Name	Age	Rel. to Head	Sx/Race	Occupation	Birth of Person	Father	Mother
	NEWBY, Henderson L.	2	Nephew	M/W		Tn	Tn	Tn
	BRATCHER, Samuel	50	Brother	M/W	Farm Labor	Tn	Tn	Tn
	CUMMINGS, Warren	11	Nephew	M/W	Farm Labor	Tn	Tn	Tn
11	JONES, John	30		M/W	Farmer	Tn	Tn	Tn
	Alminta	29	Wife	F/W		Tn	Tn	Tn
	Jewel H.	11/12	Son	M/W		Tn	Tn	Tn
12	STANLEY, Sherman	29		M/W	Farmer	Tn	Tn	Tn
	Alice	23	Wife	F/W		Tn	NC	NC
	John	7	Son	M/W		Tn	Tn	Tn
	William	4	Son	M/W		Tn	Tn	Tn
	Jettie	3	Dau	F/W		Tn	Tn	Tn
13	HARRIS, James T.	41		M/W	Farmer	Ind	Ind	Ind
	Adelia	20	Wife	F/W		Tn	Tn	Tn
14	WIMBERLY, John C.	24		M/W	Farmer	Tn	Tn	Tn
	Ella B.	23	Wife	F/W		Neb	Pa	Pa
	James E.	59	Father	M/W	Farm Labor	Tn	Tn	Tn
15	PATRICK, Harry	45		M/W	Farmer	Tn	Tn	Tn
	Pamelia J.	38	Wife	F/W		Tn	Tn	Tn
	Samuel M.	18	Son	M/W	Farm Labor	Tn	Tn	Tn
	William O.	17	Son	M/W.	Farm Labor	Tn	Tn	Tn
	Minnie	15	Dau	M/W		Tn	Tn	Tn
	Elizabeth	14	Dau	M/W		Tn	Tn	Tn
	Azaline	12	Dau	W/W.		Tn	Tn	Tn
	Ana	10	Dau	M/W		Tn	Tn	Tn
	Susan	7	Dau	F/W		Tn	Tn	Tn
	BRYSON, Richard	62	Uncle	M/W	Farm Labor	Tn	Tn	Tn
16	DAVENPORT, John M.	64		M/W	Farmer	Tn	NC	NC
	Mary	61	Wife	F/W		Tn	NC	Tn
17	MARLER, James A.	66		M/W	Farmer	Tn	SC	NC
	Susan	62	Wife	F/W		Tn	Tn	Tn
	James P.	29	Son	M/W	Farmer	Tn	Tn	Tn
	Mary J.	27	Dau/Law	F/W		Tn	Tn	tn
	Ethel F.	5	Gr/Dau	F/W		Tn	Tn	Tn
18	CUMMINGS, William B.	62		M/W	Farmer	Tn	Tn	Tn
	Frances C.	50	Wife	F/W		Tn	Tn	Tn
	James	20	Son	M/W	Farm Labor	Tn	Tn	Tn
	Nannie	15	Dau	F/W		Tn	Tn	Tn
	Colonel	7	Son	M/W		Tn	Tn	Tn
19	BRATCHER, Tennessee	48		F/W	FArmer	Tn	Tn	Tn
	Richard	24	Son	M/W	Farm Labor	Tn	Tn	Tn
	James	22	Son	M/W	Farm Labor	Tn	Tn	Tn
	Tula	6	Dau	F/W		Tn	Tn	Tn
20	REED, Elijah	44		M/W	Farmer	Tn	Tn	Tn
	Bertha	39	Wife	F/W		Tn	Tn	Tn

No.	Name	Age	Rel. to Head	Sx/Race	Occupation	Birth of Person-Father-Mother		
	REED, Earley	13	Dau	F/W		Tn	Tn	, tn
	Myrtle	9	Dau	F/W.		Tn	Tn	Tn
	Irvin	8	Son	M/W		Tn	Tn	Tn
	Chalmas	5	Son	M/W		Tn	Tn	Tn
21	HARDCASTLE, John	28		M/W	Farmer	Tn	NC	Tn
	Dora B.	28	Wife	F/W		Tn	Tn	Tn
	Samuel E.	5	Son	M/W		Tn	Tn	Tn
	Elbert E.	3	Son	M/W		Tn	Tn	tn
	Joseph F.	1	Son	M/W		Tn	Tn	Tn
22	JOHNSON, Frank M.	57		M/W	Physician	Tn	Tn	Tn
	Rachel	61	Wife	F/W		Tn	Tn	Tn
	WOMACK, Frederick	17	Boarder	M/W	Farm Labor	Tn	Tn	Tn
23	WHITLOCK, William C.	25		M/W	Farmer	Tn	Tn	Tn
	Nannie	27	Wife	F/W		Tn	Tn	Tn
	Bula	5	Dau	F/W		Tn	Tn	Tn
	Otis	3	Son	M/W		Tn	Tn	Tn
	Herman	9/12	Son	M/W		Tn	Tn	Tn
24	MAXWELL, Wade J.	37		M/W	FArmer	Tn	Tn	Tn
	Della	28	Wife	F/W		Tn	Tn	Tn
25	EARLS, William B.	28		M/W	Farmer	Tn	Tn	Tn
	Lou E.	29	Wife	F/W		Tn	Tn	Tn
	John P.	8	Son	M/W		Tn	Tn	Tn
	Thomas M.	7	Son	M/W		Tn	Tn	Tn
	William J.	5	Son	M/W		Tn	Tn	Tn
	Eddy	4	Son	M/W		Tn	Tn	Tn
26	KIRBY, John H.	32		M/W	Farmer	Tn	Tn	Tn
	Docia A.	28	Wife	F/W		Tn	Tn	Tn
	Ora L.	6	Dau	F/W		Tn	Tn	Tn
	Minnie M.	4	Dau	F/W		Tn	Tn	Tn
	Esther C.	2	Dau	F/W		Tn	Tn	Tn
	Viola S.	28	Sister	F/W		Tn	Tn	tn
	Vinia	25	Sister	F/W	Housekeeper	Tn	Tn	Tn
27	DEAKINS, John F.	37		M/W	Farmer	Tn	Tn	Tn
	Susan E.	34	Wife	F/W		Tn	Tn	Tn
	Annie E.	6	Dau	F/W		Tn	Tn	tn
	Winnie F.	5	Dau	F/W		Tn	Tn	Tn
	Moses	1	Son	M/W		Tn	Tn	Tn
28	DUGAN, John	76		M/W	Farmer	Tn	NC	NC
	Louisa	76	Wife	F/W		Tn	Tn	Tn
	Robert I.	51	Son	M/W	Farm Labor	Tn	Tn	Tn
	Louisa E.	38	Dau	F/W		Tn	Tn	Tn
	Isaiah J.	16	Son	M/W	Farm Labor	Tn	Tn	Tn
29	DAVIS, William P.	48		M/W	Merchant	Tn	Tn	Tn
	Josie	48	Wife	F/W		Tn	Tn	tn
	Abner B.	23	Son	M/W	Farm Labor	Tn	Tn	Tn

No.	Name	Age	Rel. to Head	Sx/Race	Occupation	Birth of Person-Father-Mother		
	DAVIS, Nettie J.	18	Dau	F/W	Factory Worker	Tn	Tn	Tn
	Clara	16	Dau	F/W	Clerk in Store	Tn	Tn	Tn
	Robert T.	13	Son	M/W	Farm Labor	Tn	Tn	Tn
	William	11	Son	M/w		Tn	Tn	Tn
30	EDGE, Josiah B.	26		M/W	Farmer	Tn	Tn	Tn
	Parlee	27	Wife	F/W		Tn	Tn	Tn
	Davis R.	10/12	Son	M/W		Tn	Tn	Tn
31	COCK, William	54		M/W	Farmer	Tn	Tn	Va
	Anna	56	Wife	F/W		Tn	Va	Va
	Sallie	26	Dau	F/W		Tn	Tn	Tn
	Bernie	22	Dau	F/W	Artist	Tn	Tn	Tn
	Shelie	17	Son	M/W	Farm Labor	Tn	Tn	tn
32	VANHOOSER, John W.	23		M/W	Farmer	Tn	Tn	Tn
	Pearl	17	Wife	F/w		Tn	Tn	Tn
33	DUGAN, Rufus H.	42		M/W	Farmer	Tn	Tn	Tn
	Vina E.	42	Wife	F/W		Tn	Tn	Tn
	William E.	17	Son	M/W	Farm Labor	Tn	Tn	Tn
	John B.	16	Son	M/W	Farm Labor	Tn	Tn	Tn
	Alvin N.	13	Son	M/W		Tn	Tn	Tn
	HAMMER, Noah C.	52	Uncle	M/W		Tn	Tn	Tn
	Zachariah	50	Uncle	M/W		Tn	Tn	Tn
34	JONES, Albert H.	27		M/W	Farmer	Tn	Tn	Tn
	Rachel L.	27	Wife	F/W		Tn	Tn	Tn
	Hannah E.	6	Dau	F/W		Tn	Tn	Tn
	Bertie O.	4	Dau	F/W		Tn	Tn	Tn
	Orval L.	2	Son	M/W		Tn	Tn	Tn
	Winnie A.	0/12	Dau	F/W		Tn	Tn	Tn
35	McGREGOR, Bettie	60		F/W	Farmer	Tn	Va	Tn
	Jesse	20	Son	M/W	Farm Labor	Tn	Tn	Tn
36	DUGAN, John	43		M/W	Farmer	Tn	Tn	Tn
	Artie	23	Wife	F/W		Tn	NC	Tn
37	COCK, Charles	22		M/W	FArmer	Tn	Tn	Tn
	Cara	21	Wife	F/W		Tn	Tn	Tn
38	WEAVER, Daniel	49		M/W	Farmer	Pa	Pa	Pa
	Nancy A.	52	Wife	F/w		Tn	Tn	Tn
	William E.	12	Son	M/W	Farm Labor	Tn	Pa	Tn
	Guy E.	11	Son	M/W		Tn	Pa	Tn
	Clara E.	9	Dau	F/W		Tn	Pa	Tn
39	HAMMER, William	38		M/W	Farmer	Tn	Tn	Tn
	Amanda E.	32	Wife	F/W		Tn	Tn	Tn
	Otis L.	10	Son	M/W	Farm Labor	Tn	Tn	Tn
	John C.	5	Son	M/W		Tn	Tn	Tn
	Bertha V.	3	Dau	F/W		Tn	Tn	Tn

No.	Name	Age	Rel. to Head	Sx/Race	Occupation	Birth of Person	Father	Mother
40	ALLEN, William	50		M/W	Farmer	Ky	Va	NC
	Abigail	41	Wife	F/W		Tn	Tn	Tn
	Lucy F.	14	Dau	F/W		Tn	Ky	Tn
	James T.	9	Son	M/W		Tn	Ky	Tn
	William A.	3	Son	M/W		Tn	Ky	Tn
41	UNDERHILL, James H.	26		M/W	Farmer	Tn	Tn	Tn
	Parlee	22	Wife	F/W		Tn	Tn	Tn
	Frank P.	4	Son	M/W		Tn	Tn	Tn
	John W.	1	Son	M/W		Tn	Tn	Tn
42	PEDEN, John R.	40		M/W	Farmer	Tn	Tn	Tn
	Susan D.	38	Wife	F/W		Tn	Tn	Tn
	Isham L.	16	Son	M/W	Farm Labor	Tn	Tn	Tn
	Susan M.	10	Dau	F/W		Tn	Tn	Tn
	Mary H.	6	Dau	F/W		Tn	Tn	Tn
	KNIGHT, Margaret	63	Mo/Law	F/W		Tn	Tn	Tn
43	PEDEN, Richard B.	28		M/W	Farmer	Tn	Tn	Tn
	Josie	28	Wife	F/W		Tn	Tn	Tn
	Lucinda	10	Dau	F/W		Tn	Tn	tn
	Margaret	7	Dau	F/W		Tn	Tn	Tn
	Tina	4	Dau	F/W		Tn	Tn	Tn
	Lillie	4/12	Dau	F/W		Tn	Tn	tn
44	PEDEN, Joseph	66		M/W	Farmer	Tn	Va	NC
	Susan	65	Wife	F/W		Tn	Tn	Tn
	Jennie	44	Dau	F/W		Tn	Tn	Tn
	Jesse	30	Son	M/W	Farm Labor	Tn	Tn	Tn
	CAMPBELL (?), Susan	14	Gr/Dau	F/W		Tn	Tn	Tn
	Claud	10	Gr/Son	M/W		Tn	Tn	Tn
	Fannie	8	Gr/Dau	F/W		Tn	Tn	Tn
45	MATHER, Horace	46		M/W	Farmer	Wisc	Pa	Ct
	Mary A.	22	Wife	f/W		Wisc	Ny	Eng
	Ernest A.	5	Son	M/W		SD	Wisc	Wisc
	Hattie A.	4	Dau	F/w		SD	Wisc	Wisc
	BUTTS, Caleb W.	57	Fa/Law	M/W	Carpenter	NY	NY	NY
46	PEDEN, James W.	37		M/W	Farmer	Tn	Tn	Tn
	Margaret	35	Wife	F/W		Tn	Tn	Tn
	John H.	15	Son	M/W	Farm Labor	Tn	Tn	tn
	Joseph E.	13	Son	M/W	Farm Labor	Tn	Tn	Tn
	Margaret J.	12	Dau	F/W		Tn	Tn	Tn
	Anna E.	8	Dau	F/W		Tn	Tn	Tn
	Susan M.	4	Dau	F/W		Tn	Tn	Tn
	Leonadus B/	3/12	Son	M/W		Tn	Tn	Tn
	RICHARDS, James	62	Uncle	M/W	Farm Labor	Tn	Tn	Tn
47	SMITH, Pleasant	33		M/W	Farmer	Tn	Tn	Tn
	Lethan	38	Wife	F/W		Tn	Tn	Tn
	Riley H.	12	Son	M/W	Farm Labor	Tn	Tn	Tn
	Joseph W.	9	Son	M/W		Tn	Tn	Tn

No.	Name	Age	Rel. to Head	Sx/Race	Occupation	Birth of Person	Father	Mother
	SMITH, John R.	6	Son	M/W		Tn	Tn	Tn
	James J.	4	Son	M/W		Tn	Tn	Tn
48	McKNIGHT, James A.	33		M/W	Farmer	Tn	Tn	Tn
	Jennie A.	33	Wife	F/W		Tn	Tn	Tn
	John N.	10	Son	M/W	Farm Labor	Tn	Tn	tn
	William H.	7	Son	M/W		Tn	Tn	Tn
49	OWEN, Sheley K.	44		M/W	Farmer	Tn	Tn	Tn
	Nancy B.	50	Wife	F/W		Tn	Tn	Tn
	Emma D.	18	Dau	F/W	Farm Labor	Tn	Tn	Tn
	Jesse B.	15	Son	M/W	Farm Labor	Tn	Tn	Tn
	Dollie M.	12	Dau	F/w	Farm Labor	Tn	Tn	Tn
	PARIS, William	19	Boarder	M/W	Farm Labor	Tn	Tn	Tn
50	WILSON, Edward	45		M/W	Farmer	Tn	Tn	Tn
	Nancy	45	Wife	F/W		Tn	Tn	Tn
	Colonel	20	Son	M/W	Farm Labor	Tn	Tn	Tn
	Della M.	17	Dau	F/W	Farm Labor	Tn	Tn	tn
	Burr C.	14	Son	M/W	Farm Labor	Tn	Tn	Tn
	Eva C.	11	Dau	F/W	Farm Labor	Tn	Tn	Tn
	Ernest H.	9	Son	M/W		Tn	Tn	Tn
	Lucy F.	6	Dau	F/w		Tn	Tn	tn
	Fred C.	4	Son	M/W		Tn	Tn	Tn
51	GARNER, Samuel	49		M/W	Farmer	Tn	NC	NC
	Martha J.	46	Wife	F/W		Tn	Ky	Ohio
	Della	15	Dau	F/w		Tn	Tn	Tn
52	CAMPBELL, H____	29		M/W		Tn	Tn	Tn
	Lucille	34	Wife	F/w		Tn	Tn	Tn
53	McKNIGHT, ____	70		M/W	Farmer	Ill	Ill	Ill
	Hannah E.	58	Wife	F/W		Tn	Ill	Tn
	Sarah P.	26	Dau	F/W		Tn	Ill	Tn
	George M.	24	Son	M/W	Farm Labor	Tn	Ill	Tn
	HAMMER, Charles B.	21	Boarder	M/W	Boarder	Tn	Tn	Tn
54	GARNER, Benjamin L.	41		M/W	Farmer	Tn	NC	NC
	Sarah A.	50	Wife	F/w		Tn	Tn	Ohio
	Samuel T.	17	Son	M/W	Farm Labor	Tn	Tn	Tn
	John H.	13	Son	M/W	Farm Labor	Tn	Tn	tn
55	MASON, ____	29		M/W	Farmer	Tn	Tn	Tn
	Mary	23	Wife	F/w		Tn	Tn	Tn
56	BYARS, Dun-----	61		M/W	Farmer	Ala	Ala	Tn
	Irena	55	Wife	F/W		Tn	Tn	Ohio
	Daniel	20	Son	M/W	Farm Labor	Tn	Ala	Tn
	Ella	15	Dau	F/W		Tn	Ala	Tn
	GREER, Thomas	12	Boarder	M/W	Farm Labor	Tn	Tn	Tn
57	BAILEY, John D.	40		M/W	Farmer	Tn	Tn	Tn
	Lucinda	39	Wife	F/W		Tn	Tn	Tn

No.	Name	Age	Rel. to Head	Sx/Race	Occupation	Person	Father	Mother
58	McELHANEY, Robert	82		M/W		At Sea	Irel	Irel
	Catherine	44	Inmate	F/W		Tn	At Sea	Tn
	MANNING, Caroline	77	Inmate	F/W		Tn	Tn	--
	FLYNN, Lizzie	55	Inmate	F/W		Tn	--	--
	McCORKLE, Houston	50	Inmate	M/W		Tn	Tn	Tn
	SUMMAR, Gracie	1	Inmate	F/W		Tn	Tn	Tn
	FRY, John	80	Inmate	M/W		Tn	Tn	Tn
	TURNER, Mattie	35	Inmate	F/W		Tn	Tn	Tn
	MORRIS, Fannie	40	Inmate	F/Bl		Tn	--	--
	NEAL, Pearl	22	Inmate	F/Bl		Tn	Tn	Tn
59	JONES, Eli	72		M/W	Farmer	Tn	Tn	Tn
	Rutha	64	Wife	F/W		Tn	Tn	Tn
	Martha	37	Dau	F/W		Tn	Tn	Tn
	John W.	25	Son	M/W	FArmer	Tn	Tn	Tn
	James C.	20	Son	M/W	Farm Labor	Tn	Tn	Tn
	PATTERSON, Carol	13	Gr/Dau	F/W		Tn	Tn	Tn
	EMERY, Richard M.	16	Boarder	M/W	Farm Labor	Tn	Tn	Tn
60	UNDERHILL, Malie	51		F/W		Tn	Tn	Tn
	Mattie	17	Dau	F/W		Tn	Tn	Tn
	George W.	12	Son	M/W	Farm Labor	Tn	Tn	Tn
	Henry	11	Son	M/W	Farm Labor	Tn	Tn	Tn
61	JONES, Robert	23		M/W	Farmer	Tn	Tn	Tn
	Barbra	25	Wife	F/W		Tn	Tn	Tn
	Clara	14	Dau	F/W		Tn	Tn	Tn
	Edgel	1	Dau	F/W		Tn	Tn	Tn
62	KIRBY, Robert	51		M/W	Farmer	Tn	Ky	Tn
	Mary W.	51	Wife	F/W		Tn	Va	Tn
	Frank L.	11	Son	M/W	Farm Labor	Tn	Tn	Tn
	WOMACK, Lela J.	15	St/Dau	F/W		Tn	Tn	Tn
	James	12	St/Dau	F/W		Tn	Tn	Tn
63	KIRBY, James	45		M/W	Farmer	Tn	Ky	Tn
	Samantha M.	38	Wife	F/W		Tn	Tn	Tn
	Walter H.	23	Son	M/W	Teacher	Tn	Tn	Tn
	Ulysses C.	20	Son	M/W	Farm Labor	Tn	Tn	Tn
	John J.	17	Son	M/W	Farm Labor	Tn	Tn	Tn
	Cleveland (?)	15	Son	M/W	Farm Labor	Tn	Tn	Tn
	Robert F.	13	Son	M/W	Farm Labor	Tn	Tn	Tn
	Ella J.	10	Dau	F/w		Tn	Tn	Tn
	Clay E.	7	Son	M/W		Tn	Tn	Tn
	James R.	5	Son	M/W		Tn	Tn	Tn
	Velma M.	1	Dau	F/W		Tn	Tn	Tn
64	KIRBY, James K.	33		M/W	Farmer	Tn	Tn	Tn
	Martha	32	Wife	F/W		Tn	Tn	Tn
	William	10	Son	M/W	Farm Labor	Tn	Tn	Tn
	Lena	7	Dau	F/W		Tn	Tn	Tn
	Laura M.	5	Dau	F/W		Tn	Tn	Tn
	John	1	Son	M/W		Tn	Tn	Tn
65	ROWLAND, James M.	34		M/W	Farm Labor	Tn	Tn	Tn
	Ella V.	23	Wife	F/W		Miss	Ga	Miss
	Emma L.	3	Dau	F/W		Tn	Tn	Miss
	Rosa	1	Dau	F/W		Tn	Tn	Miss
66	INGLISH, Sarah E.	67		F/W	Farmer	Tn	Va	Va
	Mary C.	27	Wife	F/W		Tn	Tn	Tn
67	BAIN, Napoleon	26		M/W	Farmer	Tn	Tn	Tn
	Mary C.	27	Wife	F/W		Tn	Tn	Tn
	Martha W.	2	Dau	F/W		Tn	Tn	Tn
	Joshua	2/12	Son	M/W		Tn	Tn	Tn
68	McMILLEN, Tal. A.	52		M/W	Farmer	Tn	Tn	Tn
	Caldona	45	Wife	F/W		Tn	Tn	Tn
	James	17	Son	M/W	Farm Labor	Tn	Tn	Tn
	Clara M.	6	Dau	F/W		Tn	Tn	Tn
	Lillie M.	1	Dau	F/W		Tn	Tn	Tn
	JOHNSON, Leona	16	Serv	F/W	Housekeeper	Tn	Tn	Tn
69	EDGE, Isaac B.	51		M/W	Farmer	Tn	Tn	Tn
	Mary J.	43	Wife	F/W		Tn	Tn	Tn
	Della	24	Dau	F/W		Tn	Tn	Tn
	Hopewood	23	Son	M/W	Farm Labor	Tn	Tn	Tn
	Connie M.	20	Dau	F/W		Tn	Tn	Tn
	Isabella	18	Dau	F/W		Tn	Tn	Tn
	Myrtle	15	Dau	F/W		Tn	Tn	Tn
	Zebedee	14	Son	M/W	Farm Labor	Tn	Tn	Tn
	Martha	12	Dau	F/W		Tn	Tn	Tn
	Eliza	9	Dau	F/W		Tn	Tn	Tn
70	KIRBY, Susan	76		F/W		Tn	NC	NC
	Sarah E.	40	Dau	F/W		Tn	Tn	Tn
71	VANHOOSER, Isaac W.	30		M/W	Carpenter	Tn	Tn	Tn
	Mary A.	24	Wife	F/W		Tn	Tn	Tn
	William H.	3	Son	M/W		Tn	Tn	Tn
	Ruby M.	6/12	Dau	F/W		Tn	Tn	Tn
	Mary A.	71	Mother	F/W		Tn	Tn	Tn
72	KIRBY, Henry	27		M/W	Farmer	Tn	Tn	Tn
	Betty	27	Wife	F/W		Tn	Tn	Tn
	Minnie	6	Dau	F/W		Tn	Tn	Tn
	Jesse T.	2	Son	M/W		Tn	Tn	Tn
	John S.	21	Boarder	M/W	Farmer	Tn	Tn	Tn
73	MASON (?), Malinda	39		F/W	Farmer	Tn	Tn	Tn
	William T.	19	son	m/W	Farm Labor	Tn	Tn	Tn
	James	16	Son	M/W	Farm Labor	Tn	Tn	Tn
	Sallie	14	Dau	F/W		Tn	Tn	Tn
	Claude	11	Son	M/W	Farm Labor	Tn	Tn	Tn
	John	10	Son	M/W	Farm Labor	Tn	Tn	Tn
	Burley	7	Son	M/W		Tn	Tn	Tn

No.	Name	Age	Rel. to Head	Sx/Race	Occupation	Birth of Person	Father	Mother
74	WILSON, James	53		M/W	Farmer	Tn	Tn	Tn
	Pheby	48	Wife	F/W		Tn	Tn	Tn
	Docia	15	Dau	F/W		Tn	Tn	Tn
	Robert	12	Son	M/W	Farm Labor	Tn	Tn	Tn
	Ophia L.	10	Dau	F/W		Tn	Tn	Tn
	Estie P.	9	Dau	F/W		Tn	Tn	Tn
75	JONES, Harrison	52		M/W	Farmer	Tn	Tn	Tn
	Mary	57	Wife	F/W		Tn	Tn	Tn
	Claude	15	Son	M/W	Farm Labor	Tn	Tn	Tn
	MITCHELL, Jacob	32	Son/Law	M/W	Sawyer	NY	NY	NY
	Leila	20	Dau	F/W		Tn	Tn	Tn
76	KIRBY, James C.	56		M/W	Farmer	Tn	Tn	Tn
	Malinda J.	53	Wufe	F/W		Tn	Tn	Tn
	Isa H.	21	Dau	F/W		Tn	Tn	Tn
	Dovie	18	Dau	F/W		Tn	Tn	Tn
	Joseph	15	Son	M/W	Farm Labor	Tn	Tn	Tn
77	PHILLIPS, John L.	38		M/W	Farmer	Tn	Tn	Tn
	Mary F.	34	Wife	F/W		Tn	Tn	Tn
	Hallie	13	Dau	F/W		Tn	Tn	Tn
	William	10	Son	M/W		Tn	Tn	Tn
	John	5	Son	M/w		Tn	Tn	Tn
	Lillie	3	Dau	F/w		Tn	Tn	Tn
	Charles M.	1/12	Son	M/W		Tn	Tn	Tn
78	MASON, George W.	21		M/W	Farmer	Tn	Tn	Tn
	Rebecca A.	25	Wife	F/W		Tn	Tn	Tn
79	GRIFFITH, Reams	24		M/W	Farm Labor	Tn	Tn	Tn
	Mary B.	28	Wife	F/W		Tn	Tn	Tn
	Harold	2/12	Son	M/W		Tn	Tn	Tn
80	WILSON, Thomas	19		M/W	Farm Labor	Tn	Tn	Tn
	Maggie	17	Wife	F/W		Ala	Ala	Ala
81	HOLT, Arthur	51		M/W	Farm Manager	Ohio	NY	Pa
	Ellen	44	Wife	F/W		Ohio	Canada	Ohio
	Bertha	22	Dau	F/W	Teacher	Mich	Ohio	Ohio
	Pearl	14	Dau	F/W		Mich	Ohio	Ohio
	Forest	8	Son	M/W		Mich	Ohio	Ohio
	HICKS, Rutherford	23	Boarder	M/W	Merchant	NY	NY	NY
82	BROWN, Mack	50		M/Bl	Farm Labor	Tn	Tn	Tn
83	DUNCAN, Alford	51		M/W	Farmer	Tn	Tn	Tn
	Roshie	33	Wife	F/W		Tn	Va	Tn
	George	7	Son	M/W		Tn	Tn	Tn
	Claude	4	Son	M/W		Tn	Tn	Tn
	Anna	1	Dau	F/W		Tn	Tn	Tn
84	FORD, James	38		M/W	Farm Labor	Tn	Tn	Tn
	Josephine	31	Wife	F/W		Tn	Tn	Tn

No.	Name	Age	Rel. to Head	Sx/Race	Occupation	Birth of Person	Father	Mother
	FORD, Stehpen M.	16	Son	M/W	Farm Labor	Tn	Tn	Tn
	Zebadee	14	Son	M/W	Farm Labor	Tn	Tn	Tn
	Lula C.	5	Dau	F/W		Tn	Tn	Tn
85	WILSON, Joshua	43		M/W	Farmer	Tn	Tn	Tn
	Malissa J.	35	Wife	F/W		Tn	Tn	Tn
	William F.	17	Son	M/W	Farm Labor	Tn	Tn	Tn
	Ella E.	15	Dau	F/W		Tn	Tn	Tn
	Henry	14	Son	M/W	Farm Labor	Tn	Tn	Tn
	Ada L.	8	Dau	F/W		Tn	Tn	Tn
	Brown	6	Son	M/W		Tn	Tn	Tn
	Emma M.	3	Dau	F/W		Tn	Tn	Tn
	Daisy	1/12	Dau	F/W		Tn	Tn	Tn
86	DODD, Milton	35		M/W	Farmer	Tn	Tn	Tn
	Martha E.	25	Wife	F/W		Tn	Tn	Tn
	Lela	13	Dau	F/W		Tn	Tn	Tn
	Harry	10	Son	M/W		Tn	Tn	Tn
	Lawrence	9	Son	M/W		Tn	Tn	Tn
	Esta	5	Dau	F/W		Tn	Tn	Tn
	Monroe	3	Son	M/W		Tn	Tn	Tn
	Richard	0/12	Son	M/W		Tn	Tn	Tn
87	WILSON, Dillard	23		M/W	Farmer	Tn	Tn	Tn
	Hattie	15	Wife	F/W		Tn	Tn	Tn
	Freddie	2/12	Son	M/W		Tn	Tn	Tn
88	WILSON, John B.	54		M/W	Blacksmith	Tn	Tn	Tn
	Mary C.	48	Wife	F/W		Tn	Tn	Tn
	Nellie A.	15	Dau	F/W		Tn	Tn	Tn
	Pearl	11	Dau	F/W		Tn	Tn	Tn
	Hassie M.	8	Dau	F/W		Tn	Tn	Tn
	Eliza G.	5	Dau	F/W		Tn	Tn	Tn
89	MITCHELL, David L.	64		M/W	Farmer	Tn	NC	Tn
	Elizabeth	63	Wife	F/W		Tn	Tn	Tn
	Hattie F.	26	Dau	F/W		Tn	Tn	Tn
	James	9	Gr/Son	M/W		Tn	Tn	Tn
90	McDANIEL, William T.	35		M/W	Farm Labor	Tn	Tn	Tn
	Robert M.	13	Son	M/W	Farm Labor	Tn	Tn	Tn
	Floyd	11	Son	M/W	Farm Labor	Tn	Tn	Tn
	Edna M.	8	Dau	F/W		Tn	Tn	Tn
	Elizabeth	61	Mo/Law	F/W		Tn	NC	Tn
91	WEBB, Arthur T.	38		M/W	Farmer	Tn	Tn	Va
	Magaline	36	Wife	F/W		Tn	Tn	Tn
	John A.	10	Son	M/W	Farm Labor	Tn	Tn	Tn
	Eva	12	Dau	F/W		Tn	Tn	Tn
	Chris R.	8	Son	M/W		Tn	Tn	Tn
	Nannie M.	7	Dau	F/W		Tn	Tn	Tn
	Allene	5	Dau	F/W		Tn	Tn	Tn
Twins)	James	2	Son	M/W		Tn	Tn	Tn
)	Nona B.	2	Dau	F/W		Tn	Tn	Tn
	CASH, JAmes M.	78	Fat/Law	M/W		Tn	--	--

No.	Name	Age	Rel. to Head	Sx/Race	Occupation	Birth of Person	Father	Mother
92	EARLS, Martin	40		M/W	FArmer	Tn	Tn	Tn
	Minnia A.	36	Wife	F/W		Tn	Tn	Tn
	Minnie M.	13	Dau	F/W		Tn	Tn	Tn
	Micie	10	Dau	F/W		Tn	Tn	Tn
93	BISHOP, William C.	51		M/W	Farmer	Ohio	Ohio	NY
	Sophia	48	Wife	F/W		)hio	--	--
	Caroline	9	Dau	F/W		Ohio	Ohio	Ohio
	MARTIN, Charles T.	24	Son/Law	M/W	Physician	Tn	Tn	Tn
	Anna S.	29	Dau	F/W		Ohio	Ohio	Ohio
	STRICKLAND, Margie	69	Boarder	M/W	Capitalist	Ohio	Ct	Ct
94	TITTLE, Charlotte	49		F/W	Farmer	Tn	Tn	Tn
	James	42	St/Son	M/W	Farm Labor	Tn	Tn	Tn
Twins }	Nora	20	Dau	F/W		Tn	Tn	Tn
}	Nola	20	Dau	F/W		Tn	Tn	Tn
	Tilmon	17	Son	M/W	Farm Labor	Tn	Tn	Tn
	Mary	12	Dau	F/W		Tn	Tn	Tn
	TUBB, Calvin L.	28	Son	M/W	Farm Labor	Tn	Tn	Tn
	Eddy	24	Son	M/W	Farm Labor	Tn	Tn	Tn
95	WOODWORTH, Daniel C.	69		M/W	Farmer	Ohio	Pa	Pa
	Anna	69	Wife	F/W		Ohio	Ct	Ct
96	DODD, David F.	25		M/W	Miller	Tn	Tn	Tn
	Emma	26	Wife	F/W		Tn	Tn	Tn
	Lillie B.	2	Dau	F/W		Tn	Tn	Tn
	Nancy E.	65	Mother	F/W		Tn	Tn	Tn
	GREER, Nellie M.	5	Neice	F/W		Tn	Tn	Tn
97	HENEGAR, John B.	40		M/W	Merchant	Tn	Tn	Tn
	Miranda	26	Wife	F/W		Tn	Tn	Tn
	Alton	8	Son	M/W		Tn	Tn	Tn
	Aubrey	5	Son	M/W		Tn	Tn	Tn
98	DODD, Hiram	45		M/W	Blacksmith	Tn	Tn	Tn
	Sarah A.	46	Wife	F/W		Tn	Tn	Tn
	Myrtle	12	Dau	F/W		Tn	Tn	Tn
	Hershell	9	Son	M/W		Tn	Tn	Tn
	Herbert	3	Son	M/W		Tn	Tn	Tn
99	EDGE, Charles R.	20		M/W	Farmer	Tn	Tn	Tn
	Louisa J.	19	Wife	F/W		Tn	Tn	Tn
100	HOLLAND, Aric----	70		M/W	Farmer	Tn	Sc	NC
	Sarah C.	75	Wife	F/W		Tn	Va	NC
101	NAFE, Samuel	61		M/W	Farmer	Pa	Md	Pa
	??	50	Wife	F/W		Ohio	Md	Pa
	Burton	21	Son	M/W	Farm Labor	Ind	Pa	Ohio
	Kate J.	18	Dau	F/W		Ind	Pa	Ohio
	Nellie M.	16	Dau	F/W		Ind	Pa	Ohio
	Charles V.	11	Son	M/W	Farm Labor	Ind	Pa	Ohio

1900 CENSUS - WARREN COUNTY, TENN.

No.	Name	Age	Rel. to Head	Sx/Race	Occupation	Birth of Person	Father	Mother
102	HOLLAND, Horace	37		M/W	Farmer	Tn	Tn	Tn
	Jennie	36	Wife	F/W		Tn	Tn	'Tn
	Maude	15	Dau	F/W		Tn	Tn	Tn
	Edwin M.	13	Son	M/W	Farm Labor	Tn	Tn	Tn
	William	10	Son	M/W	Farm Labor.	Tn	Tn	Tn
	Ira W.	5	Son	M/W		Tn	Tn	Tn
	John R.	1	Son	M/W		Tn	Tn	Tn
103	RALSTON, David	29		M/W		Ind	Pa	Ohio
	Daisy	28	Wife	F/W		Ind	Pa	Ohio
	Guy	8	Son	M/W		Ind	Ind	Ind
	Pearl	5	Dau	F/W		Ind	Ind	Ind
	Floyd	2	Son	M/W		Ind	Ind	Ind
104	CUMMINGS, Richard M.	47		M/W	Farmer	Tn	Tn	NC
	Josie	42	Wife	F/W		Tn	Tn	Tn
	James	20	Son	M/W	Farm Labor	Tn	Tn	Tn
	Robert	19	Son	M/W	Farm Labor	Tn	Tn	Tn
	Charles	16	Son	M/W	Farm Labor	Tn	Tn	Tn
	Maude	13	Dau	F/W		Tn	Tn	Tn
	Eliza	9	Dau	F/W		Tn	Tn	Tn
	Dwyer	6	Son	M/W		Tn	Tn	Tn
	James	75	Father	M/W		Tn	Tn	Tn
	Anna	86	Mother	F/W		NC	NC	NC
105	SUMMERS, Robert	27		M/W	Farmer	Tn	Tn	Tn
	Lillie	20	Wife	F/W		Tn	Tn	Tn
	Roy	3	Son	M/W		Tn	Tn	Tn
	William G.	1	Son	M/W		Tn	Tn	Tn
106	DAVENPORT, Harry G.	47		M/W	Farmer	Tn	Tn	Tn
	Margaret J.	45	Wife	F/W		Tn	Tn	Tn
	William	18	Son	M/W	Farm Labor	Tn	Tn	Tn
	Hall	16	Son	M/W	Farm Labor	Tn	Tn	Tn
	Nezzie	12	Dau	F/W		Tn	Tn	Tn
	Edgar	9	Son	M/W		Tn	Tn	Tn
	Arthur	7	Son	M/W		Tn	Tn	Tn
107	MERIAM, Charles W.	64		M/W	Farmer	NY	Mass	NY
	Mary L.	47	Wife	F/W		Mich	NY	NY
	Arthur M.	29	Son	M/W		Mich	Mich	Mich
108	LOWERY, George N.	70		M/W	Farmer	Tn	NC	NC
	Katy	59	Wife	F/W		Tn	SC	Tn
	MILLER, Susan	21	Serv	F/W	Housekeeper	Tn	Tn	Tn
	Pearl	4	Boarder	F/W		Tn	Tn	Tn
109	POPE, John E.	46		M/W	Farmer	Tn	Tn	Tn
	Martha A.	43	Wife	F/W		Tn	Tn	Tn
	Clay E.	24	Son	M/W	Farm Labor	Tn	Tn	Tn
	Oscar	18	Son	M/W	Farm Labor	Tn	Tn	Tn
	Hixie A.	15	Dau	F/W		Tn	Tn	Tn
	Louisa	13	Dau	F/W		Tn	Tn	Tn

No.	Name	Age	Rel. to Head	Sx/Race	Occupation	Birth of Person	Father	Mother
110	POLLARD, William	40		M/W	Farmer	Tn	Tn	, Tn
	Clarinda E.	36	Wife	F/W		Tn	Tn	Tn
	Emma	17	Dau	F/W		Tn	Tn	Tn
	Dolly	9	Dau	F/W		Tn	Tn	Tn
	William	5	Son	M/W		Tn	Tn	Tn
	ROWAN, James	19	Serv	M/Bl	Farm Labor	Tn	Tn	Tn
111	FUSTON, William M.	30		M/W	Farmer	Tn	Tn	Tn
	Hattie	33	Wife	F/W		Tn	Tn	Tn
	Katy M.	10	Dau	F/W		Tn	Tn	Tn
	Elizabeth P.	6	Dau	F/W		Tn	Tn	Tn
	Robert L.	5	Son	M/W		Tn	Tn	Tn
112	FUSTON, Hixie	64		F/W	Farmer	Tn	Ky	Tn
	MITCHELL, Rutha	51	Serv	F/W	Housekeeper	Tn	Tn	Tn
	PARSLEY, William E.	22	Boarder	M/W	Farm Labor	Tn	Tn	Tn
	LOCKE, Thomas	21	Boarder	M/W	Farm Labor	Tn	Tn	Tn
113	FUSTON, Srarh C.	60		F/W	Land Lady	Tn	Tn	Tn
	Thomas H.	37	Son	M/W	Farm Labor	Tn	Tn	Tn
114	LINDER, John C.	47		M/W	Farmer	Tn	Tn	Tn
	Eliza P.	34	Wife	F/W		Tn	Tn	Tn
	William C.	14	Son	M/W	Farm Labor	Tn	Tn	Tn
	John C.	11	Son	M/W	Farm Labor	Tn	Tn	Tn
	Elijah	9	Son	M/W		Tn	Tn	Tn
	Julia	0/12	Dau	F/W		Tn	Tn	Tn
115	SELLARS, Marcus L.	61		M/W	Farmer	Tn	NC	NC
	Louisa	55	Wife	F/W		Tn	Tn	Tn
	Oscar	20	Son	M/W	Farm Labor	Tn	Tn	Tn
116	SELLARS, John B.	24		M/W	Farmer	Tn	Tn	Tn
	Minnie	21	Wife	F/W		Tn	Tn	Tn
117	KNIGHT, Joel	53		M/W	Blacksmith	Tn	NC	Tn
	Lydia	52	Wife	F/W		Tn	Tn	Tn
	Ulysses S.	27	Son	M/W	Farm Labor	Tn	Tn	Tn
	Jusimon O.	17	Son	M/W	Farm Labor	Tn	Tn	Tn
	Morning M.	14	Dau	F/W		Tn	Tn	Tn
	Joel A., Jr.	12	Son	M/W	Farm Labor	Tn	Tn	Tn
	Lydia P.	11	Dau	F/W		Tn	Tn	Tn
	Benjamin H.	8	Son	M/W		Tn	Tn	Tn
118	SELLARS, Frank	29		M/W	Farmer	Tn	Tn	Tn
	Nellie J.	24	Wife	F/W		Tn	Tn	Tn
119	SELLARS, William	27		M/W	Farmer	Tn	Tn	Tn
	Ella	21	Wife	F/W		Tn	Tn	Tn
120	CHISAM, William	65		M/W	Farmer	Tn	Tn	Tn
	Axie T.	61	Wife	F/W		Tn	Tn	Tn
	Lemuel A.	43	Son	M/W	Farmer	Tn	Tn	Tn
	Martha P.	23	Dau	F/W		Tn	Tn	Tn

No.	Name	Age	Rel. to Head	Sx/Race	Occupation	Birth of Person	Father	Mother
	CHISAM, Margaret E.	22	Dau	F/W		Tn	Tn	, Tn
	Eva L.	17	Dau	F/W		Tn	Tn	Tn
121	THOMPSON, Nancy	68		F/W	Farmer	Tn	Tn	Tn
	MILLER, Martha	24	Dau	F/W		Tn	Tn	Tn
122	SCHRIMPSHER, James	39		M/W	Farmer	Tn	Tn	Tn
	Hattie C.	37	Wife	F/W		Tn	Tn	Tn
	Hassie M.	14	Dau	F/W		Tn	Tn	Tn
	Willie L.	13	Dau	F/W		Tn	Tn	Tn
	James S.	8	Son	M/W		Tn	Tn	Tn
	Osie F.	5	Dau	F/W		Tn	Tn	Tn
	Thomas G.	11	Son	M/W	Farm Labor	Tn	Tn	Tn
123	BLANKENSHIP, George	27		M/W	Farmer	Tn	Tn	Tn
	Dovie M.	27	Wife	F/W		Tn	Tn	Ala
124	BROWN, Jane	66		F/W	Farmer	Tn	Va	NC
	BLANTON, Floyd	11	Nephew	M/W	Farm Labor	Tn	Tn	Tn
125	BROWN, Henry	27		M/W	Farmer	Tn	Tn	Tn
	Minnie F.	20	Wife	F/W		Tn	Tn	Tn
	Dalton	1	Son	M/W		Tn	Tn	Tn
126	FRENCH, John	64		M/W	Farmer	Eng	Eng	Eng
	Martha C.	46	Wife	F/W		Tn	Tn	Tn
	HURST, Vetivet J.	14	Neice	F/W		Tn	Ill	Tn
127	WOMACK, Dillard	51		M/W	Farmer	Tn	Tn	Tn
	Jerusha	48	Wife	F/W		Tn	Tn	Tn
	William P.	21	Son	M/W	Farm Labor	Tn	Tn	Tn
	Gilliam B.	19	Son	M/W	Farm Labor	Tn	Tn	Tn
	Robert L.	16	Son	M/W	Farm Labor	Tn	Tn	Tn
	Grover C.	15	Son	M/W	Farm Labor	Tn	Tn	Tn
128	WOMACK, William	76		M/W	Farmer	Tn	NC	Tn
	Mary A.	71	Wife	F/W		Tn	Tn	Tn
	Elizabeth	36	Dau	F/W		Tn	Tn	Tn
	Doctor N.	13	Gr/Son	M/W	FArm Labor	Tn	Tn	Tn
129	WOMACK, Abner C.	34		M/W	FArmer	Tn	Tn	Tn
	Mary G.	31	Wife	F/W		Tn	Tn	Tn
	Manzie M.	1	Son	M/W		Tn	Tn	Tn
130	POTTER, Evon M.	30		M/W	Farmer	Tn	Tn	Tn
	Alice	21	Wife	F/W		Tn	Tn	Tn
	Elizabeth	3	Dau	F/W		Tn	Tn	Tn
	Andrew J.	2	Son	M/W		TN	Tn	Tn
	Anna M.	5/12	Dau	F/W		Tn	Tn	Tn
	MOODY, Malinda	57	Mo/Law	F/W		Tn	Tn	Tn
131	WOMACK, Tilden	24		M/W	Farmer	Tn	Tn	Tn
	Maude	25	Wife	F/W		Tn	Tn	Tn
	Orin	1	Son	M/W		Tn	Tn	Tn

No.	Name	Age	Rel. to Head	Sx/Race	Occupation	Person	Father	Mother
132	WOMACK, Levander P.	44		M/W	FArmer	Tn	Tn	Tn
	Mildred	41	Wife	F/W		Tn	Tn	Tn
	Clara	21	Dau	F/W	Teacher	Tn	Tn	Tn
	Elmer B.	17	Son	M/W	Farm Labor	Tn	Tn	Tn
	Claude	14	Son	M/W	Farm Labor	Tn	Tn	Tn
	Levoy	13	Son	M/W	Farm Labor	Tn	Tn	Tn
	Alice	10	Dau	F/W		Tn	Tn	Tn
	Alton	7	Son	M/W		Tn	Tn	Tn
133	HARDCASTLE, Joseph	62		M/W	Farmer	NC	NC	NC
	Martha A.	56	Wife	F/W		Tn	Tn	Tn
	Dovie A.	19	Dau	F/W		Tn	NC	Tn
134	WOMACK, Franklin P.	45		M/W	Farmer	Tn	Tn	Tn
	Emma D.	37	Wife	F/W		Tn	Tn	Tn
	Berty C.	11	Dau	F/w		Tn	Tn	Tn
	Willie E.	8	Dau	f/W		Tn	Tn	Tn
	Robert B.	3	Son	M/W		Tn	Tn	Tn
	BYARS, Samuel	25	Boarder	M/W	Farm Labor	Tn	Tn	Tn
135	DAVIS, John L.	41		M/W	Farmer	Tn	Tn	Tn
	Jennie	43	Wife	F/W		Tn	Tn	Tn
	Jessie	17	Dau	F/W		Tn	Tn	Tn
	Duncan	17	Son	M/W	Farm Labor	Tn	Tn	Tn
	Mary	2	Dau	F/W		Tn	Tn	Tn
136	DAVIS, Bird	45		M/W	Farmer	Tn	Tn	Tn
	Bettie	32	Wife	F/W		Tn	Tn	Tn
	Ora L.	20	Dau	F/W		Tn	Tn	Tn
	Lula	10	Dau	F/W		Tn	Tn	Tn
	Laura	9	Dau	F/W		Tn	Tn	Tn
	Saint Elmer	8	Son	M/W		Tn	Tn	Tn
	Ethel M.	5	DAu	F/W		Tn	Tn	Tn
	George S.	3	Son	M/W		Tn	Tn	Tn
	Vernon M.	1	Son	M/W		Tn	Tn	Tn
	HICKMAN, Elizabeth	72	Mo/Law	F/W		Tn	Tn	NC
	WILSON, Wilson	17	Serv	M/Bl	Farm Labor	Ky	KY	KY
137	WOMACK, John	39		M/W	Farmer	Tn	Tn	Tn
	Leona B.	36	Wife	F/W		Tn	Tn	Tn
	Robert O.	8	Son	M/W		Tn	Tn	Tn
	Maudie L.	6	Dau	F/W		Tn	Tn	Tn
	Furman L.	4	Son	M/W		Tn	Tn	Tn
	Audie M.	1	Dau	F/w		Tn	Tn	Tn
138	MISER, Henry	61		M/W	Farmer	Ohio	Ohio	Pa
	Rebecca	49	Wife	F/W		Ohio	Ohio	Ohio
	Ida	21	Dau	F/W		Ohio	Ohio	Ohio
	Lybia	20	Dau	F/W		Ohio	Ohio	Ohio
	John	19	Son	M/W	Farm Labor	Ohio	Ohio	Ohio
	George	17	Son	M/W	Farm Labor	Ohio	Ohio	Ohio
	Grover	15	Son	M/W	Farm Labor	Ohio	Ohio	Ohio
	Evilene	12	Dau	F/W		Ohio	Ohio	Ohio
	Mauda	10	Dau	F/W		Ohio	Ohio	Ohio

No.	Name	Age	Rel. to Head	Sx/Race	Occupation	Person	Father	Mother
	MISER, Howard	8	Son	M/W		Tn	Ohio	Ohio
	RYAN, Washington	64	Boarder	M/W	Carpenter	NY	NY	NY
139	FOSTER, John M.	79		M/W	Farmer	Tn	Va	Va
	Nancy	54	Wife	F/W		Ala	Ala	Ala
	GLENN, William	23	Serv	M/W	Farm Labor	Tn	Tn	Tn
	Bert	17	Serv	M/W	Farm Labor	Tn	Tn	Tn
140	WOMACK, Richard	26		M/W	Farmer	Tn	Tn	Tn
	Mollie	25	Wife	F/W		Tn	Tn	Tn
	Eula	5	Dau	F/W		Tn	Tn	Tn
	Clayton	2	Son	M/W		Tn	Tn	Tn
	Willie M.	1	Dau	F/W		Tn	Tn	Tn
	Shela	2/12	Son	M/W		Tn	Tn	Tn
141	TOWLES, Arthur W.	34		M/W	Farmer	Tn	Tn	Tn
	Emma	34	Wife	F/W		Tn	Tn	Tn
	Leta B.	10	Dau	F/W		Tn	Tn	Tn
	Henry	5	Son	M/W		Tn	Tn	Tn
	Homer	1	Son	M/W		Tn	Tn	Tn
142	MITCHELL, John	27		M/W	Farm Labor	Tn	Tn	Tn
	Flora	22	Wife	F/W		Tn	Tn	Tn
143	McGREGOR, Mary	51		F/W	Farmer	Tn	Tn	Tn
	Nora B.	21	Dau	F/W		Tn	Tn	Tn
	Twins) John	16	Son	M/W	Farm Labor	Tn	Tn	Tn
	) Lowney	16	Son	M/W	Farm Labor	Tn	Tn	Tn
	Elizabeth	14	Dau	F/W		Tn	Tn	Tn
	Charles	12	Son	M/W	Farm Labor	Tn	Tn	Tn
	James	9	Son	M/W		Tn	Tn	Tn
144	BROWN, Nathan L.	45		M/W	Farmer	Tn	Tn	Eng
	Elizabeth F.	45	Wife	F/W		Tn	Tn	Tn
	John B.	22	Son	M/W	Farm Labor	Tn	Tn	Tn
	Louella	21	Dau	F/W		Tn	Tn	Tn
	Joseph L.	19	Son	M/W	Farm Labor	Tn	Tn	Tn
	Hassie F.	16	Dau	F/W		Tn	Tn	Tn
	James M.	12	Son	M/W	Farm Labor	Tn	Tn	Tn
	Foster V.	10	Son	M/W	Farm Labor	Tn	Tn	Tn
	Mary H.	7	Dau	F/W		Tn	Tn	Tn
	Lilan	2	Dau	F/W		Tn	Tn	Tn
145	BAILEY, Isaac	35		M/W	Farmer	Tn	Tn	Tn
	Bettie	38	Wife	F/W		Tn	Tn	Tn
	Fred	11	Son	M/W		Tn	Tn	Tn
	George	7	Son	M/W		Tn	Tn	Tn
146	CONGER, Martha E.	38		F/W	FArmer	Tn	Tn	Tn
	Napoleon	18	Son	M/W	Roust About-Sawmill	Tn	Tn	Tn
	Louella B.	16	Dau	F/W		Tn	Tn	Tn
147	WOMACK, Abner M.	68		M/W	Farmer	Tn	NC	Tn
	Tempa	63	Wife	F/W		Tn	Tn	Tn

No.	Name	Age	Rel. to Head	Sx/Race	Occupation	Birth of Person-Father-Mother		
	WOMACK, John B.	31	Son	M/W	Farmer	Tn	Tn	Tn
	Perry G.	23	Son	M/W	Farm Labor	Tn	Tn	Tn
	Samuel	24	Nephew	M/W	Farm Labor	Tn	Tn	Tn
148	DAVENPORT, James	24		M/W	Engineer Sawmill	Tn	Tn	Tn
	Leona	21	Wife	F/W		Tn	Tn	Tn
	Roy	3	Son	M/W		Tn	Tn	Tn
149	DAVENPORT, John W.	45		M/W	FArmer	Tn	Tn	Tn
	Sarah E.	47	Wife	F/W		Tn	Tn	Tn
	Isaac	18	Son	M/W	Farm Labor	Tn	Tn	Tn
	William	16	Son	M/W	Farm Labor	Tn	Tn	Tn
	Arthur	14	Son	M/W	Farm Labor	Tn	Tn	Tn
	Brown	13	Son	M/W	Fram Labor	Tn	Tn	Tn
	Eva	10	Dau	F/w		Tn	Tn	Tn
	James	27	Nephew	M/W	Sawyer	Tn	Tn	Tn
	SMITH, Rebecca	51	Sis/Law	F/W		Tn	TN	Tn
150	PHELPS, Franklin M.	63		M/W	FArmer	Tn	Ga	Tn
	Rebecca	59	Wife	F/W		Tn	Tn	Tn
	Walker	21	Son	M/W	Farm Labor	Tn	Tn	Tn
151	PHELPS, Alonzo	26		M/W	Farmer	Tn	Tn	Tn
	Sarah L.	26	Wife	F/W		Tn	Tn	Tn
	Dovie E.	11/12	Dau	F/W		Tn	Tn	Tn
152	VANHOOSER, Ulysses	60		M/W	Farmer	Tn	--	--
	?	20	Son	M/W	Farm Labor	Tn	Tn	Tn
	Sam H.	16	Son	M/W	Farm Labor	Tn	Tn	Tn
	Hassie	14	Dau	F/W		Tn	Tn	Tn
	Floyd	10	Dau	F/W	Farm Labor	Tn	Tn	Tn
	Veta M.	7	Dau	F/W		Tn	Tn	Tn
	Roy	5	Son	M/W		Tn	Tn	Tn
153	WORLEY, Lorin D.	60		M/W	Carpenter	Ohio	Ohio	Ohio
	Mary	46	Wife	F/W		Tn	Tn	Tn
	DULEU, Mary A.	15	Dau	F/W		Tn	Fr	Tn

U. S. CENSUS 1900   14th Civil District   Fred S. Grizzle Enumerator

No.	Name	Age	Rel. to Head	Sx/Race	Occupation	Birth of Person-Father-Mother		
149	WILKERSON, Cleve	63		M/W	Farmer	Tn	SC	SC
	Anna	43	Wife	F/W		Tn	Tn	Tn
	Bennie	5	Son	M/W		Tn	Tn	Tn
	Robert	1	Son	M/W		Tn	Tn	Tn
150	RIGSBY, Russell	28		M/W	Day Labor	Tn	Tn	Tn
	Alice	24	Wife	F/W		Tn	Tn	Tn
	Bartow	8	Son	M/W		Tn	Tn	Tn
	Agnes	6	Dau	F/W		Tn	Tn	Tn
	Charlie	4	Son	M/W		Tn	Tn	Tn
151	RIGSBY, John	40		M/W	Day Labor	Tn	Tn	Tn
	Fannie	29	Wife	F/W		Tn	Tn	Tn
	Fred	6	Son	M/W		Tn	Tn	Tn
	Dibrell	4	Son	M/W		Tn	Tn	Tn
	Luther	1	Son	M/W		Tn	Tn	Tn
152	ROWLAND, Joseph	41		M/W	Farmer	Tn	Tn	Tn
	Lydia A.	44	Wife	F/W		Tn	Tn	Tn
	Benjamin	20	Son	M/W	Farm Labor	Tn	Tn	Tn
	Daisy E.	18	Dau	F/W		Tn	Tn	Tn
	Sallie	15	Dau	F/W		Tn	Tn	Tn
	John C.	9	Son	M/W		Tn	Tn	Tn
	Mattie B.	6	Dau	F/W		Tn	Tn	Tn
	Joseph H.	3	Son	M/W		Tn	Tn	Tn
	Mary L.	9/12	Dau	F/W		Tn	Tn	Tn
	MILSTEAD, Jasper	ca27	Boarder	M/W	Farm Labor	Tn	Tn	Tn
153	McBRIDE, Matthew	51		M/W	Farmer	Tn	Tn	Tn
	Jennie	56	Wife	F/W		Tn	Tn	Tn
	Tabitha	31	Dau	F/W		Tn	Tn	Tn
	William	21	Son	M/W	Farm Labor	Tn	Tn	Tn
	Zora	19	Dau/Law	F/W		Tn	Tn	Tn
	Henry E.	3	Gr/Son	M/W		Tn	Tn	Tn
	Ova	1/12	Gr/Dau	F/W		Tn	Tn	Tn
154	CLARK, James	34		M/W	Farmer	Tn	Tn	Tn
	Fannie	29	Wife	F/W		Tn	Tn	Tn
	Bryan	10	Son	M/W		Tn	Tn	Tn
	Basil	9	Son	M/W		Tn	Tn	Tn
	Mary E.	6	Dau	F/W		Tn	Tn	Tn
	Nolie	2	Dau	F/W		Tn	Tn	Tn
	Joseph E.	1	Son	M/W		Tn	Tn	Tn
155	EVANS, Isaac	18		M/W		Tn	Tn	Tn
	Nannie	13	Wife	F/W		Tn	Tn	Tn
156	SIMMONS, Charles	26		M/W	Farmer	Tn	Tn	Tn
	Callie	22	Wife	F/W		Tn	Tn	Tn
	Ova	1	Dau	F/W		Tn	Tn	Tn

No.	Name	Age	Rel. to Head	Sx/Race	Occupation	Birth of Person	Father	Mother
157	SAUNDERS, Andrew	40		M/W	Farmer	Tn	Tn	Tn
	Florence	27	Wife	F/W		Tn	Tn	Tn
	Mellie	15	Dau	F/W		Tn	Tn	Tn
	Fannie	11	Dau	F/W		Tn	Tn	Tn
	Lodemia	8	Dau	F/W		Tn	Tn	Tn
	Edward	7	Son	M/W		Tn	Tn	Tn
	Victor	5	Son	M/W		Tn	Tn	Tn
	Fletcher	3	Son	M/W		Tn	Tn	Tn
	Charles D.	2/12	Son	M/W		Tn	Tn	Tn
158	REEDER, Martha J.	57		M/W	Farmer	Tn	Tn	Tn
	Nora	19	Dau	F/W		Tn	Tn	Tn
	William C.	15	Son	M/W	Farm Labor	Tn	Tn	Tn
159	GREEN, James H.	47		M/W	Farmer	Tn	Tn	Tn
	Malvina	46	Wife	F/W		Tn	Tn	Tn
	Shady	25	Son	M/W	Farmer	Tn	Tn	Tn
	Charlie B.	20	Son	M/W	Farm Labor	Tn	Tn	Tn
	Brazier	18	Son	M/W	Farm Labor	Tn	Tn	Tn
	Ophie	14	Dau	F/W		Tn	Tn	Tn
	Nathan	11	Son	M/W		Tn	Tn	Tn
	John	7	Son	M/W		Tn	Tn	Tn
160	MULLICAN, Frank	39		M/W	Farmer	Tn	Tn	Tn
	Mandy	28	Wife	F/W		Tn	Tn	Tn
	Flora	6	Dau	F/W		Tn	Tn	Tn
161	SMITH, George W.	35		M/W	Farmer	Tn	Tn	Tn
	Louisa	60	Mother	F/W		Tn	Tn	Tn
	Mattie O.	38	Sister	F/W		Tn	Tn	Tn
	Margaret	41	Cousin	F/W		Tn	Tn	Tn
	LUSK, Samuel	26	Lodger	M/W	Teamster	Tn	Tn	Tn
	STEVENS, Vernie	12	Lodger	M/W	Teacher	Tn	Tn	Tn
162	FAULKNER, Mary	ca 75		M/Bl	Farmer	NC	--	--
	Clay	30	Son	M/Bl	Day Laborer	Tn	NC	NC
163	FAULKNER, Josh	45		M/Bl	Farmer	Tn	Tn	NC
	Clara	50	Wife	F/Bl		Tn	Tn	Tn
164	WILSON, Joseph	40		M/W	Farmer	Tn	Tn	Tn
	Samantha	30	Wife	F/W		Tn	Tn	Tn
	James	17	Son	M/W	Farm Labor	Tn	TN	Tn
	George	10	Son	M/W		Tn	Tn	Tn
	Thomas	5	Son	M/W		Tn	Tn	Tn
	Margie	3	Dau	F/W		Tn	Tn	Tn
	ROWLAND, Martha	65	Mother	F/W		Tn	Tn	Tn
165	DAVIES, Griffith	41		M/W	Farmer	Wales	Wales	Wales
	Flora	30	Wife	F/W		Tn	Tn	Tn
	Lusk	7	Son	M/W		Ohio	Wales	Tn
	Walter	3	Son	M/W		Ohio	Wales	Tn
	Bessie L.	11/12	Dau	F/W		Tn	Wales	Tn
166	SILLAMENY, Susan	53		F/W	Farmer	Mich	NY	NY
	Myron	21	St/Son	M/W	Farm Labor	Mich	Ohio	--
	WEBB, Marion	18	Serv	M/W	Servant	Tn	Tn	Tn
167	GREEN, John	44		M/W	Farmer	Tn	Tn	Tn
	Angeline	44	Wife	F/W		Tn	Tn	Tn
	Shady M.	18	Son	M/W	Farm Labor	Tn	Tn	Tn
	Jesse	16	Son	M/W	farm Labor	Tn	Tn	Tn
	Francis M.	14	Son	M/W	Farm Labor	Tn	Tn	Tn
	Harvey	10	Son	M/W		Tn	Tn	Tn
168	GREEN, Marion	38		M/W	Farmer	Tn	Tn	Tn
	Hortense	33	Wife	F/W		Tn	Tn	Tn
	Alice	11	Dau	F/W		Tn	Tn	Tn
	Emma A.	5	Dau	F/W		Tn	Tn	Tn
	Mary A.	79	Mother	F/W		Tn	Va	Va
169	SIMMONS, Mary	51		F/W	FArmer	Tn	Tn	Tn
	BOREN, Randy	22	Dau	F/W		Tn	Tn	Tn
	William	25	Son/Law	M/W	Farm Labor	Tn	Tn	Tn
170	SIMMONS, Marion	28		M/W	Farmer	Tn	Tn	Tn
	Martha	26	Wife	F/W		Tn	Tn	Tn
	Charles	4	Son	M/W		Tn	Tn	Tn
	Mary	1	Dau	F/W		Tn	Tn	Tn
171	MILLER, John	43		M/W	Miller	Tn	Tn	Tn
	Narcissus	43	Wife	F/W		Tn	Tn	Tn
	Sarah	13	Dau	F/W		Tn	Tn	Tn
172	PURSER, Luke	60		M/W	Farmer	Tn	NC	Tn
173	BYARS, Joseph	50		M/W	FArmer	Tn	Tn	Tn
	Mary	49	Wife	F/W		Tn	Tn	Tn
	Lela	14	DAu	F/W		Tn	Tn	Tn
	BRATTON, Henry	34	Son/Law	M/W	Farmer	Tn	Tn	Tn
	Mellie	25	Dau	F/W		Tn	Tn	Tn
	Joseph	1	Son	M/W		Tn	Tn	Tn
174	WILLIAMS, Solomon	50		M/W	Merchant	Tn	Tn	Tn
	Dovie	42	Wife	F/W		Tn	Tn	Tn
	Millie	13	Dau	F/W		Tn	Tn	Tn
	John F.	8	Son	M/W		Tn	Tn	Tn
	Sophia	5	Dau	F/W		Tn	Tn	Tn
175	COTTON, William	45		M/W	Blacksmith	Tn	Tn	Tn
	Mary	40	Wife	F/W		Tn	Tn	Tn
	Gatewood	16	Son	M/W	Farm Labor	Tn	Tn	Tn
	Willie	8	Son	M/W		Tn	Tn	Tn
176	UPCHURCH, Joseph	55		M?W	Day Labor	Tn	Tn	Tn
	Parlee	52	Wife	F/W		Tn	Tn	Tn
	James	23	Son	M/W	Day Labor	Tn	Tn	Tn
	Crocket	20	Son	M/W	Day Labor	Tn	Tn	Tn

No.	Name	Age	Rel. to Head	Sx/Race	Occupation	Birth of Person	Father	Mother
	UPCHURCH, Robert	16	Son	M/W	Day Labor	Tn	Tn	, Tn
	Ewing	15	Son	M/W	Day Labor	Tn	Tn	Tn
	Charlie	10	Son	M/W		Tn	Tn	Tn
177	McDOWELL, Joseph	26		M/W	Farmer	Tn	Tn	Tn
	Anna	23	Wife	F/W		Tn	Tn	Tn
	Ova	3	Dau	F/W		Tn	Tn	Tn
	Troy	1	Son	M/W		Tn	Tn	Tn
	MARTIN, Dall	26	Bro/Law	M/W	Day Labor	Tn	Tn	Tn
	Bessie	10	Sis/Law	F/W		Tn	Tn	Tn
178	DAVIS, Anderson	50		M/W	Farmer	Tn	NC	NC
	Mary	51	Wife	F/W		Tn	Tn	Tn
	Charlie	19	Son	M/W	Farm Labor	Tn	Tn	Tn
	Asa	17	Son	M/W	Farm Labor	Tn	Tn	Tn
	Monroe	14	Son	M/W	Farm Labor	Tn	Tn	Tn
	Ida	10	Dau	F/W		Tn	Tn	Tn
179	BOREN, James	32		M/W	Farmer	Tn	Tn	Tn
	Martha	40	Wife	F/W		Tn	Tn	Tn
	Claude	11	Son	M/W		Tn	Tn	Tn
	Ella L.	8	Dau	F/W		Tn	Tn	Tn
	Clelon	5	Son	M/W		Tn	Tn	Tn
	Lela	2	Dau	F/W		Tn	Tn	Tn
	Louisa	1	Dau	F/W		Tn	Tn	Tn
180	BOREN, Micajah	64		M/W	Farmer	Tn	Tn	Tn
	Parlee	65	Wife	F/W		Tn	Tn	Tn
	John	33	Son	M/W	Farm Labor	Tn	Tn	Tn
	Osker	12	Gr/Son	M/W		Tn	Tn	Tn
	Flora	7	Gr/Dau	F/W		Tn	Tn	Tn
	Ora	6	Gr/Dau	F/W		Tn	Tn	Tn
	Pearl	4	Gr/Dau	F/W		Tn	Tn	Tn
181	BRIGHT, William	28		M/W	Farmer	Tn	Tn	Tn
	Millie	25	Wife	F/W		Tn	Tn	Tn
	Ernest	3	Son	M/W		Tn	Tn	Tn
182	BRIGHT, thomas	53		M/W	Farmer	Tn	Tn	Tn
	Elizabeth	45	Wife	F/W		Tn	Tn	Tn
	Garnett	19	Son	M/W	Farm Labor	Tn	Tn	Tn
	Charles	16	Son	M/W	Farm Labor	Tn	Tn	Tn
	Frank	15	Son	M/W	Farm Labor	Tn	Tn	Tn
	Malissa	12	Dau	F/W		Tn	Tn	Tn
183	UPCHURCH, Lafayette	33		M/W	Farmer	Tn	Tn	Tn
	Malory	30	Wife	F/W		Tn	Tn	Tn
	Wallace	12	Son	M/W		Tn	Tn	Tn
	Dora	8	Dau	F/W		Tn	Tn	Tn
	Johnnie	6	Son	M/W		Tn	Tn	Tn
	Laura	4	Dau	F/W		Tn	Tn	Tn
	Zora	2	Dau	F/W		Tn	Tn	Tn
184	CANTRELL, Edgar	21		M/W	Farmer	Tn	Tn	Tn
	Josie	22	Wife	F/W		Tn	Tn	Tn

No.	Name	Age	Rel. to Head	Sx/Race	Occupation	Birth of Person	Father	Mother
185	CANTRELL, Peter	64		M/W	Farmer	Tn	Tn	Tn
	Elizabeth	72	Wife	F/W		Tn	Tn	Tn
	Jackson	33	Son	M/W	Farm Labor	Tn	Tn	Tn
	GREEN, Elzie	16	Lodger	M/W		Tn	Tn	Tn
186	HUGHES, Bridge	41		M/W	Farmer	Tn	Tn	Tn
	Mary	44	Wife	F/W		Tn	Ky	Ky
	Walter	16	Son	M/W	Farm Labor	Tn	Tn	Tn
	Allie	14	DAu	F/W		Tn	Tn	Tn
	Ernest	9	Son	M/W		Tn	Tn	Tn
	Luther	7	Son	M/W		Tn	Tn	Tn
	Hester	3	Dau	F/W		Tn	Tn	Tn
187	GOODSON, Thomas	64		M/W	Farmer	Tn	NC	NC
	Lucinda	61	Wife	F/W		Tn	Tn	Tn
188	HART, William	51		M/W	Farmer	Tn	NC	NC
	Martha J.	44	Wife	F/W		Tn	Tn	Tn
	Martin	26	Son	M/W	Farmer	Tn	Tn	Tn
	Myrtle	15	Dau	F/W		Tn	Tn	Tn
	Safley	10	Son	M/W		Tn	Tn	Tn
189	JACO, nancy	86		F/W	Farmer	NC	--	--
	Margaret	63	Dau	F/W		Tn	Tn	NC
	John W.	60	Son	M/W	Farmer	Tn	Tn	NC
	Eugene	19	Gr/Son	M/W	Farm Labor	Tn	Tn	Tn
	Lena	18	Gr/Dau	F/W		Tn	Tn	Tn
190	WILKERSON, C____	25		M/W	Farmer	Tn	Tn	Tn
	Della	22	Wife	F/W		Tn	Tn	Tn
	fatimie	1	Dau	F/W		Tn	Tn	Tn
191	POTTER, Zollie	30		M/W	Farmer	Tn	Tn	Tn
	Lula	34	Wife	F/W		Tn	Tn	Tn
	Charles	10	Son	M/W		Tn	Tn	Tn
	Ernest	4	Son	M/W		Tn	Tn	Tn
192	VAUGHN, Mary	45		M/W	Farmer	Tn	Tn	Tn
	Frank	20	Son	M/W	Farm Labor	Tn	Tn	Tn
193	VAUGHN, William	73		M/W	Farmer	Tn	Va	Va
194	DAVIS, Thomas	64		M/W	Farmer	Tn	Tn	Tn
	Bettie	40	Wife	F/W		Tn	Tn	Tn
	Bertha	17	Dau	F/W		Tn	Tn	Tn
	Edward	13	Son	M/W		Tn	Tn	Tn
	Sarah	11	Dau	F/W		Tn	Tn	Tn
	Alice	5	Dau	F/W		Tn	Tn	Tn
	Gilbert	3	Son	M/W		Tn	Tn	Tn
195	DAVIS, James	31		M/W	Farmer	Tn	Tn	Tn
	Sarah	25	Wife	F/W		Tn	Tn	Tn
	Josie	6	Dau	F/W		Tn	Tn	Tn
	William	4	Dau	F/W		Tn	Tn	Tn

No.	Name	Age	Rel. to Head	Sx/Race	Occupation	Person	Father	Mother
196	WOMACK, Lottie	60		F/Bl	Farmer	Tn	Tn	Va
	Lonzie	36	Son	M/Bl	Farm Labor	Tn	Tn	Tn
	Renie	22	Dau/Law	F/Bl		Tn	Tn	Tn
	Lewis	3	Gr/Son	M/Bl		Tn	Tn	Tn
	Wamon	3	Gr/Son	M/Bl		Tn	Tn	Tn
	Mary P.	6/12	Gr/Dau	F/Bl		Tn	Tn	Tn
197	BLACKWELL, John	66		M/W	Farmer	Tn	Tn	Tn
	Margaret	65	Wife	F/W		Tn	Tn	Tn
	Martha	21	Dau	F/W		Tn	Tn	Tn
198	BOREN, Oliver	30		M/W	Farmer	Tn	Tn	Tn
	Mary	25	Wife	F/W		Tn	Tn	Tn
	Leslie	5	DAu	F/W		Tn	Tn	Tn
	Lizzie	3	Dau	F/W		Tn	Tn	Tn
199	CHEAKS, William	60		M/W	FArmer	Tn	Tn	Tn
	Rhoda	22	Wife	F/W		Tn	Tn	Tn
	Minnie	2	DAu	F/W		Tn	Tn	Tn
	DAVIS, Mary	30	Lodger	F/W		Tn	Tn	Tn
	Logan	9	Lodger	M/W		Tn	Tn	Tn
	Charles	5	Lodger	M/W		Tn	Tn	Tn
	Anna	2	Lodger	F/W		Tn	Tn	Tn
200	DAVIS, Frank	28		M/W	Farmer	Tn	Tn	Tn
	Mary	25	Wife	F/W		Tn	Tn	Tn
	Hiram	6	Son	M/W		Tn	Tn	Tn
	Thomas	4	Son	M/W		Tn	Tn	Tn
	William	8/12	Son	M/W		Tn	Tn	Tn
201	RILEY, William	44		M/W	Farmer	Tn	Tn	Tn
	Susan	36	Wife	F/W		Tn	Tn	Tn
	Nora	15	Dau	F/W		Tn	Tn	Tn
	Cora	13	Dau	F/W		Tn	Tn	Tn
202	STEPHENS, John W.	40		M/W	Farmer	Ind	Ind	Ind
	Martha	20	Wife	F/W		Tn	Tn	Tn
	Hanes	3	Son	M/W		Ala	Ind	Tn
	Gracie	1	Dau	F/W		Ga	Ind	Tn
203	COPE, Claud	23		M/W	Farmer	Tn	Tn	Tn
	Nora	18	Wife	F/W		Tn	Tn	Tn
	Clyde	1	Son	M/W		Tn	Tn	Tn
204	ROWLER, John	26		M/W	Farmer	Tn	Tn	Tn
	Belle	22	Wife	F/W		Tn	Tn	Tn
	Mary Lou	5	Dau	F/W		Tn	Tn	Tn
	George	3	Son	M/W		Tn	Tn	Tn
	Anna	2	Dau	F/W		Tn	Tn	Tn
	Frank	4/12	Son	M/W		Tn	Tn	Tn
205	COPE, Venis	25		M/W	Farmer	Tn	Tn	Tn
	Sallie E.	28	Wife	F/W		Tn	Tn	Tn
	Laura B.	3	Dau	F/W		Tn	Tn	Tn

No.	Name	Age	Rel. to Head	Sx/Race	Occupation	Person	Father	Mother
206	COPE, Gilbert	39		M/W	Farmer	Tn	Tn	Tn
	Josie	34	Wife	F/W		Tn	Tn	Tn
	Effie M.	15	Dau	F/W		Tn	Tn	Tn
	Ford	12	Son	M/W		Tn	Tn	Tn
	John H.	10	Son	M/W		Tn	Tn	Tn
	Connie	7	Dau	F/W		Tn	Tn	Tn
	Robert	3	Son	M/W		Tn	Tn	Tn
	Eura	1	Son	M/W		Tn	Tn	Tn
207	SANDERS, James	55		M/W	FArmer	Tn	Tn	Tn
	Sarah	54	Wife	F/W		Tn	Tn	Tn
	DAVIS, Husburn	21	Nephew	M/W	Farm Labor	Tn	Tn	Tn
208	MOSS, William T.	54		M/W	Farmer	Tn	Tn	Tn
	Edna E.	36	Wife	F/W		Tn	Tn	Tn
	Eva S.	8	Dau	F/W		Tn	Tn	Tn
	Sallie M.	6	Dau	F/W		Tn	Tn	Tn
	William C.	3	Son	M/W		Tn	Tn	Tn
209	STILES, George	42		M/W	Farmer	Tn	Tn	Tn
	Ruth	42		M/W	Farmer	Tn	Tn	Tn
	Hallie	17	Dau	F/W		Tn	Tn	Tn
	Ocie	15	Dau	F/W		Tn	Tn	Tn
	Leta	11	Dau	F/W		Tn	Tn	Tn
	Clarence	10	Son	M/W		Tn	Tn	Tn
	Ralston	8	Son	M/W		Tn	Tn	Tn
	Kyle	3	Son	M/W		Tn	Tn	Tn
	De-----	1/12	Son	M/W		Tn	Tn	Tn
210	SMITH, R_____	70		M/W	Farmer	Va	Va	Va
	Fannie	49	Wife	F/W		Tn	Tn	Tn
	ROMANS, Isaac	11	Son	M/W		Tn	Tn	Tn
211	JACO, J. W.	50		M/W	Farmer	Tn	NC	NC
	Lula B.	26	Dau	F/W	Seamstress	Tn	Tn	Tn
	Anna	23	Dau	F/W	Seamstress	Tn	Tn	Tn
	Nora	18	Dau	F/W	Seamstress	Tn	Tn	Tn
	Oscar	12	Son	M/W		Tn	Tn	Tn
	Monroe	10	Son	M/W		Tn	Tn	Tn
212	BOULDIN, George	38		M/Bl	FArmer	Tn	Tn	Tn
	Sarah	37	Wife	F/Bl		Tn	Tn	Tn
	Mollie A.	15	Dau	F/Bl		Tn	Tn	Tn
	Hallie A.	14	Dau	F/Bl		Tn	Tn	Tn
	John	9	Son	M/Bl		Tn	Tn	Tn
	William	7	Son	M/Bl		Tn	Tn	Tn
	George	6	Son	M/Bl		Tn	Tn	Tn
	Mattie L.	4	Dau	F/Bl		Tn	Tn	Tn
	Lillie P.	2	Dau	F/Bl		Tn	Tn	Tn
	Edward	11/12	Son	M/Bl		Tn	Tn	Tn
213	FAULKNER, Charles	40		M/Bl	Day Labor	Tn	Tn	Tn
	Mina	50	Wife	F/Bl		Tn	Tn	Tn
	Henry	9	Son	M/Bl		Tn	Tn	Tn

No.	Name	Age	Rel. to Head	Sx/Race	Occupation	Birth of Person-Father-Mother		
214	LUSK, Ruben	30		M/Bl	Farmer	Tn	Tn	Tn
	Cora	25	Wife	F/Bl		Tn	Tn	Tn
	Novella	11	Dau	F/Bl		Tn	Tn	Tn
	Willie	5	Son	M/Bl		Tn	Tn	Tn
	Bailis	3	Son	M/Bl		Tn	Tn	Tn
215	HIGGINBOTHAM, Rube	53		M/Bl	Farmer	Tn	Tn	Tn
	Anna	48	Wife	F/Bl		Tn	Tn	Tn
	Ella	17	Dau	F/Bl		Tn	Tn	Tn
	John	16	Son	M/Bl	Farm Labor	Tn	Tn	Tn
	Marquis	13	Son	M/Bl	Farm Labor	Tn	Tn	Tn
	Thomas	11	Son	M/Bl		Tn	Tn	Tn
	Martha	9	Dau	F/Bl		Tn	Tn	Tn
	Bessie B.	7	Dau	F/Bl		Tn	Tn	Tn
	Frances B.	4	Dau	F/Bl		Tn	Tn	Tn
216	SMITH, Callie	42		F/Bl		Tn	Tn	Tn
	John	20	Son	M/Bl	Farm Labor	Tn	Tn	Tn
	Thomas	11	Son	M/Bl		Tn	Tn	Tn
	Ceasar	6	Son	M/Bl		Tn	Tn	Tn
217	WOMACK, William	48		M/Bl	Farmer	Tn	Tn	Tn
	Dianna	44	Wife	F/Bl		Tn	Tn	Tn
	George	21	Son	M/Bl	Day Labor	Tn	Tn	Tn
	Ethel	17	Dau	F/Bl		Tn	Tn	Tn
	Daisy	14	DAu	F/Bl		Tn	Tn	Tn
	James	13	Son	M/Bl		Tn	Tn	Tn
218	SPURLOCK, Letha	50		F/Bl		Tn	Tn	Tn
219	WOMACK, Rufus	26		M/Bl	Day Labor	Tn	Tn	Tn
	Mary	20	Wife	F/Bl		Tn	Tn	Tn
	Ernest	3	Son	M/Bl		Tn	Tn	Tn
	Unnamed	1	Dau	F/Bl		Tn	Tn	Tn
220	BROWN, Amos	30		M/Bl	Day Labor	Tn	Tn	Tn
	Leila	23	Wife	F/Bl		Tn	Tn	Tn
	James	6	Son	M/Bl		tn	Tn	Tn
	Amos	3	Son	M/Bl		Tn	Tn	Tn
	Myrtle	9/12	Dau	F/Bl		Tn	Tn	Tn
221	FAULKNER, Capshaw	60		M/Bl	Tn	Tn	Tn	
	Nannie	55	Wife	F/Bl		Tn	Tn	Tn
222	WEBB, Richard	40		M/Bl	Day Labor	Tn	Tn	Tn
	Susan	38	Wife	F/Bl		Tn	Tn	Tn
	John	21	Son	M/Bl		Tn	Tn	Tn
	Kate	16	Dau	F/Bl		Tn	Tn	Tn
	Richard	12	Son	M/Bl		Tn	Tn	Tn
	Robert	11	Son	M/Bl		Tn	Tn	Tn
	Roy	8	Son	M/Bl		Tn	Tn	Tn
	Dossie	7	Dau	F/Bl		Tn	Tn	Tn
	Rosie L.	4	Dau	F/Bl		Tn	Tn	Tn
	Tyresa	65	Mother	F/Bl		Tn	Tn	Tn

- 324 -

No.	Name	Age	Rel. to Head	Sx/Race	Occupation	Birth of Person-Father-Mother		
223	STUART, John	30		M/W	Farmer	Tn	Tn	Tn
	Mattie	24	Wife	F/W		Tn	Tn	Tn
	GIBBS, Stella	6	Lodger	F/W		Tn	Tn	Tn
	PATTERSON, Willie	5	Lodger	M/W		Tn	Tn	Tn
	Maggie	3	Dau	F/W		Tn	Tn	Tn
224	BOULDIN, John	70		M/Bl	Farmer	Tn	Tn	Tn
225	CLARK, Ensley	53		M/W	FArmer	Tn	Tn	Tn
	America	56	Wife	F/W		Tn	Tn	Tn
	Flora	16	Dau	F/W		Tn	Tn	Tn
	Abner	26	Son	M/W		Tn	Tn	Tn
	Laura	20	Dau/Law	F/W		Tn	Tn	Tn
	Fred W.	2	Gr/Son	M/W		Tn	Tn	Tn
	Nancy	81	Mother	F/W		Tn	NC	NC
	GIBBS, Jesse	9	Bound	M/W		Tn	Tn	Tn
226	BOWYER, Amas	59		M/W	FArmer	Ind	Ohio	Ind
	Clara	51	Wife	F/W		Ohio	Ohio	NY
	Mabel	16	Dau	F/W		Ohio	Ind	Ohio
	Charles	15	Son	M/W	FArm Labor	Ohio	Ind	Ohio
227	CANTRELL, Frank	30		M/W	Farmer	Tn	Tn	Tn
	Beulah	23	Wife	F/W		Tn	Tn	Tn
	Mary Lou	2	Dau	F/W		Tn	Tn	Tn
228	GRIBBLE, Dallas	53		M/W	Farmer	Tn	NC	Va
	Mary H.	49	Wife	F/W		Tn	Ky	Ga
	Horton	29	Son	M/W		Tn	TN	Tn
	Clarissa	27	Dau	F/W		Tn	Tn	Tn
	Octa	20	DAu	F/W		Tn	Tn	Tn
	Claude	16	Son	M/W	Farm Labor	Tn	Tn	Tn
	George D.	9	Son	M/W		Tn	Tn	Tn
229	HAYNES, George	50		M/W	Farmer	Tn	Tn	Tn
	Martha	46	Wife	F/W		Tn	Tn	Tn
	George W.	87	Father	M/W		Tn	Va	Va
230	GOLDEN, Ed	29		M/W	FArmer	Tn	Tn	Tn
	Kizzie	28	Wife	F/W		Tn	Tn	Tn
	Alaska	7	Son	M/W		Tn	Tn	Tn
	Ethel M.	6	Dau	F/W		Tn	Tn	Tn
	MAgnolia	4	Dau	F/W		Tn	Tn	Tn
	--lina B.	2	Dau	F/W		Tn	Tn	Tn
	Martha A.	9/12	Dau	F/W		Tn	Tn	Tn
231	GREEN, Mathias	54		M/W	FArmer	Tn	Tn	Tn
	Eliza	42	Wife	F/W		Tn	Tn	Tn
	Helen	16	Dau	F/W		Tn	Tn	Tn
	Clay	14	Son	M/W		Tn	Tn	Tn
	Richard	12	Son	M/W		Tn	Tn	Tn
	Isaac	10	Son	M/W		Tn	Tn	Tn
	Mai	8	Dau	F/W		Tn	Tn	Tn
	Samuel	7	Son	M/W		Tn	Tn	Tn

- 325 -

No.	Name	Age	Rel. to Head	Sx/Race	Occupation	Person	Father	Mother
	GREEN, Docia	5	Dau	F/W		Tn	Tn	Tn
	Archie	4	Son	M/W		Tn	Tn	Tn
	George D.	1	Son	M/W		Tn	Tn	Tn
232	GREEN, James	21		F/W	Farmer	Tn	Tn	Tn
	Celia	32	Wife	F/W		Tn	Tn	Tn
	SAFLEY, Alice	74	Mother	F/W		Tn	Va	Tn
233	SMITH, Josie	40		F/W		Tn	Tn	Tn
	Oscar	16	Son	M/W	Farmer	Tn	Tn	Tn
	Henderson	15	Son	M/W	Farm Labor	Tn	Tn	Tn
	Enoch	10	Son	M/W		TN	Tn	Tn
234	BYARS, Josie	47		F/W	Farmer	Tn	Tn	Tn
	Thomas	21	Son	M/W	FArm Labor	TN	Tn	Tn
	Ella	19	Dau/Law	F/W		Tn	Tn	Tn
235	DULANEY, John	33		M/W	FArmer	Tn	Tn	Tn
	Mary H.	30	Wife	F/W		Tn	Tn	Tn
	Letton O.	2	Son	M/W		Tn	Tn	Tn
	Gracie	9/12	Dau	F/W		Tn	Tn	Tn
236	SAFLEY, Marion	56		M/W	Farmer	Tn	Tn	Tn
	Mary	55	Wife	F/W		Tn	Tn	Tn
	America	28	Dau	F/W		Tn	Tn	Tn
	BYARS, Jackson S.	24	Son/Law	M/W	Farm Labor	Tn	Tn	Tn
237	BYARS, Frank	46		M/W	Farmer	Tn	Tn	Tn
	Jennie	45	Wife	F/W		Tn	Tn	Tn
	Sharlott	13	Dau	F/W		Tn	Tn	Tn
	BRYSON, Henry	41	Head	M/W	Farmer	Tn	Tn	Tn
	Dora E.	36	Wife	F/W		Tn	Tn	Tn
	SMITH, Oscar	16	Boarder	M/W	Farm Labor	Tn	Tn	Tn
238	BYARS, Jane	58		F/W	Farmer	Tn	Tn	Tn
	Nathan	17	Nephew	M/W	Farm Labor	Tn	Tn	Tn
	Calkurni--	15	Neice	F/W		Tn	Tn	Tn
239	FUSTON, Mary	59		F/W	Farmer	Tn	Tn	Tn
	Colonel	21	Son	M/W	Farm Labor	Tn	Tn	Tn
240	SAUNDERS, William	23		M/W	Farmer	Tn	Tn	Tn
	Josie	19	Wife	F/W		Tn	Tn	Tn
241	ROMANS, Thomas	40		M/W	Farmer	Tn	Tn	Tn
	Frances	50	Wife	F/W		Tn	Tn	Tn
	William	17	Son	M/W	Farm Labor	Tn	Tn	Tn
	BYARS, Lizzie	17	Dau	F/W		Tn	Tn	Tn
	Samuel	19	Son/Law	M/W	Farm Labor	Tn	Tn	Tn
242	DRAKE, Washington, Jr.	38		M/W	Farmer	Tn	Tn	Tn
	Martha	36	Wife	F/W		Tn	Tn	Tn
	Murphy	15	Son	M/W	Farm Labor	Tn	Tn	Tn
	Benjamin	8	Son	M/W		Tn	Tn	Tn
	DRAKE, Della	7	Dau	F/W		Tn	Tn	Tn
	Lou	5	Dau	F/W		Tn	Tn	Tn
	William	2	Son	M/W		Tn	Tn	Tn
	Fred S.	1/12	Son	M/W		Tn	Tn	Tn
243	KEEL, Pleasant	58		M/W	Farmer	Tn	Tn	Tn
	Sarah	56	Wife	F/W		Tn	Tn	Tn
244	BREN, Pleasant	63		M/W	Farmer	Tn	Tn	Tn
	Lizzie	50	Wife	F/W		Tn	Tn	Tn
	James	23	Son	M/W	Farm Labor	Tn	Tn	Tn
	Lee	20	Son	M/W	Farm Labor	Tn	Tn	Tn
	Mary	18	Dau	F/W		Tn	Tn	Tn
	Lula	16	Dau	F/W		Tn	Tn	Tn
	Floid	10	Son	M/W		Tn	Tn	Tn
245	HENNESSEE, William	71		M/W	Farmer	Tn	Tn	Tn
	Jane	67	Wife	F/W		Tn	TN	Tn
	John	25	Son	M/W	Farm Labor	Tn	Tn	Tn
	Florence	27	Dau/Law	F/W		Tn	Tn	Tn
246	LEWIS, John D.	48		M/W	Farmer	Tn	Tn	Tn
	Susan	39	Wife	F/W		Tn	Tn	Tn
	Myra	14	Dau	F/W		Tn	Tn	Tn
	John	6	Son	M/W		Tn	Tn	Tn
	Florence	1	Dau	F/W		Tn	Tn	Tn
247	McDOWELL, Martha	55		F/W	Farmer	Tn	Tn	Tn
	John William	25	Son	M/W	Farm Labor	Tn	Tn	Tn
	Clay	21	Son	M/W	Farm Labor	Tn	Tn	Tn
	Frank	19	Son	M/W	Farm Labor	Tn	Tn	Tn
	Richard	17	Son	M/W	Farm Labor	Tn	Tn	Tn
	Claud	15	Son	M/W	Farm Labor	Tn	Tn	Tn
	Jesse	11	Son	M/W		Tn	Tn	Tn
248	CANTRELL, Garlon	42		M/W	Farmer	Tn	Tn	Tn
	Tennie	41	Wife	F/W		Tn	Tn	Tn
	Clara	18	Dau	F/W		Tn	Tn	Tn
	Mollie	16	Dau	F/W		Tn	Tn	Tn
	Lou	14	Dau	F/W		Tn	Tn	Tn
	Adelia	12	Dau	F/w		Tn	Tn	Tn
	Forest	9	Son	M/W		Tn	Tn	Tn
	Alean	7	Dau	F/W		Tn	Tn	Tn
	Rosco	5	Son	M/W		Tn	Tn	Tn
	William	2	Son	M/W		Tn	Tn	Tn
249	CANTRELL, John	47		M/W	Farmer	Tn	Tn	Tn
	Eliza	42	Wife	F/W		Tn	Tn	Tn
	Minnie	20	Dau	F/W		Tn	Tn	Tn
	Lizzie	18	Dau	F/W		Tn	Tn	Tn
	Claud	16	Son	M/W	Farm Labor	Tn	Tn	Tn
	Hershell	14	Son	M/W	Farm Labor	Tn	Tn	Tn
	Mal	11	Son	M/W		Tn	Tn	Tn
	Harold	9	Son	M/W		Tn	Tn	Tn

Twins: William (241), BYARS, Lizzie (241)

No.	Name	Age	Rel. to Head	Sx/Race	Occupation	Birth of Person-Father-Mother		
	CANTRELL, Callie	5	Dau	F/W		Tn	Tn	Tn
	Shellie	3	Dau	F/W		Tn	Tn	Tn
	Roy	8/12	Son	M/W		Tn	Tn	tn
	Fannie	72	Mother	F/W		Tn	Tn	Tn
250	GREEN. Elias	53		M/W	Farmer	Tn	TN	Tn
	Sallie	42	Wife	F/w		Tn	Tn	Tn
	William	30	Son	M/W	Farm Labor	Tn	Tn	Tn
	Audie	18	Dau	F/W		Tn	Tn	Tn
	Lanie	15	Son	M/W	FArm Labor	Tn	Tn	Tn
	Clellie	2	Dau	F/W		Tn	Tn	Tn
	SAUNDERS, Arthur	20	Boarder	M/W	Farm Labor			
251	COUCH, Joseph	23		M/W	Farmer	Tn	Tn	Tn
	Nora	24	Wife	F/W		Tn	Tn	Tn
	Charles	8/12	Son	M/W		Tn	Tn	Tn
252	SMITH, Catherine	54		F/W	Farmer	Tn	Tn	Tn
	Frances	53	Sister	F/W		Tn	Tn	Tn
253	YOUNG, Henry	33		M/W	Farmer	Tn	Tn	Tn
	Matilda	27	Wife	F/w		Tn	Tn	Tn
	Orbie P.	8	Son	M/W		Tn	Tn	Tn
	Emma M.	5	Dau	F/w		Tn	Tn	Tn
	Milton N.	2	Son	M/W		Tn	Tn	Tn
	Asa	3/12	Son	M/W		Tn	Tn	Tn
	SMITH, James	28	Boarder	M/W	Farm Labor	Tn	Tn	Tn
	Nancy	64	Mother	F/W		Tn	Tn	Va
254	ALLEN, Sam	19		M/W	Farmer	Tn	Tn	Tn
	Elizabeth	19	Wife	F/W		Tn	Tn	Tn
	Nora M.	3/12	Dau	F/W		Tn	Tn	Tn
255	WEBB, Jerry	51		M/W	Farmer	Tn	Tn	Tn
	Nannie	31	Wife	F/W		Tn	Tn	Tn
	Clyde	21	Son	M/W	Farm Labor	Tn	Tn	Tn
	Everett	10	Son	M/W		Tn	Tn	Tn
	Myra	7	Dau	F/W		Tn	Tn	Tn
	Maud	8/12	Dau	F/w		Tn	Tn	Tn
256	WEBB, Jackson	52		M/W	Farmer	Tn	Tn	Tn
	Melie	36	Wife	F/W		Tn	Tn	Tn
	William	24	Son	M/W	farm Labor	Tn	Tn	Tn
	John	19	Son	M/W	FArm Labor	Tn	Tn	Tn
	Walter	17	Son	M/W	Farm Labor	Tn	Tn	Tn
	Minnie	14	Dau	F/w		Tn	Tn	Tn
	Beulah	12	Dau	F/W		Tn	Tn	Tn
	Louisa	10	Dau	F/w		Tn	Tn	Tn
	Jackson	6	Son	M/w		Tn	Tn	Tn
	Claud	4	Son	M/W		Tn	Tn	Tn
	Oval	1	Son	M/W		Tn	Tn	Tn
	Harold	2	Son	M/W		Tn	Tn	Tn
257	LOCK, Lafayette	48		M/W	Farmer	Tn	Tn	Tn
	Sallie	45	Wife	F/W		Tn	Tn	Tn

No.	Name	Age	Rel. to Head	Sx/Race	Occupation	Birth of Person-Father-Mother		
	LOCK, Victor	19	Son	M/W	Farm Labor	Tn	Tn	Tn
	Tennie	16	Dau	F/W		Tn	Tn	Tn
	Stalnaker	13	Son	M/W		Tn	Tn	Tn
	Josie	9	Dau	F/W		Tn	Tn	Tn
	Daniel	7	Son	M/W		Tn	Tn	Tn
258	ALLEN, Elijah	48		M/W	Farmer	Tn	Tn	Tn
	Mary P.	46	Wife	F/W		Tn	Tn	Tn
	Smith	22	Son	M/W	Farmer	Tn	Tn	Tn
	Roy	14	Son	M/W		Tn	Tn	Tn
	Everett G.	12	Son	M/W		Tn	Tn	Tn
	Pauline	8	DAu	F/W		Tn	Tn	Tn
	Lillie H.	3	Dau	F/W		Tn	Tn	Tn
259	JACO, Richard	50		M/W	Farmer	Tn	Tn	Tn
	Samantha	45	Wife	F/w		Tn	Tn	Tn
260	GRIBBLE, Dock	56		M/W	Farmer	Tn	TN	Tn
	Julia	34	Wife	F/W		Tn	Tn	Tn
	John	5	Son	M/W		Tn	Tn	Tn
	Alfred	4	Son	M/W		Tn	Tn	Tn
	Butler	3	Son	M/W		Tn	Tn	Tn
	Albert	2	Son	M/W		Tn	Tn	Tn
261	WOMACK, John	29		M/W	Miller	Tn	Tn	Tn
	Emma	24	Wife	F/w		Tn	Tn	Tn
	Clarissa	3	Dau	F/W		Tn	Tn	Tn
262	GREEN, Samuel	47		M/W	Farmer	Tn	Tn	Tn
	Hannah	43	Wife	F/W		Tn	Tn	Tn
	Elias	22	Son	M/W	Farm Labor	Tn	Tn	Tn
	John	20	Son	M/W	Farm Labor	Tn	Tn	Tn
	Sallie	15	Dau	F/W		Tn	Tn	Tn
	Ada	13	Dau	F/w		Tn	Tn	Tn
	Ida	11	Dau	F/w		Tn	Tn	Tn
	NORTON, Origin	7	Gr/Dau	F/W		Tn	Tn	Tn
263	CATON, Jerry	50		M/W	FArmer	Tn	Tn	Tn
	Parlee	52	Sister	F/W		Tn	Tn	Tn
	LITTLE, Minnie B.	17	Neice	F/W		Tn	Tn	Tn
264	CATON, William	55		M/W	Farmer	Tn	Tn	Tn
	Lou	26	Wife	F/W		Tn	Tn	Tn
	Dennie	1	Son	M/W		Tn	Tn	Tn
265	DENTON, Ozias	61		M/W	FArmer	Tn	Ky	Tn
	Sarah	67	Wife	F/W		Tn	Tn	Tn
266	YORK, Burr	47		M/W	Farmer	Tn	Tn	Tn
	Lou	42	Wife	F/W		Tn	Tn	Tn
	Uriah	16	Son	M/W	Farm Labor	Tn	Tn	Tn
	Sarah D.	9	Dau	F/W		Tn	Tn	Tn
	Venice	7	Son	M/W		Tn	Tn	Tn

No.	Name	Age	Rel. to Head	Sx/Race	Occupation	Birth of Person	Father	Mother
267	FOSTER, Tilmon	45		M/W	Farmer	Tn	Tn	Tn
	Marinda	47	Wife	F/W		Tn	Tn	Tn
	William E.	21	Son	M/W	Farm Labor	Tn	Tn	Tn
	Oscar	20	Son	M/W	Farm Labor	Tn	Tn	Tn
Twins	John L.	18	Son	M/W	Farm Labor	Tn	Tn	Tn
	Martha E.	18	Dau	F/W		Tn	Tn	Tn
	Arthur	15	Son	M/W		Tn	Tn	Tn
	Hallie E.	12	Dau	F/W		Tn	Tn	Tn
268	MITCHELL, George	42		M/W	Farmer	Tn	Tn	Tn
	Eva	32	Wife	F/W		Tn	Tn	Tn
	Oliver	16	Son	M/W	Farm Labor	Tn	Tn	Tn
	Nannie	13	Dau	F/W		Tn	Tn	Tn
	Octa	10	Dau	F/w		Tn	Tn	Tn
	Bob Taylor	6	Son	M/W		Tn	Tn	Tn
	James	3	Son	M/W		Tn	Tn	Tn
269	SAUNDERS, Jeff	38		M/W	Farmer	Tn	Tn	Tn
	Victoria	44	Wife	F/W		Tn	Tn	Tn
	James	18	Son	M/W	Farm Labor	Tn	Tn	Tn
	Frank	14	Son	M/W		Tn	TN	Tn
	Harriett	10	Dau	F/W		Tn	Tn	Tn
	Birdie	8	Dau	F/W		Tn	Tn	Tn
270	FUSTON, Arthur	25		M/W	Farmer	Tn	Tn	Tn
	Emma	26	Wife	F/W		Tn	Tn	Tn
	Mollie	5	Dau	F/W		Tn	Tn	Tn
	Maurice	3	Son	M/W		Tn	Tn	Tn
	Sallie	1	Dau	F/W		Tn	Tn	Tn
271	MITCHELL, William	46		M/W	Farmer	Tn	Tn	Tn
	Ada	39	Wife	F/W		Tn	Tn	Tn
272	HARRISON, John	62		M/W	Farmer	Ind	Va	NC
	Jennie	48	Wife	F/W		Ind	Ky	Ind
	Earl	7	Son	M/W		Ind	Ind	Ind
	Hazel Catherine	3	DAu	F/W		Ind	Ind	Ind
	Ethel	4/12	Dau	F/W		Ind	Ind	Ind
273	LOCK, William	40		M/W	Farmer	Tn	Tn	Tn
	America	38	Wife	F/W		Tn	Tn	Tn
	Dovie	20	Dau	F/W		Tn	Tn	Tn
	Frank	18	Son	M/W	Farm Labor	Tn	Tn	Tn
	Robert	15	Son	M/w		Tn	Tn	Tn
	Jackson	10	Son	M/W		Tn	Tn	Tn
	Otis	7	Son	M/W		Tn	Tn	Tn
	Sallie	4	Dau	F/W		Tn	Tn	Tn
	Ida	1	Dau	F/W		Tn	Tn	Tn
274	HANKINS, John	33		M/W	FArmer	Tn	Tn	Tn
	Nora	30	Wife	F/W		Tn	Tn	Tn
	Allie P.	14	Dau	F/W		Tn	Tn	Tn
	Ernest	12	Son	M/W		Tn	Tn	Tn
	Horace	4	Son	M/W		Tn	Tn	Tn

No.	Name	Age	Rel. to Head	Sx/Race	Occupation	Birth of Person	Father	Mother
275	SAUNDERS, William	33		M/W	Farmer	Tn	Tn	Tn
	Sallie	29	Wife	F/W		Tn	Tn	Tn
	Tula	11	Dau	F/W		Tn	Tn	Tn
	Lanis	6	Son	M/W		Tn	Tn	Tn
	Minnie B.	1	Dau	F/W		Tn	Tn	Tn
276	DENTON, G_____	34		M/W	Farmer	Tn	Tn	Tn
	Virginia	31	Wife	F/W		Tn	Tn	Tn
	Nanory	15	DAu	F/W		Tn	Tn	Tn
	Hattie	12	Dau	F/W		Tn	Tn	Tn
	Tabitha	10	Dau	F/W.		Tn	Tn	Tn
	Isaac D.	8	Son	M/W		Tn	Tn	Tn
	Bryan	3	Son	M/W		Tn	Tn	Tn
277	COUCH, Harris	48		F/W	Farmer	Tn	NC	Tn
	Alice	46	Wife	F/W		Tn	Tn	Tn
	James	27	Son	M/W	Farm Labor	Tn	Tn	Tn
	Charlie	20	Son	M/W	Farm Labor	Tn	Tn	Tn
	Ada	16	Dau	F/W		Tn	Tn	Tn
	Hetty	26	Dau/Law	F/W		Tn	Tn	Tn
278	HOLLAND, John	30		M/W	Day Labor	Tn	Tn	Tn
	Dorinda	23	Wife	F/W		Tn	Tn	Tn
Twins	Ella H.	1	Dau	F/W		Tn	Tn	Tn
	Eva S.	1	Dau	F/W		Tn	Tn	Tn
279	STILES, John	49		M/W	Farmer	Tn	Tn	Tn
	Frances	37	Wife	F/W		Tn	Tn	Tn
	Asa C.	15	Dau	F/W		Tn	Tn	Tn
	Oliver T.	12	Son	M/W		Tn	Tn	Tn
	Ethel M.	8	Dau	F/W		Tn	Tn	Tn
	Raymon	1	Son	M/W		Tn	Tn	Tn
	Margretta	75	Mother/Law	F/W		T	--	--
280	YOUNGBLOOD, William	53		M/W	Day Labor	Tn	Tn	Tn
	Samantha	45	Wife	F/W		Tn	Tn	Tn
281	SMITH, William	59		M/W	Farmer	Tn	NC	Va
	Mary A.	60	Wife	F/W		Tn	Tn	Tn
	James	27	Son	M/W	Farm Labor	Tn	Tn	Tn
	Flora	23	Dau	F/W		Tn	Tn	Tn
	William P.	17	Son	M/W	Farm Labor	Tn	Tn	Tn
282	RAPER, Walter	56		M/W	Farmer	Eng	Eng	Eng
	NAncy E.	44	Wife	F/W		Tn	Tn	Tn
	Mary M.	3	Dau	F/W		Tn	Eng	Tn
283	KING, Henry	52		M/W	Farmer	Tn	Tn	Ill
	Matt	29	Son	M/W		Tn	Tn	Tn
	Hall B.	18	Son	M/W	Farm Labor	Tn	Tn	Tn
284	STILES, Napoleon B.	45		M/W	Farmer	Tn	Tn	Tn
	Nancy P.	42	Wife	F/W		Tn	Tn	Tn
	Charles	18	Son	M/W	Farm Labor	Tn	Tn	Tn

No.	Name	Age	Rel. to Head	Sx/Race	Occupation	Birth of Person-Father-Mother		
	STILES, Samuel	15	Son	M/W	Farm Labor	Tn	Tn	Tn
	Noly M.	11	Dau	F/W		Tn	Tn	Tn
	Winnie D.	9	Dau	F/W		Tn	Tn	Tn
	William	6	Son	M/W		Tn	Tn	Tn
	Tennessee	3	Dau	F/W		Tn	Tn	Tn
285	HENNESSEE, James	37		M/W	Farmer	Tn	Tn	Tn
	Florence	40	Wife	F/W		Tn	Tn	Tn
	Dovie	18	Dau	F/W		Tn	Tn	Tn
	Clarence	16	Son	M/W	Farm Labor	Tn	Tn	Tn
	Clyde	14	Son	M/W		Tn	Tn	Tn
	Frances	11	Dau	F/W		Tn	Tn	Tn
	Eula	8	Dau	F/W		Tn	Tn	Tn
	Charles H.	4	Son	M/W		Tn	Tn	Tn
	George	2/12	Son	M/W		Tn	Tn	Tn
286	LYLES, Charles	20		M/W	Farmer	Tn	Tn	Tn
	Vinie	20	Wife	F/W		Tn	Tn	Tn
	John	62	Uncle	M/W	Farmer	Tn	Tn	Tn
	George S.	21	Nephew	M/W	Day Labor	Ky	Tn	Tn
287	LYLES, Sarah	60		F/W		Tn	Tn	Tn
288	SAUNDERS, John	30		M/W	Farmer	Tn	Tn	Tn
	Mary	29	Wife	F/W		Tn	Tn	Tn
	Gertie	7	Dau	F/W		Tn	Tn	Tn
	Fred	4	Son	M/W		Tn	Tn	Tn
289	HALLUM, John S.	50		M/W	Farmer	Tn	Tn	Tn
	Tennessee	46	Wife	F/W		Tn	Tn	Tn
	Ada A.	25	DAu	F/W		Tn	Tn	Tn
	Della L.	22	Dau	F/W		Tn	Tn	Tn
	Texarkanna	19	Dau	F/W		Tn	Tn	Tn
290	CROWE, Gideon	69		M/W	Farmer	Can	Can	Can
	Abyann	60	Wife	F/W		Can	Eng	Eng
	William H.	41	Son	M/W	Farmer	Wisc	Can	Can
	Ora E.	29	Son	M/W	Farm Labor	Wisc	Can	Can
	TURNER, Winnie	25	Adopted	F/W		Wisc	Ny	--
	ROWAN, Melvin	13	Serv	M/Bl	Servant	Tn	Tn	Tn
291	WOMACK, John	42		M/W	Farmer	Tn	Tn	Tn
	Mary M.	40	Wife	F/W		Tn	Tn	Tn
	Agnes	17	Dau	F/W		Tn	Tn	Tn
	Cleveland	15	Son	M/W	Farm Labor	Tn	Tn	Tn
	Oliver	13	Son	M/W		Tn	Tn	Tn
	Forest	11	Son	M/W		Tn	Tn	Tn
	Bertha	6	Dau	F/W		Tn	Tn	Tn
	Charles	4	Son	M/W		Tn	TN	Tn
	Roy	1	Son	M/W		Tn	Tn	Tn
292	CANTRELL, Perry G.	49		M/W	Farmer	Tn	Tn	Tn
	Crisie L.	39	Wife	F/W		Tn	Tn	Tn
	Green	16	Son	M/W	Farm Labor	Tn	Tn	Tn

No.	Name	Age	Rel. to Head	Sx/Race	Occupation	Birth of Person-Father-Mother		
	CANTRELL, Florence	11	DAu	F/W		Tn	Tn	Tn
	Myrtle	6	Dau	F/W		Tn	Tn	Tn
293	ROWAN, Edward	ca 75		M/Bl	FArmer	Tn	--	Tn
	C roline	Ca 90	Wife	F/Bl		Tn	--	--
294	ROWAN, Benjamin	Ca 50		M/Bl	FArmer	Tn	Tn	Tn
	Sarah	48	Wife	F/Bl		Tn	Tn	Tn
	Laura	18	Dau	F/Bl		Tn	Tn	Tn
	Benjamin	15	Son	M/Bl	Day Labor	Tn	Tn	Tn
	Melvin	13	Son	M/Bl		Tn	Tn	Tn
	William	11	Son	M/Bl		Tn	Tn	Tn
	Mary	9	Dau	F/Bl		Tn	Tn	Tn
	Kinley	7	Son	M/Bl		Tn	Tn	Tn
	Thomas	5	Son	M/Bl		Tn	Tn	Tn
	Huston	2	Son	M/Bl		Tn	Tn	Tn
295	MOORE, Charles	26		M/W	Farmer	Tn	Tn	Tn
	Cynthia	32	Wife	F/W		Tn	Tn	Tn
	Laura C.	3	Dau	F/W		Tn	Tn	Tn
	Elis C.	1	Son	M/W		Tn	Tn	Tn
	WATKINS, Margaret	75	Moth/Law	F/W		Tn	NC	NC
296	RUDD, William	52		M/W	Farmer	Ohio	Ohio	Mass
	Charity	80	Mother	F/W		Mass	Mass	Mass
297	SULLIVAN, William	42		M/W	Farmer	Tn	Tn	Tn
	Mallie	47	Sister	F/W		Tn	Tn	Tn
	Myra	32	Sister	F/W		Tn	Tn	Tn
	Gertrude	30	Sister	F/W		Tn	Tn	Tn
	Clark	37	Brother	M/W	Farm Labor	Tn	Tn	Tn
298	GRIZZLE, John	49		M/W	Farmer	Tn	Tn	Tn
	James	19	Son	M/W	Farm Labor	Tn	Tn	Tn
	Elizabeth	16	Dau	F/W		Tn	Tn	Tn
	Isaac	14	Son	M/W		Tn	Tn	Tn
	Robert	12	Son	M/W		Tn	Tn	Tn
299	SAUNDERS, Polk	43		M/W	Farmer	Tn	Tn	Tn
	Flora H.	40	Wife	F/W		Tn	Tn	Tn
	Archie	18	Son	M/W		Tn	Tn	Tn
	Mary Lou	16	Dau	D/W		Tn	Tn	Tn
	Lela N.	13	Dau	F/W		Tn	Tn	Tn
	Julia	11	Dau	F/W		Tn	Tn	Tn
	Polk	8	Son	M/W		Tn	Tn	Tn
	Malla--	6	Dau	F/W		Tn	Tn	Tn
	Dollie B.	3	Dau	F/W		Tn	Tn	Tn
300	MASON, John	21		M/W	Farmer	Tn	Tn	Tn
	Adelia	19	Wife	F/W		Tn	Tn	Tn
301	MASON, Levi	52		M/W	FArmer	Tn	Tn	Tn
	Sarah	49	Wife	F/W		Tn	Tn	Tn
	David	25	Son	M/W	Farm Labor	Tn	Tn	Tn

No.	Name	Age	Rel. to Head	Sx/Race	Occupation	Person	Father	Mother
	MASON, Harry	18	Son	M/W	Farm Labor	Tn	Tn	Tn
	Josie	15	Dau	F/W		Tn	Tn	Tn
	Mary	12	Dau	F/W		Tn	Tn	Tn
302	COUCH, Perry G.	43		M/W	Farmer	Tn	Tn	Tn
	Jennie	40	Wife	F/W		Tn	Tn	Tn
	Marshal	12	Son	M/W		Tn	Tn	Tn
	Callie	10	Dau	F/W		Tn	Tn	Tn
	Clark	7	Son	M/W		Tn	Tn	Tn
	John	5	Son	M/W		Tn	Tn	Tn
	Alice	3	Dau	F/w		Tn	Tn	Tn
303	GRIZZLE, Ewing	39		M/W	Farmer	Tn	Tn	Tn
	Jennie	43	Wife	F/W		Tn	Tn	Tn
	Fredie	14	Son	M/W		TN	Tn	Tn
	Nannie	12	Dau	F/W		Tn	Tn	Tn
	Lula	10	Dau	F/W		Tn	Tn	Tn
	Demie L.	7	Dau	F/W		Tn	Tn	Tn
304	MERRITT, Edward	38		M/W	Farmer	Tn	Tn	Tn
	Mary	34	Wife	F/W		Tn	Tn	Tn
	Jesse W.	10	Son	M/W		Tn	Tn	Tn
	Ellen A	8	Dau	F/W		Tn	Tn	Tn
	Bessie L.	6	Dau	F/W		Tn	Tn	Tn
	Josie	4	Dau	F/W		Tn	Tn	Tn
	Albert V.	2	Son	M/W		Tn	Tn	Tn
305	LOWERY, Fesington	57		M/W	Farmer	Tn	Tn	Tn
	Sarah	52	Wife	F/W		Tn	Tn	Tn
	Claud	30	Son	M/W	Teacher	Tn	Tn	Tn
	Clara	27	Dau	F/W		Tn	Tn	Tn
	Fesington C.	14	Son	M/W		Tn	Tn	Tn
306	LOWERY, Frank	22		M/W	Farmer	Tn	Tn	Tn
	Nolia	22	Wife	F/W		Tn	Tn	Tn
307	YOUNG, William	37		M/W	Farmer	Tn	Tn	Tn
	Thenie	36	Wife	F/W		Tn	Tn	Tn
	Lura	15	Dau	F/W		Tn	Tn	Tn
308	DENTON, James	40		M/W	Farmer	Tn	Tn	Tn
	Mary	38	Wife	F/W		Tn	Tn	Tn
	James W.	18	Son	M/W	Farm Labor	Tn	Tn	Tn
	Thomas F.	14	Son	M/W		Tn	Tn	Tn
	Lena E.	13	DAu	F/W		Tn	Tn	Tn
	Sallie F.	11	Dau	F/W		Tn	Tn	Tn
	Charles	9	Son	M/W		Tn	Tn	Tn
	Claude	4	Son	M/W		Tn	Tn	Tn
	John	1	Son	M/W		Tn	Tn	Tn
309	MITCHELL, Jesse B.	50		M/W	Farmer	Tn	Tn	Tn
	Laura	48	Wife	F/W		Tn	Tn	Tn
	Leta A.	23	DAu	F/W		Tn	Tn	Tn

No.	Name	Age	Rel. to Head	Sx/Race	Occupation	Person	Father	Mother
	MITCHELL, Maggie	11	Dau	F/W		Tn	Tn	Tn
	MASON, Amanda	45	Sis/Law	F/W		Tn	Tn	Tn
	Maggie	33	Sis/Law	F/W		Tn	Tn	Tn
	MITCHELL, Elizabeth	75	Mother	F/W		Tn	TN	Tn
310	GREER, JAmes	53		M/W	Farmer	Tn	Tn	Tn
	Bettie H.	47	Wife	F/W		Tn	Tn	Tn
	Mary E.	29	Dau	F/W	Weaver	Tn	Tn	Tn
	Della H.	22	Dau	F/W	Weaver	Tn	Tn	Tn
	Nancy B.	20	Dau	F/W		Tn	Tn	Tn
	Helen E.	18	Dau	F/W	Weaver	Tn	Tn	Tn
	James M.	16	Son	M/W	Farm Labor	Tn	Tn	Tn
	Charles Z.	13	Son	M/W		Tn	Tn	Tn
311	BLANKS, Henry	56		M/W	Farmer	Tn	Tn	Tn
	Sallie	50	Wife	F/W		Tn	Tn	Tn
	Edward	25	Son	M/W	Farm Labor	TN	Tn	Tn
	Mary Lou	23	Dau	F/W		Tn	Tn	Tn
	Willie	20	Son	M/W	Farm Labor	Tn	Tn	Tn
	Laura	18	Dau	F/w		Tn	Tn	Tn
312	GRIZZLE, Fred	41		M/W	Farmer	Tn	Tn	Tn
	Maggie L.	42	Wife	F/W		Tn	Tn	Tn
	Charles M.	17	Son	M/W	Farm Labor	Tn	Tn	Tn
	Mamie E.	15	Dau	F/W		Tn	Tn	Tn
	Comer R.	13	Son	M/W		Tn	Tn	Tn
	Emma L.	10	Dau	F/W		Tn	Tn	Tn

U. S. CENSUS 1900   15th District.   Fred S. Grizzle
                                              Enumeratot

No.	Name	Age	Rel. to Head	Sx/Race	Occupation	Person	Father	Mother
1	JACO, E. L.	49		M/W	Farmer	Tn	Tn	NC
	Mary	45	Wife	F/W		Tn	Tn	Tn
	SMITH, Willie	Son	M/W	M/W	Farm Labor	Tn	Tn	Tn
	Haskel	20	St/Son	M/W	Farm Labor	Tn	Tn	Tn
	Fannie	18	St/Dau	F/W		Tn	Tn	Tn
	Thomas	15	St/Son	M/W	Farm Labor	Tn	Tn	Tn
	John	12	St/Son	M/W		Tn	Tn	Tn
	Lena	10	St/Dau	F/W		Tn	Tn	Tn
	JACO, Beulah	7	Dau	F/W		Tn	Tn	Tn
	Cleo	4	Dau	F/W		Tn	Tn	Tn
	George Dewey	1	Son	M/W		Tn	Tn	Tn
	Maggie	1/12	Dau	F/W		Tn	Tn	Tn
2	NUNLEY, J. M.	52		M/W	Farmer	Tn	Tn	SC
	M. L.	61	Wife	F/W		Tn	NC	NC
	Edward	27	Son	M/W	Farmer	Tn	Tn	Tn
	Ann M.	24	Dau	F/W		Tn	Tn	Tn
	J. T.	22	Son	M/W	Farmer	Tn	Tn	Tn

No.	Name	Age	Rel. to Head	Sx/Race	Occupation	Birth of Person-Father-Mother		
	NUNLEY, James	17	Son	M/W	Farm Labor	Tn	Tn	, Tn
	Anna	19	Dau/Law	F/W		Tn	Tn	Tn
3	GLENN, Robert	37		M/W	Farmer	Tn	Tn	Tn
	Laura	28	Wife	F/W		Tn	Tn	Tn
	Claud	13	Son	M/W		Tn	Tn	Tn
	Felix	11	Son	M/W		Tn	Tn	Tn
	Josie	9	Dau	F/W		Tn	Tn	Tn
	Era	7	Son	M/W		Tn	Tn	Tn
	Ollie	4	Dau	F/W		Tn	Tn	Tn
	Onie	1	Dau	F/W		Tn	Tn	Tn
4	COPE, Susannah	64		F/W	Farmer	Tn	NC	Va
	SCHROCK, Florence	26	Dau	F/W		Tn	Tn	Tn
	George	26	Son/Law	M/W	Farmer	Miss	Miss	Miss
5	COPE, JAmes	42		M/W	Farmer	Tn	Tn	Tn
	Cyrenia	32	Wife	F/W		Tn	Tn	Tn
	Hendricks	15	Son	M/W	Farm Labor	Tn	Tn	Tn
	Davis	11	Son	M/W		Tn	Tn	Tn
	Sallie	9	Dau	F/W		Tn	Tn	Tn
	Opie	5	Dau	F/w		Tn	Tn	Tn
	James	1	Son	M/W		Tn	Tn	Tn
6	CANTRELL, Cleveland	51		M/W	Farmer	Tn	NC	Tn
	Sarah	48	Wife	F/W		Tn	Tn	Tn
	Maggie	24	Dau	F/w		Tn	Tn	Tn
	Callie	14	Dau	F/W		Tn	Tn	Tn
	JAmes	12	Son	M/W	Farm Labor	Tn	Tn	Tn
	Bertie	6	Dau	F/w		Tn	Tn	Tn
7	WEBB, James	43		M/W	Farmer	Tn	Tn	Tn
	GRISSOM, James	42	Bro/Law	M/W	FArm Labor	Tn	Tn	Tn
	Louella	41	Sister	F/W		Tn	Tn	Tn
	Creed	10	Nephew	M/W		Tn	TN	Tn
	Loyd	8	Nephew	M/W		Tn	Tn	Tn
8	WOMACK, Isaac	44		M/W	Farmer	Tn	NC	SC
	Etta	25	Wife	F/W		Tn	Ohio	Tn
	Clara	15	Dau	F/W		Tn	Tn	Tn
	Jay	7	Son	M/W		Tn	Tn	Tn
	Alma	3	Dau	F/W		Tn	Tn	Tn
	Wallace	2	Son	M/W		Tn	Tn	Tn
	Gladys	8/12	Dau	F/W		Tn	Tn	Tn
	Nancy	67	Sister	F/W		Tn	NC	NS
	Sarah	59	Sister	F/W		Tn	NC	SC
	Jincy	56	Sister	F/W		Tn	NC	SC
	Asanith	53	Sister	F/W		Tn	NC	SC
9	COUCH, Jane	76		F/W	Farmer	Tn	NC	Ky
	Altamira	48	Dau	F/W		Tn	Tn	Tn
10	COUCH, John	34		M/W	Farmer	Tn	Tn	Tn
	Sheridan	34	Wife	F/W		Tn	Tn	Tn
	Amanda	7	Dau	F/W		Tn	Tn	Tn

No.	Name	Age	Rel. to Head	Sx/Race	Occupation	Birth of Person-Father-Mother		
11	BLANKENSHIP, Granville	39		M/W	Farmer	Tn	Tn	, Tn
	Sallie	34	Wife	F/W		Tn	Tn	Tn
	Charles	14	Son	M/W	Farm Labor	Tn	Tn	Tn
	Herman	12	Son	M/W	FArm Labor	Tn	Tn	Tn
	Jennie	10	Dau	F/W		Tn	Tn	Tn
	Harrison	8	Son	M/W		Tn	Tn	Tn
	Roy	7	Son	M/W		Ark	Tn	Tn
12	WALKER, Gordon	43		M/W		Tn	Tn	Tn
	Sallie	31	Wife	F/W		Tn	Tn	Tn
	Nory	12	Dau	F/W		Tn	Tn	Tn
	Willie	10	Son	M/W		Tn	Tn	Tn
	Joseph	9	Son	M/W		Tn	Tn	Tn
	Baily	2/12	Son	M/W		Tn	Tn	Tn
13	PATTON, Harry	46		M/W	Farmer	Tn	Tn	Tn
	Mary	51	Wife	F/W		Tn	Tn	Tn
	William	22	Son	M/W	Farm Labor	Tn	Tn	Tn
	Frank	16	Son	M/W	Farm Labor	Tn	Tn	Tn
	Jeremiah	13	son	M/W	Farm Labor	Tn	Tn	Tn
14	DAWSON, James	56		M/W	Farmer	Va	Va	Va
	Kisey	51	Wife	F/W		Tn	SC	Tn
	Thomas	32	Son	M/W	Farm Labor	Tn	Tn	Tn
	Zollie	22	Son	M/W	Farm Labor	Tn	Tn	Tn
	Hannah	18	Dau	F/W		Tn	Tn	Tn
	William	14	Son	M/W	Farm Labor	Tn	Tn	Tn
	Cora	11	Dau	F/W		Tn	Tn	Tn
	POTTER, Charlotte	6	Gr/Dau	F/W		Tn	Tn	Tn
15	WEBB, Pin---	23		M/W	FArmer	Tn	Tn	Tn
	Dollie	27	Wife	F/W		Tn	Tn	Tn
	Grundy	3	Son	M/W		Tn	Tn	Tn
	Nannie	1	Dau	F/W		Tn	Tn	Tn
16	GLENN, Troy	--		M/W	Farmer	Tn	Tn	Tn
	Hannah	--	Wife	F/W		Tn	Tn	Tn
	Bert	17	Son	M/W	Farm Labor	Tn	Tn	Tn
	John	13	Son	M/W	Farm Labor	Tn	Tn	Tn
	Vernon	10	Son	M/W		Tn	Tn	Tn
	Rosie	6	Dau	F/W		Tn	Tn	Tn
	Tinie	7/12	Dau	F/W		Tn	Tn	Tn
17	GLENN, James	22		M/W	Farmer	Tn	Tn	Tn
	Emma	20	Wife	F/W		Tn	Tn	Tn
	Venus	4	Son	M/W		Tn	TN	Tn
	Willie	1	Son	M/W		Tn	TN	Tn
18	GLENN, Van	19		M/W	Farmer	Tn	Tn	Tn
	Oregon	22	Wife	F/W		Tn	Tn	Tn
	JAne	11/12	Dau	F/W		Tn	Tn	Tn
19	PERRY, Susan	60		F/W	Farmer	Tn	NC	Tn
	Zora	22	DAu	F/W		Tn	Tn	Tn
	Joel	19	Son	M/W	Farm Labor	Tn	Tn	Tn

No.	Name	Age	Rel. to Head	Sx/Race	Occupation	Birth of Person	Father	Mother
20	PINEGAR, William	55		M/W	Farmer	Tn	NC	Tn
	Elmore	43	Wife	F/W		Tn	Tn	Tn
	John	21	Son	M/W	Day Labor	Tn	Tn	Tn
	Florence	14	Dau	F/w		Tn	Tn	Tn
	ADCOCK, Noah	20	Boarder	M/W	Day Labor	Tn	Tn	Tn
21	TITTSWORTH, Mary	62		F/W	Farmer	Tn	Ill	SC
	Fronie	35	DAu	F/W		Tn	Tn	Tn
	Arnold	32	Son	M/W	Farm Labor	Tn	Tn	Tn
	Nannie	30	Dau	F/W		Tn	Tn	Tn
	Frank	27	Son	M/W	Farm Labor	Tn	Tn	Tn
	Mary	25	Dau	F/W		Tn	Tn	Tn
	Sarah	21	Dau	F/W		Tn	Tn	Tn
22	TITTSWORTH, William	37		M/W	Farmer	Tn	Tn	Tn
	Josie	42	Wife	F/W		Tn	Tn	Tn
	Zollie	11	Son	M/W		Tn	Tn	Tn
	Tennie	8	Dau	F/W		Tn	Tn	Tn
	Callie	6	DAu	F/W		Tn	Tn	Tn
	Eva	4	DAu	F/W		Tn	Tn	Tn
23	JONES, Daniel	30		M/W	Farmer	Tn	Tn	Tn
	Jane	24	Wife	F/W		Tn	Tn	Tn
	Dossie	7	Dau	F/W		Tn	Tn	Tn
	Jessie	6	Dau	F/W		Tn	Tn	Tn
	Thomas H.	4	Son	M/W		Tn	TN	Tn
	Ora M.	2	Dau	F/W		Tn	Tn	Tn
24	JUDKINS, Green	22		M/W	Farmer	Tn	Tn	Tn
	Callie	22	Wife	F/W		Tn	Tn	Tn
	Hallie	3	Dau	F/W		Tn	Tn	Tn
	Alta	6/12	Dau	F/w		Tn	Tn	Tn
25	YOUNG, Zeal	25		M/W	Day Labor	Tn	Tn	Tn
	Oma	17	Wife	F/W		Tn	Tn	Tn
26	MORGAN, New---	32		M/W	Farmer	Tn	Tn	Tn
	Narcissus	31	Wife	F/W		Tn	Tn	Tn
	William C.	9	Son	M/W		Tn	Tn	Tn
27	GOODSON, Charles	70		M/W	Farmer	Tn	NC	NC
	Hallie	8	Gr/Dau	F/W		Tn	TN	Tn
28	WOMACK, Jackson	58		M/W	Farmer	Tn	Tn	Tn
	?	55	Wife	F/w		Tn	Tn	Tn
	Rozzeta	22	Dau	F/W		Tn	Tn	Tn
	Henry	20	Son	M/W	Day Labor	Tn	Tn	Tn
	Ben Franklin	16	Son	M/W	FArm Labor	Tn	Tn	Tn
	A. J.	12	Son	M/W	Farm Labor	Tn	Tn	Tn
29	POTTER, J. B.	34		M/W	Farmer	Tn	Tn	Tn
	Josie	32	Wife	F/W		Tn	Tn	Tn
	Beulah	4	Dau	F/w		Tn	Tn	Tn
	Anna	73	Mother	F/W		Tn	Tn	Va
30	MAYFIELD, M. L.	31		M/W	FArmer	Tn	Tn	Tn
	Martha	47	Wife	F/W		Tn	Tn	Tn
	Ethel	13	Dau	F/W		Tn	Tn	Tn
	Emmett M.	12	Son	M/W		Tn	Tn	Tn
	James W.	10	Son	M/W		Tn	Tn	Tn
31	WOMACK, William D.	37		M/W	Farmer	Tn	Tn	Tn
	Helen	30	Wife	F/W		Tn	Tn	Tn
	Vera	8	Dau	F/W		Tn	Tn	Tn
	Robert L.	7	Son	M/W		Tn	Tn	Tn
	Aline	5	Dau	F/W		Tn	Tn	Tn
	Richard	4	Son	M/W		Tn	Tn	Tn
	Hattie B.	3	Dau	F/W		Tn	Tn	Tn
	CANTRELL, Watson	24	Boarder	M/W	Farm Labor	Tn	Tn	Tn
32	WEBB, Isham	39		M/W	Farmer	Tn	TN	Tn
	Hannah	37	Wife	F/W		Tn	Tn	Tn
	Sallie	14	Dau	F/w		Tn	Tn	Tn
	Eula	4	Dau	F/W		Tn	Tn	Tn
	George	1	Son	M/W		Tn	Tn	Tn
33	WOMACK, Grundy	59		M/W	Farmer	Tn	NC	--
	Sarah E.	58	Wife	F/W		Tn	Tn	Tn
	Samantha	17	Dau	F/W		Tn	Tn	Tn
34	WOMACK, James	33		M/W	FArmer	Tn	Tn	Tn
	Ida	27	Wife	F/W		Tn	Tn	Tn
	Felix J.	8	Son	M/W		Tn	Tn	Tn
	Ella	6	Dau	F/W		Tn	Tn	Tn
35	WOMACK, Hill	23		M/W	Farmer	Tn	Tn	Tn
	Ella	19	Wife	F/W		Tn	Tn	Tn
	Clyde	11/12	Son	M/W		Tn	Tn	Tn
36	WOMACK, Parker	20		M/W	Not Given	Tn	Tn	Tn
	Mary	18	Wife	F/W		Tn	Tn	Tn
37	COUCH, Smith	52		M/W	Farmer	Tn	Tn	Tn
	Mary	50	Wife	F/W		Tn	Tn	Tn
	Hannah	21	Dau	F/W		Tn	TN	Tn
	Joseph	14	Son	M/W	Farm Labor	Tn	Tn	Tn
38	COUCH, John	30		M/W	Farmer	Tn	Tn	Tn
	Josie	26	Wife	F/W		Tn	Tn	Tn
	Herbert	7	Son	M/W		Tn	Tn	Tn
	Audie	4	DAu	F/W		Tn	Tn	Tn
	Mary L.	2	DAu	F/W		Tn	Tn	Tn
39	VANHOOSER, Leonard	46		M/W	FArmer	Tn	Tn	Tn
	Mollie	29	Wife	F/W		Tn	Tn	Tn
	Alvin	16	Son	M/W	Farm Labor	Tn	Tn	Tn
	Simpson	14	Son	M/W	Farm Labor	Tn	Tn	Tn
	Nannie	12	Dau	F/W		Tn	Tn	Tn
	Jessie	8	Son	M/W		Tn	Tn	Tn

No.	Name	Age	Rel. to Head	Sx/Race	Occupation	Birth of Person	Father	Mother
	VANHOOSER, Josie	5	Dau	F/W		Tn	Tn	Tn
	Hall	2/12	Son	M/W		Tn	Tn	Tn
	BASS, Willie	9	DAu	F/W		Tn	Tn	Tn
40	MULLICAN, Mary	60		F/W	Farmer	Tn	NC	NC
	Anna P.	59	Sister	F/W		Tn	NC	NC
	Lucinda	56	Sister	F/W		Tn	NC	NC
41	MULLICAN, Riley	55		M/W	Farmer	Tn	SC	NC
	Elizabeth	55	Wife	F/W		Tn	Tn	Tn
	David	20	Son	M/W	FArm Labor	Tn	Tn	Tn
	William C.	16	Son	M/W	Farm Labor	Tn	Tn	Tn
	Anna	14	Dau	F/W		Tn	Tn	Tn
	Hattie L.	10	Dau	F/W		Tn	Tn	Tn
42	WEBB, Riley	58		M/W	Farmer	Tn	Tn	Tn
	WOMACK, Joseph	30	Son/Law	M/W	Farmer	Tn	Tn	Tn
	Octa	26	Dau	F/W		Tn	Tn	Tn
	Nannie	6	Dau	F/W		Tn	Tn	Tn
	Hampton	1	Gr/Son	M/W		Tn	Tn	Tn
43	BLACKWELL, Horace	26		M/W	Farmer	Tn	Tn	Tn
	Florence	23	Wife	F/W		Tn	Tn	Tn
	Fredy	3	Son	M/W		Tn	Tn	Tn
	Virgie	1	DAu	F/W		Tn	Tn	Tn
44	GREEN, Jeff	25		M/W	Farmer	Tn	Tn	Tn
	Belle	22	Wife	F/W		Tn	Tn	Tn
	Hubert K.	1	Son	M/W		Tn	Tn	Tn
45	WEBB, Jackson	47		M/W	Farmer	Tn	Tn	Tn
	Samantha	45	Wife	F/W		Tn	SC	Tn
	Harland	19	Son	M/W	Farm Labor	Tn	Tn	Tn
	Robert	16	Son	M/W	Farm Labor	Tn	Tn	Tn
	Mary	15	Dau	F/W		Tn	Tn	Tn
	Edna	12	Dau	F/W		Tn	Tn	Tn
	Balis	10	Son	M/W		Tn	Tn	Tn
	Ophie	6	Dau	F/W		Tn	Tn	Tn
	Wm. J. Bryan	2	Son	M/W		Tn	Tn	Tn
	GREEN, Elias H.		Fath/Law	M/W		SC	SC	Sc
46	WEBB, Isham	41		M/W	F rmer	Tn	TN	Tn
	Mattie	39	Wife	F/W		Tn	Tn	Tn
	TAYLOR, Glisson	7	Lodger	F/W		Tn	TN	Tn
47	TAYLOR, Pinkey	54		M/W	Farmer	Tn	Tn	Tn
	Malissa	64	Wife	F/W		Tn	Tn	Tn
	William O.	21	Son	M/W	Farm Labor	Tn	Tn	Tn
48	TAYLOR, Govie			M/W	Farmer	Tn	Tn	Tn
	Mary E.	27	Wife	F/W		Tn	Tn	Tn
	Elizabeth	1	Dau	F/W		Tn	Tn	Tn

No.	Name	Age	Rel. to Head	Sx/Race	Occupation	Birth of Person	Father	Mother
49	WEBB, James K.	22		M/W	Farmer	Tn	Tn	Tn
	Roberta	20	Wife	F/W		Tn	Tn	Tn
50	WALKER, William	63		M/W	Farmer	Tn	Tn	Tn
	Tabitha	45	Wife	F/W		Tn	Tn	Tn
	Flora	21	Dau	F/W		Tn	Tn	Tn
	Talitha	19	Dau	F/W		Tn	Tn	Tn
	Lela	12	Dau	F/W		Tn	Tn	Tn
	Parott	7	DAu	F/W		Tn	Tn	Tn
	HELTON, Jacob	21	Boarder	M/W	Farm Labor	Tn	Tn	Tn
51	MULLICAN, Minnie	72		F/W	Farmer	Tn	Tn	Tn
	John J.	47	Son	M/W	Farm Labor	Tn	Tn	Tn
	Rena	31	DAu	F/W		Tn	Tn	Tn
52	WEBB, Elisha	84		M/W	Farmer	Tn	--	--
	Mary	50	Wife	F/W		Tn	--	--
	Lawrence	18	Son	M/W	Farm Labor	Tn	Tn	Tn
	Irving	16	Son	M/W	Farm Labor	Tn	Tn	Tn
53	DUNLAP, Sherman	35		M/W	Farmer	Tn	Tn	Tn
	Sallie	31	Wife	F/W		Tn	Tn	Tn
	Lela	11	Dau	F/W		Tn	Tn	Tn
	Bessie	8	Dau	F/W		Tn	Tn	Tn
	Verdie	5	Dau	F/W		Tn	Tn	Tn
	Margie L.	2	Dau	F/W		Tn	Tn	Tn
54	MITCHELL, Mark	71		M/W	Farmer	Tn	Tn	Tn
55	MORGAN, Framk B.	38		M/W	Farmer	Tn	Tn	Tn
	Mary H.	35	Wife	F/w		Tn	Tn	Tn
	James H.	15	Son	M/W	Farm Labor	Tn	Tn	Tn
	Lena L.	10	DAu	F/W		Tn	Tn	Tn
	Edgar W.	8	Son	M/W		Tn	Tn	Tn
	Charlie	3	Son	M/W		Tn	Tn	Tn
	C. lhoun	1	Son	M/W		Tn	Tn	Tn
56	ADCOCK, Perry	49		M/W	Farmer	Tn	Tn	Tn
	Mary	38	Wife	F/W		Tn	Tn	Tn
	Florence	17	Dau	F/W		Tn	Tn	Tn
	William	15	Son	M/W		Tn	Tn	Tn
	Hattie	11	Dau	F/W		Tn	Tn	Tn
	Manoby	7	Dau	F/W		Tn	Tn	Tn
57	EWING, William	56		M/W	Farmer	Tn	Tn	Tn
	Malinda P.	49	Wife	F/W		Tn	Tn	Tn
	Helen	16	Dau	F/W		Tn	Tn	Tn
	Grover C.	15	Son	M/W	Farm Labor	Tn	Tn	Tn
	Lela P.	9	Dau	F/W		Tn	Tn	Tn
	HOOVER, William	8	Gr/Son	M/W		Tn	Tn	Tn
58	MULLICAN, Harold	44		M/W	Farmer	Tn	Tn	Tn
	Myranda E.	42	Wife	F/W		Tn	Tn	Tn
	Solomon	19	Son	M/W		Tn	Tn	Tn
	Daisy E.	17	Dau	F/W		Tn	Tn	Tn

No.	Name	Age	Rel. to Head	Sx/Race	Occupation	Birth of Person	Father	Mother
	MULLICAN, John H.	14	Son	M/W		Tn	Tn	Tn
	William B.	10	Son	M/W		Tn	Tn	Tn
	Mary L.	7	Dau	F/W		Tn	Tn	Tn
	Henry	4	Son	M/W		Tn	Tn	Tn
	Ferdinand	3/12	Son	M/W		Tn	Tn	Tn
59	ADCOCK, Sarah	85		F/W	Farmer	Tn	--	--
	TODD, Jessie	30	Son/Law	M/W	Farmer	Tn	Tn	Tn
	Malisa	40	Dau	F/W		Tn	Tn	Tn
	Velma	4	Gr/Dau	F/W		Tn	Tn	Tn
	Leonard	3	Gr/Son	M/W		Tn	Tn	Tn
	STROUD, Jesse	18	Cousin	M/W	Farm Labor	Tn	Tn	Tn
	Robert	12	Cousin	M/W	Farm Labor	Tn	Tn	Tn
60	MARTIN, Thomas	52		M/W	Farmer	Tn	Tn	Tn
	Miriam	46	Wife	F/W		Tn	Tn	Tn
	James	14	Son	M/W	Farm Labor	Tn	Tn	Tn
	Flossie M.	11	Dau	F/W		Tn	Tn	Tn
	Rena	71	Sister	F/W		Tn	Tn	Tn
	Katie	60	Sister	F/W		Tn	Tn	Tn
	WEBB, Will	30	Son/Law	M/W	Farmer	Tn	Tn	Tn
	Mary G.	4	Gr/Dau	M/W		Tn	Tn	Tn
	James O.	3	Gr/Son	M/W		Tn	Tn	Tn
	Elisha	1	Gr/Son	M/W		Tn	Tn	Tn
61	MARTIN, Lewis	38		M/W	Farmer	Tn	Tn	Tn
	Julia	28	Wife	F/W		Tn	Tn	Th
	Esther	8	Dau	F/W		Tn	Tn	Tn
	Huston	6	Son	M/W		Tn	TN	Tn
	Mallie M.	3	Dau	F/W		Tn	Tn	Tn
	Dollie D.	8/12	Dau	F/W		Tn	Tn	Tn
62	MULLICAN, John D.	48		M/W	Farmer	Tn	TN	Tn
	Elizabeth	42	Wife	F/W		Tn	Tn	Tn
	Robert	23	Dau	F/W	Farm Labor	Tn	Tn	Tn
	William	20	Son	M/W	Farmer	Tn	Tn	Tn
	Lossie	15	Son	M/w		Tn	Tn	Tn
	Mary E.	13	Dau	F/W		Tn	Tn	Tn
	Charles E.	1	Son	M/W		Tn	Tn	Tn
	Mary	72	Mother	F/W		Tn	--	--
	Solomon	32	Brother	M/W	Teacher	Tn	Tn	Tn
63	CANTRELL, Sam	60		M/W	FArmer	Tn	Tn	Tn
	Samantha	47	Wife	F/W		Tn	Tn	Tn
	Pearl	19	Dau	F/W		Tn	Tn	Tn
	Ethel	16	Dau	F/W		Th	Tn	Tn
	Leland	13	Son	M/W		Tn	TN	Tn
	Lula	7	Dau	F/W		Tn	Tn	Tn
64	MARTIN, Hiram	45		M/W	Farmer	Tn	Tn	Tn
	Eliza	41	Wife	F/W		Tn	Tn	Tn
	Una	11	Dau	F/W		Tn	Tn	Tn
	COUCH, Nancy P.	64	Moth/Law	F/W		Tn	Tn	Tn
	WOMACK, Sarah	61	Aunt	F/W		Tn	Tn	Tn
	BLANTON, Claude	13	Lodger	M/W		Tn	TN	Tn

No.	Name	Age	Rel. to Head	Sx/Race	Occupation	Birth of Person	Father	Mother
65	COPE, Thomas	28		M/W	Farmer	Tn	Tn	Tn
	Josie	28	Wife	F/W		Tn	Tn	Tn
	TANNER, Arthur	13	Son	M/W		Tn	Tn	Tn
	Alice	11	Dau	F/W		Tn	Tn	Tn
	Herman	7	Son	M/W		Tn	Tn	Tn
	Ella	4	Dau	F/W		Tn	Tn	Tn
	Harrison	2	Son	M/W		Tn	Tn	Tn
	Norman	1/12	Son	M/W		Tn	Tn	Tn
	COPE, HArriett	6	Gr/Dau	F/W		Tn	Tn	Tn
66	GREEN, James	40		M/W	Farmer	Tn	Tn	Tn
	Fannie	34	Wife	F/W		Tn	Tn	Tn
	Hattie	17	Dau	F/W		Tn	Tn	Tn
	Everett	15	Son	M/W	Farm Labor	Tn	Tn	Tn
	Ethel	13	Dau	F/W		Tn	Tn	Tn
	Hershell	10	Son	M/W		Tn	Tn	Tn
	Ersie	8	Dau	F/W		Tn	Tn	Tn
	Norman	3	Son	M/W		Tn	Tn	Tn
	Bessie	7/12	Dau	F/W		Tn	Tn	Tn
67	MAYFIELD, Elisha	30		M/W	Farmer	Tn	Tn	Tn
	Nobie	20	Wife	F/W		Tn	Tn	Tn
	Myrtle	2	Dau	F/W		Tn	Tn	Tn
68	ROWLAND, John	56		M/W	Farmer	Tn	Tn	Tn
	Martha	56	Wife	F/W		Tn	Tn	Tn
	THOMAS, Hetty	60	Sis/Law	F/W		Tn	Tn	Tn
69	COTTON, John	60		M/W	FArmer	Tn	Tn	Tn
	Artimisia	60	Wife	F/W		Tn	Tn	Tn
	Lissie	18	Son	M/W	FArm Labor	Tn	Tn	Tn
	WILKINSON, Quill C.	58	Bro/Law	M/W	Farm Labor	Tn	Tn	Tn
70	HUDSON, Henry	45		M/W	Farmer	Tn	Tn	Tn
	Parlee	41	Wife	F/W		Tn	Tn	Tn
	Horace	22	Son	M/W	Teacher	Tn	Tn	Tn
	Bernice	20	Dau	F/W		Tn	Tn	Tn
	Cora	18	Dau	F/W		Tn	Tn	Tn
	Vernie	16	Dau	F/W		Tn	Tn	Tn
	Joseph	14	Son	M/W		Tn	Tn	Tn
	Hallie	12	Dau	F/W		Tn	Tn	Tn
	Bertie	10	Dau	F/W		Tn	Tn	Tn
	Charles	8	Son	M/W		Tn	Tn	Tn
	Dollie	3	Dau	F/W		Tn	Tn	Tn
	Mania	1	Dau	F/W		Tn	Tn	Tn
71	MARTIN, Isham	67		M/W	Farmer	Tn	Tn	Tn
72	MARTIN, Harriett	80		F/W		Tn	Tn	Tn
	Nancy	61	Dau	F/W		Tn	Tn	Tn
	Katie	62	Dau	F/W		Tn	Tn	Tn
72	MARTIN, Andrew	78		M/W	FArmer	Tn	Tn	Tn
	CANTRELL, M---y	50	DAu	F/W		Tn	Tn	Tn
	HENRY, Sarah	48	Dau	F/W		Tn	Tn	Tn

No.	Name	Age	Rel. to Head	Sx/Race	Occupation	Birth of Person-Father-Mother		
73	CHISHOLM, William	51		M/W	Farmer	Tn	Tn	Tn
	Mary J.	45	Wife	F/W		Tn	Tn	Tn
	Blanche	23	Dau	F/W		Tn	Tn	Tn
75	CLARK, John B.	37		M/W	Teacher	Tn	TN	Tn
	Mary E.	34	Wife	F/W		Tn	Tn	Tn
	Nora	13	Dau	F/W		Tn	Tn	Tn
	Lela E.	10	DAu	F/W		Tn	Tn	Tn
	Ernest	8	Son	M/W		Tn	Tn	Tn
	Thurman	6	Son	M/W		Tn	Tn	Tn
	Vernon	4	Son	M/W		Tn	Tn	Tn
	Burton	1	Son	M/W		Tn	Tn	Tn
76	GRIZZLE, Isaac	78		M/W	Farmer	Tn	NC	Tn
	Zana (?)	44	Dau	F/W		Tn	Tn	Tn
	JAmes	35	Son	M/W	Farm Labor	Tn	Tn	Tn
77	TURNER, Robert	27		M/W	Farmer	Tn	Tn	Tn
	Amanda	25	Wife	F/W		Tn	Tn	Tn
	Edna	9	Dau	F/W		Tn	Tn	Tn
	Wlza	6	Son	M/W		Tn	Tn	Tn
	Lela	1	Dau	F/W		Tn	Tn	Tn
78	ZWINGLE, George	44		M/W	Mechanis/Farmer	Tn	Tn	Tn
	Martha	43	Wife	F/w		Tn	Tn	Tn
	Robert	21	Son	M/W	Farmer	Tn	Tn	Tn
	JAmes	19	Son	M/W	FArmer	Tn	Tn	Tn
	Hixie	18	Dau	F/W		Tn	Tn	Tn
	Emma	14	Dau	F/W		Tn	Tn	Tn
	Comer	12	Son	M/W		Tn	TN	Tn
	Maggie	9	Dau	F/W		Tn	Tn	Tn
	Harold B.	7	Son	M/W		Tn	Tn	Tn
	Clayborn	3	Son	M/W		Tn	Tn	Tn
	Blanche	18	Dau/Law	F/W		Tn	TN	Tn
79	SAVAGE, George	34		M/W	Farmer	Tn	TN	tn
	Millie H.	22	Wife	F/W		Tn	Tn	Tn
	Ruth	4	Dau	F/W		Tn	Tn	Tn
	Dickson	2	Son	M/W		Tn	Tn	Tn
	MAYES, Mary	23	Serv	F/W	Servant	Tn	Tn	Tn
80	LAINE, Dunnon (?)	69		M/W	Farmer	Tn	Tn	Tn
	Mary	43	Wife	F/W		Tn	Tn	Tn
	Martha	11	Dau	F/W		Tn	Tn	Tn
	Edgewood O.	1	Son	M/W		Tn	Tn	Tn
81	CANTRELL, Julius C.	24		M/W	Farmer	Tn	Tn	Tn
	Miriam	22	Wife	F/W		Tn	Tn	Tn
	Hubert	10	Son	M/W		Tn	Tn	Tn
	Nannie	8	Dau	F/W		Tn	Tn	Tn
	James	6	Son	M/W		Tn	Tn	Tn
	Willie	4	Son	M/W		Tn	Tn	Tn
	Flossie	2	Dau	F/W		Tn	Tn	Tn
	Walter	7/12	Son	M/W		Tn	Tn	Tn

- 344 -

No.	Name	Age	Rel. to Head	Sx/Race	Occupation	Birth of Person-Father-Mother		
82	CANTRELL, Emma	43		F/W		Tn	Tn	Tn
	Clara	18	Dau	F/W		Tn	Tn	Tn
	Delia	16	Dau	F/W		Tn	Tn	Tn
83	UPCHURCH, John			M/W	Farmer	Tn	Tn	Tn
	Mellie	22	Wife	F/W		Tn	Tn	Tn
	Esta	5	DAu	F/W		Tn	Tn	Tn
	Lester	2	Son	M/W		Tn	Tn	Tn
84	McDOWELL, Van	51		M/W	Farmer	Tn	Tn	Tn
	Margaret	39	Wife	F/W		Tn	Tn	Tn
	Mary E.	19	Dau	F/W		Tn	Tn	Tn
	Hannah	17	Dau	F/W		Tn	Tn	Tn
	William J.	14	Son	M/W		Tn	Tn	Tn
	Dovie	12	Dau	F/W		Tn	Tn	Tn
Twins)	Allie	9	Dau	F/W		Tn	Tn	Tn
	Anna	9	Dau	F/W		Tn	Tn	Tn
	Jmaes	6	Son	M/W		Tn	Tn	Tn
	Samuel	2	Son	M/W		Tn	Tn	Tn
85	DAY, Jesse	45		M/W	Farmer	Tn	Tn	Tn
	Elizabeth	50	Wife	F/W		Tn	Tn	Tn
	John	24	Son	M/W	Farm Labor	Tn	Tn	Tn
	Thomas	19	Son	M/W	Farm Labor	Tn	Tn	Tn
	Cummings	16	Son	M/W		Tn	Tn	Tn
	Helen	13	Dau	F/W		Tn	Tn	Tn
	Everett	10	Son	M/W		Tn	Tn	Tn
	Herman	5	Son	M/W		Tn	Tn	Tn
	Isabella	70	Mother	F/W		Tn	Tn	Tn
86	WOMACK, William	24		M/W	Farmer	Tn	Tn	Tn
	Eliza	24	Wife	F/W		Tn	Tn	Tn
	Ethel	2	DAu	F/W		Tn	Tn	Tn
87	WOMACK, Anderson	32		M/W	Farmer	Tn	Tn	Tn
	Rebecca	26	Wife	F/W		Tn	Tn	Tn
	Eddy	9	Son	M/W		Tn	Tn	Tn
	Ella	7	Dau	F/W		Tn	Tn	Tn
	Pinkney	5	Son	M/W		Tn	Tn	Tn
	William	1	Son	M/W		Tn	Tn	Tn
88	DAVIS, Pinkney	43		M/W	Farmer	Tn	Tn	Tn
	ROMANS, George	14	Lodger	M/W		Tn	Tn	Tn
	MAYFIELD, Steven	70	Lodger	M/W	Farmer	Tn	Tn	Tn
	Delphia	60	Sis/Law	F/W		Tn	Tn	Tn
89	BOREN, Sam	45		M/W	Farmer	Tn	Tn	Tn
	Nancy	43	Wife	F/w		Tn	Tn	Tn
	Charlie	15	Son	M/W		Tn	Tn	Tn
	Willie	12	Son	M/W		Tn	Tn	Tn
	Albert	5	Son	M/w		Tn	Tn	Tn
	Laura	4	Dau	F/W		Tn	Tn	Tn
90	MARTIN, Newton	66		M/W	FArmer	Tn	Tn	Tn
	Elizabeth	47	Wife	F/w		Tn	Tn	Tn

- 345 -

No.	Name	Age	Rel. to Head	Sx/Race	Occupation	Birth of Person-Father-Mother		
	MARTIN, Media	9	Dau	F/W		Tn	Tn	Tn
	Oscar P.	8	Son	M/W		Tn	Tn	Tn
Twins	Martha	5	DAu	F/W		Tn	Tn	Tn
	Nannie	5	Dau	F/W		Tn	Tn	Tn
	Janie	4	DAu	F/W		Tn	Tn	Tn
	Rena	1	Dau	F/W		Tn	Tn	Tn
91	LANE, Dimmon	37		M/W	Farmer	Tn	Tn	Tn
	Elijah	37	Wife	F/W		Tn	Tn	Tn
	Claud	13	Son	M/W		Tn	Tn	Tn
	Maud	12	Son	F/W		Tn	Tn	Tn
	Mamie	10	Dau	F/W		Tn	Tn	Tn
	Gertrude	7	Dau	F/W		Tn	Tn	Tn
	Nellie	6	Dau	F/W		Tn	Tn	Tn
	Creed	4	Son	M/W		Tn	Tn	Tn
92	LANE, Frank	39		M/W	Farmer	Tn	Tn	Tn
	Sallie	36	Wife	F/w		Tn	Tn	Tn
	Oliver	15	Son	M/W	Farmer	Tn	Tn	Tn
	Solomon	12	Son	M/W		Tn	Tn	Tn
	John	10	Son	M/W		Tn	Tn	Tn
	Evan	5	Son	M/W		Tn	Tn	Tn
	William	3	Son	M/w		Tn	Tn	Tn
	Emma	63	Mother	F/W		Tn	Va	Tn
93	LANE, James	42		M/W	Farmer	Tn	Tn	Tn
	Mary	41	Wife	F/W		Tn	Tn	Tn
	Luke C.	21	Son	M/W	Farm Labor	Tn	Tn	Tn
	Sallie	10	Dau	F/W		Tn	Tn	Tn
94	ZWINGLE, C. C.	68		M/W	Farmer	Tn	NC	Tn
	Margaret	67	Wife	F/W		Tn	NC	Tn
95	WOMACK, Amos	59		M/W	Farmer	Tn	NC	NC
	Malinda	55	Wife	F/W		Tn	Tn	Tn
	Jasper B.	14	Son	M/W		Tn	Tn	Tn
	John N.	26	Son	M/W	Farmer	Tn	Tn	Tn
	Josie	21	Dau/Law	F/W		Tn	Tn	Tn
	Pearl	1	Gr/Dau	F/W		Tn	Tn	Tn
96	McGIBONEY, Robert	23		M/W	Farmer	Tn	Tn	Tn
	Josie	21	Wife	F/W		Tn	Tn	Tn
	Ather	4	Dau	F/w		Tn	Tn	Tn
	Catherine	3	Dau	F/W		Tn	Tn	Tn
	Clinton	6/12	Son	M/W		Tn	Tn	Tn
97	CHERRY, Joseph	51		M/W	Farmer	Tn	Tn	Tn
	Mary J.	55	Wife	F/W		Tn	Tn	Tn
	Burr B.	24	Son	M/W	Farm Labor	Tn	Tn	Tn
	Albert P.	23	Son	M/W	Farm Labor	Tn	Tn	Tn
	Lou Ann	18	Dau	F/W		Tn	Tn	Tn
	Bernice	14	Dau	F/W		Tn	Tn	Tn
	Clyde L.	12	Son	M/W		Tn	Tn	Tn

No.	Name	Age	Rel. to Head	Sx/Race	Occupation	Birth of Person-Father-Mother		
98	BLACKBURN, Emma	80		F/W	Farmer	Tn	Tn	NC
	HANKINS, ??	27	Gr/DAu	F/W		Tn	TN	Tn
99	McDOWELL, Carroll	45		M/W	Farmer	Tn	Tn	Tn
	John H.	35	Brother	M/W	Farmer	Tn	Tn	Tn
	BOREN, Lucy	50	Sister	F/W		Tn	Tn	Tn
	Mika	19	Nephew	M/W		Tn	Tn	Tn
100	SLUDER, James	62		M/W	Farmer	Tn	Va	NC
	Elizabeth	65	Wife	F/W		Tn	Tn	Tn
	Minnie	28	Dau	F/W		Tn	Tn	Tn
	CHISHOLM, Minnie	17	Gr/Dau	F/W		Tn	Tn	Tn
101	DAVIS, Columbus	27		M/W	Day Labor	Ky	Tn	Tn
	Sallie	30	Wife	F/W		Tn	Ky	Tn
	Dovie L.	3	Dau	F/W		Tn	Ky	Tn
	Wavie	8/12	Dau	F/W		Tn	Ky	Tn
102	WEBB, Burkett	31		M/W	Farmer	Tn	Tn	Tn
	Eva O.	25	Wife	F/W		Tn	Tn	Tn
	Cora E.	3	DAu	F/W		Tn	Tn	Tn
	John	7/12	Son	M/W		Tn	Tn	Tn
103	GIBSON, Tupper	44		M/W	Farmer	Va	Va	Va
	George	17	Son	M/W	Farm Labor	Tn	Tn	Tn
	Delbert	18	Son	M/W	Farm Labor	Tn	Va	Tn
	Lee	12	Son	M/W		Tn	Va	Tn
	Margaret	84	Mother	F/W		Va	Va	Va
104	PENDERGRASS, Stephen	41		M/W	Farmer	Tn	Tn	Tn
	Irving	19	Son	M/W	Farm Labor	Tn	Tn	Tn
	Roshia	17	Dau	F/W		Tn	Tn	Tn
	Dovie	15	Dau	F/w		Tn	Tn	Tn
105	MULLICAN, William	80		M/W	FArmer	Tn	Tn	SC
	Anna	52	Dau	F/W		Tn	Tn	Tn
	GREEN, William	10	Gr/Son	M/W		Tn	Tn	Tn
106	COTTON, William	59		M/W	FArmer	Tn	Tn	Tn
	Mary A.	59	Wife	F/W		Tn	Tn	Tn
	Sallie	22	DAu	F/W		Tn	Tn	Tn
	Perry	27	Son	M/W	Day Labor	Tn	Tn	Tn
	Grover C.	16	Son	M/W	Farm Labor	TN	Tn	Tn
107	COTTON, Andrew	33		M/W	Farmer	Tn	Tn	Tn
	Nellie	24	Wife	F/w		Tn	Tn	Tn
	Charlie	10	Son	M/w		Tn	Tn	Tn
	Willie	7	Son	M/W		Tn	Tn	Tn
	Nellie M.	4	DAu	F/W		Tn	TN	Tn
	Minnie	2	DAu	F/W		Tn	Tn	Tn
108	BURKS, Richard	22		M/W	Farmer	Tn	Tn	Tn
	Nancy	22	Wife	F/w		Tn	Tn	Tn

No.	Name	Age	Rel. to Head	Sx/Race	Occupation	Birth of Person-Father-Mother		
109	MARTIN, Sampson	55		M/W	Farmer	Tn	Tn	Tn
	Roxie	24	Dau	F/W		Tn	Tn	Tn
	Thenie	20	Dau	F/W		Tn	Tn	Tn
	Lou	17	Dau	F/W		Tn	Tn	Tn
	Charles	12	Son	M/W		Tn	Tn	Tn
	Belle	7	Dau	F/W		Tn	Tn	Tn
	Roy L.	3	Son	M/W		Tn	Tn	Tn
110	MARTIN, James	22		M/W	Farmer	Tn	Tn	Tn
	Mary E.	19	Wife	F/W		Tn	Tn	Tn
111	GOODSON, Da---	29		M/W	Farmer	Tn	Tn	Tn
	Eliza	22	Wife	F/W		Tn	Tn	Tn
	Henry C.	7	Son	M/W		Tn	Tn	Tn
	John W.	5	Son	M/W		Tn	Tn	Tn
112	MILLER, Obadiah	69		M/W	Farmer	NC	Germ	NC
	Easter E.	63	Wife	F/W		NC	NC	NC
	FRANKLIN, Katie	18	Dau	F/W		Tn	NC	Va
	WALLING, Maud	9	Gr/Dau	F/W		Tn	Ky	Ind
	GOODSON, Wilas	62	Lodger	M/W	Farm Labor	Tn	tn	Tn
	CROUCH, Frank	55	Bro/Law	M/W	FArmer	Va	Tn	NC
113	DOVE, James	54		M/W	Farmer	Tn	--	Tn
	Susan	51	Wife	F/w		Tn	Tn	Tn
	America E.	23	Dau	F/W		Tn	Tn	Tn
	Charles	21	Son	M/W	Farmer	Tn	Tn	Tn
	Martha	18	Dau	F/W		Tn	Tn	tn
	George	15	Son	M/W		Tn	Tn	Tn
114	TEMPLETON, Thomas	34		M/W	Farmer	Tn	Tn	Tn
	Emma	30	Dau	F/W		Tn	Tn	Tn
	Orion	4	Son	M/W		Tn	Tn	Tn
115	TEMPLETON, William	66		M/W	Farmer	Tn	Tn	Tn
	Ann	64	Wife	F/w		Tn	Tn	Tn
	Maggie	28	Dau	F/W		Tn	Tn	Tn
	Willie	8	Son	M/W		Tn	Tn	Tn
	Thomas	5	Gr/Son	M/W		Tn	Tn	Tn
116	SMITH, David B.	58		M/W	Farmer	Tn	Tn	Tn
	Martha E.	30	Dau	F/w		Tn	Tn	Tn
	Robert	22	Son	M/W	Farmer	Tn	Tn	Tn
	John	20	Son	M/W	Farm Labor	Tn	Tn	Tn
	Cleveland	17	Son	M/W		Tn	Tn	Tn
117	WOMACK, Frank	45		M/W	Farmer	Tn	Tn	Tn
	Mary A.	39	Wife	F/W		Tn	Tn	Tn
	Agnes	19	Dau	F/W		Tn	Tn	Tn
	Alice	18	Dau	F/W		Tn	Tn	Tn
	Albert	15	Son	M/W	Farm Labor	Tn	Tn	Tn
	Hershell	12	Son	M/W		Tn	TN	Tn
	Mary Lou	10	Dau	F/W		Tn	Tn	Tn
	Hallie	7	Dau	F/W		Tn	Tn	Tn

No.	Name	Age	Rel. to Head	Sx/Race	Occupation	Birth of Person-Father-Mother		
	WOMACK, James	5	Son	M/W		Tn	Tn	Tn
	Twins) Walter	1	Son	M/W		Tn	Tn	Tn
	) William	1	Son	M/W		Tn	Tn	Tn
118	WOMACK, Clark	31		M/W	Day Laborer	Tn	Tn	Tn
	Dovie	31	Wife	F/W		Tn	Tn	Tn
	Ethel	8	Dau	F/W		Tn	Tn	Tn
	Vallie	6	Dau	F/W		Tn	Tn	Tn
	Mary L.	4	Dau	F/W		Tn	Tn	Tn
	James W.	3	Son	M/W		Tn	Tn	Tn
	Isabell W.	3/12		F/W		Tn	Tn	Tn
119	GLENN, William	39		M/W	Farmer	Tn	Tn	Tn
	Frances	33	Wife	F/W		Tn	Tn	Tn
	Frank	17	Son	M/W	Farm Labor	Tn	Tn	Tn
	Hassie	15	Dau	F/W		Tn	Tn	Tn
	Herbert	5	Son	M/W		Tn	Tn	Tn
120	TUBB, M. M.	45		M/W	Physician	Tn	Tn	Tn
	Sallie	29	Wife	F/W		Tn	Tn	Tn
	John B.	10	Son	M/W		Tn	Tn	Tn
	James L.	8	Son	M/W		Tn	Tn	Tn
	Lola I.	1	Dau	F/W		Tn	Tn	Tn
121	COUCH, Felix	38		M/W	Farmer	Tn	Tn	Tn
	Lou M.	34	Wife	F/W		Tn	Tn	Tn
	Eva	12	Dau	F/W		Tn	Tn	Tn
	Justina	10	DAu	F/W		Tn	Tn	Tn
	Joseph	8	Son	M/W		Tn	Tn	Tn
	Virgie	6	Dau	F/W		Tn	Tn	Tn
	Norman	3	Son	M/W		Tn	Tn	Tn
	Nora	3	Dau	F/W		Tn	Tn	Tn
	Dosie	4/12	Dau	F/W		Tn	Tn	Tn
122	GRIBBLE, James	64		M/W	Farmer	Tn	NC	Tn
	Sarah E.	59	Wife	F/W		Tn	Tn	Tn
123	CUNNINGHAM, Sarah	76		F/W	Farmer	Tn	Tn	Tn
	BRYANT, Frank	27	Gr/Son	M/W	Farmer	Tn	Tn	Tn
	Lula	30	Gr/Dau	F/W		Tn	Tn	Tn
	Lena M.	9/12	Gr/Dau	F/W		Tn	Tn	Tn
124	ROBERTS, Charlie	21		M/W	Farmer	Tn	Tn	Tn
	Lizie	20	Wife	F/W		Tn	Tn	Tn
	Martha E.	6/12	Dau	F/W		Tn	Tn	Tn
125	SPARKMAN, William	60		M/W	Elevator	Tn	--	--
	Elizabeth	45	Wife	F/w		Tn	NC	Tn
	Hermie	23	Dau	F/W	Weaver	Tn	Tn	Tn
	Iva	19	Dau	F/W	Weaver	Tn	Tn	Tn
	Mattie	7	Dau	F/W		Tn	Tn	Tn
	Mary	5	Dau	F/W		Tn	Tn	Tn
	SAVAGE, Lila	18	Boarder	F/W	Weaver	Tn	Tn	Tn
	Daisy	16	Boarder	F/W	Weaver	Tn	Tn	Tn

No.	Name	Age	Rel. to Head	Sx/Race	Occupation	Birth of Person	Father	Mother
126	BARNES, Hartwell	45		M/W	Factory Foreman	Tn	--	Tn
	Hallie D.	46	Wife	F/W		Tn	Tn	Tn
	Nannie	16	Dau	F/W		Tn	Tn	Tn
	Josie	14	Dau	F/W		Tn	Tn	Tn
	Birdie	10	Dau	F/W		Tn	Tn	Tn
	Claud E.	9	Son	M/W		Tn	Tn	Tn
	Dialitha A.	5	Dau	F/W		Tn	Tn	Tn
127	REEDER, Mira	51		F/W		Tn	Va	Va
	Jackson B.	21	Son	M/W	Carder	Tn	Tn	Tn
	Callie	18	Dau	F/W	Spinner	Tn	Tn	Tn
	Maggie	14	Dau	F/w	Spinner	Tn	Tn	Tn
	Birdie L.	8	DAu	F/W		Tn	Tn	Tn
	REEDER, Berry	24	Son	M/W	Carding Overseer	Tn	Tn	Tn
	Minnie	22	Dau/Law	F/W		Tn	Tn	Tn
	Mina	1	Gr/Dau	F/W		Tn	Tn	Tn
128	FAULKNER, Benjamin	31		M/W	Clerk	Tn	Tn	Tn
	Ida	30	Wife	F/W		Tn	Tn	Tn
129	HUNTLEY, Selon	56		M/W	Baler	Ct	Tn	Tn
	Ida	30	Wife	F/W		Ark	Ct	Ark
	Herman	19	Son	M/W	Carder	Tn	CT	Ark
	Ballard	16	Son	M/W	School	Tn	Ct	Ark
	Blanche	13	DAu	F/W	Spinner	Tn	Ct	Ark
	Willie	11	Son	M/W	School	Tn	Ct	Ark
	Myrtle	5	Dau	F/W		Tn	Ct	Ark
130	ADKINS, Elizabeth	59		F/W		Tn	Tn	Tn
	Octa	16	Dau	F/W	Weaver	Tn	TN	Tn
	Dancie	13	Dau	F/W	Weaver	Tn	Tn	Tn
131	MORROW, Robert	70		M/W	Mail Carrier	Tn	Tn	Tn
	Josie	30	Dau	F/W	Web Drawer	Tn	Tn	Tn
	Cora	26	Dau	F/W	Slibber Hand	Tn	Tn	Tn
	Lackard	24	Son	M/W	Machinist	Tn	Tn	Tt
	Cleopie	20	Dau	F/W	Web Drawer	Tn	Tn	Tn
132	PINEGAR, Mat	52		M/W	FArmer	Tn	Tn	Tn
	Mary Lou	41	Wife	F/W		Tn	Tn	Tn
	Recie	20	DAu	F/W	Weaver	Tn	Tn	Tn
	Cora	17	Dau	F/W	Weaver	Tn	Tn	Tn
	Pearl	13	DAu	F/W	School	Tn	Tn	Tn
	James	11	Son	M/W	School	Tn	Tn	Tn
	Edna	10	Dau	F/W	School	Tn	TN	Tn
	Fred	4	Son	M/W		Tn	Tn	Tn
	Lena	2	DAu	F/W		Tn	Tn	Tn
133	PINEGAR, Mary	55		F/W	Housekeeper	Tn	Tn	Tn
	Della	15	Dau	F/W	Spinner	Tn	Tn	Tn
	JONES, Alice	33	DAu	F/W		Tn	Tn	Tn
	Lillie	15	Gr/Dau	F/W	Spinner	Tn	Tn	Tn
	Minnie	12	Gr/Dau	F/W	Spinner	Tn	Tn	Tn
	Willie	11	Gr/Son	M/W		Tn	Tn	Tn

No.	Name	Age	Rel. to Head	Sx/Race	Occupation	Birth of Person	Father	Mother
134	ADCOCK, JAmes	45		M/W	Night Watchman	Tn	Tn	Tn
	Catherine	42	Wife	F/W		Tn	Tn	Tn
	Ada R.	19	Dau	F/W	Weaver	Tn	Tn	Tn
	Preston	17	Son	M/W	Weaver	Tn	Tn	Tn
	Mary Jane	16	Dau	F/W	Weaver	Tn	Tn	Tn
	Martha M.	14	Dau	F/W	Spinner	Tn	Tn	Tn
	Nancy E.	12	Dau	F/W	Spinner	Tn	Tn	Tn
	Mallie L.	11	DAu	F/W		Tn	Tn	Tn
	William	7	Son	M/W		Tn	Tn	Tn
	Susie	3	Dau	F/W		Tn	Tn	Tn
	Clara M.	2	DAu	F/W		Tn	Tn	Tn
135	TURNER, Easter	43		F/W	Spooler	Tn	Tn	Tn
	Media	17	Dau	F/W	Spinner	Tn	Tn	Tn
	Willie	12	Son	M/W	Spinner	Tn	Tn	Tn
	SCOTT, Jennie	75	Mother	F/W		Tn	TN	Tn
136	SPARKMAN, Thelia	33		F/W	Spooler	Tn	Tn	Tn
	Helen	20	Sister	F/W	Spreader Tender	Tn	Tn	Tn
	Josie	18	Sister	F/W	Sluber Tender	Tn	Tn	Tn
	Zebedee	15	Brother	M/W	Dalpher	Tn	Tn	Tn
	Robert T.	13	Brother	M/W	Dalpher	Tn	Tn	Tn
	George W.	11	Brother	M/W	School	Tn	Tn	Tn
	Leonard	7	Brother	M/W		Tn	Tn	Tn
137	MARTIN, Thomas	50		M/W	Watchman	Tn	Tn	Tn
	Mary	43	Wife	F/W		Tn	Tn	Tn
	Dora	23	Dau	F/W	School	Tn	Tn	Tn
	Eliza	18	Dau	F/W	Weaver	Tn	Tn	Tn
	Martha	16	Dau	F/W	Weaver	Tn	Tn	Tn
	Willie	12	Son	M/W	Spinner	Tn	Tn	Tn
	John	10	Son	M/W	School	Tn	Tn	Tn
	Parris	7	Son	M/W		Tn	Tn	Tn
138	WALKER, Rhoda	49		F/W		Tn	Tn	Tn
	Mallie	25	Dau	F/W	Weaver	Tn	Tn	Tn
	Firm	15	Son	M/W	Fireman	Tn	Tn	Tn
	Octa	13	Dau	F/W	D lpher	Tn	Tn	Tn
	PIRTLE, Wash	26	Son/Law	M/W	Washer	Tn	Tn	Tn
	Media	23	Dau	F/W		Tn	Tn	Tn
	Floyd	3	Gr/Son	M/W		Tn	Tn	Tn
139	TROUP, Nathaniel	47		M/W	Farmer	Ala	Ala	Ala
	Mary	47	Wife	F/W		Tn	Ala	Ala
	Elizabeth	26	Dau	F/W	Weaver	Tn	Ala	Tn
	Lucy	21	DAu	F/W	Weaver	Tn	Ala	Tn
	Naoma	18	Dau	F/W		Tn	Ala	Tn
	Emma	16	Dau	F/W		Tn	Ala	Tn
	Evandora	14	Son	M/W		Tn	Ala	Tn
140	CANTRELL, Charles	26		M/W	Weaver Foreman	Tn	Tn	Tn
	Minnie	25	Wife	F/W		Tn	Tn	Tn
	Nora	5	Dau	F/W		Tn	Tn	Tn
	Herbert	4	Son	M/W		Tn	Tn	Tn
	Clara	3	DAu	F/W		Tn	Tn	Tn

No.	Name	Age	Rel. to Head	Sx/Race	Occupation	Birth of Person-Father-Mother		
	CANTRELL, Hallie	1	Dau	F/W		Tn	Tn	Tn
	WALKER, Hood	20	Boarder	M/W	Run Picker	Tn	Tn	Tn
	Etta	21	Boarder	F/W	Warper	Tn	Tn	Tn
141	MANNING, Isaac	48		M/W		Tn	T	Tn
	Rebecca	51	Wife	F/W		Tn	Tn	Tn
	Lena E.	25	Dau	F/W	Weaver	Tn	Tn	Tn
	Belle	22	Dau	F/W	Weaver	Tn	Tn	Tn
	John	20	Son	M/W	Spinning Boss	Tn	Tn	Tn
	Sarah	18	Dau	F/W	School	Tn	Tn	Tn
	William	15	Son	M/W	Carder	Tn	Tn	Tn
142	FISHER, William	51		M/W	Farmer	Tn	Tn	Tn
	Saphronia	42	Wife	F/W		Tn	Tn	Tn
	Venie R.	25	Dau	F/W	Weaver	Tn	Tn	Tn
	Frank H.	24	Son	M/W	Carder	Tn	Tn	Tn
	Joseph	22	Son	M/W	Farm Labor	Tn	Tn	Tn
	Roxie M.	17	Dau	F/W	Weaver	Tn	Tn	Tn
	Robert	15	Son	M/W	Farm Labor	Tn	Tn	Tn
	Malishy	13	Son	M/W	Weaver	Tn	Tn	Tn
	Hattie	12	Dau	F/W	Spinner	Tn	Tn	Tn
	Chris	11	Son	M/W		Tn	Tn	Tn
	Minnie	9	Dau	F/W		Tn	Tn	Tn
	Lillie	4	DAu	F/W		Tn	Tn	Tn
	RAWLINGS, Hattie	28	Boarder	F/W	Spooler	Tn	Tn	Tn
	Walter	28	Boarder	M/W	Loom Repairer	Tn	Tn	Tn
143	COTTON, Calhoun	32		M/W		Tn	Tn	Tn
	Florence	31	Wife	F/W		Tn	Tn	Tn
	Myrtle	14	Dau	F/W	Weaver	Tn	Tn	Tn
	Bulah	11	DAu	F/W		Tn	Tn	Tn
	Clyde	7	Son	M/W		Tn	Tn	Tn
	Ernest	5	Son	M/W		Tn	TN	Tn
	John	2	Son	M/W		Tn	Tn	Tn
144	SPARKMAN, James	25		M/W	Teamster	Tn	Tn	Tn
	Belle	23	Wife	F/W	Weaver	Tn	Tn	Tn
	JONES, Mattie	16	Sis/Law	F/W	School	Tn	Tn	Tn
	ARWOOD, Peter W.	58	Boarder	M/W	BAler	Ga	Ga	Ga
	Emma J.	47	Wife	F/W		Ga	Ga	Ga
	Pearl	20	Dau	F/W	Weaver	Tn	Ga	Ga
	Belle	16	Dau	F/W	Spinner	Tn	Ga	Ga
	Anna	12	Dau	F/W	School	Tn	Ga	Ga
145	WALKER, John	70		M/W	FArmer	Tn	Tn	Tn
	Joseph	44	Son	M/W	FArm Labor	Tn	Tn	Tn
146	GREEN (?), John E.	51		M/W	Merchant	Tn	Tn	Ct
	Mattie V.	28	Wife	F/W		Tn	Tn	Tn
	Willie	14	Dau	F/W		Tn	Tn	Tn
	Myrtle	2	Dau	F/W		Tn	Tn	Tn
	Gist	8/12	Son	M/W		Tn	Tn	Tn

No.	Name	Age	Rel. to Head	Sx/Race	Occupation	Birth of Person-Father-Mother		
147	DURHAM, John	49		M/W	Blacksmith	Tn	Tn	Tn
	Sarah	48	Wife	F/W		Tn	Tn	Tn
	George W.	21	Son	M/W	Farmer	Tn	Tn	Tn
	Wiley	20	Son	M/W	DAy Laborer	Tn	Tn	Tn
	Robert	18	Son	M/W	Day Laborer	Tn	Tn	Tn
	Ransom	15	Son	M/W	DAy Laborer	Tn	Tn	Tn
	Jackson	12	Son	M/W		Tn	Tn	Tn
	Clinton L.	10	Son	M/W		Tn	TN	Tn
	Belle	4	Dau	F/W		Tn	Tn	Tn
148	MITCHELL, Henderson	39		M/W	Farmer	Tn	Tn	Tn
	Octa	15	Dau	F/W		Tn	Tn	Tn
	Lee	13	Son	M/W		Tn	Tn	Tn
	George	9	Son	M/W		Tn	Tn	Tn
	Ina	6	DAu	F/W		Tn	Tn	Tn
	John	4	Son	M/W		Tn	Tn	Tn

U. S. CENSUS 1900   16th Civil District   P. G. Potter Enumerator

No.	Name	Age	Rel. to Head	Sx/Race	Occupation	Birth of Person-Father-Mother		
1	POTTER, Perry G.	57		M/W	Merchant	Tn	Tn	Tn
	Malvina	56	Wife	F/W		Tn	Tn	Tn
	Clyde	21	Son	M/W	Merchant	Tn	Tn	Tn
	GRIBBLE, Mai	20	Serv	M/W	Servant	Tn	Tn	Tn
	WEST, Shelby	12	Gr/Dau	F/W	School	Tn	Tn	Tn
	Eula	10	Gr/Dau	F/W	School	Tn	Tn	Tn
	Pauline	8	Gr/DAu	F/W	School	Tn	Tn	Tn
	Perry	6	Gr/Son	M/W		Tn	Tn	Tn
2	MULLICAN, Joe D.	46		M/W	Blacksmith	Tn	Tn	Tn
	Sarah P.	46	Wife	F/W		Tn	Tn	Tn
	Ozias D.	24	Son	M/W	Farm Labor	Tn	Tn	Tn
	William J.	22	Son	M/W	Farm Labor	Tn	Tn	Tn
	James K.	18	Son	M/W	Farm Labor	Tn	Tn	Tn
	Joe D.	15	Son	M/W	Farm Labor	Tn	Tn	Tn
	Minnie	12	Dau	F/W		Tn	Tn	Tn
	Bethel	8	Son	M/W		Tn	Tn	Tn
	MILLER, Parthenia	5	Neice	F/W		Tn	Tn	Tn
3	McKNIGHT, John	31		M/Bl	FArmer	Tn	Tn	Tn
	Jessie	19	Wife	F/Bl		Tn	Tn	Tn
	Anna B.	4	Dau	F/Bl		Tn	Tn	Tn
	SPURLOCK, Allie	7	Neice	F/Bl		Tn	Tn	Tn
4	KEENNER (?), James K.	35		M/W	Teaching	Tn	Tn	Tn
	Hattie E.	29	Wife	F/W		Tn	Tn	Tn
	James E.	4	Son	M/W		Tn	Tn	Tn
	Henry G.	3	Son	M/W		Tn	Tn	Tn
	Hattie L.	6/12	Dau	F/W		Tn	Tn	Tn

No.	Name	Age	Rel. to Head	Sx/Race	Occupation	Birth of Person	Father	Mother
5	POTTER, Martha J.	54		F/W		Tn	Tn	Tn
	H. J.	25	Dau	F/W		Tn	Tn	Tn
6	JONES, Darnell	50		M/W	Farmer	Tn	Tn	Tn
	Mary M.	57	Wife	F/W		Tn	Tn	Tn
	John W.	23	Son	M/W	Farmer	Tn	Tn	Tn
	Dolly M.	25	Dau	F/W		Tn	Tn	Tn
	Alva H.	21	Son	M/W	Farm Labor	Tn	Tn	Tn
	Lawson W.	18	Son	M/W	Farm Labor	Tn	Tn	Tn
	Mary F.	16	DAu	F/W		Tn	Tn	Tn
	Darnell L.	14	Son	M/W	Farm Labor	Tn	Tn	Tn
7	MARBERRY, Doc F.	72		M/W	Blacksmith	Tn	Ind	Ind
	Lizzy	70	Wife	F/W		Tn	Va	Tn
	Robert L.	33	Son	M/W	Farmer	Tn	Tn	Tn
	Mary	32	Dau/Law	F/W		Tn	Tn	Tn
	Hershell	9	Gr/Son	M/W		Tn	Tn	Tn
	Fred	5	Gr/Son	M/W		Tn	Tn	Tn
	MILLER, Ella	8	Boarder	F/W		Tn	Tn	Tn
8	CAPEH----, William H.	69		M/W	Painter	SC	SC	SC
	Amanda S.	44	Wife	F/W		Tn	SC	Tn
	Fannie L.	20	Dau	F/W		Tn	SC	Tn
	Charles E.	17	Son	M/W	Farm Labor	Tn	Sc	Tn
	Timothy	14	Son	M/W		Tn	SC	Tn
	John E.	9	Son	M/W		Tn	SC	Tn
9	MITCHELL, Ephriam W.	37		M/W	Teacher	Tn	Tn	Tn
	Alice H.	27	Wife	F/W		Tn	Tn	Tn
	Gracy M.	2	Dau	F/W		Tn	Tn	Tn
10	TAYLOR, David P.	49		M/W	Farmer	Tn	Tn	Tn
	Nannie E.	31	Wife	F/W		Tn	Tn	Tn
	John H.	26	Son	M/W	Farm Labor	Tn	Tn	Tn
	James W.	24	Son	M/W	Farm Labor	Tn	Tn	Tn
	Cora B.	19	Dau	F/W		Tn	Tn	Tn
	Mary N.	14	Dau	F/W		Tn	Tn	Tn
	Sarah C.	13	Dau	F/W		Tn	Tn	Tn
	Grover C.	10	Son	M/W		Tn	Tn	Tn
	Daisy M.	5	Dau	F/W		Tn	Tn	Tn
	Herbert C.W,	3	Son	M/W		Tn	Tn	Tn
	Nancy L.	1	Dau	F/W		Tn	Tn	Tn
	JONES, Mary E.	11	St/Dau	F/W		Tn	Tn	Tn
	Willie E.	9	St/Dau	F/W		Tn	Tn	Tn
11	RIGSBY, Delian L.	67		F/W		Tn	Va	Va
12	, John	68		M/W		Tn	NC	SC
	Sarah L.	57	Wife	F/W		Tn	Tn	Ala
	Ada L.	26	Dau	F/W		Tn	Tn	Tn
	Etta L.	7	Gr/Dau	F/W		Tn	Tn	Tn
13	LYLES, James T.	43		M/W	FArmer	Tn	Tn	Tn
	Morning B.	37	Wife	F/W		Tn	Tn	Tn

No.	Name	Age	Rel. to Head	Sx/Race	Occupation	Birth of Person	Father	Mother
	LYLES, Robert L.	17	Son	M/W	Farm Labor	Tn	Tn	Tn
	DURHAM, Ada	13	Cousin	F/W		Tn	Tn	Tn
14	LYLES, William T.	19		M/W	Farmer	Tn	Tn	Tn
	Laura M.	18	Wife	E/W		Tn	Tn	Tn
	William T.	0/12	Son	M/W		Tn	Tn	Tn
15	ATNIL (?), Jabob W.	43		M/W	Farmer	Tn	Tn	Tn
	Elizabeth	50	Wife	F/W		Tn	Tn	Tn
	John W.	16	Son	M/W	Farm Labor	Tn	Tn	Tn
	Stanley B.	14	Son	M/W	Farm labor	Tn	Tn	Tn
	Mary R.	12	Dau	F/W		Tn	Tn	Tn
	Willie G.	10	Son	M/W		Tn	Tn	Tn
	John E.	75	Father	M/W	Boarder	Tn	Tn	Tn
16	PAN----, Mary E.	50		F/W		Tn	Tn	Tn
	Fred B.	27	Son	M/W	Farmer	Tn	Tn	Tn
	Emma P.	17	Dau	F/W		Tn	Tn	Tn
	William A.	15	Son	M/W	Farm Labor	Tn	Tn	Tn
	Rutha D.	13	Dau	F/W		Tn	Tn	Tn
17	B-----, William	32		M/W	Farmer	Tn	Tn	Tn
	Martha A.	30	Wife	F/W		Tn	Tn	Tn
18	FUSTON, Samuel	39		M/W	Farmer	Tn	Tn	Tn
	Nannie A.	35	Wife	F/W		Tn	Tn	Tn
	Hassie B.	17	Dau	F/W		Tn	Tn	Tn
	Ora L.	14	Dau	F/W		Tn	Tn	Tn
	Samuel F.	11	Son	M/W		Tn	Tn	Tn
	Troy H.	7	Son	M/W		Tn	Tn	Tn
	Mary	1	Dau	F/W		Tn	Tn	Tn
	Thomas H.	36	Brother	M/W	Farm Labor	Tn	Tn	Tn
19	SH------, Mary J.	60		F/Bl		Tn	Tn	Tn
	William T.	30	Son	M/Bl	Farm Labor	Tn	Tn	Tn
	Elizabeth J.	26	Dau	F/Bl		Tn	Tn	Tn
	Sam J.	25	Son	M/Bl	Farm Labor	Tn	Tn	Tn
	Sarah F.	20	Dau	F/Bl		Tn	Tn	Tn
	Hugh A.	13	Son	M/Bl		Tn	Tn	Tn
	Herbert	8	Son	M/Bl		Tn	Tn	Tn
20	GRIFFITH, Isaac H.	44		M/W	Farmer	Tn	Tn	Tn
	Laura A.	46	Wife	F/W		Tn	Tn	Tn
	Peyton M.	23	Son	M/W	Farm Labor	Tn	Tn	Tn
	Herman A.	20	Son	M/W	Farm Labor	Tn	Tn	Tn
	William C.	19	Son	M/W	Farm Labor	Tn	Tn	Tn
	Octa D.	16	Dau	F/W		Tn	Tn	Tn
	Otis W.	15	Son	M/W	FArm Labor	Tn	Tn	Tn
21	TURNER, Arthur A.	44		M/W	Farmer	Tn	NC	Tn
	Mary E.	47	Wife	F/W		Mo	Mo	Tn
	Thomas J.	12	Son	M/W	Farm Labor	Tn	Tn	Mo
	James A.	10	Son	M/W	Farm Labor	Tn	Tn	Mo

No.	Name	Age	Rel. to Head	Sx/Race	Occupation	Birth of Person	Father	Mother
22	BROOK, John	67		M/Bl	Farmer	Tn	Tn	, Va
	Mary	--	Wife	F/		Tn	Tn	Tn
	Ransom P.	18	Son	M/	Farm Labor	Tn	Tn	Tn
	Lou R.	16	Son	M/Bl	Farm Labor	Tn	Tn	Tn
23	REEDER, Joseph T.	41		M/W	Farmer	Tn	Tn	Tn
	Nannie A.	36	Wife	F/W		Tn	Tn	Tn
	Frank C.	18	Son	M/W	Farm Labor	Tn	Tn	Tn
	Hassie M.	16	Dau	F/W		Tn	Tn	Tn
	Hixie E.	13	Dau	F/W		Tn	Tn	Tn
	Hattie C.	9	Dau	F/W		Tn	Tn	Tn
	Ruthie M.	6	Dau	F/W		Tn	Tn	Tn
	Kinney	11/12	Dau	F/W		Tn	Tn	Tn
24	UNDERWOOD, Mark E.	54		M/W	Farmer	Tn	Tn	Tn
	Martha	45	Wife	F/W		Tn	Tn	Tn
	Walter	19	Son	M/W	Farm Labor	Tn	Tn	Tn
	Thomas	17	Son	M/W	Farm Labor	Tn	Tn	Tn
	Benjamin F.	11	Son	M/W	Farm Labor	Tn	Tn	Tn
	Eliza G.	7	Dau	F/w		Tn	Tn	Tn
25	--------, J. B.	38		M/W	Farmer	Tn	Tn	Tn
	Mary A.	73	Wife	F/W		Tn	Tn	Tn
	Drusia	14	Dau	F/W		Tn	Tn	Tn
	Hallie	12	Dau	F/W		Tn	Tn	Tn
	John E.	8	Son	M/W		Tn	Tn	Tn
	Bernice	5	Dau	F/w		Tn	Tn	Tn
	Willie E.	3	Son	M/W		Tn	Tn	Tn
	EVANS, Drusie	64	Mot/Law	F/W	Boarder	Tn	Tn	Tn
26	GRIBBLE, Robert	40		M/W	FArmer	Tn	Tn	Tn
	Candlin A.	31	Wife	F/W		Tn	Tn	Tn
	Beulah	13	DAu	F/W		Tn	Tn	Tn
	Marty	10	Son	M/W		Tn	Tn	Tn
	Rayburn	8	Son	M/W		Tn	Tn	Tn
	Annie L.	3	Dau	F/W		Tn	Tn	Tn
27	ODELL, Daniel	73		M/W	Miller	Tn	SC	Tn
	Mary	49	Wife	F/W		Tn	Tn	Tn
28	EVANS, William P.	40		M/W	Farmer	Tn	Tn	Tn
	Clesta J.	43	Wife	F/W		Tn	Tn	Tn
29	WOMACK, Benjamin F.	47		M/W	Farmer/Trader	Tn	NC	Tn
	Emma O.	47	Wife	F/W		Tn	Tn	Tn
	Daisy	22	Dau	F/w		Tn	Tn	Tn
	Richard B.	17	Son	M/W		Tn	Tn	Tn
	Beulah	14	Dau	F/w		Tn	Tn	Tn
	Thomas C.	11	Son	M/W		Tn	Tn	Tn
30	WOMACK, George W.	51		M/W	Farmer/Trader	Tn	Tn	Tn
	Hattie L.	50	Wife	F/W		Miss	Ga	Miss
	George F.	24	Son	M/W		Miss	Tn	Miss
	Lizzie M.	18	Dau	F/w		Tn	Tn	Tn

No.	Name	Age	Rel. to Head	Sx/Race	Occupation	Birth of Person	Father	Mother
	WOMACK, Walter W.	16	Son	M/W		Tn	Tn	Tn
	Hattie L.	14	DAu	F/W		Tn	Tn	Tb
	Fannie E.	12	Dau	F/w		Tn	Tn	Tn
	Bessie E.	6	Dau	F/w		Tn	Tn	Tn
31	WEBB, James K. P.	41		M/W	Farmer	Tn	Tn	Tn
	Mary E.	41	Wife	F/W		Tn	Tn	Tn
	Mattie	12	Dau	F/W		Tn	Tn	Tn
	ROWLAND, John	30	Boarder	F/W	Farm Labor	Tn	Tn	Tn
32	KEATON, Robert	68		M/W	Farmer	Tn	Va	Va
	Lakey M.	57	Wife	F/W		Tn	Tn	Tn
33	KEATON, Allen D.	21		M/W	Farmer	Tn	Tn	Tn
	Jennie	17	Wife	F/W		Tn	Tn	Tn
34	WILSON, ------	63		M/W		Tn	--	Tn
	E. P.	40	Son	M/W	Farmer	Tn	Tn	Tn
	James H.	34	Son	M/W	Farmer	Tn	Tn	Tn
	Ruby E.	19	Dau	F/W		Tn	Tn	Tn
35	WEBB, JAmes, Jr.	39		M/W	Farmer	Tn	Tn	Tn
	Mollie	28	Wife	F/W		Tn	Tn	Tn
	Clarence	8	Son	M/W		Tn	Tn	Tn
	Lusk	5	Son	M/W		Tn	Tn	Tn
	Roy	1	Son	M/W		Tn	Tn	Tn
	JAmes, Sr.	82	Father	M/W	Boarder	Tn	SC	SC
	Harold B.	44	Brother	M/W		Tn	Tn	Tn
36	TURNER, Mary E.	43		F/W	Farmer	Tn	Tn	Va
	Burt M.	21	Son	M/W	Farm Labor	Tn	Tn	Tn
	Hallie V.	15	Dau	F/W		Tn	Tn	Tn
	Ollie D.	11	Dau	F/W		Tn	Tn	Tn
37	GLENN, Isaac	48		M/W	Farmer	Tn	Tn	Tn
	Elizabeth	50	Wife	F/W		Tn	Tn	Tn
	Charles	19	Son	M/W	Farm Labor	Tn	Tn	Tn
	Asa J.	16	Son	M/W	FArm Labor	Tn	Tn	Tn
	Flora A.	13	Dau	F/W		Tn	Tn	Tn
38	GRIBBLE, James	21		M/W	Farmer	Tn	Tn	Tn
	Hattie D.	18	Wife	F/w		Tn	Tn	Tn
39	GRIBBLE, John	43		M/W	Farmer	Tn	Tn	Tn
	---- A.	42	Wife	F/W		Tn	Tn	Tn
	Mary E.	21	Dau	F/w	Housekeeper	Tn	Tn	Tn
	Pearl	15	Dau	F/W		Tn	Tn	Tn
	Felix L.	11	Son	M/W		Tn	Tn	Tn
	Samuel H.	10	Son	M/W		Tn	Tn	Tn
	Della M.	7	Dau	F/W		Tn	Tn	Tn
40	BASS, Norrel E.	63		M/W		Tn	Tn	Tn
	Adde	50	Wife	F/W	FArmer	Tn	Tn	Tn

No.	Name	Age	Rel. to Head	Sx/Race	Occupation	Birth of Person-Father-Mother		
41	BASS, John N.	75		M/W	Farmer	Tn	Tn	Pa
	Rachel C.	69	Wife	F/W		Tn	NC	Tn
	Fannie	33	Dau	F/W	Teacher	Tn	Tn	Tn
	MULLICAN, Maud	27	Dau	F/W		Tn	Tn	Tn
	MARTIN, John	44	Lodger	M/W	Farm Labor	Tn	Tn	Tn
42	DAUGHERTY, Lee F.	45		M/W	Farmer	Ohio	Pa	Ohio
	Nannie L.	54	Wife	F/W		Tn	NC	Ky
	Elnora	24	Dau	F/W		Tn	Ohio	Tn
	Matilda L.	15	Dau	F/W		Tn	Ohio	Tn
	Lilly	8	Dau	F/W		Tn	Ohio	Tn
	MORGAN, Bethel	24	Boarder	M/W		Tn	Va	Tn
43	WORLEY, William	20		M/W	Laborer	Tn	Tn	Tn
	Julia	18	Wife	F/W		Tn	Tn	Tn
	Lessie P.	1	Son	M/W		Tn	Tn	Tn
44	WARREN, Seth F.	64		M/W	Farmer	Tn	Tn	Tn
	Mahala J.	55	Wife	F/W		Tn	Tn	Tn
45	WRIGHT, William	33		M/W	Farmer	Tn	Tn	Pa
	Texas E.	32	Wife	F/W		Tn	Ky	Tn
	Marcus J.	10	Son	M/W	Farm Labor	Tn	Tn	Tn
	Carah F.	7	Dau	F/W		Tn	Tn	Tn
	Claudy	2	Son	M/W		Tn	Tn	Tn
	Ellen E.	63	Mother	F/W	Boarder	Tn	Tn	Tn
46	MORGAN, James M.	45		M/W	Farmer	Tn	NC	Tn
	Martha E.	32	Wife	F/W		Tn	Tn	Tn
	Cora L.	11	DAu	F/W		Tn	Tn	Tn
	Nancy O.	9	Dau	F/W		Tn	Tn	Tn
	Ezekiel V.	7	Son	M/W		Tn	Tn	Tn
	William O.	5	Son	M/W		Tn	Tn	Tn
	John H.	2	Son	M/W		Tn	Tn	Tn
47	DAVIS, Eliza	55		F/W	Farmer	Mich	Mass	Ky
	Flossie E.	20	DAu	F/W	Dressmaker	Mich	Mich	Mich
48	DAVIS, Jesse J.	24		M/W	Farmer	Mich	Mich	Mich
	Hannah	28	Wife	F/W		Tn	Tn	Tn
	Nellie O.	3	Dau	F/W		Tn	Mich	Tn
	Elmer O.	2	Son	M/W		Tn	Mich	Tn
	Perry G.	0/12	Son	M/W		Tn	Mich	Tn
49	GREEN, Sam D.	50		M/W	Machinist	Tn	Tn	Tn
	Mary J.	37	Wife	F/W		Tn	Tn	Tn
	John	24	Son	M/W	Mill	Tn	Tn	Tn
	Joseph L.	22	Son	M/W		Tn	Tn	Tn
	Wiley	15	Son	M/W		Tn	Tn	Tn
	Perry G.	12	Son	M/W		Tn	Tn	Tn
	Evie	11	Dau	F/W		Tn	Tn	Tn
	Elam	10	Son	M/W		Tn	Tn	Tn
	Webster	6	Son	M/W		Tn	Tn	Pa
	Alene	4	DAu	F/W		Tn	Tn	Tn
	Eurley M.	2	Dau	F/W		Tn	Tn	Tn

No.	Name	Age	Rel. to Head	Sx/Race	Occupation	Birth of Person-Father-Mother		
50	DAUGHERTY, Jess S.	23		M/W	Farmer	Tn	Pa	Ohio
	Samantha J.	17	Wife	F/W		Tn	Tn	Tn
51	TRAMEL, Isaac	62		M/W	Farmer	Tn	SC	Va
	T. V.	30	Dau	F/W		Tn	Tn	Tn
	Mary A.	15	Dau	F/W		Tn	Tn	Tn
	Ernest B.	8	Son	M/W		Tn	Tn	Tn
	CLARK, John C.	19	Son/Law	M/W	Shoemaker	Ohio	Mich	Ohio
	Emma	20	Dau	F/W		Tn	Tn	Tn
	William C.	1	Gr/Son	M/W		Tn	Tn	Tn
52	CAPSHAW, Alexander	46		M/W	Farmer	Tn	Tn	Tn
	Jonathan L.	40	Brother	M/W	Farmer/Trader	Tn	Tn	Tn
	Benjamin	37	Brother	M/W	Watch Repiar	Tn	Tn	Tn
	Maude H.	27	Sis/Law	F/W	Housekeeper	Tn	Tn	Tn
	Hershell C.	5	Nephew	M/W		Tn	Tn	Tn
	Wadkins	1	Nephew	M/W		Tn	Tn	Tn
53	GREEN, James M.	78		M/W	Invalid	Tn	NC	Tn
	Cornelius C.	15	Son	M/W		Tn	Tn	Tn
54	GREEN, Ozias D.	51		M/W	Farmer	Tn	Tn	Tn
	Saphronia	40	Wife	F/W		Tn	Tn	Tn
	Mary A.	11	Dau	F/W		Tn	Tn	Tn
	Monroe M.	2/12	Son	M/W		Tn	Tn	Tn
55	WEBB, Robert L.	35		M/W	Farmer	Tn	Tn	Tn
	Malah	32	Wife	F/W		Mich	Mich	Mich
	Thomas E.	13	Son	M/W	Laborer	Tn	Tn	Mich
	Clara B.	9	Dau	F/W		Tn	Tn	Mich
	Della	8	Dau	F/W		Tn	Tn	Mich
	Mary M.	5	DAu	F/W		Tn	Tn	Mich
	I. B.	2	Son	M/W		Tn	Tn	Mich
56	ETHRIDGE, John B.	37		M/W	Farmer	Tn	Tn	Tn
	Elizabeth	35	Wife	F/W		Tn	Tn	Tn
57	ALCORN, ?	57		M/W	Farmer	Ohio	Pa	Ohio
	Mary	49	Wife	F/W		Eng	Eng	Eng
	Eva M.	15	Dau	F/W	Sewing	Tn	Ohio	Eng
58	BYARS, John L.	54		M/W	Minister	Tn	NC	Tn
	SArah J.	46	Wife	F/W		Tn	Tn	Tn
	Richard N.	20	Son	M/W	Farm Labor	Tn	Tn	Tn
	George H.	14	Son	M/W	Farm Labor	Tn	Tn	Tn
59	DEAKINS (?), Sallie	23		F/W	Housekeeper	Tn	Tn	Tn
	Thomas J.	18	Brother	M/W	Farm Labor	Tn	Tn	Tn
	Dovey	16	Dau	F/W		Tn	Tn	Tn
	Ethel	11	Sister	F/W		Tn	Tn	Tn
	Ada B.	9	Sister	F/W		Tn	Tn	Tn
60	BOREN (?), Hiram J.	39		M/W	Farmer	Tn	Tn	Tn
	Samantha J.	45	Wife	F/W		Tn	Tn	Tn

No.	Name	Age	Rel. to Head	Sx/Race	Occupation	Birth of Person-Father-Mother		
	BOREN, Gilbert F.	15	Son	M/W	Farm Labor	Tn	Tn	Tn
	Firm F.	13	Son	M/W	Farm Labor	Tn	Tn	Tn
	Alice E.	10	Dau	F/W		Tn	Tn	Tn
	William B.	8	Son	M/W		Tn	Tn	Tn
	Ernest T.	5	Son	M/W		Tn	Tn	Tn
61	BOREN (?), BeNJAMIN	¢¢		M/W	Farmer	Tn	SC	NC
	Annie	49	Wife	F/W		NC	NC	NC
	Eugene	16	Son	M/W	Farm Labor	NC	Tn	NC
62	BOREN (?), . B.	23		M/W	Farmer	Tn	Tn	Tn
	Mollie M.	19	Wife	F/W		Tn	Tn	Tn
	Floyd	3	Son	M/W		Tn	Tn	Tn
	Ethel	9/12	DAu	F/W		Tn	Tn	Tn
63	HENDRICKSON, J. G.	27		M/W	Farmer	Tn	Tn	Tn
	Sarah J.	26	Wife	F/W		Tn	Tn	Tn
	Mary L.	3	Dau	F/W		Tn	Tn	Tn
	Elizabeth	1	Dau	F/W		Tn	Tn	Tn
	GREEN, Solomon	18	Bro/Law	M/W	Farm Labor	Tn	Tn	Tn
64	MILLER, Alex R.	36		M/W	Farmer	Tn	Tn	Tn
	Mary E.	26	Wife	F/W		Tn	Tn	Tn
	Willie C.	12	Son	M/W		Tn	Tn	Tn
	Luther E.	9	Son	M/W		Tn	Tn	Tn
	Hattie B.	7	Dau	F/W		Tn	Tn	Tn
	HAllie	4	Dau	F/W		Tn	Tn	Tn
	Floyd J.	2	Son	M/W		Tn	Tn	Tn
	Minnie P.	2/12	DAu	F/W		Tn	Tn	Tn
	Della	19	Neice	F/W		Tn	Tn	Tn
65	GRIBBLE, Mary Ann	70		F/W	Farmer	Tn	Va	Tn
	BRIANT, Octa	21	Gr/Dau	F/W		Tn	Tn	Tn
66	SLATTON, John	64		M/W	Farmer	Tn	Tn	Tn
	Fannie	58	Wife	F/W		Tn	Tn	Tn
67	SLATTON, Robert	24		M/W	Farmer	Tn	Tn	Tn
	Bettie	24	Wife	F/W		Tn	Tn	Tn
	Wain	3	Son	M/W		Tn	Tn	Tn
68	BOUNDS, William C.	53		M/W	Farmer	Miss	Tn	Tn
	Talitha	47	Wife	F/W		Tn	Tn	Tn
	Charles Isom	12	Son	M/W	Farm Labor	Tn	Tn	Tn
	Ersula B.	8	Dau	F/W		Tn	Tn	Tn
	Vestie A.	4	Dau	F/W		Tn	Tn	Tn
	BRIANT, Josie	16	St/Dau	F/W		Tn	Tn	Tn
	BOUNDS, Mary	74	Mother	F/W		Tn	Va	Pa
69	GRIBBLE, John G.	38		M/W	Trader	Tn	Tn	Tn
	Belle	34	Wife	F/W		Tn	Tn	Tn
	Vida	7	Dau	F/W		Tn	Tn	Tn
	Bessie	5	Dau	F/W		Tn	Tn	Tn
	Posy	3	Dau	F/W		Tn	Tn	Tn
	Myrtle	1	Dau	F/W		Tn	Tn	Tn

No.	Name	Age	Rel. to Head	Sx/Race	Occupation	Birth of Person-Father-Mother		
70	MANNING, Jasper	59		M/W	Farmer	Tn	Tn	Tn
	Parlee	54	Wife	F/W		Tn	Tn	Tn
	Josie	23	Dau	F/W		Tn	Tn	Tn
	Florence	21	Dau	F/W		Tn	Tn	Tn
	Buck	20	Son	M/W		Tn	Tn	Tn
Twins)	Sampson	1	Gr/Son	M/W		Tn	Tn	Tn
)	Dewey	1	Gr/Son	M/W		Tn	Tn	Tn
71	MALONE, John B.	52		M/W	Farmer	Tn	Tn	Tn
	Emaline	50	Wife	F/W		Tn	Tn	Tn
	Lonnie	18	Son	M/W	Farmer	Tn	Tn	Tn
	Maude	12	Dau	F/W.		Tn	Tn	Tn
72	SLATTON, Anihew (?)	33		M/W	Farmer	Tn	Tn	Tn
	Darthula	32	Wife	F/W		Tn	Tn	Tn
	Daisy	13	Dau	F/W		Tn	Tn	Tn
	Arsey	11	Son	M/W		Tn	Tn	Tn
	James	8	Son	M/W		Tn	Tn	Tn
	Willie	7	Son	M/W		Tn	Tn	Tn
	Thrusa	3	Dau	F/W		Tn	Tn	Tn
	Gracy	1/12	Dau	F/W		Tn	Tn	Tn
73	SPARKMAN, Frank	27		M/W	Farmer	Tn	Tn	Tn
	Dollie	19	Wife	F/W		Tn	Tn	Tn
74	PARKER, Arthur J.	40		M/W	Physician	TN	Tn	Tn
	Ada	31	Wife	F/W		Tn	Tn	Tn
	Flora	7	Dau	F/W		Tn	Tn	Tn
	FUSTON, Arthur	23	Boarder	M/W	Student	Tn	Tn	Tn
75	LOCKE, Sam	24		M/W	Farm Labor	Tn	Tn	Tn
	Osee	22	Wife	F/W		Tn	Tn	Tn
76	FLANDERS, A. A.	40		M/W	Farmer	Tn	Ky	Tn
	Elizabeth	39	Wife	F/W		Tn	Tn	Tn
	William H.	16	Son	M/W	Farm Labor	Tn	Tn	Tn
	Isaac D.	11	Son	M/W		Tn	Tn	Tn
	Charles M.	8	Son	M/W		Tn	Tn	Tn
77	FERRELL, John H.	46		M/W	Farmer	Tn	Tn	Tn
	Ensey B.	42	Wife	F/W		Mo	Tn	Tn
	Inez	15	Dau	F/W		Tn	Tn	Tn
	Mae L.	11	Dau	F/W		Tn	Tn	Tn
	Robert B.	5	Son	M/W		Tn	Tn	Tn
78	TOWLES, Joseph	31		M/W	Farmer	Tn	Tn	Tn
	Mary B.	28	Wife	F/W		Tn	Tn	Tn
	Edgar L.	8	Son	M/W		Tn	Tn	Tn
	Edney M.	4	Dau	F/W		Tn	Tn	Tn
	Lillie W.	2/12	Dau	F/W		Tn	Tn	Tn
79	MOSS, William A.	50		M/W	Farmer	Tn	NC	Tn
	Sarah J.	47	Wife	F/W		Tn	Tn	Tn
	Elizabeth	19	Dau	F/W		Tn	Tn	Tn
	John W.	14	Son	M/W		Tn	Tn	Tn

No.	Name	Age	Rel. to Head	Sx/Race	Occupation	Birth of Person	Father	Mother
	MOSS, Robert T.	10	Son	M/W		Tn	Tn	Tn
	Oakley M.	8	Son	M/W		Tn	Tn	Tn
	William E.	3	Son	M/W		Tn	Tn	Tn
	Elizabeth	77	Mother	F/W		Tn	Tn	Tn
80	LORING, Rachel T.	40		F/W	Farmer	Tn	Tn	Tn
	Cleveland	15	Son	M/W	Farm Labor	Tn	TN	Tn
	Cora	13	Dau	F/W		Tn	Tn	Tn
	Joe	11	Son	M/W		Tn	Tn	Tn
	Eula M.	9	Dau	F/w		Tn	Tn	Tn
	John P.	4	Son	M/W		Tn	Tn	Tn
	Wheeler	1	Son	M/W		Tn	Tn	Tn
81	STEVENS (?), Hacket G.	57		M/W	Farmer	Tn	Tn	Va
	Tennessee	56	Wife	F/W		Tn	Tn	NC
	Arthur	25	Son	M/W	Farm Labor	Tn	Tn	Tn
82	REYNOLDS, Landon	40		M/W	Farmer	Tn	Tn	Tn
	Mary L.	37	Wife	F/W		Tn	Tn	tn
	Thomas W.	21	Son	M/W	Nursery Agt	Tn	Tn	Tn
	Nola B.	13	Dau	F/W		Tn	Tn	Tn
83	STEMBRIDGE, William	52		M/W	Farmer	Tn	Tn	Tn
	Sarah	42	Wife	F/W		Tn	Tn	Tn
	Mary	24	Dau	F/W		Tn	Tn	Tn
	Catherine	21	Dau	F/W		Tn	Tn	Tn
	Dovey	14	Dau	F/W		Tn	Tn	Tn
	James	12	Son	M/W		Tn	Tn	Tn
	Perry	11	Son	M/W		Tn	Tn	Tn
	Ozias	4	Son	M/W		Tn	Tn	Tn
	Jessie	2	Son	M/W		Tn	Tn	Tn
	Thomas	22	Son	M/W	Farmer	Tn	Tn	Tn
	Minnie	18	Dau/Law	F/W		Tn	Tn	Tn
84	SLATTON, Thena	26		F/W	Farmer	Tn	Tn	Tn
	Bytha	6	Dau	F/W		Tn	Tn	Tn
	Dollie	4	Dau	F/W		Tn	Tn	Tn
	Julius	3	Son	M/W		Tn	Tn	Tn
85	G--------, E. L.	52		M/W	Farmer	Tn	Tn	Tn
	Lucinda	50	Wife	f/W		Tn	Tn	Tn
	Asa	17	Son	M/W	Mail Carrier	Tn	Tn	Tn
	Ellen	15	Dau	F/W		Tn	Tn	Tn
	Willie	9	Son	M/W		Tn	Tn	Tn
86	KEATON, Charles L.	34		M/W	Farmer	Tn	Tn	Tn
	Samantha P.	34	Wife	F/w		Tn	Tn	Tn
	Ova	9	Dau	F/W		Tn	Tn	Tn
	Laufton	6	Son	M/W		Tn	Tn	Tn
	Evie B.	5	Dau	F/W		Tn	Tn	Tn
	Robert H.	3	Son	M/W		Tn	Tn	Tn
	Nola	1	Dau	F/W		Tn	Tn	Tn
	James Mc	11/12	Son	M/w		Tn	Tn	Tn

No.	Name	Age	Rel. to Head	Sx/Race	Occupation	Birth of Person	Father	Mother
87	McGREGOR, Jesse	26		M/W	Farmer	Tn	Tn	Tn
	Ada	25	Wife	F/W		Tn	Tn	Tn
88	McGREGOR, William	29		M/W	Farmer	Tn	Tn	Tn
	Sarah J.	29	Wife	F/w		Tn	Tn	Tn
	Thursa	6	Dau	F/W		Tn	Tn	Tn
	Edna L.	2	DAu	F/W		Tn	Tn	Tn
89	HALE, Albert	53		M/W		Ind Va		Ohio
	Rebecca M.	54	Wife	F/W		Ind	Va	NC
90	GIBBS, William	32		M/W	Farmer	Tn	Tn	Ky
	Martha	28	Wife	F/W		Tn	Tn	Tn
	Jennie	8	DAu	F/W		Tn	Tn	Tn
	Hershell	6	Son	M/W		Tn	Tn	Tn
	Albert	4	Son	M/W		Tn	Tn	Tn
	Lilly M.	9/12	Dau	F/W		Tn	Tn	Tn
91	GIBBS, Liddie	74		F/W	Farmer	Ky	NC	NC
	Callie	22	DAu	F/W		Tn	KY	NC
	Lemuel	17	Son	M/W		Tn	Ky	NC
	Lista	18	Gr/Dau	F/W		Tn	Tn	Tn
	Twins) Lutucy	14	Gr/DAu	F/W		Tn	Tn	Tn
	) Lovey	14	Gr/Dau	F/W		Tn	Tn	Tn
92	NEWBY, George W.	32		M/W	Farmer	Tn	Tn	Tn
	Minnie	27	Wife	F/W		Tn	Tn	Tn
	Birtha	10	Dau	F/w		Tn	Tn	Tn
	John	7	Son	M/W		Tn	Tn	Tn
	Timmy	4	Son	M/W		Tn	Tn	Tn
	Willis M.	11/12	Son	M/W		Tn	Tn	Tn
93	H-------, Robert K.	69		M/W	Farmer	NY	NH	Vt
	Lucy L.	66	Wife	F/W		NY	NH	Vt
	Emma	33	Dau	F/W		Mich	NY	NY
	Frances	24	Dau	F/W		Mich	NY	NY
	FERRELL, HAttie B.	7	Boarder	M/W		Tn	Tn	Tn
94	GREEN, Alfred J.	44		M/W	Farmer	Ohio	Ohio	Tn
	Martha E.	37	Wife	F/w		Tn	Tn	Tn
	Daisy C.	17	Dau	F/w		Ohio	Ohio	Tn
	Hershell	16	Son	M/W		Tn	Ohio	Tn
	Erie M.	13	DAu	F/W		Ohio	Ohio	Tn
	Magness	10	Son	M/W		Ohio	Ohio	tn
	Illa	6	Dau	F/W		Ohio	Ohio	Tn
	Martha L.	11/12	Dau	F/W		Tn	Ohio	Tn
95	THURMAN, John G.	24		M/W		Tn	Tn	Tn
	Ella	23	Wife	F/w		Tn	Tn	Tn
	Minnie	1	Dau	F/W		Tn	Tn	Tn
95	THURMAN, John G.	24		M/W	Farm Labor	Tn	Tn	Tn
	Ella	23	Wife	F/W		Tn	Tn	Tn
	Minnie	1	Dau	F/W		Tn	Tn	Tn

No.	Name	Age	Rel. to Head	Sx/Race	Occupation	Birth of Person-Father-Mother		
96	HOBSON, Francis M.	65		M/W	Farmer	Tn	Tn	Tn
	Rocksey A.	48	Wife	F/W		Tn	Tn	Tn
	Sarah E.	27	Dau	F/W		Tn	Tn	Tn
	Josie T.	21	Dau	F/W		Tn	Tn	Tn
	CLARK, Samantha	30	Dau	F/W		Tn	Tn	Tn
	Robert W.	9	Gr/Son	M/W		Tn	Tn	Tn
	Frank M.	3	Gr/Son	M/W		Tn	Tn	Tn
	MARTIN, John F.	13	Gr/Son	M/W		Tn	Tn	Tn
97	CAMPBELL, John W.	55		M/W	Farmer	Tn	Tn	Tn
	Frances P.	48	wife	F/W		Tn	Tn	Tn
	Liddy I.	20	Dau	F/W		Tn	Tn	Tn
	Elwood D.	18	Son	M/W		Tn	Tn	Tn
	Nizzie A.	15	Dau	F/W		Tn	Tn	Tn
	Morga T.	12	Son	M/W		Tn	Tn	Tn
98	JONES, G. L.	30		M/W	Farmer	Tn	Tn	Tn
	Mattie L	26	Wife	F/W		Tn	Tn	Tn
	Lillie M.	9	Dau	F/W		Tn	Tn	Tn
	Palmer L.	2	Son	M/W		Tn	Tn	Tn
99	CHRISTIAN, Hiram J.	58		M/W	Farmer	Tn	Tn	Tn
	Tennessee	55	Wife	F/W		Tn	NC	NC
	Osie J.	14	Dau	F/W		Tn	Tn	Tn
	Fannie	12	Dau	F/W		Tn	Tn	Tn
	Ernest	10	Son	M/W		Tn	Tn	Tn
100	STROUD, Susan E.	57		F/W	Farmer	Tn	Tn	Tn
	Matilda P.	19	Dau	F/W		Tn	Tn	Tn
	Leona B.	16	Dau	F/W		Tn	Tn	Tn
	Bulah	4	Gr/Dau	F/W		Tn	Tn	Tn
101	M------hn, JAmes J.	31		M/W	Farmer	Tn	Tn	Tn
	General L.	7	Son	M/W		Tn	Tn	Tn
	Sada	6	DAu	F/W		Tn	Tn	Tn
	Harold D.	5	Son	M/W		Tn	Tn	Tn
	Myrtle T.	4	Son	M/W		Tn	Tn	Tn
	Hattie	2	Dau	F/W		Tn	Tn	Tn
102	TENPENNY (?), John D.	43		M/W	Farmer	Tn	Tn	Tn
	Mary E.	41	Wife	F/W		Tn	Tn	Tn
	Susan	20	Dau	F/W		Tn	Tn	Tn
	Charley	17	Son	M/W		Tn	Tn	Tn
	Effie J.	15	DAu	F/W		Tn	Tn	Tn
	Hoyt	12	Son	M/W		Tn	Tn	Tn
	Hall	10	Son	M/W		Tn	Tn	Tn
	Claud	9	Son	M/W		Tn	Tn	Tn
	Nicie L.	6	Dau	F/W		Tn	Tn	Tn
	Annie M.	3	Dau	F/W		Tn	Tn	Tn
103	PARRISH (?), William T.	39		M/W	Farmer	Tn	Tn	Tn
	Mary I.	38	Wife	F/W		Tn	Tn	Tn
	William P.	13	Son	M/W		Tn	Tn	Tn
	Emily M.	11	Dau	F/W		Tn	Tn	Tn
	Clyde	6	Son	M/W		Tn	Tn	Tn
104	SULLIVAN, John F.	34		M/W	Farmer	Tn	Tn	Tn
	Susan N.	33	Wife	F/W		Tn	Tn	Tn
	Ralston H.	4	Son	M/W		Tn	Tn	Tn
	Laten	4	Son	M/W		Tn	Tn	Tn
	William L.	2	Son	M/W		Tn	Tn	Tn
	COPE, Jessy	16	Boarder	M/W	Farm Labor	Tn	Tn	Tn
105	SANDERS, William	62		M/W	Farmer	Tn	Tn	Tn
	Rachel M.	56	Wief	F/W		Tn	NC	Ill
	Walter B.	25	Son	M/W	Farm Labor	Tn	Tn	Tn
	Wade H.	22	Son	M/W	Farm Labor	Tn	Tn	Tn
	Vortreice E.	17	Son	M/W		Tn	Tn	Tn
	BAIN, Minnie	30	Dau	F/W	Teaching	Tn	Tn	Tn
106	STILES, Robert L.	21		m/W	Farmer	Tn	Tn	Tn
	Mary	20	Wife	F/W		Tn	Tn	Tn
	PACK, John A.	21	Bro/Law	M/W	Farm Labor	Tn	Tn	Tn
107	HANCOCK, Alfred M.	29		M/W	FArmer	Tn	Tn	Tn
	Parlee	28	Wife	F/W		Tn	Tn	Tn
108	HALEY, James	44		M/W	Farmer	Tn	Tn	Tn
	J. A.	19	Son	M/W		Tn	Tn	Tn
109	WHEELER, William F.	33		M/W	Farmer	Tn	Tn	Tn
	Meodocie	34	Wife	F/W		Tn	Tn	Tn
	Daisy M.	12	Dau	F/W		Tn	Tn	Tn
	Della J.	11	Dau	F/W		Tn	Tn	Tn
110	FELTON (?), Felix G.	44		M/W	Farmer	Tn	Tn	Tn
	Martha C.	42	Wife	F/W		Tn	Tn	Tn
	Amanda	21	Dau	F/W		Tn	Tn	Tn
	Callie	14	Dau	F/W		Tn	Tn	Tn
	Hershell	9	Son	M/W		Tn	Tn	Tn
	Cecil	3	Son	M/W		Tn	Tn	Tn
111	TERRY, James L.	44		M/W	Farmer	Tn	Tn	Tn
	Rachel F.	33	Wife	F/W		Tn	Tn	Tn
	James A.	17	Son	M/W	Farm Labor	Tn	Tn	Tn
	Logan C.	15	Son	M/W	Farm Labor	Tn	Tn	Tn
	Willie C.	8	Son	M/W		Tn	Tn	Tn
	Bertha	1	Dau	F/w		Tn	Tn	tn
	ATNIL, JAmes S.	13	St/Son	M/W		Tn	Tn	Tn
112	JONES, Jesse L.	28		M/W	Farmer	Tn	Tn	Tn
	Minnie A.	25	Wife	F/W		Tn	Tn	Tn
	Zollie C.	3	Son	M/W		Tn	Tn	Tn
	George L.	11/12	Son	M/W		Tn	Tn	Tn
	Mathew J.	66	Father	M/W		Tn	Nc	Va
	Thomas R.	22	Brother	M/W		Tn	Tn	Tn
113	MADEWELL (?), Levander	37		M/W	Farmer	Tn	Tn	Tn
	Mary E.	30	Wife	F/W		Tn	Tn	Tn
	Essie H.	15	Son	M/W	FArm Labor	Tn	Tn	Tn

No.	Name	Age	Rel. to Head	Sx/Race	Occupation	Birth of Person-Father-Mother		
	MADEWELL, Callie L.	10	Son	M/W		Tn	Tn	Tn
	Lelia L.	10	Son	M/W		Tn	Tn	Tn
	Samantha B.	6/12	Dau	F/W		Tn	Tn	Tn
114	SUMNAR or							
	SUMMER, A. C.	47		M/W	Blacksmith	Tn	Tn	Tn
	Frankey	50	Wife	F/W		Tn	NC	Tn
	Malisa	28	Dau	F/W		Tn	Tn	Tn
	Alice	17	Dau	F/w		Tn	Tn	Tn
	Nettie	15	Dau	F/W		Tn	Tn	Tn
	Adda L.	14	Dau	F/W		Tn	Tn	Tn
	QUALLS, James A.	22	St/Son	M/W	Farm Labor	Tn	Tn	Tn
	MATTIE	19	St/Dau	F/W		Tn	Tn	Tn
	WOMACK, William P.	21	Boarder	M/W	Farm Labor	Tn	Tn	Tn
115	DAVENPORT, N. A.	44		M/W	Farmer	Tn	Tn	Tn
	Clista D.	39	Wife	F/W		Tn	Tn	Tn
	Lizzie	9	Dau	F/W		Tn	Tn	Tn
	Barbie	7	Dau	F/W		Tn	Tn	Tn
	Bettie	4	Dau	F/W		Tn	Tn	Tn
	Nora B.	2	Dau	F/W		Tn	Tn	Tn

DICKSON 64

DIJARNETT 18

DILLON 16, 126

DOBBS 60

DODD 21, 47, 262, 309, 310

DODSON 36A, 90, 139, 140, 142, 171, 218

DOLLAR 292

DONAHUE 87, 209

DOUGLAS 111, 128, 154, 202

DOVE 348

DOYLE 89, 197

DRAKE 5, 43, 77, 97, 108, 138, 326, 327

DRURY 10

DUGAN 7, 302, 303

DUKE-DUKES 195, 264

DULANEY 124, 326

DULEY 70

DUNCAN 2, 39, 68, 81, 130, 132, 134, 221, 308

DUNLAP 116, 125, 341

DURHAM 101, 122, 353, 355

DUVAL 126

DYE 4

DYER 213, 267

- E -

EARL-EARLE-EARLES 3, 38, 40 47, 57, 74, 100, 155, 261, 292, 302, 310

EASTWOOD 64

EATON 178

EBERSTEIN 234

ECHOLS 11

EDGAR 92

EDGE 14, 73, 96, 275, 303, 307, 310

EDWARDS 57, 219,220, 223, 241, 244

EGGLESTON 241

ELAM-ELIM 46, 250, 255, 262

ELDER 247

ELKINS 5, 12, 14, 87, 109, 113, 207

ELLIOTT 26, 218, 220

ELROD 284

ELSWORTH 55

EMERY 267, 306

ENGLAND 126'

ENGLISH 81

ERVING 94

ERWIN 77

ESCUE 24

ESTES 13, 203

ETHRIDGE 359

ETTER 6, 29, 30, 161, 168, 176, 177, 178, 183, 192, 213

EVANS 61, 66, 78, 82, 139, 224, 259, 317

EWING 80, 341, 356

EWTON 86, 106

- F -

FAIRBANKS 80, 152

FANCHER 74

FARLESS 34, 36A, 129, 139, 143, 148

FARRIS 76, 90, 100

FAULKNER 12, 23, 46, 65, 66, 67, 70, 318, 323, 324, 350

FELTON 365

FELTY 156

FENNELL 27, 268

FERGUSON 77, 99, 100

FERRELL 37, 90, 264, 295,361, 363

FINGER 27, 28, 73, 233, 234, 235

FINLEY 250

FINNEY 81, 197

FINNIS 208

FISH 12

FISHER 47, 48, 352

FISK 92

FLANAGHAN 82, 90

FLANDERS 361

FLEMING 80, 89, 265

FLETCHER 80, 87, 89, 126, 202

FLYNN 206, 272, 306

FORD 164, 198, 231, 252, 255, 308, 309

FORDYCE 1, 2

FOSTER 7, 33, 34, 222, 281, 315, 330

FOUTCH 250

FOWLER 55, 66

FOX 255

FRALEY 92

FRANCE 184

FRANKLIN 348

FRANKS 118

FRASIER 122

FRAZIER-FRAZER 25, 236, 246

FREDRICK 11

FREED 5, 278, 279

FREEMAN 18, 121, 123

FREEZE 196, 247

FREIBURGER 233

FRENCH 10, 38, 89, 197, 203, 204, 206, 208, 243, 313

FRY 247, 306

FUGITT 62, 74

FULLER 186

FULTS-FULTZ 156, 158, 167, 168, 181, 193, 194, 212, 213, 238

FUSTON 25, 59, 221, 267, 312, 326, 355, 361

- G -

G------- 286, 362

GAFFIN 37, 113

GAGE 297

GAN----- 119

GANNAWAY 199

GANNON 219

GARDNER 35, 36, 84, 95, 141, 142

GARMON 13

GARNER 190, 198, 238, 241, 242, 305

GARRETT 68, 100

GARRETSON 9

GAZAWAY 60

GEORGE 93, 116

GESSLER 216

GIBBS 11, 15, 16, 19, 21, 131, 183, 325, 363

GIBSON 19, 20, 278, 347

GILBERT 3, 46

GILES 69, 70

GILLENTINE 149, 152

GILLEY-GILLIE 248, 249, 256, 262, 278

GINN 68

GIPSON 43

GIST 51, 204

GIVIN 56, 94, 95

GLENN 315, 336, 337, 349, 357

GODDARD 123

GOFF 287

GOLDEN 325

GOLDTRAP 17

GOLLADAY 218, 234

GOOD 279

GOODSON 71, 321, 338, 348

GOODWIN 14

GORIN 88

TUBB-TUBBS 219, 230, 310, 329

TUCK 71, 85

TUCKER 282

TURNER 17, 37, 55, 144, 145,
146, 148, 175, 195, 203,
207, 232, 239, 240, 241,
243, 244, 257, 259, 296,
306, 332, 344, 351, 355, 357

TURPIN 83

TYLER 23

- U -

UMBERHOWER 9

UNDERHILL 304, 306

UNDERWOOD 356

UNNLENHORN 319, 320

UPCHURCH 319, 320, 345

- V -

V------ 297

VANHOOSER 15, 295, 303, 307,
316, 339, 340

VAUGHN 4, 90, 91, 289, 321

VICKERS 10, 287

VINSON 282

VOGAL 42

- W -

W------ 10, 292, 297, 298

WADE 246

WAGGONER 188, 192, 193

WAGNER 171, 172, 184

WAINWRIGHT 3

WALKER 48, 64, 138, 178,
277, 280, 337, 341, 351,
352

WALLACE 87, 89, 273

WALLEY 101

WALLING 56, 65, 68, 82, 134,
135, 269, 348

WALTERS 53, 54

WANNAMAKER 158

WARD 60, 148

WARE 144, 172, 268, 283

WARNER 158

WARREN 90, 296, 358

WATERS 200, 260

WATKINS 333

WATLEY 108

WATSON 16, 99, 295

WAVIL 297

WEAKLEY 87

WEAVER 303

WEBB 18, 24, 56, 58, 60, 61,
73, 90, 96, 98, 99, 115,
123, 128, 284, 285, 286,
309, 319, 324, 328, 336,
337, 339, 340, 341, 342,
347, 357, 359

WEBSTER 26, 27

WERNDLI 214

WEST 80, 100, 197, 200, 205,
249, 282, 353

WH------ 245

WHALER 204

WHEELER 1, 3, 6, 197, 219,
365

WHITCOMB 227

WHITE 11, 22, 35, 94, 95,
211, 258

WHITEAKER 154

WHITESMAN 227

WHITLEY 76

WHITLOCK 254, 255, 273, 300,
302

WHITMAN 244, 257

WHITSON 79, 87

WILCHER 107, 159, 214

WILCOX 65, 82

WILKERSON 176, 317, 321

WILKINSON 343

WILLIAMS 13, 44, 46, 52, 70,
104, 114, 116, 131, 138,
158, 159, 193, 199, 212,
234, 241, 246, 254, 268,
277, 319

WILLIAMSON 271, 278

WILLIS 83, 188, 189, 204, 219

WILSON 3, 14, 17, 32, 36, 53,
55, 56, 60, 76, 87, 100,
218, 222, 225, 236, 237,
247, 252, 255, 276, 298,
305, 308, 309, 314, 318,
357

WIMBERLY 301

WINDAM 191, 224

WINNETT 278

WINTON 75, 89, 196, 201, 203,
204, 210

WISEMAN 149, 150, 151

WITT 137, 138

WOMACK 1, 18, 41, 42, 59, 72,
79, 100, 101, 102, 173,
293, 294, 296, 302, 306,
313, 314, 315, 316, 322,
324, 329, 332, 336, 338,
339, 340, 342, 345, 346,
348, 349, 356, 357, 366

WOOD-WOODS 76, 89, 95, 104,
106, 115, 123, 131, 132,
134, 199, 237, 242, 245
293

WOODEN 183

WOODLEE-WOODLY 4, 38, 40, 42,
68, 69, 74, 84, 91, 93, 94,
95, 96, 97, 145, 153, 156,
157, 159, 168, 175, 180,
181, 184, 185, 209, 218

WOODWARD 99

WOODWORTH 310

WOODY 56

WOOTEN 192, 198, 200, 210, 212

WORLEY 20, 22, 135, 242, 316

WORTHAM 87

WORTHINGTON 2, 107, 137

WRANGE 103

WRIGHT 156, 218, 358

WRIGHTMAN 57

- Y -

YAGER 7, 8

YORK 60, 67, 113, 134, 137,
201, 247, 251, 252, 268,
269, 329

YOUNG 63, 81, 83, 95, 96, 97,
263, 268, 328, 334, 338

YOUNGBLOOD 272, 282, 283, 331

- Z -

ZUMBRO 262

ZWINGLE 344, 346

NOTE: On page 356,
Household # 25, no part
of the surname could be
determined. The statistican
marked over the name so
thouroughly, no part can
be deciphered.

A. C. H.

www.ingramcontent.com/pod-product-compliance
Lightning Source LLC
Chambersburg PA
CBHW080410290526
45791CB00008BA/2219